발해 국호 연구

-당조가 인정한 발해의 고구려 계승 묵인과 부인

최진열

서울대학교 동양사학과를 졸업하고 같은 대학교 대학원에서 석사와 박사학위를 받았다.
중국중세사(위진남북조수당시대)뿐만 아니라 중국 고대사와 중앙아시아사, 한국고대사도 관심을 가지고 폭넓게 연구하고 있으며, 수십 편의 논문을 썼다.
중국에서 활동했던 우리 선조의 역사를 다룬 『대륙에 서다-2천 년 중국 역사 속으로 뛰어든 한국인들-』(미지북스, 2010)과 박사논문을 수정하고 보완한 『북위황제 순행과 호한사회』(서울대학교출판문화원, 2011)를 썼다. 함께 쓴 책으로는 『중국 역대 장성의 연구』(동북아역사재단, 2014)가 있다.

서강학술총서
076

발해 국호 연구

-당조가 인정한 발해의 고구려 계승 묵인과 부인

최진열 지음

서강대학교출판부

서강학술총서 076

발해 국호 연구

-당조가 인정한 발해의 고구려 계승 묵인과 부인

초판 1쇄 발행 | 2015년 9월 17일
2쇄 발행 | 2022년 5월 25일

지 은 이 | 최진열
발 행 인 | 심종혁
편 집 인 | 주세형
발 행 처 | 서강대학교출판부
등록번호 | 제2002-000170호

주 소 | 서울특별시 마포구 백범로 35(신수동)
전 화 | (02) 705-8212
팩 스 | (02) 705-8612

ISBN 978-89-7273-263-1 94910
ISBN 978-89-7273-139-9(세트)

값 28,000원

* '서강학술총서'는 SK SUPEX 기금의 후원으로 제작됩니다.

책머리에

초·중·고등학교 친구들이 필자를 만나면 늘 "요새도 지도 그리니?"라고 묻는다. 초등학교 5~6학년 때부터 공책이나 스케치북, 달력 뒷면에 열심히 지도를 그렸으니 그런 말이 나올 법도 하다. 한반도와 만주를 지배하는 나라의 지도를 그리고 나라 이름을 '발해'라고 썼다. 그걸 본 아버지께선 "또 발해 그리니?"라고 말씀하시곤 했다. 하필이면 필자가 발해의 영토를 그릴 때만 지도를 보셨으니, '지도 그리기'와 '발해 그리기'가 동의어가 된 것이다. 발해를 특별히 좋아한 것도 아니고 사실 발해가 어떤 나라인지도 몰랐다. 그런데도 '발해'를 주제로 한 지도를 많이 그렸다면, 아마도 발해의 영토가 가장 넓었다는 이유밖에 없었다.

한국고대사를 공부하고 싶었지만, 3수 끝에 동양사학과에 들어갔다. 입학 후 짝사랑의 대상이었던 '한국고대사'에 대한 미련을 버리고자 나중에 『대륙에 서다』의 초고를 준비하면서 이상한 점을 발견했다. 당대(唐代) 중국에서 활동했던 고구려인 혹은 고구려인으로 오인할 수 있는 '고(高)'라는 성을 가진 사람들의 본적(본관)이 '발해'였다. 그때는 단순히 이상하다는 생각만 했다. 동양사학과 대학원에 진학하기로 결심한 후 중국 유학

중인 성웅이를 통해 구했던 중국정사 25사 가운데 『사기』부터 『구당서』, 『신당서』까지 통독하면서 전에 이상하다고 생각하고 넘겼던 고구려인과 고씨, 고씨와 발해군이 각각 관계가 있었음을 알게 되었다. 그래서 '발해'라는 국호가 막연히 고구려와 관계가 있다고 생각하게 되었다.

석사과정에 들어가서 동양사학과 자료실에서 TA로 근무하던 2000년 초반 한 후배가 갑자기 '발해' 국호의 어원에 대해 물어봤다. 필자는 당대까지 정사 사료를 읽었던 감을 바탕으로 고구려와 관련이 있을 거라고 대답해 줬다. 그때는 발해 국호가 중국사 연구자인 필자가 연구할 주제는 아니라고 생각했었다.

과 조교로 과 사무실에서 근무하던 2004년에 중국의 '동북공정' 때문에 신문사와 방송사 기자들의 전화를 많이 받았다. 한국 중국사학계의 시각에서 '동북공정'에 대한 멘트를 따고 싶었던 기자들은 중국 고대사와 중세사 권위자들의 핸드폰 번호를 알려 달라고 요구했다. 당시 조교의 역할은 그걸 막는 것이었다. 소위 '심기경호'였다. 자극적인 기사를 위해 수단과 방법을 가리지 않는 기자들의 행태를 주변에서 지켜보면서 만감이 교차했다. 평소에 발해의 역사에 관심이 없으면서도 애국심 마케팅, 즉 내셔널리즘을 팔아먹으려는 언론사들의 얄팍한 심리 때문이었다.

발해가 한국사의 일부라고 자신 있게 말할 수 있는 사람이 몇 명이나 될까? 고구려와는 달리 발해의 역사는 우리의 약점이다. 발해의 영토는 현재 한반도 북부와 만주, 연해주, 즉 북한과 공산당 치하의 중국('중화인민공화국'), 러시아에 해당된다. 게다가 발해와의 외교기록이 남아 있는 일본까지 포함하면 발해사 연구는 여러 나라의 이해관계가 얽힌 국제적인 문제이다. 초등학교 때부터 발해가 한국사의 일부라고 배운 한국인들은 중국의 '동북공정' 이후 발해가 한국의 역사인지 증명해야 하는 현실에 부딪히게 되었다. "1 + 1 = 2"를 계산하는 것은 쉽지만, 이를 증명하는 것은 어렵다.

단순 암기와 주입식 교육에 익숙한 한국인들에게 너무나 당연하게 알고 있는 진리, 즉 발해가 한국의 역사임을 증명하는 문제는 쉽지 않다.

평소 『구당서』와 『신당서』을 통독하면서 발해 기록에도 관심을 가졌던 필자는 여러 가지 단서를 연결하면, 고구려와 발해의 계승관계를 설명할 수 있다고 생각했다. 그러나 이를 논문이나 책으로 출판하려면 많은 장애물이 있었다. 발해의 국호가 고구려와 직접적인 관계가 있다는 주제는 논문 한 편이면 충분할 수 있었다. 그러나 여기에는 징검다리가 되는 다양한 개념과 사실에 대한 선행연구가 있어야 했다. 고구려인들이 중국 사서에 '고씨'로 표기된 이유, 본적과 상관없이 유명한 가문의 본적을 자기의 본적이라고 꾸며내는 문벌의 모칭, 특정 본적의 성씨에게 주어지는 본적지봉호, 중국 주변국 책봉 봉호의 규칙성인 연고지봉작 등 다양한 주제에 대한 선행연구가 있었다면 이 책은 짧은 하나의 논문이 되었을 것이다. 그러나 발해와 고구려를 연결하는 징검다리가 되는 여러 주제에 대한 선행연구가 없었기 때문에 '발해'의 국호가 고구려와 관계가 있음을 입증하기 위해 몇 편의 논문을 써야 했다. 사서와 묘지명을 뒤져서 자료를 정리하고 표를 만드는 지루한 작업을 반복해야 했다. 시간이 많이 걸리고 결코 쉬운 작업이 아니었다.

발해사 전공자는 아니지만 발해에 대한 선행연구를 접하면서 만감이 겹쳤다. 발해와 관련된 여러 가지 문제는 과거사일 뿐만 아니라 현재의 문제임을 느꼈기 때문이다. 신라와 발해가 남북에서 양립했던 시대는 남북한이 분단된 현실과 공교롭게도 닮았다. 뿐만 아니라 발해에 대한 인식도 정치적 상황에 따라 달라졌다. 발해사 서술에 대한 인식을 분석했던 선행연구에 따르면, 고려시대부터 현재까지 시대적 상황 혹은 특정 정치집단의 이해관계 때문에 발해사는 관심을 받기도 했지만, 외면당하기도 했다. 예컨대 『삼국사기』에서는 발해에 대한 본기(本紀)와 열전(列傳)이 없고 『삼국유사』에는 주변적 존재로 취급되었다. '동북공정' 이전에 소수의 발해사 연구자를 제외하면 누가 발해의 역사에 관심을 가졌는가? 이처럼 발해에 대한 관심은 온탕과 냉탕의 반복이다. 남북 분단이 계속되면, 동북공정 때문에 타오른 뜨거운 관심이 차디찬 외면으로 바뀌는 날이 올 수 있다는 초조함과 자괴감이 몰려온다.

발해에 대한 인식의 굴곡을 알게 된 필자는 발해가 고구려와 계승관계가 있음을 입증하는 것만큼 중요한 문제가 남북통일이라고 생각한다. 휴전선 남쪽의 '대한민국'이 발해를 우리의 역사임을 세계 여러 나라에 설득하기 위해 일단 남북통일이 필요하다고 생각하기 때문이다. 이 책을 쓰게 된 동기에는 애국심과 학문적 호기심이 모두 작용했다. 그러나 출판을 앞둔 지금 민족의 염원인 통일은커녕 통일의 기초인 남북관계 개선과 반대의 상황이 계속되는 현실 때문에 기분이 착잡하다.

원고를 출판사에 넘긴 후 눈에 띄는 주제와 달리 필자의 추론과 주장이 얼마나 설득력이 있을까 좌불안석이었다. 그러나 우연히 발견한 사료 덕분에 필자의 불안감은 확신으로 바뀌었다. 중국 유일의 여성황제 무측천의 주나라(무주) 시기에 발해를 고구려와 동일시한 사료 때문이다. 그러나 이미 2차 교정 중이었기 때문에 출판을 중지하고 새로 두세 개의 장을 더 추가할 수 없었다. 어쩔 수 없이 10장에 원고지 11매 분량을 추가하는 데 만족해야 했다. 이 책에서 다루지 못한 당의 발해 인식 변화와 신당서의 발해 '왜곡'에 대한 글은 훗날을 기약하고자 한다.

이 책의 출판은 서강대학교 인문논총위원회의 연구비 지원이 아니었으면 불가능했을 것이다. 거듭된 구직 실패와 동북아역사재단 연구비, 2012년 솔벗재단의 한국학 연구서 출판 공모에서 탈락한 후 의기소침한 상태에서 서강대학교 인문논총 연구비 선정 소식을 들으니 가뭄의 단비를 만난 기분이 어떤 건지 느낄 수 있었다. 필자의 주제에 공감해 주신 인문논총 심사위원님들께 사의를 표하며 이 책을 바친다. 그리고 이 책의 출판과 교정 등 성가신 일들을 잘 처리해 준 김영주 팀장님과 직원들에게 감사의 말을 전한다. 아울러 필자가 힘들었을 때마다 옆에서 힘이 되어 준 병한이 형과 성웅이, 진화, 기남이에게도 지면을 빌어 고마움을 전한다.

2015년

최진열

일러두기

1. 이 책의 각 장(章) 혹은 절(節) 가운데 기존의 학술잡지에 동일하게 게재하거나 목차와 내용을 바꿔 발표하거나 일부를 인용한 논문이 있다. 이러한 논문의 목록은 아래와 같다.

2장 1절 : 「唐代 高句麗 표기 기피현상-隋唐 墓誌銘의 國名 표기 분석을 중심으로-」, 『동북아역사논총』 38, 2012, 2장 1절과 3장

2장 2절 : 「唐代 高句麗 표기 기피현상-隋唐 墓誌銘의 國名 표기 분석을 중심으로-」, 『동북아역사논총』 38, 2012, 4장

3장 1절 : 「唐代 高句麗 표기 기피현상-隋唐 墓誌銘의 國名 표기 분석을 중심으로-」, 『동북아역사논총』 38, 2012, 2장 2절

5장과 6장 : 「兩漢魏晉時代 本籍地 封爵과 그 의미-본적지 회피 관행의 변화양상을 중심으로-」(『東洋史學硏究』 101, 2007)와 「南北朝時代 본적지봉작과 그 성격-통계적 분석과 정치적 기능을 중심으로-」(『中國古中世史硏究』 19, 2008), 「隋唐 本籍地封爵의 性格-門閥·郡望과의 관련성을 중심으로-」(『中國古中世史硏究』 20, 2008)를 주제별로 다시 정리하였다.

7장 : 「東晉·南北朝~唐代 주변국 冊封 封號의 地名 분석-韓國古代 三國君主들의 冊封 郡王/郡公 칭호의 이해를 중심으로-」, 『歷史學報』 197, 2008.

2. 이 책에서 한글로 표기한 월일은 음력, 숫자로 표기한 월일은 음력을 양력으로 환산한 날짜이다.

목차

제2부. 사료로 본 발해와 고구려 관계 서술

제3부. 한당(漢唐) 본적지봉호와 책봉 봉호

제4부. 발해 국호의 연원

부록 표 목록

서장

발해 군주 족원과 국호 연구사

서장
발해(渤海) 군주의 족원(族源)과 국호 연구사

주지하듯이 발해(渤海)의 고구려(高句麗) 계승 여부를 두고 우리나라와 중국이 '역사전쟁'을 치르고 있다. 쟁점은 발해의 고구려 계승 문제와 발해의 종족(種族) 문제, 발해의 독립 여부(당의 지방정권 여부) 등이다. 발해가 고구려를 계승했다는 주장은 한국학계[1]와 일본학계[2]에

1 朴時亨, 「발해는 고구려의 계승국」, 『발해사 연구론문집』 1, 평양: 과학백과사전종합출판사, 1992, 3-24쪽; 盧泰敦, 「對日本國書에 云謂한 高麗舊記에 대하여」, 邊太燮博士 華甲紀念 史學論叢刊行委員會 編, 『邊太燮博士華甲記念史學論叢』, 三英社, 1985; 同氏, 「渤海國의 住民構成과 渤海人의 族源」, 『한국고대의 국가와 사회』, 역사학회, 1985; 宋基豪, 『渤海政治史硏究』, 一潮閣, 1995, 116-119쪽; 盧泰敦, 「발해국의 주민구성」, 『한국사』 10(발해), 국사편찬위원회, 1996; 송성호, 「발해의 건국」, 류영심 편, 『발해사연구론문집』 2, 평양: 과학백과사전종합출판사, 1997, 3-24쪽; 림호성, 「발해의 기본주민은 고구려유민」, 고구려연구재단・조선력사학학회・러시아극동국립기술대학교 편, 『고조선・고구려・발해 발표 논문집』, 고구려연구재단, 2005, 447-461쪽; 차달만, 「발해무덤을 통하여 본 발해와 고구려와의 계승관계」, 고구려연구재단・조선력사학학회・러시아극동국립기술대학교 편, 『고조선・고구려・발해 발표 논문집』, 고구려연구재단, 2005, 463-472쪽.

2 白鳥庫吉, 「渤海國に就いて」, 『白鳥庫吉全集』 第五卷(塞外民族史硏究下), 東京: 岩波書店, 1970, 506-507쪽; 三上次男, 「金室完顔氏の始祖說話について」, 『金史硏究』 3, 東京: 中央公論美術出版社, 1973, 22-23쪽; 石井正敏, 「日本・渤海交涉と渤海高句麗繼承國意識」, 『日韓渤海關係史の硏究』, 東京: 吉川弘文館, 2001, 415-516쪽; 赤羽目匡由, 「八世紀における渤海の高句麗繼承意識を巡って-日本に對する高句麗繼承意識主張の一解釋-」, 『渤海王國の政治と社會』,

서 동의하고 있다. 반면 중국학계는 이를 부정한다.[3]

이는 발해의 종족 문제와 밀접한 관계가 있다.[4] 『구당서(舊唐書』에서는 발해의 창업군주인 조영(祚榮)을 고려(高麗, 고구려) 별종(別種)으로,[5] 『신당서(新唐書)』에서는 고구려에 부속(附屬)한 속말말갈(粟末靺鞨)이라고 기록하였다.[6] 그런데 양자 가운데 어떤 사료를 강조하느냐에 따라 대조영의 종족과 국적이 바뀐다. 특히 『구당서』의 '고려별종(高麗別種)'의 해석에 따라 대조영의 종족이 달라진다. 이에 대해 아직 우리나라와 중국 학계는 이견을 보인다.[7] 또 국내 학계에서는 말갈(靺鞨)에 대한 견해가 대체로 세 가지로 나뉜다. 먼저 사료상에 보이는 '말갈'은 종족의 명칭이 아닌 다른 사람들이 부른 종족 명칭이며, 당대(唐代) 동북방 주민들의 범칭(汎稱)이고, 고구려와 신라인의 입장에서 고구려 변방 주민에 대한 비칭이었다. 즉, 말갈이란 중국 중심의 역사관과 도시 중심의 왕조 중심적 역사관에서 생성된 종족명이라는 주장이다.[8] 따라서 흑수부의 말

京都: 吉川弘文館, 2011, 233-241 및 242-244쪽.

3 劉振華, 「渤海大氏王室族屬新證」, 『社會科學戰線』 1981-3, 1981, 208-215쪽; 劉振華, 「渤海大氏王室族屬新證-從考古材料出發的考察-」, 『社會科學戰線』 1981-3, 1981; 楊保隆, 「新舊唐書≪渤海傳≫考辨」, 『學習與探索』 1984-2(總第31期), 1984, 123-133쪽; 何光岳, 「渤海大氏的來源和遷徙」, 『求索』 1990-2, 1990, 124왼쪽-128왼쪽; 徐德源, 「從考釋大氏王室稱號變化看渤海隸屬唐朝的過程」, 『遼寧大學學報』 1996-5(總第141), 1996, 16-19쪽; 陳陶然, 「淺析渤海王族大氏的族源」, 『東北史地』 2006-3, 2006, 45왼쪽-46오른쪽.

4 발해의 종족(種族) 문제 연구사는 盧泰敦, 「발해국의 주민구성에 대한 연구 현황과 과제 -'고려별종'과 '발해족'을 둘러싼 논의를 중심으로-」, 『한국사연구』 122, 한국사연구회, 2003.

5 『舊唐書』 卷199下 「北狄・渤海靺鞨傳」, 5360쪽, "渤海靺鞨大祚榮者, 本高麗別種也. 高麗既滅, 祚榮率家屬徙居營州." 이하 중국의 정사류(正史類)의 서적은 중화서국(中華書局) 표점교감본(標點校勘本)을 따른다.

6 『新唐書』 卷219 「北狄・渤海傳」, 6179쪽, "渤海, 本粟末靺鞨附高麗者, 姓大氏."

7 발해의 종족(種族) 문제의 연구사는 盧泰敦, 「발해국의 주민구성에 대한 연구 현황과 과제-'高麗別種'과 '渤海族'을 둘러싼 논의를 중심으로-」, 『韓國史研究』 122, 2003, 289-305쪽 참조.

8 韓圭哲, 「肅愼・挹婁研究」, 『白山學報』 35, 1988; 同氏, 「高句麗時代 靺鞨研究」, 『釜山史學』

갈과 몇몇 말갈 부락(부족)을 제외한 대부분의 '말갈'인들은 옛 고구려 왕실의 피지배 주민이었고, 고구려가 망한 후 고구려 유민이라고 부를 수 있었다.[9] 두 번째로 『삼국사기(三國史記)』에 등장하는 말갈은 동예(東濊)와 읍루(挹婁) - 물길(勿吉) - 말갈(靺鞨)로 이어지는 집단으로 크게 두 계열로 구분된다는 설이 있다. 이 설에 따르면, 백제와 신라의 북쪽 변경을 침입하거나 고구려에 동원되어 신라와 백제를 공격했던 '말갈'은 임진강 유역의 일부와 영서지역, 원산만 일대에서 영일만 북단에 이르는 동해안 지역에 거주하는 동예였다. 반면 '통일전쟁기'에 등장한 '말갈'은 만주 지역에 있었던 읍루 - 물길 - 말갈로 이어지는 집단이었다. 즉 '통일전쟁기' 이전의 '말갈'은 '통일신라기' 이후 어느 시점(신라말 고려초로 추정)에 동예를 바꾼 것이다.[10] 마지막으로 대조영이 순수 고구려인도 순수 말갈인도 아니라 고구려화(高句麗化) 과정을 거친 말갈계(靺鞨系) 고구려인(高句麗人)으로 보는 견해가 있다.[11] 반면 북한학계에서는 발해의 종족을 고구려인으로 간주하는 견해가 우세하다.[12] 이와는 달리 중국 학계에서는 고구려와 발해의 계승관계를 부정하고 발해를 세운 주체를 말갈인(靺鞨人)으로 본다.[13]

14·15합집, 1988, 同氏, 「渤海建國과 南北國의 形成」, 『韓國古代史研究』 5, 1992; 同氏, 『발해의 대외관계사-남북국의형성과 전개-』, 신서원, 1994.

9 韓圭哲, 「발해의 건국 주체와 국가의 성격」, 동북아역사재단 편, 『발해의 역사와 문화』, 동북아역사재단, 2007, 49-51쪽.

10 노태돈, 「『삼국사기』에 등장하는 말갈의 실체」, 서울대학교 韓國文化研究所 編, 『한반도와 만주의 역사 문화』, 서울대학교출판부, 2003, 279-319쪽.

11 宋基豪, 『渤海政治史研究』, 一潮閣, 1997, 23-45쪽.

12 장국종, 「발해의 주민구성」, 25-55쪽; 장국종, 「발해의 주민구성」, 『발해사 연구론문집』 1, 평양: 과학백과사전종합출판사, 1992, 25-55쪽; 림호성, 「발해의 기본주민은 고구려유민」, 447-461쪽.

13 孫進己, 「女眞源流考」(打印本), 東北民族族源和分布討論會論文, 1983; 楊保隆, 「新舊唐書≪渤海傳≫

이러한 관점의 차이는 '발해(渤海)'의 국호 문제에도 그대로 투영되었다. 발해의 첫 국호는 진국(振國) 혹은 진국(震國)이었다. 『구당서』에는 조영(祚榮)이 자립하여 진국왕(振國王)이 되었다고 기록하였다.[14] 『책부원귀(冊府元龜)』「외신부(外臣部)」 토풍(土風)·발해조(渤海條)에서도 발해를 진국(振國)이라고 표기하였다.[15] 반면 『신당서』에는 무측천(武則天)이 조영의 아버지 걸걸중상(乞乞仲象)을 진국공(震國公)에 봉했고, 조영이 나라를 세운 후 진국왕(震國王)을 자칭했다고 서술하였다.[16] 이는 『오대회요(五代會要)』의 기사[17]와 일치한다. 전자의 기록처럼 조영이 스

考辨」, 『學習與探索』 1984-2(總第31期), 1984, 123-127쪽; 孫進己, 『東北民族源流』, 哈爾濱: 黑龍江人民出版社, 1989, 153쪽; 王承禮, 『中國東北的渤海與東北亞』, 長春: 吉林人民出版社, 2000; 王成國, 「渤海是繼承高句麗的國家嗎?」, 『社會科學戰線』 2001-6, 2001, 185왼쪽-189오른쪽; 張碧波, 「關于渤海王室高句麗意識的考辨」, 『北方論叢』 2002-1(總第171期), 2002, 16왼쪽-23오른쪽; 武玉環, 「渤海與高句麗族屬·族俗的比較研究」, 『社會科學輯刊』 2005-5(總第160期), 2005, 130왼쪽-137왼쪽; 陳陶然, 「淺析渤海王族大氏的族源」, 『東北史地』 2006-3, 2006, 45왼쪽-46오른쪽. 苗威는 다른 중국학자들과 달리 대조영이 거란인이라고 주장하였다(苗威, 「大祚榮族屬新考」, 『中國邊疆史地研究』 2013-3, 2013).

14 『舊唐書』 卷199下 「北狄·渤海靺鞨傳」, 5360쪽, "聖曆中, 自立為振國王, 遣使通于突厥."

15 『冊府元龜』(王欽若 等編纂, 周勛初 等校訂, 南京: 鳳凰出版社, 2006) 卷959 「外臣部」 土風·渤海條, 11112쪽, "振國, 本高麗, 其地在營州之東二千里, 南接新羅, 西接越喜靺鞨, 東北至黑水靺鞨, 地方二千里, 編戶十餘萬, 兵數萬人. 風俗與高麗及契丹同, 頗有文字及書記."

16 『新唐書』 卷219 「北狄·渤海傳」, 6179-6180쪽, "萬歲通天中, 契丹盡忠殺營州都督趙翽反, 有舍利乞乞仲象者, 與靺鞨酋乞四比羽及高麗餘種東走, 度遼水, 保太白山之東北, 阻奥婁河, 樹壁自固. 武后封乞四比羽為許國公, 乞乞仲象為震國公, 赦其罪. …… 祚榮即并比羽之眾, 恃荒遠, 乃建國, 自號震國王, 遣使交突厥, 地方五千里, 戶十餘萬, 勝兵數萬, 頗知書契, 盡得扶餘·沃沮·弁韓·朝鮮海北諸國."

17 『五代會要』(王溥 撰, 上海: 上海古籍出版社, 2006) 卷30 渤海條, 473쪽, "渤海靺鞨, 本高麗種, 唐總章中, 高宗平高麗, 徙其人散居中國, 置州縣于遼外, 就平壤城置安東都護府以統之. 至萬歲通天中, 契丹李萬榮反, 攻陷營府. 有高麗別種大舍利乞乞仲象, 與靺鞨反人乞四比羽走保遼東, 分王高麗故地. 則天封乞四比羽許國公, 大舍利乞乞仲象震國公. 乞四比羽不受命, 則天命將軍李楷固臨陳斬之. 時乞乞仲象已死, 其子大祚榮繼立, 併有比羽之衆, 勝兵丁戶四十餘萬, 保據挹婁故地."

스로 진국왕을 자칭했다면, 진국(振國)은 자칭의 국호이다. 그러나 후자의 기록처럼 무측천의 주(周) 왕조가 봉한 진국공(震國公)의 '공'에서 단순히 '왕'으로 한 단계 높은 작위를 자칭했다면 주의 책봉호를 국호로 받아들인 것이다. 그렇다고 해도 중국의 작위 사여 관행에서 이성왕(異姓王)의 1자(字) 왕 봉호(封號)는 찬탈 직전에 해당한다.[18] 따라서 진국왕(振國王 혹은 震國王), 즉 진왕(振王, 震王)의 자칭은 독립국의 지향, 혹은 자립의 표명을 뜻한다. 이후 당(唐) 중종(中宗)[19] 혹은 현종(玄宗) 선천원년(先天元年, 712)[20] 발해군왕(渤海郡王)에 봉해졌다. 이때 '말갈'을 없애고 '발해'로 불렀다는 『신당서』「발해전(渤海傳)」의 기록[21]을 보면, 그 이전에 당은 발해를 '발해말갈(渤海靺鞨)'이라 불렀음을 알 수 있다.[22] 이후 발해의 군주들은 어느 시점부터 발해국왕(渤海國王)으로 불렸다. 송초(宋初)까지 외교관계를 다룬 『책부원귀』「외신부」의 발해 표기를 살펴보면, 진국(振國, 혹은 震國), 발해(渤海), 발해말갈(渤海靺鞨), 말갈(靺鞨) 등이 국호로 사용되었다.[23] 또 일본의 사료에서는 한때 발해를 고려(高麗), 즉 고구려(高句麗)라고 표기하기도 하였다.[24]

---

18 崔珍烈, 「中國 周邊國이 수용한 '王'의 이미지-北朝의 異姓王 濫封과 百濟·新羅의 複數王출현현상의 비교사적 이해-」, 178-180쪽.

19 『新五代史』 卷74 「四夷附錄·渤海傳」, 920쪽, "至中宗時, 置忽汗州, 以祚榮為都督, 封渤海郡王, 其後世遂號渤海."

20 『新唐書』 卷219 「北狄·渤海傳」, 6180쪽, "睿宗先天中, 遣使拜祚榮為左驍衛大將軍·渤海郡王, 以所統為忽汗州, 領忽汗州都督, 自是始去靺鞨號, 專稱渤海." '선천先天'은 당 현종의 연호이므로 "睿宗先天中"은 "玄宗先天中"의 오기이다.

21 위와 같음.

22 이는 당대(唐代)의 원사료를 수집한 『책부원귀(册府元龜)』 卷959 「외신부(外臣部)」와 『오대회요(五代會要)』 등에서 찾아볼 수 있다.

23 현명호, 「발해의 고구려와의 계승관계를 모호하게 한 별칭 ≪발해말갈≫에 대하여」, 『발해사연구론문집』 1, 평양: 과학백과사전종합출판사, 1992, 94쪽.

24 송성호, 「발해의 건국」, 22-23쪽; 李成珪, 「고대 동아시아 교류의 열림[開]과 닫힘[塞]」, 한림대

이처럼 다양한 국호로 표기된 발해의 국호처럼 발해 국호에 대한 학설도 다양하다. 일부 중국학자와 일본학자들은 발해의 본래 국호가 말갈이라고 주장하였다.[25] 이밖에 '발해'가 단순히 작명(爵名)이라는 주장과 '말갈'의 와전이거나 동음(同音)이라는 주장,[26] 한대(漢代) 이후 발해군(勃海郡, 혹은 渤海郡)의 지명을 차용했다는 주장, 대씨(大氏)의 지망(地望)을 존숭한 국호라는 주장, 태호(太昊)에서 비롯되었다는 주장 등이 제기되었다.[27] 북한 학계에서는 발해가 중국의 발해 연안까지 국력이 미치리라는 희망으로 붙인 이름이라고 보거나[28] 발해 연안지역을 장악했기 때문에 붙여진 국호로 보기도 한다.[29] 또 문왕(文王) 치세인 750년대 말부터 770년대 경까지 20여 년 간 '고려', 즉 고구려라는 국호를 사용하였다고 보기도 한다.[30] 우리나라에서는 당(唐)이 발해라는 국가에 '발해'라

학교 아시아문화연구소, 『동아시아 경제문화 네트워크』, 태학사, 2007, 162쪽.

25 朱國枕・魏國忠, 「"靺鞨"究竟應該這樣稱號」, 『學習與探索』 1981-2, 1981; 安倍辰夫・平川南 編, 『多賀城碑-その迷を解く-』, 雄山閣出版, 1989; 平川南, 「多賀城の創建年代-木簡の檢討を中心として」, 『國立繹史民俗博物館研究報告』 50, 1993; 東野治之・平川南, 『よみがえる古代の碑』, 歷史民俗博物館振興會, 1999; 張碧波, 「渤海早期國號考索」, 『黑龍江民族叢刊』 2002-1(總第68期), 2002, 70왼쪽-74오른쪽; 紀勝利・郝慶雲, 「渤海國初建之際國號考」, 『中國邊疆史地研究』 14-2, 2004, 52-58쪽; 魏國忠・朱國枕・郝慶雲, 「渤海國的建立」, 『渤海國史』, 北京: 中國社會科學出版社, 2006; 魏國忠, 「渤海國號初稱"靺鞨"考」, 『東北史地』 2006-3, 2006.

26 金毓黻, 『東北通史』, 臺北: 洪氏出版社, 1976; 劉振華, 「渤海大氏王室族屬新證-從考古材料出發的考察-」, 『社會科學戰線』 1981-3, 1981, 211쪽; 傅朗雲・楊暘, 『東北民族史略』, 吉林人民出版社, 1983, 85-86쪽; 李蘗龍, 「廣開土王碑文에 쓰인 '烟'字의 語彙的 意味」, 碧史李佑成敎授停年退職紀念論叢 編, 『民族史의 展開와 그 文化』 上, 창작과 비평사, 1990, 40쪽; 王承禮・劉振華 主編, 『渤海的歷史與文化』, 延邊: 延邊人民出版社, 1991, 35쪽; 徐德源, 「從考釋大氏王室稱號變化看渤海隸屬唐朝的過程」, 『遼寧大學學報』 1996-5(總第141), 1996, 17쪽; 金香, 「渤海國曾經稱過'震國'嗎」, 孫進己・孫海 主編, 『高句麗渤海研究集成』 4, 哈爾濱: 哈爾濱出版社, 1997, 150쪽.

27 渤海 國號에 관한 다양한 해석은 張碧波, 「渤海大氏續考」, 『北方文物』 2001-3(總第67期), 2001, 59오른쪽-60오른쪽 참조.

28 박시형, 『발해사』, 이론과실천, 1989(原載 『발해사』, 평양: 김일성종합대학출판사, 1979), 50쪽.

29 손영종, 「발해의 서변에 대하여」, 『발해사연구론문집』, 평양: 과학백과사전종합출판사, 1992(原載 『력사과학』 1980-1・2, 1980), 60쪽.

는 명칭을 사용한 이유는 대조영이 세운 진국이 발해(바다 이름) 건너편에 위치했기 때문이라고 주장이 있다. 즉 선천원년(先天元年, 712) 막주(鄚州) 북쪽에 설치한 발해군(渤海軍)처럼 거란(契丹)을 견제하라는 의미에서 대조영에게 발해군왕의 칭호를 하사했다는 논지이다.[31] 이 연구에서는 혹은 발해의 상경용천부(上京龍泉府)에 발주(渤州)가 설치된 점에 주목하여 발주의 위치를 통해 '발(渤)'이 흘한하(忽汗河) 혹은 흘한해(忽汗海)라고 불렀던 현재의 모란강(牡丹江)을 가리켰다는 가능성을 제시하였다. 즉 모란강을 발해(바다 이름)로 인식했다는 뜻이다. 따라서 발주는 당이 발해에 설치한 기미주(羈縻州)인 흘한주의 별칭 혹은 이칭(異稱)으로 해석되며, 신라와 계림주(鷄林州)가 동일시된 것처럼 발해인들도 발해와 흘한주를 동일시하여 발해를 국호로 인식하였다고 한다.[32] 한 일본학자는 '발해'의 유래를 밝히지 못하고 발해의 군주에게 '군왕(郡王)'의 칭호를 준 것은 국내 신하들의 작위 하사와 동일하며, 당대(唐代) 내속한 이민족들에게 '군왕'의 칭호를 주었던 관례의 연장선상에서 확인할 수 있음을 지적하였다. 또 이민족에게 준 작명에 당 내지의 지명이 사용된 예는 '발해'를 제외하면 없음도 지적하였다.[33]

발해라는 국호의 유래는 발해인의 종족(種族) 문제와 함께 발해의 정체성 문제뿐만 아니라 현재 우리나라와 중국에서 벌어지는 발해의 국적, 혹은 귀속 문제를 해결하는 중요한 단서이다. 그러나 아직까지 발해 국호의 유래에 대한 명쾌한 해답은 없다. 필자는 예전부터 '발해'가 고구려와 밀접한 관계가 있다고 생각하였고, 특히 '발해'는 북조(北朝)와 당대(唐

30 김혁철, 「발해에서 ≪고려≫ 국호의 사용에 대하여」, 『력사과학』 3, 2003, 64쪽.

31 김종복, 「발해 국호의 성립 배경과 의미」, 『한국사연구』 128, 한국사연구회, 2005, 17쪽.

32 김종복, 위의 글, 26-27쪽.

33 金子修一, 「唐朝より見た渤海の名分的位置」, 『隋唐の國際秩序と東アジア』, 東京: 名著刊行會, 2001, 277쪽.

代)에 만연한 본적지봉호(本籍地封號) 및 군망(郡望)과 관련이 있다고 추론하고 이를 입증하기 위해 디딤돌이 되는 글들을 준비하였다.[34] 이 과정에서 중 세 명의 중국학자가 필자와 비슷한 주장을 했음을 알게 되었다. 마일홍(馬一虹)은 '발해'가 발해고씨(渤海高氏)의 군망(郡望)과 관계있으며, 대조영에게 발해군왕의 칭호를 준 것은 대조영 집단과 고구려의 관계를 단절하기 위한 조치라고 주장하였다.[35] 왕성국(王成國)은 발해의 왕족 대씨(大氏)가 대련씨(大連氏)의 후예라고 보았다.[36] 장벽파(張碧波)는 처음에 대조영의 조상이 발해에 거주했던 대정씨(大庭氏)에서 유래하였으며, 선조들의 원래 고향 혹은 군망인 발해라는 지명을 따서 국호로 정했다고 주장하였다.[37] 그는 대씨가 대정씨에서 유래되었고, 대정씨는 발해군과 관련이 있다고 주장하며, 『원화성찬(元和姓纂)』을 근거로 들었다. 그러나 『원화성찬』에서는 『풍속통(風俗通)』을 인용하여 대씨가 대정씨의 후예라고만 언급했을 뿐, 발해군 출신이라고 기록하지 않았다.[38] 따라서 장벽파의 주장은 사료를 왜곡한 견강부회에 불과하다. 그러나 결론은 다르지만 '발해'가 군망 혹은 본적지봉호와 관련이 있다는 주

34 崔珍烈, 「兩漢魏晉時代 本籍地 封爵과 그 의미-본적지 회피 관행의 변화양상을 중심으로-」, 『東洋史學硏究』 101, 2007, 1-32쪽; 崔珍烈, 「南北朝時代 본적지봉작과 그 성격-통계적 분석과 정치적 기능을 중심으로-」, 『中國古中世史硏究』 19, 2008, 211-256쪽; 崔珍烈, 「東晉·南北朝~唐代 주변국 冊封 封號의 地名 분석-韓國古代 三國君主들의 冊封 郡王/郡公 칭호의 이해를 중심으로-」, 『歷史學報』 197, 2008, 77-98쪽; 崔珍烈, 「隋唐 本籍地封爵의 性格-門閥·郡望과의 관련성을 중심으로-」, 『中國古中世史硏究』 20, 2008, 377-430쪽.

35 馬一虹, 「唐封大祚榮"渤海郡王"號考」, 『北方文物』 2002-2(總第70期), 2002, 61왼쪽-66왼쪽.

36 王成國, 「渤海王族 大氏의 고찰」, 崔茂藏 編譯, 『渤海의 起源과 文化』, 대전: 藝文出版社, 1988(原載 王成國, 「渤海王族大氏考」, 『黑龍江文物叢刊』 1983-3, 1983), 70쪽.

37 張碧波, 「渤海大氏考」, 『學習與探索』 1998-5(總第118期), 1998, 118-124쪽; 張碧波, 「渤海大氏續考」, 57왼쪽 - 62오른쪽; 張碧波, 「漢唐郡望觀念與渤海大氏-渤海大氏三考-」, 『學習與探索』 2002-1(總第138期), 2002, 131-136쪽.

38 『元和姓纂』(林寶 撰, 岑仲勉 校記, 中華書局, 2008) 卷8 十四泰·大條, 1254쪽, "風俗通, 大庭氏之後."

장은 필자의 생각과 일치한다. 본 연구서에서는 군망과 본적지봉호 등 단서를 종합하여 발해 국호 연원을 논증하려고 한다.

1부에서는 당대(唐代) 사서와 묘지명(墓誌銘)에서 '고려' 즉 당대 고구려의 표기가 거의 보이지 않는 현상을 다룬다. 1장에서는 고구려 유민의 본적(출신) 표기를 검토하여 '고려'(고구려) 국호의 등장 여부를 살펴본다. 그리고 백제와 돌궐을 비롯한 당대 이민족의 본적(출신) 표기도 함께 검토하여 고구려 유민과 기타 이민족 본적 표기의 특징을 비교하고 검토한다. 2장에서는 수당시대 『수서』·『구당서』·『신당서』·『당회요』 등의 사서와 묘지명의 고구려 관련 기사를 분석하여 '고려'라는 국호 표기 여부를 검토한다. 그리고 백제와 기타 주변국 관련 기사에서도 해당 국명 혹은 부족명, 종족명을 표기했는지 살펴볼 것이다. 이어서 마찬가지로 고구려와 기타 국가의 국호 표기 여부를 비교하여 고구려 국호 표기 현상을 객관적으로 검증할 것이다.

2부에서는 당대 사서에 나타난 '발해'의 표기와 종족(種族) 문제, 고구려와의 계승 인식을 다룬다. 3장에서는 발해의 영역 표기와 관련하여 『신당서』와 기타 사료를 비교하여 고구려와의 계승관계 서술을 검토한다. 4장에서는 『구당서』「발해말갈전」과 『신당서』「발해전」에 기록된 조영의 종족 혹은 국적 기사가 다른 점에 주목하여 그 배경을 밝힌다. 이를 위해 『구당서』와 『신당서』 주변국의 종족 표기를 정리하고 비교함으로써 발해의 종족 표기가 다른 문제를 전체적으로 조감하려고 한다. 그리고 이를 『신당서』「발해전」의 고구려 관련 기사와도 비교하여 『신당서』의 고구려 서술 기피현상을 밝힐 것이다.

3부에서는 고구려와 발해를 연결하는 매개물인 본적지봉호와 책봉 봉호의 관계, 본적지봉호를 대외적으로 확대한 '연고지봉작(緣故地封號)'의 성격과 실상을 다룬다. 5장에서는 본적지봉작 통계를 바탕으로 한당

(漢唐) 시대 본적지봉작의 추이와 성격을 검토한다. 이를 통해 한대와 당대 사이에 군현지배체제의 금기사항이었던 본적지봉호가 점차 증가하였던 현상과 그 배경을 검토하려고 한다. 6장에서는 본적지봉작과 문벌의 관계를 살펴본다. 북조시대(北朝時代) 본적지봉작, 즉, 봉작자의 본적 군현명이 포함되는 현상이 당시 문벌을 부각시키며, 이 지명이 군망을 표명하는 것이었음을 통계와 주요 문벌의 사례를 중심으로 논증할 것이다. 이를 통해 해당 성씨가 문벌을 모칭(冒稱)하기 위해 본적지봉호를 이용했음을 살펴보려고 한다. 그리고 이 연구서의 주제와 관련된 고씨(高氏)의 발해 군망 모칭, 특히 고구려인들의 발해고씨 모칭 현상을 검증해 보려고 한다. 7장에서는 남북조시대부터 수당시대까지 중국이 주변 국가에 사여한 책봉 봉호의 지명을 분석하여 해당 국가와 관련 있는 지명, 혹은 옛 중국의 군현명 등을 사용했던 연고지봉작을 살펴본다. 이는 '발해'라는 국호가 연고지봉작의 연장선상에 있음을 증명하려는 작업의 하나이다.

4부에서는 1부에서 논증한 당대 조정과 중국인의 '고구려' 표기 회피 혹은 기피 현상, 3부에서 논증한 본적지봉호와 연고지봉호, 문벌 모칭의 증거를 바탕으로 발해 국호가 고구려와 관련이 있음을 다룬다. 8장에서는 고구려 왕족과 일반인에 많은 고씨가 고구려라는 국호의 약칭이었음을 입증한다. 이를 위해 북아시아의 유목국가 및 유목민, 중앙아시아인, 백제의 예도 함께 검토하려고 한다. 9장에서는 고구려인 고씨가 중국의 문벌인 발해고씨를 모칭하는 사례를 통해 고구려와 '발해'가 밀접한 관계가 있었음을 밝힌다. 10장에서는 발해의 '황실' 성인 대씨와 고구려 군주의 성인 '고'가 같은 뜻임을 밝히고 이를 실마리로 '발해'라는 국호가 고구려와 관계가 있음을 추론한다.

제1부
당대 '고구려' 표기의 회피

제1장

고구려 유민의 본적 표기 검토

제1장
고구려 유민의 본적 표기 검토

본장에서는 고구려 유민의 본적(출신) 표기를 검토한다. 먼저 1절에서는 고구려 유민으로 추정되는 묘지명(墓誌銘)의 본적을 검토하여 고구려 유민을 확정 혹은 추정한다. 그리고 이를 바탕으로 고구려 유민의 본적(출신) 표기의 성격 혹은 경향을 검토한다. 이어서 그 결과를 객관적으로 검토하기 위해 백제 유민이나 당(唐)에 복속한 기타 이민족의 본적 표기를 살펴보고 이를 고구려 유민의 본적(출신) 표기와 비교한다. 이를 통해 고구려 유민의 본적(출신) 표기의 특징을 도출할 수 있을 것이다.

1. 고구려 유민 묘지명의 본적 표기

1) 고구려 유민 여부의 검토

현재 고구려 유민으로 인정된 인물은 고요묘(高鐃苗), 고제석(高提昔), 이타인(李他仁), 천남생(泉男生), 고현(高玄), 고족유(高足酉), 고모(高牟),

고자(高慈), 고질(高質, 高性文), 천헌성(泉獻誠), 천남산(泉男産), 고목로(高木盧), 천비(泉毖), 고흠덕(高欽德), 이인덕(李仁德), 왕경요(王景曜), 고덕(高德), 고원망(高遠望), 고씨부인(高氏夫人, 고진(高震)의 딸), 고진(高震), 고요(高耀) 등 21인이다. 여기에 사선의일(似先義逸)과 두선부(豆善富), 이회(李懷)도 고구려 유민으로 간주하는 견해도 있다.[1] 본 항에서는 묘지명을 분석하고 선행연구를 참조하여 고구려 유민 여부를 검토하려고 한다.

먼저 대외적으로 알려진 인물 혹은 그들의 후손이 있다. 고진(高震)과 고씨부인(高氏夫人)은 고구려 마지막 군주인 보장왕(寶藏王, 묘지명에는 고장(高藏)으로 표기)의 손자[2]와 증손녀[3]이다(두 사람은 부녀관계). 또 천남생과 천헌성·천남산은 『삼국사기』[4]와 중국의 사서[5]에도 연개소문(淵蓋蘇文)의 아들로 기록되었다. 천비는 남생의 증손이자 헌성의 아들이기 때문에[6] 고구려 유민임이 확실하다. 이상으로 고진과 고씨부인, 천남생,

1 拜根興, 「高麗移民墓誌資料彙集」, 『唐代高麗百濟移民硏究-以西安洛陽出土墓誌爲中心-』, 北京: 中國社會科學出版社, 2012, 257-292쪽. 배근흥(拜根興)은 '유민(遺民)'이 아닌 '이민(移民)'이라는 용어를 사용하였다. 따라서 혈통상 고구려인(高句麗人)이 아닌 인물이 포함되었을 가능성이 있다. 이동훈은 이회(李懷)는 중국인으로, 두선부(豆善富)는 선비계(鮮卑系) 고구려인(高句麗人)으로 보았다(이동훈, 「고구려 백제유민 지문구성과 찬서자」, 한국고대사학회, 제27회합동토론회, 2014, 9-12쪽).

2 「唐開府儀同三司工部尙書特進右金吾衛大將軍安東都護郯國公上柱國高公墓誌銘并序」, 周紹良 主編, 『唐代墓誌彙編』(周紹良 主編, 上海: 上海古籍出版社, 1992), 1814쪽, "公諱震, 字某渤海人. 祖藏, 開府儀同三司工部尙書朝鮮郡王柳城郡開國公; 禰諱連, 雲麾將軍·右豹韜大將軍安東都護."

3 「宣義郎唐守唐州慈丘縣令邵公故夫人高氏墓誌并序」, 『全唐文補遺』 第六輯(吳鋼 主編, 西安: 三秦出版社, 1999), 458위쪽, "夫人姓高氏, 渤海人也. 齊之諸裔也. …… 曾祖, 皇朝鮮王. 祖諱連, 皇封朝鮮郡王. 父震, 定州別駕."

4 『三國史記』 卷49 「蓋蘇文傳附男生·男建·男産·獻誠傳」.

5 『신당서(新唐書)』에는 남생(男生)과 아들 헌성(獻誠)의 열전이 있다(『新唐書』 卷110 「諸夷蕃將·泉男生傳」 및 「獻誠附傳」 참조).

천헌성, 천남산, 천비 6인은 『삼국사기』와 『구당서』, 『신당서』 등의 사료, 묘지명의 가계를 통해 고구려 유민임을 알 수 있다.

다음으로 묘지명의 서술 가운데 고구려 출신임을 알 수 있는 인물들이다. 고구려 멸망 이전 항복한 고질(高質, 高性文)과 고자(高慈) 부자이다. 고질의 묘지명에 따르면 고질의 19대조 고밀(高密)이 후한말(後漢末) 연군(燕軍)을 격파한 공으로 고씨(高氏)로 사성(賜姓)되고 철권(鐵券)을 하사받았다. 또 고질의 증조할아버지부터 아버지까지 고구려의 관직인 위두대형(位頭大兄), 막리지(莫離支), 책성도독(柵城都督) 등을 역임하였다.[7] 고질의 아들 고자의 묘지명은 이 사실을 구체적으로 기록하였다.

> "공의 이름은 자(慈)이며, 자(字)는 지첩(智捷)이고, 조선(朝鮮) 사람이다. 선조는 주몽왕(朱蒙王)을 따라 해동(海東) 제이(諸夷)를 평정하여 고려국(高麗國)을 세웠다. 이후 대대로 공후(公侯)와 재상(宰相)이 되었다. 후한말(後漢末)에 이르러 고려와 연(燕) 모용(慕容)[부(部)]가 싸워 [고려가] 대패하여 나라가 거의 멸망할 지경이었다. 20대 조(祖) [고]밀은 과(戈)라는 창을 들고 홀로 [적진으로] 들어가 벤 적의 수급이 특히 많았다. 이로 인해 연군(燕軍)을 격파하고 다시 본국을 보존할 수 있었다. [고려의 군주는 고밀을] 왕으로 봉하려고 하였으나 [고밀은] 세 번 사양하고 받지

---

6 「唐故宣德郎驍騎尉淄川縣開國子泉君墓誌銘」, 周紹良 主編, 『唐代墓誌彙編』, 1417쪽, "諱毖, 字孟堅, 京兆萬年人也. 曾祖特進·卞國襄公男生, 祖左衛大將軍·卞國莊公獻誠, 父光祿大夫·衛尉卿·卞國公隱, 并繼代承家, ……."

7 「大周故鎭軍大將軍行左金吾衛大將軍贈幽州都督上柱國柳城郡開國公高公墓誌銘」, 『全唐文補遺・千唐志齋新藏專輯』(西安: 三秦出版社, 2006), 79쪽, "公諱質, 字性文, 遼東遼東朝鮮人也. 青丘日域, 耸曾构而凌霄; 滄海谷王, 廓長源而繞地. 白狼余祉, 箕子之苗裔寔繁; 玄鱉殊祥, 河孫之派流彌遠. 十九代祖密, 後漢末以破燕軍存本國有功, 封爲王, 三讓不受. 因賜姓高氏, 食邑三千户. 仍賜金文鐵券曰: '宜令高密子孫, 代代承襲. 自非烏頭白, 鴨渌竭, 承襲不絕絕.' 曾祖前, 本蕃三品, 位頭大兄. 祖式, 二品莫離支, 独知國政及兵馬事. 父量, 三品栅城都督, 位頭大兄兼大相."

않았다. 이에 '고(高)'라는 성을 하사하고 , 식읍(食邑) 3천호를 내렸다. ……(후략)……"[8]

위의 인용문에서 1세대를 30년으로 계산할 경우 20대 조 고밀(高密)이 활동했던 시기는 600년 전이므로 연대가 후한시대(後漢時代)에 부합한다. 그러나 후한말 고려, 즉 고구려와 연(燕), 즉 모용부가 싸웠다는 인용문의 기록은 사실이 아니다. 『삼국사기』와 『진서(晉書)』, 『자치통감(資治通鑑)』에 따르면, 고구려와 모용씨(慕容氏)는 십육국시대(十六國時代)[9]에 여러 차례 전쟁을 벌였다. 따라서 아마도 '후한(後漢)'은 동진(東晉), 혹은 진(晉, 서진(西晉)과 동진(東晉)의 합칭)의 오기이거나 허구의 사실일 가능성이 있다. 그러나 고자의 선조가 고구려 출신이었음은 부인할 수 없다. 고질 · 고자 부자의 묘지명을 비교하면, 비슷한 시기에 만들어진 고질의 묘지명보다 고자의 묘지명 기사가 이들 가문과 고구려의 관계를 명확히 서술하였다.[10]

---

8 「大唐故壯武將軍行左豹韜衛郎將贈左玉鈐衛將軍高公墓誌銘并序」, 『唐代墓誌彙編』 聖歷044, 959쪽, "公諱慈, 字智捷, 朝鮮人也. 先祖隨朱蒙王平海東諸夷, 建高麗國, 已後代爲公侯宰相, 至後漢末, 高麗與燕慕容戰大敗, 國幾將滅. 廿代祖密當提戈獨入, 斬首尤多, 因破燕軍, 重存本國. 賜封爲王, 三讓不受, 因賜姓高, 食邑三千戶, ……"

9 국내에서는 '5호 16국시대(五胡十六國時代)'로 알려져 있으나, 5호(五胡)와 16국(十六國)은 별개이다. 즉 16국 가운데 한족(漢族)이 세운 세 나라, 즉 전량(前涼), 서량(西涼), 북연(北燕)이 존재하므로 5호(五胡)가 세운 16국이라는 의미의 5호 16국(五胡十六國)은 비논리적인 용어이다. 이런 모순 때문에 현재 중국학계에서는 십육국시대(十六國時期) 혹은 동진 · 십육국시대(東晉十六國時期)로 표기한다. 이 책에서는 '십육국시대'로 표기한다.

10 고질(高質) · 고자(高慈)에 대한 연구는 민경삼, 「신출토 高句麗 遺民 高質 墓誌」, 『新羅史學報』 9, 2007, 341-353쪽; 拜根興, 「高句麗 遺民 高性文, 高慈 父子 墓誌의 考證」, 『忠北史學』 22, 2009; 王化昆, 「讀武周<高質墓誌>」, 『武則天與神都洛陽』, 中國文史出版社, 2007; 同氏, 「<武周高質墓誌>考略」, 『河洛春秋』 2007-3, 2007; 민경삼, 「中國 洛陽 신출토 古代 韓人 墓誌銘 연구-高質 墓誌銘을 중심으로-」, 『新羅史學報』 15, 2009, 215-244쪽; 趙振華 · 閔庚三, 「唐高質·高慈父子墓誌研究」, 『東北史地』 2009-2, 2009, 21왼쪽-31오른쪽; 拜根興, 「高麗移民高性

이어서 고구려와 관련된 지명이나 관명을 통해 고구려 유민임을 알 수 있는 유형을 검토해 보자. 예컨대 고족유(高足酉)는 요동 평양(平壤) 사람이었고,[11] 묘지명에 고구려의 발상지에 있던 '현도(玄菟)'에 거주했던 기록이 있으며, 성이 고구려 왕족이 주로 사용하는 '고씨'였다. 따라서 한국과 중국학자 모두 고족유를 고구려 유민으로 본다.[12] 또 '요동 책주인(柵州人)'인 이타인(李他仁)의 조부는 대형(大兄)을 역임하였다.[13] 대형은 고구려의 벼슬이다. 이타인의 묘지명을 처음 소개한 중국학자 손철산(孫鐵山)은 이타인을 고구려에 예속된 속말말갈인(粟末靺鞨人)이라고 보았고 국내에도 이에 동의하는 주장이 있다.[14] 그러나 이타인이 '주몽유얼(朱蒙遺孼)'이었다는 표현이 보이고 그의 조상들이 대형과 대사자(大使者)를 역임하고 책성(柵城) 일대에서 활동했던 것으로 보아 책성의 토착 고구려인으로 보는 것이 타당하다는 견해가 유력하다.[15] 천씨(泉氏)의 부인 고제

文·高慈父子墓誌相關門題」, 『唐代高麗百濟移民硏究-以西安洛陽出土墓誌爲中心-』, 北京: 中國社會科學出版社, 2012, 210-223쪽 참조.

11 「大周故鎭軍大將軍高君墓誌銘并序」, 周紹良 · 趙超 主編, 『唐代墓誌彙編續集』(周紹良 · 趙超 主編, 上海: 上海古籍出版社, 2001), 348쪽, "公諱足酉, 字足酉, 遼東平壤人也."

12 李文基, 「高句麗 遺民 高足酉 墓誌의 檢討」, 『歷史教育論集』 26, 2001, 457-459쪽; 拜根興, 「高句麗 遺民 高足酉 墓誌銘」, 『中國史硏究』 12, 2001, 305-322쪽; 同氏, 「高句麗遺民高足酉墓誌銘考釋」, 『碑林集刊』 9, 2003, 27-35쪽; 이문기, 「高句麗 遺民 高足酉의 생애와 활동」, 『民族發展硏究』 11 · 12, 2005; 姜淸波, 入唐三韓人硏究』, 暨南大學博士學位論文, 2005.4, 149쪽; 拜根興, 「高麗移民高足酉墓誌銘相關門題」, 『唐代高麗百濟移民硏究-以西安洛陽出土墓誌爲中心-』, 北京: 中國社會科學出版社, 2012, 223-235쪽.

13 孫鐵山, 「唐李他仁墓誌考釋」, 『遠望集』下, 西安: 陝西人民美術出版社, 1998, 736쪽, "祖福鄒, 本朝大兄."

14 안정준, 「李他仁墓誌銘'에 나타난 李他仁의 生涯와 族源: 高句麗에서 활동했던 柵城지역 靺鞨人의 사례」, 『목간과문자』 11, 2013, 195-195쪽.

15 尹龍九, 「중국출토의 韓國古代 遺民資料 몇 가지」, 『한국고대사연구』 32, 2003, 308-310쪽; 拜根興, 「李他仁墓誌涉及的幾個問題」, 『唐代高麗百濟移民硏究-以西安洛陽出土墓誌爲中心-』, 北京: 中國社會科學出版社, 2012, 239-242쪽.

석(高提昔)도 국내성(國內城)을 본적으로 기록하고 있으며 증조 고복인(高伏仁)은 수경성도사(水鏡城道使) 요동성대수령(遼東城大首領)을 역임하였다.[16] 국내성은 장수왕의 평양 천도 이전 고구려의 수도였다. 또 도사(道使)는 당의 자사(刺史)에 해당하는 고구려의 지방관이었다.[17] 따라서 고제석은 고구려 유민임이 확실하다.[18]

마지막으로 묘지명에 원래 고구려인임을 시사하는 당 기미부주(羈縻府州) 도독(都督)이나 자사(刺史)의 관명이 있는 유형이다. 주지하듯이, 당은 복속한 돌궐(突厥) · 위구르 · 토욕혼(吐谷渾) · 해(奚) · 거란(契丹), 심지어 고구려(高句麗)의 항호(降戶)를 통치하기 위해 기미부주를 설치하고 부족의 수령들을 도독이나 자사에 임명하고 세습하게 했다.[19] 초점을 고구려로 좁히면, 당은 고구려 멸망 후에 안동도호부(安東都護府)를 설치하고 휘하 기미부주의 도독과 자사는 고구려인 추장들을 임명하였다.[20] 따

16 王其禕, 「國內城高氏:最早入唐的高句麗移民-新發現唐上元元年≪泉府君夫人高提昔墓誌≫釋讀-」, 『陝西師範大學報(哲學社會科學版)』 42-3, 2013, 55쪽, “夫人諱提昔, 本國內城人也. 原夫蟬冕摛華, 叠清暉于往躅; 潢漪湛態, 挺芳烈于蘭闈. 曾祖伏仁, 大相·水鏡城道使·遼东城大首領.”

17 『舊唐書』 卷199上 「東夷 · 高麗傳」, 5319쪽, “外置州縣六十餘城. 大城置傉薩一, 比都督. 諸城置道使, 比刺史. 其下各有僚佐, 分掌曹事.”; 『新唐書』 卷220 東夷 高麗傳, 6186쪽, “其州縣六十. 大城置傉薩一, 比都督; 餘城置處閭近支, 亦號道使, 比刺史. 有參佐, 分幹.”

18 김영관, 「高句麗 遺民 高提昔 墓誌銘에 대한 연구」, 『白山學報』 97, 2013; 王其禕, 「国內城高氏:最早入唐的高句丽移民-新发现唐上元元年≪泉府君夫人高提昔墓誌≫释读-」, 54-63쪽.

19 『新唐書』 卷43下 「地理志」七下 羈縻州條, 1119-1120쪽, “唐興, 初未暇於四夷, 自太宗平突厥, 西北諸蕃及蠻夷稍稍內屬, 即其部落列置州縣. 其大者為都督府, 以其首領為都督·刺史, 皆得世襲. …… 突厥·回紇·党項·吐谷渾隸關內道者, 為府二十九, 州九十. 突厥之別部及奚·契丹·靺鞨·降胡·高麗隸河北者, 為府十四, 州四十六. 突厥·回紇·党項·吐谷渾之別部及龜茲·于闐·焉耆·疏勒·河西內屬諸胡·西域十六國隸隴右者, 為府五十一, 州百九十八. 羌·蠻隸劍南者, 為州二百六十一. 蠻隸江南者, 為州五十一, 隸嶺南者, 為州九十二. 又有党項州二十四, 不知其隸屬. 大凡府州八百五十六, 號為羈縻云.”

20 『舊唐書』 卷39 「地理志」2 河北道 · 安東都護府條, 1526쪽, “安東都護府: 總章元年九月, 司空李勣平高麗. 高麗本五部, 一百七十六城, 戶六十九萬七千. 其年十二月, 分高麗地為九都督府,

라서 묘지명의 본인 혹은 조상 관명에 "기미부주의 명칭 + 도독 · 자사"가 보일 경우 고구려 유민일 가능성이 높다. 예컨대 '요동 삼한인(三韓人)' 고현(高玄)의 증조인 고보(高寶)는 본주도독(本州都督), 조부인 고방(高方)이 평양성자사(平壤城刺史)를 역임하였다.[21] 여기서 본주(本州)는 본래 해당 인물의 고향 혹은 본적지인 주를 뜻하며, 고구려가 망한 후에 설치된 기미주를 뜻한다. 고보의 아들 고방이 평양성자사를 역임했음을 상기하면 본주는 평양성 일대에 설치된 기미주 혹은 기미부일 것이다. 평양성이 고구려의 수도였으므로 고구려의 관리를 지낸 고현의 선조는 고구려인이라고 볼 수 있다. 또 고현은 영창원년(永昌元年, 689) 여러 주에 있었던 고구려인들을 병사로 차출하는 일에 관여하였고, 같은 해 낙주(洛州)의 병사를 징발하였으며 신평도좌삼국총관(新平道左三軍總管)에 임명되었다.[22] 이처럼 고현이 고구려와 관련이 있는 것으로 보아 역시 고구려인이었을 것이다.[23] 본적이 발해군인 고흠덕(高欽德)의 증조할아버지 고원(高瑗)과 할아버지 고회(高懷)는 건안주도독(建安州都督)을 역임하였다.[24] 건안주(建安州)는 고구려를 멸망시킨 후 세운 기미주의 하나였

四十二州, 一百縣, 置安東都護府於平壤城以統之. 用其酋渠為都督·刺史·縣令, 令將軍薛仁貴以兵二萬鎮安東府."

21 「大周故冠軍大將軍行左豹韜衛翊府中郎將高府君墓誌銘并序」, 『唐代墓誌彙編續集』 天授015, 317쪽, "君諱玄, 字貴王, 遼東三韓人也. …… 曾祖寶, 任本州都督. 祖方, 任平壤城刺史." 이하 해당 묘지명을 다시 인용할 때 '고현묘지(高玄墓誌)'처럼 약칭한다.

22 위와 같음, "又以永昌元年奉敕差令諸州簡高麗兵士. 其年七月又 奉敕簡洛州兵士, 便充新平道左三軍總管征行."

23 姜淸波, 入唐三韓人研究』, 146쪽; 崔珍烈, 「唐人들이 인정한 高句麗人의 正體性-唐代 墓誌銘에 보이는 高句麗의 別稱(朝鮮 · 三韓 · 扶餘) 分析을 중심으로-」, 『동북아역사논총』 24, 2009, 214-215쪽.

24 「唐右武衛將軍高府君墓誌銘并序」, 『唐代墓誌彙編』 開元376, 1416쪽, "公諱欽德, 字應休, 渤海人也. 曾祖瑗, 建安州都督; 祖懷, 襲爵建安州都督; 父千. 唐左玉鈴衛中郎."

다.[25] 따라서 고흠덕의 조부 고회가 건안주도독을 세습한 것은 고회 일가가 고구려의 유력한 세력임을 보여준다.[26] 마지막으로 고원망(高遠望)은 묘지명에 은(殷, 商)의 충신 비간(比干)의 후손이라고 기록하였다.[27] 그러나 증조할아버지의 이름이 회(懷), 아버지의 이름이 흠덕(欽德)[28]이었으므로 고흠덕의 가계와 일치한다. 즉 고원망은 고흠덕의 아들이었다. 따라서 고원망도 고구려 유민의 후손이었다.

위에서 살펴본 네 유형에 해당하는 인물, 즉 고진・고씨부인・천남생・천헌성・천남산・천비(사서 및 묘지명에서 고구려인으로 확인), 고질・고자 부자(묘지명에서 고구려 언급), 고족유・이타인・고제석(고구려 지명과 벼슬 언급), 고현・고흠덕・고원망(기미부주 도독・자사 역임) 14인은 고구려 유민임이 확실하다.

이밖에 고구려 유민이라는 직접적인 증거가 없지만 고구려 유민으로 인정되는 인물들이 있다. 아래에서 차례대로 살펴보자.

먼저 고목로(高木盧)이다. 고목로의 묘지명에는 그가 발해군(渤海郡) 수현(蓨縣) 출신이며, 그의 먼 조상이 바다 한 모퉁이(海隅)로 피난하였다고 기록하였다.[29] 한 중국학자는 '해우(海隅)'가 고구려를 지칭한다고 주

---

25 『舊唐書』 卷39 「地理志」二 河北道・建安州都督府條, 1527쪽; 『新唐書』 卷43下 「地理志」七下 河北道・高麗降戶條, 1129쪽.

26 崔珍烈, 「唐人들이 인정한 高句麗人의 正體性-唐代 墓誌銘에 보이는 高句麗의 別稱(朝鮮・三韓・扶餘) 分析을 중심으로-」, 215-216쪽.

27 「唐故安東副都護高府君墓誌銘并序(高遠望墓誌)」, 『全唐文補遺』 第八輯(吳鋼 主編, 西安: 三秦出版社, 2005), 47위쪽, "考諱遠望, 字幼敏, 先殷人也. 時主荒湎, 攻惟暴政. 崇信奸回, 賊虐諫輔. 比干以忠諫而死, 故其子去國, 因家于遼東焉. …(중략)… 其地逼烏丸·鮮, 接扶餘·肅愼."

28 「唐故安東副都護高府君墓誌銘并序(高遠望墓誌)」, 47아래쪽, "曾祖懷, 唐雲麾將軍·建安州都督. 祖千, 唐左玉鈐衛中郎·襲爵建安州都督. 父欽德, 襲建州都督·皇右武衛將軍·幽州副節度知平盧軍事."

29 『全唐文補遺』 第五輯(吳鋼 主編, 西安: 三秦出版社, 1998), 353쪽, "公諱木盧, 渤海蓨人也.

장하였다. 원문의 "당대가 되어 순박한 교화가 널리 미친다(暨我皇唐, 大敷淳化)."는 고구려가 멸망한 후에 고구려 유민들이 당으로 이주한 사실을 지칭한다고 한다. 따라서 묘지명에서 발해인이라 표기한 것은 고진의 예처럼 고구려라는 출신 표기를 피하기 위함이라는 주장이다.[30]

이어서 이인덕(李仁德)과 왕경요(王景曜)이다. 이인덕은 선조가 낙랑(樂浪)의 망족(望族)이었다고 묘지명에 기록되었으나[31] 실제로는 고구려인을 지칭한다고 한다. 이는 고구려 유민임을 피하기 위해 사용한 상투적인 방법이라고 한다.[32] 다음으로 왕경요이다. 왕경요의 묘지명에 따르면 태원군(太原郡)이 본적인 그의 선조는 진말(晉末)에 해동(海東)으로 피난하였고 당초(唐初)에 다시 귀부(歸附)하였다고 기록하였다. 이어서 이릉(李陵)이 흉노(匈奴)에 투항한 이후 흉노의 족(族)이 되었고, 흉노에 있던 소무(蘇武)가 한(漢)으로 귀환하여 한의 신하가 되었다고 서술하였다. 왕경요의 선조가 해동으로 옮긴 것도 같은 유형이라고 기록하였다.[33] 아래 고덕(高德)의 예에서 자세히 살펴보겠지만, 한족(漢族) 이릉이 흉노에 거주하여 흉노인이 되었음을 굳이 밝힌 것은 왕경요의 조상이 한족이었지만 해동에 거주하며 그곳의 종족이 되었다고 강변한 것이다. 이민족들이 이릉의 후예로 기록한 예가 많기 때문에[34] 본래 한족이 아니라 고구려인

昔太公輔周, 肇開王業. 天眷錫命, 受封東齊. 鍾鼎玉食, 七百餘載. 後遇田和簒奪, 分居荒裔. 公之遠祖, 避難海隅. 暨我皇唐, 大敷淳化. 乃越溟勃, 歸桑梓."

30 姜淸波, 入唐三韓人研究』, 164쪽.

31 「大唐故冠軍大將軍行右威衛將軍上柱國金城郡開國公李公墓誌銘并序」, 『唐代墓誌彙編』 開元370, 1412쪽, "公曰仁德, 族李氏, 其先蓋樂浪望族也. 自堯臣類馬, 周史猶龍, 眞裔散於殊方, 保姓傳於弈代."

32 姜淸波, 「入唐三韓人研究』, 169쪽.

33 「唐故右威衛將軍上柱國王公墓誌銘并序」, 『唐代墓誌彙編』 開元413, 1441쪽, "公諱景曜, 字明遠, 其先太原人, 昔當晉末, 鵝出于地, 公之遠祖, 避難海東. 洎乎唐初, 龍飛在天, 公之父焉, 投化歸本. 亦由李陵之在匈奴, 還作匈奴之族; 蘇武之歸於漢, 即爲漢代之臣. 公之族代播遷, 亦其類也."

일 가능성이 높다. 한 중국학자는 해동은 고구려를 지칭하며 그의 아버지가 당으로 귀화한 것은 고구려의 멸망을 암시한다고 한다.[35]

다음으로 고모(高牟)이다. 고모의 본적인 안동(安東)은 안동도호부의 약칭으로 추정된다. 안동도호부는 고구려 멸망 후 고구려 옛 땅에 설치하였으므로 고구려인일 가능성이 높다고 한다. 또 고모는 『문원영화(文苑英華)』의 판문(判文)에 고구려를 상징하는 '우가(牛加)의 땅', 즉 부여(扶餘)를 버리고 당에 귀부했다는 기록과 고모의 국적에 진한(辰韓)·예맥(濊貊)·삼한(三韓) 등의 단어가 사용되는 것으로 보아 고구려인일 가능성이 높다고 한다.[36]

이어서 1984년 12월 신강위구르자치구 토로번문관소(吐鲁番文管所)가 합랍화탁촌(哈拉和卓村) 동쪽에서 「대당이서정지탁영전부사은청광록대부시위위경상주국발해고공묘지명(大唐伊西庭支度营田副使銀青光祿大夫試衛尉卿上柱國渤海高公墓誌銘)」이 발견되었다. 전백천(錢伯泉)은 묘지명의 주인공 고요(高耀)의 본적을 '발해'라고 하였지만, "군망은 발해라고 하였지만 교하에 집을 두었다(望表渤海, 家于交河)."라는 표현에 주목하여 교하(交河), 즉 당의 중앙아시아 지배의 거점인 서주(西州) 교하현(交河縣)으로 이주된 고구려 유민이라고 보았다. 고선지(高仙芝)의 아버지 고사계(高舍鷄)도 쿠차(龜兹)로 이주하여 무장(武將)으로 활동한 것처럼[37] 고요의 선조들도 안서도호부(安西都護府)의 관리로 근무하였다. 예

34 湯海淸, 「北魏·北周·唐時期追祖李陵現象述論-以"拓跋鮮卑系李陵之後"爲中心-」, 『民族硏究』 2007-3, 2007 참조.

35 姜淸波, 『入唐三韓人硏究』, 172쪽.

36 樓正豪, 「高句麗遺民 高牟에 대한 考察」, 『韓國史學報』 53, 2013, 400-402쪽.

37 『舊唐書』 卷104 「高仙芝傳」, 3203쪽, "高仙芝, 本高麗人也. 父舍鷄, 初從河西軍, 累勞至四鎭十將·諸衛將軍."; 『新唐書』 卷135 「高仙芝傳」, 4576쪽, "高仙芝, 高麗人. 父舍雞, 初以將軍隸河西軍, 為四鎭校將."

컨대 고요의 할아버지 고덕방(高德方)은 당(唐)에서 조산대부(朝散大夫) 수안서부도호(守安西副都護) 상주국(上柱國), 아버지 고현(高玄)은 중대부(中大夫) 수북정부도호(守北庭副都護) 상주국(上柱國) 사자금어대(賜紫金魚袋)에 임명되었다.[38] 또 보장왕(寶藏王)의 후손인 고진과 딸 고씨의 묘지명에도 본적을 발해로 표기한 것처럼 수당시대(隋唐時代) 중국에 거주한 고구려인들은 본적을 발해로 바꾸었다는 관행이 있었다는 점도 근거의 하나이다.[39]

이밖에 한국학자가 고구려 유민으로 확정한 경우도 있다. 예컨대 본적이 요동인 고요묘(高鐃苗)는 "고구려＝요동"으로 쓰인 용례가 많기 때문에 고구려 유민으로 보기도 한다.[40]

마지막으로 고덕(高德)의 출신은 묘지명의 기록만으로는 분명하지 않다. 한 중국학자는 구체적인 근거를 제시하지 않고 본래 고려(고구려)에서 출자(出自)했으나 발해고씨를 사칭하였으며, 한편으로 고점리(高漸離)[41]의 후손을 자칭한 기묘한 예임을 지적하는데 그쳤다.[42] 아래에서 고덕의 묘지명을 살펴보자.

"부군(府君)의 이름은 덕(德)이고 자(字)는 원광(元光)이며, 그의 선조는

38 「大唐伊·西·庭支度營田副使·銀青光祿大夫·試衛尉卿·上柱國渤海高公墓誌銘」, "祖諱德方, 皇朝散大夫·守安西副都護·上柱國, 累□積行, 下惟□□, 衡□置州顯之間, 臨人有冰霜之操, 介然类耀, 垂範来將. 父諱玄, 皇中大夫, 守北庭副都護·上柱國·賜紫金魚袋, 風神疏朗, 胆略縱横, □□九鳴, 累□榮級, 清風不墜, 克著令聞, 爰從戴□之資, 遂階□□之副."

39 錢伯泉, 「隋唐時期西域的朝鮮族人」, 『新疆大學學報(哲學社會科學版)』 34-4, 2006, 61왼쪽-62오른쪽.

40 金榮官, 「高句麗 遺民 高鐃苗 墓誌 檢討」, 『韓國古代史研究』 56, 2009, 376-382쪽.

41 전국시대 말기 연(燕) 사람이다. 비파 연주에 능했으며 진왕(秦王) 정(政, 훗날의 시황제)을 암살하기 위해 파견된 형가의 친구였다.

42 仇鹿鳴, 「"攀附先世"與"僞冒士籍"-以渤海高氏爲中心的研究-」, 『歷史研究』 2008-2, 2008, 65쪽.

> 발해(渤海) 사람이다. …(중략)… 부군의 선조 세대에 요양(遼陽)으로 피난갔으며, 이로 인해 요양의 □족(族)이 되었다. …(중략)… 바야흐로 이릉(李陵)이 흉노(匈奴)에 있게 되어 드디어 흉노의 족속이 되었다. 이에 비해 소무(蘇武)는 [흉노에서] 한(漢)으로 되돌아 와서 오랫동안 한(漢)의 신하가 되었다. 할아버지와 아버지는 효(孝)와 충(忠)[의 덕목을 지녔으며] 왕가(王家)에 부지런히 봉사하여 오랜 햇수 동안 살게 되었다."[43]

위의 인용문에서 고덕이 고구려 사람이란 직접적인 표기는 없다. 그러나 흉노와의 전쟁에서 패해 흉노에 항복하여 한으로 돌아가지 못한 이릉과 사신의 절(節)을 지니고 결국 흉노에서 한(漢)으로 귀환한 소무의 고사를 제시하고 있는 점이 주목된다. 사서에는 이릉의 후예임을 자처하는 중국 주변의 이민족들의 예가 보인다. 『송서(宋書)』와 『남제서(南齊書)』 같은 남조계(南朝系) 사서(史書)에서는 북위(北魏)를 세운 탁발씨(拓跋氏)가 이릉과 흉노 여자 사이에서 태어난 후손이라고 기록하였다.[44] 이밖에 일부 이민족이 흉노에 항복한 이릉의 후손을 지칭하는 예가 빈번하였다.[45] 또 당대(唐代)에도 키르키즈(黠戛斯)가 이릉의 후손임을 강조하기도 하였다.[46] 이민족들은 결국 자신이 한족(漢族)임을 강변하기 위해 이릉

43 「故右龍武軍翊府中郎將高府君墓誌銘并序」, 『唐代墓誌彙編』, 1536쪽, "府君諱德, 字元光, 其先渤海人也 …… 府君先代, 避難遼陽, 因爲遼陽□族. …… 方李陵之在匈奴, 遂作匈奴之族; 比蘇武之還漢代, 長爲漢代之臣. 乃祖乃父, 有孝有忠, 勤勞王家, 多歷年所."

44 『宋書』 卷95 「索虜傳」, 2321쪽, "索頭虜姓託跋氏, 其先漢將李陵後也. [李]陵降匈奴, 有數百千種, 各立名號, 索頭亦其一也."; 『南齊書』 卷57 「魏虜傳」, 993쪽, "初, 匈奴女名托跋, 妻李陵, 胡俗以母名為姓, 故虜為李陵之後, 虜甚諱之, 有言其是陵後者, 輒見殺, 至是乃改姓焉."

45 湯海淸, 「北魏·北周·唐時期追祖李陵現象述論 - 以"拓跋鮮卑系李陵之後"爲中心 -」, 『民族硏究』 2007-3, 2007 참조.

46 『新唐書』 卷217下 「回鶻傳」 下, 6131쪽, "黠戛斯已破回鶻, 得太和公主; 又自以李陵後, 與唐同宗, 故遣使者達干奉主來歸."

의 후예라고 주장하였다. 고덕의 묘지명에서 이릉의 고사를 언급한 것은 그의 선조가 단순히 요양(遼陽)으로 피난간 것이 아니라 원래 요양에 살던 사람이었음을 은유적으로 표현했음을 알 수 있다. 즉 원래 고구려 사람이었지만, 당에 벼슬하며 "중국 → 요양 → 당"의 순서로 이주하여 살았다고 기술했다고 이해할 수 있다. 중국학자도 필자와 같은 추론을 거쳐 고덕을 고구려인이라고 결론지었을 것이다.[47] 우리나라 학계에서도 고덕을 고구려인으로 간주한 연구가 있다.[48] 요컨대 우리나라와 중국학자들은 다양한 이유로 고요묘, 고모, 고목로, 이인덕, 왕경요, 고덕, 고요 등을 고구려 유민으로 인정하였다.[49]

이밖에 사선의일(似先義逸)과 두선부(豆善富), 이회(李懷)도 고구려 유민으로 간주된다.[50] 사선의일과 이회의 묘지명에는 양자가 고구려와 관련이 있는 구절이나 실마리는 없다. 아래에서 이 세 인물의 출신을 검토해 보자.

먼저 사선의일이다. 사선의일 묘지명에는 사선씨(似先氏) 일부가 '요동'에 거주했다는 기록이 있다.[51] 당대(唐代) 사서와 묘지명에 '요동'이

47 崔珍烈, 「唐人들이 인정한 高句麗人의 正體性-唐代 墓誌銘에 보이는 高句麗의 別稱(朝鮮・三韓・扶餘) 分析을 중심으로-」, 217-218쪽.

48 이동훈, 「高句麗遺民『高德墓誌銘』」, 『韓國史學報』 31, 2008, 17-35쪽.

49 姜清波, 『入唐三韓人研究』, 146쪽 및 164쪽, 169쪽, 172쪽; 錢伯泉, 「隋唐時期西域的朝鮮族人」, 61왼쪽-63오른쪽; 바이건싱, 「고구려・발해 유민 관련 유적・유물」, 동북아역사재단 編, 『중국학계의 북방민족・국가 연구』, 동북아역사재단, 2008, 215-229쪽; 정병준, 「고구려유민연구」, 동북아역사재단 編, 『중국학계의 북방민족・국가 연구』, 서울: 동북아역사재단, 2008, 69-108쪽; 이동훈, 「高句麗 遺民, 高德墓誌銘」, 9-44쪽; 김영관, 「高句麗 遺民 高鐃苗 墓誌 檢討」, 369쪽. 이에 대해 묘지명(墓誌銘) 선조 기록을 사실로 인정하여 이들이 한족(漢族)이었으며, 비록 고구려(高句麗)에서 거주했다고 해도 고구려인(高句麗人)의 정체성을 가지지 않았으므로 고구려(高句麗) 유민(遺民)으로 보기 어렵다는 견해도 있다(권덕영, 「唐 墓誌의 고대 한반도 삼국에 대한 표기 검토」, 한국고대사학회, 제27회합동토론회, 2014, 55쪽).

50 拜根興, 「高麗移民墓誌資料彙集」, 285-288쪽 및 289-292쪽.

고구려의 대칭(代稱) 혹은 별칭으로 사용된 용례가 있지만,[52] 당에 귀부한 시기를 언급하지 않았으므로 고구려 유민으로 단정하기 어렵다. 사선씨에 대한 기록은 『통지(通志)』 권29 「씨족략(氏族略)」5 제방복성조(諸方復姓條)에 "사선씨는 본래 고려(고구려)의 여종(餘種)이다. 당 무덕(武德) 년간 우효위대장군(右驍衛大將軍) 사선영간(似先英間)이 있었다."[53]라고 하였다. 이 구절은 사선의일 묘지명에도 보인다.[54] 또 송(宋) 등명세(鄧名世)의 『고금성씨서변증(古今姓氏書辨證)』 권21에는 『후위관씨지(後魏官氏志)』를 인용하여 "사선씨는 사씨(似氏)로 바꾸었다."라고 기록하였다. 『고금성씨서변증』 권22에서는 사선씨에 대해 자세히 기록하였다.

> "사선씨(似先氏)는 고려(高麗)·부여(扶餘) 종(種)이다. 당 무덕(武德) 년간에 우효위장군(右驍衛將軍) 사선영문(似先英問)이 있었다. 또 「진유전(陣儒傳)」에 따르면 형남감군(荊南監軍) 주일문(朱日文)이 절도사(節度使) 단언모(段彦暮)를 공격하여 죽이자, 희종(僖宗)이 환관(中人) 사선원석(似先元錫)을 보내 주일문을 위무(慰撫)하게 하였다. 또 「이훈전(李訓傳)」에는 [이]훈(李訓)이 일찍이 환관 사선희일(似先希逸)을 보내 변경을

51 「唐故銀青光祿大夫行內侍省內常侍員外置同正員兼掖庭局令致仕上柱國汝南郡開國公食邑兩千戶賜紫金魚袋似先府君墓誌銘」, 『西安碑林博物館新藏墓誌彙編』(西安碑林博物館 編, 趙力光 主編, 北京: 線裝書局, 2007) 下册, 第293號; 拜根興, 「高麗移民墓誌資料彙集」, 290쪽, "昔周孝王□□□有酷肖其先者, 命爲似先氏, 其後或居遼東, 或遷中部."

52 崔珍烈, 「唐代 高句麗 표기 기피현상-隋唐 墓誌銘의 國名 표기 분석을 중심으로-」, 『동북아역사논총』 38, 2012, 213-223쪽; 권덕영, 「唐 墓誌의 고대 한반도 삼국에 대한 표기 검토」, 57-58쪽.

53 『通志』(鄭樵 撰, 北京: 中華書局, 1995) 卷29 「氏族略」5 諸方復姓條, "似先氏, 本高麗餘種也. 唐武德中右驍衛大將軍似先英間."

54 「唐故銀青光祿大夫行內侍省內常侍員外置同正員兼掖庭局令致仕上柱國汝南郡開國公食邑兩千戶賜紫金魚袋似先府君墓誌銘」, 趙力光 主編, 『西安碑林博物館新藏墓誌彙編』 下册, 第293號; 拜根興, 「高麗移民墓誌資料彙集」, 290쪽, "武德中, 右驍衛將軍英問□□命□□□□, 昭文館學士諶, 鴻臚外卿翰, 亦其族也."

어루만지도록 하였다."[55]

이 두 기록을 비교하면, 『통지』에서는 사선씨를 고려, 즉 고구려의 여종(餘種)이라고 기록한 반면, 『고금성씨서변증』에서는 고려부여종(高麗扶餘種)이라고 기록하였다.[56] 사선의일을 고구려인이라고 인정하더라도 고구려 유민이라고 단정하기 어렵다. 1980년대 영태현(永泰縣) 영태향(永泰鄕) 차촌(車村)에서 발견된 북위(北魏) 신구(神龜) 3년(520) 조상비(造像碑)에는 사선씨 4인, 즉 사선노인(似先魯仁)·사선오명(似先仵明)·사선지랑(似先志郎)·사선도인(似先睹仁)의 이름이 발견되었다.[57] 이는 사선씨가 북위시대에 이미 화북(華北) 지방(영태현은 섬서성(陝西省)에 위치)에 살았음을 보여준다. 따라서 사선씨와 사선의일을 고구려인의 후예라고 인정한다고 하더라도 고구려가 망한 후 당으로 강제 이주된 인물로 단정하기 어렵다.

이어서 이회(李懷)를 살펴보자. 이회의 묘지명에는 이회의 본적이 조군(趙郡) 천황현(贊皇縣)이었으며, 후에 자진(柘鎭)에 머물러 요동 사람이 되었다고 하였다. 또 이회의 증조 이경(李敬)이 수(隋)에서 양평군(襄平郡) 종사(從事)라는 벼슬을 지냈다.[58] 따라서 이회의 가문은 고구려와 전혀 관계없다. "요동=고구려"임을 인정하더라도 증조 이경이 수에 벼슬

---

55 『古今姓氏書辨證』(鄧名世 撰, 王力平 點校, 南昌: 江西人民出版社, 2006) 卷22 「六止」下 似先條, 329쪽, "似先氏, 高麗扶餘種也. 唐武德中, 有右驍衛將軍似先英問. 又陣儒傳荆南監軍朱日文攻殺節度使段彦暮, 僖宗遣中人似先元錫慰撫之. 又李訓傳, 勳賞遣中人似先希逸按邊."

56 金獻鏞·李健超, 「陝西新發現的高句麗人·新羅人遺迹」, 『考古與文物』 1999-6, 1999, 59오른쪽-60오른쪽.

57 金獻鏞·李健超, 「陝西新發現的高句麗人·新羅人遺迹」, 59왼쪽-59오른쪽.

58 「李懷墓誌」, 『唐代墓誌彙編』 天寶064, 1575쪽, "公諱懷, 其先趙郡贊皇人也. …… 克滅之後, 遂留柘鎭, 俗賴其利, 因爲遼東人. …… 曾祖敬, 隋襄平郡從事. 太宗東幸海關, 訪晉尙書令李公之後, 僉日末孫孜在. 帝許大用, 盡室公行, 爰至長安, 未貴而沒, 悲夫!"

했으므로 고구려 유민은 아니다.

다음으로 두선부에 대해 살펴보자. 아래는 두선부(豆善富)의 묘지명이다.

"군(君)의 이름은 선부(善富)이고, 자(字)는 휘(暉)이며, 그의 선조는 부풍[군](扶風郡) 평릉[현](平陵縣) 사람이다. 18세조(世祖) 통(統)은 한(漢) 안문태수(雁門太守)였는데, 문무(文武)의 난(難)을 피해 일족을 거느리고 북쪽의 들판으로 도망하니, 자손들은 대대로 북쪽 들판에 살았다. 후위(後魏)가 남천(南遷)할 때 흘두릉씨(紇豆陵氏)라는 성씨를 하사받았다. 6세조(六世祖) 보번(步蕃)은 서위(西魏)의 장(將)으로서 하곡(河曲)에 주둔하였다. 북제(北齊)의 신무[제](神武帝)에게 격파되어 드디어 요해(遼海)로 달아났으며, 후손들은 요해에 정착하였다. 그리고 성을 두씨(豆氏)라고 하였다. 당이 요(遼)가 신속(臣屬)하지 않음을 이유로 정벌하여 군사들의 창이 현도의 들(玄菟之野)에 머물렀다. 군의 아버지는 원조(遠祖)인 [두]융(竇融)이 하외(河外)에서 [후한(後漢) 광무제(光武帝)에게] 항복했던 일을 흠모하여 마침내 구이열성지장(九夷列成之將)을 참하여 정문(旌門)에서 무릎을 꿇고 절하였다. 도탄에 빠진 읍락(邑落)의 사람들을 부축하고 □궐(□闕)에 귀순하였다."**59**

위의 인용문에서 요해(遼海)와 요(遼), 구이(九夷)는 문맥상 고구려를 지칭한다. 즉 두선부의 선조는 북조 후기 고구려로 망명하였다가 후에

59 周紹良 主編, 『唐代墓誌彙編』 下册, 開元534, 1523쪽, "君諱善富, 字暉, 其先扶風平陵人也. 十八世祖統, 漢雁門太守, 避族文武之難, 亡于朔野, 子孫世居焉. 至後魏南遷, 賜紇豆陵氏. 六世祖步蕃, 西魏將, 鎭河曲. 爲北齊神武所破, 遂出奔遼海, 後裔因家焉. 爲豆氏□□皇唐征有遼之不庭, 兵戈次玄菟之野. 君考夫卒慕遠祖融河外納款, 遂斬九夷列成之將, 稽顙旌門. 扶邑落塗炭之人, 歸誠□闕."

당에 항복하였다. 그런데 위의 인용문에서는 두선부는 본래 부풍군(扶風郡) 평릉현(平陵縣) 출신의 한족(漢族)이었으나 한대(漢代)에 두통(豆統)이 북쪽 들판으로 도망하였다고 기록하였다. 후위(後魏), 즉 북위가 남천(南遷)하여 화북을 점령하는 과정에서 흘두릉씨(紇豆陵氏)로 사성(賜姓)되었다. 두선부의 6세조 흘두릉보번(紇豆陵步蕃)은 동위(東魏)의 고환[高歡(묘지명에서는 북제(北齊) 신무(神武)로 표기)]에게 패하였고 전사하였다.[60] 또 흘두릉씨는 효문제(孝文帝) 시기 호성(胡姓)의 한성(漢姓) 개칭(改稱) 조치 때 두씨(竇氏)로 바꾸었다.[61] 따라서 융(融), 즉 두융(竇融)을 먼 조상이라고 지칭한 것이다. 그러나 두융은 신말(新末)·후한 초(後漢初)에 활동했던 공신이었던 부풍군 평릉현 출신의 한인(漢人)이므로[62] 유목민 출신인 흘두릉씨(두씨)와 혈연적 관계가 없다. 그리고 호성(胡姓) 흘두릉씨의 한성(漢姓) 개칭 후 성은 '竇氏(두씨)'였으며, '豆氏(두씨)'는 아니었다. 따라서 두선부의 두씨가 부풍군 평릉현 출신의 한족(漢族)인 두씨로 모칭하는 데에는 논리가 허술하다. 오히려 두선부는 동위의 고환에 패해 고구려로 피난 온 하서(河西, 오르도스)의 유목민이었다. 따라서 고구려의 백성이 된 유목민이라고 볼 수 있지만, 고구려 혈통이라고 보기 어렵다. 따라서 본서에서는 두선부를 고구려 유민에서 제외하려고 한다.

60 『魏書』 卷75 「尒朱兆傳」, 1663쪽, "初, [尒朱]榮旣死, 莊帝詔河西人紇豆陵步蕃等令襲秀容. [尒朱]兆入洛後, 步蕃兵勢甚盛, 南逼晉陽, [尒朱]兆所以不暇留洛, 回師禦之. [尒朱]兆雖驍果, 本無策略, 頻爲步蕃所敗, 於是部勒士馬, 謀出山東. 令人頻徵獻武王於晉州, 乃分三州六鎭之人, 令王統領. 旣分兵別營, 乃引兵南出, 以避[紇豆陵]步蕃之銳. 步蕃至於樂平郡, 王與兆還討破之, 斬[紇豆陵]步蕃於秀容之石鼓山, 其衆退走."

61 『魏書』 卷113 「官氏志」, 3012쪽, "次南有紇豆陵氏, 後改為竇氏."

62 『後漢書』 卷23 「竇融列傳」, 795쪽, "竇融字周公, 扶風平陵人也. 七世祖廣國, 孝文皇后之弟, 封章武侯. 融高祖父, 宣帝時以吏二千石自常山徙焉."

2) 고구려 유민의 본적 표기 분석

1항에서 학계에서 고구려 유민 사료를 검토하여 21인의 고구려 유민을 확정하였다. 이들의 본적 혹은 출신을 정리하였다.

〈표 1〉 당대(唐代) 묘지명(墓誌銘)에 보이는 고구려(高句麗) 유민(遺民)들의 출신

이 름	출신 표기	遺民代數	墓誌銘 작성 시기	기 타
高鐃苗[63]	遼東人	1대?	咸亨 4년(673)	
高提昔[64]	本國內城人	3대	上元元年(674)	
李他仁[65]	遼東 柵州人→雍州 萬年縣	1대	儀鳳 2년(677)	
泉男生[66]	遼東郡 平壤城人	1대	儀鳳 4년(679)	淵蓋蘇文의 아들, '泉'은 避諱
高玄[67]	遼東 三韓人→京兆?	1대	天授 2년(691)	祖는 平壤城刺史
高足酉[68]	遼東 平壤人→洛州 永昌縣	1대	萬歲通天 2년(697)	
高牟[69]	安東人	1대	聖曆 2년(699)[70]	
高慈[71]	朝鮮人	1대 (2대)	聖曆 3년(700)	高質(高性文)의 아들
高質(高性文)[72]	遼東 朝鮮人	1대		
泉獻誠[73]	선조가 高句驪國人	2대	大足元年(701)	泉男生의 아들
泉男産[74]	遼東 朝鮮人	1대	長安 2년(701)	泉男生의 아우
高木盧[75]	渤海人	1대	開元 18년(730)	
泉毖[76]	京兆 萬年人	4대	開元 21년(733)	泉男生의 증손
高欽德[77]	渤海人	4대	開元 21년(733)	曾祖와 祖가 建安州都督 역임
李仁德[78]	선조가 樂浪 望族	2대	開元 21년(733)	
王景曜[79]	선조는 太原人→京兆人	?	開元 23년(735)	
高德[80]	선조가 渤海人→遼陽	3대 ?	天寶元年(742)	高漸離의 후예
高遠望[81]	선조가 殷人	5대	天寶4載(745)	比干의 후예. 실제로는 高欽德 아들
高氏夫人[82]	渤海人	4대	大曆 7년(772)	寶藏王의 증손녀
高震[83]	渤海人	3대	大曆 13년(778)	寶藏王의 손자
高耀[84]	渤海 → 交河	3대 ?	建中 3년(782)	

[범례] 기호 설명 →: 출신, 혹은 本籍의 변경을 뜻한다. 화살표 오른쪽은 바뀐 本籍 혹은 거주지이다.

<표 1>은 현재 고구려 유민으로 밝혀진 21인의 출신 혹은 본적 표기와 이들이 유민이 된 세대수, 묘지명의 작성 연대 등을 정리한 것이다. 이들

63 金榮官, 「高句麗 遺民 高鐃苗 墓誌 檢討」, 『韓國古代史硏究』 56, 2009, 373쪽.

64 王其禕, 「國內城高氏: 最早入唐的高句麗移民-新發現唐上元年泉府君夫人高提錫墓誌」, 55쪽.

65 孫鐵山, 「唐李他仁墓誌考釋」, 736-739쪽; 尹龍九, 「중국출토의 韓國古代 遺民資料 몇 가지」, 307-308쪽에서 재인용.

66 「大唐故特進行右衛大將軍兼兼檢校羽林軍仗內供奉上柱國卞國公贈并州大都督泉君墓誌銘」, 『唐代墓誌彙編』, 667-669쪽.

67 「大周故冠軍大將軍行左豹韜衛翊府中郎將高府君墓誌銘」, 『唐代墓誌彙編續集』, 317쪽.

68 「大周故鎭軍大將軍高君墓誌銘」, 『唐代墓誌彙編續集』, 348-349쪽.

69 樓正豪, 「高句麗遺民 高牟에 대한 考察」, 394쪽.

70 사망한 해는 延載元年(694)이다.

71 「大唐故壯武將軍行左豹韜衛郎將贈左玉鈐衛將軍高公墓誌銘」, 周紹良 主編 『唐代墓誌彙編』, 959-960쪽.

72 「大周故鎭軍大將軍行左金吾衛大將軍贈幽州都督上柱國柳城郡開國公高公墓誌銘」, 『全唐文補遺・千唐志斋新藏专辑』, 三秦出版社, 2006, 79쪽.

73 「大周故左衛大將軍右羽林衛上下上柱國卞國公贈右羽林衛大將軍泉君墓誌銘」, 『唐代墓誌彙編』, 984-985쪽.

74 「大周故金紫光祿大夫行營繕大匠上護軍遼陽郡開國公泉君墓誌銘」, 『唐代墓誌彙編』, 995-996쪽.

75 「唐故陪戎副尉直僕寺高府君墓誌銘」, 『全唐文補遺』 第五輯, 353쪽.

76 「唐故宣德郎驍騎尉淄川縣開國子泉君墓誌銘」, 『唐代墓誌彙編』, 1417-1418쪽.

77 「唐右武衛將軍高府君墓誌銘」, 『唐代墓誌彙編』, 1416쪽.

78 「大唐故冠軍大將軍行右威衛將軍上柱國金城郡開國公李公墓誌銘」, 『唐代墓誌彙編』 開元370, 1412쪽.

79 「唐故右威衛將軍上柱國王公墓誌銘」, 『唐代墓誌彙編』 開元413, 1441쪽.

80 「故右龍武軍翊府中郎將高府君墓誌銘」, 『唐代墓誌彙編』, 1536쪽.

81 「唐故安東副都護高府君墓誌銘(高遠望墓誌)」, 『全唐文補遺』 第八輯, 47위쪽.

82 「宣義郎唐守唐州慈丘縣令邵公故夫人高氏墓誌」, 『全唐文補遺』 第六輯, 458위쪽.

83 「唐開府儀同三司工部尙書特進右金吾衛大將軍安東都護郯國公上柱國高公墓誌銘」, 周紹良 主編, 『唐代墓誌彙編』, 1814쪽.

84 吐鲁番地区文管所, 「唐代北庭副都護高耀墓發掘簡報」, 新疆文物考古研究所, 『新疆文物考古新收穫(1979-1989)』, 烏魯木齊: 新疆人民出版社, 1995; 錢伯泉, 「隋唐時期西域的朝鮮族人」, 61왼쪽-61오른쪽.

의 본적 혹은 출신을 분석해 보자.

먼저 1항에서 사서 혹은 사서와 묘지명의 상호비교 등을 통해 고구려 유민임이 확실한 인물이 14인(고진 · 고씨부인 · 천남생 · 천헌성 · 천남산 · 천비, 고질 · 고자 부자, 고족유 · 이타인 · 고제석, 고현 · 고흠덕 · 고원망)이었다고 하였다. 14인 가운데 본적을 바꾼 3인은 앞의 본적만 분석하겠다. 이 14인에 한정하면, 명백히 고려, 즉 고구려를 국적 혹은 출신으로 기록한 기록은 거의 없다. 천헌성의 묘지명에 천헌성 자신이 아닌 그의 선조를 '고구려국인(高句驪國人)'이라고 표기했을 뿐이다. 반면 국내성, 평양, 책주(柵州, 柵城)처럼 고구려의 지명을 본적으로 표기한 묘지명은 4회(고제석 · 이타인 · 천남생 · 고족유)였다. 출신을 삼한으로 표기한 묘지명은 1회(고현), 조선으로 표기한 묘지명은 3회(고자 · 고질 · 천남산)였다. 반면 선조가 은(殷)의 후예라고 기술한 묘지명은 1회(고원망), 발해군(渤海郡)을 본적으로 표기한 묘지명은 3회(고흠덕 · 고씨부인 · 고진), 경조군(京兆郡)은 1회(천비)였다. 그런데 "요동군(遼東郡) 평양성인(平壤城人)"(천남생)처럼 "요동+지명/국명"의 표기에 사용된 요동(군)은 6회이며, 고구려 지명과 삼한 · 조선 표기와 중복된다. 고구려라는 국호는 1회, 고구려 지명을 사용한 경우는 5회, 고구려와 동일시되는 삼한 · 조선은 4회이다. 즉 고구려를 연상시키는 지명과 국명으로 유민의 본적 혹은 출신을 표기한 경우는 9회이며 전체 14회의 71.4%이다. 반면 중국 지명인 발해군을 사용한 경우는 3회이며, 중국 국명, 혹은 군현명을 사용한 예는 모두 5회(28.6%)이다. 여기에 '요동'을 포함하면 11회로 증가한다. 요컨대 14인의 고구려 유민 본적 혹은 출신 표기를 보면 고구려를 연상시키는 별칭이나 지명이 많았다. 그러나 '고려', 즉 고구려를 직접 지칭한 예는 1회에 불과하였다. 그것도 본인이 아닌 선조를 고구려인이라 지칭한 것이다.

이를 우리나라와 중국학자들이 고구려 유민으로 인정하는 7인을 포함하여 21인 전체로 확장하면 요동 단독 지칭 1회(고요묘), 발해군은 6회(고흠덕 · 고씨부인 · 고진 · 고목로 · 고덕 · 고요), 경조군 1회(천비), 낙랑군(樂浪郡)은 1회(이인덕), 태원군(太原郡)은 1회(왕경요), 안동(도호부)은 1회(고모)로 증가하고 나머지 항목은 변화가 없다. 즉 고구려 국명을 직접 지칭한 예는 21회 가운데 1회에 불과하다. 고구려의 지명이나 삼한 · 조선을 지칭한 경우는 8회인 반면, 다양한 중국 국명 혹은 군현명은 12회였다. 즉 중국 국명(은)이나 군현명 본적(출신) 표기가 전체의 57.1%를 차지한다. 여기에 고구려의 지명이나 삼한으로 표기했다가 당의 군현명으로 바꾼 이타인(옹주(雍州) 만년현(萬年縣)), 고현(경조(京兆)), 고족유(낙주(洛州) 영창현(永昌縣))을 포함하면 그 비중은 더욱 증가한다.

이처럼 고구려 유민들이 중국의 군현명을 본적으로 표기하거나 이적(移籍), 즉 바뀐 본적으로 묘지명에 표기한 현상은 고구려 유민의 정체성 약화로 해석된다.[85] 예컨대 고흠덕과 고씨부인, 고진의 본적은 '발해인(渤海人)'으로 표기되었다. 기존에는 고진의 묘지명에 '발해인'으로 표기된 것을 고구려 유민들이 주축이 되어 세운 발해와 동일성 혹은 정체성을 느꼈기 때문에 "발해국의 사람"이라고 해석하였다.[86] 그러나 이후 고구려 마지막 임금인 보장왕의 증손녀 고씨 부인의 묘지명이 학계에 소개되었는데, 여기서도 고씨를 '발해인'으로 칭하였다. 이 묘지명을 검토한 학자

85 盧泰敦, 「高句麗 遺民史 硏究-遼東 · 唐內地 및 突厥方面의 集團을 중심으로-」, 『韓沽劤博士停年紀念史學論叢』, 知識産業社, 1981, 96쪽; 김현숙, 「中國 所在 高句麗 遺民의 동향」, 『한국고대사연구』 23, 2001, 90-95쪽; 李文基, 「高句麗 寶藏王의 曾孫女 「高氏夫人墓誌」의 檢討」, 『歷史教育論集』 29, 2002, 157-158쪽; 宋基豪, 「高句麗 遺民 高氏夫人 墓誌銘」, 『韓國史論』 53, 2007, 491쪽; 拜根興, 「高句麗 遺民 高性文·高慈 墓誌의 考證」, 『忠北史學』 22, 2009, 5-6쪽; 권덕영, 「백제 유민 禰氏 一族 묘지명에 대한 斷想」, 『史學研究』 105, 2012, 17-18쪽; 金榮官, 「高句麗 遺民 高提昔 墓誌銘에 대한 연구」, 『白山學報』 97, 2013, 160-161쪽.

86 盧泰敦, 「高句麗 遺民史 硏究-遼東 · 唐內地 및 突厥方面의 集團을 중심으로-」, 95-96쪽; 림호성, 「발해의 기본주민은 고구려유민」, 453쪽.

들은 '발해인'이 '발해국인'이 아니라 중국의 문벌인 발해고씨(渤海高氏)의 모칭(冒稱)이라고 보았다.[87]

이러한 모칭은 일부 고구려 유민들에게만 한정되지 않는다. 당대(唐代) 이민족들이 삼황오제(三皇五帝) 등 선진시대(先秦時代)의 성인(聖人)들이 자신들의 조상이라고 주장하는 예가 많았고,[88] 한족(漢族)의 성을 칭하거나 하사받은 경우 해당 성씨의 문벌로 모칭하는 예가 흔하였다.[89] 앞에서 살펴본 두선부도 이러한 예이다. 고구려인들은 '고(高)'라는 성을 취하는 경우가 대부분이었다. 공교롭게도 중국에는 발해고씨가 유명한 문벌이었다. 따라서 북조시대부터 수당시대까지 고조(高肇)·고숭(高崇)·고도열(高道悅)·고빈(高賓)·고경(高熲) 등과 그 일족들이 발해고씨를 사칭하였다.[90] 고구려인들과 고구려 유민들의 발해고씨 사칭만 보면 정체성의 약화로 생각될 수 있다. 그러나 당대에 해당 성씨의 문벌로 사칭하는 사례가 일반적이었음을 고려하면 당시 묘지명을 작성할 때 사용하던 상투적인 문벌 사칭의 예로 이해할 수 있다.[91] 요컨대 중국 군현명 표기 본적의 출현, 특히 고구려 고씨의 '발해군' 표기는 고구려의 정체성 약화보다 당시 문벌 사칭 현상으로 보는 것이 타당하다.

---

87 李文基, 「高句麗 寶藏王의 曾孫女 「高氏夫人墓誌」의 檢討」, 157-159쪽; 宋基豪, 「고구려 유민 高氏夫人 墓誌銘」, 490-491쪽; 姜清波, 『入唐三韓人研究』, 73-74쪽.

88 李成珪, 「中華思想과 民族主義」, 『哲學』 37, 1992, 45쪽; 谷苞, 「中華民族的共通性(二)」, 費孝通 主編, 『中華民族多元一體格局』, 中央民族大學出版社, 2003(原載 『新疆社會科學』 1986-1, 1986), 157-160쪽; 湯海清, 「北魏,北周,唐時期追祖李陵現象述論-以"拓跋鮮卑系李陵之後"爲中心-」, 2007.

89 崔珍烈, 「隋唐 本籍地封爵의 性格-門閥·郡望과의 관련성을 중심으로-」, 『中國古中世史研究』 20, 2008, 408-410쪽.

90 仇鹿鳴, 「"攀附先世"與"僞冒士籍"-以渤海高氏爲中心的研究-」, 65-71쪽.

91 郭鋒, 『唐代士族個案研究-以吳郡·清河·范陽·敦煌張氏爲中心-』, 厦門: 厦門大學出版社, 1999, 179-201쪽; 崔珍烈, 「隋唐 本籍地封爵의 性格-門閥·郡望과의 관련성을 중심으로-」, 394-410쪽.

정체성과 문벌 모칭 이외에 당의 이민족 호적 정책을 검토해 보자. 당대(唐代) 피정복 혹은 귀화한 이민족의 호구 편제에 관한 기록은 『당육전(唐六典)』「상서호부(尙書戶部)」 호부낭중조(戶部郎中條)에 보인다.

> "[이민족들이] 내부(內附)한 이후에 태어난 자식들은 곧 [당(唐)의] 백성들과 [법률상] 동일하다. 따라서 번호(蕃戶)로 간주하지 않는다."[92]

번호(蕃戶)는 조용조(租庸調)를 납부하는 당의 농민과 다른 조세와 요역을 부담하는 등 법률상 당의 백성과 구별되었다. 따라서 당의 지배를 받은 1세대는 번호로 규정되어 당의 일반 민호(民戶)와 구별되었지만, 2세대 이후는 당의 일반 민호로 간주되었다. 바꿔 말하면 당의 영토로 내부(內附)한 이민족 이민이나 강제로 사민된 유민들 2세대 이후 세대는 당의 호적에 편입시키는 정책 때문에 법률상 당의 호적에 편제되어야 했다. 또 고구려와 백제 유민을 포함한 번장(蕃將)과 번병(蕃兵)은 당의 부병(府兵)이나 기타 군대에 편제되었으므로 근무지에 호적을 등록해야 하는 현실적인 문제도 있었다. 따라서 중국 군현명 본적 표기는 정체성의 약화보다 당의 이민족 정책으로 봐야 한다는 견해이다.[93]

앞에서 고구려 유민의 본적(출신) 표기를 분석하였다. 고구려 유민의 묘지명에는 고구려 유민임을 알 수 있는 고구려 지명(평양성, 국내성, 책성)이나 한국 고대 국명(삼한, 조선)이 포함된 예도 있지만, 중국의 국호나 군현명을 본적으로 표기한 예도 있었다. 그러나 14건 혹은 21건의 묘지명

---

92 『唐六典』(李林甫 等撰, 陳仲夫 點校, 中華書局, 2005) 卷3 「尙書戶部」 戶部郎中條原注, 77쪽, "凡內附後所生子, 卽同百姓, 不得爲蕃戶也."

93 崔珍烈, 「唐人들이 인정한 高句麗人의 正體性-唐代 墓誌銘에 보이는 高句麗의 別稱(朝鮮・三韓・扶餘) 分析을 중심으로-」, 227-233쪽.

가운데 '고구려'라는 국명을 언급한 것은 단 1회이며, 그것도 선조가 고구려인이라는 표현뿐이다. 이처럼 거의 대부분의 고구려 유민들의 본적 혹은 출신에는 '고구려(당시에는 고려로 불림)'라는 표현이 없다는 점이 주목된다. 고구려 유민의 본적(출신) 표기에 고구려 국명이 거의 없는 현상은 당의 이민족 정책, 혹은 고구려 유민 정책에서 파악할 수 있지 않을까? 즉 당 조정의 의도적인 고구려 표기 회피 혹은 기피 현상으로 이해할 수 있다는 주장을 제기할 수 있다. 이를 검증하기 위해 백제 유민이나 기타 이민족들의 본적 표기 양상을 검토하고 이를 고구려 유민의 본적 표기와 비교할 필요가 있다. 이는 다음 절에서 검토하려고 한다.

2. 백제 유민과 기타 이민족의 본적 표기

1) 당대 묘지명과 백제 유민

백제 유민의 묘지명은 20세기초 부여융(扶餘隆), 흑치상지(黑齒常之), 흑치준(黑齒俊)의 묘지명만이 학계에 알려졌다. 2000년대 이후 물부순(勿部珣)이 백제 유민으로 확인되고[94] 2000년 이후 난원경(難元慶), 예식진(禰寔進) 일족[예식진(禰寔進)・예군(禰軍)・예소사(禰素士)・예인수(禰仁秀)]과 사괵왕비(嗣虢王妃) 부여씨(扶餘氏), 진법자(陳法子) 등의 묘지명이 발견되어 우리나라와 중국학자들에 의해 소개되었다. 현재 묘지명 등에서 확인되는 백제 유민은 11인이다. 아래 <표 2>는 백제 유민의 본적을 정리한 것이다.

94 尹龍九, 「중국출토의 韓國古代 遺民資料 몇 가지」, 310-315쪽.

〈표 2〉 당대(唐代) 묘지명(墓誌銘)에 보이는 백제(百濟) 유민(遺民)들의 본적

이름	출신 표기	遺民 代數	墓誌銘 작성 시기	기타
禰寔進95	百濟 熊川人	1대	神龍 3년(707)	
禰軍96	熊津 嵎夷人	1대	儀鳳 3년(678)	禰善의 아들
扶餘隆97	百濟 辰朝人	1대	永淳元年(682)	百濟 義慈王의 아들
陳法子98	熊津 西部人→洛陽人		天授 2년(691)	
黑齒常之99	百濟人→(京兆) 萬年縣	1대	聖曆 2년(699)?	
黑齒俊100	?(唐左領軍衛大將軍燕國公之子)	2대	神龍 2년(706)	黑齒常之의 아들
勿部珣101	東海?	?	景龍元年(707)	
難元慶102	扶餘之爾類	3대	景龍元年(707)	
禰素士103	楚國 琅邪人	2대	景龍 2년(708)	禰寔進의 아들
嗣虢王妃 扶餘氏104	?(皇金紫光祿大夫故衛尉卿義慈曾孫)	4대	開元 26년(738)	帶方郡王 義慈王의 증손, 扶餘德璋의 딸
禰仁秀105	?(武衛府君之長子)	3대	開元 27년(739)	禰素士의 아들

[범례] '→'는 본적이 바뀌었음을 표시한다

95 「大唐故左威衛大將軍來遠縣開國子柱國禰公墓誌銘」; 董延壽・趙振華, 「洛陽·魯山·西安出土的唐代百濟人墓誌探索」, 『東北史地』 2007-2, 2007, 8왼쪽.

96 「大唐故右威衛將軍上柱國禰公墓誌銘」; 王連龍, 「新出百濟人禰軍墓誌」, 『社會科學戰線』 2011-7, 2011; 拜根興, 「百濟移民墓誌石刻資料彙集」, 『唐代高麗百濟移民研究-以西安洛陽出土墓誌爲中心-』, 北京: 中國社會科學出版社, 2012, 306쪽.

97 「大唐故光祿大夫行太常卿使持節熊津都督帶方郡王扶餘君墓誌」, 『唐代墓誌彙編』, 702쪽.

98 金榮官, 「百濟 遺民 陳法子 墓誌銘 研究」, 공주대학교 백제문화연구소 편, 『제6회 백제문화 국제심포지움 "7-8세기 백제 유민의 발자취』, 2013.

99 「大周故左武威衛大將軍檢校左羽林軍贈左玉鈐衛大將軍燕國公黑齒府君墓誌文」, 『唐代墓誌彙編』, 942쪽.

100 「大唐故右金吾衛守翊府中郎將上柱國黑齒府君墓誌銘」, 『唐代墓誌彙編』, 1064쪽.

101 「大唐□部將軍功德記」, 『全唐文』 卷282; 尹龍九, 「중국출토의 韓國古代 遺民資料 몇 가지」, 『한국고대사연구』 32, 2003, 312-323쪽.

102 「唐故宣威將軍難元慶墓誌」, 『全唐文補遺』 第六輯, 420아래쪽.

<표 2>를 보면 흑치준과 사괵왕비(嗣虢王妃) 부여씨, 예인수의 묘지명에는 출신 국명이나 본적이 표기되지 않고 선조의 관작(官爵)이나 이름이 열거되었다. 흑치준의 묘지명을 보자.

> "공(公)의 이름은 준(俊)이며, 곧 당(唐) 좌영군위대장군(左領軍衛大將軍) 연국공(燕國公)의 아들이다."[106]

'흑치(黑齒)'라는 성을 가진 인물 가운데 연국공에 봉해진 인물은 흑치상지가 있다.[107] 그리고 흑치상지 묘지명에 흑치상지의 장자 이름을 '준(俊)'이라 하였다.[108] 양자의 기록을 종합하면 흑치준은 흑치상지의 아들임을 알 수 있다. 이어서 사괵왕비 부여씨의 묘지명을 보자.

> "태비(太妃) 부여씨(扶餘氏)는 이름이 (누락)이며, 당의 금자광록대부

---

103 「大唐故雲麾將軍左武衛將軍上柱國來遠郡開國公禰府君墓誌銘」; 拜根興, 「百濟移民墓誌石刻資料彙集」, 『唐代高麗百濟移民研究-以西安洛陽出土墓誌爲中心-』, 北京: 中國社會科學出版社, 2012, 303쪽.

104 「唐皇再從州金紫光祿大夫故衛尉卿贈荊州大都督嗣虢王妃扶餘氏墓誌銘」; 張蘊 · 汪幼軍, 「唐「故虢王妃扶餘氏墓誌」考」, 『목간과 문자』 2, 2008, 224쪽(原載 張蘊 · 汪幼軍, 「唐「故虢王妃扶餘氏墓誌」考」, 『碑林集刊』 13, 陝西省人民美術出版社, 2008).

105 「大唐虢州金門府折衝禰軍墓誌銘」; 拜根興, 「百濟移民墓誌石刻資料彙集」, 305쪽.

106 「大唐故右金吾衛守翊府中郎將上柱國黑齒府君墓誌銘并序」, 『唐代墓誌彙編』, 1064쪽, "公諱俊, 卽唐左領軍衛大將軍燕國公之子焉."

107 『舊唐書』 卷109 「黑齒常之傳」, 3295쪽, "垂拱二年, 突厥犯邊, 命常之率兵拒之. …… 以功進封燕國公."; 『新唐書』 卷110 「諸夷蕃將 · 黑齒常之傳」, 4122쪽, "永隆二年, 贊婆營青海, 常之馳掩其屯, 破之, 悉燒糧餽, 獲羊·馬·甲首不貲. 詔書勞賜. 凡涖軍七年, 吐蕃憺畏, 不敢盜邊. 封燕國公."

108 「大周故左武威衛大將軍檢校左羽林軍贈左玉鈐衛大將軍燕國公黑齒府君墓誌文」, 周紹良 主編, 『唐代墓誌彙編』 聖曆022, 942쪽, "長子俊, 幼丁家難, 志雪遺憤, 誓命虜庭, 投軀漢節, 頻展誠效, 屢振功名."

(金紫光祿大夫) 고위위경(故衛尉卿) 대방군왕(帶方郡王) 의자(義慈)의 증손녀이고 당의 광록대부(光祿大夫) 고태상경(故太常卿) 습대방군왕(襲帶方郡王) 융(隆)의 손녀이며 당의 조청대부(朝請大夫) 고위주자사(故渭州刺史) 덕장(德璋)의 딸이다."[109]

위의 인용문에서 증조할아버지 '의자(義慈)'는 백제의 마지막 왕 의자왕(義慈王)이며 융은 부여융이다. 따라서 부여씨는 의자왕의 직계자손임을 알 수 있다. 최근 발견된 예식진 일족은 예식진의 묘지명에 백제 웅천(熊川) 사람임을 표기하여 예식진이 백제 사람임을 알 수 있다. 그리고 예군과 예소사, 예인수는 묘지명의 가계 기록을 통해 일족임이 확인되었다. 따라서 본적(출신) 표기가 없는 흑치준, 사괵왕비 부여씨, 예인수는 백제 유민으로 볼 수 있다.

11인의 백제 유민 본적을 분석하면 '백제'라는 국명이 등장하는 묘지명이 3건(예식진, 부여융, 흑치상지)이다. 즉 묘지명에 따르면, 예식진은 백제 웅천,[110] 부여융은 백제 진조(辰朝),[111] 흑치상지는 백제인이었다. 3건의 묘지명에 국호 '백제'로 표기된 것은 고구려 유민 묘지명에 '고구려'가 거의 언급되지 않는 사실과 대비된다. 난원경의 묘지명에는 "부여(扶餘)의 이류(爾類)"[112]로 표기되었다. '부여'는 백제의 왕성(王姓)이었을 뿐만

109 「唐皇再從州金紫光祿大夫故衛尉卿贈荊州大都督嗣虢王妃扶餘氏墓誌銘」; 張蘊 · 汪幼軍, 「唐「故虢王妃扶餘氏墓誌」考」, 224쪽(原載 張蘊 · 汪幼軍, 「唐「故虢王妃扶餘氏墓誌」考」, 『碑林集刊』 13, 陝西省人民美術出版社, 2008), "太妃扶餘氏諱, 皇金紫光祿大夫·故衛尉卿·帶方郡王義慈曾孫; 皇光祿大夫·故太常卿襲帶方郡王隆之孫; 皇朝請大夫·故渭州刺史德璋之女也."

110 「大唐故左威衛大將軍來遠縣開國子柱國禰公墓誌銘」; 董延壽 · 趙振華, 「洛陽·魯山·西安出土的唐代百濟人墓誌探索」, 8왼쪽, "公諱寔進, 百濟熊川人也."

111 「大唐故光祿大夫行太常卿使持節熊津都督帶方郡王扶餘君墓誌」, 周紹良 主編, 『唐代墓誌彙編』, 702쪽, "公諱隆, 字隆, 百濟辰朝人也."

아니라 백제 성왕(聖王)이 한때 국호를 남부여(南夫餘)라고 칭했음을 고려하면 백제와 동일시할 수 있을 것이다. 따라서 11인의 묘지명 가운데 백제라는 국호 표기는 3건, 난원경 묘지명의 '부여'를 포함하면 4건에 달한다.

'백제'라는 국명이 없는 사례 중에서 '웅진(熊津)'이라고 표기한 예가 2건 발견된다. 예군의 묘지명에는 예군의 본적을 "웅진 우이인(嵎夷人)"[113]으로 표기하였고, 전법자의 묘지명에는 진법자의 출신을 "웅진 서부인(西部人)"[114]이라고 표기하였다. 웅진은 백제 멸망 이후 당이 설치한 웅진도독부(熊津都督府)[115]를 상기시키며, 백제의 별칭으로 볼 수 있다.

고구려와 백제 유민 묘지명의 본적(출신) 표기를 비교하면, 백제 유민의 묘지명에는 백제라는 국호를 언급한 예가 3회나 되었던 데 비해, 고구려의 국호는 1회에 불과하다. 그리고 고구려의 경우 천헌성 묘지명에 선조가 "고구려국인(高句驪國人)"이라고 기록했던 데 비해 백제 유민들의 묘지명에는 유민 1대에 본적(출신)을 '백제'라고 표기하였다. 이러한 차이점은 고구려 유민들의 정체성 약화로 볼 수 있을까? 그렇지 않고 묘지

112 「唐故宣威將軍難元慶墓誌」, 『全唐文補遺』 第六輯, 420아래쪽, "君諱元慶, 其先卽黃帝之宗也, □餘之爾類焉." 누락된 글자는 '扶(부)'로 보는 것이 일반적이다(拜根興, 「百濟移民墓誌石刻資料彙集」, 298쪽).

113 「大唐故右威衛將軍上柱國禰公墓誌銘」; 王連龍, 「新出百濟人禰軍墓誌」, "公諱軍, 字溫, 熊津嵎夷人也."

114 金榮官, 「百濟 遺民 陳法子 墓誌銘 硏究」, 4쪽, "君諱法子, 字士平, 熊津西部人也."

115 『舊唐書』 卷4 「高宗紀」上 顯慶五年條, 81쪽, "八月庚辰, 蘇定方等討平百濟, 面縛其王扶餘義慈. 國分為五部, 郡三十七, 城二百, 戶七十六萬, 以其地分置熊津等五都督府. 曲赦神丘·禺夷道總管已下, 賜天下大酺三日."; 『舊唐書』 卷199上 「東夷・百濟傳」, 5331쪽, "六年, 新羅王金春秋又表稱百濟與高麗·靺鞨侵其北界, 已沒三十餘城. 顯慶五年, 命左衛大將軍蘇定方統兵討之, 大破其國. 虜義慈及太子隆·小王孝演·偽將五十八人等送於京師, 上責而宥之. 其國舊分為五部, 統郡三十七, 城二百, 戶七十六萬. 至是乃以其地 分置熊津 ·馬韓·東明等五都督府, 各統州縣, 立其酋渠為都督·刺史及縣令."

명의 본적 혹은 출신 표기가 반드시 고구려 유민들 자신의 의지만이 아니라 당대 국가권력의 요구가 강하게 반영되었을 가능성은 없을까? 고구려와 백제 유민 이외에 당대 다른 이민족 전체의 본적 표기를 살펴보면 고구려 유민 본적 표기 문제를 객관적으로 분석할 수 있을 것이다. 2항에서는 고구려와 백제 유민을 제외한 다른 이민족들의 본적(출신) 표기를 살펴보자.

2) 기타 이민족의 본적 표기

1항에서 언급한 것처럼 고구려와 백제 유민 이외의 기타 이민족들의 본적 혹은 출신 표기를 검토해 보자.

〈표 3〉 당대(唐代) 묘지명(墓誌銘)에 보이는 이민족들의 출신[116]

이름	출신 표기	遺民 · 移民 代數	種族(국적) 및 기타	墓誌銘 작성 시기
屈突通	昌黎郡 徒河縣→雍州 長安縣	3대	鮮卑人	貞觀 2년(628)
鄭實活 (혹은 郎實活)	涅加部落	?	鮮卑人	開元 28년(740)
阿史那忠	代人→京兆 萬年縣	2대	突厥人	上元 2년(675)
阿史那氏	×(突厥 可汗의 후손)	3대?	突厥	開元 7년(719)
阿那氏	×(突厥 可汗의 후손)	1대	突厥	開元 11년(723)
李[阿史那]思摩	陰山	1대?	突厥. 阿史那氏	貞觀 21년(647)
阿史那氏	×	?	突厥	廣德 2년(764)

116 崔珍烈, 「唐人들이 인정한 高句麗人의 正體性-唐代 墓誌銘에 보이는 高句麗의 別稱(朝鮮・三韓・扶餘) 分析을 중심으로-」, 221-224쪽.

延陁氏	陰山	1대?	李思摩 아내.	貞觀 21년(647)
阿史那摸末	漠北	2대?	突厥. 啓民可汗 손자	貞觀 23년(649)
阿史那毗伽特勤	×(頡利突利可汗의 증손)	4대?	突厥	開元 11년(723)
阿史那自政	雲中郡	4대?	突厥	開元 10년(722)
契苾氏	陰山→凉州 姑臧縣	2대	鐵勒. 契必何力의 딸	開元 8년(720)
契苾嵩	漠北 □烏德建山	3대	鐵勒. 契必何力 손자	開元 18년(730)
契苾李	×(西北蕃 突厥 渠帥의 아들)	2대?	突厥 혹은 西突厥?	天寶 3載(744)
契苾通	×(契必何力의 자손)	5대	突厥. 契必何力 후손	大中 8년(854)
執失善光	代郡 朔方縣	2대	突厥	開元 12년(724)
薛突利施匐阿施	×(十二姓阿史那葉護可寒의 아내)	?	突厥	上元元年(674)
舍利石鐵	北方	2대	九姓□□	貞元 6년(790)
哥舒季通	×	1대 ?	突騎施	武德년간
熾俟弘福	陰山	4대	葛邏祿	開元 24년(736)
廻紇瓊	陰山	4대	回紇?	乾元 3년(760)
吐谷渾[慕容]忠	陰山	1대 ?	吐谷渾	聖曆 2년(699)
慕容威	×(선조는 昌黎)	2대	吐谷渾	
康阿達	西域 康國	3대	중앙아시아 오아시스 지대의 도시	貞觀년간
康敬本	康居	4대		咸亨년간
康留買	西州→河南	?		永淳元年(682)
康磨伽	西海?→河南			永淳元年(682)
安菩	선조가 安國 大首領	4대		長安 4년(704)
裴沙	踈勒人	3대		開元 13년(725)
何□□	大夏 月氏人	3대		久視元年(700)
米繼芬	×(선조가 西域 米國人)	2대		永貞元年(805)
何文哲	靈武縣	3대?		貞元 3년(787)
李元光	×(安息王의 후예)→ 凉州	4대		
波斯阿羅憾	波斯國	1대?	페르시아인	景雲元年(710)

諾思計[盧庭賓]	渤海?→范陽郡	1대	渤海	天寶 7載(748)
李永定	×	4대	契丹	天寶 5載(746)
祿贊	西戎人	1대	吐蕃	天授元年(690)
張團兒	高昌人	?	高 昌	永徽 4년(653)
張光峻	高昌人	?		永徽 4년(653)
宋懷熹	西州 高昌縣人	?		永徽 6년(655)
辛忽	交河縣 神山鄉	?		貞觀 21년(647)
范隆仁	高昌人	1대?		龍朔 3년(663)
宋懷仁	高昌人	?		龍朔 3년(663)
麴勝	西州 高昌人	2대		麟德 2년(665)
董氏	西州 高昌人	?		乾封 2년(667)
張安吉	西州 高昌人	?		總章 2년(669)
嚴海隆	高昌縣人	?		咸亨 2년(671)
趙惡仁	西州 武威	?		咸亨 4년(674)
史住	西州 高昌縣人	1대		咸亨 4년(674)
海生	高昌人	?		咸亨 4년(674)
氾延仕	高昌縣人	?		永昌元年(689)
張富琳	西州 高昌縣人	?		長壽 3년(694)
衛氏	西州 高昌人	?		證聖元年(695)
張智積	西州 高昌縣	?		聖曆 3년(700)
氾德達	西州人	?		久視元年(700)
成達	□太□人	?		開元 2년(714)

[범례] 표의 '×'는 本籍(출신)이 언급되지 않은 경우를 뜻한다.

<표 3>은 당대 묘지명 가운데 선비(鮮卑)·돌궐(突厥)·철륵(鐵勒)·돌기시(突騎施)·위구르(回紇)·토욕혼(吐谷渾)·거란(契丹)·고창(高昌) 등 당에 '자발적으로' 내부(內附)하거나 당에 멸망하여 군현이나 기미부주로 편입되었던 이민족들의 출신 혹은 본적을 원래의 종족(種族) 혹은 국가별로 정리한 것이다.

<표 3>을 보면 돌궐 등 북방 유목민들의 출신 혹은 본적을 표기할 때 본래의 국명인 '돌궐' 등이 해당인물의 묘지명 출신지 표기에 거의 언급

되지 않았다. 그 대신 '음산(陰山)' 혹은 '막북(漠北)'처럼 출신지를 막연하게 짐작할 수 있는 지명을 표기하거나 계민가한(啓民可汗)의 손자처럼 돌궐 카간의 후손임을 밝히는 데 그쳤다. 이는 고구려 유민들을 '요동 평양인(遼東平壤人)' '요동 삼한인(遼東三韓人)' '요동 조선인(遼東朝鮮人)' 등으로 표기한 것과 유사하며, 오히려 고구려보다 외형상 철저하게 본래의 출신을 은폐한 느낌이 든다. 또 2세대 이후에는 현재 거주하는 지역의 군현명을 본적으로 삼았다. 예컨대 아사나충(阿史那忠)은 본래 대인(代人)이었으나 현재의 본적은 경조(京兆) 만년현(萬年縣)이었으며, 그의 증조와 조부가 본국의 카간(可汗)이었다고 기록하였다.[117] '대인(代人)'은 본래 북위(北魏)를 세운 탁발부(拓跋部)와 복속된 각종 이민족들을 지칭하는 용어였다.[118] 앞부분만 보면 아사나충의 선조가 탁발부에 복속된 유목민으로 북조시대에 활약했다가 후에 서위(西魏)·북주(北周)에 합류하여 수당시대에는 장안(長安), 즉 경조 만년현을 본적으로 둔 '관롱집단(關隴集團)'[119]의 일원처럼 오인할 수 있다. 그러나 '아사나(阿史那)'는 주지하

117 「唐故右驍衛大將軍兼檢校羽林軍贈鎭軍大將軍荊州大都督上柱國薛國公阿史那貞公墓誌銘并序」, 『唐代墓誌彙編』 上元014, 601쪽, "公諱忠, 字義節, 其先代人, 今爲京兆之萬年人也. …… 曾祖太原, 祖邕周, 並本國可汗."

118 '대인(代人)'과 '대인집단(代人集團)'의 개념과 인적구성 및 범위 등은 康樂의 『從西郊到南郊-國家祭典與北魏政治-』(臺北: 稻鄉出版社, 1995) 第一篇 代人集團(35-52쪽) 참조.

119 관롱집단(關隴集團)은 6진(六鎭)의 난 이후 북위(北魏)가 붕괴하는 과정에서 장안(長安)을 중심으로 한 관롱(關隴) 지역으로 이동한 무천진(武川鎭) 출신 호족(胡族)·한족(漢族) 및 산동(山東) 출신의 한족(漢族)과 관롱의 토착인들을 단결시키기 위해 외지인들의 본적을 관중(關中)으로 바꾼 관롱의 지역집단을 지칭한다. 진인각(陳寅恪)은 관롱집단을 형성하여 한인(漢人)과 선비인(鮮卑人)을 하나로 묶고 부락병(部落兵)에 기초한 강력한 군대를 만들어 형성하였고, 무력(武力)을 토대로 수대(隋代)에 중국을 통일하고 이후 당전기(唐前期)까지 서위(西魏)·북주(北周)·수(隋)·당(唐)의 지배층 혹은 통치집단을 형성하였다고 주장하였다(陳寅恪, 「宇文氏之府兵及關隴集團(附鄕兵)」, 萬繩楠 整理, 『陳寅恪魏晉南北朝史講演錄』, 黃山書社, 1987, 308-320쪽; 同氏, 唐振常 導讀, 『唐代政治史述論稿』, 上海: 上海古籍出版社, 1997, 11-18쪽). 관롱집단의 개념과 범위에 논란이 있기는 하지만 서위부터 당대까지 관롱

듯이 돌궐의 군주씨족이었다. 또 그의 증조와 조부가 '본국가한(本國可汗)'이었다는 기록은 그와 그의 선조가 돌궐 출신이었음을 시사한다. 이 역시 고구려 유민 3-4세대의 본적 표기 방식과 유사하다.

그러나 중앙아시아의 오아시스 지역에 있었던 강거(康居)·강국(康國)·소륵(踈勒)과 페르시아(波斯), 박트리아(大夏) 등에서 이주한 사람들은 본래 자신의 출신을 그대로 표기하였다. 옛 고창국(高昌國)의 경우 국적 표기와 주현(州縣) 표기가 병존한다. 즉 고창국 사람들은 당의 주현으로 편입되어 '서주(西州) 고창현(高昌縣)'과 같은 군현명으로 표기되거나 일부는 '고창인'이라 표기되었다. 후자의 경우 고창국 출신임이라고 적었을 가능성이 있다.[120]

이처럼 <표 3>의 이민족의 출신 혹은 본적 표기는 국가, 종족(種族), 지역에 따라 다소 차이를 보인다. 그러나 고구려와 돌궐 등 북방의 유목민이 1세대와 2세대 이후의 인물들이 거의 대부분 자신의 출신 국명을 표기하지 못했던 반면, 중앙아시아와 백제 사람들은 자신의 원래 조국의 국명을 묘지명에 표기하였다. 본래 묘지명의 내용은 유족들의 의견이 강하게 반영되는 것이 일반적이므로, 국명의 표기 여부가 당 조정의 이민족 정책과 관계없고, 해당 이민족들의 자발적인 의사였다는 의견을 제시할 수 있다.

지역 출신들이 정치와 군사를 주도한 것은 인정된다.

120 <표 3>에서 일부 고창(高昌) 사람들은 '고창인(高昌人)'이라고 적었다. 물론 엄해륭(嚴海隆)처럼 '고창현인(高昌縣人)'이라고 표기하거나 국승(麴勝)과 장안길(張安吉)처럼 '서주(西州) 고창인(高昌人)'이라 적은 사람도 있기 때문에 '고창인'이 국명(國名)이 아닌 현명(縣名) 뒤에 '인(人)'이 붙은 것으로 볼 수 있다는 반론도 가능하다. 그러나 묘지명(墓誌銘)에 현명만 적는 예는 엄해륭(嚴海隆)의 예처럼 적고 대개 주(州)와 현(縣), 혹은 군(郡)과 현의 명칭을 적거나 상위 행정구역인 주 혹은 군만 표기하는 예가 많기 때문에 '고창인'을 고창국(高昌國)의 사람으로 해석할 여지는 있다.

그러나 『당육전』 「비서성 · 저작국조」에는 저작국(著作局)의 저작랑(著作郎)이 비지(碑誌)와 축문(祝文), 제문(祭文)을 편찬한다는 기록이 있다.[121] 이 기록에 따르면 당대 비서성의 저작국이 묘지명 작성을 맡았다. 그런데 당대 묘지명에는 묘지명 찬자(撰者)의 이름이 제시된 예도 있지만, 반드시 찬자가 명기되지 않은 경우도 많았다. 그러면 고구려 유민들의 묘지명 찬자 기록 여부는 어떠할까?

선행연구에 따르면, 당대 묘지명은 전기에는 사관(史官), 후기에는 한림학사(翰林學士)가 주로 묘지명 작성에 참여하였다. 그러나 이는 관찬(官撰)에 해당할 뿐, 관찬보다 사찬(私撰)이 많거나, 묘주(墓主)의 친인척과 유명 문필가가 지문(誌文)과 명문(銘文)을 분담하는 경우도 많았다.[122] 이러한 당대 묘지명 작자의 경향은 대체적인 추세를 반영하지만, 고구려 유민의 묘지명에는 해당하지 않는다. 예컨대 천남생의 묘지명에는 중서시랑(中書侍郎) 왕덕진(王德眞)과 사훈낭중(司勳郎中) 구양통(歐陽通)이 묘지명 작성에 관여하였다.[123] 천헌성의 묘지명은 선부원외랑(膳部員外郎) 양유충(梁惟忠),[124] 천비의 묘지명은 광록대부(光祿大夫) 위위경(衛尉卿) 상주국(上柱國) 변국공(卞國公) 천은(泉隱),[125] 고질(高質)의 묘지명은 조산대부(朝散大夫) 행봉각사인(行鳳閣舍人) 위승경(韋承慶),[126] 고진(高

121 『唐六典』 卷10 「祕書省」 著作局, 302쪽, "作郎掌修撰碑誌 · 祝文 · 祭文, 與佐郎分判局事."

122 江波, 『唐代墓誌撰書人及相關文化問題研究』, 吉林大學博士學位論文, 2010, 61-120쪽.

123 「大唐故特進行右衛大將軍兼兼檢校羽林軍仗內供奉上柱國卞國公贈并州大都督泉君墓誌銘并序」, 『唐代墓誌彙編』 調露023, 667쪽, "中書侍郎兼檢校相王府司馬王德眞撰. …… 朝議大夫行司勳郎中上騎都尉渤海縣開國男歐陽通書."

124 「大周故左衛大將軍右羽林衛上下上柱國卞國公贈右羽林衛大將軍泉君墓誌銘并序」 大足001, 『唐代墓誌彙編』, 984쪽, "朝議大夫行文昌膳部員外郎護軍梁惟忠撰."

125 「故宣德郎驍騎尉淄川縣開國子泉君墓誌銘」, 『唐代墓誌彙編』 開元378, 1417쪽, "父光祿大夫衛尉卿上柱國卞國公隱撰文."

126 「大周故鎭軍大將軍行左金吾衛大將軍贈幽州都督上柱國柳城郡開國公高公墓誌銘」, 79쪽, "朝散大夫行

震)의 묘지명은 헌서대제(獻書待制) 양경(楊憼)[127]이 찬자였다. 21개의 묘지명 가운데 5인의 묘지명 찬자가 관원(官員)이었다.

백제의 경우 사곡왕비 부여씨의 묘지명의 찬자만 조의랑(朝議郞) 수중서사인(守中書舍人) 양섭(梁涉)으로 기록되었다.[128] 이밖에 다른 이민족의 경우 아사나비가(阿史那毗伽) 특근(特勤)의 묘지명은 저작좌랑(著作佐郞) 서준(徐峻),[129] 치사홍복(熾俟弘福)의 묘지명은 장안현위(長安縣尉) 배사엄(裴士淹),[130] 회흘경(廻紇瓊)의 묘지명은 좌효위창조(左驍衛倉曹) 양중거(楊仲擧),[131] 미계분(米繼芬)의 묘지명은 향공진사(鄕貢進士) 책운(翟運),[132] 계필통(契苾通)의 묘지명은 탁지추관(度支推官) 이곤(李袞)[133] 등이 찬자였다. 이 가운데 책운을 제외한 대부분의 찬자들은 당의 관리였고, 성명으로 보아 한족(漢族)이었다.

위에서 살펴본 것처럼 당대 이민족의 묘지명은 한인관료들이 찬자인 경우가 많았다. 또 고구려 유민 묘지명 가운데 묘지명을 친히 작성한 천

鳳閣舍人韋承慶撰."

127 「唐開府儀同三司工部尙書特進右金吾衛大將軍安東都護郟國公上柱國高公墓誌銘」, 1814쪽, "獻書待制楊憼撰."

128 「唐皇再從州金紫光祿大夫故衛尉卿贈荊州大都督嗣虢王妃扶餘氏墓誌銘」; 張蘊·汪幼軍, 224쪽, "朝議郞守中書舍人梁涉撰."

129 「唐贈左驍衛大將軍左賢王阿史那毗伽特勤墓誌銘并序」, 『唐代墓誌彙編續集』 開元056, 492쪽, "朝散大夫著作佐郎東海徐峻撰."

130 「大唐故雲麾將軍左威衛將軍上柱國天兵行軍副大使兼招慰三姓葛邏祿使熾俟府君墓誌銘并序」, 『唐代墓誌彙編續集』 開元144, 551쪽, "朝散郎行長安縣尉裴士淹撰."

131 「大唐故瀚海都督右領軍衛大將軍經略軍使廻紇府君墓誌銘并序」, 『唐代墓誌彙編續集』 乾元010, 681쪽, "姨弟左驍衛倉曹楊仲擧撰書."

132 「□□左神策軍故散副將□左武衛大將軍同正兼□大□□上柱國京兆米府君墓誌銘并序」, 『唐代墓誌彙編續集』 永貞003, 796쪽, "鄕貢進士翟運撰并書."

133 「大唐契苾府君墓誌銘」, 『唐代墓誌彙編續集』 大中044, 1001쪽, "度支推官徵事郎試大理評事李袞書."

은[134]과 고흠덕(高欽德)의 묘지명 찬자 서찰(徐察)[135]처럼 친인척이 찬자인 예도 있었다. 천은의 경우 아들 천비를 위해 유가족이 직접 작성할 때에는 사자 혹은 유가족의 입장이 강하게 반영되었을지도 모른다. 그러나 당의 관리가 묘지명의 찬자일 경우 유가족의 입장만을 반영한 것이 아니라 당 조정이 만든 원칙이나 당시 관행을 어느 정도 따랐어야 했을 것이다. 따라서 당대 묘지명에는 유가족뿐만 아니라 이를 작성했던 관리들이 당 조정의 방침을 어느 정도 수용했다고 봐도 대과 없을 것이다. 이 경우 본장에서 살펴본 것처럼, 당의 입장에서 자신들과 껄끄러운 관계였던 고구려와 돌궐 등 국가의 출신 사람들에게는 철저한 정체성 말살을 시도한 반면, 자신에게 정복하기 쉬운 상대였거나 평화로운 관계였던 백제와 중앙아시아 출신 사람들에는 정체성을 인정하도록 허용했던 경향은 정합적으로 설명된다.

134 「故宣德郎驍騎尉淄川縣開國子泉君墓誌銘」, 『唐代墓誌彙編』 開元378, 1417쪽, "父光祿大夫衛尉卿上柱國卞國公隱撰文."

135 「唐右武衛將軍高府君墓誌銘并序」, 1416쪽, "孫婿東海徐察撰."

제2장

당대 고구려의 표기 대체

제2장
당대(唐代) 고구려(高句麗)의 표기 대체

본장에서는 사서와 묘지명의 고구려 표기를 살펴보려고 한다. 1절에서는 사서와 묘지명의 고구려 표기 용례를 통계적으로 분석한다. 그리고 다양한 고구려 별칭 용례와 그 특징을 살펴본다. 2절에서는 고구려라는 단어를 사용하지 않고 고구려를 뜻하는 다양한 별칭을 사용한 현상을 객관적으로 살펴보기 위해 묘지명에서 돌궐·위구르 등 다른 이민족의 국명 표기 여부를 검토한 후 양자를 비교한다.

1. 당대 사서와 묘지명의 고구려 기사와 고구려 표기 대체

1) 사서의 고구려 표기 대체

본항에서는 『구당서(舊唐書)』와 『신당서(新唐書)』, 『당회요(唐會要)』 등에 나타난 당의 고구려 공격 기사를 통계 수치로 살펴보려고 한다. 다음의 <표 4>는 고구려의 실명과 별명 표기를 유형별로 정리한 것이다.

〈표 4〉 정사(正史)의 고구려(高句麗) 공격 표기[1]

史書 표현	『隋書』				『舊唐書』·『新唐書』				『唐會要』	총계
	本紀	列傳	외국열전	志	本紀	列傳	외국열전	志		
伐高麗					15	11	9	1		36
征高麗						11	6	2		19
伐遼						10	3	1	1	15
征遼		1		2		17			8	28
伐遼東						8	1			9
征遼左									1	
征遼東	1	23		1	1	18	2		2	46
遼東之役		3								3
征遼海						1				1
入遼									1	1
問罪遼碣									1	1
滅遼東									1	1
興師遼東						1				1
渡遼之師						1				1
銳意三韓						1				1
	1	25		3	16	78	21	4	15	163

<표 4>는 주로 수(隋)·당초(唐初) 고구려를 공격했던 기사에서 고구려 국명 여부를 정리한 것이다. <표 4>에서 참고한 자료 가운데 『당회요』는 정사는 아니지만 당대의 전장제도에 대한 문서를 모아 정리한 사서이며, 『구당서』와 『신당서』에도 없는 사료를 수집하여 당대 정치·경제·군사·문화를 연구하는 데 귀중한 1차 자료이다. 이 자료 가운데 일부는 『구당서』와 『신당서』에도 보이므로 정사와 동일한 사료적 가치를 가지기 때문에 <표 4>의 통계 자료로 사용하였다.

1 崔珍烈, 「唐代 高句麗 표기 기피현상-隋唐 墓誌銘의 國名 표기 분석을 중심으로-」, 213-220쪽, <표 1> 正史의 高句麗 공격 표기.

먼저 통계 수치를 살펴보기에 앞서 당대 사서의 고구려 표기 유형을 살펴보자.

(가) "천하(天下)의 갑사(甲士)를 징발하여, 10만을 모집하여 모두 평양(平壤)으로 진격하게 하여 고려(高麗)를 정벌하게 하였다."[2]

(나) "천하(天下)의 도적들이 봉기할 때, 탁군(涿郡)은 부요(富饒)하다고 알려졌으며, 요(遼)를 정벌하는 병장(兵仗)이 탁군에 많이 있었다. 그리고 창치(倉庤)가 가득차고 넘쳤으며, 또 임삭궁(臨朔宮)에는 진귀한 보물이 많았다. 주둔한 군대가 수 만이었지만 도적(盜賊)의 침략에 고통스러워 했으며, 머물러 지키는 장수 조십주(趙什住)와 하란의(賀蘭誼)、진문연(晉文衍) 등은 능히 지탱하지 못했다."[3]

(다) "태종이 장차 요동(遼東)을 정벌하려고 하여 장검(張儉)에게 번병(蕃兵)을 이끌고 먼저 진격하여 약탈하게 하였다."[4]

(가)는 『구당서』 권3 「태종기」하 정관십팔년십일월경자조의 고구려 공격 기사이며, (나)는 『신당서』 권92 「나예전(羅藝傳)」의 수말(隋末) 탁군의 도적 봉기와 관련된 기사이다. (다)의 출처는 『구당서』 권83 「장검전(張儉傳)」이며 당태종(唐太宗)이 고구려 친정(親征)에 앞서 장검(張儉)을

2 『舊唐書』 卷3 「太宗紀」下 貞觀十八年十一月庚子條, 57쪽, "發天下甲士, 召募十萬, 並趣平壤, 以伐高麗."

3 『新唐書』 卷92 「羅藝傳」, 3806쪽, "天下盜起, 涿郡號富饒, 伐遼兵仗多在, 而倉庤盈羨, 又臨朔宮多珍寶, 屯師且數萬, 苦盜賊侵掠, 留守將趙什住·賀蘭誼·晉文衍等不能支."

4 『舊唐書』 卷83 「張儉傳」, 2776쪽, "太宗將征遼東, 遣儉率蕃兵先行抄掠."; 『新唐書』 卷111 「張儉傳」, 4133쪽.

보낸 기록이다.

(가)와 (다)는 동일한 해에 일어난 동일한 사건, 즉 고구려 공격을 기록한 것이다. (가)에서는 고구려를 북조·수당시대의 표기인 '고려'로 적었다. 반면 (다)는 고구려를 '요동'으로 기록하였다. (나)에서는 고구려 공격을 '벌요(伐遼)', 즉 요(遼) 정벌로 기록하였다. 세 기록 모두 고구려 공격이었지만, 고구려를 각각 '고려', '요', '요동'으로 달리 표현하였다. 이처럼 당대 사서에서 고구려에 대한 표기가 달랐기 때문에 이러한 용어와 용례를 정리하고 그 비율을 분석하면 당대 중국인들의 고구려 인식을 살펴볼 수 있다. <표 4>의 통계 수치를 구체적으로 분석해 보자.

먼저 "고구려를 정벌한다"라는 뜻을 지닌 "벌고려(伐高麗)", "정고려(征高麗)"처럼 고구려의 실제 국호를 언급한 사료는 『구당서』와 『신당서』에 각각 36개와 19개였다. 양자를 합하면 55개로 전체의 33.7%이다. 반면 "요(遼)를 정벌한다"는 뜻을 지닌 "벌요(伐遼)", "정요(征遼)", "요동(遼東)을 정벌한다"라는 뜻을 지닌 "벌요동(伐遼東)", "벌요좌(伐遼左)", "정요동(征遼東)" 등 고구려를 '요', '요동' 등 다른 별칭으로 표기한 기록은 모두 107개이며 65.6%이다. 이 가운데 요동이 60개(36.8%), 요가 44개(27%) 혹은 45개(27.6%; "도요(渡遼)"라는 표기를 포함할 경우)였다. 이밖에 요좌(遼左)·요해(遼海)·요갈(遼碣)·삼한(三韓)이 각각 1회 언급되었다.

자료의 내원으로 살펴보면 『수서(隋書)』에서는 고구려(고려) 대신 요·요동 등 별칭을 사용한 예가 29개로 100%였다. 반면 『구당서』에서는 고구려(고려)를 직접 언급한 기사가 55개, 요·요동 등 별칭을 사용한 기사가 65개였다. 전자는 46.2%, 후자는 53.8%였다. 『당회요』의 표기 15개는 모두 고구려 대신 별칭을 사용하였다. 이 네 개의 사서 가운데 당대(唐代)에 편찬된 사서는 『수서』이고, 『구당서』는 오대(五代)에, 『신당서』와 『당회요』는 송대(宋代)에 편찬되었다. 따라서 당대 중국인의 고구려 표기 관행을 잘 보여주는 사례는 『수서』이다. 그런데 『수서』에 고구려 공격 기사에 고구려 대신 요・요동 등 별칭이 사용된 것은 당대 중국인의 고구려 표기에 대한 인식이 잘 반영된 것이다.

고구려 대신 '요(遼)'와 '요동(遼東)', '요해(遼海)', '요갈(遼碣)' 등을 사용한 것은 고구려의 영토 가운데 요동이 포함되었기 때문일 것이다. 수의 중신 배구(裴矩)가 수 양제에게 고구려의 옛 땅이 본래 고죽국(孤竹國)이었고 한대(漢代)에는 3군(郡)이었다고 말하였다.[5] 이처럼 수당시대 고구려를 요, 혹은 요동으로 표현한 것은 고구려의 땅이 한(漢)의 군현이었음을 강조한 것으로 보인다. 이 경우 고구려는 수・당이 회복해야 할 고토(故土)라는 인식이 깔리게 된다. 아울러 고구려 공격은 고토의 회복으로 정당화할 수 있다. 혹은 북조(北朝)와 수・당에서 고구려의 군주를 요동군왕(遼東郡王) 혹은 요동군공(遼東郡公)으로 봉한 사실에서 알 수 있듯이,[6] 당시 고구려의 대칭(代稱) 혹은 별칭으로 '요동'이 사용되었음을 확인할 수 있다.

그런데 '고구려'라는 단어 대신 다양한 별칭을 사용한 고구려 기피 현상은 당대 사서의 편찬에서 살펴볼 수 있다. 주지하듯이 『진서(晉書)』에는 고구려의 열전이 없다. 현명호는 『진서』에 고구려의 열전이 빠진 원인을 당 태종의 1차 고구려 침공과 관련지어 설명하였다. 그에 따르면 『진서』의 개찬(改撰)은 정관(貞觀) 18년(644) 당의 고구려 침략 준비와 함께

5 『新唐書』 卷100 「裴矩傳」, 3933쪽, "矩因奏言: 「高麗本孤竹國, 周以封箕子, 漢分三郡, 今乃不臣, 先帝疾之, 欲討久矣. 方陛下時, 安得不事? 今其使朝突厥, 及見啟民, 擧國臣服, 脅令入朝, 可致也. 請面詔其使, 令歸語王, 有如旅拒, 方率突厥誅之.」"

6 崔珍烈, 「東晉・南北朝~唐代 주변국 册封 封號의 地名 분석-韓國古代 三國君主들의 册封 郡王/郡公 칭호의 이해를 중심으로-」, 『歷史學報』 197, 2008, 83-95쪽.

시작되어 안시성 전투에서 타격을 받고 돌아간 다음해(정관 20년, 646년)에 끝났다. 인생에서 처음으로 패배를 경험한 당태종은 고구려가 공포와 증오의 대상이었고 고구려에 불쾌감과 적대감을 느꼈을 것이다. 그는 이러한 고구려에 대한 감정이 개찬(改撰) 중인 『진서』에 반영되어 고구려전(高句麗傳)을 빼버렸고 허경종(許敬宗)이 이러한 작업을 주도했을 것이라고 보았다.[7]

『진서(晉書)』에 고구려의 열전이 없는 이유를 당 태종의 공포나 증오같은 심리적인 요인 이외에 실제 외교적인 측면에서 언급하기도 한다. 당 태종은 정관 22년(648) 신라의 사신 김춘추・김법민 부자 일행에게 손수 지은 온탕(溫湯)과 진사(晉祠)의 비문, 『진서』를 하사하였다.[8] 당 태종이 신라 사신들에게 고구려와 백제의 열전이 없는 『진서』를 하사한 것은 당이 신라와 연합하여 고구려와 백제를 멸망시킬 것이라는 의지를 암시한 것이라고 한다. 한편 당 태종의 어찬(御撰)[9]인 『진서』의 반포 시점(644)과 신라의 당 청병(642?), 당 태종의 고구려 친정(親征)과 실패(644), 고구려 공격 재차 실패(648)라는 일련의 사건을 고려하면 고구려와 백제의 역사를 말살하려는 의도가 개입되었기 때문에 『진서』「동이전(東夷傳)」에 고

7 현명호, 「발해의 고구려와의 계승관계를 모호하게 한 별칭 ≪발해말갈≫에 대하여」, 109-111쪽.

8 『舊唐書』 卷199上 「東夷・新羅傳」, 5335-5336쪽, "二十二年, 真德遣其弟國相·伊贊干金春秋及其子文王來朝. 詔授春秋為特進, 文王為左武衛將軍. 春秋請詣國學觀釋奠及講論, 太宗因賜以所制溫湯及晉祠碑并新撰晉書. 將歸國, 令三品以上宴餞之, 優禮甚稱."; 『新唐書』 卷220 「東夷・新羅傳」, 6203쪽, "明年, 遣子文王及弟伊贊子春秋來朝, 拜文王左武衛將軍, 春秋特進. 因請改章服, 從中國制, 內出珍服賜之. 又詣國學觀釋奠·講論, 帝賜所製晉書. 辭歸, 敕三品以上郊餞."; 『三國史記』 卷5 「新羅本紀」 眞德王二年條, "遣伊湌金春秋及其子文王朝唐, 太宗遣光祿卿柳亨郊勞之. 旣至, 見春秋儀表英偉, 厚待之."

9 황제가 친히 편찬했다는 뜻. 『진서』는 방현령(房玄齡), 저수량(褚遂良), 허경종(許敬宗)이 총책임자가 되어 모두 21인이 편찬 작업에 참여하였다. 당 태종은 「선제기(宣帝紀)」와 「무제기(武帝紀)」, 「육기전(陸機傳)」, 「왕희지전(王羲之傳)」의 사론(史論) 4편만을 썼다. 그럼에도 불구하고 『진서』는 당 태종이 편찬에 참여했다는 이유로 '어찬(御撰)'이라고 불렸다.

구려와 백제의 열전을 없애거나 뺀 것이라고 보는 견해도 있다.[10] 『진서』를 꼼꼼히 살펴보면, 고구려의 열전[11]뿐만 아니라 본기(本紀)[12]에서도 고구려에 대한 언급은 전혀 없다. 다만 모용씨의 재기(載記)[13]에 모용씨와의 관련 기사에 등장할 뿐이다. 이는 『진서』에서 고구려 관련 기사를 대부분 없앤 것이다. 이처럼 철저하게 고구려의 기록을 없앤 것은 당대 중국인의 고구려에 대한 증오나 기피현상이 아니라면 설명하기 어렵다.[14]

---

10 李成珪, 「韓國 古代 國家의 形成과 漢字 受容」, 『韓國古代史研究』 32, 2003, 59-60쪽의 주) 15. 이 논문에서는 고구려(高句麗)와 백제(百濟)를 멸망시키려는 의도가 있다는 표현은 없으나 이성규(李成珪) 교수는 사석에서 그러한 의도 때문이라고 밝혔다.

11 개인의 일대기나 중국 주변의 나라나 종족의 역사를 적은 중국 기전체의 서술 항목.

12 특정 황제 재위 시기에 발생한 사건이나 일을 연도와 일월 등 시간의 순서로 적은 기전체의 서술 양식. 삼국사기에서는 신라, 고구려, 백제 세 나라의 기록을 시간의 순서로 기록한 후 신라본기, 고구려본기, 백제본기라는 이름을 붙였다. 이는 중국의 본기와 다르다.

13 『사기(史記)』 세가(世家)를 계승한 기전체 사서의 편찬 항목. 『진서』에서는 5호(五胡)가 세운 여러 나라들의 기록을 다루었으며, 대개 16국의 군주 이름 뒤에 '재기' 2자를 붙였다.

14 이러한 현상은 『삼국지』에서도 보인다. 『삼국지 · 위서』 「동이전」을 보면 고구려가 옥저(沃沮)와 동예(東濊)를 지배했다고 서술하였고(『三國志 · 魏書』 卷30 「烏丸鮮卑東夷 · 東夷 · 高句麗傳」, 844쪽, "國人有氣力, 習戰鬪, 沃沮·東濊皆屬焉."; 『三國志 · 魏書』 卷30 「烏丸鮮卑東夷 · 東夷 · 東沃沮傳」, 846쪽, "沃沮諸邑落渠帥, 皆自稱三老, 則故縣國之制也. 國小, 迫于大國之間, 遂臣屬句麗. 句麗復置其中大人為使者, 使相主領, 又使大加統責其租稅, 貊布·魚·鹽·海中食物, 千里擔負致之, 又送其美女以為婢妾, 遇之如奴僕."; 『三國志 · 魏書』 卷30 「烏丸鮮卑東夷 · 東夷 · 濊傳」, 848쪽, "漢末更屬句麗."), 『삼국사기(三國史記)』에도 옥저와 동예를 이전부터 지배했다는 기록이 있지만, 『삼국 · 위서』 「동이전(東夷傳)」에는 고구려와 옥저(沃沮), 동예(東濊)를 별도의 나라로 보아 열전(列傳)을 따로 두어 기록하였다. 이처럼 고구려의 지배를 받는 지역을 독립국처럼 기록한 것은 당시 중국에서 고구려(高句麗)의 영역을 분해하여 파편적으로 이해하려는 의도가 있는 것 같다. 물론 정시(正始) 6년(245) 낙랑태수(樂浪太守) 유무(劉茂)와 대방태수(帶方太守) 궁준(弓遵)이 동예를 공격하여 불내후(不耐侯) 등이 항복하였고, 2년 후인 정시(正始) 8년(247) 조위(曹魏)의 궁궐을 방문하여 조공하자 다시 불내예왕(不耐濊王)에 봉하였다. 이후 동예는 군(郡)을 방문하여 조알(朝謁)하였고 낙랑(樂浪) · 대방(帶方) 2군(郡)에서 전쟁 시 부조(賦調)를 징수하고 동예인(東濊人)을 역사(役使)하여 군(郡)의 민(民)처럼 대우했다고 한다(『三國志 · 魏書』 卷30 「烏丸鮮卑東夷 · 東夷 · 濊傳」, 849쪽, "正始六年, 樂浪太守劉茂·帶方太守弓遵以領東濊屬句麗, 興師伐之, 不耐侯等擧邑降. 其八年, 詣闕朝貢, 詔更拜不耐濊王. 居處雜在民間, 四時詣郡朝謁. 二郡有軍征賦調, 供給役使, 遇之如民."). 이러한 『삼국지 · 위서』 「동이 · 예

<표 4>에서 살펴본 것처럼 수당시대의 사서에서는 고구려(고려)보다 고구려의 별칭인 '요'와 '요동'이 더 많이 사용되었다. 특히 당대에 편찬된 『수서』와 당대의 사료를 정리한 『당회요』의 기록을 보면 고구려 표기 대신 다른 별칭을 많이 사용되었음을 확인할 수 있다. 이것이 당대의 관행을 반영했는지 살펴보기 위해 다음 항에서는 묘지명의 고구려 기사와 고구려 표기를 살펴보려고 한다.

2) 묘지명의 고구려 기사와 고구려 표기 대체

당대(唐代) 묘지명의 고구려 표기를 검토하기 위해 먼저 당대 묘지명이긴 하지만 수 양제의 고구려 원정과 관련된 기록을 살펴보자. 단지현(段志玄) 묘지명의 고구려 공격 기록이다.

> "수(隨) 대업 년간에 요좌(遼左)를 정벌할 때 공은 군인 모집에 응하여 전쟁에 종군하였다. 이때 나이 14세였다. 무릇 전쟁은 위험하였고 요갈(遼碣)은 먼 곳이었지만, 어린 나이에 전쟁에 종군하여 □을 잊고 요갈을 건넜다. □□의 식(□□之識)은 여기에서 기반이 되었다."[15]

이 인용문에서 '요좌를 정벌한다(薄伐遼左)'는 구절의 '요좌'와 '요갈은 먼 곳이다(遼碣遐阻也)'의 '요갈'는 문맥과 당시 상황을 살펴보면 고구려

전(濊傳)」의 기록을 보면 조위는 동예가 고구려에서 벗어나 낙랑·대방) 신속(臣屬)했다고 보아 별도의 독립국으로 기록했을 가능성도 있다.

15 「段志玄碑」, 『全唐文新編』(周紹良 主編, 長春: 吉林文史出版社, 2000) 20, 13679쪽, "隨大業中, 薄伐遼左, 公占募從征, 年始十四, 夫兵戰凶危也, 遼碣遐阻也, 童牙而從兵戰, 忘□而涉遼碣, □□之識, 基於是矣." 단지현묘지명(段志玄墓誌銘)의 본 제목은 "단지현비(段志玄碑)"이지만, 본문에서는 "성면(姓名)+묘지(墓誌)"로 약칭한다. 그리고 원문의 '□'은 누락되어 석독(釋讀)하지 못한 글자를 지칭한다. 이하 같다. 묘지명이 실린 책의 서지사항은 참고문헌 참고.

를 지칭한다. 대업(大業) 7년(611) "요좌의 전쟁에 종군(陪麾遼左)"하였던 위광백(韋匡伯) 묘지명에 보이는 '요좌'[16] 역시 수양제의 정벌 대상인 고구려임이 확실하다. 「굴돌통묘지(屈突通墓誌)」에도 비슷한 표기가 발견된다.

> "[대업(大業)] 7년(611) 동이(東夷)가 신속(臣屬)하지 않으며 직공(職貢)을 시간에 맞춰 바치지 않고 태만히 하였다. 이에 천자(天子)는 모(旄)를 쥐고 월(鉞)을 잡고, 바람처럼 달리고 번개처럼 갔으며 여섯 마리 용을 타고 대거 토벌하였다. 조서를 내려 칠췌(七萃)로써 앞으로 계속 전진하도록 하니, 공은 비휴(貔貅)를 거느리고 군막(軍幕)에 배속되어 봉(鋒)으로 상대방을 꺾어 적을 물리쳤다. 공의 힘 덕분이었다."[17]

위 인용문에서 '동이'는 문맥상 고구려를 지칭한다. 같은 묘지명에서 동이 이외의 표기가 보인다.

> "육융(六戎)이 조정에 입조하지 않고, 삼한(三韓)이 명령을 어기자 재빨리 군막(軍幕)에 배속되어, 자주 배은망덕한 무리들을 □하였다."[18]

위 인용문에 보이는 '삼한' 역시 고구려를 가리킨다. 「수고은청광록은주자사지명(隋故銀靑光祿殷州刺史誌銘)」에서도 대업 9년(613) 고구려 원정을 '벌요(伐遼)'로 표현하였다.[19] 위에서 수양제의 고구려 원정에 대

16 「韋匡伯墓誌」, 『全唐文新編』 20, 13734쪽, "大業七年, 陪麾遼左, 授朝散大夫, 俄遷尙衣奉御, 侍從乘輿, 密勿帷扆."

17 「屈突通墓誌」, 『全唐文新編』 20, 13744쪽, "[大業]七年, 東夷不賓, 職貢時怠, 天子把旄杖鉞, 風馳電逝, 乘六龍以大討, 詔七萃以長驅, 公董帥貔貅, 爰陪軍幕, 摧鋒却敵, 公有力焉."

18 「屈突通墓誌」, 13745쪽, "六戎不庭, 三韓放命, 亟陪軍幕, 頻□梟鏡."

한 기록에서 고구려를 요좌 · 요갈 · 동이 · 삼한으로 표현했음을 확인하였다.

정관 18년(644) 당태종의 고구려 친정에 대한 기록에서도 고구려를 지칭하는 다른 단어를 사용하였다. 예컨대 「장사귀묘지(張士貴墓誌)」를 살펴보자.

> "[정관] 18년(644) 잘못을 저질러 벼슬을 떠났다. 이때 주몽의 남은 무리(朱蒙之緖)와 현이의 천한 사람(玄夷之孽)은 환도(丸都)에서 조정의 명령을 듣지 않고 절제(節制)를 받지 않았으며, 요해(遼海)에서 은혜를 저버렸다. 이에 당의 군대가 정벌하려 할 때 사람들은 뛰어난 인물을 원했다. 이에 조칙(詔勅)을 내려 공을 요동도행군총관(遼東道行軍總管)으로 임명하고 금자광록대부(金紫光祿大夫) 명주자사(洺州刺史)에 제수하였다. 정관 19년(645)에 군대를 이끌고 요(遼)를 건너 현도(玄菟) 등 여러 성과 큰 진영을 격파하여 받은 훈상(勳賞)이 많았다. 이에 관군대장군(冠軍大將軍) 행좌둔위장군(行左屯衛將軍)에 배수(拜授)되었다."[20]

위의 인용문에서 주몽지서(朱蒙之緖)와 현이지얼(玄夷之孽)은 고구려 혹은 고구려 사람들을 지칭한다. 이는 고구려가 주몽과 현이의 후손임을 강조한 표현이다. 현이(玄夷)는 동이에 속하는 구이(九夷)의 하나이다.[21]

---

19 「隋故銀青光祿殷州刺史誌銘」, 『全唐文新編』 20, 13830쪽, "[大業]九年, 從駕伐遼, 全軍獨剋."

20 「張士貴墓誌」, 『全唐文補遺』 第一輯(吳鋼 主編, 西安: 三秦出版社, 1994), 42위쪽-42아래쪽, "[貞觀]十八年, 以譴去官. 洎朱蒙之緖, 玄夷之孽, 背誕丸都, 梟鏡遼海, 王師底伐, 屬想人雄. 敕爲遼東道行軍總管, 授金紫光祿大夫·洺州刺史. 十九年, 率師渡遼, 破玄菟等數城大陣, 勳賞居多, 拜冠軍大將軍·行左屯衛將軍."

21 『後漢書』 卷85 「東夷列傳」 序, 2807쪽, "王制云: '東方曰夷.' 夷者, 柢也, 言仁而好生, 萬物柢地而出. 故天性柔順, 易以道御, 至有君子·不死之國焉. 夷有九種, 九夷來御'也. 曰畎夷, 于夷, 方夷, 黃夷, 白夷, 赤夷, 玄夷, 風夷, 陽夷. 故孔子欲居九夷也."

또 위의 인용문에서 고구려의 수도 환도와 요동 일대를 지칭하는 '요해'도 문맥상 고구려를 가리킨다.

「조정안묘지(趙靜安墓誌)」에서도 이때 조정안(趙靜安)의 활동을 다음과 같이 묘사하였다.

> "정관 18년(644) 태종(太宗) 문황제(文皇帝)를 따라 동이(東夷)의 죄를 물으러 [참전하였다]. 과(戈)를 휘두르니, 한 번에 삼한(三韓)은 황룡(黃龍)에서 형체가 가루가 되었고 활을 당기니 구종(九種)이 현토(玄免)에서 몸이 부숴졌다."[22]

위 인용문의 원문에서 '문죄동이(門罪東夷)'의 '문(門)'자는 편자의 주석에 따르면 '문(問)'자라고 한다. 이 인용문에서 '동이'는 고구려를 가리키는 단어임이 분명하다. 두 번째 문장에 보이는 황룡은 남북조시대(南北朝時代)에는 전연(前燕)·후연(後燕)·북연(北燕)의 수도였던 용성(龍城), 즉 화룡성(和龍城)을 가리켰다.[23] 혹은 강남(江南), 즉 남조(南朝)에서 북연을 황룡국(黃龍國)이라 불렀던 것으로 보아[24] 국명으로도 볼 수 있다. 용성·화룡·황룡은 같은 땅의 다른 명칭이다.[25] 당대(唐代)에도 거란의 남쪽에 있는 곳이었으며,[26] 거란 실활부락(失活部落)에 설치했던 기

22 「趙靜安墓誌」, 『全唐文補遺』 第八輯, 322위쪽, "貞觀十八年, 從太宗文皇帝門罪東夷. 麾戈一舉, 三韓粉魄於黃龍; 機弭纔張, 九種碎身於玄免."

23 『宋書』 卷76 「朱脩之傳」, 1970쪽, "脩之深嘉其義, 竟不告也. 後鮮卑馮弘稱燕王, 治黃龍城, 託跋燾伐之, 脩之與同沒人邢懷明並從."

24 『資治通鑑』(司馬光 編著, 胡三省 音注, 北京: 中華書局, 1956) 卷122 「宋紀」4 文帝元嘉十二年春正月, 3855쪽, "燕王數為魏所攻, 遣使詣建康稱落奉貢. 癸酉, 詔封為燕王; 江南謂之黃龍國."

25 趙海麗, 「北魏門閥婚姻制之代表家族-冀州長樂信都馮氏與北魏皇宗室及顯族聯姻關係探論」, 『理論學刊』 2011-6(總第208期), 2011, 94오른쪽.

26 『舊唐書』 卷199下 「北狄·契丹傳」, 5349쪽, "契丹, 居潢水之南, 黃龍之北, 鮮卑之故地, 在京城

미주(羈縻州)인 신주(信州)의 속현(屬縣)이었고 본래 영주도독부(營州都督府)에 속했다. 후에 신주는 청주(青州)에, 황룡현(黃龍縣)은 범양현(范陽縣)에 치소를 두었다.[27] 『구당서』 「거란전」에는 태종이 고구려를 공격할 때 영주(營州)에서 거란의 군장(君長)과 노인 등을 모아 물자를 차등있게 하사하고 번장(蕃長) 굴가(窟哥)에게 좌무위장군(左武衛將軍)을 제수했다고 기록하였다.[28] 『신당서』 「거란전」에서는 태종이 고구려 정벌 당시 거란과 해(奚)의 군사를 징발하여 동원하였으며, 전쟁이 끝나고 돌아오면서 영주에서 거란의 군장 굴가와 노인들에게 상을 주었다고 기록하였다.[29] 어떤 경우이건 거란의 대부분 부족들은 고구려와 당의 전쟁 당시 친당 세력이었지, 고구려 편은 아니었다. 당 고조(唐高祖) 무덕초(武德初)까지 거란이 돌궐이나 고구려의 영향권에 속했다는 주장도 있지만, 태종의 고구려 공격 당시에는 거란은 고구려의 영향권 안에 있지는 않았다는 견해가 다수이다.[30] 황룡을 포함한 거란의 일부 혹은 전부가 고구려의 영토가 아니었다면 위 인용문에서 "창을 휘두르니 삼한(三韓)은 황룡에서 형체가 가루가 되었고"라는 구절은 사실이 아닐 가능성이 있다. 반면, 고구려와 당의 전쟁 도중 고구려가 거란의 영토로 진격했다는 연구가 있다.[31] 이 주장을 받아들이면, "창을 휘둘러 일거(一擧)에 삼한은 황룡에서

東北五千三百里."

27 『舊唐書』 卷39 「地理志」2 十道郡國・河北道・信州條, 1526쪽, "信州: 萬歲通天元年置, 處契丹失活部落, 隸營州都督. 二年, 遷於青州安置. 黃龍: 州所治, 寄治范陽縣."; 『新唐書』 卷43下 「地理志」下 羈縻州・河北道・契丹・營州都督府條, 1126-1127쪽.

28 『舊唐書』 卷199下 「北狄・契丹傳」, 5350쪽, "太宗伐高麗, 至營州, 會其君長及老人等, 賜物各有差, 授其蕃長窟哥為左武衛將軍."

29 『新唐書』 卷219 「北狄・契丹傳」, 6168쪽, "帝伐高麗, 悉發酋長與奚首領從軍. 帝還, 過營州, 盡召其長窟哥及老人, 差賜繒采, 以窟哥為左武衛將軍."

30 이성재, 『高句麗의 西方政策 研究』, 국학자료원, 2005; 김지영, 「7세기 중반 거란의 동향 변화와 고구려-660년 거란의 이반을 기점으로-」, 『만주연구』 12, 2011, 79-84쪽.

형체가 가루가 되었고"의 구절은 고구려의 군대와 당군(唐軍)이 실제로 요수(遼水) 상류의 거란의 땅에서 싸웠다고 해석할 수 있다.

위 인용문의 대구가 잘 맞지는 않으나 문맥상 황룡을 제외한 '삼한', '구종', '현토'은 고구려를 지칭함을 알 수 있다. 『구당서』「저수량전」에서도 고구려 대신 '삼한'이란 별칭을 사용한 예가 발견된다.[32] 위 인용문의 구종은 『사기』「공자세가」에서 인용한 『사기집해(史記集解)』에 따르면 구이(九夷)를 지칭한다.[33] 『후한서』「동이열전」에 따르면 구이(九夷)는 견이(畎夷)·우이(于夷)·방이(方夷)·황이(黃夷)·백이(白夷)·적이(赤夷)·현이(玄夷)·풍이(風夷)·양이(陽夷) 등 9개의 동이(東夷) 집단을 지칭한다.[34] 따라서 당시 중국인들은 고구려를 동이와 동일시하며 9종류의 동이, 즉 구이 혹은 구종을 고구려의 별칭으로 사용하였다.

또 「두선부묘지(豆善富墓誌)」에서 두선부의 가계를 다음과 같이 서술하고 있다.

"6세조 보번(步蕃)은 서위(西魏)의 장(將)으로서 하곡(河曲)에 주둔하였다. 북제의 신무[제]에게 격파되어 드디어 요해(遼海)로 달아났으며, 후손들은 요해에 정착하였다. 그리고 성을 두씨(豆氏)라고 하였다. 당이 요(遼)가 신속(臣屬)하지 않음을 이유로 정벌하여 군대가 현토의 들판(玄菟之野)

31 李在成, 「麗唐戰爭과 契丹·奚」, 『中國古中世史硏究』 26, 2011, 157-218쪽.

32 『舊唐書』 卷80 「褚遂良傳」, 2734쪽, "由是從勣之言, 經畫渡遼之師. 遂良以太宗銳意三韓, 懼其遺悔, 翌日上疏諫曰 ……"

33 『史記』 卷47 「孔子世家」 注引『史記集解』, 1922쪽, "王肅曰: '九夷, 東方夷有九種也. 百蠻, 夷狄之百種."

34 『後漢書』 卷85 「東夷列傳」, 2808쪽, "王制云: '東方曰夷.' 夷者, 柢也, 言仁而好生, 萬物柢地而出. 故天性柔順, 易以道御, 至有君子·不死之國焉. 夷有九種, 九夷來御也. 曰畎夷, 于夷, 方夷, 黃夷, 白夷, 赤夷, 玄夷, 風夷, 陽夷. 故孔子欲居九夷也."

에 머물렀다. 군의 아버지는 먼 조상 [두]융(竇融)이 하외(河外)에서 [후한(後漢) 광무제(光武帝)에게] 항복했던 일을 흠모하여 마침내 구이의 장수(九夷列成之將)를 참하여 정문(旌門)에 무릎을 꿇고 절하였다. 읍락(邑落)에서 도탄에 빠진 사람들을 부축하고 □궐(□闕)에 귀순하였다. 천서(天書)가 크게 내려졌으니, 일문에 천자의 은총이 넘쳤다."[35]

위의 인용문에 따르면 두씨(豆氏), 즉 흘두릉씨(紇豆陵氏)는 고환과의 싸움에서 패하여 고구려로 도망갔다가 당이 고구려를 침입하자 고구려의 장군('九夷列成之將')을 죽이고 당에 귀순하였다. 인용문의 요해는 원래 요수 일대 혹은 요동을 가리킨다. 그러나 당 태종의 고구려 친정 때 고구려에서 당으로 귀순했다는 전체적인 문맥을 고려하면 고구려를 지칭한다고 보는 것이 자연스럽다. 그리고 '요'와 '현도지야(玄菟之野)', '구이'는 모두 고구려를 가리킴이 분명하다.

장소(張素)도 용삭(龍朔) 년간(661-663) 고구려 공격에 참전하였다. 「장소묘지명(張素墓誌銘)」에 이때의 활동이 기록되었다.

"지난 용삭 년간에 삼한이 항거하여, 제해(鯷海)의 구석에서 횡행하였다. 구종(九種)은 홀로 있을 것을 생각하며 낭하의 남쪽에서 군대로 대항하였다. 군은 날카로운 창을 들고 나라에 보답하기 위해 바로 조선(朝鮮)으로 향하였고 깃발과 무기를 가지고 종군하여 먼저 현토(玄菟)를 꺾었다."[36]

35 「豆善富墓誌」, 『全唐文補遺』 第四輯, 441아래쪽, "六世祖步蕃, 西魏將, 鎮河曲. 爲北齊神武所破, 遂出奔遼海, 後裔因家焉. 爲豆氏□□皇唐征有遼之不庭, 兵戈次玄菟之野. 君考夫卒慕遠祖融河外納款, 遂斬九夷列成之將, 稽顙旌門. 扶邑落塗炭之人, 歸誠□闕. 天書大降, 榮寵一門."

36 「張素墓誌」, 『唐代墓誌彙編』 神功008, 918쪽, "去龍朔年中, 屬三韓作梗, 憑陵鯷海之隅; 九種孤思, 旅拒狼河之外. 君乃負霜戈而報國, 直下朝鮮; 帶月羽以從軍, 先摧玄菟."; 「張素墓誌」,

위의 인용문에서 '삼한작경(三韓作梗)'은 고구려가 당에 항거하는 당시의 상황을 묘사한 상투어이다. 제해(鯷海)는 『구당서』「현종기」의 사신왈[37] 이외에는 용례가 보이지 않아 정확히 알 수 없지만, 위의 인용문에서는 문맥상 요해 혹은 요수를 낮춰 부른 것으로 보인다. 요컨대 위의 인용문의 전체적인 내용은 장소가 당군(唐軍)에 항거하는 고구려 군대를 격파했다는 것이다. 여기에서 '삼한'과 '구종', '조선'과 '현도'는 문맥상 고구려를 가리킴은 분명하다.

앞에서 태종과 고종 시기에 고구려 공격에 참전했던 인물의 묘지명을 분석하였다. 그 결과 묘지명에서는 고구려 대신 '삼한', '구종', '현토', '요해', '요', '현토지야', '구이', '조선' 등의 단어를 사용하여 고구려를 지칭하였다. 이밖에 '도이(島夷)',[38] '조이(鳥夷)',[39] '요갈(遼碣)',[40] '예맥(濊貊)',[41] '낙랑(樂浪)',[42] '진한(辰韓)',[43] 등의 단어도 고구려를 지칭하는 단

『全唐文新編』 21, 14671쪽.

37 『舊唐書』 卷9 「玄宗本紀」下 史臣日, 236쪽, "象郡·炎州之玩, 雞林·鯷海之珍, 莫不結轍於象胥, 駢羅於典屬."

38 「韓邏墓誌」, 『全唐文補遺』 第二輯(吳鋼 主編, 西安: 三秦出版社, 1995), 126위쪽, "是以西征戎國, 席卷高昌, 東伐島夷, 驂駕遼右."

39 「唐故隋酒城府鷹揚趙君(曹諒)及琅耶郡君安氏墓誌并序」, 『全唐文新編』 20, 13873쪽, "値隋世道消, 鳥夷憑甸, 龍旂爰擧, 問罪三韓."

40 「强偉墓誌」, 『唐代墓誌彙編』 麟德026, 413쪽, "至[貞觀]十八年, 將作大匠閻立德江南造船, 召爲判佐. 十一年副虞部員外郎唐遜造海舡一千艘. 其年勅差副宋州刺史王波利更造海船. 事異畢副兵部員外郎裴明禮運糧遼碣."

41 「陸仁儉墓誌」, 『唐代墓誌彙編續集』 延載005, 335쪽, "顯慶五年, 神丘道大總管蘇定方地均衛霍, 術妙孫吳, 引公爲入幕之賓, 籍公有從橫之算, 掃除穢貊, 我有九焉."

42 「南郭生墓誌」, 『全唐文補遺』 第二輯, 337아래쪽, "卽以龍朔二年樂浪道征. 功參百戰, 遼海息其祆氛; 威懾九梯, 肅愼貢其楛矢; 「南郭生墓誌」, 『全唐文新編』 21, 14628쪽.

43 「阿史那忠碑」, 『全唐文新編』 20, 13683쪽, "顯慶五年, 詔爲使持節長岑道行軍大總管, 辰韓俶擾, 從旆除殘, 契丹縱毒, 廻戈拯亂, 剿元菟之游魂, 覆黃龍之□."; 「尉遲敬德墓誌」, 『全唐文補遺』 第二輯, 156위쪽, "屬辰韓負險, 獨阻聲教, 憑丸都而擧斧, 恃浿水而含沙. 太宗爰命六軍,

어로 사용되었다.

극소수이지만 고구려의 당대 표기인 '고려'를 사용한 예도 보인다. 「곡사정칙묘지(斛斯正則墓誌)」의 기록에서는 수양제의 고구려 침공 기사에서는 고구려를 '고려(高驪)'라고 표기하였다.[44] 반면 당태종의 친정(親征) 기사에서는 고구려를 '조이(鳥夷)'라고 표기하였다.[45] 이밖에 용삭원년(龍朔元年, 661) 등 여러 차례 고구려 침공에 참전한 「계필숭묘지명(契苾嵩墓誌銘)」에는 고구려를 '고려'로 지칭한 용례가 두 차례 보인다.[46]

위에서 당대 묘지명에서 고구려의 이름 그대로 표기하거나 별칭으로 사용한 용례를 정리하여 표로 정리하였다.

親紆萬乘, 觀兵玄菟, 問罪白狼."; 「尉遲敬德墓誌」, 『全唐文新編』 20, 14029쪽. 위지경덕묘지(尉遲敬德墓誌)의 '진한(辰韓)'은 '환도(丸都)'와 '패수(浿水)', '현도(玄菟)', '백랑(白狼)'이라는 지명이 등장하는 것으로 보아 고구려(高句麗) 정벌에 관한 표현임이 확실하다. 즉 '진한(辰韓)'은 고구려(高句麗)를 지칭하는 단어로 사용되었다.

44 「斛斯正則墓誌」, 『全唐文補遺』 第二輯, 231아래쪽, "尋而從擊高驪, 甫陟猿巖, 預追隨於輦轂; 卽泛鯷壑, 仍迅鶩於樓船."; 「斛斯正則墓誌」, 『全唐文新編』 20, 14265쪽.

45 「斛斯正則墓誌」, 『唐代墓誌彙編續集』 咸亨005, 187쪽, "[貞觀]十八年, 從幸洛陽宮. 仍屬鳥夷恃嶮, 狼顧不賓. 卽從龍麾, 恭聞豹略."; 「斛斯正則墓誌」, 『全唐文補遺』 第二輯, 232위쪽.

46 「契苾嵩墓誌」, 『全唐文補遺』 第六輯, 413아래쪽, "龍朔元年, 詔爲遼東道行軍大總管. 于時九月, 水陸兩軍大會平壤, 兵至鴨綠, 波濤浩瀚, 無舟可濟. 恐失王期, 仰天而嚚, 具申忠志. 寒風四起, 流澌立合. 軍衆纔渡, 冰隨後銷, 高麗謂神."; 「契苾嵩墓誌」, 『唐代墓誌彙編』 開元314, 1374쪽, "高麗逆命, 王師問罪, 先鋒直進, 斬首數千, 若戰被傷, 通中者七."; 「契苾嵩墓誌」, 『全唐文新編』 22(周紹良 主編, 長春: 吉林文史出版社, 2000), 15064쪽.

〈표 5〉 당대(唐代) 묘지명(墓誌銘)의 고구려(高句麗) 표기 일람[47]

墓誌銘	高句麗 지칭 용어	활동 연대	墓主 매장 연대	高句麗 로 표기
曹諒及琅耶郡君安氏墓誌	鳥夷 三韓		大業 10년(614)	× ×
王君愕墓誌	三韓	貞觀 19년(645)	大業 10년(614)	×
韋匡伯墓誌	遼左	大業 7년(611)	開明2	×
屈突通墓誌	東夷 三韓	大業 7년(611)	貞觀 2년(628)	× ×
段志玄墓誌	遼左 遼碣	大業中	貞觀 16년(642)	× ×
隋故銀青光祿殷州刺史誌銘	遼	大業 9년(613)	貞觀 20년(646)	×
大唐梁君墓誌	東夷 遼碣		貞觀 22년(648)	×
韓邏墓誌	鳥夷		永徽 5년(654)	×
張士貴墓誌	朱蒙之緒 玄夷之孼	貞觀 18년(644)	顯慶 2년(657)	× ×
尉遲敬德墓誌	辰韓 玄菟 白狼		顯慶 3년(658)	× × ×
强偉墓誌銘	遼碣	貞觀 18년(644)	麟德元年(664)	×
王道智墓誌銘	遼陽 三韓		乾封元年(666)	× ×
曹欽墓誌	朝鮮		乾封 2년(667)	×
仵欽墓誌	三韓	永徽 5년(654)	總章元年(668)	×
李勣墓誌銘	東夷	貞觀 17년(643)	總章 2년(669)	×
馬寶義墓誌	三韓 玄菟 九種		總章 3년(670)	× × ×
斛斯正則墓誌	鳥夷	貞觀 18년(644)	咸亨元年(670)	×
斛斯正則墓誌	高驪 鳥夷	大業년간	咸亨元年(670)	○ ×
邊眞墓誌	三韓 九種		咸亨 4년(673)	× ×

47 崔珍烈, 「唐代 高句麗 표기 기피현상-隋唐 墓誌銘의 國名 표기 분석을 중심으로-」, 233-236쪽, <표 2> 唐代 墓誌銘의 高句麗 표기 일람.

姬溫墓誌銘	三韓 白狼 九種 玄菟		上元 2년(675)	× × × ×
張仁禕墓誌	辰韓		儀鳳 4년(679)	×
張和墓誌	九種 青丘 三韓		永淳元年(682)	× × ×
屈突詮墓誌	桂樓 馬韓 小貊		載初元年(690)	× × ×
屈突詮墓誌	五部 九種		載初元年(690)	× ×
安興孫墓誌	三韓 九種	龍朔년간 (661-663)	天授元年(690)	× ×
董師墓誌	三韓 遼川	龍朔년간 (661-663)	691(天授2)	× ×
陸仁儉墓誌	穢貊	顯慶 5년(660)	延載元年(694)	×
南郭生墓誌	樂浪	龍朔 2년(662)	延載元年(694)	×
連簡墓誌	三韓舊壤 九種遺黎		天冊萬歲 2년(696)	× ×
王思訥墓誌	三韓 九種 朝鮮		天冊萬歲 2년(696)	× × ×
姚思玄	三韓 玄免 遼		萬歲通天 2년(697)	× × ×
張素墓誌銘	三韓 朝鮮 玄菟	龍朔년간 (661-663)	神功元年(697)	× × ×
趙靜安墓誌	遼	總章 2년(669)	神功 2년(698)	×
趙靜安墓誌	東夷 三韓 九種 玄免	貞觀 18년(644)	神功 2년(698)	× × ×
王德表墓	遼陽	麟德년간 (664-666)	聖曆 2년(699)	×
張仁楚墓誌	遼	龍朔 3년(663)	長安 3년(703)	×

張仁楚墓誌	三韓		長安 3년(703)	×
陽玄基墓誌	鴨綠	總章元年(668)	長安 3년(703)	×
契苾嵩	高麗		開元 18년(730)	○
契苾嵩墓誌	高麗	龍朔元年(661)	開元 18년(730)	○
豆善富墓誌	遼海 遼 玄菟之野 九夷		開元 29년(741)	× × × ×
阿史那忠碑	辰韓 元菟(玄免)	顯慶 5년(660)	上元 2년(761)	× ×
爾朱義琛墓誌	三韓		上元 3년(762)	×

<표 5>를 보면 38개의 묘지명에서 고구려를 지칭하는 단어나 별칭이 모두 79회이다. 이 가운데 요해·백랑(白狼)·요천(遼川)처럼 고구려의 별칭뿐만 아니라 실제 지명으로 해석할 수 있는 중의적인 단어도 있다. 반면 황룡처럼 고구려를 지칭하는 것처럼 해석할 수 있는 단어도 있다. 황룡은 전연·후연·북연의 수도인 용성(龍城, 和龍城), 즉 당대(唐代)의 영주(營州) 일대를 지칭하므로 대구이더라도 제외하였다. 황룡을 고구려의 별칭으로 본다면 고구려의 별칭 총수는 증감이 모두 가능하다.

용례로 계산하면 고구려, 즉 당대의 표기인 '고려'는 3개에 불과하다. 즉 고구려를 그대로 쓴 것이 전체의 약 3.8%에 불과하다. 그리고 39개 묘지명 가운데 '고려'로 표기한 묘지명은 2개(5.1%)이다. 어떤 쪽이건 간에 고구려 즉 '고려'라는 실명 대신 별칭을 사용한 예가 압도적으로 많음을 확인할 수 있다.[48] 또 다른 통계에 따르면 당대 묘지명에 사용된 고구려 호칭 254회 가운데 고구려의 당대 표기인 고려 등의 표기는 15회로 전체의 5.9%라고 한다.[49] 이 연구는 새로 발견된 묘지명 등의 자료를 반영

48 崔珍烈, 「唐代 高句麗 표기 기피현상-隋唐 墓誌銘의 國名 표기 분석을 중심으로-」, 238쪽.
49 권덕영, 「唐 墓誌의 고대 한반도 삼국에 대한 표기 검토」, 62쪽.

했기 때문에 필자의 통계와 구체적인 수치는 다르지만, '고려' 즉 고구려를 있는 그대로 쓴 표기가 당대 묘지명에 매우 적다는 점은 일치한다. 이는 고구려를 지칭하는 '고려'라는 단어를 사용하지 못하게 했거나 기피하는 분위기가 있었기 때문에 생긴 현상일 것이다. 그리고 고구려 유민의 본적을 분석하여 고구려와 돌궐 등 당대에 껄끄러운 상대국 유민들은 묘지명에서 국명을 표기하지 못했던 현상과 일치한다.[50] 혹은 당대 중국인의 적대의식으로 해석될 수도 있다.[51]

이와 더불어 단어의 용례를 분석하면 삼한(三韓)이 18회로 가장 많고 구종(九種) 9회, 현도(玄菟, 玄免) 7회, 요(遼) 5회, 동이(東夷) 4회, 요갈(遼碣)·조선(朝鮮)·조이(鳥夷)·진한(辰韓) 3회, 백랑(白狼)·요양(遼陽)·요좌(遼左) 2회, 계루(桂樓)·구이(九夷)·낙랑(樂浪)·도이(島夷)·현이(玄夷)·마한(馬韓)·소맥(小貊)·압록(鴨錄)·예맥(濊貊)·주몽지서(朱蒙之緖)·청구(靑丘)·오부(五部)·요천(遼川)·요해(遼海)가 각각 1회였다. 고구려의 별칭으로 사용된 단어를 유형별로 분류하면 동이·도이·조이·현이·구이처럼 동방의 이민족을 지칭하는 용어(10회), 예맥·소맥·계루·오부처럼 고구려를 연상시키는 단어(4회), 낙랑·현도·백랑·요·요갈·요양·요좌·요천·요해 등 전한(前漢) 이후의 군현명이나 각종 지명(24회), 삼한·마한·진한·조선 등 고대 한국의 옛 국명(25) 등으로 나뉜다. 여기에 구종(九種)을 포함하면 동방의 이민족을 지칭하는 단어는 19회가 된다.

이러한 유형을 해석하면 먼저 전한 이래의 군명(郡名)과 각종 지명을 사용한 것은 고구려 자체를 인정할 수 없다는 숨은 뜻을 파악할 수 있다.

50 崔珍烈, 「唐人들이 인정한 高句麗人의 正體性-唐代 墓誌銘에 보이는 高句麗의 別稱(朝鮮·三韓·扶餘) 分析을 중심으로-」, 213-227쪽.

51 권덕영, 「唐 墓誌의 고대 한반도 삼국에 대한 표기 검토」, 62-64쪽.

또 동이 · 도이 · 조이 · 현이 · 구이 · 구종 등 동방 이민족을 지칭하는 단어나 고구려와 같은 뜻으로 쓰인 예맥 · 소맥은 고구려를 비칭하는 어감이 강하다. 반면 고구려와 무관하지만 한국고대의 국명이었던 삼한 · 마한 · 진한 · 조선이 사용된 것도 주목할 사실이다. 필자는 고구려 유민의 본적을 분석하여 '조선', '삼한', '진한', '부여'가 모두 '고구려'의 동의어로 사용되었음을 발견하고 이것은 당대 중국인들이 고구려와 조선 · 삼한 · 진한 · 부여를 동일시했기 때문일 것이라고 추론한 바 있다.[52] 고구려 유민의 본적뿐만 아니라 당대 문무관료들의 묘지명에도 고구려와 동일시되는 조선 · 삼한 · 진한 등이 출현하는 것은 당시 중국인들이 고구려와 조선 · 삼한 · 진한의 역사적 연속성을 인정하고 있었다고 해석할 수 있다.

현재로서는 자료의 부족으로 당시 묘지명에서 고구려를 그대로 쓰지 않고 동방의 이민족, 각종 지명, 한국 고대 국명 등 다양한 유형의 별칭을 사용한 이유를 정확히 밝힐 수 없는 한계가 있다. 다만 막연하게 당대 중국인이 고구려를 껄끄러워 했거나 고구려의 국명을 언급하지 않을 정도로 감정이 좋지 않았을 가능성만 제시할 수 있다.[53] 그런데 이러한 국명 표기의 기피현상은 고구려에만 해당되는 현상일까? 다음 장에서 고구려를 제외한 다른 나라의 용례를 분석하여 비교해 보고자 한다.

52 崔珍烈, 「唐人들이 인정한 高句麗人의 正體性-唐代 墓誌銘에 보이는 高句麗의 別稱(朝鮮 · 三韓 · 扶餘) 分析을 중심으로-」, 234-248쪽.

53 崔珍烈, 「唐代 高句麗 표기 기피현상-隋唐 墓誌銘의 國名 표기 분석을 중심으로-」, 239쪽; 권덕영, 「唐 墓誌의 고대 한반도 삼국에 대한 표기 검토」, 62-64쪽.

2. 당대 묘지명 주변국 기사의 국명 표기

1) 돌궐과 위구르의 국명 표기

돌궐(突厥)은 북조 후기(北朝後期)에 해당하는 6세기에 유연(柔然)을 격파하고 몽골고원을 지배하였다. 그리고 수(隋)・당(唐)과 잦은 전쟁을 벌였기 때문에 정사뿐만 아니라 묘지명에도 빈출하였다. 본절에서는 돌궐을 직서한 예와 별칭을 사용했던 예를 차례대로 살펴보도록 한다.

먼저 돌궐의 실명을 사용한 예이다. 「당검묘지」의 기록을 살펴보자.

> "또 마읍(馬邑) 사람 고만정(高滿正)은 성(城)을 바치고 돌궐에 귀부(歸附)하였다. ……(중략)…… 국경 밖에 있었기 때문에 편의(便宜)로 태화(太和) 등 5진(鎭)을 설치하여, 흉노(匈奴)의 왼팔(左臂)을 끊고, 중국의 반옹(潘雍)을 심었다."[54]

위의 인용문의 첫 부분에서는 고만정이 돌궐에 귀부하였다고 적었다. 뒷부분에서는 태화(太和) 등 5진(鎭)의 설치가 흉노의 왼팔을 끊은 효과가 있었다고 기록하였다. 이 부분의 흉노는 문맥상 돌궐을 지칭한다. 이 묘지명에서는 돌궐의 실명과 별칭을 동시에 기록하였다. 「이맹상묘지」에서도 훈융(獯戎)과 돌궐을 동시에 기록하였다. 여기에서 훈융은 돌궐과 동의어로 사용되었다.[55]

「곽영기묘지」에서도 돌궐과 관련된 명칭이 보인다.

---

54 「唐儉墓誌」, 『唐代墓誌彙編續集』 顯慶006, 90쪽, "又馬邑人高滿正, 以城附於突厥, …… 因以境外, 便宜置太和等五鎭, 斷匈奴之左臂, 樹中國之潘雍."

55 「李孟常墓誌」, 『全唐文補遺』 第一輯, 30아래쪽, "憬彼獯戎, 屢擾疆場, 强陵地脈, 祲起天街. …(중략)… 貞觀四年, 副右僕射李靖破突厥於磧北, 賜奴婢一百口."

"이에 토번(吐蕃)의 신성(新城)을 공격하여 함락시킨 공으로 우금오익부중랑장(右金吾翊府中郎將)에 제수되고 자금어대(紫金魚袋)를 하사받았다. …(중략)… [천보(天寶)] 3재(744)에 또 돌궐의 참철의 남은 무리를 격파한 공으로 우사어솔(右司禦率)로 전임되었다."[56]

위의 인용문에서는 토번, 해(奚), 돌궐의 실명을 기록하였다. 이밖에 「고구성돌궐계필이중랑증우영군위대장군묘지문」[57]과 「강모묘지」[58]에서도 돌궐의 실명을 표기하였다.

위에서 돌궐의 실명을 사용한 5개의 묘지명 사례를 살펴보았다. 그러나 돌궐의 실명보다 별칭을 사용한 예가 더 많다. 먼저 수문제 인수 년간의 상황을 기록한 「최중방묘지」를 살펴보자.

"[최중방(崔仲方)은] 인수(仁壽) 년간(601-604) 초에 총관대람흔울사주제군사(總管代藍忻蔚四州諸軍事) 대주자사(代州刺史)에 제수되었다. 호인(胡人)들은 최중방(崔仲方)을 두려워했기 때문에 막남(漠南)에 반란이 없어졌다."[59]

위 인용문의 원문에는 '총관(總管)'과 '대람흔울4주제군사(代藍忻蔚四州諸軍事)'를 별도의 것으로 끊어 읽었지만, 필자는 총관이 여러 주(州)의

56 「郭英奇墓誌」, 『全唐文補遺』 第六輯, 84위쪽, "假以破吐蕃新城之功, 除右金吾翊府中郎將, 賜紫金魚袋. …… 三載, 又以破突厥斬啜餘燼之功, 轉右司禦率."

57 「故九姓突厥契苾李中郎贈右領軍衛大將軍墓誌文」, 『全唐文新編』 22, 15199쪽, "大唐故九姓突厥贈右領軍衛大將軍李中郎者, 西北蕃突厥渠帥之子也."

58 「姜簪墓誌」, 『全唐文補遺』 第七輯(吳鋼 主編, 西安: 三秦出版社, 2000), 243위쪽, "突厥來寇, 授公左七總管. 尋而犬羊奔北, 有詔追公入朝. 惟帝念功, 方申後命."

59 「崔仲方墓誌」, 『全唐文補遺』 第八輯, 258위쪽, "仁壽初, 除總管, 代藍忻蔚四州諸軍事·代州刺史. 胡人畏威, 漠南絕叛."

군사(軍事)를 담당하던 관직이었기 때문에 붙여서 해석하였다. 위 인용문에서 '호인(胡人)'의 '호(胡)'는 당대(唐代)에 유목민을 지칭하기도 하고 서역호(西域胡), 특히 소그드인들을 지칭한다.[60] 그러나 당시 상황을 보면 돌궐인임이 분명하다.

「상하묘지」에서도 돌궐이 별칭으로 표기되었다.

> "[무덕] 9년 유월 사일 북문(北門)의 기병을 총괄하도록 명령하셨다. 그 해 팔월에 흉노(凶奴)는 편교(便橋)에 이르렀다. 이에 마군부총관(馬軍副總管)에 제수되었다. 적(賊)이 물러가니 진화부절충도위(眞化府折衝都尉)에 임명되었고 특별히 장상(長上)하도록 명령받았으며, 무수현개국남(武水縣開國男) 식읍 300호에 봉해졌다."[61]

『신당서』「돌궐전」에 따르면 무덕 9년(626)에 돌궐의 힐리가한(頡利可汗)이 장안(長安) 근교(近郊)의 편교까지 진격하였다.[62] 따라서 인용

60 모리야스 다카오, 「당대 불교적 세계지리와 '호'의 실태」, 중앙아시아학회 엮음, 『실크로드의 삶과 종교』, 사계절출판사, 2006.

61 「常何墓誌」, 『全唐文補遺』 第七輯, 5아래쪽, "[武德]九年六月四日, 令總北門之騎. 其年八月, 凶奴至便橋, 授馬軍副總管. 賊退, 除眞化府折衝都尉, 特令長上, 封武水縣開國男, 食邑三百戶."

62 『舊唐書』 卷215上 「突厥列傳」上, 6033쪽, "其七月, 頡利自將十萬騎襲武功, 京師戒嚴. 攻高陵, 尉遲敬德與戰涇陽, 獲俟斤烏沒啜, 斬首千餘級. 頡利遣謀臣執失思力入朝以覘我, 因夸說曰: '二可汗兵百萬, 今至矣!' 太宗曰: '我與可汗嘗面約和, 爾則背之. 且義師之初, 爾父子身從我, 遺賜玉帛多至不可計, 何妄以兵入我都畿, 自夸盛彊耶? 今我當先戮爾矣!' 思力懼, 請命, 蕭瑀·封德彝諫帝, 不如禮遣之, 帝不許, 縶於門下省. 乃與侍中高士廉·中書令房玄齡·將軍周範等馳六騎出玄武門, 幸渭上, 與可汗隔水語, 且責其負約. 群酋見帝, 皆驚, 下馬拜. 俄而衆軍至, 旗鎧光明, 部隊靜嚴, 虜大駭. 帝與頡利按轡, 即麾軍卻而陣焉. 蕭瑀以帝輕敵, 叩馬諫, 帝曰: 「我思熟矣, 非爾所知也. 夫突厥掃地入寇, 以我新有內難, 謂不能師. 我若闔城, 彼且大掠吾境, 故我獨出, 示無所畏, 又盛兵使知必戰, 不意我能沮其始謀. 彼入吾地既深, 懼不能返, 故與戰則克, 和則固, 制賊之命, 在此舉矣!' 是日, 頡利果請和, 許之. 翌日, 刑白馬, 與頡利盟便橋上, 突厥引還. 蕭瑀曰: '頡利之來, 諸將多請與戰, 陛下不聽, 既而虜自退, 其策奈何?' 帝曰: 「突厥衆

문에서 편교에 이르렀던 흉노는 돌궐임이 분명하다. 따라서 인용문의 흉노는 돌궐의 별칭으로 사용되었다. 『구당서』「고조기」와 「돌궐전」에서도 편교 사건을 언급하며 돌궐을 흉노라고 지칭하였다.[63]

「장거일묘지」에서도 같은 용법이 보인다.

> "황제께서 5릉(五陵)을 순행(巡幸)하신 후 2년이 지나 금오장군(金吾將軍)에 임명되었다. 다음해에 흉노에 파견된 사자(使者)를 택하도록 명령하는 조서(詔書)가 반포된 후 공이 사신으로 선발되어 사행(使行)하도록 명령을 받았고 자금어대(紫金魚袋)를 하사받았으니, 불면(紱冕)의 총식(寵飾)이 극에 달하였다."[64]

위의 인용문에서 현종(玄宗)이 5릉(陵)을 참배한 것은 개원 17년(729)이므로[65] 금오장군(金吾將軍)에 임명된 때는 개원 19년(731)이었다. 그리

而不整, 君臣惟利是視, 可汗在水西, 而酋帥皆來謁我, 我醉而縛之, 其勢易甚. 又我敕長孫無忌・李靖潛師幽州以須, 若大軍躡其後, 伏邀諸前, 取之反覆掌耳. 然我新即位, 爲國者要在安靜, 一與虜校, 殺傷必多, 彼敗未及亡, 懼而脩德, 與我爲怨, 其可當耶? 今仆械卷鎧, 啗以玉帛, 虜志必驕, 驕則亡之端也, 故曰'將欲取之, 必固與之.' 瑀再拜曰: '非臣愚所逮也!' 乃詔殿中監豆盧寬・將軍趙綽護送突厥, 頡利獻馬三千匹・羊萬頭, 帝不納, 詔歸所俘於我."

63 『舊唐書』 卷1 「高祖紀」 史臣曰, 19쪽, "匈奴尋犯於便橋, 京邑咸憂於左衽. 不有聖子, 王業殆哉!"; 『舊唐書』 卷194上 「突厥傳」上, 5157쪽, "太宗與侍中高士廉·中書令房玄齡·將軍周範馳六騎幸渭水之上, 與頡利隔津而語, 責以負約, 其酋帥大驚, 皆下馬羅拜. 俄而眾軍繼至, 頡利見軍容大盛, 又知思力就拘, 由是大懼. 太宗獨與頡利臨水交言, 麾諸軍却而陣焉. 蕭瑀以輕敵固諫于馬前, 上曰: '吾已籌之, 非卿所知也. 突厥所以掃其境內, 直入渭濱, 應是聞我國家初有內難, 朕又新登九五, 將謂不敢拒之. 朕若閉門, 虜必大掠, 強弱之勢, 在今一舉. 朕故獨出, 以示輕之; 又耀軍容, 使知必戰. 事出不意, 乖其本圖, 虜入既深, 理當自懼. 與戰則必克, 與和則必固, 制服匈奴, 自茲始矣. '是日, 頡利請和, 詔許焉, 車駕即日還宮."

64 「張去逸墓誌」, 『唐代墓誌彙編』 天寶126, 1621쪽, "上巡五陵後二歲, 遷金吾將軍. 明年, 詔擇使匈奴者, 以公爲專對之選, 俾膺是行, 仍賜紫金魚袋, 以極紱冕之寵飾也."; 「張去逸墓誌」, 『全唐文補遺』 第三輯(吳鋼 主編, 西安: 三秦出版社, 1996), 82아래쪽, "上巡五陵後二歲, 遷金吾將軍. 明年, 詔擇使匈奴者, 以公爲專對之選, 俾膺是行."

고 개원 20년(732)에 흉노로 사신으로 파견되었다. 당시 몽골고원은 돌궐이 지배하였고, 돌궐은 742년 무렵에 멸망하였다. 따라서 인용문의 '흉노'는 확실히 돌궐을 가리킨다.

이밖에 돌궐을 '험윤(玁狁)',[66] '훈융(葷戎),'[67] '훈로(獯虜)'[68] 등으로 지칭한 예도 보이지만, 돌궐은 주로 '흉노'로 별칭되었다. 『구당서』「돌궐전」에 수록된 노보(盧俌)의 상소문에도 "현재 흉노가 신하로서 섬기지 않습니다(今匈奴不臣)."[69]라 하여 돌궐을 흉노로 표기한 예가 보인다. 즉 묘지명뿐만 아니라 정사에도 돌궐을 흉노 등의 별칭으로 사용하는 예가 많았음을 알 수 있다.

다음은 「강모묘지」의 기록이다.

> "돌궐이 와서 노략질하니, [조정에서는] 공을 좌칠총관(左七總管)에 임명하였다. 얼마 후에 견양(犬羊)이 북쪽으로 달아나니 공에게 입조하라는 조서(詔書)가 내려졌다. 제(帝)는 공의 공(功)을 기억하고 다시 후명(後命)을 내렸다."[70]

65 『舊唐書』 卷106 王毛仲傳, 3254쪽, "[開元]十七年, 從朝五陵, 又贈毛仲父益州大都督."

66 「紇干承基墓誌」, 『全唐文補遺』 第二輯, 163아래쪽, "武德之末, 獯獫强梁. 控弦宜鹿之川, 飮馬涇陽之浦. 侵斥中夏, 騷擾邊亭. 連烽時警, 飛書日至."

67 「周護墓誌, 『全唐文補遺』 第一輯, 21위쪽, "[貞觀]四年, 劉武周北引葷戎, 南侵汾晉. 旣襲韓王之寇, 方挻代相之禍."

68 「寇洋墓誌」, 『全唐文補遺』 第一輯, 173위쪽, "尋轉涇州司馬, 累充朔方軍節度判官, 元帥戶部尙書王晙·兵部尙書蕭嵩, 悉以金革之事, 咨於幕下. 乃北逐獯虜, 勒銘於牛頭山. 雖燕然紀功, 不是過也. 仍兼東受降城使, 匈奴懾焉."; 「寇洋墓誌」, 『唐代墓誌彙編』, 天寶136, 1627쪽.

69 『舊唐書』 卷194上 「突厥傳」上, 5170쪽, "右補闕盧俌上疏曰: 「臣聞有虞咸熙, 苗人逆命, 殷宗大化, 鬼方不賓, 則戎狄交侵, 其來遠矣. 漢高帝納婁敬之議, 與匈奴 和親, 妻以宗女, 賂以鉅萬, 冒頓益驕, 邊寇不止. 則遠荒之地, 凶悍之俗, 難以德綏, 可以威制, 而降自三代, 無聞上策. 今匈奴不臣, 擾我亭障, 皇赫斯怒, 將整元戎. 臣聞方叔帥師, 功歌周雅, 去病耀武, 勳勒燕山, 則萬里折衝, 在於擇將. ……」"

위의 인용문에서 두 번째 문장의 '견양'은 돌궐의 별칭 혹은 비칭이다. 이처럼 돌궐은 당대 묘지명에서 견양, 흉노(凶奴, 匈奴) 등으로 불렸다.

필자는 묘지명에서 사용된 돌궐의 실명 표기와 별칭 표기의 비중을 비교하기 위해 당대 묘지명의 돌궐 실명과 별칭 표기 사례를 정리하였다.

〈표 6〉 돌궐(突厥)의 실명과 별칭(別稱) 표기[71]

墓誌銘	突厥 지칭 용어	활동 연대	墓主 매장 연대	突厥 실명 표기 여부
崔仲方墓誌	胡	仁壽년간 (601-604)	大業 10년(614)	×
姜譽墓誌	突厥 犬羊		貞觀 8년(634)	○ ×
張君寬墓誌	獫狁		貞觀 19년(645)	×
李思摩(阿史那思摩)墓誌	匈奴	貞觀 3년(629)	貞觀 21년(647)	×
李思摩妻統毗伽可賀敦延陀墓誌	匈奴	貞觀 3년(629)	貞觀 21년(647)	×
常何墓誌	凶奴	貞觀 9년(635)	永徽 4년(653)	×
唐儉墓誌	突厥 匈奴		顯慶元年(656)	○ ×
周護墓誌	葷戎	貞觀 4년(630)	顯慶 3년(658)	×
紇干承基墓誌	玁狁	武德년간 (618-626)	顯慶 5년(660)	×
龍澄墓誌銘	凶奴		龍朔元年(661)	×
逯□字墓誌	匈奴		景龍 3년(663)	×
安菩墓誌	北狄		麟德元年(664)	×
李孟常墓誌	獯戎	貞觀 4년(630)	乾封元年(666)	×
南郭生墓誌	骨都 匈奴	龍朔 2년(662)과 長壽년간 (692-694) 사이	延載元年(694)	× ×

70 「姜譽墓誌」, 『全唐文補遺』 第七輯, 243위쪽, "突厥來寇, 授公左七總管. 尋而犬羊奔北, 有詔追公入朝. 惟帝念功, 方申後命."

71 崔珍烈, 「唐代 高句麗 표기 기피현상-隋唐 墓誌銘의 國名 표기 분석을 중심으로-」, 241-243쪽, <표 3> 突厥의 실명과 別稱 표기.

王思訥墓誌	匈奴	永淳년간 (682-683)	天册萬歲 2년(696)	×
王玼墓誌	匈奴	萬歲通天 2년(697)	萬歲通天 2년(697)	×
王元墓誌	凶奴	大足年中(701)	開元 7년(719)	×
公孫思觀墓誌	匈奴	萬歲登封元年 (695)	開元 8년(720)	×
臧懷亮墓	匈奴		開元 18년(730)	×
臧懷亮墓誌	匈奴		開元 18년(730)	×
李全禮墓誌	匈奴	開元21년(733)	開元 21년(733)	×
裴伷先墓誌	匈奴		天寶 2載(743)	×
故九姓突厥契苾李中郎贈右領軍衛大將軍墓誌文	西北蕃突厥		天寶 3載(744)	○
高遠望墓誌	突厥		天寶 4載(745)	○
張去逸墓誌	匈奴	開元 20년(732)	天寶 7년(748)	×
張去逸墓誌	匈奴	開元 20년(732)	天寶 7년(748)	×
寇洋墓誌	獯虜 匈奴		天寶 7년(748)	× ×
崔湛墓誌	山戎		天寶 10년(751)	×
郭英奇墓誌	突厥	天寶初	天寶 13년(754)	○
衛思九墓誌	北胡		天寶中	×

<표 6>을 보면 34개의 표기 사례 가운데 돌궐의 실명을 기록한 예는 5개, 흉노・험윤(玁狁) 등 별칭을 사용한 예는 29개였다. 즉 실명은 14.7%, 별칭은 85.3%였다. 이는 고구려 국호의 실명 표기 3.8%보다 높지만, 돌궐 표기 역시 실명보다 별칭을 주로 사용했음을 확인할 수 있다. 이는 돌궐의 본적 혹은 출신 표기에서도 돌궐의 실명을 쓰지 않았다는 필자의 연구와도 비슷한 경향을 보인다.[72] 아마도 당대(唐代) 중국인들은 돌궐도 고구려처럼 기피하였기 때문에 실명보다 별칭을 주로 사용했을 것이다.

한편으로 돌궐과 흉노의 친연성을 상정해 볼 수 있다. 북조시대를 다룬 사서이지만 당초(唐初)에 편찬된 『주서』와 『북사』 「돌궐전」에는 돌궐을

72 崔珍烈, 「唐人들이 인정한 高句麗人의 正體性-唐代 墓誌銘에 보이는 高句麗의 別稱(朝鮮・三韓・扶餘) 分析을 중심으로-」, 220-225쪽.

흉노의 별종(別種)이라고 기록하였다.[73] 별종의 뜻은 명확하지 않지만, 가장 좁게 해석해도 몽골고원을 지배했던 흉노제국에 복속된 집단이었음은 분명하다. 그리고 돌궐은 흉노가 지배했던 몽골고원을 지배했고, 오히려 흉노보다 넓은 북아시아 초원 지역을 지배하였다. 따라서 중국인들은 유목국가 역사의 연속성을 존중하여 통일된 유목국가의 일원으로 돌궐을 흉노와 동일시했을 것이다. 혹은 두 나라가 지배했던 지역이 몽골고원이라는 점에서 일종의 '속지주의'에 따라서 흉노를 돌궐의 별칭으로 사용했을 가능성도 있다.

2) 기타 주변국의 국명 표기

본항에서는 고구려와 돌궐을 제외한 국가의 실명 혹은 별칭 표기를 살펴보려고 한다.

〈표 7〉 고구려(高句麗)와 돌궐(突厥) 이외의 국가 실명과 별칭(別稱) 표기[74]

국가	墓誌銘	해당 국명 지칭 용어	활동 연대	墓主 사망 연대	해당 국명 실명 여부
吐蕃	陽玄基墓	吐蕃		長安 3년(703)	○
	李秀墓誌	吐蕃		天寶元年(742)	○
	裴伷先墓誌	西戎		天寶 2년(743)	×
	郭英奇墓誌	吐蕃		天寶 13년(754)	○
	郭英奇墓誌	犬戎	開元6년(718)	天寶 13년(754)	×
	曹景林墓誌	羌戎	토번의 침입	建中 3년(782)	×
契丹	陽玄基墓誌	契丹	顯慶 3년(658)	長安 3년(703)	○
	高遠望墓誌	契丹		天寶 4載(745)	○

73 『周書』 卷50 「異域下・突厥傳」, 907쪽, "突厥者, 蓋匈奴之別種, 姓阿史那氏. 別為部落."; 『北史』 卷99 「突厥傳」, 3285쪽, "突厥者, 其先居西海之右, 獨為部落, 蓋匈奴之別種也. 姓阿史那氏."

74 崔珍烈, 「唐代 高句麗 표기 기피현상-隋唐 墓誌銘의 國名 표기 분석을 중심으로-」, 245-246쪽, <표 4> 高句麗와 突厥 이외의 국가 실명과 別稱 표기.

	阿史那忠	契丹 黃龍	顯慶 5년(660)	上元 2년(761)	○
奚	郭英奇墓誌	奚	天寶년간	天寶 13년(754)	○
소그드	慕容曦光墓誌	兇胡 胡賊	開元 9년(721)	載初元年(690)	×
高昌	韓邏墓誌	戎國		永徽 5년(654)	○
百濟	楊思訥墓誌	帶方	永徽 년간 이전	龍朔 3년(663)	×
	難元慶墓誌	遼 遼陽 三韓		開元 2년(714)	× × ×

<표 7>에서는 표본이 적어서 국명의 실명과 별칭 비중에 통계적·확률적 의미를 부여하기는 어렵다. 대체로 토번은 실명과 별칭이 각각 3개씩이었고, 거란은 4개 가운데 3개가 실명이었다. 반면 소그드·고창·백제·신라는 실명이 아닌 별칭으로 표기되었다.

먼저 토번의 예를 살펴보자. 「곽영기묘지」에 따르면 개원 6년(718)에 견융(犬戎)이 당을 침입하였다. 이때 곽영기(郭英奇)는 하서절도사(河西節度使)에 임명되어 적들을 막았다.[75] 하서절도사는 토번의 방어를 담당하였으므로, 「곽영기묘지」에 기록된 '견융'은 토번임을 알 수 있다. 『신당서』「돌궐전」에 수록된 두우(杜佑)의 기록을 보자.

> "진(秦)은 좁은 관중(關中)만으로도 여섯 개의 강국(彊國)을 멸망시켰다. 반면 지금 [당조에서는] 천하의 재물을 고갈시켜가며 경사(京師)에 올려 바쳐도 밖으로 견융에게 능욕을 당해 성채 수백 곳을 함락 당했고, 안으로 군대를 일으키는 것이 그치지 않은 지 벌써 36년이나 되었다."[76]

75 「郭英奇墓誌」, 『全唐文補遺』 第六輯, 83아래쪽, "開元六年, 犬戎入寇, 先父君時爲河西節使, 率衆禦敵."

76 『新唐書』 卷215上 「突厥傳」上, 6025쪽, "杜佑謂: 「秦以區區關中滅六彊國, 今竭萬方之財, 上奉

두우는 당시 토번이 당의 서쪽 변경을 잠식했던 현상을 한탄하였다. 그런데 위의 인용문에서 토번을 '견융'이라고 표기하였다.

「배주선묘지」에서도 "당시 서융(西戎)이 강대하여 당과 흉노의 연화(連和)를 의심하였다."[77]라는 구절이 있다. 이 구절이 구체적으로 어떤 해의 외교 상황을 반영하는지 알 수 없어 흉노는 돌궐이나 위구르 두 나라 가운데 한 나라의 별칭으로 보이지만, 당시 강대했던 서융은 토번을 지칭하는 것이 분명하다. 또 조경림(曹景林)은 광덕(廣德) 년간(763-764)에 강융(羌戎)이 침입하자 섬주(陝州)로 호종(扈從)하여 좌무위대장군(左武衛大將軍)에 임명되었다.[78] 광덕은 대종(代宗)의 연호이므로 당시에 장안(長安)을 점령하여 대종에게 섬주로 피신하게 한 강융은 토번밖에 없었다. 이상의 예에서 토번은 '견융', '서융', '강융'의 별칭으로 표기되었다. 그러나 토번의 실명으로 표기한 예도 3개나 있다.

거란은 모두 실명으로 표기되었다. 「양현기묘지」에 따르면 양현기(陽玄基)는 현경(顯慶) 3년(658)에 설인귀(薛仁貴) 휘하에서 종군하여 거란을 평정하였다.[79] 여기에서 거란을 별칭이 아닌 실명으로 기록했음을 확인할 수 있다. 이밖에 「아사나충비」에서도 비슷한 기록이 보인다.

"현경 5년(660), 조서를 내려 공을 사지절(使持節) 장잠도행군대총관(長

京師, 外有犬戎憑陵, 陷城數百, 內有兵革未寧, 三紀矣. ……」"

77 「裴伷先墓誌」, 『全唐文補遺』 第八輯, 44아래쪽, "時西戎爲大, 疑我與匈奴連和, 詔擇信臣武士可死絕國者, 於是公爲擧首, 召見前殿."

78 「李秀墓誌」, 『全唐文補遺』 第八輯, 39위쪽, "今吐蕃之勝者有五, 我之長子惟一."; 「陽玄基墓誌」, 『全唐文補遺』 第八輯, 330아래쪽, "俄授左衛翊府右郎將, 於鄯城鎮守, 頻破吐蕃賊."; 「郭英奇墓誌」, 『全唐文補遺』 第六輯, 84위쪽, "俄以破吐蕃新城之功, 除右金吾翊府中郎將, 賜紫金魚袋. …(중략)… 天寶初, 奉制充朔方軍討擊副使, 仍兼十將. 其年秋, 領朔方戰士於河東破奚, 改授左內率. 三載, 又以破突厥斬啜餘燼之功, 轉右司禦率."

79 「陽玄基墓誌」, 『全唐文補遺』 第八輯, 330위쪽, "唐顯慶三年, 從薛仁貴平契丹."

岑道行軍大總管)으로 임명하였다. 진한(辰韓)이 움직여 소요를 일으키니 군대를 따라서 흉악한 적을 제거하고, 거란은 잔학하니 창을 돌려 난을 평정하여 원토(元菟)의 유혼(游魂)을 제거하고, 황룡(黃龍)의 □를 덮었다."[80]

위의 인용문에서 진한과 원토는 고구려를 지칭한다. 따라서 위의 인용문에서 고구려는 별칭으로 표기하였고, 거란은 실명과 함께 '황룡'이라는 별칭을 동시에 사용하였다. 황룡은 당시 거란이 지배하던 지역, 혹은 이와 가까운 영주(營州)의 옛 지명으로 볼 수 있기 때문에 거란을 지칭하거나 변경 지역을 지칭한 것으로 모두 해석이 가능하다. 그러나 대구로 보면 거란 땅을 가리키는 것으로 보는 것이 자연스러울 것 같다. 또 「고원망묘지」에서는 거란도독(契丹都督)이라는 관명이 보인다.[81]

거란과 이웃한 해(奚) 역시 실명으로 표기되었다. 「곽영기묘지」의 기록을 살펴보자.

"천보초(天寶初)에 제(制)를 받들어 삭방군토격부사(朔方軍討擊副使)에 충임되었고 여전히 10장(十將)을 겸하였다. 그 해 가을에 삭방(朔方)의 전사(戰士)를 거느리고 하동(河東)에서 해(奚)를 격파하고 좌내솔(左內率)로 임명되었다."[82]

위의 인용문에서는 해(奚)가 실명으로 등장하였다. 해인(奚人)의 본적

80 「阿史那忠碑」, 『全唐文新編』 20, 13683쪽, "顯慶五年, 詔爲使持節長岑道行軍大總管, 辰韓俶擾, 從旆除殘, 契丹縱毒, 廻戈拯亂, 剿元菟之游魂, 覆黃龍之□."

81 「高遠望墓誌」, 『全唐文補遺』 第八輯, 48위쪽, "突厥與契丹都督□□于迷心未啓, 莫晤傾巢."

82 「郭英奇墓誌」, 『全唐文補遺』 第六輯, 84위쪽, "天寶初, 奉制充朔方軍討擊副使, 仍兼十將. 其年秋, 領朔方戰士於河東破奚, 改授左內率."

에 관한 자료가 없기 때문에 비교가 불가능하지만, 실명으로 기록했다는 점은 토번·거란의 상황과 비슷하다.

반면 백제에 대한 기록에서는 백제의 실명이 아닌 별칭을 사용하였다. 백제유민 난원경의 묘지명에는 난원경의 선조를 다음과 같이 기록하였다.

> "□조 조(□祖珇)는 요(遼)에 벼슬하여 달솔관(達率官)에 임명되었는데 이는 지금 [당(唐)]의 종정경(宗正卿)과 같다."[83]

또 난원경 묘지명의 사(詞)에도 비슷한 표기가 보인다.

> "하나: 달솔(達率)은 중화(中華)에 오르고, 요양은 정귀(鼎貴)하였다. …(중략)… 둘: 기(氣)는 천고(千古)를 덮었고, 명예는 삼한에 떨쳤다."[84]

위의 인용문에서도 백제를 요양과 삼한으로 표기하였다. 요와 요양, 요천(遼川), 환산(丸山)이 고구려뿐만 아니라 백제의 별칭으로 사용된 것은 고구려와 백제가 부여에서 갈라져 나왔기 때문이라고 보기도 한다.[85]

요·요양이 백제의 별칭으로 사용된 이유는 낯설지만, 대방(帶方)은 백제의 별칭으로 자주 사용되었다. 주지하듯이 대방은 남북조시대부터 중국 왕조가 백제왕에게 수여하는 군공(郡公) 혹은 군왕(郡王) 칭호에 사용하는 군현명이기도 했다.[86] 「양사눌묘지」에서도 '대방(帶方)이 사독(肆毒)

83 「難元慶墓誌」, 『全唐文補遺』 第六輯, 420아래쪽-421아래쪽, "□祖珇, 仕遼任達率官, 亦猶今宗正卿焉."

84 「難元慶墓誌」, 『全唐文補遺』 第六輯, 421아래쪽, "其一: 達率騰華, 遼陽鼎貴. …… 其二: 氣蓋千古, 譽重三韓."

85 권덕영, 「唐 墓誌의 고대 한반도 삼국에 대한 표기 검토」, 57-58쪽.

86 崔珍烈, 「東晉·南北朝~唐代 주변국 冊封 封號의 地名 분석-韓國古代 三國君主들의 冊封

하여'[87]이라 하여 백제 대신 '대방'을 사용하였다.

이는 고창과 소그드 등 중앙아시아 여러 나라에도 해당된다. 「한라묘지」을 살펴보자.

> "이로써 융국(戎國)을 서정(西征)하여 고창(高昌)을 석권하였으며, 도이(島夷)를 동벌(東伐)하여 요우(遼右)로 거마를 몰았다."[88]

위의 인용문 가운데 앞 구절에서 융국은 뒷부분에 고창이 언급된 것으로 보아 고창을 지칭한 것으로 보이며, 도이와 요우(遼右)는 고구려를 지칭하였다. 「모용희광묘지」의 해당 기사를 살펴보자.

> "개원 9년(721)에 6주가 반란을 일으키자 다시 휘하의 병마를 거느리고 흉호(兇胡)를 격파하였다. 그해 이월 십사일에 이르러 좌위위익부중랑장(左威衛翊府中郎將)이 더해졌다. 개원 10년(722)에 호적(胡賊)이 다시 반란을 일으켰을 때 공을 세워 좌위위장군(左威衛將軍)에 제수되었다. 공이 높고 상이 가벼웠기 때문에 관군대장군(冠軍大將軍) 행좌금오위장군(行左金吾衛將軍)이 더해졌다."[89]

『구당서』에는 개원 9년 하사월 경인일에 난지주(蘭池州) 반호(叛胡) 강

郡王/郡公 칭호의 이해를 중심으로-」, 『歷史學報』 197, 2008, 83-88쪽.

87 「楊思訥墓誌」, 『全唐文補遺』 第七輯, 268아래쪽, "于時辰堈逆命, 帶方肆毒, 天馹東臨, 神鏢西引. …(중략)… 永徽初, 除紀王府錄事參軍."

88 「韓邏墓誌」, 『全唐文補遺』 第二輯, 126위쪽, "是以西征戎國, 席卷高昌, 東伐島夷, 驂駕遼右."

89 「慕容曦光墓誌」, 『全唐文新編』 22, 15148쪽, "去開九年, 六州叛, 復領所部兵馬, 摧破兇胡. 至其年二月十四日, 加授左威衛翊府中郎將. 至開十年, 胡賊再叛, 立功授左威衛將軍, 以功高賞輕, 尋加冠軍大將軍·行左金吾衛將軍."

대빈(康待賓)과 안모용(安慕容) 등이 육호주(六胡州)를 공격했던 기록이 있다.[90] 「모용희광묘지」와 『구당서』의 구체적인 사건 발생 시점이 다르지만, 개원 9년(721) 육호주에서 소요가 발생했던 것은 분명한 것 같다. 그런데 육호주에는 주로 소그드인들이 거주했고[91] 『구당서』 「현종기」의 기록에서도 강대빈과 안모용의 성인 '강(康)'과 '안(安)'은 중앙아시아 오아시스 국가인 강국(康國)과 안국(安國) 사람들의 성을 따왔기 때문에 인용문의 흉호(兇胡)와 호적(胡賊)은 소그드인으로 볼 수 있다.

국명의 실명 대신 별칭으로 표기된 백제와 중앙아시아의 여러 나라 본적 표기는 자국의 실명을 사용하였다.[92] 따라서 사건사를 서술할 때 국명이 아닌 사용은 본적 표기 원칙과 달랐다. 본문에서 살펴본 것처럼 토번과 거란, 해(奚) 등을 제외하면 관련 국가에 대한 기록에서 국명은 실명이 아닌 별칭으로 표기되었다. 이는 당대(唐代) 중국인의 이민족 본적 혹은 출신 표기에는 국가의 실명을 사용한 국가와 별칭을 사용한 국가의 구별이 있었지만, 사건사의 서술에서는 이러한 금기 사항이 없었을 가능성이 있다.

---

90 『舊唐書』 卷8 「玄宗紀」 開元九年夏四月庚寅條, 182쪽, "夏四月庚寅, 蘭池州叛胡顯首僞稱葉護康待賓·安慕容, 為多覽殺大將軍何黑奴, 偽將軍石神奴·康鐵頭等, 據長泉縣, 攻陷六胡州. 兵部尚書王晙發隴右諸軍及河東九姓掩討之."

91 육호주(六胡州)의 종족(種族) 구성과 기능은 朴漢濟, 「唐代 六胡州 州城의 建置와 그 運用-"降戶"安置와 役使의 一類型, 『中國學報』 59, 2009, 187-223쪽 참조.

92 崔珍烈, 「唐人들이 인정한 高句麗人의 正體性-唐代 墓誌銘에 보이는 高句麗의 別稱(朝鮮・三韓・扶餘) 分析을 중심으로-」, 220-227쪽.

소결

1장에서 고구려 유민의 본적(출신) 표기에 고구려의 국명이 포함되었는지 살펴보았다. 고구려 유민 14인(보수적으로 간주할 때) 혹은 21인(중국학자가 인정하는 고구려 유민 포함) 가운데 본인 혹은 선조가 고구려인임을 밝힌 묘지명은 1건(천헌성 묘지)에 불과했음을 확인할 수 있다.

2장에서는 수당시대 사서와 묘지명의 국명 표기를 검토하였다. 사서의 고구려 공격 기사를 분석하면 고구려의 실제 국명은 전체의 33.7%에 해당하였다. 통계에 따라 다르지만, 고구려와 관련된 인물의 수당시대 묘지명 가운데 '고려' 즉 당대 고구려의 국명을 표기한 예는 3~5%에 불과하였다. 이는 돌궐을 흉노·험윤·훈융(葷戎)·훈융(獯戎)·산융(山戎) 등으로 표기한 것과 일치한다. 고구려와 돌궐은 망국이었기 때문에 실명보다 별칭을 사용했을 것이라는 가능성도 있다. 그러나 같은 상황의 고창이 실명으로 표기되었고, 당에 복속된 거란과 해(奚)도 실명 표기가 보인다는 점에서 망국(亡國)이라는 이유로만 별칭을 사용했다고 보기는 어렵다.

제2부

사료로 본 발해와 고구려 관계 서술

제3장
『신당서』「발해전」의 고구려 표기 회피

제3장
『신당서(新唐書)』「발해전(渤海傳)」의 고구려(高句麗) 표기 회피

1부에서 당대(唐代) 고구려 표기를 기피했던 현상을 살펴보았다. 『신당서(新唐書)』「발해전(渤海傳)」에도 발해(渤海)의 영역을 기술하면서 고구려와의 관계를 축소시키거나 단절하려는 의도가 보인다. 본장에서는 이 점을 검토한다.

1절에서는 『신당서』「발해전」의 영역 기술 과정에서 발해와 고구려의 관계를 어떤 관점에서 다루었는지 살펴보려고 한다. 2절에서는 『신당서』「발해전」의 발해와 고구려 관계 서술과 다른 관점에서 두 나라의 관계를 기록한 문헌을 검토한다.

1. 『신당서』「발해전」의 영역 기술과 고구려의 해체

발해의 종족(種族) 표기만 『구당서』와 『신당서』가 현저하게 다르다. 이는 『신당서』「발해전」의 다른 부분에서도 확인된다. 먼저 발해의 팽창과

정을 서술하는 『신당서』「발해전」의 인용문을 살펴보자.

> “조영(祚榮)은 곧 [걸사]비우(乞四比羽)의 무리를 병합하였고, 멀리 떨어져 있음을 믿어 곧 나라를 세웠으며 스스로 진국왕(震國王)이라 칭하였다. 또 사신을 보내 돌궐(突厥)과 수교하였다. 땅은 사방 5천리(千里)였으며 호(戶)는 10여 만(十餘萬)이었고, 승병(勝兵)은 수 만이었다. 서계(書契)를 조금 알았으며 부여(扶餘)·옥저(沃沮)·변한(弁韓)·조선(朝鮮) 등 해북제국(海北諸國)을 모두 얻었다.”[1]

위의 인용문에서는 발해가 부여·옥저·변한·조선 등 바다 북쪽의 여러 나라를 얻었다고 기록하였다. ‘변한(弁韓)’은 「이타인묘지(李他仁墓誌)」에서 고구려를 변한(卞韓)으로 지칭했던 것으로 보아 고구려를 지칭하는 표현이라는 견해가 있다. 이 경우 조선은 고조선을 지칭한다.[2] 혹은 조선이 한사군(漢四郡) 가운데 고구려의 발상지인 현도군(玄菟郡)을 제외한 낙랑군(樂浪郡) 등을 가리킬 수도 있다. 따라서 부여·옥저·변한·조선은 모두 고구려의 땅임을 알 수 있다. 그런데 발해가 차지한 땅을 고구려의 옛 영토라고 기록하지 않고 이를 네 개의 지역으로 분할한 것은 고구려의 해체뿐만 아니라 고구려의 표기를 꺼린 것이다. 이는 발해의 영토를 서술한 부분에서도 보인다.

> “이 때에 이르러 드디어 해동성국(海東盛國)이 되었고, 영토는 5경(京)

---

1 『新唐書』 卷219 「北狄·渤海傳」, 6179-6180쪽, “祚榮即并比羽之衆, 恃荒遠, 乃建國, 自號震國王, 遣使交突厥, 地方五千里, 戶十餘萬, 勝兵數萬, 頗知書契, 盡得扶餘·沃沮·弁韓·朝鮮海北諸國.”

2 宋基豪, 「발해의 고구려 계승성 補論」, 『발해 사회문화사 연구』, 서울대학교출판문화원, 2011, 318쪽.

15부(府) 62주(州)였다. 숙신고지(肅愼故地)를 상경(上京)으로 삼고 용천부(龍泉府)라 하였으며 용(龍)·호(湖)·발(渤) 3주를 거느렸다. 그 남쪽은 중경(中京)으로 삼고 현덕부(顯德府)라 칭했으며, 노(盧)·현(顯)·철(鐵)·탕(湯)·영(榮)·흥(興) 6주를 관할하였다. 예맥고지(獩貊故地)는 동경(東京)이라 하여 용원부(龍原府)라 불렀는데, 책성부(柵城府)라고도 하며 경(慶)·염(鹽)·목(穆)·하(賀) 4州를 거느렸다. 옥저고지(沃沮故地)는 남경(南京)이라 하며 남해부(南海府)라 하였고 옥(沃)·정(睛)·초(椒) 3주를 관할하였다. 고려고지(高麗故地)는 서경(西京)으로 삼고 압록부(鴨淥府)라고 부르며 신(神)·환(桓)·풍(豐)·정(正) 4주를 거느렸고, 장령부(長嶺府)은 하(瑕)·하(河) 2주를 관할하였다. 부여고지(扶餘故地)는 부여부(扶餘府)라 하며 늘 강한 군대를 주둔시켜 거란(契丹)을 막았고, 부(扶)·선(仙) 2주를 거느렸다. 막힐부(鄚頡府)는 막(鄚)·고(高) 2주를 관할하였다. 읍루고지(挹婁故地)는 정리부(定理府)였고 정(定)·반(潘) 2주를, 안변부(安邊府)는 안(安)·경(瓊) 2주를 각각 관할하였다. 솔빈고지(率賓故地)는 솔빈부(率賓府)라 하였고 화(華)·익(益)·건(建) 3주를 거느렸다. <u>불열고지(拂涅故地)</u>는 동평부(東平府)라 하였고 이(伊)·몽(蒙)·타(沱)·흑(黑)·비(比) 5주를 관할하였다. <u>철리고지(鐵利故地)</u>는 철리부(鐵利府)라고 하며 광(廣)·분(汾)·포(蒲)·해(海)·의(義)·귀(歸) 6주를 거느렸다. <u>월희고지(越喜故地)</u>는 회원부(懷遠府)라고 하며 달(達)·월(越)·회(懷)·기(紀)·부(富)·미(美)·복(福)·사(邪)·지(芝) 9주, 안원부(安遠府)는 영(寧)·미(郿)·모(慕)·상(常) 4주를 각각 관할하였다. 또 영(郢)·동(銅)·속(涑) 3주는 독주주(獨奏州)였다."[3]

3 『新唐書』 卷219 「北狄·渤海傳」, 6182쪽, "至是遂為海東盛國, 地有五京·十五府·六十二州. 以肅愼故地為上京, 曰龍泉府, 領龍·湖·渤三州. 其南為中京, 曰顯德府, 領盧·顯·鐵·湯·榮·興六州. 獩貊故地為東京, 曰龍原府, 亦曰柵城府, 領慶·鹽·穆·賀四州. 沃沮故地為南京, 曰南海府, 領沃·睛·椒三州. 高麗故地為西京, 曰鴨淥府, 領神·桓·豐·正四州; 曰長嶺府, 領瑕·河二州. 扶餘故地為扶餘府, 常屯勁兵扞契丹, 領扶·仙二州; 鄚頡府領鄚·高二州. 挹婁故地為定理府, 領定·潘二州; 安

위의 인용문에서 윗점은 고구려의 영역, 밑줄 친 부분은 고구려의 영역이 아니었던 지역을 표시한 것이다. 아래 <지도 1>은 위의 인용문을 바탕으로 그린 발해의 영역이다.

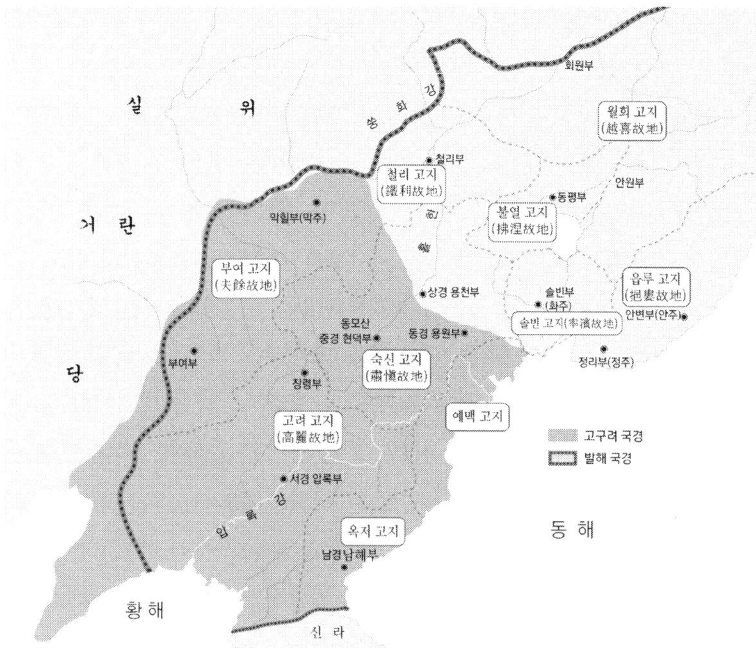

〈지도 1〉 발해와 고구려 영역 비교

위의 <지도 1>에서 볼 수 있듯이, 발해의 영토는 고구려의 옛 영토와 물길(勿吉)·숙신(肅愼) 등 현재의 흑룡강(黑龍江)·송화강(松花江) 일대의 영토로 나뉜다. 위의 인용문에서 고려고지를 압록부(鴨淥府), 즉 압록

邊府領安·瓊二州. 率賓故地為率賓府, 領華·益·建三州. 拂涅故地為東平府, 領伊·蒙·沱·黑·比五州. 鐵利故地為鐵利府, 領廣·汾·蒲·海·義·歸六州. 越喜故地為懷遠府, 領達·越·懷·紀·富·美·福·邪·芝九州; 安遠府領寧·郿·慕·常四州. 又郢·銅·涑三州為獨奏州."

강 중류 일대로 한정하였던 점이 주목된다. 또 고려고지 이외에도 발해(渤海)의 영토 가운데 예맥고지, 옥저고지, 부여고지는 본래 고구려 땅이었다. 『신당서』「지리지」 안동도호부조에 보이는 고구려 멸망 후 설치한 14주(州)와 8부(府)[4]가 모두 고구려의 영토에 설치한 기미부주라면 불열고지(拂涅故地, 拂涅州)와 월희고지(越喜故地, 越喜州都督府)도 고구려 땅으로 볼 수 있다.

어쨌든 발해의 영토 가운데 상당 부분이 고구려와 겹침에도 불구하고 『신당서』「발해전」에서 "고구려의 옛 땅＋읍루(挹婁)·숙신(肅愼) 등 기타 지역"으로 서술하지 않고 고구려의 영토였던 부여·옥저·예맥 고지로 세분한 것은 고구려의 존재를 축소하거나 무시한 것처럼 보인다.

2. 당대(唐代) 사료와 일본(日本) 사서(史書)의 발해(渤海)·고구려(高句麗) 계승 인식

1절에서 살펴본 것처럼, 『신당서』「발해전」에서는 발해와 고구려의 관계를 의도적으로 부인하려고 기술하였다. 이는 발해의 영토를 서술하는 기사에서 두드러지게 드러난다. 그런데 『신당서』는 송대(宋代)에 편찬된

4 『신당서(新唐書)』「지리지(地理志)」에 따르면 14주(州)는 남소주(南蘇州)·개모주(蓋牟州)·대나주(大那州)·창암주(倉巖州)·마미주(磨米州)·적리주(積利州)·여산주(黎山州)·연진주(延津州)·목저주(木底州)·안시주(安市州)·제북주(諸北州)·식리주(識利州)·불열주(拂涅州)·배한주(拜漢州)였고, 9부(府)는 신성주도독부(新城州都督府)·요성주도독부(遼城州都督府)·가물주도독부(哥勿州都督府)·위락주도독부(衛樂州都督府)·사리주도독부(舍利州都督府)·거소주도독부(居素州都督府)·월희주도독부(越喜州都督府)·거단주도독부(去旦州都督府)·건안주도독부(建安州都督府)였다. (『新唐書』 卷43下 「地理志」7下 河北道·高麗降戶條, 1128쪽).

사서였다. 그러면 당대(唐代) 당시의 사료에서는 발해와 고구려의 관계를 어떻게 서술했을까? 본절에서는 발해의 영역 기술에 주목하여 발해와 고구려의 관계를 다룬 사료를 분석해 보려고 한다.

먼저 『삼국사기』 권37 「지리지」 7의 기사를 보자.

> "가탐(賈耽)의 『고금군국지(古今郡國志)』에서는 '발해국(渤海國)의 남해(南海)·압록(鴨淥)·부여(扶餘)·책성(柵城) 4부(府)는 모두 고구려의 옛 땅이다. 신라의 천정군(泉井郡)부터 책성부(柵城府)까지 모두 39개의 역(驛)이 있었다.'라고 하였다."[5]

위의 인용문과 앞에서 인용한 『신당서』 「발해전」의 발해 영역 기술을 비교하면, 발해의 영토 가운데 고구려의 영역에 해당하는 남해·압록·부여·책성 4부(府)가 고구려의 옛 땅이었음은 명시하였다. 가탐의 『고금군국지』는 『신당서』 「예문지」에 보이는 『고금군국현도사이술(古今郡國縣道四夷述)』 40권을 지칭한다.[6] 가탐은 당(唐) 덕종(德宗) 시기에 재상으로 활동했으므로,[7] 『삼국사기』에서 『고금군국지』라고 명명한 『고금군국현도사이술』은 덕종 시기까지 중국과 주변국의 지리지식을 정리한 지리서일 것이다. 따라서 당대(唐代) 당시 관문서에서는 고구려와 발해의 관계를 『신당서』 「발해전」처럼 의도적으로 단절하는 인식은 없었음을 확인할 수 있다. 『책부원귀(冊府元龜)』 「외신부(外臣部)」 토풍(土風)·발해조

---

5 『三國史記』 卷37 「地理志」7, "賈耽『古今郡國志』云: 「渤海國南海·鴨淥·扶餘·柵城四府, 並是高句麗舊地也, 自新羅泉井郡至柵城府, 凡三十九驛.」"

6 『新唐書』 卷58 「藝文志」2 乙部史錄·地理類, 1506쪽.

7 가탐(賈耽)의 열전(列傳)은 『舊唐書』 卷138 「賈耽傳」, 3782-3787쪽 및 『新唐書』 卷166 「賈耽傳」, 5083-5085쪽 참조.

(渤海條)에서도 비슷한 기록이 보인다.

> "진국(振國)은 본래 고려(高麗)이며, 그 땅은 영주(營州)의 동쪽 2천리(千里)이다. 남쪽으로 신라, 서쪽으로 월희말갈(越喜靺鞨)과 각각 접하며, 동북쪽으로 흑수말갈(黑水靺鞨)에 이른다. 땅은 사방으로 2천 리이며, 편호(編戶)는 10여만, 병(兵)은 수만 인(數萬人)이다. 풍속은 고려(고구려)·거란과 같으며 문자(文字)와 서기(書記)가 있다."[8]

위의 기록에서 진국(振國)과 고려, 즉 고구려를 동일시한 점이 주목된다. 진국은 발해로 불리기 전에 불렸던 국호이므로, 위의 기사는 발해가 곧 고구려였음을 그대로 적은 기록이다. 이는 발해를 고려종(高麗種)으로 기록한 『오대회요(五代會要)』[9]와 함께 발해가 곧 고구려임을 밝히는 중요한 자료이다. 『책부원귀』는 『당실록(唐實錄)』, 『오대실록(五代實錄)』, 남당(南唐)과 후촉(後蜀) 실록(實錄), 『당태종건원실적(唐太宗建元實跡)』, 『제왕조록(帝王照錄)』, 『속황왕실운록(續皇王室運錄)』, 『당록정요(唐錄政要)』 등 당(唐)과 오대(五代) 실록(實錄)과 사료, 관문서(官文書)를 편집하였다.[10] 따라서 위의 기록은 당대 당시 발해를 고구려와 동일시했음을 보여주는 사료를 그대로 게재한 것임을 알 수 있다. 바꿔 말하면 가탐의 『고금군국현도사이술』과 『책부원귀』에 채록된 당대 관문서 혹은 사료에서 당대에는 발해와 고구려의 관계를 단절하는 인식보다 양자를 동일시하는 인식이 존재했음을 확인할 수 있다.

---

8 『册府元龜』 卷959 「外臣部」 土風·渤海條, 11112쪽, "振國, 本高麗, 其地在營州之東二千里, 南接新羅, 西接越喜靺鞨, 東北至黑水靺鞨, 地方二千里, 編戶十餘萬, 兵數萬人. 風俗與高麗及契丹同, 頗有文字及書記."

9 『五代會要』 卷30 渤海條, 473쪽, "渤海靺鞨, 本高麗種, ……"

10 胡養儒, 「論≪册府元龜≫的史學價値」, 『河南師範大學學報(哲學社會科學版)』 21-3, 1994, 44쪽.

또『신당서』「지리지」는 홍려경(鴻臚卿) 왕충사(王忠嗣)의 조사와 가탐의 지리지를 바탕으로 당과 주변국의 교통로 7개를 서술하였다. 이 가운데 두 번째 길인 등주(登州)에서 바다로 들어가는 고려발해도(高麗渤海道)가 있다.[11] 여기에서 '고려발해도'라는 표현이 주목된다. 이는 고려, 즉 고구려와 발해를 나란히 표기한 것은 "고구려=발해"이거나, 속지주의적 관점에서 양자의 계승관계를 시사한 것이다.『신당서』「발해전」의 발해 영역 서술에서는 고구려의 존재를 축소하거나 단절하려고 했지만, 도로망의 서술에서는 어쩔 수 없이 고구려와 발해가 같은 지역에 존재했음을 서술할 수밖에 없었다.

이는 일본의 사서에서도 확인된다.『속일본기(續日本紀)』에서는 발해 무왕(武王)이 727년 일본에 보낸 국서에서 "고구려의 옛 터전을 수복하고 부여의 풍속을 소유하게 되었다."[12]라고 기록하였다. 또『속일본기』권10 성무천황(聖武天皇) 신룡사년(727)십이월조에는 "발해국은 고려의 고지(故地)이다."[13]라고 기록하였다. 이는『유취국사(類聚國史)』권193 수속부(殊俗部)·발해상(渤海上) 연력십오년사월무자조에도 보인다.[14] 이처럼『속일본기』와『유취국사』에서는 발해가 고려 즉 고구려의 옛 땅을 차지했음을 명시하였다.『속일본기』는 관야진도(菅野真道) 등이 797년에 완성하였으므로 당시 사료를 그대로 게재했을 가능성이 높다.『유취국사』는 892년

11『新唐書』卷43下「地理志」7下 羈縻州條, 1146쪽, "天寶中, 玄宗問諸蕃國遠近, 鴻臚卿王忠嗣以西域圖對, 纔十數國. 其後貞元宰相賈耽考方域道里之數最詳, 從邊州入四夷, 通譯于鴻臚者, 莫不畢紀. 其入四夷之路與關戍走集最要者七: 一日營州入安東道, 二日登州海行入高麗渤海道, 三日夏州塞外通大同雲中道, 四日中受降城入回鶻道, 五日安西入西域道, 六日安南通天竺道, 七日廣州通海夷道."

12『續日本紀』卷10 "武藝忝當列國, 監總諸藩, 復高麗之舊居, 有扶餘之遺俗."

13『續日本紀』卷10 聖武天皇 神龍四年(727)十二月條, "渤海國者, 高麗之故地也."

14『類聚國史』卷193 殊俗部·渤海上 延曆十五年(796)四月戊子條, "渤海國者, 高麗之故地也."

에 완성된 사서로 육국사를 중국의 유서(類書) 체제, 즉 분류사로 재편한 사서이다. 이 과정에서 사료를 재배치하였으므로 원래의 사료를 그대로 발췌하였을 것이다. 따라서 『속일본기』와 『유취국사』의 기록, 즉 발해가 고구려의 옛 땅(故地)에 세워진 나라라는 기록은 발해가 존속할 당시의 사실을 그대로 받아들였을 것이다.

『신당서』「발해전」은 송대 구양수(歐陽修) 등이 편찬한 사서였다. 『신당서』「발해전」에서는 발해와 고구려의 관계를 축소하거나 단절하려는 서술이 특히 발해의 영역과 관련된 기사에서 보인다. 반면 당대 편찬된 『고금군국현도사이술』과 『책부원귀』에서 인용한 당대(唐代) 관찬사서(官撰史書) 혹은 관문서(官文書), 『속일본기』와 『유취국사』같은 일본의 사서는 사실상 동시대의 사료를 정리한 사서이다. 따라서 당대(唐代) 당시 중국과 일본에서는 발해가 고구려의 고지(故地)에서 건국했으며, 양자가 속지주의의 관점에서 계승관계가 있었음을 인정하였다. 따라서 발해와 고구려의 계승관계를 긍정한 서술관점은 당대에 일부 존재했지만, 송대에 들어와 바뀌었다고 볼 수 있다.

제4장

『신당서』「발해전」의 종족 표기 검토

제4장
『신당서(新唐書)』「발해전(渤海傳)」 종족(種族) 표기 검토

『구당서』와 『신당서』의 「발해전」 기록을 보면 발해와 고구려의 계승을 강조한다기보다 오히려 이를 단절하려는 서술 태도가 보인다. 이는 3장에서 이미 살펴보았다. 특히 발해의 창업군주 조영(祚榮)의 종족(種族) 혹은 국적 표기가 두 사료에서 다르며, 이는 현재까지 발해의 종족 문제와 역사의 귀속 문제로 이어지고 있다. 본장에서는 『구당서』와 『신당서』의 조영(祚榮) 혹은 발해(渤海) 군주씨족[1]의 종족 문제에 대한 기사가 엇갈

1 발해(渤海)가 황제국체제(皇帝國體制)를 지향했음은 주지의 사실이다(宋基豪, 『渤海政治史研究』, 185-188쪽; 공명성, 「정치제도에 반영된 발해의 황제국가적성격」, 고구려연구재단 · 조선력사학학회 · 러시아극동국립기술대학교 편, 『고조선 · 고구려 · 발해 발표 논문집』, 고구려연구재단, 2005, 438-445쪽). 그런데 「吉林和龍市龍海渤海王室墓葬發掘簡報」에서 묘지명(墓誌銘)의 탁본이나 석독(釋讀) 문장을 공개하지 않았지만, 묘지명(墓誌銘)의 일부 구절을 “ ”의 부호를 사용하여 공개하였다. 이 가운데 “渤海國順穆皇后”卽“簡王皇后泰氏也”라고 하였다(吉林省文物考古研究所 · 延邊朝鮮族自治州文物管理委員會辦公室, 「吉林和龍市龍海渤海王室墓葬發掘簡報」, 『考古』 2009-6(總第518期), 2009, 38오른쪽). 여기에서 태씨(泰氏)의 호칭을 왕후(王后)가 아닌 황후(皇后)로 쓴 점이 주목된다. 비록 남편은 ‘간왕(簡王)’이라고 표기했지만, 태씨(泰氏)를 순목황후(順穆皇后) 혹은 황후(皇后)로 표현한 것을 보면 ‘간왕(簡王)’도 원문에서 황제(皇帝)로 지칭되었을 것으로 추정된다. 이 짧은 기사에서 발해(渤海)는 ‘황제국(皇帝國)

린 이유를 검토하고자 한다.

먼저 1절에서는 『구당서』「발해말갈전」과 『신당서』「발해전」 모두(冒頭)의 종족(種族) 기사를 분석하고 선행연구를 소개한다. 이어서 2절에서는 『구당서』와 『신당서』 주변국 열전의 종족 표기 기사를 국가별로 정리하여 『구당서』와 『신당서』의 종족 표기에 차이가 있는지 비교한다.

1. 조영(祚榮)의 종족(種族) 표기 사료 검토

『구당서』와 『신당서』는 발해의 창업군주인 대조영(大祚榮)의 종족(種族)을 달리 기술하였다. 아래에서 두 사료를 비교해 보자.

(가) "발해말갈(渤海靺鞨) 대조영(大祚榮)은 본래 고려의 별종(別種)이다. 고려가 멸망된 후 조영은 가속(家屬)을 이끌고 영주(營州)로 강제로 이주되어 거주하였다."[2]

(나) "발해(渤海)는 본래 고려(高麗, 高句麗)에 부속(附屬)한 속말말갈(粟末靺鞨)이며, 성은 대씨(大氏)이다."[3]

(가)는 『구당서』 권199하 「북적 · 발해말갈」의 모두(冒頭)이고, (나)는

체제를 지향'한 것이 아니라 황제국체제(皇帝國體制)였음을 확인할 수 있다. 그러나 아직 공인되지 않았기 때문에 본문에서는 군주씨족(君主氏族)이라고 표기한다.

2 『舊唐書』 卷199下 「北狄 · 渤海靺鞨」, 5360쪽, "渤海靺鞨大祚榮者, 本高麗別種也. 高麗既滅, 祚榮率家屬徙居營州."

3 『新唐書』 卷219 「北狄 · 渤海傳」, 6179쪽, "渤海, 本粟末靺鞨附高麗者, 姓大氏."

『신당서』 권219 「북적 · 발해전」의 앞부분이다. 두 인용문을 비교하면 조영을 비롯한 발해 군주씨족의 종족(種族)을 달리 표기하였다. (가), 즉 『구당서』에서는 대조영을 고려(고구려) 별종으로 보았던 반면, (나), 즉 『신당서』에서는 고구려에 복속한 속말말갈로 보았다. (가)의 '별종'이 혈연상 서로 다른 종족이란 뜻이 아니라 같은 종족이면서 정치적으로 다른 집단을 지칭하는 예가 있으므로 '고려별종(高麗別種)'은 고구려인이라는 어감이 강하다. 반면 (나)의 "고구려에 부속한 속말말갈(本粟末靺鞨附高麗者)"은 본질적으로 고구려와 상관없는 말갈인이라고 단언하였다. 한국 학계는 대체로 전자를, 중국 학계는 후자를 선호하고 있다. 구체적으로 말하면, 중국학자들은 (나) 『신당서』의 기록을 바탕으로 대조영을 고구려인이 아닌 말갈인이라고 본다.

그러나 한국의 일부 발해사 연구자는 (나)의 사료를 옳다고 가정하여, 즉 조영의 종족 표기가 말갈이라고 가정한다고 해도 고구려와 관계있다고 결론짓기도 한다. 한규철 교수는 말갈은 동북방에 위치한 미개한 종족에 대한 범칭이자 비칭이라고 보았다.[4] 즉 사료상에 보이는 '말갈'은 종족명이 아닌 타칭(他稱)의 종족명이며, 당대 만주(東北) 사람들의 범칭이며, 고구려인과 신라인이 고구려 변방 주민을 비하한 칭호(卑稱)였다.[5] 따라서 흑수말갈(黑水靺鞨), 즉 흑수부(黑水部)의 말갈과 몇몇 말갈 부락을 제외한 대부분의 '말갈'인들은 옛 고구려의 피지배 주민이었고, 고구려가 망한 후 고구려 유민이라고 부를 수 있는 부류였다.[6]

4 韓圭哲, 『渤海의 對外關係史』, 48-60쪽.

5 韓圭哲, 「肅愼 · 挹婁研究」, 『白山學報』 35, 1988; 同氏, 「高句麗時代 靺鞨研究」, 『釜山史學』 14 · 15합집, 1988, 同氏, 「渤海建國과 南北國의 形成」, 『韓國古代史研究』 5, 1992; 同氏, 『발해의 대외관계사-남북국의형성과 전개-』, 신서원, 1994.

6 韓圭哲, 「발해의 건국 주체와 국가의 성격」, 동북아역사재단 편, 『발해의 역사와 문화』, 동북아역사재단, 2007, 49쪽.

송기호 교수는 양자를 절충하여 조영을 '말갈계 고구려인'이라고 주장하였다. 『구당서』 발해말갈전의 "발해말갈 고조영은 본래 고구려 별종이다."는 기록이나 『신당서』 발해전의 "발해는 본래 속말말갈로서 고구려에 귀부(歸附)했던 자들로서 성이 대씨(大氏)이다."는 기록은 대조영의 출자가 고구려와 말갈의 중간적 성격을 띠고 있음을 암시한다. 따라서 조영 일파는 속말말갈계(粟末靺鞨系) 고구려인이었을 것이라고 한다.[7] 그런데 속말말갈 집단에 부여인(扶餘人)도 포함되었다. 부여고지에서 속말말갈(粟末靺鞨, 涑沫靺鞨)이 형성되고 부여가 이주한 지역까지 차지하면서 부여 세력을 흡수하였기 때문이다.[8] 오소고 부락(烏素固部落)은 속말말갈이면서 부유말갈(浮渝靺鞨, 扶餘靺鞨)이라고 불렸던 것은 속말말갈이 부여와 관련이 있었다.[9]

송기호 교수는 수당(隋唐)에 항복한 속말말갈(涑沫靺鞨)에도 여러 부락이 있었듯이, 고구려로 들어온 집단에도 여러 종류가 있었다고 추정하였다. 예컨대 발해를 건국했던 걸걸중상(대조영) 집단과 걸사비우 집단이 속말말갈 출신이었고,[10] 그밖에 많은 속말말갈인과 백산말갈인(白山靺鞨人)들이 고구려 용병으로 활약했다.[11] 또 이다조(李多祚)의 예가 있다. 이다조는 『구당서』와 『신당서』 열전에 말갈인이라 기록되었지만 묘지명에는 개주인(蓋州人)이라 표기하였다.[12] 개주(蓋州)는 정관 19년(645) 이적

7 宋基豪, 『渤海政治史研究』, 一潮閣, 1995, 45쪽.

8 孫進己 · 馮永謙 主編, 『東北歷史地理』 2, 哈爾濱: 黑龍江人民出版社, 1989, 252-253쪽.

9 宋基豪, 「粟末靺鞨의 원류와 扶餘系 집단 문제」, 서울대학교 韓國文化研究所 編, 『한반도와 만주의 역사 문화』, 서울대학교출판부, 2003, 349-356쪽.

10 宋基豪, 『渤海政治史研究』, 27-34쪽.

11 宋基豪, 「粟末靺鞨의 원류와 扶餘系 집단」, 『발해 사회문화사 연구』, 서울대학교출판문화원, 2011, 95쪽.

12 張乃翥 · 張成渝, 「洛陽龍門山出土的唐李多祚墓誌」, 『考古』 1999-12, 1999.

(李勣)이 고구려의 개모성(蓋牟城)을 빼앗아 설치한 주였다.[13] 따라서 645년 이전에는 고구려 땅이었다. 이곳이 이다조의 본적으로 기록된 것은 그의 선조들이 몽주도독(蒙州都督)을 역임하다가 일정 기간 거주했던 곳이 개주였기 때문일 것이다. 따라서 이다조 가문은 고구려의 영토 안에서 말갈추장의 지위를 유지하다가 당에 귀속된 집단으로 볼 수 있다. 즉 원주지였던 말갈 지역에서 고구려 요동 지역으로 귀부했다가 다시 당으로 귀화한 가문이었을 것이다.[14]

위에서 살펴본 선행연구에 따르면, 조영이 말갈인이라는 『신당서』의 표기를 옳다고 가정하더라도 조영과 일부 말갈인은 고구려와 밀접한 관계가 있으며, 고구려의 국민(屬民)으로 볼 수 있다. 이에 대해 중국에 불리한 (가)의 사료, 즉 고려[고구려]의 별종을 중국 측에 유리하게 해석한 연구가 있다.

진도연(陳陶然)은 별종의 용례를 분석하여 조영이 말갈인임을 입증하였다. 『구당서』에서 소수민족과 족원(族源)을 서술할 때 '예(裔)', '묘예(苗裔)', '류(類)', '별류(別類)', '별종(別種)' 등으로 서술하였다. '예'와 '묘예'는 후예(後裔), 혹은 후대(後代)의 뜻이다. '류'는 '같다', 즉 현대 중국어로 상동(相同), 혹은 상사(相似)의 뜻이다. '별류'는 어떤 종류(種類)와 같은 점이 있지만 일정한 구별이 있다는 뜻이다. 반면 '별종'은 『구당서』에 용례가 많으며 그 함의도 비교적 복잡하다. 첫째, '별종'에는 별류의 뜻이 있다. 예컨대 『구당서』 권197 「남만(南蠻)·서남만·동여국전」에는 "동여국(東女國)은 서강(西羌)의 별종(別種)이다. 서해(西海)에 또 여국(女國)이 있었기 때문에 동여[국](東女國)라 칭하였다."[15]라고 기록하

13 『舊唐書』 卷199上 「東夷·高麗傳」, 5323쪽, "夏四月, 李勣軍渡遼, 進攻蓋牟城, 拔之, 獲生口二萬, 以其城置蓋州."

14 宋基豪, 「粟末靺鞨의 원류와 扶餘系 집단」, 95-96쪽.

였다. 둘째, 어떤 민족에서 나왔으나 이 민족과 일정한 구별이 있는 경우이다. 『구당서』 권199상 「동이·고려전」에는 "고려는 부여에서 출자(出自)한 별종(別種)이다."[16]라고 기록하였다. 셋째, 어떤 민족이 다른 민족에 의부(依附)했었거나 통제받을 때 의부자와 피지배자는 피의부자와 지배자의 '별종'으로 칭해진다. 예컨대 『구당서』 권199하 「북적·해국전」에는 "해국(奚國)은 아마도 흉노의 별종(別種)일 것이다."[17]라고 기록하였다.[18]

진도연(陳陶然)은 (나), 즉 "발해는 본래 고려(高麗, 高句麗)에 부속(附屬)한 속말말갈이며, 성은 대씨(大氏)이다(渤海靺鞨大祚榮者, 本高麗別種也.)."[19]의 구절은 세 번째 용례에 속한다고 보았다. 속말말갈은 일찍이 고구려와 전쟁을 벌였지만, 후에 속말말갈은 고구려에게 패하여 고구려의 지배를 받았다는 것이다. 발해국의 건국자 조영 역시 속말말갈의 대씨 일족이며 일찍이 고구려의 통제를 받아 노역하였다.[20]

진도연은 한발 나아가 이러한 표기의 특징을 사학사적 관점에서 설명하였다. 『신당서』의 편찬 책임자 구양수(歐陽修)와 송기(宋祁)는 저명한 대학자이고 학문에 임하는 태도가 엄격하고 신중하며 용어 사용이 정확하였다. 그들은 각 소수민족을 서술할 때 '예(裔)', '묘예(苗裔)', '종(種)', '별종(別種)' 등의 단어를 사용하였고, 그 구체적인 방법도 『구당서』와 기본적

15 『舊唐書』 卷197七 「南蠻·西南蠻·東女國傳」, 5277쪽, "東女國, 西羌之別種, 以西海中復有女國, 故稱東女焉."

16 『舊唐書』 卷199上 「東夷·高麗傳」, 5319쪽, "高麗者, 出自扶餘之別種也."

17 『舊唐書』 卷199下 「北狄·奚國傳」, 5354쪽, "奚國, 蓋匈奴之別種也, 所居亦鮮卑故地, 即東胡之界也, 在京師東北四千餘里."

18 陳陶然, 「淺析渤海王族大氏的族源」, 45왼쪽.

19 『新唐書』 卷219 「北狄·渤海傳」, 6179쪽.

20 陳陶然, 「淺析渤海王族大氏的族源」, 45왼쪽.

으로 같았다. 그러나 『신당서』의 찬자는 종족(種族)의 근원 문제 서술에 매우 신중하였고 일부 종족의 근원은 비교적 분명하게 서술하였다. 예컨대 "사타(沙陀)는 서돌궐(西突厥)의 별부(別部) 처월종(處月種)이다."[21] 라고 기술하였다. 또 "고려는 본래 부여의 별종(別種)이다."[22]라고 기록하였다. "신라는 변한(弁韓)의 묘예(苗裔)이다."[23]라고 하였다. 또 종족의 근원이 불분명한 경우 종족(種族)을 기록하지 않았다. 예컨대 『신당서』「고창전」의 모두(冒頭)에는 고창의 족원은 기록하지 않고 고창의 지리적 특징을 기록하였다.[24] 진도연은 『신당서』의 찬자는 본래 실사구시의 태도로 기록하였고 그들이 확립한 민족의 족원은 당연히 과학적이고 정확했다고 보았다. 따라서 속말말갈의 족원에 대해 "발해는 본래 고려(고구려)에 부속(附屬)한 속말말갈이며, 성은 대씨(大氏)이다(渤海靺鞨大祚榮者, 本高麗別種也.)."[25]라는 기술은 신빙성이 있다고 주장하였다. 따라서 속말말갈은 말갈의 한 부락이었다.[26] 요컨대 진도연은 '별종(別種)'을 피정복 집단, 혹은 피정복민으로 해석하여 조영이 고구려의 별종이라는 기록을 고구려의 지배를 받은 '말갈족(靺鞨族)'으로 파악하였다.

필자 역시 『구당서』「발해말갈전」과 『신당서』「발해전」의 조영 종족 기사에 주목하였다. 진도연의 연구 성과를 숙독하는 과정에서 양자의 기록이 판이하게 다른 점에 주목하였다. 그래서 『구당서』와 『신당서』에 발해를 제외한 다른 주변 국가의 종족(種族) 표기에도 이러한 사례가 있는

21 『新唐書』 卷218 「沙陀傳」, 6153쪽, "沙陀, 西突厥別部處月種也."

22 『新唐書』 卷220 「東夷・高麗傳」, 6185쪽, "高麗, 本扶餘別種也."

23 『新唐書』 卷220 「東夷・新羅傳」, 6202쪽, "新羅, 弁韓苗裔也."

24 『新唐書』 卷221上 「西域上・高昌傳」, 6220쪽, "高昌直京師西四千里而贏, 其橫八百里, 縱五百里, 凡二十一城, 王都交河城."

25 『新唐書』 卷219 「北狄・渤海傳」, 6179쪽.

26 陳陶然, 「淺析渤海王族大氏的族源」, 45왼쪽-45오른쪽.

지 천착하게 되었다. 이는 다음 절에서 살펴보고자 한다.

2. 『구당서』와 『신당서』 주변민족 종족(種族) 표기와 고구려 회피

1) 『구당서(舊唐書)』와 『신당서(新唐書)』 주변민족 종족(種族) 표기 비교

본 항에서는 『구당서』와 『신당서』의 외국 열전, 즉 당 주변국 열전의 모두(冒頭) 기사를 분석하여 종족(種族) 표기를 비교하고자 한다. 아래의 <표 8>은 이를 정리한 것이다.

〈표 8〉『구당서(舊唐書)』와『신당서(新唐書)』 종족(種族) 표기 비교

국가	『구당서』	『신당서』
廻紇	迴紇，其先匈奴之裔也，在後魏時，號鐵勒部落.[27]	回紇，其先匈奴也，俗多乘高輪車，元魏時亦號高車部，或日敕勒，訛為鐵勒[28]
沙陀		沙陀，西突厥別部處月種也.[29]
吐蕃	吐蕃，在長安之西八千里，本漢西羌之地也. 其種落莫知所出也，或云南涼禿髮利鹿孤之後也. 利鹿孤有子曰樊尼，及利鹿孤卒，樊尼尚幼，弟傉檀嗣位，以樊尼為安西將軍. 後魏神瑞元年，傉檀為西秦乞佛熾盤所滅，樊尼招集餘眾，以投沮渠蒙遜，蒙遜以為臨松太守. 及蒙遜滅，樊尼乃率眾西奔，濟黃河，逾積石，於羌中建國，開地千里. 樊尼威惠夙著，為羣羌所懷，皆撫以恩信，歸之如市. 遂改姓為窣勃野，以禿髮為國號，語訛謂之吐蕃. 其後子孫繁	吐蕃本西羌屬，蓋百有五十種，散處河·湟·江·岷間，有發羌·唐旄等，然未始與中國通.[31]

	昌, 又侵伐不息, 土宇漸廣. 歷周及隋, 猶隔諸羌, 未通於中國.[30]	
林邑	없음[32]	
婆利[國]	없음[33]	없음[34]
盤盤[國]	없음[35]	없음[36]
眞臘[國]	真臘國, 在林邑西北, 本扶南之屬國, '崑崙'之類.[37]	없음[38]
水真臘國	없음[39]	
陀洹國	없음[40]	
訶陵[國]	없음[41]	없음[42]
墮和羅國	없음[43]	
墮婆登國	없음[44]	
東謝蠻	없음[45]	
西趙蠻	없음[46]	
牂牁蠻	없음[47]	
南平獠	없음[48]	없음[49]
東女國	東女國, 西羌之別種, 以西海中復有女國, 故稱東女焉.[50]	東女亦曰蘇伐剌拏瞿咀羅, 羌別種也, 西海亦有女自王, 故稱'東'別之[51]
南詔[蠻]	南詔蠻, 本烏蠻之別種也, 姓蒙氏[52]	南詔, 或曰鶴拓, 曰龍尾, 曰苴咩, 曰陽劍. 本哀牢夷後, 烏蠻別種也.[53]
驃國	없음[54]	없음[55]
環王		없음[56]
扶南		없음[57]
投和		없음[58]
瞻博		없음[59]
室利佛逝		없음[60]
名蔑		없음[61]
單單		없음[62]

兩爨蠻		兩爨蠻. 自曲州·靖州西南昆川·曲軛·晉寧·喻獻·安寧距龍和城, 通謂之西爨白蠻; 自彌鹿·升麻二川, 南至步頭, 謂之東爨烏蠻. 西爨自云本安邑人, 七世祖晉南寧太守, 中國亂, 遂王蠻中.63
西原蠻		없음64
泥婆羅	없음65	없음66
党項[羌]	党項羌, 在古析支之地, 漢西羌之別種也.67	党項, 漢西羌別種, 魏·晉後微甚. 周滅宕昌·鄧至, 而党項始彊. 其地古析支也, 東距松州, 西葉護, 南春桑·迷桑等羌, 北吐谷渾.68
高昌	없음69	없음70
吐谷渾	없음71	없음72
焉耆[國]	없음73	없음74
龜茲[國]	없음75	없음76
疏勒[國]	없음77	없음78
朱俱波		없음79
甘棠		없음80
喝盤陀		없음81
于闐[國]	없음82	없음83
天竺[國]	없음84	없음85
罽賓[國]	없음86	없음87
康[國]	康國, 即漢康居之國也. 其王姓溫, 月氏人.88	君姓溫, 本月氏人.89
波斯[國]	없음90	其先波斯匿王, 大月氏別裔, 王因以姓, 又為國號91
拂菻[國]	없음92	없음93
大食[國]	없음94	없음95
摩揭它		없음96
那揭		없음97
烏茶		없음98
章求拔國		章求拔國, 或曰章揭拔, 本西羌種.99
悉立		없음100

寧遠		없음[101]
大勃律		없음[102]
小勃律		없음[103]
吐火羅		없음[104]
謝颶		없음[105]
識匿		없음[106]
箇失密		없음[107]
骨咄		없음[108]
蘇毗		없음[109]
師子		없음[110]
高麗	高麗者, 出自扶餘之別種也.[111]	高麗, 本扶餘別種也.[112]
百濟[國]	百濟國, 本亦扶餘之別種, 嘗為馬韓故地, 在京師東六千二百里, 處大海之北, 小海之南.[113]	百濟, 扶餘別種也.[114]
新羅[國]	新羅國, 本弁韓之苗裔也. 其國在漢時樂浪之地, 東及南方俱限大海, 西接百濟, 北鄰高麗.[115]	新羅, 弁韓苗裔也. 居漢樂浪地, 橫千里, 縱三千里, 東拒長人, 東南日本, 西百濟, 南瀕海, 北高麗.[116]
倭國	倭國者, 古倭奴國也. 去京師一萬四千里, 在新羅東南大海中.[117]	
日本[國]	日本國者, 倭國之別種也. 以其國在日邊, 故以日本為名. 或曰: 倭國自惡其名不雅, 改為日本. 或云: 日本舊小國, 併倭國之地.[118]	日本, 古倭奴也. 去京師萬四千里, 直新羅東南, 在海中, 島而居, 東西五月行, 南北三月行.[119]
鐵勒	鐵勒, 本匈奴別種. 自突厥強盛, 鐵勒諸部分散, 眾漸寡弱.[120]	
契丹	契丹, 居潢水之南, 黃龍之北, 鮮卑之故地, 在京城東北五千三百里.[121]	契丹, 本東胡種, 其先為匈奴所破, 保鮮卑山.[122]
奚[國]	奚國, 蓋匈奴之別種也, 所居亦鮮卑故地, 即東胡之界也, 在京師東北四千餘里.[123]	奚亦東胡種, 為匈奴所破, 保烏丸山. 漢曹操斬其帥蹋頓, 蓋其後也.[124]
室韋	室韋者, 契丹之別類也.[125]	室韋, 契丹別種, 東胡之北邊, 蓋丁零苗裔.[126]

靺鞨/黑水靺鞨127	靺鞨，蓋肅慎之地，後魏謂之勿吉，在京師東北六千餘里．東至於海，西接突厥，南界高麗，北鄰室韋．其國凡為數十部，各有酋帥，或附於高麗，或臣於突厥.128	黑水靺鞨居肅慎地，亦日挹婁，元魏時日勿吉．直京師東北六千里，東瀕海，西屬突厥，南高麗，北室韋．離為數十部，酋各自治.129
渤海[靺鞨]	渤海靺鞨大祚榮者，本高麗別種也.130	渤海，本粟末靺鞨附高麗者，姓大氏."131
霫	霫，匈奴之別種也，居于潢水北，亦鮮卑之故地，其國在京師東北五千里.132	
烏羅渾國	없음133	

[범례] 1.『구당서』 열전의 순서를 따랐으며, [ ]까지 포함한 국명은『구당서』, [ ]를 뺀 국명은『신당서』의 표기이다.

27『舊唐書』卷195「迴紇傳」, 5195쪽, "迴紇, 其先匈奴之裔也, 在後魏時, 號鐵勒部落."

28『新唐書』卷216上「回紇傳」上, 6111쪽, "回紇, 其先匈奴也, 俗多乘高輪車, 元魏時亦號高車部, 或日敕勒, 訛為鐵勒."

29『新唐書』卷218「沙陀傳」, 6153쪽, "沙陀, 西突厥別部處月種也."

30『舊唐書』卷196上「吐蕃傳」上, 5219쪽, "吐蕃, 在長安之西八千里, 本漢西羌之地也. 其種落莫知所出也, 或云南涼禿髮利鹿孤之後也. 其種落莫知所出也, 或云南涼禿髮利鹿孤之後也. 利鹿孤有子日樊尼, 及利鹿孤卒, 樊尼尚幼, 弟傉檀嗣位, 以樊尼為安西將軍. 後魏神瑞元年, 傉檀為西秦乞佛熾盤所滅, 樊尼招集餘眾, 以投沮渠蒙遜, 蒙遜以為臨松太守. 及蒙遜滅, 樊尼乃率眾西奔, 濟黃河, 逾積石, 於羌中建國, 開地千里. 樊尼威惠夙著, 為羣羌所懷, 皆撫以恩信, 歸之如市. 遂改姓為窣勃野, 以禿髮為國號, 語訛謂之吐蕃. 其後子孫繁昌, 又侵伐不息, 土宇漸廣. 歷周及隋, 猶隔諸羌, 未通於中國."

31『新唐書』卷216上「吐蕃傳」上, 6071쪽, "吐蕃本西羌屬, 蓋百有五十種, 散處河·湟·江·岷間, 有發羌·唐旄等, 然未始與中國通."

32『舊唐書』卷197「南蠻・林邑傳」, 5269쪽, "林邑國, 漢日南象林之地, 在交州南千餘里. 其國延袤數千里."

33『舊唐書』卷197「南蠻・婆利國傳」, 5270-5271쪽, "婆利國, 在林邑東南海中洲上. 其地延袤數千里, 自交州南渡海, 經林邑·扶南·赤土·丹丹數國乃至焉."

34『新唐書』卷222下「南蠻下・婆利傳」, 6297쪽, "婆利者, 直 環王 東南, 自交州汎海, 歷赤土·丹丹諸國乃至."

35 『舊唐書』 卷197 「南蠻・盤盤國傳」, 5271쪽, "盤盤國, 在林邑西南海曲中, 北與林邑隔小海, 自交州船行四十日乃至."

36 『新唐書』 卷222下 「南蠻下・盤盤傳」, 6300쪽, "盤盤, 在南海曲, 北距環王, 限少海, 與狼牙脩接, 自交州海行四十日乃至."

37 『舊唐書』 卷197 「南蠻・眞臘國傳」, 5271쪽, "真臘國, 在林邑西北, 本扶南之屬國, '崑崙'之類."

38 『新唐書』 卷222下 「南蠻下・真臘傳」, 6301쪽, "真臘, 一曰吉蔑, 本扶南屬國. 去京師二萬七百里. 東距車渠, 西屬驃, 南瀕海, 北與 道明接, 東北抵驩州."

39 『舊唐書』 卷197 「南蠻・眞臘國傳」, 5272쪽, "水真臘國, 其境東西南北約員八百里, 東至奔陀浪州, 西至墮羅鉢底國, 南至小海, 北即陸真臘."

40 『舊唐書』 卷197 「南蠻・陀洹國傳」, 5272쪽, "陀洹國, 在林邑西南大海中, 東南與墮和羅接, 去交趾三月餘日行."

41 『舊唐書』 卷197 「南蠻・陀洹國傳」, 5273쪽, "訶陵國, 在南方海中洲上居, 東與婆利·西與墮婆登·北與真臘接, 南臨大海."

42 『新唐書』 卷222下 「南蠻下・訶陵傳」, 6302쪽, "訶陵, 亦曰社婆, 曰闍婆, 在南海中. 東距婆利, 西墮婆登, 南瀕海, 北真臘."

43 『舊唐書』 卷197 「南蠻・墮和羅國傳」, 5273쪽, "墮和羅國, 南與盤盤·北與迦羅舍佛·東與真臘接, 西鄰大海."

44 『舊唐書』 卷197 「南蠻・墮婆登國傳」, 5273쪽, "墮婆登國, 在林邑南, 海行二月, 東與訶陵·西與迷黎車接, 北界大海."

45 『舊唐書』 卷197 「南蠻・東謝蠻傳」, 5274쪽, "東謝蠻, 其地在黔州之西數百里, 南接守宮獠, 西連夷子, 北至白蠻."

46 『舊唐書』 卷197 「南蠻・西趙蠻傳」, 5275쪽, "西趙蠻, 在東謝之南, 其界東至夷子, 西至昆明, 南至西洱河."

47 『舊唐書』 卷197 「南蠻・牂牁蠻傳」, 5276쪽, "牂牁蠻, 首領亦姓謝氏. 其地北去充州一百五十里, 東至辰州二千四百里, 南至交州一千五百里, 西至昆明九百里."

48 『舊唐書』 卷197 「南蠻・南平獠傳」, 5277쪽, "南平獠者, 東與智州·南與渝州·西與南州·北與涪州接. 部落四千餘戶."

49 『新唐書』 卷222下 「南蠻下・南平獠傳」, 6325쪽, "南平獠, 東距智州, 南屬渝州, 西接南州, 北涪州, 戶四千餘."

50 『舊唐書』 卷197 「南蠻・東女國傳」, 5277쪽, "東女國, 西羌之別種, 以西海中復有女國, 故稱東女焉."

51 『新唐書』 卷221上 「西域上・東女傳」, 6218쪽, "東女亦曰蘇伐剌拏瞿咀羅, 羌別種也, 西海亦有女自王, 故稱'東'別之."

52 『舊唐書』 卷197 「南蠻 · 東女國傳」, 5280쪽, "南詔蠻, 本烏蠻之別種也, 姓蒙氏."

53 『新唐書』 卷222上 「南蠻上 · 南詔傳」, 6218쪽, "南詔, 或曰鶴拓, 曰龍尾, 曰苴咩, 曰陽劍. 本哀牢夷後, 烏蠻別種也."

54 『舊唐書』 卷197 「南蠻 · 東女國傳」, 5285쪽, "驃國, 在永昌故郡南二千餘里, 去上都一萬四千里."

55 『新唐書』 卷222下 「南蠻下 · 驃傳」, 6306쪽, "驃, 古朱波也, 自號突羅朱, 闍婆國人曰徒里拙. 在永昌南二千里, 去京師萬四千里."

56 『新唐書』 卷222下 「南蠻下 · 環王傳」, 6297쪽, "環王, 本林邑也, 一曰占不勞, 亦曰占婆. 直交州南, 海行三千里."

57 『新唐書』 卷222下 「南蠻下 · 扶南傳」, 6301쪽, "扶南, 在日南之南七千里, 地卑窪, 與環王同俗, 有城郭宮室. 王姓古龍."

58 『新唐書』 卷222下 「南蠻下 · 投和傳」, 6304쪽, "投和, 在真臘南, 自廣州西南海行百日乃至. 王姓投和羅, 名脯邪乞遙."

59 『新唐書』 卷222下 「南蠻下 · 瞻博傳」, 6304쪽, "瞻博, 或曰瞻婆. 北距兢伽河."

60 『新唐書』 卷222下 「南蠻下 · 室利佛逝傳」, 6305쪽, "室利佛逝, 一曰尸利佛誓. 過軍徒弄山二千里, 地東西千里, 南北四千里而遠. 有城十四, 以二國分總."

61 『新唐書』 卷222下 「南蠻下 · 名蔑傳」, 6306쪽, "名蔑, 東接真陀桓, 西但游, 南屬海, 北波剌. 其地一月行, 有州三十."

62 『新唐書』 卷222下 「南蠻下 · 單單傳」, 6306쪽, "單單, 在振州東南, 多羅磨之西, 亦有州縣. 木多白檀. 王姓剎利, 名尸陵伽, 日視事."

63 『新唐書』 卷222下 「南蠻下 · 單單傳」, 6315쪽, "兩爨蠻. 自曲州·靖州西南昆川·曲軛·晉寧·喻獻·安寧距龍和城, 通謂之西爨白蠻; 自彌鹿·升麻二川, 南至步頭, 謂之東爨烏蠻. 西爨自云本安邑人, 七世祖晉南寧太守, 中國亂, 遂王蠻中事."

64 『新唐書』 卷222下 「南蠻下 · 西原蠻傳」, 6329쪽, "西原蠻, 居廣·容之南, 邕·桂之西. 有甯氏者, 相承為豪. 又有黃氏, 居黃橙洞, 其隸也. 其地西接南詔."

65 『舊唐書』 卷198 「西戎 · 泥婆羅國傳」, 5289쪽, "泥婆羅國, 在吐蕃西."

66 『新唐書』 卷221上 「西域上 · 泥婆羅傳」, 6213쪽, "泥婆羅直吐蕃之西樂陵川."

67 『舊唐書』 卷198 「西戎 · 泥婆羅國傳」, 5290쪽, "党項羌, 在古析支之地, 漢西羌之別種也."

68 『新唐書』 卷221上 「西域上 · 党項傳」, 6214쪽, "党項, 漢西羌別種, 魏·晉後微甚. 周滅宕昌·鄧至, 而党項始彊. 其地古析支也, 東距松州, 西葉護, 南春桑·迷桑等羌, 北吐谷渾."

69 『舊唐書』 卷198 「西戎 · 高昌傳」, 5293쪽, "高昌者, 漢車師前王之庭, 後漢戊己校尉之故地, 在京師西四千三百里."

70 『新唐書』 卷221上 「西域上 · 高昌傳」, 6220쪽, "高昌直京師西四千里而贏, 其橫八百里, 縱五百

里, 凡二十一城, 王都交河城."

71『舊唐書』卷198「西戎・高昌傳」, 5297쪽, "吐谷渾, 其先居於徒河之淸山, 屬晉亂, 始度隴, 止於甘松之南, 洮水之西, 南極白蘭, 地數千里."

72『新唐書』卷221上「西域上・吐谷渾傳」, 6224쪽, "吐谷渾居甘松山之陽, 洮水之西, 南抵白蘭, 地數千里."

73『舊唐書』卷198「西戎・焉耆國傳」, 5301쪽, "焉耆國, 在京師西四千三百里, 東接高昌, 西鄰龜茲, 即漢時故地. 其王姓龍氏, 名突騎支."

74『新唐書』卷221上「西域上・焉耆國傳」, 6228쪽, "焉耆國直京師西七千里而贏, 橫六百里, 縱四百里, 東高昌, 西龜茲, 南尉犁, 北烏孫."

75『舊唐書』卷198「西戎・焉耆國傳」, 5303쪽, "龜茲國, 即漢西域舊地也, 在京師西七千五百里. 其王姓白氏."

76『新唐書』卷221上「西域上・龜茲傳」, 6230쪽, "龜茲, 一曰丘茲, 一曰屈茲, 東距京師七千里而贏, 自焉耆西南步二百里, 度小山, 經大 河二, 又步七百里乃至."

77『舊唐書』卷198「西戎・疏勒國傳」, 5305쪽, "疏勒國, 即漢時舊地也. 西帶葱嶺, 在京師西九千三百里. 其王姓裴氏."

78『新唐書』卷221上「西域上・疏勒傳」, 6233쪽, "疏勒, 一曰佉沙, 環五千里, 距京師九千里而贏. 多沙磧, 少壤土. 俗尚詭詐, 生子亦 夾頭取褊, 其人文身碧瞳. 王姓裴氏, 自號「阿摩支」, 居迦師城, 突厥以女妻之."

79『新唐書』卷221上「西域上・疏勒傳附朱俱波傳」, 6234쪽, "朱俱波亦名朱俱槃, 漢子合國也."

80『新唐書』卷221上「西域上・疏勒傳附朱俱波傳」, 6234쪽, "甘棠, 在海南, 崑崙人也."

81『新唐書』卷221上「西域上・疏勒傳附喝盤陀傳」, 6234쪽, "喝盤陀, 或曰漢陀, 曰渴館檀, 亦謂渴羅陀, 由疏勒西南入劍末谷·不忍領六百里, 其國也."

82『舊唐書』卷198「西戎・于闐國傳」, 5305쪽, "于闐國, 西南帶葱嶺, 與龜茲接, 在京師西九千七百里."

83『新唐書』卷221上「西域上・于闐傳」, 6235쪽, "于闐, 或曰瞿薩旦那, 亦曰渙那, 曰屈丹, 北狄曰于遁, 諸胡曰豁旦."

84『舊唐書』卷198「西戎・天竺國傳」, 5306쪽, "天竺國, 即漢之身毒國, 或云婆羅門地也. 在葱嶺西北, 周三萬餘里."

85『新唐書』卷221上「西域上・于闐傳」, 6236쪽, "天竺國, 漢身毒國也, 或曰摩伽陀, 曰婆羅門."

86『舊唐書』卷198「西戎・罽賓國傳」, 5309쪽, "罽賓國, 在葱嶺南, 去京師萬二千二百里. 常役屬於大月氏."

87『新唐書』卷221上「西域上・罽賓傳」, 6240쪽, "罽賓, 隋漕國也, 居葱嶺南, 距京師萬二千里而贏, 南距舍衞三千里."

88『舊唐書』卷198「西戎・康國傳」, 5310쪽, “康國, 即漢康居之國也. 其王姓溫, 月氏人.”

89『新唐書』卷221下「西域下・康傳」, 6243쪽, “康者, 一曰薩末鞬, 亦曰颯秣建, 元魏所謂悉萬斤者. 其南距史百五十里, 西北距西曹 百餘里, 東南屬米百里, 北中曹五十里. 在那密水南, 大城三十, 小堡三百. 君姓溫, 本月氏人.”

90『舊唐書』卷198「西戎・波斯國傳」, 5311쪽, “波斯國, 在京師西一萬五千三百里, 東與吐火羅·康國接, 北鄰突厥之可薩部, 西北拒拂 菻, 正西及南俱臨大海.”

91『新唐書』卷221下「西域下・波斯傳」, 6258쪽, “波斯, 居達遏水西, 距京師萬五千里而贏, 東與吐火羅·康接, 北鄰突厥可薩部, 西南皆瀕海, 西北贏四千里, 拂菻也. 人數十萬, 其先波斯匿王, 大月氏別裔, 王因以姓, 又為國號.”

92『舊唐書』卷198「西戎・拂菻國傳」, 5313쪽, “拂菻國, 一名大秦, 在西海之上, 東南與波斯接, 地方萬餘里, 列城四百, 邑居連屬.”

93『新唐書』卷221下「西域下・波斯傳」, 6260쪽, “拂菻, 古大秦也, 居西海上, 一曰海西國. 去京師四萬里, 在苫西, 北直突厥可薩部, 西瀕海, 有遲散城, 東南接波斯.”

94『舊唐書』卷198「西戎・大食國傳」, 5315쪽, “大食國, 本在波斯之西.”

95『新唐書』卷221下「西域下・波斯傳」, 6262쪽, “大食, 本波斯地. 男子鼻高, 黑而髯. 女子白晳, 出輒鄣面.”

96『新唐書』卷221上「西域上・摩揭它傳」, 6239쪽, “摩揭它, 一曰摩伽陀, 本中天竺屬國.”

97『新唐書』卷221上「西域上・摩揭它傳附那揭傳」, 6239쪽, “又有那揭者, 亦屬國也, 貞觀二十年, 遣使者貢方物.”

98『新唐書』卷221上「西域上・摩揭它傳附烏茶傳」, 6239쪽, “烏茶者, 一曰烏伏那, 亦曰烏萇, 直天竺南.”

99『新唐書』卷221上「西域上・摩揭它傳附章求拔傳」, 6240쪽, “章求拔國, 或曰章揭拔, 本西羌種.”

100『新唐書』卷221上「西域上・摩揭它傳附悉立傳」, 6240쪽, “悉立當吐蕃西南, 戶五萬, 城邑多旁澗谿.”

101『新唐書』卷221下「西域下・寧遠傳」, 6250쪽, “寧遠者, 本拔汗那, 或曰鏺汗, 元魏時謂破洛那. 去京師八千里. 居西鞬城, 在真珠河之北.”

102『新唐書』卷221下「西域下・大勃律傳」, 6251쪽, “大勃律, 或曰布露. 直吐蕃西, 與小勃律接, 西鄰北天竺·烏萇.”

103『新唐書』卷221下「西域下・小勃律傳」, 6251쪽, “小勃律去京師九千里而贏, 東少南三千里距吐蕃贊普牙, 東八百里屬烏萇, 東南三百里大勃律, 南五百里箇失蜜, 北五百里當護密之娑勒城.”

104『新唐書』卷221下「西域下・小勃律傳」, 6252쪽, “吐火羅, 或曰土豁羅, 曰覩貨邏, 元魏謂吐呼羅者.”

105『新唐書』卷221下「西域下・謝颶傳」, 6253쪽, "謝颶居吐火羅西南, 本日漕矩吒, 或日漕矩, 顯慶時謂訶達羅支, 武后改今號. 東距罽颶 賓, 東北帆延, 皆四百里."

106『新唐書』卷221下「西域下・識匿傳」, 6254쪽, "識匿, 或日尸棄尼, 日瑟匿. 東南直京師九千里, 東五百里距葱嶺守捉所, 南三百里屬 護蜜, 西北五百里抵俱蜜."

107『新唐書』卷221下「西域下・箇失蜜傳」, 6255쪽, "箇失蜜, 或日迦濕彌邏. 北距勃律五百里, 環地四千里, 山回繚之, 它國無能攻伐."

108『新唐書』卷221下「西域下・骨咄傳」, 6256쪽, "骨咄, 或日珂咄羅. 廣長皆千里. 王治思助建城"

109『新唐書』卷221下「西域下・蘇毗傳」, 6257쪽, "蘇毗, 本西羌族, 為吐蕃所并, 號孫波, 在諸部最大. 東與多彌接, 西距鶻莽硤, 戸三萬."

110『新唐書』卷221下「西域下・師子傳」, 6257쪽, "師子, 居西南海中, 延袤二千餘里, 有稜伽山, 多奇寶, 以寶置洲上, 商舶償直輒取去."

111『舊唐書』卷199上「東夷・高麗傳」, 3319쪽, "高麗者, 出自扶餘之別種也. 其國都於平壤城, 即漢樂浪郡之故地, 在京師東五千一百里."

112『新唐書』卷220「東夷・高麗傳」, 6185쪽, "高麗, 本扶餘別種也."

113『舊唐書』卷199上「東夷・百濟國傳」, 3328-3329쪽, "百濟國, 本亦扶餘之別種, 嘗為馬韓故地, 在京師東六千二百里, 處大海之北, 小海之南."

114『新唐書』卷220「東夷・百濟傳」, 6198쪽, "百濟, 扶餘別種也."

115『舊唐書』卷199上「東夷・百濟國傳」, 3334쪽, "新羅國, 本弁韓之苗裔也. 其國在漢時樂浪之地, 東及南方俱限大海, 西接百濟, 北鄰高麗."

116『新唐書』卷220「東夷・百濟傳」, 6202쪽, "新羅, 弁韓苗裔也. 居漢樂浪地, 橫千里, 縱三千里, 東拒長人, 東南日本, 西百濟, 南瀕海, 北高麗."

117『舊唐書』卷199上「東夷・倭國傳」, 3339쪽, "倭國者, 古倭奴國也. 去京師一萬四千里, 在新羅東南大海中."

118『舊唐書』卷199上「東夷・日本國傳」, 3340쪽, "日本國者, 倭國之別種也. 以其國在日邊, 故以日本為名. 或日: 倭國自惡其名不雅, 改為日本. 或云: 日本舊小國, 併倭國之地."

119『新唐書』卷220「東夷・日本傳」, 6207쪽, "日本, 古倭奴也. 去京師萬四千里, 直新羅東南, 在海中, 島而居, 東西五月行, 南北三月行."

120『舊唐書』卷199下「北狄・鐵勒傳」, 3340쪽, "鐵勒, 本匈奴別種. 自突厥強盛, 鐵勒諸部分散, 眾漸寡弱."

121『舊唐書』卷199下「北狄・契丹傳」, 3349쪽, "契丹, 居潢水之南, 黃龍之北, 鮮卑之故地, 在京城東北五千三百里."

122『新唐書』卷219「北狄・契丹傳」, 6167쪽, "契丹, 本東胡種, 其先為匈奴所破, 保鮮卑山."

123『舊唐書』卷199下「北狄・奚國傳」, 3354쪽, "奚國, 蓋匈奴之別種也, 所居亦鮮卑故地, 即東胡

<표 8>에서 종족(種族) 표기에 '없음'이라고 표기된 항은 해당 국가의 종족(種族) 표기가 없음을 보여준다. 임읍(林邑)의 예를 살펴보자.

> "임읍국(林邑國)은 한(漢)의 일남(日南)과 상림(象林)의 땅이며, 교주(交州)에서 남쪽으로 천여 리에 있다. 그 나라는 동서와 남북으로 각각 수천 리였다."134

위의 인용문을 보면 참파인이 세운 나라인 임읍국을 구성하는 종족(種族)이 어떤 종족(種族)인지 기록하지 않았다. 대신 한대(漢代) '일남상림(日南象林)'의 땅이라고 기록한 후 당의 남쪽 변경, 즉 현재의 베트남 북

之界也, 在京師東北四千餘里."

124『新唐書』卷219「北狄・奚傳」, 6173쪽, "奚亦東胡種, 為匈奴所破, 保烏丸山. 漢曹操斬其帥蹋頓, 蓋其後也."

125『舊唐書』卷199下「北狄・室韋傳」, 3356쪽, "室韋者, 契丹之別類也. 居猺越河北, 其國在京師東北七千里."

126『新唐書』卷219「北狄・奚傳」, 6176쪽, "室韋, 契丹別種, 東胡之北邊, 蓋丁零苗裔."

127『舊唐書』에서는 靺鞨,『新唐書』에서는 黑水靺鞨로 표기하였다.

128『舊唐書』卷199下「北狄・靺鞨傳」, 3358쪽, "靺鞨, 蓋肅慎之地, 後魏謂之勿吉, 在京師東北六千餘里. 東至於海, 西接突厥, 南界高麗, 北鄰室韋. 其國凡為數十部, 各有酋帥, 或附於高麗, 或臣於突厥."

129『新唐書』卷219「北狄・黑水靺鞨傳」, 6177쪽, "黑水靺鞨居肅慎地, 亦曰挹婁, 元魏時曰勿吉. 直京師東北六千里, 東瀕海, 西屬突厥, 南高麗, 北室韋. 離為數十部, 酋各自治."

130『舊唐書』卷199下「北狄・渤海靺鞨傳」, 3360쪽, "渤海靺鞨大祚榮者, 本高麗別種也."

131『新唐書』卷219「北狄・渤海傳」, 6179쪽, "渤海, 本粟末靺鞨附高麗者, 姓大氏."

132『舊唐書』卷199下「北狄・渤海靺鞨傳」, 3363쪽, "霫, 匈奴之別種也, 居于潢水北, 亦鮮卑之故地, 其國在京師東北五千里."

133『舊唐書』卷199下「北狄・烏羅渾國傳」, 3364쪽, "烏羅渾國, 蓋後魏之烏洛侯也, 今亦謂之烏羅護, 其國在京師東北六千三百里."

134『舊唐書』卷197「南蠻・林邑傳」, 5269쪽, "林邑國, 漢日南象林之地, 在交州南千餘里. 其國延袤數千里."

부에 설치한 교주(交州)에서 입읍국까지의 거리, 입읍국의 범위를 기록하였다. '일남상림(日南象林)'은 일남, 상군(象郡), 계림(桂林)의 약자로 생각되며, 일남을 제외한 두 군(郡)은 한대(漢代)가 아닌 진대(秦代)에 베트남 일대에 설치된 군이었다.[135] <표 8>에 보이는 '없음'은 종족(種族) 표기 없이 지리적 정보로 열전의 모두(冒頭)로 시작되는 경우를 지칭한다. 그리고 <표 8>에서 빈칸은『구당서』혹은『신당서』한쪽에만 열전이 있어서 다른 사서에 기록이 없는 경우를 가리킨다.

<표 8>의 종족(種族) 기록을 분석하면,『구당서』는 간략한 반면『신당서』에서는 자세히 기록되었음을 알 수 있다. 아래에서 소개할 인용문 (다)에서 해(奚)를 흉노의 별종(別種)으로 추정하며 선비(鮮卑) 고지(故地)에 살았다고 기록했다. 반면 (라)에서는 해(奚)가 동호종(東胡種)이며, 동호(東胡)가 흉노에 격파한 후 오환산(烏丸山) 일대에 거주했다고 적었다. (다)와 (라)를 비교하면 대체로 (라)의 기록이 자세하고 구체적임을 알 수 있다. 위구르(廻紇)의 예에서도 확인된다.『구당서』「회흘전」에서는 위구르의 선조가 흉노의 후예였으며 북위(北魏, 後魏) 시대에 철륵부락(鐵勒部落)이라고 불렸다고 기록하였다.[136]『신당서』「회흘전」에서도 위구르의 선조가 흉노였고, 고륜차(孤輪車)에 타서 북위(元魏) 시대에 고차부(高車部)라 불리거나, 칙륵(敕勒)으로 칭해지다가 철륵(鐵勒)으로 와전되었다고 기록하였다.[137] 토번의 경우,『구당서』「토번전」에서는 토번이 서강(西羌)의 땅에 있었으며 남량(南涼)의 군주 독발리록고(禿髮利鹿孤)의 후

135『史記』卷113「南越列傳」, 2967쪽, "秦時已并天下, 略定楊越, 置桂 林·南海·象郡, 以謫徙民, 與越雜處十三歲."

136『舊唐書』卷195「迴紇傳」, 5195쪽, "迴紇, 其先匈奴之裔也, 在後魏時, 號鐵勒部落."

137『新唐書』卷216上「回紇傳」上, 6111쪽, "回紇, 其先匈奴也, 俗多乘高輪車, 元魏時亦號高車部, 或曰敕勒, 訛為鐵勒."

예였으며, '토번'은 '독발(禿髮)'의 와전이었다고 기록하였다.[138] 반면『신당서』「토번전」에서는 토번이 서강이었고 강(羌)은 150종(種)이었다고 기록하였다.[139] 전자는 토번의 기원을 장황하게 기록하여 번잡한 느낌이 드는 반면, 후자는 간단하지만, 토번의 기원을 정확히 인식하고 있는 느낌을 준다. 남조(南詔)도『구당서』「남조만전」에서는 본래 오만(烏蠻)의 별종(別種)이며, 성은 몽씨(蒙氏)라고 기록하였다.[140]『신당서』「남조전」은 남조는 학척(鶴拓), 용미(龍尾), 저미(苴咩), 양검(陽劍)으로도 불렸으며, 본래 애뢰이(哀牢夷)의 후예이고, 오만의 별종이라고 기록하였다.[141]

이처럼『구당서』보다『신당서』의 기록이 구체적이고 자세한 것은『구당서』가 오대십국시대(五代十國時代)의 혼란기에 짧은 기간 동안 편찬되어 당대(唐代)의 사료를 발췌하는 데 그쳤지만, 북송시대 편찬된『신당서』는 다양한 자료와 정보를 취합하여 정리할 수 있었기 때문일 것이다.

<표 8>에서『구당서』와『신당서』에 모두 종족 표기가 없는 16개 국을 제외하면 두 사서에 종족이 표기된 국가는 15개이다. 이 가운데『구당서』와『신당서』의 종족 표기가 다른 나라는 해(奚)와 발해 두 나라이다.[142]

138『舊唐書』卷196上「吐蕃傳」上, 5219쪽, "吐蕃, 在長安之西八千里, 本漢西羌之地也. 其種落莫知所出也, 或云南涼禿髮利鹿孤之後也. 其種落莫知所出也, 或云南涼禿髮利鹿孤之後也. 利鹿孤有子日樊尼, 及利鹿孤卒, 樊尼尚幼, 弟傉檀嗣位, 以樊尼為安西將軍. 後魏神瑞元年, 傉檀為西秦乞佛熾盤所滅, 樊尼招集餘眾, 以投沮渠蒙遜, 蒙遜以為臨松太守. 及蒙遜滅, 樊尼乃率眾西奔, 濟黃河, 逾積石, 於羌中建國, 開地千里. 樊尼威惠夙著, 為羣羌所懷, 皆撫以恩信, 歸之如市. 遂改姓為窣勃野, 以禿髮為國號, 語訛謂之吐蕃. 其後子孫繁昌, 又侵伐不息, 土宇漸廣. 歷周及隋, 猶隔諸羌, 未通於中國."

139『新唐書』卷216上「吐蕃傳」上, 6071쪽, "吐蕃本西羌屬, 蓋百有五十種, 散處河·湟·江·岷間, 有發羌·唐旄等, 然未始與中國通."

140『舊唐書』卷197「南蠻・東女國傳」, 5280쪽, "南詔蠻, 本烏蠻之別種也, 姓蒙氏."

141『新唐書』卷222上「南蠻上・南詔傳」, 6218쪽, "南詔, 或日鶴拓, 日龍尾, 日苴咩, 日陽劍. 本哀牢夷後, 烏蠻別種也."

142 양보륭(楊保隆)은 여기에 일본(日本)을 포함하였다. 양보륭에 따르면,『구당서(舊唐書)』는

이 가운데 해(奚)의 종족 표기를 살펴보자.

(다) "해국(奚國)은 아마 흉노의 별종(別種)일 것이다. 거주하는 곳은 역시 선비(鮮卑)의 고지(故地), 즉 동호(東胡)의 강역이다. 경사(京師)로부터 동북쪽으로 4천여 리 떨어져 있다."[143]

(라) "해(奚)는 역시 동호종(東胡種)이다. 흉노에게 격파되어 오환산(烏丸山)을 지켰다. 한(漢) 조조(曹操)가 그 우두머리 답돈(蹋頓)을 참하였다. 아마 그 후예일 것이다."[144]

왜(倭)와 일본(日本)을 달리 입전(立傳)하여 "倭國者, 古倭奴國也."(『舊唐書』 卷199上 「東夷·倭國傳」, 3339쪽)라고 하였고, "日本國者, 倭國之別種也."(『舊唐書』 卷199上 「東夷·日本國傳」, 3340쪽)라고 하였다. 『신당서(新唐書)』는 두 열전(列傳)을 합하여 하나의 열전으로 만들었을 뿐만 아니라 "日本, 古倭奴也."(『新唐書』 卷220 「東夷·日本傳」, 6207쪽, "日本, 古倭奴也. 去京師萬四千里, 直新羅東南, 在海中, 島而居, 東西五月行, 南北三月行.")라고 하였다. 이는 『신당서』가 『구당서』에서 "별종(別種)"의 잘못된 기록을 규정(糾正)한 것이다(楊保隆, 「新舊唐書≪渤海傳≫考辨」, 124쪽). 그러나 이는 『구당서』 찬자(撰者)가 왜와 일본이 동일한 나라였음을 알지 못하여 별개의 나라로 열전을 만들었기 때문이다. 『구당서(舊唐書)』 권199상 「동이(東夷)·일본국전(日本國傳)」에는 일본을 왜국의 별종(別種)이라고 기술하면서도 왜국이 이름을 싫어하여 일본으로 바꾸었거나 왜국을 병합했다는 전문(傳聞)을 기록하였다(『舊唐書』 卷199上 「東夷·日本國傳」, 3340쪽, "日本國者, 倭國之別種也. 以其國在日邊, 故以日本為名. 或曰: 倭國自惡其名不雅, 改為日本. 或云: 日本舊小國, 併倭國之地."). 『구당서』 권199상 「동이(東夷)·일본국전(日本國傳)」 찬자(撰者)들은 일본에 대한 정보가 부족하여 왜와 일본을 동일 국가로 봐야 할지 판단이 서지 않아 별도의 열전(列傳)으로 나누었지만, 일본의 유래에 대한 정보를 수집하여 "일본=왜"이거나 일본이 왜국(倭國)을 병합하여 하나의 나라였을 가능성도 열어둔 것이다. 따라서 왜와 일본의 종족(種族) 표기가 『구당서(舊唐書)』와 『신당서』가 다른 것이 아니라 일본의 사정에 익숙하지 않아 한 나라를 두 나라로 본 오류로 봐야 한다. 따라서 본문에서는 왜와 일본의 예는 제외하였다.

143 『舊唐書』 卷199下 「北狄·奚國傳」, 3354쪽, "奚國, 蓋匈奴之別種也, 所居亦鮮卑故地, 即東胡之界也, 在京師東北四千餘里."

144 『新唐書』 卷219 「北狄·奚傳」, 6173쪽, "奚亦東胡種, 為匈奴所破, 保烏丸山. 漢曹操斬其帥蹋頓, 蓋其後也."

(다)는 『구당서』「해국전」, (라)는 『신당서』「해전」이다. (다)와 (라)의 기록을 비교하면 해(奚)의 종족(種族)과 거주지가 다른 것처럼 보인다. (다)에서는 해(奚)가 흉노의 별종이며 선비의 고지에서 거주한다고 기록하였다. 반면 (라)에서 해(奚)는 동호종(東胡種)이며, 오환산(烏丸山) 주변에 거주하였다고 기록하였다. 외형상 (다)와 (라)는 다른 기록처럼 보이지만, (다)에서 선비의 고지를 동호의 영토라고 기록하여 동호종이라고 기록한 (라)의 기록과 부합되는 것처럼 보인다. 그런데 (라)의 기록에서 일부 오류가 보인다. (라)에서 해(奚)는 조조가 죽인 답돈의 후예라고 기록하였다. 『후한서』와 『삼국지』의 「오환전」을 보면 조조가 답돈을 격파하고 참한 후에 오환 만여 락(落)을 중국 내지로 이주시켰다. 이들은 군인으로 종군하여 용맹을 떨쳐 천하의 명기(名騎)로 유명해졌다.[145] 이때 답돈이 살해된 후 대부분 오환의 대부분이 중원으로 이주했을 것이다. 따라서 (라)에서 말하는 것처럼 해(奚)가 답돈의 후예라는 주장은 사실이 아닐 가능성이 높다. 그리고 다른 사서를 보면 해(奚)의 종족에 대한 기록이 다르다. 예컨대 『수서』에서는 해(奚)가 본래 고막해(庫莫奚)였고 동부호(東部胡)라고 기록하였다.[146] 『북사』에서는 해(奚)가 본래 고막해였고, 동

145 『後漢書』 卷90 「烏桓傳」, 2984쪽, "袁紹因寵慰柔, 以安北邊. 及紹子尚敗, 奔蹋頓. 時幽·冀吏人奔烏桓者十萬餘戶, 尚欲憑其兵力, 復圖中國. 會曹操平河北, 閻柔率鮮卑·烏桓歸附, 操即以柔為校尉. 建安十二年, 曹操自征烏桓, 大破 蹋頓於柳城, 斬之, 首虜二十餘萬人. 袁尚與樓班·烏延等皆走遼東, 遼東太守公孫康並斬送之. 其餘眾萬餘落, 悉徙居中國云."; 『三國志』 卷30 「魏書」30 「烏丸傳」, 835쪽, "後袁尚敗奔 蹋頓, 憑其勢, 復圖冀州. 會太祖平河北, 柔帥鮮卑·烏丸歸附, 遂因以柔為校尉, 猶持漢使節, 治廣甯如舊. 建安十一年, 太祖自征蹋頓於柳城, 潛軍詭道, 未至百餘里, 虜乃覺. 尚與蹋頓將眾逆戰於凡城, 兵馬甚盛. 太祖登高望虜陳, (柳)[抑]軍未進, 觀其小動, 乃擊破其眾, 臨陳斬蹋頓首, 死者被野. 速附丸·樓班·烏延等走遼東, 遼東悉斬, 傳送其首. 其餘遺迸皆降. 及幽州·并州柔所統烏丸萬餘落, 悉徙其族居中國, 帥從其侯王大人種眾與征伐. 由是三郡烏丸為天下名騎."

146 『隋書』 卷84 「北狄 · 奚傳」, 1881쪽, "奚本曰庫莫奚, 東部胡之種也. 為慕容氏所破, 遺落者竄匿松·漢之間."

부호 우문씨(宇文氏)의 별종(別種)이라고 기록하였다.[147] 『위서』에서는 해(奚)의 선조인 고막해가 동부(東部) 우문씨의 별종,[148] 『주서』에서는 고막해가 선비의 별종이라고 각각 기록하였다.[149] 여러 사서에 기록된 해(奚)의 선조는 고막해, 우문씨, 흉노, 동호이며, 고막해의 선조와 종족까지 포함하면 선비까지 포함된다. 결국 해(奚)에 대한 역대 사서의 기록을 종합하면 해(奚)의 종족을 파악하기는 어렵다. 오히려 해(奚)가 동호, 흉노, 우문씨 등 여러 유목국가의 지배를 받았음을 확인할 수 있다.

또 (라)의 기록은 이웃한 거란의 기록과 호응한다.

> "거란(契丹)은 본래 동호종(東胡種)이다. 그 선조가 흉노(匈奴)에 격파되어 선비산(鮮卑山)을 지켰다."[150]

위의 인용문을 (라)와 비교하면 해(奚)와 거란은 모두 동호종(東胡種)이고, 흉노에 격파되었다는 공통점이 있다. 그러나 해(奚)는 오환산(烏丸山), 거란은 선비산(鮮卑山)을 각각 지켰다. 『신당서』의 해(奚)와 거란 기록을 보면 『후한서』와 『삼국지』에 보이는 오환과 선비의 기록이 주목된다. 오환과 선비는 본래 동호였으나 흉노에게 패한 후 각각 오환산[151]과 선비

147 『北史』 卷94 「奚傳」, 3126쪽, "奚本曰庫莫奚, 其先東部胡宇文之別種也. 初為慕容晃所破, 遺落者竄匿松漠之間."

148 『魏書』 卷100 「庫莫奚國傳」, 2222쪽, "庫莫奚國之先, 東部宇文之別種也. 初為慕容元真所破, 遺落者竄匿松漠之間."

149 『周書』 卷49 「異域上 · 庫莫奚傳」, 899쪽, "庫莫奚, 鮮卑之別種也. 其先為慕容晃所破, 竄於松漠之間. 後種類漸多, 分為五部: 一曰辱紇主, 二曰莫賀弗, 三曰契箇, 四曰木昆, 五曰室得. 每部置俟(斥)[斤]一人. 有阿會氏者, 最為豪帥, 五部皆受其節度. 役屬於突厥, 而數與契丹相攻."

150 『新唐書』 卷219 「北狄 · 契丹傳」, 6167쪽, "契丹, 本東胡種, 其先為匈奴所破, 保鮮卑山."

151 『後漢書』 卷90 「烏桓傳」, 2979쪽, "烏桓者, 本東胡也. 漢初, 匈奴冒頓滅其國, 餘類保烏桓山, 因以為號焉."; 『三國志』 卷30 「魏書」 30 「烏丸傳」 注引 『魏書』, 832쪽, "魏書曰: 烏丸者, 東胡

산[152]으로 이주한 후 산 이름을 따서 오환과 선비로 명명하였다. 오환과 선비는 다른 집단이지만, 동호로부터 분파되었다는 점에서 같은 집단으로 간주되어 『후한서』와 『삼국지』에는 '오환선비(烏丸鮮卑)'로 연칭되었다. 이처럼 『신당서』에는 해(奚)와 거란도 오환과 선비로 가탁되어 양자가 밀접한 관계가 있는 것처럼 서술된 것이다. 그러나 『수서』 「거란전」에 거란이 해(奚)의 전신인 고막해와 이종(異種)이면서 동류(同類)라고 기록하였다.[153] '이종동류(異種同類)'라는 표현에서 종족은 다르지만 유사한 점도 있음을 알 수 있다.

그런데 『신당서』가 북송시대에 편찬되었다는 사실에 주목하자. 북송시대 북쪽에는 거란이 세운 요(遼)가 있었다. 본래 거란과 해(奚)는 서로 공격하는 갈등과 대립의 존재였다. 거란은 해(奚)를 복속시킨 후 거란에 버금가는 인구와 군사력을 보유한 해(奚)를 거란인과 동등한 대우를 받는 준지배민족으로 대우하였다. 해인(奚人)들은 해왕부(奚王府) 아래 6부로 편제되었고, 후에 8부가 더 편제되어 14부로 확대되었다. 해왕부 밑에서 자치를 누리며 거란을 제외한 다른 유목민들보다 위에 있었다.[154] 따라서 북송시대 구양수와 송기, 혹은 그 휘하에서 『신당서』 편찬에 참여했던 사관들은 거란과 해(奚)가 동맹, 혹은 연합관계였음을 알았을 것이다. 그리고 거란과 해(奚)의 갈등과 연합의 반복이 같은 지역에 있었던 후한시대 오환과 선비의 관계와 같았다고 생각했을 것이다. 따라서 『신당서』에서

也. 漢初, 匈奴冒頓滅其國, 餘類保烏丸山, 因以為號焉."

152 『後漢書』 卷90 「鮮卑傳」, 2985쪽, "鮮卑者, 亦東胡之支也, 別依鮮卑山, 故因號焉. 其言語習俗與烏桓同."; 『三國志』 卷30 「魏書」30 「鮮卑傳」 注引 『魏書』, 835쪽, "魏書日: 鮮卑亦東胡之餘也, 別保鮮卑山, 因號焉. 其言語習俗與烏丸同."

153 『隋書』 卷84 「北狄・契丹傳」, 1881쪽, "契丹之先, 與庫莫奚異種而同類, 並為慕容氏所破, 俱竄於松·漠之間. 其後稍大, 居黃龍之北數百里. 其俗頗與靺鞨同."

154 日本東亞研究所 編, 서병국 역, 『이민족의 중국통치사』, 재단법인 대륙연구소, 1991, 64-66쪽.

거란과 해(奚)가 본래 동호종이었고, 흉노가 패한 후 각각 오환산과 선비산으로 흩어졌다고 기록하여 양자가 본래 같은 집단 혹은 종족이었다고 기록한 것이다. (다)와 (라)의 기록이 외형상 다르지만, 여러 유목국가의 지배를 받았던 해(奚)의 역사를 기록하였다. 다만, 지배자들을 달리 기록하였을 뿐이다. 따라서 <표 8>에서 유일하게 다른 예는 바로 발해이다.

2)『신당서(新唐書)』「발해전(渤海傳)」 종족(種族) 표기와 고구려(高句麗) 회피

1항에서 살펴본 것처럼 해(奚)를 제외하면 발해 '황실'의 종족만이『구당서』와『신당서』가 판이하게 달랐다. 사료 자체에 대한 분석에 앞서『구당서』와『신당서』의 사료적 가치를 검토해 보자.

『구당서』의 사료적 가치는 청대(淸代) 역사학자 조익(趙翼)의『이십이사차기』에 잘 나타나 있다. 조익은『구당서』의 당(唐) 전반기 기록이 실록(實錄)과 당국사(唐國史)를 그대로 베꼈음을 고증하였다.[155]『구당서』는 동란의 시기인 오대십국시대(五代十國時代)에 편찬되어 사료 수집이 완벽하지 않았고 단기간에 편찬되어 졸속일 수밖에 없었다. 그러나 실록과 당국사, 조령(詔令), 주소(奏疏), 서신(書信) 등 풍부한 원시자료를 베껴 넣은『구당서』는 자료의 사료적 가치가 보장되었기 때문에 사실 고증이 부족하고 내용이 번다하다는 비판에도 불구하고『신당서』 편찬 이후에도 가치와 권위는 여전히 인정되었다. 따라서 청대에『신당서』와 함께 정사로 인정되었다. 반면『신당서』는 전반부가 상세하고 후반부가 소략한『구당서』의 결점을 보완하기 위해 사료 수집에 노력하였다. 그래서 일종의 제도사, 분류사인 지(志)의 내용을 충실히 하였고,『사기(史記)』와『한서

155『廿二史箚記』(趙翼, 北京: 中華書局, 1984) 卷16「舊唐書前半用實錄國史舊本」, 345-349쪽.

(漢書)』의 표(表)를 부활하여 재상(宰相)과 방진(方鎭, 節度使), 종실(宗室)과 재상(宰相)의 세계(世系)를 간략히 잘 정리하였다. 그러나 『신당서』는 『구당서』를 지나치게 삭제했을 뿐만 아니라 문장의 화려함을 추구하여 역사적 고증을 소홀히 하였다. 따라서 사료적 가치가 『구당서』만 못하게 되었다. 이에 오진(吳縝)이 『신당서』의 오류 400여 곳을 찾아내어 『신당서규류(新唐書糾謬)』를 지었다.[156]

위에서 살펴본 『구당서』와 『신당서』의 사학사적 특징을 검토하면 1항에서 살펴본 『구당서』의 주변국 종족 표기보다 『신당서』의 종족 표기가 구체적인 이유가 설명된다. 즉 『구당서』의 기록이 당시 관문서나 실록, 당국사 등을 베껴서 원자료를 보존한 장점이 있지만, 이 자료의 사실관계가 틀려도 그대로 수록될 수 있었다. 『신당서』는 『구당서』가 참조하지 못한 자료를 수집했기 때문에 이러한 오류나 특히 주변국 종족과 기원을 자세하고 정확히 기록할 수 있었을 것이다. 그러나 여러 자료를 바탕으로 정리하기 때문에 편찬자의 의도에 따라 왜곡될 수 있었다. 특히 발해의 종족(種族)과 종족의 근원 문제가 그러하다.

이러한 필자의 주장에 반론을 제기할 수 있다. 『구당서』「발해말갈전」의 기록이 잘못되었기 때문에 『신당서』「발해전」이 여러 자료를 참조하여 오류를 수정했을 가능성이다. 이는 중국의 발해사 연구자들의 주장이기도 하다. 『구당서』가 편찬된 오대십국시대와 『신당서』가 편찬된 북송중기 사이에 편찬된 사료 가운데 발해의 종족을 표기한 『당회요』, 『오대회요』, 『책부원귀』, 『신오대사』의 관련 기록을 살펴보자.

---

156 金毓黻, 『中國史學史』, 石家莊: 河北教育出版社, 2000, 148-152쪽; 高國抗 지음, 오상훈 · 이개석 · 조병한 옮김, 『중국사학사』, 풀빛, 1998, 32-35쪽 및 46-48쪽.

(마) “발해말갈(渤海靺鞨)은 본래 고려(高麗) 별종(別種)이며 후에 영주(營州)로 강제 이주되어 살았다. 그 왕(王)의 성은 대씨(大氏)이며, 이름은 조영(祚榮)이다. 선천(先天) 년간(713) 발해군왕(渤海郡王)에 봉했다.”[157]

(바) “발해말갈(渤海靺鞨)은 본래 고려종(高麗種)이며, 당(唐) 총장(總章) 년간에 고종(高宗)이 고려(고구려)를 평정한 후 고려인(고구려인)을 중국 각지에 흩어져 살게 하였으며, 요외(遼外)에 주현(州縣)을 설치하였고, 평양성(平壤城)에는 안동도호부(安東都護府)를 두어 고려인(고구려인)들을 거느리게 하였다. 만세통천(萬歲通天) 년간(696)에 거란 이만영(李萬榮, 이진충(李盡忠)과 손만영(孫萬榮)의 오기]이 반란을 일으켜 영부(營府, 營州都督府)를 공격하여 함락하였다. 고려(高麗) 별종(別種) 대사리(大舍利) 걸걸중상(乞乞仲象)과 말갈반인(靺鞨反人) 걸사비우(乞四比羽)가 요동(遼東)으로 달아나 지켰으며 고려고지(高麗故地)를 나누어 지배하였다. 측천(則天)은 걸사비우를 허국공(許國公), 대사리 걸걸중상을 진국공(震國公)에 봉하였다. 걸사비우가 명령을 받지 않자, 측천은 장군(將軍) 이해고(李楷固)에게 명하여 진(陣)에 임하여 걸사비우를 참하게 하였다. 이때 걸걸중상이 이미 죽은 상황이라 그의 아들 대조영(大祚榮)이 뒤를 이어 즉위하였고 걸사비우의 무리를 병합하였으니, 승병(勝兵)과 정호(丁戶)가 40여 만이었다. 읍루고지(挹婁故地)를 점거하며 지켰다.”[158]

157 『唐會要』(王溥 撰, 上海: 上海古籍出版社, 2006) 卷96 渤海條, 2042쪽, “渤海靺鞨, 本高麗別種, 後徙居營州. 其王姓大氏, 名祚榮. 先天中, 封渤海郡王.”

158 『五代會要』(王溥 撰, 上海: 上海古籍出版社, 2006) 卷30 渤海條, 473쪽, “渤海靺鞨, 本高麗種, 唐總章中, 高宗平高麗, 徙其人散居中國, 置州縣于遼外, 就平壤城置安東都護府以統之. 至萬歲通天中, 契丹李萬榮反, 攻陷營府. 有高麗別種大舍利乞乞仲象, 與靺鞨反人乞四比羽走保遼東, 分王高麗故地. 則天封乞四比羽許國公, 大舍利乞乞仲象震國公. 乞四比羽不受命, 則天命

(사) "발해말갈(渤海靺鞨) 대조영(大祚榮)은 본래 고려 별종(高麗別種)이다. 당(唐) 개원년간에 고려(高麗)가 망하자, 조영(祚榮)의 가속(家屬)은 동쪽으로 계루(桂樓)의 고지(故地)를 보존하고 동모산(東牟山)을 거점으로 성(城)을 쌓고 살았다. 조영은 효용(驍勇)하고 용병(用兵)에 능하였다. 말갈(靺鞨)의 무리와 고려(高麗)의 패잔병이 점차 그에게 귀부하였다."[159]

(아) "발해(渤海)의 본래 칭호는 말갈(靺鞨)이었으며, 고려(高麗) 별종(別種)이다. 당(唐) 고종(高宗)이 고려(고구려)를 멸하고, 고려(고구려)인을 중국으로 옮겨 흩어져 살게 하였으며, 평양(平壤)에 안동도호부(安東都護府)를 설치하여 고려(고구려)인을 다스리게 하였다. 무후(武后) 시기에 거란이 북변(北邊)을 공격하자, 고려(高麗) 별종(別種) 대걸걸중상(大乞乞仲象)과 말갈추장(靺鞨酋長) 걸사비우(乞四比羽)가 요동(遼東)으로 달아나 고려고지(高麗故地)를 나누어 다스렸다. 무후는 무장(武將)을 보내 걸사비우를 격파하고 살해하였다. 이때 걸걸중상 역시 병으로 죽었다. 걸걸중상의 아들 조영(祚榮)이 즉위하여 [걸사]비우의 무리를 병합하여 소유하니, 조영의 무리가 40만인이었다. 읍루(挹婁)를 점거하고 신하로서 당(唐)을 섬겼다."[160]

위의 인용문 (마)는 『당회요』, (바)는 『오대회요』, (사)는 『책부원귀』 「외

將軍李楷固臨陳斬之. 時乞乞仲象已死, 其子大祚榮繼立, 併有比羽之衆, 勝兵丁戶四十餘萬, 保據挹婁故地."

159 『册府元龜』 卷956 「外臣部」1 種族門 · 渤海靺鞨條, 11078쪽, "渤海靺鞨大祚榮, 本高麗別種也. 唐開元中, 高麗滅, 祚榮家屬東保桂樓之故地, 據東牟山築城居之. 祚榮驍勇, 善用兵, 靺鞨之衆及高麗餘燼, 稍稍歸之."

160 『新五代史』 卷74 「四夷附錄第三 · 渤海傳」, 919-920쪽, "渤海, 本號靺鞨, 高麗之別種也. 唐高宗滅高麗, 徙其人散處中國, 置安東都護府於平壤以統治之. 武后時, 契丹攻北邊, 高麗別種大乞乞仲象與靺鞨酋長乞四比羽走遼東, 分王高麗故地, 武后遣將擊殺乞四比羽, 而乞乞仲象亦病死. 仲象子祚榮立, 因并有比羽之眾, 其眾四十萬人, 據挹婁, 臣于唐."

신부(外臣部)」, (아)는 『신오대사』이다. (마)~(아)는 사서의 완성 순서대로 배열한 것이다. 즉 『당회요』와 『오대회요』는 961년에, 『책부원귀』는 1013년, 『신오대사』는 1053년에 완성되었다. 참고로 『신당서』는 1060년에 최종 완성되었다.

(마)와 (사), (아)에서 조영(祚榮)의 종족(種族)을 고려별종(高麗別種), 즉 고구려의 별종(別種)으로 표기하였다. (바)의 앞부분에서는 고려종(高麗種), 즉 고구려종(高句麗種)으로 표기하였지만, 조영의 아버지 대사리(大舍利) 걸걸중상(乞乞仲象)을 고려 별종, 즉 고구려의 별종으로 표기하였다. (바)의 표기가 약간 다르기 하지만 (마)~(아)의 종족 표기는 앞의 (가) 『구당서』「발해말갈전」의 종족 표기와 일치한다. 즉 편찬 순서대로 『구당서』, 『당회요』, 『오대회요』, 『책부원귀』, 『신오대사』에서 조영의 종족 표기가 고려 별종 혹은 고려종으로 같다. 반면 가장 늦게 편찬된 『신당서』만 조영의 본적을 "고려(고구려)에 부속된 속말말갈(本粟末靺鞨附高麗者)"[161]이라고 표기하였다.

또 (바)에서 조영의 아버지 걸걸중상을 고려 별종이라 표기한 반면 걸사비우는 말갈반인(靺鞨反人)이라고 기록하였다. (아)에서도 걸걸중상을 고려 별종, 걸사비우는 말갈추장으로 각각 표기하였다. 즉 (바)와 (아)에서 조영을 고려종 혹은 고려별종으로 표기하고 아버지 걸걸중상을 고려별종으로 일관적으로 기록하였다. 반면 걸걸중상와 함께 거사한 걸사비우는 말갈반인(靺鞨反人) 혹은 말갈추장으로 표기하였다. 걸사비우를 '말갈'로 표기한 데 비해 걸걸중상과 조영을 고려별종으로 기록한 것으로 보아 (바)와 (아)에서는 고려별종이 최소한 말갈인이 아니라는 형식논리가 성립한다.

---

161 『新唐書』 卷219 「北狄・渤海傳」, 6179쪽.

선행연구에서는 『구당서』에서 '別種(별종)'의 용례를 세 유형으로 분류하였다. 이 가운데 고려별종(高麗別種)은 고구려의 지배를 받았던 속말말갈을 지배자의 별종, 즉 고구려인과 다른 종족으로 표기했다는 주장이다.[162] 그러나 (바)와 (아)의 문장 구조를 보면 이 학설이 잘못되었음을 명확히 알 수 있다.

여기에서 조영 부자를 고려종 혹은 고려별종으로 표기한 『당회요』와 『오대회요』, 『책부원귀』의 사료적 가치에 의문을 제기할 수 있다. 『사고전서총목제요』에 따르면, 『당회요』는 당대(唐代) 소면(蘇冕)이 고조(高祖)부터 덕종(德宗)까지 9조(朝), 즉 9인의 황제를 다룬 『회요(會要)』, 덕종부터 무종(武宗)까지의 역사를 다룬 『속회요(續會要)』, 왕부(王溥)가 선종(宣宗)부터 당말(唐末)까지를 보충하여 정리한 정서류(政書類)의 사서(史書)이다. 『당회요』는 당대 제도의 연혁을 고증하여 사료적 가치가 높다.[163] 『당회요』에 인용된 문헌을 분석한 연구에 따르면, 당실록(唐實錄)과 국사(國史), 기거주(起居注), 율령격식(律令格式)과 『당육전(唐六典)』, 『정관례(貞觀禮)』, 『대당개원례(大唐開元禮)』, 의주(儀注), 관문서(官府

162 陳陶然, 「淺析渤海王族大氏的族源」, 45왼쪽.

163 『四庫全書總目提要』(永瑢・紀昀 主編, 四庫全書總目提要編纂委 整理, 海口: 海南出版社, 1999) 「史部」37 政書類1 唐會要條, 428왼쪽, "初, 唐蘇冕嘗次高祖至德宗九朝之事爲『會要』四十卷. 宣宗大中七年, 又詔楊紹復等次德宗以來事爲『續會要』四十卷, 以崔鉉監修. 段公路『北戶錄』所稱『會要』, 卽冕等之書也. 惟宣宗以後記載尙缺, 溥因復採宣宗至唐末事續之, 爲『新編唐會要』一百卷. 建隆二年正月奏御, 詔藏史館. 書凡分目五百十有四, 於唐代沿革損益之制, 極其詳核. 官號內有.

「識量」·「忠諫」·「擧賢」·「委任」·「崇奬」諸條, 亦頗載事蹟. 其細瑣典故, 不能概以定目者, 則別爲雜錄, 附於各條之後. 又間載蘇冕『駁議』, 義例該備, 有裨考証. 今僅傳抄本, 脫誤頗多. 八卷題曰'郊儀', 而所載乃南唐事, 九卷題曰'雜郊儀', 而所載乃唐初奏疏, 皆與目錄不相應. 七卷·十卷亦多錯入他文. 蓋原書殘缺, 而後人妄摭竄入, 以盈卷帙. 又一別本所闕四卷亦同. 而有補亡四卷, 採摭諸書所載唐事, 依原目編類. 雖未必合溥之舊本, 而宏綱細目, 約略粗具, 猶可以見其大凡. 今據以錄入, 仍各註'補'字於標目之下, 以示區別焉."

檔案),『통전(通典)』,『정전(政典)』,『업도고사(鄴都故事)』,『어사대잡주(御史臺雜注)』,『양경기(兩京記)』,『사이술(四夷述)』,『간오(刊誤)』 등 관찬사료와 개인의 저작을 다수 인용하였고, 원사료를 보존하였다.[164] 『오대회요』도 왕부(王溥)가 편찬하여『당회요』와 동시에 건륭(建隆) 2년(961)에 바쳤으며 분야사에 해당하는 지(志)가 부족한 구양수(歐陽修)의『신오대사』의 단점을 보완하는 사서로 평가된다.[165] 또『오대회요』는 정문(正文)과 주문(注文)에 조칙(詔敕), 주소(奏疏), 주의(奏議)를 실었으며, 당대(唐代) 조령(詔令)도 포함하였다. 이처럼『오대회요』는 당과 오대(五代)를 연구하는 원사료를 대폭 수록했기 때문에『전당문(全唐文)』,『옥해(玉海)』,『문헌통고(文獻通考)』,『문원영화(文苑英華)』,『구오대사(舊五代史)』,『자치통감(資治通鑑)』뿐만 아니라 청대(淸代) 전대흔(錢大昕)의『이십이사고이(廿二史考異)』, 『잠연당금석문발미(潛研堂金石文跋尾)』,『잠연당문집(潛研堂文集)』,『십가재양신록(十家齋養新錄)』, 왕명성(王鳴盛)의『십칠사상각(十七史商榷)』, 조익(趙翼)의『이십이사차기』와『해여총고(陔餘叢考)』 등에도 대거 인용되었다.[166] 사학사의 선행연구에 따르면 송대(宋代)에는 회요소(會要所)가 있어서 각종 회요(會要)를 편찬하였다.

164 董興艶,『≪唐會要≫研究』, 厦門大學博士學位論文, 2008, 98-114쪽.

165『四庫全書總目提要』「史部」37 政書類1 五代會要條, 428왼쪽-428오른쪽, "宋王溥撰. 五代干戈俶擾, 百度陵夷, 故府遺規, 多未暇修舉. 然五十年間法制典章, 尙略具於累朝'實錄', 溥因檢尋舊史, 條分件繫, 類輯成編, 於建隆二年與『唐會要』竝進. 詔藏史館. 後歐陽修作『五代史』, 僅列「司天」·「職方」二考, 其他均未之及. 如晉段顒·劉昫等之議廟制, 周王朴之議樂, 皆事關鉅典, 亦略而不詳. 又如經籍鏤板, 昉自長興, 千古官書, 肇端於是. 崇文善政, 豈宜削而不書? 乃一概刊除, 尤爲漏略. 賴溥是編, 得以收放失之舊聞, 厥功甚偉. 至於「租稅」類中, 載周世宗讀『長慶集』, 見元微之所上「均田表」, 因令製素成圖, 頒賜諸道. 而歐史乃云世宗見元微之均田圖, 是直以圖爲元微之作, 乖舛尤甚. 微溥是編, 亦無由訂歐史之謬也. 蓋歐史務談褒貶, 爲『春秋』之遺法. 是編務核典章, 爲『周官』之舊例. 各明一義, 相輔而行, 讀『五代史』者又何可無此一書哉!"

166 梁祥鳳,『王溥與≪五代會要≫研究』, 安徽大學博士學位論文, 2010.4, 57-66쪽.

회요는 관문서를 모아놓고 분야별로 분류하고 전장제도의 자료를 배열한 역사의 한 장르이다. 따라서 회요류 사서는 관문서를 비롯한 원사료를 모아 놓고 있어 사료적 가치가 높다.[167] 『책부원귀』도 원서를 다수 수록하고 가볍게 내용을 바꾸지 않았으며, 희귀한 사료를 많이 실었고 사료를 부류(部類)와 시대에 따라 배열하였다. 그리고 특히 당과 오대 연구에 필요한 사료를 대거 수록하였다.[168] 『책부원귀』의 사학적 가치를 분석한 또 다른 연구에 따르면 원본(原本)이나 고본(稿本)의 사료를 인용하여 오류가 적고 교감(校勘)에 힘써 원판본(原版本)의 오류를 수정하였다. 『당실록(唐實錄)』 23부(部) 641권(卷), 『오대실록(五代實錄)』 13부(部) 257권(卷), 남당(南唐)과 후촉(後蜀) 실록(實錄) 3부(部) 130권(卷), 『당태종건원실적(唐太宗建元實跡)』, 『제왕조록(帝王照錄)』, 『속황왕실운록(續皇王室運錄)』, 『당록정요(唐錄政要)』 등 많은 종류의 당과 오대 실록과 사료를 인용하였다. 이 가운데 다수는 현재 남아 있지 않다. 따라서 『책부원귀』는 다량의 원시사료를 보유하고 있다는 점에서 사료적 가치가 높다.[169] 또 원사료를 거의 그대로 수록한 『구당서』처럼 역사 연구자에게 기본적인 자료이다. 따라서 (마)와 (바), (사)의 『당회요』와 『오대회요』 발해조, 『책부원귀』 「종족문(種族門)」의 종족(種族) 표기는 『구당서』처럼 원사료를 그대로 베껴서 수록했을 것이다.

(아)의 『신오대사』는 오대십국시대에 졸속으로 편찬된 『구오대사』를 비판하며 구양수 등이 편찬한 사서이며,[170] 이 점은 『신당서』와 동일하다.

---

167 金毓黻, 『中國史學史』, 170-173쪽; 高國抗 지음, 오상훈 · 이개석 · 조병한 옮김, 『중국사학사』, 48-50쪽.

168 李德輝, 「漢唐文獻整理的成果-評點校本≪冊府元龜≫-」, 『古典文獻研究』 11, 2008, 597-598쪽.

169 胡養儒, 「論≪冊府元龜≫的史學價値」, 44쪽.

170 『四庫全書總目提要』 卷46 「史部」 正史類2 新五代史記條, 264오른쪽-265왼쪽.

그러나 (아)와 (바)를 비교하면 걸사비우를 '말갈반인(靺鞨反人)'과 '말갈추장'으로 표기하고 조영(祚榮)이 거느린 집단의 규모를 승병정호(勝兵丁戶) 40여 만과 40만인으로 달리 표기하였다. 또 걸사비우와 걸걸중상의 허국공과 진국공(震國公) 책봉 여부 등 구체적으로 차이가 있지만, 대체적인 발해사의 서술 내용이 비슷함을 확인할 수 있다. 따라서 『신오대사』 「발해전」 부분은 『오대회요』와 동일한 원사료를 참조하여 기록했을 가능성이 크다.

위에서 살펴본 내용을 정리하면, 『구당서』 「발해말갈전」과 『당회요』 「발해조」, 『오대회요』 「발해조」, 『책부원귀』 「종족문」, 『신오대사』 「발해전」은 원사료를 바탕으로 작성하였고 모두 조영의 종족을 고려별종이라 표기하였다. 따라서 『신당서』 「발해전」의 종족 표기만이 예외이고, 구양수 등의 주관에 따라 바뀌었을 가능성이 높다. 구양수는 『신당서』 「발해전」의 종족 표기는 원사료대로 기록한 것이 아니라 바꾸었던 반면, 『신오대사』는 원사료를 그대로 게재하였다. 따라서 같은 찬자의 사서임에도 불구하고 『신당서』와 『신오대사』 「발해전」의 종족 표기가 달라졌던 것이다. 「발해전」에 한정하면, 구양수는 『신당서』 「발해전」에 주의를 기울였을 뿐 『신오대사』의 「발해전」은 소홀히 하여 원사료를 그대로 게재했을 것이다. 다만 (마)와 (바)의 첫 부분에서 발해를 '발해말갈'로 표기한 것은 원래의 관문서 표기를 그대로 적은 반면, 『신오대사』 「발해전」은 『신당서』 「발해전」처럼 중종(中宗) 혹은 현종(玄宗) 시기 '발해말갈'을 '발해'로 칭하라는 원칙에 따라 발해로 표기한 점이 다르다. 즉 '발해말갈'은 (마)와 (바)가 원사료를 그대로 적었던 예이며, 『구당서』 「발해말갈전」과 동일하다.

『구당서』 「발해말갈전」과 『당회요』 「발해조」, 『오대회요』 「발해조」, 『책부원귀』 「종족문」 앞부분에 대조영이 고구려의 별종이라고 기록하여 조영이 고구려와 관계있는 것처럼 기록하면서도 '발해'를 '발해말갈'로 기록하였다. '발해말갈'과 '발해'에 대한 표기에 대한 경위는 『신당서』 권 219 「북적·발해전」에 다음과 같이 소개되었다.

> "예종(睿宗) 선천(先天) 년간(713)에 사신을 보내 조영을 좌효위대장군(左驍衞大將軍) 발해군왕(渤海郡王)에 배수(拜授)하였고, 그가 거느린 지역을 홀한주(忽汗州)로 삼고 홀한주도독(忽汗州都督)을 겸하게 하였다. 이때부터 말갈(靺鞨)의 호칭을 없애고 오로지 발해(渤海)라 칭하였다."[171]

위의 인용문에서 '예종'은 '현종'의 오기이다. 연호 '선천'은 서기 713년 한 해에만 해당한다. 따라서 713년 이후 '발해말갈' 대신 '발해'로 표기되어야 했다. 반면 『신오대사』에서는 현종보다 앞의 황제인 중종 시기에 홀한주를 설치하고 조영을 홀한주도독으로 임명하고 발해군왕에 책봉하였으며, 이후 발해로 불렸다고 기록하였다.[172] 이는 『오대회요』의 기록[173]과도 일치한다. 양자를 비교하면 『신당서』와 『신오대사』에서 '발해'로만 호칭한 시점이 다름을 알 수 있다. 그러나 이러한 명령은 제대로 지켜지지 않았다. 이는 발해에 대한 명칭을 정리한 <표 9>에서 확인된다.

171 『新唐書』 卷219 「北狄·渤海傳」, 6180쪽, "睿宗先天中, 遣使拜祚榮為左驍衞大將軍·渤海郡王, 以所統為忽汗州, 領忽汗州都督, 自是始去靺鞨號, 專稱渤海."

172 『新五代史』 卷74 「四夷附錄·渤海傳」, 920쪽, "至中宗時, 置忽汗州, 以祚榮為都督, 封渤海郡王, 其後世遂號渤海."

173 『五代會要』 卷30 渤海條, 473쪽, "至聖曆中, 稱臣朝貢. 中宗命侍御史張行岌就往宣慰, 號其都爲忽汗州, 以祚榮爲忽汗州都督, 封渤海郡王. 國自是渤海."

〈표 9〉『책부원귀』 외신부에 반영된 당나라시기 발해관계 명칭별 자료건수[174]

시기별 \ 명칭별	정식 국호			별칭			계
	진국	발해	소계	발해말갈	말갈	소계	
발해 고왕과 무왕 시기(698-737년)	2	18	29	29	16	45	65
그 후 시기(738-907년)		106	106	4		4	110
기타	1	2	3	2		2	5
계	3	126	129	35	16	51	180

<표 9>에서 보듯이 713년 이후에도 '발해말갈'이라는 단어의 빈도가 문왕(文王) 이후 줄어들었지만 완전히 사라지지 않았음을 확인할 수 있다. 선행연구에 따르면 '발해말갈'은 당과 신라에서만 통용되었고 당사자 발해에게 사용되지 않았다고 한다. 또 당대 '발해말갈'과 '말갈'이 사용되었던 시기는 당과 발해가 적대적인 관계를 유지했던 시기와 완전히 일치한다. 즉 양자가 우호적인 관계로 바뀌었을 때, 당은 '발해말갈'과 '말갈'이라고 표기하지 않았다.[175] 이 연구결과에 따르면 '발해말갈'과 '말갈'은 발해의 비칭이었다.

713년 '발해말갈'을 '발해'로 칭하자는 명령 이후에 씌여진 『구당서』에 발해 열전의 명칭이 「발해전」이 아닌 「발해말갈전」으로 표기된 것은 『구당서』 「발해말갈전」의 찬자가 '발해말갈'로 표기된 자료를 바탕으로 열전을 기록했기 때문이다. 따라서 『구당서』 「발해말갈전」의 기록은 원자료를 그대로 베꼈거나 충실히 반영했다고 볼 수 있다. 특히 당 중종, 예종 혹은 현종 이전의 관문서나 실록을 참조했을 뿐이다. 반면 후대의 기록을 참조한 『신당서』 「발해전」은 이미 '발해말갈'이 아닌 '발해'로 불린 문서와 사료, 사서를 참조했기 때문에 열전의 명칭을 「발해전」으로 정했을 것이다.

그러나 풀리지 않는 의문은 열전의 명칭은 『구당서』 「발해말갈전」에서

174 현명호, 「발해의 고구려와의 계승관계를 모호하게 한 별칭 ≪발해말갈≫에 대하여」, 『발해사 연구론문집』 1, 평양: 과학백과사전종합출판사, 1992, 94쪽.

175 현명호, 「발해의 고구려와의 계승관계를 모호하게 한 별칭 ≪발해말갈≫에 대하여」, 102-103쪽 및 106-107쪽.

『신당서』의 「발해전」으로 바뀌어 『신당서』가 진일보한 것처럼 보이지만, 종족 표기는 "고려별종"[176]에서 "본래 고려(고구려)에 복속한 속말말갈(本粟末靺鞨附高麗者)[177]"로 완전히 바뀌었다는 점이다. 그리고 1항의 <표 8>에서 본 것처럼 발해 군주씨족의 종족만 완전히 바뀌었다. 이는 발해에 대한 기록만이 잘못되어서 발생한 현상이었을까? 1-2장에서 살펴본 고구려 표기의 기피현상은 고구려뿐만 아니라 돌궐 등 일부 북방 유목국가에도 적용되었다. 그러나 『구당서』와 『신당서』 주변국 열전의 종족 표기에서 발해만 유일하게 현저하게 달라진 점은 우연이 아니다. 잠정적으로 대외관계에서 수세에 몰린 북송시대의 국수적 · 폐쇄적인 화이적 세계관이 『신당서』 편찬에 영향을 주었을 가능성을 상정할 수 있다. 또 해(奚)와 발해의 종족 표기에서 확인할 수 있듯이, 속지주의의 원칙이 적용되었을 가능성이 있다. 『구당서』와 『신당서』 등을 바탕으로 그린 『중국역사지도집』에 따르면, 대조영이 처음 근거지로 삼았던 동모산과 구국(舊國), 상경 용천부 등은 당대 중국인들이 속말말갈의 영역으로 비정한 곳에 위치했다.[178] 『신당서』의 대표 편찬자인 구양수와 송기는 이 점에 착안하여 대조영을 고구려인이 아닐 속말말갈로 분식했을 것이다.

---

176 『舊唐書』 卷199下 「北狄 · 渤海靺鞨傳」, 3360쪽.

177 『新唐書』 卷219 「北狄 · 渤海傳」, 6179쪽.

178 譚其驤 主編, 『中國歷史地圖集』 第五冊, 北京: 中國地圖出版社, 1982, 3-4쪽 및 78-79쪽.

소결

3장에서는 발해와 고구려의 계승관계를 다룬 사서를 검토하였다. 『신당서』「발해전」의 발해 영역 표기에서도 고구려의 기피 혹은 무시 현상을 발견할 수 있다. 이에 따르면 조영이 진국왕(振國王)을 자칭했을 무렵 고구려 옛 땅을 회복했음에도 불구하고 부여(扶餘)·옥저(沃沮)·변한(弁韓)·조선(朝鮮)의 영토를 획득했다고 기록하였다. 또 발해의 행정구역을 서술하면서 발해 영토가 예맥고지(濊貊故地), 옥저고지(沃沮故地), 고려고지(高麗故地), 부여고지(扶餘故地), 불열고지(拂涅故地), 월희고지(越喜故地)로 구성되었다고 기술하였다. 여기에 '고려' 즉 고구려의 옛 땅이 언급되었지만, 압록강 중류에 국한되었다. 주지하듯이 압록강 중류는 고구려의 초기 강역이었다. 발해의 영토가 고구려의 영역과 기타 지역으로 구성되었음을 고려하면 고구려의 영토를 축소하여 기술하였다. 이는 송대에 편찬된 『신당서』의 발해 서술 기사가 고구려와 발해의 관계를 의도적으로 단절시키려고 했음을 시사한다. 반면 당대(唐代) 편찬된 『고금군국현도사이술(古今郡國縣道四夷述)』과 『책부원귀(冊府元龜)』에서 인용한 당대 관찬사서 혹은 관문서, 일본의 사서인 『속일본기(續日本紀)』와 『유취국사(類聚國史)』는 발해가 고구려의 고지에서 건국했으며, 양자가 속지주의의 관점에서 계승관계가 있었음을 인정하였다.

4장에서는 『구당서』와 『신당서』의 전혀 다른 발해 군주씨족의 종족 서술이 발해에만 해당하는 것인지 다른 당대 주변국에도 적용되는지 검토하였다. 그 결과 해(奚)와 발해의 종족 표기가 바뀌었음을 밝혔다. 『신당서』의 찬자는 해(奚)와 거란의 관계를 오환과 선비의 관계로 등치시켰다. 이는 거란이 해(奚)를 거란인과 거의 동등하게 대우했던 요(遼)의 지배체제와 무관하지 않다. 따라서 발해의 종족 표기만이 『구당서』와 『신당서』 종족 표기가 달라졌던 유일한 예외였다. 또 조영의 종족을 "고려별종" 혹은 "고려종"으로 표기한 사서는 『구당서』 이외에도 『당회요』, 『오대회요』, 『책부원귀』, 『신오대사』가 있었다. 이 네 사서의 공통점은 원사료를 그대로 베껴서 사서를 편찬했다는 점이다. 따라서 "고려별종"이라는 표기는 원사료를 바탕으로 했을 가능성이 높다. 반면 사료를 정리하고 첨삭을 가한 『신당서』에 "발해(渤海)는 본래 고려(高麗, 고구려)에 부속(附屬)한 속말말갈(粟末靺鞨)이며, 성은 대씨(大氏)이다(渤海靺鞨大祚榮者, 本高麗別種也.)."[179]라고 표기한 것은 찬자의 주관적인 견해가 반영되었다고 볼 수밖에 없다.

179 『新唐書』 卷219 「北狄・渤海傳」, 6179쪽.

제3부

한당 본적지봉호와 책봉 봉호

제5장
한당 본적지봉작의 성격

제5장
한당(漢唐) 본적지봉작(本籍地封爵)의 성격

본장에서는 봉작자의 본적지 군현 명칭을 딴 본적지봉호, 혹은 본적지봉작의 출현 과정과 성격을 살펴본다. 1절에서 전한시대부터 당대까지 본적지봉호를 통계 수치로 분석함으로써 본적지봉작의 출현 시기와 변화 과정을 검토한다. 2절에서는 본적지봉작과 식읍, 봉작자의 수입 관계를 살펴봄으로써 본적지봉작이 전한부터 당대까지 조세제도와 작위에 준 영향을 제도사의 측면에서 분석한다.

1. 한당(漢唐) 본적지봉작(本籍地封爵) 통계

1) 한~당 본적지봉작(本籍地封爵) 추이

한대(漢代)부터 위진남북조시대(魏晉南北朝時代)까지 봉작(封爵)의 추이를 살펴보면 몇 가지 변화상을 살펴볼 수 있다. 먼저 왕조 초기나 말기라는 특수한 상황을 제외하면, 한대에는 고관(高官)일지라도 열후(列侯)에 봉해지는 일은 드물었다. 그러나 위진시대(魏晉時代) 이후 일정 품계

이상의 관원들이 모두 공(公)・후(侯)・백(伯)・자(子)・남(男)의 작위(爵位)를 가지는 관료들의 '유작자화(有爵者化)'가 진행되었다.[1] 다음으로 한대에는 도성(都城)에 거주하는 일부 열후를 제외한 대부분의 열후는 봉국(封國)[2]인 후국(侯國)에서 거주해야 했다. 그러나 위진 이후 관료들은 대부분 수도와 지방에서 관료로 활동했기 때문에 반드시 봉국에 거주할 의무가 없었다. 이어서 봉국 설정의 금기가 존재하였다. 예컨대 한대 열후 봉작을 살펴보면 도성이 있는 경기(京畿, 한대의 명칭은 '사예(司隷)')에 제후왕(諸侯王)과 열후(列侯)의 봉국, 즉 왕국(王國)과 후국(侯國)을 두지 않았다.[3] 이는 원(元)을 제외한 역대 왕조에서 대부분 관철되었던 사항이었다.

이밖에 명시적인 규정은 아니었지만, 지방관의 본적지 회피 관행[4]처럼 열후 책봉에도 본적지 회피 관행이 존재하였다.[5] 이성(異姓)의 신하들[6]을

1 李成珪,「漢代의 官과 爵-官爵賜與의 실제와 그 의미를 중심으로-, 서울大學校 東洋史學研究室 編,『古代中國의 理解』5, 知識産業社, 2001, 277-345쪽.

2 봉국은 제후왕이나 열후로 책봉되어 받는 식읍을 가리킨다. 제후왕의 식읍을 왕국(王國), 열후의 식읍을 후국(侯國)이라고 하며, 사서에서는 국(國)이라고 약칭한다. 왕국은 여러 개의 군(郡)을 거느린 경우도 있었지만, 전한 경제 이후 한 개의 군 크기로 축소되었다. 후국은 대개 한 개의 현 혹은 몇 개의 향으로 구성되는 등 규모와 호구수는 편차가 크지만, 현급 행정구역으로 취급된다.

3 崔珍烈,「漢初 郡國制와 지방통치책-張家山漢簡<二年律令>을 중심으로-」,『東洋史學研究』89, 2004, 81쪽.

4 지방관의 본적지 회피 문제는 濱口重國,「漢代に於ける地方官の任用と本籍地の關係」,『秦漢隋唐史の研究』, 東京: 東京大學出版會, 1980, 791-801쪽; 李成珪,「前漢 縣長吏의 任用方式: 東海郡의 例-尹灣漢牘<東海郡下轄長吏名籍>의 분석-」,『歷史學報』160, 1998, 85-101쪽 참조.

5 본적지(本籍地)의 개념은 여러 면에서 모호한데, 국가권력이나 개인이 인정하는 본적지의 지방행정단위를 어디까지 보느냐의 문제가 쟁점이 될 수 있다. 본고에서는 위진남북조시대까지 본적지(本籍地)의 개념을 해당 인물이 태어난 군(郡)과 현(縣)을 본적지(本籍地)로 정의한다. 한대(漢代) 호족(豪族)들 사이에서 군(郡) 단위의 연대의식과 자존의식, 지역의식이 형성되었음을 고려하면(李成珪,「中國帝國의 分裂과 統一-後漢解體 이후 隋・唐統一의 形成過程을 중심으로-」, 閔賢九・李成珪 등 編,『歷史上의 分裂과 再統一』(上), 一潮閣, 1992, 105-107

본적지의 열후로 봉하면 향리(鄕里)에서의 발호 등 폐단이 발생할 수 있었기 때문에, 한대에는 본적지에 열후로 봉하는 것을 금기시했던 것 같다. 본래 전한초와 후한 초에도 열후를 책봉할 때 해당 인물의 본적지 군현(郡縣)에 봉국과 식읍(食邑)을 정하는 관행은 있었다. 그러나 이는 왕조 초기의 일시적인 미봉책이었고, 군웅할거의 혼란을 수습한 후 중앙집권화가 시도되면서 없어졌다. 그리고 이러한 본적지봉호(本籍地封號)는 전체 봉작 가운데 미미한 비중을 차지하였다. 이는 작위와 봉국의 설정에도 본적지 회피 관행이 관철되었음을 뜻한다. 그러나 후한말(後漢末)부터 서진시대(西晉時代)까지 이러한 본적지 회피 관행이 무너지고 본적지의 군현 명칭을 딴 봉호의 비중이 증가하기 시작하였다.[7] 남북조시대(南北朝時代)에는 본적지 봉작이 빈출하는 북조(北朝)와 그렇지 않은 남조(南朝)의 봉작 상황이 달랐다. 중앙정부의 권력이 강했던 북조에서 본적지봉작 비중이 높았던 반면, 중앙정부의 권력이 약했던 남조에서 본적지 회피 관행을 봉작에서 관철하려 했음을 확인할 수 있다.[8] 지방장관과 차관의 본적지 임용 현상에서도 이러한 남조와 북조의 차이가 발견된다. 즉 북조는 본적지 회피에 그다지 신경 쓰지 않았으나, 남조는 정치적 혼란기를 제외하면

쪽), 본적지의 상한선은 군(郡)이 되는 것이 타당하다. 지방관의 본적지 회피제도를 다룬 빈구중국(濱口重國) 역시 군(郡)까지 본적지로 간주하였다(濱口重國, 「漢代に於ける地方官の任用と本籍地の關係」, 791-801쪽 참조). 이 경우 본적지는 본군(本郡) 본현(本縣)과 본군(本郡) 타현(他縣)으로 나눌 수 있다.

6 황제와 같은 성을 사용하지 않으며, 황제 일족과 혈연 관계가 없는 신하를 지칭한다. 중국 역대 왕조는 대개 황제의 일족을 임명하지 않았으므로, 사실상 대부분의 관리이자 신하들을 가리킨다.

7 崔珍烈, 「兩漢魏晉時代 本籍地 封爵과 그 의미-본적지 회피 관행의 변화양상을 중심으로-」, 『東洋史學硏究』 101, 2007, 1-32쪽.

8 崔珍烈, 「南北朝時代 본적지봉작과 그 성격-통계적 분석과 정치적 기능을 중심으로-」, 『中國古中世史硏究』 19, 2008, 211-256쪽.

본적지 회피 원칙을 지키려고 노력하였다.[9] 이러한 차이가 발생한 원인은 좀 더 검토할 과제이지만, 일단 분열의 시기에 발생한 일시적인 제도상 일탈로 볼 수 있다. 통일의 시대인 수당시대(隋唐時代)에는 군현지배(郡縣支配)의 기본원리였던 본적지 회피로 다시 복귀했다. 예컨대 수대(隋代)에는 다시 한대처럼 지방통제를 강화하여 종9품하 이상(流內官)의 지방관은 중앙의 이부(吏部)에서 임명권을 행사하였다. 이때 본적지 회피 관행을 다시 적용하였다.[10] 당대(唐代)에도 안사(安史)의 난 이후 절도사(節度使)들이 번진(藩鎭)의 막료(幕僚)를 스스로 벽소(辟召)하기 이전까지 중앙정부의 지방관 임명권 통제가 지속되었다.[11] 그러나 수당시대에도 본적지봉호는 여전히 존재하였다.[12]

2) 한~당 역대 왕조(歷代王朝) 본적지봉작(本籍地封爵) 통계

위에서 전한부터 수당시대까지 본적지봉호(本籍地封號)의 특징을 간단히 살펴보았다. 이 시기의 본적지봉호 양상과 추세를 살펴보기 위해 전한부터 수당까지 전체 봉호 가운데 본적지봉호의 비율을 통계적으로 살펴보자.

9 窪添慶文,「魏晋南北朝における地方官の本籍地任用について」,『魏晉南北朝官僚制研究』, 東京: 汲古書院, 2003(原載『史學雜誌』83-1・2, 1974) 및 小尾孟夫,「南朝における地方支配と豪族~地方長官の本籍地任用問題について」,『東方學』42, 1971 참조.

10 濱口重國, 「隋の天下一統と君權の强化」, 760-769쪽; 및 「所謂, 隋の鄕官廢止に就いて」, 770-786쪽(이상『秦漢隋唐史の研究』에 수록).

11 礪波護,「唐代使院の僚佐と辟召制」,『神戸大學文學部紀要』2, 1973 및「唐末五代の變革と官僚制」,『歷史教育』12-5, 1964(이상『唐代政治社會史研究』, 東京: 同朋舍, 1986에 수록).

12 崔珍烈,「隋唐 本籍地封爵의 性格-門閥・郡望과의 관련성을 중심으로-」,『中國古中世史研究』20, 2008, 381-389쪽.

〈표 10〉 전한(前漢)-당(唐) 역대 왕조 한인이성관료(漢人異姓官僚)의 본적지봉작자(本籍地封爵者)와 본적지봉호(本籍地封號)[13]

시 대	본적지봉작자(本籍地封爵者)			본적지 봉호(封號)		
	본적지 봉작자(인)	전체 봉작자 (인)	비 율	본적지 封號 (개)	전체 封號(개)	비 율
前漢	3(6)[1)]	457	0.7 %(1.3%)1)	(3[6])[2)]	(457)2)	0.7%(1.3%1))[2)]
後漢	23	546	4.2 %	(23)[2)]	(546)2)	(4.2)2) %
曹魏	32	236	13.6 %	37	330	11.2 %
西晉	8	120	6.7 %	10	136	7.4 %
東晉	11	155	7.1 %	11	188	5.9 %
劉宋	2	189	1.1 %	2	229	0.9 %
南齊	0	43	0 %	0	57	0 %
梁	12	104	11.5 %	14	142	9.9 %
陳	1(2)[3)]	50	2(4)[3)] %	1(2)[3)]	72	1.4(2.8)[3)] %
北魏	184	644	28.6 %	207	852	24.3 %
東魏北齊	19	132	14.4 %	20	209	9.6 %
西魏北周	45	397	11.3 %	55	643	8.6 %
隋	27	380	7.1 %	27	423	6.4 %
唐	315	1299	24.2 %	359	1474	24.4 %
합계						12.6 % (12.7 %)

[범례] 1. 봉작의 수치에서 전 시대 종실봉작(宗室封爵)은 수치에서 제외하였고, 남북조시대(南北朝時代)에 중국에 내천(內遷)하거나 귀부한 호족(胡族, 탁발씨(拓跋氏) 등 대인(代人)들은 통계 수치에서 제외하였다. 다만 북조시대(北朝時代)의 선비인(鮮卑人)들은 수당시대(隋唐時代)에 이미 '한화(漢化)'되었다고 보고 수당시대 봉작의 수치에는 포함시켰다. 마찬가지로 수당시대에 내천하거나 귀부(歸附)한 돌궐(突厥) · 토욕혼(吐谷渾) · 고구려(高句麗) 등 이민족은 통계 수치에서 제외하였다.

2. 주기(註記)

1) ( )안은 본적지 봉작자(本籍地封爵者) 여부가 불투명한 한영(韓嬰), 증하(繒賀), 주응(周應) · 주호(周護) 3개 가문을 포함한 수치임.

2) 전한(前漢)과 후한시대(後漢時代)에는 봉작자(封爵者)의 사봉(徙封)이 흔하지 않았고, 사봉할 경우 하나의 봉호(封號)로 취급하였음. 따라서 봉작자의 수와 봉호의 수를 같다고 가정함.

---

13 崔珍烈, 「隋唐 本籍地封爵의 性格」, 385-386쪽, <표 3> 역대 異姓官僚의 本籍地封爵者 · 봉호 통계; 자료 내원은 본 연구서의 <부록 · 표 1> 曹魏時代 封號 一覽; <부록 · 표 2> 西晉時代 封號 一覽; <부록 · 표 3> 北魏時代 漢人官僚의 本籍地 封號表; <부록 · 표 4> 東魏北齊 漢人官僚의 본적지봉호표; <부록 · 표 5> 西魏北周 漢人의 본적지봉작표; <부록 · 표 6> 隋代 封號 一覽表; <부록 · 표 7> 唐代 封號 一覽表 참조.

3) 낙아(駱牙, 吳興郡 臨安縣)의 봉호를 상안현후(常安縣侯)로 보느냐(『진서(陳書)』), 임안현후(臨安縣侯)로 보느냐(『진서(陳書)』 교감기(校勘記) 및 『남사(南史)』 낙아전(駱牙傳))에 따라 본적지봉호 여부가 달라짐. ( ) 앞의 숫자는 상안현후(常安縣侯), 즉 본적지봉호가 아니라고 봤을 때의 수치 및 비율이고, ( )안은 임안현후(臨安縣侯), 즉 본적지봉호로 볼 때의 숫자 및 비율이다.

<표 10>을 보면 본적지 봉작자(本籍地封爵者)와 본적지봉호의 수는 왕조마다 차이가 심했다. 남조 진(陳)의 경우 본적지 봉작자와 본적지봉호는 최소 1인(개), 최대 2인(개)였던 반면, 당(唐)은 315인과 359개로 가장 많았다. 이처럼 본적지 봉작자와 본적지봉호의 수는 왕조마다 편차가 크다. 그러나 왕조의 수명(존속기간)도 고려해야 하기 때문에 본적지 봉작자와 본적지봉호의 수만으로 왕조별 추이를 살펴보기에 어렵다. 그래서 당시의 전체 봉작자 혹은 봉호(封號)에서 본적지 봉작자와 본적지봉호가 차지하는 비율을 계산하여 <표 10>에 제시하였다. 이 비율을 정리하여 그래프로 그려 보았다.

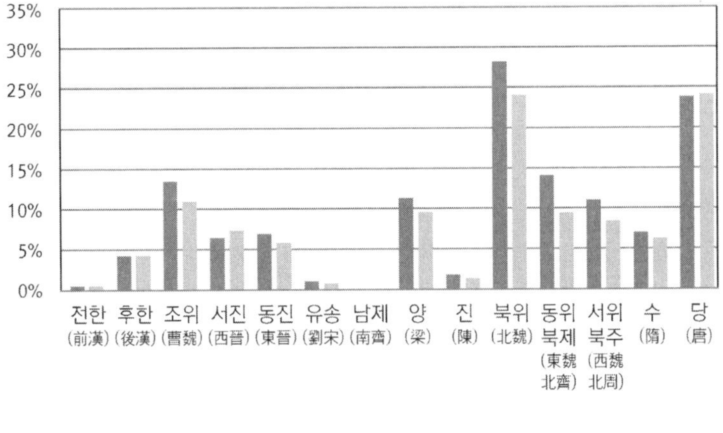

〈그래프 1〉 전한(前漢)-당(唐) 본적지 봉작자(本籍地封爵者)와
본적지봉호(本籍地封號)의 비율 추세[14]

<그래프 1>을 보면 전한(前漢)·후한(後漢)·남제(南齊)·진(陳)은 본적지 봉작자와 본적지봉호의 비율이 5% 미만이었다. 반면 조위(曹魏)[15]·양(梁)·북위(北魏)·동위북제(東魏北齊)·서위북주(西魏北周)·당(唐)은 그 비율이 10%를 넘었다. 그리고 그 비율이 가장 높은 왕조는 북위로 본적지 봉작자는 28.6%와 본적지봉호는 24.3%였다. 다음으로 당(唐)은 각각 24.2%와 24.4%였다.

본적지 봉작자와 본적지봉호의 비율이 높은 왕조와 낮은 왕조를 유형별로 정리해 보면 전한·후한·조위·동진(東晉)·유송(劉宋)·남제·진(陳)은 모두 한인왕조(漢人王朝)라는 공통점이 있다. 반면 그 비율이 높은 북위·동위북제·서위북주·수·당은 이민족왕조[북위·동위북제·서위북주]이거나 황실(皇室)에 이민족왕조나 지배층의 주류가 이민족 출신[수당의 무천진군벌(武川鎭軍閥) 혹은 관롱집단(關隴集團)]이라는 공통점이 있다. 물론 한인왕조 가운데 서진(西晉)은 본적지 봉작자 혹은 본적지봉호의 비율이 높았던 예외적인 왕조였다.

한인왕조와 이민족왕조의 봉적지 봉작자와 본적지봉호를 비교하는 단순 이분법 대신 군현지배체제(郡縣支配體制)의 원리인 회피제 적용 여부와 관련지어 살펴볼 수 있다. 대개 전한·후한·조위·서진·동진·남조(南朝) 등 한인왕조에서는 군현지배체제의 원리인 본적지 회피가 제대로 지켜졌다고 볼 수 있기 때문이다. 이 문제는 다음 항에서 살펴보자.

14 본서의 <표 10> 전한(前漢)-당(唐) 역대 왕조 한인이성관료(漢人異姓官僚)의 본적지 봉작자(本籍地封爵者)와 본적지봉호(本籍地封號) 참조.

15 삼국시대 위(魏)를 지칭. 조비(曹丕)가 세웠다. 황제의 성인 '조'를 붙여 '조위'로 칭하여 전국시대 위, 북조시대 북위, 동위, 서위와 구별한다.

3) 본적지봉작(本籍地封爵) 통계의 해석: 군현지배체제(郡縣支配體制)와 본적지 회피제의 관계

본항에서는 본적지봉작이 적었던 배경을 군현지배체제의 원리 중 하나인 본적지 회피 문제와 관련지어 설명하고자 한다.

먼저 전한시대에 대해 살펴보자. 필자의 연구에 따르면 전한시대 본적지봉작이 최소 3개, 최대 6개에 불과했으며, 대부분 무제(武帝) 시기에 사라졌다.[16] 열후에 봉해졌던 인물을 살펴보면, 전한시대 본적지봉작은 전한 초기에 발생했으며, 군현지배체제를 확립한 후 사라졌던 관행이었다. 이는 전한시대 지방관뿐만 아니라 열후의 책봉에도 본적지 회피제도가 엄격히 실시되었음을 보여준다.[17]

후한시대에도 23인의 열후가 본적지 군(郡)의 타현(他縣)[18]과 본현(本縣)[19]에 봉해졌음을 확인할 수 있다.[20] 특히 본적지의 현(縣, 本縣)에 열후로 봉해진 인물은 6인이며, 이는 전체 본적지 봉작자(23인)의 약 26.1%이다. 후한시대(後漢時代) 본적지봉작은 초기와 말기에 집중되었다. 즉 열후 24인 가운데 15인의 본적지봉작이 광무제(光武帝) 초기인 건무(建武) 1-3년(24-27)에 집중되었다. 이 가운데 풍이(馮異)는 후한(後漢) 건국보다 앞선 갱시(更始) 2년(24) 본적지의 열후에 봉해졌다. 또 환제(桓帝) 이후

16 구체적인 자료는 崔珍烈, 「兩漢魏晉時代 本籍地 封爵과 그 의미」, 4쪽, <표 1> 前漢時代 列侯의 본적지 封爵表 참조.

17 崔珍烈, 「兩漢魏晉時代 本籍地 封爵과 그 의미」, 4-8쪽.

18 해당 인물의 본적지가 아닌 현이지만, 본적지인 군(郡)의 속현을 지칭한다. 즉 현 단위에서는 본적지가 아니지만, 본적지를 군으로 넓히면 본적지로 볼 수도 있다. 본군 타현(本郡他縣)이라고도 한다.

19 해당 인물의 본적지인 현을 가리킨다.

20 자료는 崔珍烈, 「兩漢魏晉時代 本籍地 封爵과 그 의미」, 8-9쪽, <표 2> 後漢時代 본적지 封爵表 참조.

8인이 본적지 열후에 봉해졌고 특히 4인이 후한의 마지막 황제인 헌제(獻帝) 시기에 봉해졌다. 이처럼 본적지봉작이 후한의 초기와 말기에 집중하는 현상은 왕조 교체기 중앙정부의 약화와 군현지배체제의 일시적인 문란, 혹은 해이 때문으로 볼 수 있다. 그러나 후한 초에도 전한 초처럼 정권이 안정된 후 본적지 봉작자를 사봉(徙封)[21]하는 추세였다. 즉 후한 초 16인의 본적지 봉작자 가운데 6인이 자신의 세대에 다른 지역으로 사봉되었고 4인은 사후 자손대에 다른 지역으로 사봉되었다. 사봉되지 않은 열후는 6인이며, 후한시대 전체 546인 가운데 차지하는 비율은 약 0.2%에 불과하다.[22]

후한 초 본적지봉작의 해소과정을 살펴보자. 열후의 본적지봉작은 주로 건무원년(建武元年, 25)과 건무 2년(26), 특히 후자의 시기에 빈번하였고, 사봉(徙封)은 건무 13년(37)에 많았다. 이는 후한 초 열후 책봉의 추이와 일치한다. 광무제는 건무 2년(26) 공신들을 열후로 봉하였다.[23] 이 당시 광무제 집단은 아직 하북(河北)과 낙양 일대만을 지배하고 있었다. 건무 3년 적미적(赤眉賊)을 낙양(洛陽) 서쪽인 의양현(宜陽縣) 일대에서 격파하고 항복을 받아 화북(華北)의 주요 지역들을 손에 넣었고, 건무 12년(36) 파촉(巴蜀)에 웅거하던 공손술정권(公孫述政權)을 멸하여 전국을 통일하였다. 광무제가 공신들의 식읍(食邑)을 늘리고 개봉(改封)한 것은 공손술(公孫述)을 멸한 다음 해인 건무 13년(37)이었다.[24] 후한 초 정치적

21 사봉은 제후왕의 왕국이나 열후의 후국 등 식읍을 옮기는 조치이다. 제후왕과 열후는 식읍이 있는 봉국에서 거주해야 했으므로, 식읍이 바뀌면 이사 가야 했다.

22 崔珍烈, 「兩漢魏晉時代 本籍地 封爵과 그 의미」, 9-10쪽.

23 『後漢書』 卷1上 「光武帝紀」 建武二年春正月條, 26쪽, "庚辰, 封功臣皆爲列侯, 大國四縣, 餘各有差."

24 『後漢書』 卷1下 光武帝紀 建武十三年條, 62쪽, "夏四月, 大司馬吳漢自蜀還京師, 於是大饗將士, 班勞策勳. 功臣增邑更封, 凡三百六十五人. 其外戚恩澤封者四十五人."

추이를 보면 건무 13년(37) 공신들의 식읍 추가와 개봉은 천하를 통일한 후 체제를 정비하기 위한 과정의 하나임을 알 수 있다. 물론 군국(郡國)의 도위(都尉)를 없애고 열후를 봉지인 후국(侯國)으로 쫓아낸 정책[25]과 400여 개의 현(縣)을 없애고 이직(吏職)을 감축하는 정책을 취한[26] 건무 6년(30)은 대대적으로 지방행정을 정비했던 해였다. 그러나 이러한 지방행정제도의 정리도 천하가 통일된 후 효력이 발생할 수 있다면, 건무 13년(37) 열후의 개봉 역시 체제 정비를 위해 추진되었을 것이다. <표 10>에서 볼 수 있듯이 3인의 열후가 본적지에서 다른 지역으로 사봉(徙封)되었다. 이로써 기존에 미봉책으로 인정했던 본적지 봉국을 없애고 군현지배의 핵심인 본적지 회피제를 관철하려는 노력이 거의 실현되었다. 비록 6인의 열후는 후국이 폐지될 때까지 본적지 후국을 유지했지만 후한시대 열후 전체에서 0.2%에 해당하는 미미한 존재였기 때문에 봉작자의 본적지 회피는 "전체"가 아닌 "거의 대부분" 관철되었다고 볼 수 있다.[27]

다음으로 조위(曹魏)·서진(西晉)의 본적지봉작 문제를 살펴보자. <표 10>에서 알 수 있듯이 조위와 서진의 본적지 봉작자와 본적지봉호의 비율은 양한시대(兩漢時代)보다 높았다. 그리고 본적지 봉작자의 사봉(徙封)도 적었다. 예컨대 본적지봉호에서 다른 봉호로 개봉된 예는 서황(徐晃, 楊侯 → 陽平侯), 주령(朱靈, 鄃侯 → 高唐侯), 진건(陳騫, 廣陵侯 → 郯侯) 3인에 불과하다. 오히려 22인이 자손에게 본적지봉호를 세습하였고, 9인이 여러 차례 개봉되어 최종적으로 본적지봉호를 가지게 되었으며, 6인은

25 『後漢書』 卷1下 光武帝紀 建武六年條, 51쪽, "是歲, 初罷郡國都尉官. 始遣列侯就國."

26 『後漢書』 卷1下 光武帝紀 建武六年條, 49쪽, "六月辛卯, 詔曰: '夫張官置吏, 所以爲人也. 今百姓遭難, 戶口耗少, 而縣官吏職所置尙繁, 其令司隷·州牧各實所部, 省減吏員. 縣國不足置長吏可并合者, 上大司徒·大司空二府.' 於是條奏并省四百餘縣, 吏職減損, 十置其一."

27 崔珍烈, 「兩漢魏晉時代 本籍地 封爵과 그 의미」, 10-11쪽.

평생 본적지봉호를 계속 유지하였다.[28] 이처럼 본적지봉호에서 다른 봉호로의 개봉이 3인, 즉 전체 40인의 7.5%에 불과하고 나머지가 본적지봉호를 유지하거나 세습했던 현상은 후한말 발생하기 시작했던 본적지봉작이 전한초와 후한 초처럼 임시적인 조치가 아니라 제도적으로 정착되었음을 시사하며, 군현지배의 기본원리인 본적지 회피 관행이 일부 허물어졌음을 뜻한다.[29]

주지하듯이 후한말 황건적(黃巾賊)의 난 이후 중앙권력의 붕괴와 지배체제의 해체, 지방의 분립과 호족(豪族)들의 반(半)자립 등의 현상 때문에 편호제민지배(編戶齊民支配)에 기반한 진한시대의 군현・관료지배체제가 붕괴하였다. 이어 위진남북조시대에는 진한시대의 편호제민지배가 축소되어 군현・관료지배가 후퇴되거나 변질되었으며, 지방관의 군정(軍政)・민정(民政) 합일(合一)과 분권적 경향이 현저하였다.[30] 또 위진남북조시대에는 군현지배의 기본원리인 지방관의 본적지 회피 현상이 허물어지는 추세였다.[31] 이와 함께 한대까지 작위를 억제했던 관행이 깨져서 위진 이후에는 다수의 관리들이 작위를 가질 뿐만 아니라 이를 상속하였다. 이는 관료들의 '사(私)'를 확대하여 작위를 관직처럼 남발하여 관료들 일족이 나눠가진 관행이 조위시대 생겨났다. 이는 한대와 대비된다. 주지하듯이, 한대에는 600석(六百石) 이상의 고관에게 작위를 주지 않았고 대신 관(官)에 작(爵)의 기능을 부여하여 관과 작을 차단하였다. 이처럼 관

28 이하 구체적인 예는 <부록 · 표 1> 曹魏時代 封號 一覽과 <부록 · 표 2> 西晉時代 封號 一覽 참조.

29 崔珍烈, 「兩漢魏晉時代 本籍地 封爵과 그 의미」, 14-15쪽.

30 李成珪, 「中國帝國의 分裂과 統一-後漢解體 이후 隋・唐統一의 形成過程을 중심으로-」, 84-121쪽; 同氏, 「中國의 分裂體制模式과 東아시아 諸國」, 『韓國古代史論叢』 8, 1996, 265-267쪽.

31 窪添慶文, 「魏晋南北朝における地方官の本籍地任用について」, 273-342쪽.

리에게 주어지는 작('관작(官爵)')이 형해화되었던 한대와는 달리 위진남북조시대 관료들이 오등작제(五等爵制)의 부활을 요청하여 관철시켰다.[32] 이런 상황에서 일부 관료들은 자신의 지연성(地緣性)을 부각하고 향리(鄕里)의 대표자임을 강조하기 위해 본적지 군(郡, 本郡 他縣), 혹은 현(縣, 本郡 本縣)의 명칭을 봉호에 넣어 주길 원했을 것이다. 함희원년(咸熙元年, 264)의 예이지만, 조위 명제(明帝)의 총신(寵臣) 유방(劉放)과 손자(孫資)가 요동(遼東)의 공손연(公孫淵) 토벌의 작전을 모의한 공로로 작위가 상승하여 고향(본적)의 본현(本縣)에 봉해진 것은[33] 그들의 정치적 영향력으로 볼 때 자신들의 바램이 관철된 것으로 해석할 수 있다. 함희원년(咸熙元年) 오등작제 실시 이후 6개의 본적지봉호가 나타났던 것도 분권화와 지연성을 강조했던 지배층의 분위기와 무관하지 않을 것이다.

이어서 동진남조(東晉南朝)의 예를 살펴보자. <표 10>에서 살펴본 것처럼 동진남조는 양(梁)을 제외하면 본적지 봉작자와 본적지봉호의 수는 적었다. 주목할 점은 본적지 봉작자들의 본적이다. 27인의 본적지 봉작자 가운데 본적지가 화북(華北)인 사람은 13인이며, 장강(長江) 유역에 사는 토착인은 14인이다. 즉 전체의 거의 절반이 화북 출신들이다. 그런데 필자의 조사에 따르면,[34] 전자, 즉 화북에서 강남(江南)으로 이동한 교인(僑人)들의 본적지봉작은 주로 동진시대에만 집중되었고, 양(梁)·진(陳) 시대에는 거의 대부분이 강남 토착인 출신이었다.[35] 동진·남조는 대부분 기

32 李成珪, 「漢代의 官과 爵-官爵賜與의 실제와 그 의미를 중심으로-」, 277-345쪽. 도변의호(渡邊義浩)도 함희원년(咸熙元年) 오등작제(五等爵制)의 실시를 귀족제(貴族制) 성립과 밀접한 관계가 있다고 보았다(渡邊義浩, 「西晉における五等爵制と貴族制の成立」, 『史學雜誌』 116-3, 2007, 298-319쪽).

33 『三國志』 卷14 「魏書」 「劉放傳」, 457쪽, "景初二年, 遼東平定, 以參謀之功, 各進爵, 封本縣, 放方城侯, 資中都侯."

34 崔珍烈, 「南北朝時代 본적지봉작과 그 성격」, 232-233쪽, <표 4> 東晉南朝 본적지 封爵表.

간 동안 화북을 거의 지배하지 못했기 때문에 교인(僑人)들의 본적지봉작과 실제 봉국의 일치 여부를 살펴봐야 한다.

동진남조의 지배층은 영가(永嘉)의 난[36] 이후 화북 각지에서 남쪽으로 피난온 교인(僑人)들이었고, 동진남조시대에서 유민(流民), 혹은 교인(僑人)들의 정치적·군사적 영향력이 컸다. 교인(僑人)[37]과 유민(流民)들이 남쪽으로 이주하여 장강(長江) 유역에 살면서 자신들의 본적지 명칭을 고집하였다. 따라서 본적지 명칭을 띤 주군현이 회수(淮水)와 장강(長江) 연안에 생겨났다. 이를 교주군현(僑州郡縣)이라 하며, 유민과 교인의 현지 호적 편입정책인 토단(土斷) 문제와 함께 동진남조시대의 주요 문제로 부각되었다.[38] 이러한 역사적 배경을 이해하면 동진남조가 지배하지 못한 지역을 본적으로 둔 인물들, 즉 본적지 봉작자의 41%에 해당하는 교인들의 봉국이 문제가 된다. 교인들의 봉호에 있는 지명들이 '실지(失地)'인 화북지역인지, 장강(長江) 연안에 교치(僑置)된 지역인지 구체적인 자료가 부족한 현재는 알기 어렵다. 예컨대 원숭조(垣崇祖)의 본적지에 봉해진 하비현자(下邳縣子)의 '하비현(下邳縣)'은 『송서(宋書)』「주군지(州郡志)」에 따르면 남팽성군(南彭城郡)·하비군(下邳郡)·북하비군(北下邳

35 崔珍烈, 「南北朝時代 본적지봉작과 그 성격」, 235쪽.

36 서진 말 흉노가 서진의 수도 낙양을 점령하고 황제인 회제(懷帝)를 생포한 사건. 회제의 연호인 영가(永嘉, 307-312)를 따서 영가의 난, 혹은 영가의 상란이라고 한다.

37 '교(僑)'는 본적지나 고향을 떠나 다른 곳에 임시로 머무름을 뜻하는 글자이다. 동진남조시대 교인, 혹은 교민은 오호로 대표되는 이민족이 화북 지방을 점령하자, 화북 지방에서 회수 이남의 남방으로 이주한 북방 사람들을 가리킨다. 이들 중 왕도 등은 동진을 세웠고, 동진남조의 최상층 지배층으로 군림하였다.

38 교인(僑人) 문제는 朴漢濟, 「'僑民體制'의 展開와 南朝史-南·北朝史의 統一的 理解를 위한 하나의 提案-」, 『東洋史學硏究』 50, 1995, 6-19쪽; 同氏, 「東晋·南朝史와 僑民-'僑舊體制'의 形成과 그 展開-」, 『東洋史學硏究』 53, 1996, 1-50쪽; 同氏, 「爲魏晉南北朝隋唐史硏究而提出的一個方法」, 武漢大學中國三至九世紀硏究所 編, 『中國前近代史理論國際學術硏討會論文集』, 武漢, 湖北人民出版社, 1997, 155-177쪽 참조.

郡)에 존재하였다. 따라서 교인(僑人) 본적지 봉작자들의 봉읍(封邑)을 단순한 명칭만을 고려한 허봉(虛封),[39] 혹은 교치(僑置)된 군현명(郡縣名)으로 볼 것인가라는 문제가 생긴다.

만약 전자처럼 교인(僑人)의 본적지봉호가 허봉이라면 교인(僑人)에게 본적지봉호를 준 이유는 무엇일까? 북조(北朝)처럼 문벌(門閥)들이 군망(郡望)임을 과시하기 위해 실제 봉읍과 상관없는 자신들의 본적 명칭을 작위에 붙이려 했을 것이다. 교인(僑人) 본적지 봉작자들 가운데 양법흥(羊法興, 太山羊氏), 치감(郗鑒)·치담(郗曇, 高平郗氏), 채모(蔡謨, 陳留蔡氏), 향정(向靖, 河內向氏) 등은 양진시대(兩晉時代) 비교적 유명한 가문출신이다. 그러나 『신당서』「유충전」에서 동진남조의 최고 교성문벌(僑姓門閥)로 일컬어진 낭야왕씨(瑯邪王氏)·진군사씨(陳郡謝氏)·진군원씨(陳郡袁氏)·난릉소씨(蘭陵蕭氏)[40]의 본적지봉호가 보이지 않는 것은 교인(僑人)들이 자신의 문벌, 혹은 가격(家格)을 과시하기 위해 허봉(虛封)인 본적지봉작을 택했을 것이라는 가설이 설득력이 없다. 위의 네 가문 출신 봉작자들은 대개 장강 이남 지역을 봉국으로 받았다. 반대의 경우인 장강 연변의 토착인 본적지 봉작자들 가운데 최고명문인 주씨(朱氏)·장씨(張氏)·고씨(顧氏)·육씨(陸氏)[41]의 본적지봉호도 전혀 보이지 않는다. 이는 교성(僑姓, 僑人)과 오성(吳姓, 토착인)에 상관없이 최고 문벌이거나 이름난 명문은 본적지봉호와 전혀 관계없음을 뜻한다. 따라서 동진남조에서는 북조와는 달리 문벌·군망과 본적지봉호의 관계가 적음

---

39 허봉(虛封)은 자국(自國)의 지배지역이 아닌 지명을 봉호(封號)에 사용하는 지명으로 사용한 봉작을 말한다. 이는 해당 지역의 작위(爵位)를 봉하면서 자국(自國)의 영토처럼 인식하기 위한 조치이다. 허봉(虛封)의 개념은 胡阿祥, 「孫吳特殊政區制度考論」, 贛州: 『贛南師範學院學報』 社科版, 1994(復印報刊資料 K21 1994-5), 65오른쪽 및 참조.

40 『新唐書』 卷199 「儒學中·柳沖傳」, 5677-5678쪽, "過江則爲'僑姓', 王·謝·袁·蕭爲大."

41 『新唐書』 卷199 「儒學中·柳沖傳」, 5677-5678쪽, "東南則爲'吳姓', 朱·張·顧·陸爲大."

을 알 수 있다.[42]

교인(僑人)과 토착인에 상관없이 향리에서 영향력을 행사한 이들이 본적지 봉작자인 경우가 사서에 산견된다. 동진말(東晉末)・유송초(劉宋初) 활약한 맹룡부(孟龍符)의 집안은 본래 평창군(平昌郡) 안구현(安丘縣, 현재의 山東省) 출신이었으나 남쪽으로 이주하여 장강(長江) 하류의 경구(京口)에서 대대로 거주하였다.[43] 맹용부는 무용(武勇)이 뛰어나고 젊어서 유협(遊俠)을 좋아하고 여리(閭里)에서 객(客)과 결탁했던 인물로 유유(劉裕)의 참군(參軍)이 되어 전공을 세워 본적지인 평창현오등자(平昌縣五等子)에 봉해졌다.[44] 유송(劉宋) 시기 활약한 약양군(略陽郡) 환도현(桓道縣) 출신인 원숭조(垣崇祖) 일가는 후조(後趙)의 수도 업(鄴)으로 강제로 옮겨졌다. 이후 북위가 후연을 공격할 때, 모용덕(慕容德)을 따라 청주(青州)로 이주하였다. 동진말 장군 유유가 남연(南燕)을 정벌하자 부곡(部曲)을 거느리고 항복하여 하비(下邳)에 거주하였다.[45] 경화(景和) 년간 원숭조가 의양왕(義陽王) 유도륭(劉道隆)의 정북행참군(征北行參軍)에 임명되어 본적인 하비로 돌아와 군사들을 모집했던 기록을 보면[46] 향리에서 영향력 있는 인물로 생각된다. 두 사람 모두 교인(僑人) 출신이었지만 향

42 崔珍烈, 「南北朝時代 본적지봉작과 그 성격」, 236쪽.

43 『宋書』 卷47 「孟懷玉傳」, 1407쪽, "孟懷玉, 平昌安丘人也. …… 世居京口."

44 『宋書』 卷47 「孟懷玉傳附龍符傳」, 1408쪽, "[孟]龍符, [孟]懷玉弟也. 驍果有膽氣, 幹力絕人. 少好游俠, 結客於閭里. 早為高祖所知, 既克京城, 以[孟]龍符為建武參軍. 江乘·羅落·覆舟三戰, 並有功. 參鎮軍軍事, 封平昌縣五等子, 加寧遠將軍·淮陵太守."

45 『南齊書』 卷25 「垣崇祖傳」, 459쪽, "垣崇祖字敬遠, 下邳人也. 族姓豪彊, 石虎世, 自略陽徙之於鄴. 曾祖[垣]敞, 為慕容德偽吏部尚書. 祖[垣]苗, 宋武征廣固, 率部曲歸降, 仍家下邳, 官至龍驤將軍·汝南新蔡太守."

46 『南齊書』 卷25 「垣崇祖傳」, 459쪽, "[垣]崇祖年十四, 有幹略, 伯父豫州刺史[垣]護之謂門宗曰: '此兒必大成吾門, 汝等不及也.' 刺史劉道隆辟為主簿, 厚遇之. 除新安王國上將軍. 景和世, [劉]道隆求出為梁州, 啟轉[垣]崇祖為義陽王征北行參軍, 與[劉]道隆同行, 使還下邳召募."

리에서 영향력을 행사했다는 점에서 공통점을 지닌다. 본적지인 용편현후(龍編縣侯)에 봉해진 두혜탁(杜慧度)의 선조는 본래 경조군(京兆郡) 출신이었으며 증조(曾祖) 세대에 교지(交趾)에 거주하였다. 아버지 두원(杜瑗)은 일남(日南)·구덕(九德)·교지(交趾) 등지의 태수(太守)를 역임했고, 구진태수(九眞太守) 이손(李遜)의 반란과 임읍(林邑)의 공격을 방어한 공으로 교주자사(交州刺史)에 임명되었다.[47] 두혜탁 역시 구진태수와 교주자사를 역임하였고, 그의 동생 두혜기(杜慧期)도 구진태수를 역임하였다.[48] 두혜탁 가문은 교주(交州) 일대의 지방관을 역임하며 군림한 토착세력이었다는 점에서 맹용부·원숭조와 비슷하다.[49]

남제말(南齊末)·양초(梁初)에 활동한 등원기(鄧元起)와 양말(梁末)에 활동한 군(郡)의 호족(豪族) 주부(周敷)는 임협(任俠)의 기질이 있었기 때문에 향리의 소년(少年)[50]들이 그에게 귀부하였다.[51] 두 사람은 향리의 소

---

47 『宋書』 卷92 「良吏·杜慧度傳」, 2263-2264쪽, "杜慧度, 交阯朱䳒人也. 本屬京兆. 曾祖[杜]元, 為寧浦太守, 遂居交阯. 父[杜]瑗字道言, 仕州府為日南·九德·交阯太守. 初, 九真太守李遜父子勇壯有權力, 威制交土, 聞刺史滕遯之當至, 分遣二子斷遏水陸津要, [杜]瑗收衆斬遜, 州境獲寧. 除龍驤將軍. [滕]遯之在州十餘年, 與林邑累相攻伐. [滕]遯之將北還, 林邑王范胡達攻破日南·九德·九真三郡, 遂圍州城. 時[滕]遯之去已遠, [杜]瑗與第三子玄之悉力固守, 多設權策, 累戰, 大破之. 追討於九真·日南, 連捷, 故胡達走還林邑. 乃以[杜]瑗為龍驤將軍·交州刺史."

48 『宋書』 卷92 「良吏·杜慧度傳」, 2264쪽, "[杜]慧度, [杜]瑗第五子也. 初為州主簿, 流民督護, 遷九真太守. [杜]瑗卒, 府州綱佐以交土接寇, 不宜曠職, 共推[杜]慧度行州府事, 辭不就. 七年, 除使持節·督交州諸軍事·廣武將軍·交州刺史. 詔書未至, 其年春, 盧循襲破合浦, 徑向交州. [杜]慧度乃率文武六千人距[盧]循於石碕, 交戰, 禽[盧]循長史孫建之. [盧]循雖敗, 餘黨猶有三千人, 皆習練兵事, 李遜子李弈·李脱等奔竄石碕, 盤結俚·獠, 各有部曲. [盧]循知弈等與杜氏有怨, 遣使招之, [李]弈等引諸俚帥衆五六千人, 受[盧]循節度. 六月庚子, [盧]循晨造南津, 命三軍入城乃食. [杜]慧度悉出宗族私財, 以充勸賞. 弟交阯太守[杜]慧期·九真太守章民並督率水步軍, [杜]慧度自登高艦, 合戰, 放火箭雉尾炬, 步軍夾兩岸射之, [盧]循衆艦俱然, 一時散潰, [盧]循中箭赴水死. 斬[盧]循及父[盧]嘏, 并[盧]循二子, 親屬錄事參軍阮靜·中兵參軍羅農夫·李脱等, 傳首京邑. 封[杜]慧度龍編縣侯, 食邑千戸."

49 崔珍烈, 「南北朝時代 본적지봉작과 그 성격」, 237-238쪽.

50 소년(少年)은 나이 어린 사람을 지칭하지만, 중국 고대에는 깡패, 혹은 무뢰배처럼 행실이

년들을 통솔하여 영향력을 행사하였다. 양말(梁末)에 활동한 서세보(徐世譜)도 본적지인 파동군(巴東郡) 어복현(魚復縣)의 유력한 호족(豪族)이었으며 향인(鄉人)들을 통솔하였다.[52] 임천군(臨川郡)을 점거하고 고주자사(高州刺史)에 임명되었으며 본적지인 임여현후(臨汝縣侯)에 봉해지는 등 지방의 군벌로 성장한 주적(周迪)은 후경(侯景)의 난 때 향인(鄉人)들을 군인으로 모집했을 정도로 향리에서 영향력을 행사하였다.[53] 또 진보응(陳寶應)은 대대로 민중(閩中) 사성(四姓)에 속한 가문이었다. 그의 아버지 진우(陳羽)는 군(郡)의 세력 있는 지방호족이었으며 후에 군(郡)의 병권을 좌우할 정도로 성장하였다.[54] 여기에서 소개한 등원기·주부·서세보·주적·진보응은 자기 고향에서 영향력을 행사하고 군림했던 토착세력이었다. 이들에게 본적지봉호를 준 것은 남조정부가 이들이 향리에서 독립적인 존재임을 인정한 것이다. 봉호의 지명과 실제 봉읍의 관련성이 적었던 북조와는 달리 남조에서는 직접 봉읍의 수입을 봉작자가 받았기 때문에[55] 본적지봉작은 봉작자가 향리에서 전횡하거나 유착할 기회를 부

나쁜 사람들을 지칭한다.

51 『南齊書』 卷10 「鄧元起傳」, 197쪽, "鄧元起字仲居, 南郡當陽人也. 少有膽幹, 膂力過人. 性任俠, 好賑施, 鄉里年少多附之."; 『陳書』 卷13 周敷傳, 200쪽, "周敷字仲遠, 臨川人也. 為郡豪族. [周]敷形貌眇小, 如不勝衣, 而膽力勁果, 超出時輩. 性豪俠, 輕財重士, 鄉黨少年任氣者咸歸之."

52 『陳書』 卷13 「徐世譜傳」, 197쪽, "徐世譜字興宗, 巴東魚復人也. 世居荊州, 為主帥, 征伐蠻·蜒. 至[徐]世譜, 尤敢勇有膂力, 善水戰. 梁元帝之為荊州刺史, [徐]世譜將領鄉人事焉."

53 『陳書』 卷35 「周迪傳」, 478-479쪽, "周迪, 臨川南城人也. 少居山谷, 有膂力, 能挽彊弩, 以弋獵為事. 侯景之亂, [周]迪宗人周續起兵於臨川, 梁始興王蕭毅以郡讓[周]續, [周]迪召募鄉人從之, 每戰必勇冠衆軍. [周]續所部渠帥, 皆郡中豪族, 稍驕橫, [周]續頗禁之, 渠帥等竝怨望, 乃相率殺[周]續, 推[周]迪為主, [周]迪乃據有臨川之地, 築城于工塘. 梁元帝授迪持節·通直散騎常侍·壯武將軍·高州刺史, 封臨汝縣侯, 邑五百戶."

54 『陳書』 卷35 「陳寶應傳」, 486쪽, "陳寶應, 晉安候官人也. 世為閩中四姓. 父羽, 有材幹, 為郡雄豪. [陳]寶應性反覆, 多變詐. 梁代晉安數反, 累殺郡將, [陳]羽初竝扇惑合成其事, 後復為官軍鄉導破之, 由是一郡兵權皆自己出."

여한 것이다. 이처럼 향리에서 영향력을 행사하고 때로는 향리를 점거하여 반(半)독립세력으로 성장한 지방의 신흥 토착세력에게 본적지봉호를 주는 것은 중앙정부의 통제력을 약화시키고 분권화의 경향을 초래할 수 있었다.[56] 실제 양말(梁末)의 혼란기를 수습한 진(陳)은 각 지역에서 할거했던 지방호족들의 연합체에 불과하였으며, 후에 중앙정부의 통제를 거부하는 지방 호족들을 진압하는 데 고심해야 했다.[57] 이것이 동진남조의 일반적인 현상이었다면 모르겠지만, 양말(梁末)의 일시적인 현상이었고, 양(梁)을 제외한 다른 왕조의 본적지 봉작자와 봉호는 전체의 0~2%에 불과하다. 이는 남조정부가 본적지 회피의 관행을 준수하려고 노력했음을 시사한다.[58]

동진남조에서 본적지 회피제의 관행을 준수하려고 했던 것과 반대로 북조의 여러 나라에서는 본적지 회피가 제대로 지켜지지 않았다. 북위를 비롯한 북조시대 지방관의 본적지 임명이 만연한 것처럼[59] 북조시대 본적지봉작이 빈발하였고, 특히 당대(唐代)까지 문벌로 간주되는 유력 세력이 본적지 봉작자나 본적지봉호를 차지하는 비중이 높았다.[60] 이는 동진남조의 문벌이 본적지봉작을 꺼렸던 것과 다른 점이다.

---

55 崔珍烈, 「南北朝時代 본적지봉작과 그 성격」, 239쪽 및 주) 89.

56 본적지는 아니지만 무창군(武昌郡)과 서양군(西陽郡)을 점거하고 고주자사(高州刺史)가 되었던 주경(周炅)은 서양군(西陽郡)의 속현(屬縣)인 서릉현백(西陵縣伯)과 서릉현후(西陵縣侯)에 봉해졌다(『陳書』 卷13 「周炅傳」, 203쪽, "侯景之亂, 元帝承制改授西陽太守, 封西陵縣伯. [侯]景遣兄子[侯]思穆據守齊安, [周]炅率驍勇襲破[侯]思穆, 擒斬之. 以功授持節·高州刺史. 是時[周]炅據武昌·西陽二郡, 招聚卒徒, 甲兵甚盛."). 이처럼 점거지역에 속하는 봉읍(封邑)을 준다면 중앙정부의 봉읍(封邑) 통제는 약해질 것임을 미루어 짐작할 수 있다.

57 呂春盛, 『陳朝的政治結構與族群門題』, 臺北: 稻鄉出版社, 2002, 3장과 4장 참조.

58 崔珍烈, 「南北朝時代 본적지봉작과 그 성격」, 238-240쪽.

59 窪添慶文, 「魏晋南北朝における地方官の本籍地任用について」, 273-342쪽.

60 崔珍烈, 「南北朝時代 본적지봉작과 그 성격」, 223-232쪽.

필자의 연구에 따르면, 수대(隋代) 본적지 봉작자와 봉호는 24인과 24개이며, 각각 전체(339인과 382개)의 7.1%와 6.3%에 해당하였다. 이는 양한시대보다 많지만, 통일왕조였던 서진과 비슷한 비율이었다. 또 수 이전의 북주(北周)의 본적지 봉작자 및 봉호(각각 11.3%와 8.6%)보다 감소하였다. 배적(裴寂)·무사확(武士彠)·두종(竇琮)·최선위(崔善爲)·시소(柴紹)·이건성(李建成) 등은 수말(隋末) 이연(李淵)이 태원(太原)에서 기병하여 장안(長安)을 점령한 이후 본적지봉호를 받았다.[61] 이를 제외하면 수대의 본적지 봉작자와 봉호의 비율은 각각 5.3%와 4.7%로 줄어든다. 이는 서진시대 본적지봉작보다 적고 후한시대 본적지봉작 비율(4.2%)에 가까운 수치이다. 즉 수대에는 북조보다 본적지봉작의 비중이 감소했다는 경향을 발견할 수 있다. 이는 수문제(隋文帝)가 중국을 통일한 후 주현(州縣)의 장·차관뿐만 아니라 종9품 이상의 실무 관료도 중앙정부가 직접 임명하였고, 지방관의 본적지 회피제를 부활하는 등 중앙정부의 지방통제를 강화했던 정책[62]의 연장선에서 이해할 수 있다. 즉 본적지 회피제가 지방관의 임명뿐만 아니라 봉작에도 적용될 가능성을 시사한다. 물론 <표 10>을 보면 수문제 시기에도 본적지 봉작자는 존재하였다. 그러나 북조시대와 비교하면 수치와 비중이 감소했기 때문에 수대에는 봉작에서도 본적지 회피제를 관철하는 과정에 있었다고 해석할 수 있다.[63]

그러나 수(隋)의 뒤를 이은 당대에는 본적지 봉작자와 본적지봉호의 수가 증가하였다. 필자가 『구당서』·『신당서』·『구오대사』의 정사류와 『당대묘지휘편(唐代墓誌彙編)』·『당대묘지휘편속집(唐代墓誌彙編續集)』

61 崔珍烈, 「隋唐 本籍地封爵의 性格」, 382쪽, <표 1> 隋代 本籍地 封號 一覽表.

62 濱口重國, 「隋の天下一統と君權の强化」, 760-769; 同氏, 「所謂, 隋の鄕官廢止に就いて」, 770-784쪽.

63 崔珍烈, 「隋唐 本籍地封爵의 性格」, 383쪽.

등 묘지명에서 정리한 봉작자와 봉호의 자료에 따르면,[64] 당대 본적지 봉작자는 267인(23.4%)과 308개(21.7%)였다. 이는 일단 수대보다 3배 이상 많은 수치이다.[65] 그러나 이것이 왕조 초기의 현상이라면 이해할 수 있는 상황이었다. 실제 전한 초・후한 초・후한 말, 남조 각 왕조의 말기에 비슷한 현상이 있었다.[66] 이를 검증하기 위해 당대 황제별 본적지봉호의 수를 정리하였다.

〈표 11〉 당대(唐代) 황제(皇帝)별 본적지봉호(本籍地封號) 수치[67]

황제	高祖	太宗	高宗	武則天	中宗	睿宗	玄宗	肅宗	代宗	德宗	順宗	憲宗	穆宗	敬宗	文宗	武宗	宣宗	懿宗	僖宗	昭宗	哀帝
본적지봉호	20	11	7	8	7	4	16	4	5	6	1	9	2	2	13	5	14	6	3	10	3

<표 11>은 당대(唐代) 역대 황제별 본적지봉호의 개수를 나타낸 것이다. 각종 사서와 묘지명에서 작위를 받은 시기가 구체적으로 언급되지 않은 경우가 많았다. 이를 제외했기 때문에 자료의 대표성과 통계 수치에 한계가 있다. 그러나 당대의 대략적인 추세는 반영하고 있다고 보아도 좋을 것이다. 아래의 그래프는 <표 11>을 바탕으로 만든 것이다.

---

64 <부록・표 7> 당대(唐代) 봉호(封號) 일람표(一覽表)에서도 당(唐) 종실(宗室)들의 봉작(封爵)과 당대(唐代)에 복속한 이민족들의 봉작(封爵)은 집계에서 제외하였다. 수대(隋代)와 마찬가지로 16국(十六國)・북조시대(北朝時代) 중원(中原)으로 유입된 이민족들의 후예는 '현지화'했다고 생각하여 통계에 포함시켰다.

65 崔珍烈, 「隋唐 本籍地封爵의 性格」, 383-384쪽.

66 崔珍烈, 「兩漢魏晉時代 本籍地 封爵과 그 의미」, 1-32쪽 및 崔珍烈, 「南北朝時代 본적지봉작과 그 성격」, 234-235쪽.

67 崔珍烈, 「隋唐 本籍地封爵의 性格」, 384쪽 <표 2> 唐代 皇帝별 本籍地封號 수치; 자료 내원은 <부록・표 7> 唐代 封號 一覽表 참조.

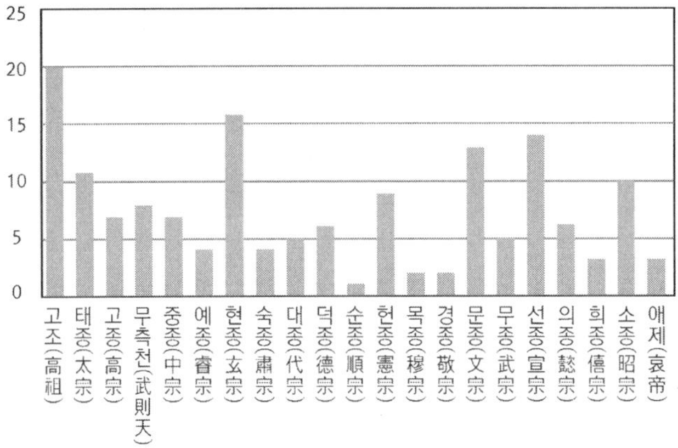

〈그래프 2〉 당대(唐代) 황제(皇帝)별 본적지봉호(本籍地封號)68

<표 11>과 <그래프 2>를 보면 당초(唐初)인 고조(高祖) 시기에 본적지봉호의 수가 가장 많다. 그러나 당말(唐末)인 희종(僖宗)~애제(哀帝) 시기 본적지봉호의 수는 소종(昭宗) 시기를 제외하면 두드러지게 많지 않다. 고조와 소종시기 이외에 본적지봉호가 빈출한 시기는 태종(太宗)·숙종(肅宗)·무종(武宗)·의종(懿宗)이며, 헌종(憲宗)·경종(敬宗)·문종(文宗)을 제외하면 대체로 고른 분포를 보인다. 이는 당초와 당말뿐만 아니라 전 시대에 비교적 고르게 본적지봉호가 나타났음을 뜻한다. 따라서 당대의 본적지봉호는 왕조 초기와 말기의 일시적인 현상이 아니었다. 이는 양한(兩漢)·위진(魏晉)·동진남조(東晉南朝)의 추세와 다른 점이다.

1절에서 전한(前漢)부터 당대(唐代)까지 본적지봉작의 추이를 살펴보았다. 본적지에 작위를 준다는 것은 식읍이 동반되므로 군현지배체제의 기본원리인 회피제를 파괴하고 토착세력의 성장을 방치할 가능성이 있었다. 역대 왕조에서는 이를 어떻게 대처했을까? 다음 절에서 살펴보자.

68 <표 11> 당대(唐代) 황제(皇帝)별 본적지봉호(本籍地封號) 수치 참조.

2. 본적지봉작(本籍地封爵)과 식읍(食邑)

1) 전한~남북조시대 식읍과 본적지봉작의 관계

본 항에서는 전한(前漢)부터 남북조시대(南北朝時代)까지 작제(爵制)와 식읍(食邑)에 대한 문제를 살펴본다.

한대(漢代)의 작제, 그 가운데 제후왕(諸侯王)・열후(列侯)의 지위와 식읍은 위진시대(魏晉時代)에 제도상 변화를 보였다. 본래 제후왕과 열후는 황제(皇帝)의 승인을 받지 않는 한 관리가 될 수 없었다. 그러나 서진(西晉) 무제(武帝)가 종실제왕(宗室諸王)에게 군권(軍權)을 주어 번병(藩屛)으로 삼으면서 중앙의 고위직과 지방의 도독(都督)・자사(刺史)로 임명하는 조치를 실시한 이후[69] 수초(隋初)와 당초(唐初)까지 종실제왕이 관직을 겸직하는 관행이 이어졌다. 또 관리들에게 작위를 주는 것을 제한하던 한대와는 달리 위진시대의 관리들은 대부분 유작자(有爵者)였고, 특히 고관(高官)은 공(公)・후(侯)・백(伯)・자(子)・남(男)의 작위를 지녔다. 또 한대 제후왕과 열후는 관직의 정점인 승상(丞相) 혹은 삼공(三公)보다 서열이 높았다. 그러나 조위시대(曹魏時代)부터 생겨난 9품 관제에 작(爵)도 포함되면서 제후왕은 정1품, 열후는 작위에 따라 2~5품의 품계가 주어졌다. 이는 제후왕과 열후의 지위가 사실상 하락했음을 뜻한다.[70] 또 제후왕과 열후의 작위 앞에 붙은 군(郡)・현(縣)・향(鄕)・정(亭)의 명칭이 실제 식읍이 설정된 지역이었고, 해당 지역의 전조(田租)를 제후왕

69 唐長孺, 「西晉分封與宗王出鎭」, 『魏晋南北朝史論拾遺』, 中華書局, 1983; 胡志佳, 「司馬氏政權之宗族結構基礎分析之二-以分封·出鎭爲主的考察-」, 「門閥士族時代下的司馬氏家族』, 臺北: 文史哲出版社, 2005.

70 명청시대(明淸時代)와 조선시대(朝鮮時代)에는 각종 작위(爵位)는 초품(超品)이라 하여 가장 낮은 작위도 정1품(正一品)보다 높았다.

과 열후가, 산부(算賦) 등을 국가가 각각 징수하여 각종 비용으로 썼다. 그러나 위진시대에는 식읍 호수의 전체 수입 가운데 봉작자와 국가가 일정한 비율로 나눠 가지는 형태로 바뀌었다.[71]

조위·양진시대(曹魏兩晉時代) 본적지봉호와 식읍의 관계를 살펴보자. 조위·양진시대 봉호, 즉 공·후·백·자·남 앞에 붙는 지명 지명과 실제 봉국이 일치하지 않았다면 본적지봉호의 빈출이 그다지 문제되지 않았을 것이라는 반론이 가능하다. 이러한 현상을 허봉(虛封)이라고 한다. 본래 허봉에는 두 가지 뜻이 있다. 첫째, 봉작의 지명과 봉국이 일치하지 않는 현상을 지칭한다. 특히 삼국시대(三國時代)의 허봉은 본국의 영토에 속하지 않는 지역의 명칭을 봉작자에게 봉국으로 하사한 현상을 지칭하며 조위(曹魏)·촉(蜀)·오(吳) 세 나라에 모두 존재하였다.[72] 둘째, 봉호에 수반되는 식읍 호수가 주어지지 않는 현상도 허봉으로 간주된다. 이는 당대에 자주 사용되는 용어이며, 실봉(實封), 혹은 식실봉(食實封)과 대비되는 개념이다.[73]

첫 번째 의미의 허봉은 삼국시대뿐만 아니라 분열의 시대에 자주 나타난다. 예컨대 오의 손호(孫皓)는 전 황제 손휴(孫休)의 아들들을 예장왕

---

71 위진시대(魏晉時代) 작위(爵位)의 성격 변화 양상은 唐長孺, 「西晉分封與宗王出鎭」, 123-140쪽; 陳寅恪, 「州郡武備與封建制度」, 萬繩楠 정리, 『陳寅恪魏晉南北朝史講演錄』, 37-44쪽; 藤家禮之助, 『漢三國兩晉南朝の田制と稅制』, 東京: 東海大學出版會, 1989, 191-207쪽; 柳春藩, 「曹魏西晉的封國食邑制」, 『秦漢魏晉經濟制度硏究』, 哈爾濱: 黑龍江人民出版社, 1993, 287-296쪽; 李成珪, 「漢代의 官과 爵-官爵賜與의 실제와 그 의미를 중심으로-, 277-345쪽; 崔珍烈, 「兩漢魏晉時代 本籍地 封爵과 그 의미」, 18-19쪽 등 참조.

72 胡阿祥, 「孫吳特殊政區制度考論」, 65오른쪽-66왼쪽.

73 韓國磐, 「唐代的食封制度」, 『唐代社會經濟諸問題』, 臺北: 文津出版社, 1999, 127-131쪽. 예컨대 당대(唐代)에는 봉작자(封爵者) 가운데 실봉(實封) 혹은 식실봉(食實封)이 주어져야 식읍 호수(食邑戶數)를 받았다(『通典·職官典』(王文錦 等 點校, 中華書局, 1996) 卷31 歷代王侯封爵, 869쪽, "其次封國公, 其次有郡縣開國公侯伯子男之號, 亦九等, 並無官土. 其加實封者, 則食其封. 分食諸郡, 以租調給.").

(豫章王)・여남왕(汝南王)・양왕(梁王)・진왕(陳王)으로 봉했다. 여기서 예장(豫章)・여남(汝南)・양(梁)・진(陳)은 오의 영토가 아닌 조위의 군국(郡國) 명칭이었다. 필자는 오와 촉에서 자기 나라의 군현(郡縣)이 아닌 위(魏)의 영토였던 지명을 제후왕의 봉국으로 삼았던 허봉 현상을 두 나라의 '중분천하(中分天下)' 관념으로 설명한 바 있다. 또 위에서도 일부 허봉이 발견되며 대상자는 모두 촉과 오의 항장(降將)들이었다.[74] 즉 위(曹魏)에서 일부의 예를 제외하면 봉국의 명칭은 모두 위의 영토에 속하였다. 따라서 첫 번째 의미의 허봉은 조위・서진시대 다수의 봉작자에게는 해당되지 않는다. 즉 본적지 봉작자의 봉호가 실제 자신의 본적지와 일치했음을 뜻한다.[75]

둘째 의미의 허봉은 식읍 호수의 실제 지급 문제와 관계있다. 조위시대에도 이러한 현상이 일부 나타났다.『통전・직관전』「역대왕후봉작」에 따르면 조위시대에는 국왕(國王)・공(公)・후(侯)・백(伯)・자(子)・남(男), 현후(縣侯)・향후(鄕侯)・정후(亭侯)・관내후(關內侯)・명호후(名號侯)・관중후(關中侯)・관외후(關外侯) 등의 작위가 있었다. 그런데 이 가운데 관내후 이하의 작위는 허봉이었다.[76] 그러나 조위시대 관내후 등에게도 실제 식읍 호수가 주어진 예가 발견된다. 즉 진한시대의 관내후나 조위시대의 정후・향후・관내후 등에게 식읍 호수가 주어지지 않는 허봉이 존재하긴 했지만, 대부분은 식읍 호수가 주어졌다.[77] 이는 대부분의

74 崔珍烈,「三國時代 天下觀念과 그 현실적 변용-遙領・虛封・'四方'將軍의 수용을 중심으로-」,『서울大東洋史學科論集』23, 1999, 114-131쪽.

75 崔珍烈,「兩漢魏晉時代 本籍地 封爵과 그 의미」, 17-18쪽.

76『通典・職官典』卷31「歷代王侯封爵」, 858-859쪽, "其後定制, 凡國王·公·侯·伯·子·男六等, 次縣侯, 次鄕侯, 次亭侯, 次關內侯. 又置名號侯爵十八級, 關中侯爵十七級, 皆金印紫綬. 關外侯爵十六級, 銅印龜紐, 墨綬. 五大夫十五級, 銅印環紐, 亦墨綬. 自關內侯皆不食租, 虛封爵."

77 韓國磐,「唐代的食封制度」, 128-131쪽.

봉작자들에게는 식읍 호수가 주었음을 시사하며, 기존의 연구에서도 동의하는 부분이다. 여기에서 조위시대 이후 봉국의 조세 수취 상황을 좀 더 살펴보자.

주지하듯이, 한대 열후는 식읍인 후국(侯國)의 전조(田租)를 수취하고, 산부(算賦) 등은 국가에서 거둬들였다.[78] 반면 서진시대부터 작위에 따라 호수(戶數)의 1/2, 1/3, 1/4 등의 비율로 수취하는 제도가 존재하였다. 예컨대 서진시대에는 군공(郡公)·군후(郡侯)·현공(縣公) 등이 본질(本秩)의 1/3을 수취하였고, 정후(亭侯)·관내후(關內侯)·관중후(關中侯)는 본호(本戶)의 1/10을 수취하도록 규정되었다.[79] 또 『진서(晉書)』「지리지(地理志)」에 따르면 서진시대에는 군공·군후·현공 등 봉작자는 봉국 수입의 1/3, 동진시대에는 1/9를 취하도록 규정되었다.[80] 북위시대에는 태화(太和) 18년(494) 조서(詔書)에서 왕(王)은 식읍의 1/2, 공(公)은 1/3, 후(侯)와 백(伯)은 1/4, 자(子)와 남(男)은 1/5를 수취할 것을 규정하였다.[81] 이처럼 위진남북조시대에는 봉작자가 국가와 수입을 일정 비율로 나누었다. 또 점차로 수입을 일, 월 등 정기적인 기간 동안 받게 되었다. 이는 봉국의 전조를 수취하던 한대와는 다른 수취방식이었다. 즉 조세의 수취방식에서 미뤄 볼 때 국가가 모두 거둬 그 중 일정 비율을 봉작자에게 주는 방식이었다. 따라서 국가에서 지급하는 봉록과 유사한 형태가 되어 이를 질봉(秩封), 혹은 작록(爵祿)이라 칭하기도 한다.[82] 이러한 상황에서 봉국의 본적

78 李成珪, 「前漢列侯의 性格-郡縣支配下에서 封建制의 一變貌-」, 『東亞文化』 14, 1977, 202-208쪽.

79 藤家禮之助, 『漢三國兩晉南朝の田制と稅制』, 191-207쪽.

80 『晉書』 卷14 「地理志」上, 415쪽, "而江左諸國並三分食一, 元帝渡江, 太興元年 始制九分食一."

81 『魏書』 卷7下 「高祖紀」下 太和十八年十二月己酉條, 176쪽, "詔王·公·侯·伯·子·男開國食邑者: 王食半, 公三分食一, 侯伯四分食一, 子男五分食一."

82 黃惠賢·陳鋒 主編, 『中國奉祿制度史』, 武漢: 武漢大學出版社, 1996, 149-158쪽; 楊光輝, 『漢唐封爵制度』, 北京: 學苑出版社, 2002, 86-96쪽.

지 여부는 중요하지 않을 것이다. 한대에는 본적지에 봉해진 열후가 봉국에서 자의적인 수취나 가렴주구를 행할 수도 있었다.[83] 그러나 국가에서 수입을 받는 수취체제를 취한 위진남북조시대에는 봉작자들이 대부분 관직을 맡아 중앙과 지방의 관청에서 근무하여 봉국에 가지 않았기 때문에 본적지 봉국에 대한 간섭이 불가능했을 것이다. 이러한 봉작자의 수취방식 변화는 본적지 봉국이 국가의 재정에 해를 끼치지 않았기 때문에 용인되었을 것이다.[84]

남조시대에는 작위 앞에 붙는 지명이 실제로 식읍이었고 그 지역에서 수입을 취하였다. 예컨대 무념(武念)이 수안현후(綏安縣侯)로 추증(追贈)된 이후인 태시(泰始) 4년 수안현(綏安縣)이 없어지자 후계자가 소릉현(邵陵縣)에 개봉(改封)되었다.[85] 여기에서 봉호의 지명이 실제 조세 수취와 관련이 있기 때문에 바뀌었음을 보여준다. 진안군공(晉安郡公)에 봉해진 유원경(柳元景)은 봉지가 영남(嶺南)에 있어 가을에 수입의 운반이 어렵자 파동군공(巴東郡公)으로 개봉되었다. 이는 봉작자가 봉읍에서 화폐나 물자를 수취했음을 시사한다.[86] 시흥군공(始興郡公)에 봉해진 심경지(沈慶之)가 봉읍인 시흥군(始興郡)이 자신의 임지와 가깝기 때문에 남해군(南海郡)으로 개봉(改封)해달라고 요구했으나 거절당했던 사례[87] 역시

---

83 한대(漢代) 열후(列侯)는 봉국(封國)의 행정에 간섭할 수 없었지만 봉국(封國)의 민(民)을 요역에 동원할 권리를 가지고 있었다(李成珪, 「前漢列侯의 性格-郡縣支配下에서 封建制의 一變貌-」, 202-208쪽). 또 열후(列侯)들은 매매(賣買)나 침탈, 상사(賞賜) 등 여러가지 방법으로 사전(私田)을 소유하고 토지를 겸병하였다(柳春藩, 「漢的封國食邑制」, 『秦漢魏晉經濟制度硏究』, 224쪽). 따라서 자신의 사전(私田)을 경작하기 위해 봉국(封國)의 민(民)을 동원하는 등의 방식으로 자신의 '사(私)'를 충족시킬 방법은 많았다.

84 崔珍烈, 「兩漢魏晉時代 本籍地 封爵과 그 의미」, 18-19쪽.

85 『宋書』 卷83 「武念傳」, 2113쪽, "追贈[武]念冠軍將軍·南陽新野二郡太守, 封綏安縣侯, 食邑四百戶. 泰始四年, 綏安縣省, 改封邵陵縣."

86 『宋書』 卷77 「柳元景傳」, 1989쪽, "以封在嶺南, 秋輸艱遠, 改封巴東郡公."

봉작자가 조세를 봉읍에서 직접 얻었음을 보여준다.

반면 북위(北魏)의 상황은 달랐다. 천사원년(天賜元年, 404) 구월의 작제(爵制) 제정을 살펴보면 최초의 북위 작제는 기존의 왕(王)과 5등작(공·후·백·자·남)에서 백(伯)과 남(男)이 탈락된 4등작이었고, 왕부터 자(子)까지 제1품~제4품의 품계가 매겨졌다.[88] 이어 같은 해 십이월 왕(王)·공(公)·후(侯)·자(子)의 봉국에 신리(臣吏)를 차등 있게 두었고, 가승(家丞)의 역할을 하며 군예(羣隷)를 거느리는 전사(典師)가 설치되었다.[89] 작위의 등급에 품계와 봉국의 규모, 지급되는 신리가 대응되고, 전사라는 관리가 두어진 것을 보면 북위전기 작제가 완비된 느낌을 준다. 그러나 현재 학계의 통설은 태화 18년 작제 개혁 이전에는 작위에 식읍이 주어지지 않았다고 본다. 태화 18년(494) 처음으로 왕·공·후·백·자·남에게 봉국과 식읍을 주었다. 왕은 식읍 호수의 1/2, 공은 1/3, 후와 백은 1/4, 자와 남은 1/5을 수입으로 취하도록 규정하였다.[90] 그리고 효문제(孝文帝) 시기 작제개혁(爵制改革) 이후 봉작은 군현명(郡縣名) 뒤에 "개국(開國)+작위(爵位)" 혹은 "식읍(食邑)□□호(戶)"가 첨가되는 실봉(實封)과 그렇지 않은 허봉(虛封)으로 구분되었다. 즉 실봉은 실제로 식읍으로부터 조세를 취하는 데 비해 허봉은 식읍의 조세 없이 작호(爵號)만 부여된다.[91]

87 『宋書』 卷77 「沈慶之傳」, 2003쪽, "以始興優近, 求改封南海郡, 不許."

88 『魏書』 卷113 「官氏志」, 2973쪽, "[天賜元年(404)]九月, 減五等之爵, 始分爲四, 曰王·公·侯·子, 除伯·男二號. 皇子及異姓元功上勳者封王, 宗室及始蕃王皆降爲公, 諸公降爲侯, 侯·子亦以此爲差. 於是封王者十人, 公者二十二人, 侯者七十九人, 子者一百三人. 王封大郡, 公封小郡, 侯封大縣, 子封小縣. 王第一品, 公第二品, 侯第三品, 子第四品."

89 『魏書』 卷113 「官氏志」, 2974쪽, "[天賜元年]十二月, 詔始賜王·公·侯·子國臣吏, 大郡王二百人, 次郡王·上郡公百人, 次郡公五十人, 侯二十五人, 子十二人, 皆立典師, 職比家丞, 總統羣隷."

90 『魏書』 卷7下 高祖紀 太和十八年(494)十二月條, 176쪽, "己酉, 詔王·公·侯·伯·子·男開國食邑者: 王食半, 公三分食一, 侯伯四分食一, 子男五分食一."

91 川本芳昭, 「封爵制度」, 『魏晋南北朝時代の民族問題』, 東京: 汲古書院, 1998, 258-262쪽.

이는 도무제(道武帝) 시기 제정된 작제와 비교하면 봉작자의 수입을 명확하게 기록한 것이며, 관리에게 봉록을 주는 봉록제(奉祿制) 제정과 같은 취지였다.[92] 동위북제(東魏北齊)와 서위북주(西魏北周)도 비슷한 상황이었을 것으로 추정된다.

요컨대 조위(曹魏)·서진(西晉)·북위(北魏)처럼 본적지봉작이 빈출하고 그 비율이 높았던 왕조에서는 식읍이 봉록의 성격이 강했다. 반면 전한(前漢)·후한(後漢)·남조(南朝)처럼 본적지봉작의 비중이 낮았던 시대에는 봉작자가 실제 봉호에 포함된 군현(郡縣) 혹은 후국(侯國)에 실제 식읍이 설정되었고, 작위에 따른 비율에 따라 그 수입을 취했을 것이다. 따라서 제도상으로 보면 본적지 봉작자가 본적의 군현에서 발호할 가능성은 배제할 수 있었기 때문에 본적지봉호를 수여했을 것이다.

2) 당대(唐代) 식읍(食邑)·봉호(封戶)와 본적지봉작(本籍地封爵)

당대(唐代) 본적지봉작(本籍地封爵)이 본적지 회피제의 원칙 포기 여부를 살펴보기 위해 본적지봉작에 포함된 지명에 실제 식읍 혹은 봉호(封戶)가 설정되었는지 살펴보아야 한다. 이를 살펴보기 앞서 당대 봉작의 특징을 간단히 살펴보자.

당대 봉작의 원칙은 『구당서』「직관지(職官志)」와 『신당서』「백관지(百官志)」에서 살펴볼 수 있다. 봉작은 농서군공(隴西郡公)처럼 왕(王)·공(公)·후(侯)·백(伯)·자(子)·남(男) 앞에 군현(郡縣)의 지명이 붙는 형식이었다. 이 지명에는 명산(名山)과 대천(大川), 기내(畿內)에 있는 현(諸縣)의 명칭을 붙일 수 없었다.[93] 필자의 조사에 따르면, 옹주(雍州) 신

92 崔珍烈, 「中國 周邊國이 수용한 '王'의 이미지-北朝의 異姓王 濫封과 百濟·新羅의 複數王출현현상의 비교사적 이해-」, 『中國古中世史硏究』 17, 2007, 1801-182쪽.

풍현(新豐縣) 출신인 장대사(張大師)가 경조부(京兆府)의 속현(屬縣)인 무공현남(武功縣男)에 봉해졌다.[94] 이를 제외하면 위의 원칙은 거의 지켜진 것 같다. 이외에 식읍의 수취와 관련된 규정들을 살펴보면, 봉작자에게 할당된 봉호(封戶)의 세조(歲租) 가운데 1/3은 조정이, 2/3은 봉작자가 수취하였다. 또 식실봉(食實封)을 받은 자에게 주어진 진호(眞戶)는 여러 주(諸州)에 분산되었다. 마지막으로 황후(皇后)・제왕(諸王)・공주(公主)의 식읍은 모두 과호(課戶)였다.[95] 여기에서 식읍이 "분식제주(分食諸州)", 즉 여러 지역에 흩어져 있다는 점과 허봉(虛封)과 실봉(實封)의 존재가 주목된다.

먼저 봉작자의 봉호에 붙은 지명과 실제 식읍의 관계를 살펴보자. 『통전(通典)・직관전(職官典)』에 관련 기록이 있다.

> "[왕(王)] 다음에는 국공(國公)을 봉하며, 그 다음에는 군현(郡縣)의 개국공(開國公)・[개국(開國)]후(侯)・[개국(開國)]백(伯)・[개국(開國)]자(子)・[개국(開國)]남(男)의 칭호는 역시 9등(九等)이며, 모두 관토(官土)가 없다. 봉작자에 실봉(實封)이 덧붙여지면 그 봉호를 수취한다. [실봉(實封)은] 제군(諸郡)에 나누어 졌으며, 조(租)와 조(調)를 지급한다."[96]

93 『舊唐書』 卷43 「職官志」2 尚書都省吏部尚書司封郎中條, 1821쪽, "凡名山大川, 及畿內諸縣, 皆不以封."; 『新唐書』 卷46 「百官志」1 尚書省吏部司封郎中條, 1189쪽.

94 『舊唐書』 卷83 「張儉傳附大師傳」, 2776쪽, "儉兄大師, 累以軍功仕至太僕卿·華州刺史·武功縣男."

95 『新唐書』 卷46 「百官志」1 尚書省吏部司封郎中條, 1189쪽, "凡封戶, 三丁以上為率, 歲租三之一入于朝庭. 食實封者, 得真戶, 分食諸州. 皇后·諸王·公主食邑, 皆有課戶."

96 『通典・職官典』 卷31 歷代王侯封爵, 869쪽, "其次封國公, 其次有郡縣開國公侯伯子男之號, 亦九等, 並無官土. 其加實封者, 則食其封. 分食諸郡, 以租調給."

위의 인용문에 따르면 작위 앞에 붙는 지명이 붙더라도 실봉(實封)의 호구수가 덧붙여지지 않으면 해당 지명과 식읍은 전혀 관계가 없는 것이 된다.[97] 또 실봉을 받더라도 자신의 봉호(封戶)에 붙은 지명과 상관없이 제군(諸郡), 혹은 제주(諸州)에 식읍이 분산되었다. 예컨대 우문사급(宇文士及)은 고조(高祖) 시기 신성현공(新城縣公)에 이어 영국공(郢國公)에 봉해졌고, 태종(太宗)이 즉위한 후 익주(益州)의 진호(眞戶)를 식읍으로 받았다.[98] 이때 다른 작위를 받지 않았으므로 영국공의 식읍이 익주에 설정된 것으로 봐야 한다. 『신당서』 「두여회전(杜如晦傳)」에 따르면 두여회(杜如晦)도 채국공(蔡國公) 식읍 3천호(千戶)에 봉해졌고 별도로 익주 1,300호를 식읍으로 받았다.[99] 『구당서』 「두여회전」에서는 이를 채국공에 봉해지고 실봉 1,300호를 하사받았다고 기록한 것으로 보아[100] 『신당서』 「두여회전」의 "따로 익주의 1,300호를 식읍으로 받았다(別食益州千三百戶)"가 실제 수취 가능한 식읍임을 알 수 있다. 채국공의 '채(蔡)'는 당시 채주(蔡州)였으므로, 이 지명과 식읍인 익주는 전혀 관계가 없음을 알 수 있다. 이는 중종(中宗) 시기 봉작자의 식읍 상황을 반영한 『자치통감(資治通鑑)』 권209 「당기(唐紀)」25 중종경룡삼년조(中宗景龍三年條)의 기사를 살펴보면 알 수 있다.

97 『당육전(唐六典)』에서도 작위(爵位)가 주어지더라도 식실봉(食實封)을 받지 않으면 식읍(食邑)의 호수(戶數)는 허명(虛名)에 불과하였음을 지적하였다. 즉 식실봉(食實封)을 받아야 비로소 봉작자(封爵者)에게 세금을 바치는 진호(眞戶)를 확보할 수 있었다(『唐六典 · 職官典』 卷2 「尙書吏部」 司封郎中 · 員外郎條, 37쪽, "至晉, 復五等之制. 宋齊之後, 或置或廢 亦不常也. 隋氏始立王·公·侯已下制度, 皇朝因之. 然戶·邑率多虛名, 其言食實封者, 乃得眞戶.").

98 『舊唐書』 卷63 「宇文士及傳」, 2410쪽, "太宗即位, 代封倫為中書令, 真食益州七百戶."

99 『新唐書』 卷96 「杜如晦傳」, 3859쪽, "王為皇太子, 授左庶子, 遷兵部尚書, 進封蔡國公, 食三千戶, 別食益州千三百戶."

100 『舊唐書』 卷66 「杜如晦傳」, 2468쪽, "後又潛入畫策, 及事捷, 與房玄齡功等, 擢拜太子左庶子, 俄遷兵部尚書, 進封蔡國公, 賜實封千三百戶."

"하남도순찰사(河南道巡察使) 감찰어사(監察御史) 송무광(宋務光)은 '당시 실봉(實封)을 식읍(食邑)으로 받은 봉작자들이 모두 140여 가(家)였습니다. 이들의 봉호(封戶)로 할당된 지역이 합쳐서 54주(州)였고, 모두 상유지전(上腴之田)을 나누어 배당하거나 한 식읍이 여러 주로 나누어 졌습니다. 태평공주(太平公主)와 안락공주(安樂公主)는 자산(資産)이 많고 정(丁)이 많은 호(戶)를 택하니 너무 가혹하고 고통스러우며 봉호(封戶)에 충당되는 것이 정역(征役)에 충당되는 것보다 부담이 심합니다. 활주(滑州)의 땅에서는 무늬 있는 비단과 합사비단이 산출되고 사람들 다수가 재촉 당하니 그 피해가 더욱 심하고 사람들은 다수가 고향을 떠나 타지를 떠돌아다닙니다. 청컨대 봉호(封戶)를 나누어 다른 주에 배치해야 합니다. 또 봉호(封號)로부터 조세(租稅)를 징수하는 봉작자의 사자는 공사(公私)를 번거롭고 요란스럽게 하니 이를 조용(租庸)에 포함시켜 해마다 [국가에] 바치도록 해야 합니다.'라고 주청하였다. 그러나 중종(中宗)은 이를 받아들이지 않았다."[101]

위의 인용문에서 봉호(封戶)가 54주(州)에 퍼져 있다는 기록은 『신당서』와 『통전』에서 봉작자의 식읍이 여러 주에 분산되었다는 기사와 일치한다. 또 봉작자들은 스스로 자신의 봉호(封戶)를 택할 수 있었기 때문에 좋은 땅을 골랐고, 특히 활주(滑州)에 좋은 비단이 많이 생산되었기 때문에 이곳에 봉호를 두는 것을 선호하였다. 이 때문에 송무광(宋務光)은 활주의 속현 7현(縣) 가운데 봉작자에게 할당된 식읍이 5현이나 되고, 정부의 조세 수입이 봉작자들의 수입보다 적고 심지어 봉작자의 가(家)에 바

101 『資治通鑑』 卷209 「唐紀」 二十五 中宗景龍三年條, 6638쪽, "河南道巡察使·監察御史宋務光, 以'於時食實封者凡一百四十餘家, 應出封戶者凡五十四州, 皆割上腴之田, 或一封分食數州; 而太平·安樂公主又取高貲多丁者, 刻剝過苦, 應充封戶者甚於征役; 滑州地出綾縑, 人多趨射, 尤受甚弊, 人多流亡; 請稍分封戶散配餘州. 又, 徵封使者煩擾公私, 請附租庸, 每年送納.' 上弗聽."

치는 조세가 국가에 납부하는 양의 배나 된다는 실상을 언급하며 활주의 봉호를 다른 지역으로 옮길 것을 주청하였다.[102] 필자가 당대 봉작자의 봉호를 검색한 결과 당대 봉작자들의 봉호에는 활주, 혹은 활주의 속현에 해당하는 지명(봉호)이 보이지 않았다. 따라서 봉호의 지명과 실제 식읍이 설정된 장소는 반드시 일치하지 않았고, 봉호의 설정에는 봉작자의 의견이 개입될 수 있었다. 이는 해당 지명의 호수(戶數)를 봉국 혹은 식읍으로 받았던 한대의 열후와 다른 점이었다.

위의 인용문에서 알 수 있듯이 봉작자들이 기름진 땅이나 활주처럼 좋은 비단이 생산되는 지역을 식읍으로 선호하였다. 특히 중종의 총애를 받았던 여동생 태평공주(太平公主)와 중종의 딸 안락공주(安樂公主)는 성인 남성인 정(丁)이 많은 호(戶)를 자신의 봉호(封戶)로 삼으려 하였다. 이는 봉호의 수입 가운데 2/3을 취한다는 규정과 당대 농민들의 세역(稅役) 부담을 살펴봐야 구체적으로 알 수 있다. 당대 농민들은 구분전(口分田) 80무(畝)와 영업전(永業田) 20무를 받고 그 대가로 조용조(租庸調)와 잡요(雜徭)를 부담하였다. 정남(丁男)은 속(粟) 2석(石)을 조(租)로, 20일 동안의 역역(力役)을 하루에 견(絹) 3척(尺) 또는 포(布) 3.75척으로 환산하여 납부하는 용(庸), 견(絹) 2장(丈)과 면(綿) 3량(兩)을 바치는 조(調)를 부담하였다. 잡요(雜徭)는 지방관청에 비정기적으로 동원되는 사역이다.[103] 조용조는 정남(丁男) 1인에 부과되었기 때문에 호구(戶口)의 정

102 『新唐書』 卷118 「宋務光傳」, 4276쪽, "俄以監察御史巡察河南道. 時滑州輸丁少而封戶多, 每配封人, 皆亡命失業. [宋]務光建言: '通邑大都不以封. 今命侯之家專擇雄奧, 滑州七縣, 而分封者五, 王賦少於侯租, 入家倍於輸國. 請以封戶均餘州.' …… 不見納."

103 『唐六典』 卷3 「尙書戶部」, 76-77쪽, "凡賦役之制有四: 一曰租, 二曰調, 二曰役, 四曰雜徭. 課戶每丁租粟二石; 其調隨鄕土所產綾·絹·絁各二丈, 布加五分之一, 輸綾·絹·絁者綿三兩, 輸布者麻三斤, 皆書印焉. 凡丁歲役二旬, 無事則收其庸, 每日三尺; 有事而加役者, 旬有五日免其調, 三旬則租·調俱免. 凡庸·調之物, 仲秋而斂之, 季秋發於州. 租則准州土收獲早晩, 量事而斂

(丁)이 많으면 국가에 납부해야 하는 조세의 액수도 증가되었다. 또 당초(唐初)에는 정(丁)에 부과하는 조용조와 잡요와 달리 호(戶)의 자산에 따라 부과하는 호세(戶稅)와 지세(地稅)가 존재하였다. 따라서 봉작자들이 자산(資産)이나 정(丁)이 많은 호(戶)를 택하면 봉호(封戶)에게서 수취하는 수입이 증가하였다.[104] 인용문에서 태평공주와 안락공주가 이러한 호를 봉호(封戶)로 택했던 것은 이 때문이다. 또 활주가 봉작자들에게 선호된 것은 용(庸)과 조(調)로 징수하는 비단의 품질이 다른 지역보다 좋았기 때문일 것이다.[105]

그러나 봉작자가 직접 봉호(封戶)를 택하고 그들로부터 조조(租調)를 징수하는 방식은 송무광(宋務光)의 지적처럼 봉호(封戶)들에게 부담이 되었다.[106] 따라서 송무광과 위사립(韋嗣立)이 이를 개혁하자고 주장하였다. 결국 현종(玄宗) 개원년간 봉작자가 봉호(封戶)가 있는 주현(州縣)에서 직접 조조(租調)를 징수하는 대신 태부시(太府寺)가 봉작자의 수입을 먼저 수취한 후 봉작자에게 지불하는 방식으로 바뀌었다. 또 봉호(封戶)의 정수(丁數)와 봉작자의 수입이 많아지는 조용조의 수취구조 때문에 봉작자가 수취할 수 있는 봉호(封戶)의 정수(丁數)를 3정(丁)으로 제한하였다.

之, 仲冬起輸, 孟春而納畢; 本州納者, 季冬而畢."

104 上野直明, 『唐代社會經濟の構造的研究』, 東京: こだま社, 1982, 33-45쪽.

105 崔珍烈, 「隋唐 本籍地封爵의 性格」, 392-393쪽.

106 송무광(宋務光)은 당시 활주(滑州)에 봉호(封戶)가 많고 정부에 조세(租稅)를 납입하는 정(丁)이 적었으며, 일단 봉호(封戶)로 배정되면 모두 이를 기피하여 망명(亡命)하여 업(業)을 잃는 상황이었음을 지적하였다. 또 봉작자가 파견한 봉사(封使)를 없애 전역(傳驛)의 부담을 줄이자는 의견을 제시하였다(『新唐書』 卷118 宋務光傳, 4276쪽, "俄以監察御史巡察河南道. 時滑州輸丁少而封戶多, 每配封人, 皆亡命失業. …… 又請'食賦附租庸歲送, 停封使, 息傳譯之勞.' 不見納."). 여기서 활주(滑州)의 민(民)들이 봉호(封戶)가 되기를 기피하는 것은 봉호(封戶)의 부담이 컸고 봉작자가 보낸 봉사(封使)의 숙박비와 여행비용을 국가의 전역(傳驛)에서 부담했음을 알 수 있다.

그 결과 봉작자가 많은 정(丁)을 취하여 줄어들었던 국가재정은 확충되었다.[107] 이러한 봉작자의 수취 변화 결과 봉작자는 제도상 봉호(封戶)에게 직접 간섭할 수 없었다.[108]

107 韓國磐,「唐代的食封制度」, 135-138쪽.

108 崔珍烈,「隋唐 本籍地封爵의 性格」, 393쪽.

제6장

본적지봉작과 문별

제6장
본적지봉작(本籍地封爵)과 문벌(門閥)

본장에서는 북조시대(北朝時代)와 수당시대(隋唐時代)의 본적지봉작(本籍地封爵)을 분석하고 본적지봉작의 수여가 문벌(門閥)과 관련이 있음을 밝힌다. 1절에서는 본적지봉작이 많은 성씨를 찾아본다. 2절에서는 본적지봉작을 다수 배출한 성씨가 북조시대 혹은 수당시대 문벌로 인정받았는지를 검토한다. 3절에서는 본적지봉호(本籍地封號)가 문벌의 공인 혹은 모칭(冒稱)에 필요한 장치였음을 구체적인 사례를 통해 살펴본다.

1. 본적지봉작(本籍地封爵)과 성씨(姓氏)

1) 북조시대(北朝時代) 성씨별 본적지봉작(本籍地封爵)

본항에서는 본적지 봉작자와 봉호를 지역별, 성씨별로 분류하여 본적지봉작의 특징을 살펴본다. 아래 <표 12>는 이를 분석하기 위해 통계 수치를 정리한 것이다.

〈표 12〉 북조(北朝) 한인관료(漢人官僚)의 성씨(姓氏)별 본적지 봉작자(本籍地封爵者) · 봉호 통계[1]

지역	성씨	봉작자	계승자	봉호	지역	성씨	봉작자	계승자	봉호
關隴	京兆杜氏	1		1	河北	燕郡劉氏	1		1
	京兆(藍田)王氏	1		1		魏郡孔氏	1		1
	京兆(杜陵)王氏	1		1		章武周氏	1	1	3
	京兆(霸城)王氏	1		1		長樂馮氏	3	2	3
	京兆韋氏	10		12		趙郡(欒城)王氏	1	1	3
	南安任氏	1	1	1		趙郡呂氏	2		2
	隴西李氏	9	4	9		趙郡(柏人)李氏	1		1
	隴西辛氏	2		2		趙郡(平棘)李氏	13	3	15
	武功蘇氏	3	1	4		中山李氏	4		4
	安定鄧氏	1		1		中山劉氏	1		1
	安定梁氏	6		6		中山張氏	1		1
	安定牛氏	1		1		清河房氏	1	2	1
	安定抱氏	1		1		清河傅氏	3		3
	安定韓氏	2	3	3		清河張氏	1		1
	安定胡氏	4	1	5		清河崔氏	9	2	9
	天水權氏	1		2		平原劉氏	2		2
	馮翊嚴氏	1		1		河間劉氏	1		1
	咸陽孫氏	2		2		河間邢氏	2		3
	關隴 합계	48	10	54		河內司馬氏	2	2	2
關中隣近	上洛泉氏	2		3		河內常氏	1		1
	安康李氏	1		1		河內張氏	1		1
	安平李氏	2		2		河北 합계	106	29	121
	太原(祁縣)王氏	2		2	河南	高平徐氏	1		1
	太原(晉陽)王氏	2		2		高平王氏	1		1
	太原(武威)王氏	3		3		蘭陵蕭氏	1		1
	太原郭氏	1		1		南陽宗氏	1		1
	太原薛氏	2	1	2		南陽韓氏	1	1	1
	河東樂氏	1		1		瑯邪王氏	1		1
	河東柳氏	1		1		魯國孔氏	1		1
	河東裴氏	2		3		魯郡唐氏	1		1
	河東薛氏	17	5	19		東平畢氏	4	3	4

1 崔珍烈, 「南北朝時代 본적지봉작과 그 성격-통계적 분석과 정치적 기능을 중심으로-」, 216-217쪽 <표 2> 北朝 非胡族官僚의 姓氏별 本籍地封爵者 · 봉호 통계.

	弘農劉氏	1		1		北海唐氏	1		1
	弘農楊氏	13	1	15		北海王氏	1	2	2
	'關中 隣近' 합계	50	7	56		新蔡董氏	1		1
河北	鉅鹿魏氏	1	1	1		潁川郭氏	1		1
	廣平宋氏	2	3	2		潁川鄧氏	1		1
	廣平劉氏	1		1		濟陰鹿氏	1		1
	廣平游氏	2		3		陳郡袁氏	1	1	1
	廣平靖氏	1		1		太山羊氏	2	1	2
	廣平程氏	1		1		河南張氏	3		4
	頓丘竇氏	1		2		滎陽鄭氏	6	1	8
	頓丘李氏	5		7		河南 합계	30	9	34
	博陵崔氏	5	1	5	기타	光城蠻 田氏	1		1
	博陵許氏	1		1		樂浪王氏	1		1
	渤海高氏	6	2	7		姑臧段氏	1	1	1
	渤海封氏	3	1	3		上黨李氏	1		2
	渤海刁氏	1		1		秀容劉氏	1		1
	范陽盧氏	9	2	10		遼東晁氏	1		1
	范陽酈氏	1		1		遼西段氏	1		1
	范陽李氏	3	3	3		遼西常氏	3		4
	范陽祖氏	1		1		酒泉趙氏	1		1
	上谷寇氏	4	3	4		晉昌唐氏	2		3
	上谷張氏	2		2		昌黎屈氏	1		1
	常山許氏	1		1		기타 합계	14	1	17
	陽平 ?氏	1		1	총 계		248	56	282
	燕郡公孫氏	2		2					

<표 12>에서 북조(北朝)를 하북(河北), 하남(河南), 관롱(關隴), '관중(關中) 인근',[2] 기타 등 몇 개의 지역으로 나누었다. 하북(河北) 지역은

2 본문에서 지칭하는 '관중(關中) 인근(隣近)'지역은 관중(關中) 동쪽의 지역, 즉 한대(漢代) 홍농군(弘農郡)과 하동군(河東郡)에 해당하는 지역으로 정의하겠다. 당대(唐代)에는 태원왕씨(太原王氏), 하동설씨(河東薛氏), 하동배씨(河東裴氏), 홍농양씨(弘農楊氏)를 관중(關中)의 주요 문벌(門閥)로 간주하였다. 이는 한대(漢代) 홍농군(弘農郡)과 하동군(河東郡)에 해당하는 지역도 관중(關中)으로 간주했음을 뜻한다. 그러나 북조시대(北朝時代) 이 지역은 관중(關中)과 정치적・행정적으로 별개의 지역이었으므로 관중(關中)과 분리하여 관중(關中)과 가까운 지역이라는 뜻에

106인의 본적지 봉작자(本籍地封爵者, 始封者)와 121개의 본적지봉호를 배출했다. 이는 각각 전체의 절반에 해당하는 42.7%와 42.9%이다. 하북 다음으로 많은 지역은 관롱이며, 본적지 봉작자 48인과 본적지봉호 54개를 배출하여 전체의 19.4%와 19.1%이다. '관중 인근' 지역은 관롱보다 근소한 차이로 세 번째이며, 본적지 봉작자와 봉호가 50인과 56개로 각각 20.2%와 19.9%를 차지하였다. 봉작자의 수는 관롱이 '관중 인근'보다 1인 많았지만, 본적지봉호는 반대였다. 하남 지역의 본적지 봉작자와 본적지 봉호는 30인과 34개로 각각 12.1%와 12.1%에 그쳤다. 화북지역을 산동(關東)과 관롱(關西)으로 이분하면 <표 12>에서 하남과 하북을 합한 지역 개념인 관동(산동)의 본적지 봉작자와 본적지봉호는 136인과 155개이며 전체의 54.8%와 55%에 해당한다. 반면 후자는 99인과 110개이며, 이는 전체의 39.9%와 39%를 차지한다. 따라서 북조시대에는 하북을 중심으로 한 산동(광동) 지역이 관롱보다 본적지 봉작자와 봉호가 많았음을 보여준다.[3]

하북, 하남, 관롱, '관중 인근'에 각각 44개(41.65%), 19개(17.9%), 18개(17%), 14개(13.2%)이 본적지 봉작자 가문을 배출하여 하북지역이 다수를 점하였다. 본적지 봉작자 가문의 수를 군(郡)별로 살펴보면, 안정군(安定郡)이 6개, 광평군(廣平郡)·경조군(京兆郡)·태원군(太原郡)이 5개, 청하군(淸河郡)·범양군(范陽郡)·조군(趙郡)·하동군(河東郡)이 4개, 발해군(勃海郡)·중산군(中山郡)·하내군(河內郡)이 3개, 돈구군(頓丘郡)·박릉군(博陵郡)·상곡군(上谷郡)·연군(燕郡)·하간군(河間郡)·남양군(南陽郡)·농서군(隴西郡)·홍농군(弘農郡)·고평군(高平郡)·노군(魯郡)·남양군(南陽郡)·영천군(潁川郡)·요서군(遼西郡)이 2개, 거록군(鉅鹿郡)·상산

서 '관중(關中) 인근(隣近)' 지역으로 분류하겠다.

3 崔珍烈, 「南北朝時代 본적지봉작과 그 성격」, 217~218쪽.

군(常山郡)・위군(魏郡)・장무군(章武郡)・장락군(長樂郡)・평원군(平原郡)・난릉군(蘭陵郡)・낭야군(琅邪郡)・동평군(東平郡)・북해군(北海郡)・신채군(新蔡郡)・제음군(濟陰郡)・진군(陳郡)・태산군(太山郡)・하남군(河南郡)・형양군(滎陽郡)・남안군(南安郡)・무공군(武功郡)・천수군(天水郡)・풍익군(馮翊郡)・함양군(咸陽郡)・상락군(上洛郡)・안강군(安康郡)・안평군(安平郡)・낙랑군(樂浪郡)・상당군(上黨郡)・수용군(秀容郡)・요동군(遼東郡)・주천군(酒泉郡)・진창군(晉昌郡)・창려군(昌黎郡)・광성군(光城郡)・양평군(陽平郡)・고장군(姑臧郡)이 1개의 본적지 봉작자 가문을 배출하였다. 3개 이상의 본적지 봉작자를 배출한 11군(郡) 중 7개(청하군・범양군・조군・광평군・발해군・중산군・하내군)가 하북 지역이다. 이상의 91개 군(郡)은 북조(北朝) 영역의 주요 지역을 거의 망라했다고 볼 수 있다. 하북에 본적지 봉작자 가문이 집중적으로 분포하면서도 각 지역에 골고루 편재했음을 확인할 수 있다.[4]

본적지 봉작자와 봉호(封號)를 다수 배출한 가문을 살펴보자. 하동설씨(河東薛氏)가 17인의 본적지 봉작자와 19개의 본적지봉호, 조군(趙郡) [평극(平棘)] 이씨(李氏)가 13인의 본적지 봉작자와 15개의 본적지봉호를 배출하여 각각 1위와 2위를 기록하였다. 다음으로 경조위씨(京兆韋氏)와 홍농양씨(弘農楊氏)가 11인, 청하최씨(淸河崔氏)가 10인, 범양노씨(范陽盧氏)와 농서이씨(隴西李氏)가 9인, 안정양씨(安定梁氏)가 6인, 돈구이씨(頓丘李氏)・박릉최씨(博陵崔氏)・발해고씨(渤海高氏)가 5인, 상곡구씨(上谷寇氏)・중산이씨(中山李氏)・동평필씨(東平畢氏)・형양정씨(滎陽鄭氏)가 4인, 장락풍씨(長樂馮氏)・청하부씨(淸河傅氏)・발해봉씨(渤海封氏)・범양이씨(范陽李氏)・하남장씨(河南張氏)・무공소씨(武功蘇氏)・

4 崔珍烈, 위의 글, 218~219쪽.

안정호씨(安定胡氏) · 태원[무위]왕씨(太原[武威]王氏) · 요서상씨(遼西常氏)가 3인의 본적지 봉작자를 배출하였다.[5] 5인 이상 본적지 봉작자(本籍地封爵者)를 배출한 가문 가운데 돈구이씨를 제외한 하동설씨 · 조군이씨 · 범양노씨 · 청하최씨 · 경조위씨 · 농서이씨 · 박릉최씨는 당대(唐代) 기준으로 관중과 산동의 대표적인 문벌이었다.[6] 이 가운데 하동설씨와 경조위씨를 제외한 조군이씨 · 범양노씨 · 청하최씨 · 농서이씨 · 박릉최씨는 당대(唐代) 최고의 문벌이었다.[7]

2) 당대(唐代) 성씨(姓氏)별 본적지봉작(本籍地封爵)

본항에서는 먼저 당대(唐代) 본적지봉작을 지역과 성씨별로 분류하여 본적지봉작의 특징을 살펴본다. <표 13-1>은 이를 위해 작성한 것이다.

〈표 13-1〉 당대(唐代) 본적지봉작(本籍地封爵)의 성씨(姓氏)와 지역 분포[8]

지역	성씨	本籍地封爵者	성씨	본적지봉작자	성씨	본적지봉작자	성씨	본적지봉작자	성씨	본적지봉작자
關隴	金州[安康]李氏	1	隴西董氏	1	扶風馬氏	3	太原[祁縣]王氏	4	河東薛氏	6
	蘭州辛氏	1	隴西辛氏	1	張掖烏氏	1	太原王氏	7	河東姚氏	2

5 崔珍烈, 「南北朝時代 본적지봉작과 그 성격」, 218~219쪽.

6 『新唐書』 卷199 「儒學中 · 柳沖傳」, 5678쪽, "山東則爲'郡姓', 王·崔·盧·李·鄭爲大; 關中亦號'郡姓', 韋·裴·柳·薛·楊·杜首之."

7 『新唐書』 卷199 「儒學中 · 柳沖傳」, 5678쪽, "今流俗獨以崔·盧·李·鄭為四姓, 加太原王氏號五姓, 蓋不經也."

8 崔珍烈, 「隋唐 本籍地封爵의 性格-門閥 · 郡望과의 관련성을 중심으로-」, 387쪽, <표 4-1> 唐代 本籍地封爵者의 姓氏와 지역 분포; 자료내원은 <부록 · 표 7> 唐代 封號 一覽表 참조.

	敦煌索氏	1	隴西李氏	13	雍州[吳興]姚氏	1	太原白氏	2	河東柳氏	2
	涼州李氏	1	武都章氏	1	秦州(天水)姜氏	1	太原溫氏	1	弘農楊氏	15
	隴西姜氏	1	并州(太原)武氏	1	天水權氏	1	河東裴氏	16	弘農(虢州)張氏	1
河北	鉅鹿魏氏	4	渤海高氏	6	上谷寇氏	1	魏州郭氏	2	清河張氏	5
	高陽許氏	2	渤海李氏	1	相州源氏	1	魏州路氏	1	清河崔氏	10
	廣平宋氏	1	渤海封氏	2	雁門田氏	1	魏州齊氏	1	河間邢氏	2
	廣平程氏	1	范陽[河東]張氏	1	[博陵]安平李氏	1	定州張氏	1	邢州李氏	1
	冀州(武邑)蘇氏	1	范陽盧氏	9	瀛洲李氏	1	趙郡李氏	15		
	冀州田氏	1	范陽張氏	2	瀛洲齊氏	1	清河房氏	1		
	博陵崔氏	12	北平陽氏	1	玉田榮氏	1	清河李氏	2		
河南	高平郗氏	1	樂安孫氏	3	瑯琊顏氏	3	齊州李氏	1	彭城劉氏	11
	蘭陵蕭氏	3	瑯邪王氏	5	濮州吳氏	5	齊州房氏	1	河南獨孤氏	1
	南陽鄧氏	1	魯郡孔氏	2	陽翟褚氏	1	曹州李氏	1	河南元氏	1
	南陽樊氏	1	東郡程氏	1	汝南周氏	3	譙郡能氏	1	許州張氏	1
	南陽岑氏	4	東莞臧氏	4	潁川陳氏	2	譙郡夏侯氏	1	滎陽鄭氏	7
	南陽張氏	1	東海于氏	2	潁川韓氏	2	汴梁李氏	1		
江南	越州(會稽)徐氏	1	吳郡顧氏	1	潤州包氏	1	始興張氏	2	襄陽席氏	1

	盧江周氏	1	吳郡陸氏	4	常州蔣氏	2	安州[安陸]許氏	1		
	盧江何氏	1	吳興沈氏	2	蘇州歸氏	1	丹陽甘氏	1		

〈표 13-2〉 당대(唐代) 본적지 봉작자(本籍地封爵者)의 성씨와 지역분포 통계[9]

지역	본적지봉작 姓氏		本籍地封爵者	
	수	비율	수	비율
關隴	25	25.7%	85	31.8%
山東	61	62.9%	162	60.7%
河北	32	33%	92	34.5%
河南	29	29.9%	71	26.6%
江南	13	13.4%	19	7.1 %
합계	97	100%	267	100 %

<표 13-1>을 보면 각 성씨들의 본적지는 '태원(太原)'처럼 군명(郡名)으로 표기된 것이 대부분이며 일부는 '병주(幷州)'처럼 주명(州名)으로 표기되었다. 이 군명과 주명을 보면 62개 군(郡) 또는 주(州) 출신 가문에서 본적지 봉작자를 배출했음을 알 수 있다. 당 전기(唐前期) 주(州)와 부(府)의 총수가 358개였다.[10] '부'에는 각종 도호부(都護府)와 기미주(羈縻州)가 포함된 수치이긴 하지만, 대략 당대(唐代) 주 숫자의 전형으로 봐도 좋을 것이다. 이 경우 본적지 봉작자를 배출한 62개 군 또는 주[11]는 전체의

9 崔珍烈, 「隋唐 本籍地封爵의 性格」, 388쪽, <표 4-2> 唐代 本籍地封爵者의 성씨와 지역분포 통계.

10 『舊唐書』 卷38 「地理志」一 序言, 138쪽, "至十三年定簿, 凡州府三百五十八, 縣一千五百五十一."

11 수당시대(隋唐時代) 현(縣)의 상급행정조직은 주(州)라고 불렸는데, 수 양제(隋煬帝) 대업(大業)년간과 당 현종(唐玄宗) 천보(天寶)년간 등 몇몇 시기에는 주(州)를 군(郡)으로 바꾸었다. 『신당서(新唐書)』「지리지(地理志)」와 『원화군현도지(元和郡縣圖志)』는 이를 반영하여 주명(州名)과 군명(郡名)을 함께 기록하였다. 예컨대 화주(華州)는 화음군(華陰郡)으로, 괵주(虢州)는 홍농군(弘農郡)으로 불렸다. 따라서 본문에서는 주(州)와 군(郡)을 동일한 조직으로 보아

17.3%에 해당한다. 이는 당대(唐代) 본적지 봉작자와 봉호의 비중보다 적다. 그러나 <표 13-2>를 보면 62개 군 또는 주가 당대(唐代) 정치적 혹은 경제적 중심지인 관롱・하북・하남에 몰려 있었음이 두드려진다. 즉 하북의 본적지 봉작자 성씨(姓氏)가 33%, 봉작자 수가 34.5%에 달했으며, 관롱과 하남 지역도 성씨(姓氏)와 봉작자 수가 25～30%였다. 반면 강남(江南)의 본적지 봉작자와 성씨의 비중은 다른 지역보다 두드러지게 적었다. 또 당대(唐代)에 특히 정치나 문벌 등을 언급할 때 관롱과 산동의 두 개의 지역으로 나뉜다. 하북(河北)과 하남(河南)을 합한 산동(山東) 지역의 본적지 봉작자와 성씨가 관롱 지역보다 배 이상 많았다. 본적지 봉작자의 수가 정치적 우세와 직결된다고 단정하기는 어렵지만, 산동 지역의 우세가 확인된다.[12] 또 산동은 수(隋)・당전기(唐前期) 농업 생산량이 많고 경제적으로 부유한 지역이었다.[13]

2. 본적지봉작(本籍地封爵)과 문벌

1) 북조시대(北朝時代) 본적지봉작(本籍地封爵)과 문벌의 관계 분석

본항에서는 본적지봉호(本籍地封號)와 문벌(門閥)의 관계를 살펴본다. 북조시대(北朝時代) 본적지봉작(本籍地封爵)를 5인 이상 배출한 가문인 하동설씨(河東薛氏)・조군[평극]이씨(趙郡[平棘]李氏)・범양노씨(范陽盧氏)・청하최씨(淸河崔氏)・경조위씨(京兆韋氏)・홍농양씨(弘農楊氏)・

계산하였다.

12 崔珍烈, 「隋唐 本籍地封爵의 性格」, 388~389쪽.

13 史念海, 「開皇天寶之間黃河流域及其附近地區農業的發展」, 『唐代歷史地理研究』, 中國社會科學出版社, 北京: 1998, 88-106쪽.

농서이씨(隴西李氏)・돈구이씨(頓丘李氏)・박릉최씨(博陵崔氏) 가운데 돈구이씨를 제외한 하동설씨・조군이씨・범양노씨・청하최씨・경조위씨・농서이씨・박릉최씨는 『신당서(新唐書)』「유충전(柳沖傳)」에서 분류한 위진남북조시대(魏晉南北朝時代) 관중(關中)과 산동(山東)의 대표적인 문벌이었다.[14] 하동설씨와 경조위씨를 제외한 조군이씨・범양노씨・청하최씨・농서이씨・박릉최씨는 당대(唐代) 최고의 문벌로 평가된다.[15] 본적지봉호가 북조시대 봉작체계 중 특별한 혜택이 있거나 정치적 권위가 존재함을 밝힌다면 본적지봉호가 문벌과 관련 있음을 증명할 수 있지만, 이를 사료에서 찾기는 쉽지 않다. 필자는 본적지봉호와 문벌의 상관관계를 찾던 중 지방관의 본적지 임용에 관한 통계에 주목하게 되었다. 본적지 지방관을 배출한 가문과 본적지봉호를 다수 배출한 가문을 비교하면 문벌과 본적지봉호의 상관관계를 검증해 볼 수 있을 것이다. 아래 <표 14-1>은 양자를 비교한 것이다.

〈표 14-1〉 북조시대(北朝時代) 본적지 지방관을 배출한 가문이 배출한 본적지 봉작자(本籍地封爵者)와 봉호(封號)[16]

성 씨	본적지 지방관	본적지 봉작자		본적지 봉호		성 씨	본적지 지방관	본적지 봉작자		본적지 봉호	
(1) 河東薛氏	20	17	(1)	19	(1)	(13) 頓丘李氏	4	5	(11)	7	(9)
(2) 趙郡李氏	10	13	(2)	15	(2)	(13) 武功蘇氏	4	3	(17)	4	(13)
(3) 范陽盧氏	10	9	(5)	10	(5)	(13) 泰山羊氏	4	2	(26)	1	(49)

14 『新唐書』 卷199 「儒學中・柳沖傳」, 5678쪽, "山東則爲'郡姓', 王·崔·盧·李·鄭爲大; 關中亦號'郡姓', 韋·裴·柳·薛·楊·杜首之."

15 『新唐書』 卷199 「儒學中・柳沖傳」, 5678쪽, "今流俗獨以崔·盧·李·鄭為四姓, 加太原王氏號五姓, 蓋不經也."

16 崔珍烈, 「南北朝時代 본적지봉작과 그 성격」, 224쪽, <표 3-1> 北朝時代 본적지 지방관을 배출한 가문이 배출한 本籍地封爵者와 封號.

(4) 淸河崔氏	9	9	(5)	9	(6)	(13) 秀容介朱氏	4	-		-	
(4) 渤海封氏	9	3	(17)	3	(21)	(13) 安定皇甫氏	4	-		-	
(4) 河東裴氏	9	2	(26)	3	(21)	(13) 彭城劉氏	4	-		-	
(4) 上洛泉氏	9	2	(26)	3	(21)	(21) 京兆韋氏	3	10	(4)	12	(4)
(8) 隴西李氏	7	9	(5)	9	(6)	(21) 河東柳氏	3	1	(46)	1	(49)
(9) 滎陽鄭氏	6	6	(8)	8	(8)	(21) 樂陵李氏	3	-		-	
(9) 東平畢氏	6	4	(13)	4	(13)	(21) 敦煌索氏	3	-		-	
(9) 淸河房氏	6	1	(46)	1	(49)	(21) 北平陽氏	3	-		-	
(12) 太原王氏	5	2	(26)	2	(32)	(21) 陽平路氏	3	-		-	
(13) 弘農楊氏	4	13	(2)	13	(3)	(21) 天水趙氏	3	-		-	
(13) 渤海高氏	4	6	(8)	7	(9)	(21) 馮翊田氏	3	-		-	

[범례] (　)안의 숫자는 해당 항목의 등수임.

<표 14-1>은 지방관의 본적지 임용에 관한 연구[17]에서 다수의 본적지 임용을 배출한 28개 가문을 순서대로 나열한 것이다. 필자는 이들 가문에 순위를 매기고 본고의 본적지 봉작자와 본적지봉호 통계를 오른쪽에 삽입하여 지방관의 본적지 임용과 본적지봉호의 순서를 비교하였다. 본적지 지방관에 주자사(州刺史)가 포함되었기 때문에 군(郡)을 본적지의 상한선으로 정한 본고와 통계적 범주가 다를 수 있다는 한계가 있음을 밝힌다.

<표 14-1>을 보면, 본적지 지방관 1위 하동설씨(河東薛氏)의 본적지 봉작자(本籍地封爵者)와 봉호는 각각 16인과 18개로 해당 순위에서 1위였다. 2위인 조군이씨(趙郡李氏)의 본적지 봉작자와 봉호 역시 각각 13인과 15개이며, 역시 2위였다. 물론 하동배씨(河東裴氏)·발해봉씨(渤海封氏)·상락천씨(上洛泉氏)·청하방씨(淸河房氏)처럼 본적지 지방관을 6인이상 배출하였지만 본적지 봉작자와 봉호의 수가 적은 가문도 있다. 반대로 홍농양씨(弘農楊氏)와 경조위씨(京兆韋氏)처럼 본적지 지방관을 5회 이하 배

17 窪添慶文, 「魏晋南北朝における地方官の本籍地任用について」, 319-320쪽의 표 참조.

출했지만, 본적지 봉작자와 봉호가 10회 이상인 예도 보인다. 또 본적지 지방관을 배출한 9개 집안은 본적지 봉작자와 봉호를 전혀 가지지 못하였다. 이처럼 본적지 지방관과 본적지 봉작자 및 봉호가 100% 비례하지는 않음을 알 수 있지만, 양자가 어느 정도 중첩되는지 살펴보기 위해 다른 통계 수치가 필요하다. 이를 통계적으로 분석하기 위해 아래 <표 14-2>에서는 상위 5위, 10위, 20위, 28위의 순서로 해당 순위만큼 차지하는 수와 비율을 조사하였다.[18]

〈표 14-2〉 본적지 지방관과 본적지 봉작자(本籍地封爵者) 및 봉호(封號)의 상관관계[19]

본적지 지방관	본적지 봉작자				본적지봉호				해당순위 총수
	상위 5위	상위 10위	상위 20위	상위 28위	상위 5위	상위 10위	상위 20위	상위 28위	
상위 5위	4 (57.1%)	4 (57.1%)	5 (71.4%)	7 (100%)	3 (42.9%)	4 (57.1%)	4 (57.1%)	7 (100%)	7
상위 10위	-	6 (54.5%)	8 (72.7%)	10 (90.9%)	-	6 (54.5%)	10 (90.9%)	10 (90.9%)	11
상위 20위	-	-	12 (60%)	18 (80%)	-	-	15 (75%)	15 (75%)	20
상위 28위	-	-	-	16 (57.1%)	-	-	-	15 (53.6%)	28

<표 14-2>에 따르면 본적지 지방관을 배출한 상위 5개 가문이 본적지 봉작자와 본적지봉호 상위 5위 안에 속할 확률은 55.1%였다. 본적지 지방관 상위 10개 집안도 본적지 봉작자와 봉호 상위 10위 안에 속할 확률은

18 崔珍烈, 「南北朝時代 본적지봉작과 그 성격」, 224-225쪽.

19 崔珍烈, 위의 글, 225쪽, <표 3-2> 본적지 지방관과 本籍地封爵者 및 封號의 중첩.

모두 54.5%였으며, 상위 20위와 28위에 속할 확률은 72.7% 이상이었다. 본적지 지방관 상위 20개 집안이 본적지 봉작자와 봉호 20위 안에 들 확률은 각각 60%와 75%였으며, 상위 28위에 속할 확률은 각각 75%와 80%였다. 마지막으로 본적지 봉작자 상위 28개 가문이 본적지 봉작자와 봉호 상위 28위에 속할 확률은 57.1%와 53.6%였다. 이는 본적지 지방관과 본적지 봉작자 및 봉호가 반드시 비례하지 않지만, 전자의 상위 서열이 후자의 상위 서열에 속할 가능성이 높아 어느 정도 상관관계가 있음을 보여준다. 즉 대체로 본적지 지방관을 다수 배출한 가문이 본적지 봉작자와 봉호를 다수 하사받았던 경향이 있었음을 보여준다.[20] 그러면 당대(唐代) 본적지 봉작은 어떠할까?

2) 당대(唐代) 본적지봉호(本籍地封號)와 문벌(門閥)

당대(唐代) 본적지봉호(本籍地封號)가 북조시대(北朝時代)처럼 본적지 봉호가 자신의 문벌(門閥)을 재확인하거나 분식(粉飾)하는 장치로 기능했을 가능성을 검증해 보기 위해 몇 가지 통계 수치를 조사해 보았다. 먼저 아래 <표 15>를 살펴보자.

〈표 15〉 자료별 본적지 봉작자(本籍地封爵者) 및 봉호의 비중[21]

자료의 출전	본적지 봉작자		본적지봉호	
	수	비율	수	비율
정사(正史)(『구당서(舊唐書)』 및 『신당서(新唐書)』)	140	52.4%	169	54.9%
묘지명(墓誌銘)	127	47.3%	139	45.1%

20 崔珍烈, 위의 글, 225~226쪽.

21 崔珍烈, 「隋唐 本籍地封爵의 性格」, 395쪽, <표 5> 자료별 本籍地封爵者 및 봉호의 비중.

<표 15>는 필자가 조사한 본적지 봉작자와 봉호의 자료를 정사와 묘지명으로 나누어 비율을 산출하여 정리한 표이다. 정사인 『구당서』와 『신당서』에서 발견된 본적지 봉작자와 봉호의 비중이 52.4%와 54.9%로 1/2을 넘었지만, 묘지명의 수치와 그다지 큰 차이를 보이지 않는다. 묘지명은 유가족이 직접 짓거나 다른 사람들에게 부탁하여 짓는 글이므로, 대개 유가족들의 요청에 따라 죽은 이의 일생이 미화될 가능성이 높을 것이다. 따라서 묘지명에 기술된 죽은 이의 본적과 관작(官爵), 생전의 행적을 무비판적으로 받아들일 수 없다. 그러므로 제도사 연구에서는 다른 사서(史書) 혹은 묘지명과의 비교 등 면밀한 사료 비판이 요구된다. 묘지명에 본적지 봉작자와 봉호가 빈출한다면, 이는 국가가 공식적으로 준 봉호가 아니라 사자(死者), 혹은 유가족이 자의적으로 묘지명에 본적지봉호를 썼다는 비판도 가능하다. 필자는 이러한 반론의 가능성을 두 가지 통계로 검증한다.[22]

먼저 아래 <표 16>을 보자.

〈표 16〉 당대(唐代) 본적지 봉작자 다수 배출한 성씨(姓氏)[23]

순위	성씨	북조시대 봉작자 순위	升降	순위	성씨	북조시대 봉작자 순위	升降
1	河東裴氏(16)	26(2)	↑25(+14)	16	吳郡陸氏(4)		
2	弘農楊氏(15)	2(13)	→(+2)	21	扶風馬氏(3)		
	趙郡李氏(15)	2(13)	→(+2)		樂安孫氏(3)		
4	隴西李氏(13)	5(9)	↑1(+4)		瑯琊顏氏(3)		
5	博陵崔氏(12)	11(5)	↑6(+7)		蘭陵蕭氏(3)	46(1)	↑25(+2)

22 崔珍烈, 위의 글, 395쪽.

23 崔珍烈, 위의 글, 395-396쪽, <표 6> 唐代 본적지 봉작자 다수 배출한 姓氏.

6	彭城劉氏(11)			25	河東姚氏(2)		
7	淸河崔氏(10)	5(9)	↑2(+1)		河東柳氏(2)	46(1)	↑25(+2)
8	范陽盧氏(9)	5(9)	↑3(0)		魏州郭氏(2)		
9	太原王氏(7)	26(2)	↑17(+5)		高陽許氏(2)		
	滎陽鄭氏(7)	8(6)	↓1(+1)		渤海封氏(2)	17(3)	↑8(-1)
11	河東薛氏(6)	1(17)	↓10(-11)		河間邢氏(2)	26(2)	↓(0)
	渤海高氏(6)	8(6)	↓3(0)		淸河李氏(2)		
13	淸河張氏(5)	46(1)	↑33(+4)		范陽張氏(2)		
	瑯邪王氏(5)				魯郡孔氏(2)		
	濮州吳氏(5)				潁川陳氏(2)		
16	太原[祁縣]王氏(4)				東海于氏(2)		
	南陽岑氏(4)				潁川韓氏(2)		
	東莞臧氏(4)				始興張氏(2)		
	鉅鹿魏氏(4)	46(1)	↑30(+3)		吳興沈氏(2)		

[범례] 1. ( ) 안의 숫자는 해당 성씨의 **本籍地封爵者** 수임.
2. **升降** 란의 '↑'는 **北朝時代**와 비교하여 순위의 상승, '↓'는 순위의 하강, '→'은 순위의 변동이 없음을 나타낸다.
3. **升降** 란의 '+'는 본적지 **封爵者** 수의 증가, '–'는 감소를 나타낸다.

<표 16>을 보면 당대(唐代) 본적지 봉작자를 배출한 성씨 가운데 상위 10개 가문이 하동배씨(河東裴氏)·홍농양씨(弘農楊氏)·조군이씨(趙郡李氏)·관롱이씨(隴西李氏)·박릉최씨(博陵崔氏)·팽성유씨(彭城劉氏)·청하최씨(淸河崔氏)·범양노씨(范陽盧氏)·태원왕씨(太原王氏)·형양정씨(滎陽鄭氏)이다. 이 가운데 하동배씨, 홍농양씨, 조군이씨, 최씨(崔氏)[박릉(博陵) 혹은 청하(淸河)], 범양노씨, 형양정씨는 당대(唐代) 보학자(譜學者) 유충(柳沖)이 분류한 위진남북조시대 관중(關中)과 산동(山東)의 대표적인 문벌이었다.[24] 당대(唐代) 민간에서도 최(崔)·노(盧)·이

24『新唐書』卷199「儒學中·柳沖傳」, 5678쪽, "山東則爲'郡姓', 王·崔·盧·李·鄭爲大; 關中亦號

(李)・정(鄭) 성(姓)이 사성(四姓)이었고, 여기에 태원왕씨(太原王氏)를 덧붙여 오성(五姓)이라 칭하였다.[25] 또 고종(高宗) 시기에 이의부(李義府)의 주청으로 조정은 조군이씨・농서이씨・박릉최씨・청하최씨・범양노씨・태원왕씨・형양정씨에 속하는 7성 10가(七姓十家)를 '금혼가(禁婚家)'로 정하고 이 집안들끼리 서로 통혼하지 못하도록 하였다.[26] 이처럼 <표 16>의 상위 10개 가문, 혹은 성(姓) 가운데 7개의 성씨가 당초(唐初)부터 문벌(門閥)로 공인되었다. 또 팽성유씨(彭城劉氏)를 제외한 9개 성씨(姓氏)는 위진남북조시대 이후 관중과 산동의 문벌이라고 보학자(譜學者)들이 인정한 성씨였다. 또 11위인 하동설씨(河東薛氏)도 위진남북조시대 관중의 대표적인 군성(郡姓)의 하나였다.[27] 본적지 봉작자를 다수 배출한 가문이 당대(唐代), 혹은 그 이전인 위진남북조시대에 최고문벌로 인정되었거나 관중과 산동의 대표적인 문벌로 거론되었음을 알 수 있다. 이는 본적지봉작이 문벌과 관련되어 있을 가능성을 보여준다. 즉 본적지봉호는 자신이 해당 문벌 혹은 본적지의 대표적인 가문임을 공인받거나 과시하는 수단이었을 것이다.[28]

본적지봉호는 아니지만 거소현자(居巢縣子)에 봉해진 유지기(劉知幾)는 자신이 봉작(封爵)을 받는다면 반드시 '거소(居巢)'가 들어간 봉호(封號)를 받을 것이라고 말하고 다녔다. 유지기는 『유씨가사(劉氏家史)』 15권과 『보고(譜考)』 3권을 지었다. 팽성(彭城) 총정리(叢亭里) 출신 유씨

'郡姓', 韋·裴·柳·薛·楊·杜首之."

25 『新唐書』 卷199 「儒學中・柳沖傳」, 5678쪽, "今流俗獨以崔·盧·李·鄭為四姓, 加太原王氏號五姓, 蓋不經也."

26 『新唐書』 卷95 「高儉傳」, 3842쪽, "又詔後魏隴西李寶, 太原王瓊, 滎陽鄭溫, 范陽盧子遷·盧渾·盧輔, 淸河崔宗伯·崔元孫, 前燕博陵崔懿, 晉趙郡李楷, 凡七姓十家, 不得自為昏……"

27 『新唐書』 卷199 「儒學中・柳沖傳」, 5678쪽.

28 崔珍烈, 「隋唐 本籍地封爵의 性格」, 396-397쪽.

(劉氏)는 팽성유씨(彭城劉氏)가 시조(始祖)로 받드는 초원왕(楚元王) 유교(劉交)의 후예가 아니라 초효왕(楚孝王) 유효(劉囂)의 증손(曾孫)인 사도(司徒) 거소후(居巢侯) 유개(劉愷)의 후손이라고 주장하였다. 후에 유지기의 형제 6인이 진사(進士)에 급제하자 그의 고향 사람들은 고향의 이름을 거소리(居巢里)로 바꾸었다.[29] 따라서 유지기가 '거소'라는 지명이 들어간 봉호를 원한 것은 자기 조상에 대한 긍지와 가문에 대한 자신감 때문이었을 것이다. 또 실제 유지기가 자신의 희망대로 거소현자에 봉해진 것을 보면 당시 봉호를 정할 때 조상과 관련된 지명을 선택하는 관행이 있었음을 추측할 수 있다. 그렇지 않다면 유지기가 자신이 '거소'가 포함된 봉호를 얻을 것이라고 자신 있게 말하고 다닐 수 없었을 것이다. 유지기의 봉호인 거소현자는 본적지봉호는 아니다. 그렇지만, 당시 작위를 하사할 때 봉호에 해당 가문과 관련 있는 지명을 첨가하는 관행이 있었다면 유지기처럼 조상의 봉호와 같은 지명뿐만 아니라 조상 본적의 군현명(郡縣名)도 봉호에 포함되는 지명으로 선택될 가능성이 많았음을 알 수 있다. 즉 본적지봉호를 하사하는 것은 당시 법조문에는 명시되지 않았으나 공공연히 행해진 관행이었을 것이다.[30]

위진남북조시대 가계(家系)가 불분명한 집안이 문벌로 인정받는 방법은 해당 문벌이 살던 고택(古宅)을 점거하고 분묘(墳墓)를 해당 본적지에 옮기거나, 해당 지역 주군(州郡)의 중정(中正)이 되거나 본적지 자사(刺史)·태수(太守) 혹은 본적지봉호를 획득하는 방법이었다. 이 가운데 주

29 『舊唐書』 卷102 「劉子玄傳」, 3171쪽, "知幾自負史才, 常慨時無知己, 乃委國史於著作郎吳兢, 別撰劉氏家 史十五卷·譜考三卷. 推漢氏為陸終苗裔, 非堯之後. 彭城叢亭里諸劉, 出自宣帝子楚孝王囂曾孫司徒居巢 侯劉愷之後, 不承楚元王交. 皆按據明白, 正前代所誤, 雖為流俗所譏, 學者服其該博. 初, 知幾每云若得受封, 必以居巢為名, 以紹司徒舊邑; 後以修則天實錄功, 果封居巢縣子. 又鄉人以知幾兄弟六人進士及第, 文學知名, 改其鄉里為高陽鄉居巢里."

30 崔珍烈, 「隋唐 本籍地封爵의 性格」, 396-397쪽.

군의 중정은 위진남북조시대 각 향리(鄕里)의 인물 평가와 인재 추천을 맡았으므로, 중정이 되는 것은 해당 지역의 문벌임을 정치적・사회적으로 공인받는 최선의 방법이었다.[31] 그러나 수대(隋代)에 구품관인법(九品官人法)이 폐지되어 더 이상 중정을 임명하지 않았다. 따라서 중정은 당대(唐代)에 문벌로 인정받는 제도적 장치가 될 수 없었다. 또 해당 문벌의 고택(古宅)에 사는 방법도 생각해 볼 수 있다. 그러나 당대(唐代)에는 벼슬을 하며 수도 장안(長安)과 제 2수도 낙양(洛陽), 혹은 부임지에 눌러 사는 관리들이 많았기 때문에[32] 이 방법도 최선은 아니었다. 따라서 당대(唐代)에 문벌로 사회적으로 공인되기 위해 문벌과 통혼하는 방법 이외에 족보를 위조하거나 본적지봉호를 획득하여 해당 군망(郡望), 혹은 군성(郡姓)으로 인정받는 것이 최선의 방법이었다.[33]

태종(太宗)은 정관(貞觀) 6년(632) 고사렴(高士廉)・위정(韋挺)・잠문본(岑文本) 등이 『씨족지(氏族志)』를 편찬하면서 최민간(崔民幹)을 제1성(第一姓)으로 놓자 고관(高官)을 역임하지 못한 산동문벌(山東門閥)을 높이 평가한 점을 비판하였다. 이에 내용을 바꾸어 최민간을 제 3성(第三姓)으로 강등한 『씨족지』를 정관 12년(638)에 반포하였다.[34] 고종(高宗) 현경

31 崔珍烈, 「南北朝時代 본적지봉작과 그 성격」, 223-232쪽.

32 毛漢光, 「從士族籍貫遷移看唐代士族之中央化」, 『中國中古社會史論』, 上海: 上海書店出版社, 2002 참조.

33 崔珍烈, 「隋唐 本籍地封爵의 性格」, 398쪽.

34 『舊唐書』 卷3 「太宗紀」下 貞觀十二年春正月乙未條, 49쪽, "十二年春正月乙未, 吏部尚書高士廉等上氏族志一百三十卷."; 『舊唐書』 卷65 「高士廉傳」, 2443쪽, "是時, 朝議以山東人士好自矜夸, 雖復累葉陵遲, 猶恃其舊地, 女適他族, 必多求聘財. 太宗惡之, 以為甚傷教義, 乃詔士廉與御史大夫韋挺·中書侍郎岑文本·禮部侍郎令狐德棻 等刊正姓氏. 於是普責天下譜諜, 仍憑據史傳考其真偽, 忠賢者褒進, 悖逆者貶黜, 撰為氏族志. 士廉乃類其等第以進. 太宗曰: '我與山東崔·盧·李·鄭, 舊既無嫌, 為其世代衰微, 全無冠蓋, 猶自云士大夫, 婚姻之間, 則多邀錢幣. 才識凡下, 而偃仰自高, 販鬻松檟, 依託富貴. 我不解人間何為重之？祇緣齊家惟據河北, 梁·陳僻在江南, 當時雖有人物, 偏僻小國, 不足可貴, 至今猶以崔·盧·王·謝為重. 我平定四海, 天下一家, 凡在

(顯慶) 4년(659)에 편찬된 『성씨록(姓氏錄)』에서는 역임한 관직(官職)의 고하(高下)에 따라 아홉 등급으로 성(姓)을 나누었다.[35] 이처럼 국가권력(國家權力)은 관료제와 결합된 문벌을 재편하려고 하였다. 그러나 산동(山東)의 문벌은 특히 『성씨록』을 훈격(勳格)이라며 비난하였다. 이러한 조치 이후에도 산동(山東) 문벌 세력의 사회적 명망은 쇠퇴하지 않았다.[36] 오히려 국가권력이 만든 재편된 문벌 질서를 따라야 할 방현령(房玄齡)·위징(魏徵)·이적(李勣) 등 당초(唐初)의 공신(功臣)과 훈귀(勳貴)들이 산동(山東)의 명문과 통혼(通婚)하여 자신들의 가문의 격(格)을 격상시키려 하였다.[37] 고종(高宗) 시기 문벌들의 상호 통혼을 금지시키자고 주청했던

朝士, 皆功效顯著, 或忠孝可稱, 或學藝通博, 所以擢用. 見居三品以上, 欲共衰代舊門為親, 縱多輸錢 帛, 猶被偃仰. 我今特定族姓者, 欲崇重今朝冠冕, 何因崔幹猶為第一等?昔漢高祖止是 山東一匹夫, 以其平定天下, 主尊臣貴. 卿等讀書, 見其行迹, 至今以為美談, 心懷敬重. 卿等不貴我官爵耶?不須論數世以前, 止取今日官爵高下作等級.' 遂以崔幹為第三等. 及 書成, 凡一百卷, 詔頒於天下, 賜士廉物千段. 尋同中書門下三品."

35 『新唐書』 卷95 「高儉傳」, 3842쪽, "高宗時, 許敬宗以不敍武后世, 又李義府恥其家無名, 更以孔志約·楊仁卿·史玄道·呂才等十二人刊定之, 裁廣類例, 合二百三十五姓, 二千二百八十七家, 帝自敍所以然. 以四后姓·酅公·介公及三公·太子三師·開府儀同三司·尚書僕射為第一姓, 文武二品及知政 事三品為第二姓, 各以品位高下敍之, 凡九等, 取身及昆弟子孫, 餘屬不入, 改為姓氏錄. 當時軍功入五品者, 皆昇譜限, 搢紳恥焉, 目為'勳格'. 義府奏悉索氏族志燒之. 又詔後魏隴西李寶, 太原王瓊, 滎陽鄭溫, 范陽盧子遷·盧渾·盧輔, 清河崔宗伯·崔元孫, 前燕博陵崔懿, 晉趙郡李楷, 凡七姓十家, 不得自為昏; 三品以上納幣不得過三百匹, 四品五品二百, 六品七品百, 悉為歸裝, 夫氏禁受陪門財. 先是, 後魏太和中, 定四海望族, 以寶等為冠. 其後矜尚門地, 故氏族志一切降之. 王妃·主壻皆取當世勳貴名臣家, 未嘗尚山東舊族. 後房玄齡·魏徵·李勣復與昏, 故望不減, 然每姓第其房望, 雖一姓中, 高下縣隔. 李義府為子求昏不得, 始奏禁焉. 其後天下衰宗落譜, 昭穆所不齒者, 皆稱'禁昏家', 益自貴, 凡男女皆潛相聘娶, 天子不能禁, 世以為敝云."

36 柳元迪, 「唐 前期의 支配層」, 서울大學校東洋史學研究室 編, 『講座中國史』 II, 知識産業社, 1989, 232-256쪽. 전전애자(前田愛子)는 무측천(武則天) 시기 산동 5성(山東五姓) 출신 인물들이 재상(宰相)인 동중서문하평장사(同中書門下平章事), 복야(僕射)·상서(尚書)·낭중(郎中), 어사대(御史臺) 및 간관(諫官)에 대거 진출했음을 지적하며, 이들이 단순한 사회적 명망뿐만 아니라 정치적으로 현달했음을 입증하였다(前田愛子, 「女帝武則天と唐代貴族-山東五姓を中心として-」, 西嶋定生博士追悼論文集編輯委員會 編 ,『東アジア史の展開と日本』, 山川出版社, 2000, 331쪽).

이의부(李義府)는 이들과 통혼하려고 하였으나 실패하자 앙심을 품고 이를 추진하였다.[38] 이처럼 관직의 높고 낮음과 상관없이 당시 사회적으로 문벌(門閥)로 공인받았던 가문과의 통혼을 당시 지배층의 일부도 원했으며, 이를 통해 자신들 가문도 문벌이 승격되기를 원했다. 따라서 산동의 문벌과 통혼할 때 막대한 지참금을 주어 '매혼(賣婚)'[39]이라는 비난을 감수할 정도였다. 당시 문벌과의 통혼이 문벌이 낮은 가문의 등급[家格]을 높이는 방법이었음을 알 수 있다.[40]

이의부처럼 문벌과의 통혼이 여의치 않으면 해당 문벌의 족보 위조에 간여하는 방법도 있었다. 『구당서』와 『신당서』 「이의부전(李義府傳)」에 따르면 이의부는 영주(瀛州) 요양현(饒陽縣) 출신이나, 파촉(巴蜀)에서 태어나 성장하였다.[41] 영주 요양현과 파촉은 조군이씨(趙郡李氏)의 본거지, 혹은 본적(祖籍)인 조주(趙州)에서 멀리 떨어져 있었다.[42] 따라서 본적과 출

---

37 『新唐書』 卷95 「高儉傳」, 3842쪽, "王妃·主婿皆取當世勳貴名臣家, 未嘗尚山東舊族. 後房玄齡·魏徵·李勣復與昏, 故望不減, 然每姓第其房望, 雖一姓中, 高下縣隔."

38 『舊唐書』 卷82 「李義府傳」, 2768-2769쪽, "關東魏·齊舊姓, 雖皆淪替, 猶相矜尚, 自為婚姻. [李]義府為子求婚不得, 乃奏隴西李等七家, 不得相與為婚."

39 『新唐書』 卷95 「高儉傳」, 3841쪽, "初, 太宗嘗以山東士人尚閥閱, 後雖衰, 子孫猶負世望, 嫁娶必多取貲, 故人謂之賣昏."

40 崔珍烈, 「隋唐 本籍地封爵의 性格」, 398-399쪽.

41 『舊唐書』 卷82 「李義府傳」, 2765쪽, "李義府, 瀛州饒陽人也. 其祖為梓州射洪縣丞, 因家於永泰." 『신당서(新唐書)』 「이의부전(李義府傳)」의 기록도 대략 같다.

42 조군이씨(趙郡李氏)의 본적인 조군(趙郡)의 평극현(平棘縣)과 찬황현(贊皇縣)은 당대(唐代)에 조주(趙州)에 편입되었다(『舊唐書』 卷39 「地理志」2 河北道·趙州條, 1500-1501쪽, "漢平棘縣, 故城在今縣南. 後魏於昭慶縣置殷州, 齊改為趙州. 隋廢, 尋復置趙 郡於平棘縣. 武德元年, 張志昂以郡歸國, 改為趙州, 領平棘·高邑·贊皇·元氏·廮陶·欒城·大陸·柏鄉·房子·槀城·鼓城十二縣其年, 以槀城屬廉州, 以鼓城屬深州. 四年, 改大陸為象城. 天寶元年, 改為趙郡. 乾元元年, 復為趙州. 舊領縣九, 戶二萬一千四 百二十七, 口八萬五千九百九十二."). 한편 백인현(栢仁縣)은 조주(趙州)에 속했다가 후에 형주(邢州)에 편입되었다(『舊唐書』 卷39 「地理志」2 河北道·趙州條, 1499-1500쪽, "隋襄國郡. 武德元年, 改為邢州總管府, 管邢·溫·和·封·蓬·東龍六州. 邢州領龍岡·堯山·內丘三縣. 四年, 平竇建德, 罷總管府. 割內丘屬趙州, 仍省和·溫·封三州, 以其所領

생지를 보면, 이의부가 조군이씨인지 불확실하다. 그러나 이의부(李義府)는 권력을 잡은 후 조군이씨라고 주장하고 자신의 권세를 이용해 조군이씨(趙郡李氏)와 교류하며 친척임을 인식시키려 했고, 이에 급사중(給事中) 이숭덕(李崇德)은 조군이씨의 족보에 편입시켰다. 그러나 후에 이의부가 보주자사(普州刺史)로 좌천되자 이숭덕이 이의부의 이름을 조군이씨의 족보에서 삭제하였다. 이후 이의부가 다시 재상(宰相)이 되어 재기하자 이숭덕을 모함하여 하옥시켜 자살케 하였다.[43] 반면 고종 시기 이부상서(吏部尙書) 박주(亳州) 초현(譙縣) 사람 이경현(李敬玄)[44]은 산동 구족(山東舊族)과 세 차례 통혼하였고, 합보(合譜)하여 자신을 조군이씨로 분식(粉飾)시키는 데 성공하였다.[45] 이 두 사례에서 당시 권력자와 문벌의 이해관계가 맞으면 족보의 위조도 가능했음을 알 수 있다. 이의부·이경현과 같은 시기에 활약했던 허경종(許敬宗)은 지참금을 탐내 좌감문대장군(左監門大將軍) 전구롱(錢九隴)과 결혼시키며 전구롱의 문벌을 위조하였고, 당초(唐初) 개국공신(開國功臣)인 유문정(劉文靜)·장손순덕(長孫順德)과 동권(同卷)에 열전을 실었다.[46] 정사뿐만 아니라 묘지명(墓誌銘)에서도 가계(家系)의 위조가 발견된다. 이홍절(李弘節) 후손들의 묘지명

南和·沙河·平鄕三縣來屬. 又立任縣. 五年, 割趙州之內丘·柏仁來屬. 天寶元年, 改為鉅鹿郡. 乾元元年, 復為邢州. 舊領縣九, 戶二萬一千九百八十五, 口九萬九百六十.").

43 『舊唐書』 卷82 「李義府傳」, 2768-2769쪽, "[李]義府既貴之後, 又自言本出趙郡, 始與諸李敍昭穆, 而無賴之徒苟合, 藉其權勢, 拜伏為兄叔者甚衆. 給事中李崇德初亦與同譜敍昭穆, 及[李]義府出為普州刺史, 遂即除削. [李]義府聞而銜之, 及重為宰相, 乃令人誣構其罪, 竟下獄自殺."

44 『舊唐書』 卷81 「李敬玄傳」, 2754쪽, "李敬玄, 亳州譙人也."; 『新唐書』 卷160 李敬玄傳, 4052, "李敬玄, 亳州譙人."

45 『新唐書』 卷160 「李敬玄傳」, 4052쪽, "凡三娶皆山東舊族, 又與趙李氏合譜, 故臺省要職多族屬姻家. 高宗知之, 不能善也."

46 『舊唐書』 卷82 「許敬宗傳」, 2763-2764쪽, "[許]敬宗嫁女與左監門大將軍錢九隴, 本皇家隸人, 敬宗貪財與婚, 乃為[錢]九隴曲敍門閥, 妄加功績, 并升與劉文靜·長孫順德同卷."

에 따르면, 이홍절의 아들 이도겸(李道謙)은 청하군(淸河郡) 청평현(淸平縣) 출신,[47] 손자인 이진(李瑱)은 조군(趙郡) 찬황현(贊皇縣) 출신이라고[48] 기록하였다. 이도겸과 이진이 공통 조상인 이홍절의 후손이었지만 본적을 달리 기록한 것은 이진(이도겸의 조카)의 세대에 같은 이씨 가운데 최고 문벌인 조군이씨를 모칭(冒稱)했기 때문이다. 즉 본적인 청하군 청평현 대신 조군 찬황현으로 본적을 위조하여 자신의 가문을 명문인 조군이씨로 분식시키려 하였다.[49]

족보와 가계 위조가 일반화되면서 자신을 문벌 가문 출신이라고 주장하는 사람들이 늘어났다. 『신당서(新唐書)』「고검전(高儉傳)」 찬왈(贊曰)에서는 이씨(李氏)들은 자신의 본적을 농서군(隴西郡)이라고 주장하고, 유씨(劉氏)들은 자신의 본적이 팽성군(彭城郡)이라고 자칭했던 당시 세태를 비판하였다.[50] 즉 당시 이씨 가운데 문벌은 농서·조군을 본적지로 둔 가문이었고, 유씨는 팽성군을 본적지로 한 가문이 군망(郡望)으로 인정받았기 때문에 이씨는 무조건 자신이 농서이씨(隴西李氏), 유씨는 팽성유씨(彭城劉氏)라고 주장하는 풍조가 있었음을 알 수 있다.[51] 이는 당대(唐代) 장씨(張氏)에 관한 연구 결과와도 부합한다. 본래 장씨(張氏)는 중국 전역에

47 「大唐故交州都督上柱國淸平縣公世子李君墓誌銘并序」, 『唐代墓誌彙編』, 59쪽, "君諱道素, 淸河淸平人也. …… 父弘節, 抗·原·慶三州刺史, 大理少卿, 桂·交二州都督, 使持節二州諸軍事, 贈桂州都督廿七州諸軍事 上柱國·淸平縣公."

48 「大唐故朝議郎行河南府陸渾縣令上柱國李府君墓誌銘并序」, 『唐代墓誌彙編』, 1259쪽, "公諱瑱, 字良玉, 趙郡贊皇人也. …… 曾祖蕣, 北齊永州刺史, 襲爵淸泉縣侯; 蕣生弘節, 桂州都督工部侍郎, 別封淸平縣公; 弘節生道謙, 營州都督太府卿, 別封淸河郡公. …… 公卽淸河府君少子."

49 崔珍烈, 「隋唐 本籍地封爵의 性格」, 399-400쪽.

50 『新唐書』 卷95 「高儉傳」 贊曰, 3843-3844쪽, "至中葉, 風教又薄, 譜錄都廢, 公靡常產之拘, 士亡舊德之傳, 言李悉出隴西, 言劉悉出彭城, 悠悠世胙, 訖無考按, 冠冕皂隸, 混為一區, 可太息哉!"

51 崔珍烈, 위의 글, 400-401쪽.

퍼져 있는 흔한 성(姓)이었고, 당대(唐代)에는 범양(范陽)·오군(吳郡)·청하(淸河)의 장씨(張氏)가 문벌로 인정되었다. 그런데 이 가운데 청하장씨(淸河張氏)가 가장 유명하였다. 그런데 '장(張)'이란 성(姓)을 가진 인물이나 특정 가정에서 청하장씨를 모칭(冒稱)하는 현상이 이미 북주시대부터 나타났고 당대(唐代) 전 시기에 걸쳐 만연하였다. 특히 당 후기(唐後期)에 이러한 모칭(冒稱) 현상이 두드러졌다. 지역적으로도 고창(高昌)과 돈황(敦煌) 등 변방지역에까지 발견되었다.[52]

3. 본적지봉호(本籍地封號)와 군망(郡望)

1) 북조(北朝) 본적지봉호(本籍地封號)와 군망(郡望)

선행연구에 따르면 본적지 지방관을 다수 배출한 가문이 향병(鄕兵)을 동원할 정도로 지방의 유력세력이었으며,[53] 북조시대(北朝時代)에는 대개 『신당서(新唐書)』「유충전(柳沖傳)」에 열거된 문벌과 대개 일치하였다.[54] 따라서 본적지 지방관을 다수 배출한 가문이 다수의 본적지봉호를 받았음은 적어도 국가권력이 해당 가문을 해당 지역의 유력세력으로 인정했다는 뜻이다. 따라서 본적지봉호를 얻은 가문은 해당 지역의 유력호족(豪族)이라고 간주해도 좋을 것이다. 이는 본적지 지방관과 본적지봉호를 겸한 예가 보이는 점에서도 확인된다. 예컨대 후진(後秦)이 동진(東

52 郭鋒, 『唐代士族個案硏究-以吳郡·淸河·范陽·敦煌張氏爲中心-』, 179-201쪽.

53 窪添慶文, 「魏晋南北朝における地方官の本籍地任用について」, 311-340쪽.

54 崔珍烈, 「南北朝時代 본적지봉작과 그 성격」, 224-225쪽.

晉)에 망한 후 북위(北魏)에 귀순했던 설근(薛謹)은 하동태수(河東太守)에 임명되었고, 후에 분음후(汾陰侯)를 상속하였다.[55] 하동설씨(河東薛氏)는 하동군(河東郡)의 유력한 토착호족이었으며, 북조시대 최고 많은 20인의 본적지 자사(刺史)·태수(太守)·현령(縣令)을 배출하였다. 이처럼 하동군에서 영향력이 큰 하동설씨의 한 사람인 설근(薛謹)이 본적지인 하동태수(河東太守)를 역임하고 본적지봉호인 분음후를 상속한 것은 북위가 토착호족인 설근이 하동군의 대표적인 호족(豪族)임을 인정한 상징적인 조치로 해석할 수 있다. 헌문제(獻文帝) 시기인 467년 유송(劉宋) 명제(明帝)와 진안왕(晉安王) 자훈(子勛)의 황위(皇位) 계승 분쟁 과정에서 유송의 서주자사(徐州刺史) 설안도(薛安都)와 연주자사(兗州刺史) 필중경(畢衆敬)이 항복하자[56] 북위는 필중경을 연주자사로 임명하고 동평공(東平公)에 봉하였다.[57] 필중경의 본적지가 동평군(東平郡) 수창현(須昌縣)이었으므로 본적지 군공(郡公)으로 봉해진 것이다. 그는 유송(劉宋) 효무제(孝武帝) 시기 연주에 속한 태산군(泰山郡)의 태수(太守)가 되어 유송 시기 이래 연주(兗州)의 유력한 토착세력으로 군림하였다.[58] 466년 북위로 귀부한 그는 황흥원년(皇興元年, 467) 연주자사가 되었고, 그의 아들 필원빈(畢元賓) 역시 연주자사에 임명되었다.[59] 그런데 오정섭(吳廷燮)의 「원

55 『魏書』 卷42 「薛辯傳附謹傳」, 941-942쪽, "[薛]辯將歸國, 密使報[薛]謹, 遂自彭城來奔. 朝廷嘉之, 授河東太守. 後襲爵平西將軍·汾陰侯."

56 『魏書』 卷50 「慕容白曜傳」, 1117쪽, "劉彧徐州刺史薛安都·兗州刺史畢衆敬並以城內附, 詔鎭南大將軍尉元·鎭東將軍孔伯恭率師赴之."

57 『魏書』 卷61 「畢衆敬傳」, 1360쪽, "黃興初, 就拜散騎常侍·寧南將軍·兗州刺史, 賜爵東平公. 與中書侍郎李璨對爲刺史."

58 『魏書』 卷61 「畢衆敬傳」, 1359쪽, "畢衆敬, 小名捺, 東平須昌人. 少好弓馬射獵, 交結輕果, 常於疆境盜掠爲業. 劉駿爲徐兗刺史, 辟爲部從事. 駿旣竊號, 歷其泰山太守·冗從僕射."

59 『魏書』 卷61 「畢衆敬傳」, 1360쪽, "皇興初, 就拜散騎常侍·寧南將軍·兗州刺史, 賜爵東平公. 與中書侍郎李璨對爲刺史."; 『魏書』 卷61 「畢衆敬傳附元賓傳」, 1361쪽, "及至京師, 俱爲上客,

위방진연표(元魏方鎭年表)」에 따르면 필중경은 황흥원년(467)~황흥 2년(468), 연흥(延興) 4년(474)~승명원년(承明元年, 476) 두 차례 각각 2년과 3년, 필원빈은 태화원년(太和元年, 477)~태화 15년(491) 간 15년 동안 연주자사를 역임하였다.[60] 이처럼 동평필씨(東平畢氏)는 2대에 걸쳐 모두 20년간 본적지인 연주자사를 역임하였다. 필중경과 필원빈이 동평공과 수창후(須昌侯)에 봉해진 것은 북위가 동평필씨를 연주, 혹은 동평군의 대표적인 세력으로 인정한 것이다. 또 10인의 본적지 지방관을 배출한 조군이씨(趙郡李氏)는 조군(趙郡)의 대표적인 지방호족이었다. 이계(李系)는 도무제(道武帝)가 하북(河北)을 점령한 후 본적지 현인 평극현(平棘縣)의 현령(縣令)으로 임명되었다. 그는 사후에 영삭장군(寧朔將軍) 조군태수(趙郡太守) 평극남(平棘男)에 추증되었다.[61] 사후 추증된 관직이 본적지의 태수였고, 작위가 본적지 본현인 평극남이었음이 주목된다. 추증(追贈)은 사자(死者)를 기리기 위해 특별히 관작(官爵)을 하사하는 것이다. 본적지 태수와 본적지봉호를 하사했다는 것은 양자가 사자(死者)를 기념할 만한 가치기 있었기 때문일 것이다. 따라서 본적지봉호는 본적지 지방관과 함께 자신이 해당 지역의 유력세력임을 인정받는 상징이었다고 해석할 수 있다.[62]

본장의 1~2절에서 본적지봉호가 국가권력이 해당 지역을 대표하는 세력임을 인정하는 상징이었음을 증명하였다. 그러나 본적지봉호보다 해당

賜爵須昌侯. 加平遠將軍. 後以元賓勳重, 拜使持節·平南將軍·兗州刺史, 假彭城公. 父子相代爲本州, 當世榮之."

60 吳廷燮, 「元魏方鎭年表」, 『二十五史補編』, 中華書局, 1955, 4537쪽.

61 『魏書』 卷36 「李順傳」, 829쪽, "李順, 字德正, 趙郡平棘人也. 父系, 慕容垂散騎侍郎, 東武城令, 治有能名. 太祖定中原, 以系爲平棘令. 年老, 卒於家. 贈寧朔將軍·趙郡太守·平棘男."

62 崔珍烈, 「南北朝時代 본적지봉작과 그 성격」, 226-228쪽.

지역의 문벌 여부를 확인시켜 주는 방법이 주군(州郡)의 중정(中正) 역임이다. 중정은 주군의 인물을 차등적으로 평가하였으며, 대개 해당 지역의 최고 문벌들이 역임하였다.[63] 본적지 봉작자의 일부는 본적지의 중정을 맡기도 했다. 예컨대 발해군(勃海郡) 출신 고당(高讜)은 본적지봉호(本郡他縣)인 남피자(南皮子)에 봉해졌고 기청이주중정(冀靑二州中正)에 임명되었다.[64] 본적지봉호를 지닌 고우(高祐)가 본적지(冀州)의 중정에 임명된 사실은 국가권력에서 그를 기주(冀州), 혹은 발해군(勃海郡)의 유력세력임을 인정한 것으로 보아도 좋을 것이다. 이처럼 국가권력으로부터 본적지의 대표적인 세력으로 인정받는 방법은 주군의 중정으로 임명되는 것이다. 필요충분조건은 아니지만 본적지의 지방관으로 임명되거나 본적지봉호를 획득하는 것도 자신이 본적지를 대표하는 세력임을 과시할 수 있는 차선의 수단이었다.[65]

본적지봉호가 해당 지역의 토착호족임을 인정받고 문벌로 대접받기 위한 차선의 방법이었음은 가계가 불확실한 가문들의 모적(冒籍) 과정에서 발견할 수 있다. 왕예(王叡)의 예에서 확인된다. 왕예는 태원군(太原郡) 진양현(晉陽縣) 출신, 즉 태원왕씨(太原王氏)로 자칭했으며 그의 선조가 서진말(西晉末) 난을 피해 무위군(武威郡) 고장현(姑臧縣)으로 피난갔다고 한다.[66] 왕예는 천문(天文)과 점복(占卜)에 능하여 풍태후(馮太后)의 총애를 얻어 산기상시(散騎常侍) 시중(侍中) 이부상서(吏部尙書)로 승진

63 宮崎市定, 『九品官人法の研究』, 京都: 同朋舍, 1956, 168-182쪽.

64 『魏書』 卷57 「高祐傳」, 1259쪽, “高祐, 字子集, 小名次奴, 勃海人也. …… 父讜, 從世祖滅赫連昌, 以功拜游擊將軍, 賜爵南皮子. 與崔浩共參著作, 遷中書侍郎, 轉給事中·冀靑二州中正.”

65 崔珍烈, 「南北朝時代 본적지봉작과 그 성격」, 228-229쪽.

66 『魏書』 卷93 「恩倖 · 王叡傳」, 1988쪽, “叡, 字洛誠, 自云太原晉陽人也. 六世祖橫, 張軌參軍. 晉亂, 子孫因居於武威姑臧.”

하였고 태원공(太原公)에 봉해졌다.[67] 그가 태원군 진양현 출신이라고 자칭했기 때문에 이는 본적지봉호로 볼 수 있다. 왕예는 자신의 본적이 태원군 진양현이라고 말하며 본적을 옮겼고, 형제들의 봉작(封爵)도 병주(并州)의 군현명(郡縣名)을 따서 개봉(改封)하도록 하였다.[68] 태원군이 병주의 치소(治所)이므로 왕예는 병주를 자신의 본적으로 생각하고 그의 형제들 봉작을 병주의 군현명으로 바꾼 것이다. 이는 풍태후 집권 아래 효문제 시기 자신의 본적지에 따라 본적지봉호를 받거나 사여할 것을 요구하는 행위가 관행적이었음을 시사한다.[69] 이처럼 왕예는 자신뿐만 아니라 일족에게 본적지봉호를 얻게 하여 태원왕씨임을 공인받으려 하였다. 낙양천도(洛陽遷都) 후 왕예는 분묘를 태원군 진양현으로 옮겼다.[70] 이로써 그가 태원왕씨의 후예라고 주장할 근거가 더욱 확보된 것이다. 세상 사람들이 왕예의 아우 왕춘(王椿)을 '왕태원(王太原)'이라 칭한 것은 그가 태원왕씨임을 공인받은 것이다.[71] 이후 그의 가문은 병주왕씨(并州王氏)로 칭하게

---

67 『魏書』 卷93 「恩倖・王叡傳」, 1988쪽, "承明元年, 文明太后臨朝, [王]叡因緣見幸, 超遷給事中. 俄而爲散騎常侍·侍中·吏部尙書, 賜爵太原公."

68 『魏書』 卷93 「恩倖・王叡傳」, 1990쪽, "[王]叡旣貴, 乃言家本太原晉陽, 遂移屬焉, 故其兄弟封爵移以并州郡縣."

69 예컨대 왕온(王溫)은 원래 본적지인 조군(趙郡) 난성현(欒城縣)에 따라 난성백(欒城伯)과 난성현개국후(欒城縣開國侯)로 봉했으나, 본적을 양평군(陽平郡) 무양현(武陽縣)이라고 정정한 후 무양현개국후(武陽縣開國侯)로 개봉(改封)되었다(『魏書』 卷94 「閹官・王溫傳」, 2031쪽, "字桃湯, 趙郡欒城人."; 上同, 2031쪽, "孝昌二年, 封欒城縣開國侯, 邑六百戶. [王]溫後自陳本陽平武陽人, 於是改封武陽縣開國侯, 邑如故."). 이는 본적지에 따라 본적지봉호(本籍地封號)를 사작(賜爵)하는 예가 있었음을 보여준다. 그런데 왕온(王溫)이 본적지를 바꿈에 따라 바뀐 본적지봉호를 받은 것은 왕온(王溫)의 요구 때문으로 보여진다. 따라서 개인이 자신의 본적지봉호를 요구할 권리가 있었음을 알 수 있다.

70 『魏書』 卷93 「恩倖・王叡傳」, 1990쪽, "父子並葬城東, 相去里餘, 遷洛後, 更徙葬太原晉陽."

71 『魏書』 卷93 「恩倖・王叡傳附椿傳」, 1993쪽, "初[王]椿於宅構起廳事, 極爲高壯. 時人忽云 '此乃太原王宅, 豈是王太原宅.' [王]椿往爲本郡, 世皆呼爲王太原. 未幾, 尒朱榮居[王]椿之宅, [尒朱]榮封太原王焉. 至於齊獻武王之居晉陽, 霸朝所在, 人士輻湊."

되었다.[72]

북위말(北魏末) 고관을 역임한 양춘(楊椿)의 가문 역시 본적지 논쟁에 휩싸였다. 『위서(魏書)』「양파전(楊播傳)」에는 "自云恒農華陰人也(자운항농화음인야)"[73]라 기록되었다. 본적지 앞에 "자운(自云)"을 붙인 것은 그의 가문이 홍농군(弘農郡)[74] 화음현(華陰縣)임을 자칭했다는 뜻이다.[75] 당장유(唐長孺)는 양파(楊播) 일족이 비록 홍농군 화음현에 모여 살았지만 양파의 집안이 한대(漢代) 이래의 최고 문벌 홍농양씨(弘農楊氏)로 보기는 어렵다고 논증하였다. 그리고 사서에서 동옹주부민(東雍州部民) 양양피(楊羊皮)와 동옹주(東雍州) 정평군(正平郡)의 양표(楊摽)와 마저(馬渚)의 양씨(楊氏)들은 양파 형제와 혈연관계가 있음을 확인할 수 있다. 이를 근거로 양파 일족이 화음(華陰) 출신이라는 점은 회의적이지만 화음현과 양씨들의 집성촌인 신강(新絳)이 가깝기 때문에 홍농양씨의 방계 집안일 가능성은 있다.[76] 그의 조상 양의(楊懿)와 양파(楊播)·양일(楊逸)·양밀(楊謐)·양휘(楊暉) 등이 본적지봉호인 홍농공(弘農公), 화음자(華陰子), 화음백(華陰伯), 화음남(華陰男), 홍농백(弘農伯)을 취했으므로 양진(楊震)의 후손인 홍농양씨라고 주장할 근거는 일단 확보하였다. 그리고 양춘 일족은 화음현에 집을 마련하였다.[77] 사후 그의 일가가 화음현에 귀

---

72 陳爽, 『世家大族與北朝政治』, 北京: 中國社會科學出版社, 1998, 126-134쪽.

73 『魏書』 卷58 「楊播傳」, 1279쪽, "楊播, 字延慶, 自云恒農華陰人也."

74 北魏時代에는 弘農이 獻文帝의 이름 '弘'을 피해 恒農으로 개칭되었다.

75 원래는 홍농군(弘農郡)이지만, 북위 헌문제(獻文帝)의 이름 '홍(弘)'자를 피휘(避諱)하여 북위 시대에는 '홍'을 '항'으로 바꾸어 '항농군'으로 표기하였다.

76 唐長孺, 「≪魏書·楊播傳≫"自云弘農華陰人"辨」, 『魏晋南北朝隋唐史資料』, 武漢大學歷史系魏晋南北朝隋唐史研究室 編『魏晋南北朝隋唐史資料』 5, 香港: 香港中華科技(國際)出版社, 1992, 14-15쪽.

77 『魏書』 卷58 「楊播傳」, 1302쪽, "[尒朱]世隆等將害[楊]椿家, 誣其爲逆, 奏請收治. 前廢帝不許, [尒朱]世隆復苦執, 不得已, 下詔付有司檢聞. [尒朱]世隆遂遣步騎夜圍其宅, [尒朱]天光亦同日收椿於華陰. 東西兩家, 無少長皆遇禍, 籍其家."

장(歸葬)했음은[78] 최근 발굴되는 묘지명에서 확인된다.[79] 바꿔 말하면 5개의 본적지봉호를 획득한 양춘 일족은 홍농양씨임을 주장할 근거를 마련하였고, 집과 무덤을 화음현에 마련함으로써 홍농양씨라고 주장할 수 있는 결정적인 근거를 확보하였다.[80]

낙랑왕씨(樂浪王氏) 역시 태원왕씨(太原王氏)임을 자칭하였다. 연국(燕國) 낙랑(樂浪) 낙도(樂都) 출신인 왕온(王溫)의 묘지명에 따르면 그의 선조는 한대(漢代) 사공(司空)을 지낸 왕패(王覇)와 서진시대(西晉時代) 사공(司空)을 지낸 왕침(王沈)이었다. 또 할아버지는 사공(司空) 유주목(幽州牧) 왕준(王浚)이었으며, 낙랑으로 피난하여 낙랑에 거주하게 되었다.[81] 여기에서 왕패와 왕침·왕준은 모두 태원왕씨이다. 이는 태원왕씨 가운데 유명한 인물들을 자신의 가계에 삽입한 것에 불과하다. 그의 할아버지 왕준은 서진 말에 활동했으므로 그가 활동한 북위(北魏)까지 많은 시간이 흘렀다. 따라서 왕온의 할아버지로 보기 어렵다. 어쨌든 낙랑왕씨는 자신이 태원왕씨임을 묘지명에 기록하면서까지 주장하였다. 그리고 이를 분식하고 합리화할 장치가 필요했다. 낙랑군(樂浪郡) 수성현(遂城縣) 출신인 왕기(王基, 481-522)의 묘지명에 따르면 고조할아버지 왕반(王班)

---

78 『魏書』 卷58 「楊播傳」, 1303쪽, "永熙中, [楊]椿合家歸葬華陰, 衆咸觀而悲傷焉."

79 홍농군(弘農郡) 화음현(華陰縣) 출신 양목(楊穆)의 묘지명은 화음현(華陰縣) 오방촌(五方村) 양씨(楊氏) 가족 묘지에서 발견되었다. 양목(楊穆)은 집에서 피살되었다. 이는 보태원년(普泰元年, 531) 홍농양씨(弘農楊氏)가 화음현(華陰縣)에서 이주씨(尒朱氏)에 의해 피살되었다는 사실과 일치한다(「楊穆墓志」, 『新出魏晉南北朝墓志疏證』(羅新·葉煒, 中華書局, 2005), 156-157쪽). 이는 홍농양씨(弘農楊氏)의 무덤이 화음현(華陰縣)에 있었음을 고고학적으로 실증한다.

80 崔珍烈, 「南北朝時代 본적지봉작과 그 성격」, 230-231쪽.

81 「王溫墓志」, 『新出魏晉南北朝墓志疏證』, 134쪽, "公諱溫, 字仁平, 燕國樂浪, 樂都人. 啓源肇自姬文命氏, 派于子晉. 漢司徒[王]覇, 晉司空[王]沈之後也. …… 以祖司空幽州牧[王]浚, 遇石氏之禍, 建興元年, 自薊避難樂浪, 因而居焉."

은 진양후(晉陽侯), 아버지 왕광조(王光祖)는 진양남(晉陽男)에 봉해졌다.[82] 진양(晉陽)은 태원군의 치소현(治所縣)이므로 왕패·왕침·왕준 같은 태원왕씨의 가계가 삽입되어 자신들이 태원왕씨임을 본적지봉호로 정당화하려 한 것이다. 이처럼 본적지봉호는 본적의 위조에 유용한 도구였다.[83]

2) 수당(隋唐) 본적지봉호(本籍地封號)와 군망(郡望)·군성(郡姓)의 공인(公認)·모칭(冒稱)

1행에서 살펴본 북조시대(北朝時代)의 예에서 알 수 있듯이, 본적지봉호(本籍地封號)는 문벌(門閥) 혹은 해당 가문이 어떤 지역에서 군망(郡望)임을 보증하는 장치의 하나였다. 따라서 자신의 가문이 문벌임을 주장할 때 본적지봉호는 해당 문벌의 군망(郡望)임을 보증하는 수단으로 이용되기도 했다. 예컨대 묘씨(苗氏)의 아내 장씨(張氏)의 묘지명에 따르면, 장씨는 청하(淸河) 사람("淸河人")라고 자신의 본적을 밝혔다. 그런데 장형(張衡)이 북주(北周)에서 청하현(淸河縣)에 봉해졌고, 당대(唐代)에도 작위(爵位)에 봉해지면 모두 '청하(淸河)'라는 봉호를 받았다고 기록하였다.[84] 이 묘지명에 장씨(張氏)의 선조인 장형(張衡)이 『수서(隋書)』「장형전(張衡傳)」에 실린 장형(張衡)과 동일인이라면 장씨(張氏)의 원래 본적은 장형(張衡)과 마찬가지로 하내군(河內郡)이다.[85] 장형(張衡)의 후예들

82 「魏故處士王(基)君墓誌銘」, 『漢魏南北朝墓誌彙編』, 139쪽.

83 崔珍烈, 「南北朝時代 본적지봉작과 그 성격」, 231-232쪽.

84 「唐故太原府參軍贈尙書工部員外郎苗府君夫人河內縣太君玄堂誌銘并序」, 『唐代墓誌彙編』, 2211쪽, "丞相之裔孫曰衡, 仕宇文周朝, 爲度支尙書, 封淸河縣. 其子孫纘承, 入唐而封爵者, 皆稱淸河. 故韓文公之誌皇考墓云: 夫人淸河人."

85 『隋書』 卷56 「張衡傳」, 1391쪽, "張衡字建平, 河內人也."

이 청하현(淸河縣)에 실제로 거주했는지는 묘지명의 기록으로는 알 수 없지만, 자신들의 본적을 청하군(淸河郡) 또는 청하현(淸河縣)이라고 주장하였다. 이는 당대(唐代)에 장씨 일가가 '청하'가 포함된 봉호를 받았기 때문에 한문공(韓文公) 등이 장씨를 청하군 사람으로 인정한 것이다. 장씨 가문이 청하군 출신임을 강조한 것은 당대(唐代) 군성(郡姓)으로 인정된 장씨가 청하군을 본적으로 한 청하장씨밖에 없었기[86] 때문이다.[87]

본적지봉호가 해당 군망(郡望)으로 인정받는 데 도움이 된 예는 수(隋) 문제(文帝) 시기 재상으로 활약했던 고경(高熲)의 예에서도 살펴볼 수 있다. 『수서(隋書)』「고경전(高熲傳)」에는 고경의 본적을 "스스로 발해군 수현 사람이라고 하였다(自云渤海蓨人也)."라고 기록했다.[88] 이는 그가 발해군(渤海郡) 수현(蓚縣)에 본적을 둔 발해고씨(渤海高氏)라고 자칭했다는 뜻이다. 고경의 아버지는 북제(北齊)에서 북주(北周)로 귀순한 후 독고신(獨孤信)의 참모가 되어 독고씨(獨孤氏)로 사성(賜姓)되었고, 후에 발해공(渤海公)으로 추증(追贈)되었다.[89] 그러나 『수서』「고경전」 앞부분의 기사를 보면 고경이 발해고씨인지 의문을 제기할 수 있다. 당초(唐初) 사관(史官)들이 『수서』를 편찬할 때 "自云(자운)"이라는 표현을 쓴 것을 보면 고경이 발해고씨가 아니라는 인상이 더 강하다. 그런데 당대(唐代) 고안(高安)의 묘지명에 발해군 출신으로 기록된 고안의 증조(曾祖)는 고경

86 周振鶴, 「中古時期郡望郡姓的地理分布」, 『中國歷史文化區域研究』, 上海: 復旦大學出版社, 1997, 163-166쪽의 表 3-3-3 唐前期郡望郡姓分道對照表 및 168-172쪽의 表 3-3-4 唐後期郡望郡姓分道對照表, 郭鋒,『當代士族個案研究-以吳郡 · 淸河 · 范陽 · 敦煌張氏爲中心-』 참조.

87 崔珍烈, 「南北朝時代 본적지봉작과 그 성격」, 401-402쪽.

88 『隋書』 卷41 「高熲傳」, 1179쪽.

89 『隋書』 卷41 「高熲傳」, 1179쪽, "高熲字昭玄, 一名敏, 自云渤海蓨人也. 父賓, 背齊歸周, 大司馬獨孤信引為僚佐, 賜姓獨孤氏. 及信被誅, 妻子徙蜀. 文獻皇后以賓父之故吏, 每往來其家. 賓後官至鄀州刺史, 及熲貴, 贈禮部尚書·渤海公."

(高熲)이었다.[90] 『수서』와는 달리 묘지명에서는 고경의 가문은 발해군 출신임을 명시하여 발해고씨임을 주장하였다. 고경과 그의 후손 고표인(高表仁)은 발해군공에 봉해졌다.[91] 이는 이들이 발해고씨라는 주장을 뒷받침하는 증거가 될 수 있다. 또 다른 예로 현종 시기의 유명한 환관(宦官) 고력사(高力士) 가문을 살펴보자. 고력사는 심주(潘州) 출신이었으며, 원래의 성은 풍씨(馮氏)였다.[92] 그는 천보(天寶) 년간 초기에 발해군공(渤海郡公)으로 봉해졌고, 안사(安史)의 난 이후 현종(玄宗)이 촉(蜀)으로 몽진할 때 따라간 공으로 제국공(齊國公)에 봉해졌다. 그런데 고력사(高力士)의 증손(曾孫) 고가방(高可方)의 묘지명을 보면, 선조가 발해군 사람이라고 기록하였다.[93] 또 고력사의 5대손(代孫) 고극종(高克從)의 묘지명에는 본적 표시가 없지만 표제(標題)에는 '발해고공(渤海高公)'이라 기록한 것으로 보아 발해고씨(渤海高氏)를 자칭했음을 알 수 있다.[94] 이는 곧 고력사도 발해군 출신이라는 뜻이며 고력사가 발해군공으로 봉해진 것은 고가방과 고극종이 본적을 발해군으로 칭하는 데 도움이 되었을 것이다. 또 홍농현백(弘農縣伯)에 봉해진 양섭(楊涉)의 아버지는 양수(楊收)는

90 「□□□□□夫行洛州偃師縣令顧氏墓誌銘并序」, 『唐代墓誌彙編』, 2211쪽, "□諱安, □□□□渤海人也. …… 曾祖[高]熲, 隋尚書左僕射上柱國齊國公, 皇朝贈禮部尚書上柱國郯國公, ……"

91 이하 본문에 봉작(封爵) 사례는 일일이 주를 달지 않으며, <부록 · 표 6> 수대(隋代) 봉호(封號) 일람표(一覽表)와 <부록 · 표 7> 당대(唐代) 봉호(封號) 일람표(一覽表)에 출전과 예가 보임을 밝힌다.

92 『舊唐書』 卷184 「宦官 · 高力士傳」, 4757쪽, "高力士, 潘州人, 本姓馮."

93 「唐故渤海高府君墓銘」, 『唐代墓誌彙編續集』, 988쪽, "公諱可方, 其先渤海郡人. 曾祖力士, 開府儀同三司兼左街功德使. 祖忠政, 朝散大夫行內侍省內僕局丞. 烈考克從, 通議大夫行內侍省掖庭局令, 賜緋魚袋."

94 「故義昌軍監軍使正議大夫行內侍省掖庭局令上柱國賜緋魚袋渤海高公墓誌銘并序」, 『唐代墓誌彙編續集』, 972쪽, "公諱克從, 字師儉, …… 開元中, 開府儀同三司內侍監齊國公知省事諱力士者, 卽公之五代祖也."

『구당서』에서 본적을 동주(同州) 풍익현(馮翊縣)이라 기록하고, 홍농양씨인 수대(隋代) 명신(名臣) 양소(楊素)의 후손임을 자칭("自言")했다고 적었다.[95] "자언(自言)"에 무게를 둘 경우 양섭 일가는 홍농양씨가 아님을 국가에서 인정한 것이다. 그러나 그들은 자칭 본적지인 '홍농(弘農)'자가 포함된 홍농현백(弘農縣伯)이란 작위를 받았으므로 홍농양씨라고 인정받을 근거가 생겼다.[96]

전란이 빈번하고, 이에 따라 이주와 이민이 빈번하였던 위진남북조시대에는 집성촌에 함께 모여 살았던 동성종족(同姓宗族) 집단은 흩어지게 되었다. 예컨대 박릉군(博陵郡) 안평현(安平縣)을 본적으로 둔 박릉최씨(博陵崔氏)는 당대(唐代) 수도인 장안(長安)과 낙양(洛陽) 등 여러 지역에 흩어져 살았고 이에 따라 지역성을 잃었다.[97] 따라서 당대(唐代) 박릉최씨 일부는 박릉군 안평현이 아니라 현재 거주지를 본적으로 간주하였다. 예컨대 『구당서』에 최광원(崔光遠)과 최무피(崔無詖)의 본적은 활주(滑州) 영창현(靈昌縣)과 경조부(京兆府) 장안현(長安縣)이라 기록되었고 "본래 박릉(博陵)의 구족(舊族)"이라고 특기(特記)되었다.[98] 본관과 본적을 구분하는 방식을 원용한다면, 박릉은 우리나라의 본관에, 활주 영창현과 경조부 장안현은 고향 혹은 현재의 거주지에 해당한다. 하남부(河南府) 범수현(汜水縣) 용천향(龍泉鄕) 한정리(漢井里)가 본적인 이숙의 묘지명에서는 이숙(李肅)의 조상이 조군이씨였고, 후에 조군이씨

95 『舊唐書』 卷177 「楊收傳」, 4595쪽, "楊收字藏之, 同州馮翊人. 自言隋越公素之後."; 『新唐書』 卷184 楊收傳, 5392쪽, "楊收字藏之, 自言隋越國公素之裔, 世居馮翊.").

96 崔珍烈, 「隋唐 本籍地封爵의 性格」, 402-403쪽.

97 毛漢光, 「從士族籍貫遷移看唐代士族之中央化」, 『中國中古社會史論』, 上海: 上海書店出版社, 2002, 234-333쪽.

98 『舊唐書』 卷111 「崔光遠傳」, 3317쪽, "崔光遠, 滑州靈昌人也. 本博陵舊族."; 『舊唐書』 卷187下 忠義下・崔無詖傳, 4893, "崔無詖者, 京兆長安人也. 本博陵舊族."

(趙郡李氏)가 동조(東祖)와 서조(西祖)로 갈라지자 서조방(西祖房)에 속하였다고 기록하였다.[99] 여기서도 우리나라 식으로 말하면 본관과 본적 혹은 현거주지를 따로 생각했음을 알 수 있다. 그러나 당시 사람들이 양자를 엄격히 구분했는지는 확실하지 않다. 왜냐하면 본관을 칭할 경우 사회적으로 문벌로 인정받을 수 있었기 때문이다. 당대(唐代) 저명한 역사가인 유지기(劉知幾)가 사관(史官)이 되어 역사 편찬에 참여할 때 열전에 수록되는 인물의 본적을 원조(遠祖)의 군망(郡望) 대신 현재 거주지로 적으려다가 감수자의 비난을 받고 자신의 주장을 관철시키지 못하였다. 즉 그는 이의염(李義琰)의 열전(列傳)을 쓸 때, 이의염(李義琰) 가문이 위주(魏州) 창락현(昌樂縣)에 거주한 지 3세대가 지났기 때문에 본적을 "위주 창락현 사람이다(魏州昌樂人也)."라고 적었다가 결국 "농서군 성기현 사람이다(隴西成紀人)."으로 고쳤다. 또 고문운동(古文運動)으로 유명한 한유(韓愈)의 본적을 『구당서』에서는 창려군(昌黎郡), 『신당서』에서 등주(鄧州) 남양현(南陽縣)으로 적었다. 그런데 남송시대(南宋時代) 주희(朱熹)는 한유(韓愈)의 본적을 하내군(河內郡)으로 고쳐야 한다고 주장하였다.[100] 『구당서』와 『신당서』의 한유 본적을 본관으로, 주희의 주장을 본적지, 혹은 현거주지로 볼 수 있다.[101]

위에서 살펴본 것처럼 본관과 본적지, 혹은 현거주지가 분리되면서 묘지명에 양자를 모두 기록함과 동시에 본적지봉호(本籍地封號)를 취하는

99 「唐故慶州長史趙郡李府君墓誌」, 『唐代墓誌彙編』, 1947쪽, "公諱肅, 字正言, 河南汜水縣龍泉鄉漢井里, 其先太上玄元皇帝之嗣, 自趙郡宗祖至卄五代義公之二子, 分爲東西祖, 公卽西祖之後也."

100 송준호, 「한국의 씨족제에 있어서의 본관 및 시조의 문제 -한·중 양국의 전통사회를 비교하는 입장에서 그 성격을 구명한다-」, 『歷史學報』 109, 1986, 125-126쪽 및 125쪽의 주) 27 참조.

101 崔珍烈, 「隋唐 本籍地封爵의 性格」, 403-404쪽.

예가 발견된다. 예컨대 양지렴의 묘지명에서는 후한(後漢)의 명신(名臣) 양진(楊震)이 조상이고 양지렴(楊志廉) 당대에는 본적이 [경조부(京兆府)] 운양현(雲陽縣)이라고 기록하였다.[102] 그러나 그의 손자 양현략(楊玄略)의 묘지명에는 홍농군(弘農郡)이 본적이라고 기재하였다.[103] 양지렴은 홍농현개국남(弘農縣開國男)과 홍농현개국공(弘農縣開國公)으로 봉해졌다. 이 본적지봉호는 그가 홍농양씨라는 주장이 인정받을 근거가 되었다. 농서현개국남(隴西縣開國男)으로 봉해진 이열(李說)은 묘지명에 농서(隴西) 사람임과 동시에 5대조(五代祖)가 낙주자사(洛州刺史)가 되어 낙양에 거주하여 현재 동도(東都)인 하남부(河南府) 낙양현(洛陽縣) 사람이 되었다고 기록하였다.[104] 즉 원래 본적이 농서군이기 때문에 농서이씨(隴西李氏)이었고 현재의 본적은 하남부 낙양현이라는 뜻이다. 여기에서 전자가 본관, 후자가 본적지 혹은 현거주지라 할 수 있다. 태원현개국남(太原縣開國男)에 봉해진 왕정(王庭)의 아들 왕항범(王恒汎)은 이열처럼 원래 태원군(太原郡) 사람이었지만 후에 관동(關東)에 식읍을 받아서 상곡군(上谷郡) 사람이 되었다고 묘지명에 기록되었다.[105] 사실 여부는 알 수 없으나, 이 기록만 믿으면 태원군은 본관, 상곡군은 본적, 혹은 현거주지로 볼 수 있다. 팽성현개국후(彭城

102 「唐故左神策軍先鋒突將兵馬使開府儀同三司試太子賓客兼御史中丞洋川郡王權君墓誌銘」, 『唐代墓誌彙編續集』, 800쪽, "在昔兩漢乘朱輪者繼愽十人, 爲太尉者嗣震四代. 自玆以降, 或入參內朝, 或出典方國者, 代有其人. 故西京稱爲名族, 今則雲陽人也."

103 「唐故銀靑光祿大夫行內侍省掖庭局令員外置同正員致仕上柱國弘農縣開國侯食邑一千戶賜紫金魚袋贈內侍省內侍楊府君墓誌銘」, 『唐代墓誌彙編續集』, 1048쪽, "公諱玄略, 字子遠, 弘農人也."

104 「大唐故銀靑光祿大夫檢校太子賓客李府君墓誌銘并序」, 『唐代墓誌彙編續集』, 852쪽, "公諱說, 字說, 隴西人也. 五代祖隨爲洛州刺史. 子孫居焉, 今爲東都河南府洛陽縣人也."

105 「唐故雲麾將軍王公墓誌銘并序」, 『唐代墓誌彙編』, 1923쪽, "公諱恒汎, 字恒汎, 其先太原人也. 五侯貴族, 鐘鼎承家, 動業蓋古今, 衣冠滿天下, 唯公之一枝, 食菜於關東, 今爲上谷人也."

縣開國侯)에 봉해진 유승조(劉昇朝)는 조상의 본적을 패국(沛國) 팽성현(彭城縣)이었지만, 현재 "타향인 경조(장안)에 거주한다(寄家京兆)"하여 경조부 경양현(涇陽縣) 사람이 되었다고 묘지명에 기록하였다.[106] "寄家(기가)"는 임시로 거주한다는 뜻을 지니고 있기 때문에 유승조가 패군(沛郡) 팽성현(彭城縣)을 본적으로 생각하였음을 뜻한다. 유승조는 본적지봉호를 받았다.[107]

원래의 본적지 즉 본관이 "지명+성씨(姓氏)"의 형태로 표기된 묘지명의 예도 보인다. 태원군개국남(太原郡開國男)에 봉해진 왕공소(王公素)의 본적은 경조부 고릉현(高陵縣)이었지만, 묘지명의 표제에는 "태원군왕부군"이라 명시하였다.[108] 여기서 "태원군왕부군"은 태원군 출신인 왕부군(王府君)이란 뜻이며, '태원군'이 성씨와 함께 쓰여 군망(郡望) 혹은 본관의 뜻으로 사용되었다. 광평군개국남(廣平郡開國男)에 봉해진 정희전(程希詮)의 묘지명에는 그가 하남부 장수현(長脩縣) 사람이라고 기록했지만, 그 앞에 "廣平程公達人(광평정공달인)"이라고 적었다.[109] 「당고좌내솔부병조참군안부군묘지명병서(唐故左內率府兵曹參軍顔府君墓誌銘并序)」에 따르면 안원정(顔元貞)의 부인 광평정씨(廣平程氏)는 광평태군(廣平太君)으로 추증(追贈)되었다고 한다.[110] 여기서 '광평정씨'의

---

106 「大唐中書省主事樂安孫府君墓誌銘并序」, 『唐代墓誌彙編』, 1893-1894쪽, "府君諱昇朝, 字勝朝, 其先沛國彭城人也. 高祖丕纂鴻業, 頒封昆季, 俾弟交王于楚, 分秩實茂, 公其繼焉. 先因厥官, 寄家京兆, 今爲涇陽人矣."

107 崔珍烈, 「隋唐 本籍地封爵의 性格」, 404-405쪽.

108 「唐故湖南監軍使正議大夫行內侍省內寺伯太原縣開國男食邑三百戶賜緋魚袋太原郡王府君墓誌銘并序」, 『唐代墓誌彙編』, 2366쪽, "府君諱公素, 字全白, 京兆高陵人也."

109 「唐故元從朝議大夫行內給事大盈庫副使廣平郡開國男上柱國賜紫金魚袋程公墓誌銘并序」, 『唐代墓誌彙編續集』, 709쪽, "君以擇材用賢, 臣以效節奉主, 入侍玉扆, 出辭金門, 使于四方, 必達專對者, 則廣平程公達人. 公諱希詮, 河南府長脩縣人也."

110 「唐故左內率府兵曹參軍顔府君墓誌銘并序』, 『唐代墓誌彙編續集』, 1509쪽, "婦人廣平程氏,

광평(廣平)은 정씨(程氏)의 군망(郡望)이었다. 따라서 "광평정공달인(廣平程公達人)"의 '광평'은 정희전의 군망(郡望)임을 알 수 있다. 이 밖에 조국공(趙國公)에 봉해진 이신(李紳)은 본래 산동 저성(山東著姓)이었으나 아버지 이오(李晤)가 진릉현령(晉陵縣令)에 임명되어 윤주(潤州) 무석현(無錫縣)에 살게 되었다.[111] 이씨 가운데 대표적인 산동저성은 조군이씨(趙郡李氏)였으므로, 그가 조국공(趙國公)에 봉해진 것은 자신이 조군이씨임을 주장하는 근거가 될 수 있었을 것이다.[112]

위에서 자신의 문벌, 혹은 군망(郡望)을 인정받거나 분식시키기 위해 본적지봉호가 하나의 수단이 되었음을 살펴보았다. 이씨들이 모두 농서이씨라고 칭하고 유씨라면 모두 팽성유씨를 칭하는 당시 상황에서 같은 한자의 성(姓)에 문벌인 가문이 있다면 해당 본적을 자칭하고 본적지봉호를 얻는 것이 자신의 가격(家格)을 높이는 데 도움이 되었을 것이다. 청하군 청평현 출신인 이홍절의 후손들이 조군이씨의 본적인 조군 찬황현을 본적으로 모칭(冒稱)한 예가 대표적이다. 또 해당 성(姓)에서 유명 문벌의 동일 성씨(姓氏) 본적을 봉호(封號)로 사용하는 예도 빈출하였다. 예컨대 정씨(鄭氏)의 경우 봉작자의 본적과 상관없이 대표적인 문벌인 형양정씨(滎陽鄭氏)의 군망(郡望)인 '형양(滎陽)'이란 지명이 들어간 봉작자는 전체 정씨의 66.7%, 봉호는 59.1%였다. 반면 정씨의 본적지 봉작자와 봉호는 44.4%와 40.9%였다. 이는 정씨라면 본적과 상관없이 '형양'자가 들어간 봉호를 획득할 확률이 2/3에 이른다는 뜻이다. 최씨(崔氏)의 경우 대표적인 문벌인 청하최씨와 박릉최씨의 군망(郡望)인 청하(淸河)와 박릉(博陵)

贈廣平太君."

111 『舊唐書』 卷173 「李紳傳」, 4497쪽, "李紳字公垂, 潤州無錫人. 本山東著姓. …… 父晤, 歷金壇·烏程·晉陵三縣令, 因家無錫."

112 崔珍烈, 「隋唐 本籍地封爵의 性格」, 405-406쪽.

이 포함된 최씨 봉작자는 20인(50%)였고, 이들의 봉호는 25개(48.1%)였다. 이를 두 최씨의 조적(祖籍, 郡望)의 현명(縣名)까지 확대하면, 전자와 후자는 각각 70%와 63.5%였다.[113]

위에서 살펴본 것처럼 유명한 문벌의 군망(郡望), 혹은 본적의 군현명이 해당 성씨의 본적과 상관없이 봉작자의 봉호에 포함될 확률이 높았다. 이는 정씨(鄭氏)는 '형양(滎陽)', 왕씨(王氏)는 '태원(太原)'·'낭야(琅邪)', 유씨(劉氏)는 '팽성(彭城)', 양씨(楊氏)는 '홍농(弘農)', 최씨(崔氏)는 '청하(淸河)'·'박릉(博陵)'처럼 대표성을 띤 지명, 즉 특정 성(姓)에서 유명한 군망(郡望)의 지명이 들어간 봉호(封號)를 봉하는 관행이 있었음을 보여준다. 이러한 극단적인 예는 환관(宦官)과 군벌(軍閥)들을 제거하려 했으나 실패하여 주전충(朱全忠)에게 주살된 당말(唐末)의 재상 최윤(崔胤)에게서 찾아볼 수 있다.[114] 청하군(淸河郡) 동무성현(東武城縣) 출신인 최윤은 박릉현개국백(博陵縣開國伯)[115]과 청하군개국공(淸河郡開國公), 위국공(魏國公)[116]에 봉해졌다. 최윤(崔胤)은 청하최씨(淸河崔氏)인데도 '박릉'과 '청하'라는 지명이 들어 있는 봉호를 모두 받았다. 최씨는 박릉과 청하가 대표적인 군망(郡望)이었다. 따라서 최윤이 대표적인 두 군망(郡望)의 지명이 들어가는 봉호(封號)를 받은 것은 당시 『신당서』

113 崔珍烈, 위의 글, 406-407쪽 및 407쪽 <註表 1> 鄭氏와 崔氏의 '郡望'과 封號의 일치 여부.

114 최윤(崔胤)의 개인사와 당말 정치사는 『舊唐書』 卷177 「崔愼由傳附子胤傳」, 4582쪽; 『新唐書』 卷233下 「姦臣下·崔胤傳」, 6355-6358쪽 참조.

115 『舊唐書』 卷20上 「昭宗紀」 乾寧三年秋七月乙巳條, 759쪽, "乙巳, 制以金紫光祿大夫·中書侍郎, 兼禮部尚書·同平章事·集賢殿大學士·判戶部事·上柱國·博陵縣開國伯崔胤檢校尚書左僕射, 兼廣州刺史·御史大夫, 充淸海軍節度·嶺南東道觀察處置等使."

116 『舊唐書』 卷20上 「昭宗紀」 光化三年八月甲申條, 768쪽, "甲申, 制扶危匡國致理功臣·特進·行尚書左僕射·兼門下侍郎·同平章事·監修國史·判度支·上柱國·淸河郡開國公·食邑二千戶崔胤可開府儀同三司, 進封魏國公, 加食邑一千戶, 餘如故."

「고검전」의 찬왈(贊曰)에서 "이씨는 농서군 출신이라고 주장하고 유씨는 팽성군에서 나왔다."[117]는 구절처럼 자신의 본적을 유명 군망(郡望)으로 사칭하고자 했던 사람들에게 해당 성씨의 대표적인 군망(郡望)이 포함된 봉호는 자신들의 사칭을 정당화시켜 줄 수 있었을 것이다.[118]

위에서 살펴본 것처럼 자신의 본적지에 상관없이 군망(郡望)의 지명이 포함된 봉호를 획득하는 예는 사성(賜姓)된 사람들에게서도 발견된다. 앞에서 살펴본 고력사가 대표적인 예이다. 또 양사욱(楊思勗)의 묘지명을 보면 환관이었던 양사욱(楊思勗)의 선조는 본래 부풍소씨(扶風蘇氏)였으나, 그의 5대조(代祖)가 교지(交趾)로 유배되어 나주(羅州) 석성현(石城縣)에 살게 되었다. 그가 당 황실(唐皇室)에 공(功)을 세운 후 양씨(楊氏)로 사성(賜姓)되었고, 이후 군망(郡望)을 홍농(弘農)으로 바꾸었다.[119] 이는 국가권력의 명령으로 성을 양씨로 바꾼 후, 자신의 본적을 홍농으로 바꾸었음을 의미한다. 이로써 양씨 가운데 가장 유명한 명문(名門)인 홍농양씨로 사칭했음을 알 수 있다. 또 양사욱은 괵국공(虢國公)에 봉해졌다. 여기서 '괵(虢)'은 홍농군의 이칭(異稱) 괵주(虢州)에서 따왔다. 또 아들 양승종(楊承宗)은 홍농현개국백(弘農縣開國伯), 양초왕(楊楚王)은 화음현개국남(華陰縣開國男)으로 봉해졌다. 즉 군망(郡望)을 홍농양씨로 바꾼 후 부자가 모두 본적지봉호를 받았다. 이 본적지봉호는 양사욱 부자가 홍농양씨임을 자칭하는 데 정당성을 부여할 수 있다. 또 장숙준

---

117 『新唐書』 卷95 「高儉傳」 贊曰, 3843-3844쪽.

118 崔珍烈, 「隋唐 本籍地封爵의 性格」, 407쪽.

119 「唐故驃騎大將軍兼左驍衛大將軍知內侍事上柱國虢國公楊公墓誌銘并序」, 『唐代墓誌彙編』, 1509쪽, "公諱思勗, 字祐之, 羅州石城人也. 其先本扶風蘇氏, …… 初公之 五代祖密, 守于河內, 以剛直忤時, 左責交趾, 而考槃樂土, 因家羅州之石城. 旣則高祖彝·祖業·考曆等, 代爲大首領于羅州, 以紀綱南土. 以公能勤勞王室, 殉命申忠, 制贈公皇考爲虢州刺史, 皇妣爲徐國夫人; 仍賜以楊姓, 自是改望弘農焉."

(張叔遵)은 "공의 군망은 패주(청하군)이다(公望貝州淸河郡)."라고 하여 청하군(淸河郡) 출신이었으나 현재는 교지(交趾) 사람이라고 기록하였고, 묘지명의 표제에서도 '청하장공(淸河張公)'이라고 적었다. 그의 증조(曾祖) 장상진(張尙進)은 청하현개국남(淸河縣開國男)에 봉해졌다.[120] 장숙준과 증조(曾祖) 장상진도 양사욱 부자처럼 환관이었고, 교지에서 살았던 것으로 보아 죄를 지어 청하군(淸河郡)에서 교지(交趾)로 유배되었을 가능성이 있다. 어쨌든 장상진 일가는 자신들의 군망(郡望)을 청하군이라 주장했다. 장상진(張尙進)이 청하현개국남으로 봉해졌다는 묘지명의 기록은 자기 가문이 청하장씨(淸河張氏)라는 주장의 근거가 될 수 있었다.[121]

군망(郡望)의 개칭(改稱) 여부는 알 수 없지만, 사성(賜姓)된 사람들 가운데 해당 성씨에서 유명한 군망(郡望)의 지명을 딴 봉호(封號)를 받은 예도 보인다. 예컨대 당말(唐末) 할거했던 군벌의 하나였던 이무정(李茂貞)의 본래 이름은 송문통(宋文通)이었으나 주매(朱玫)의 난 때 공을 세워 성(姓)과 이름을 하사받았다. 그 후 광계(光啓) 3년(887)에 농서군왕(隴西郡王)에 봉해졌다.[122] 당 황실(唐皇室)이 송문통에게 이씨의 성을 하사한 것을 곧 당 황실과 동일한 농서이씨(隴西李氏)로 인식한 것으로 볼 수 있다면 이무정은 의사(擬似) 본적지봉호(本籍地封號)를 획득한 것이다.

120 「大唐故朝請郎行內侍省掖庭局宮教博士上柱國淸河張公墓誌銘并序」, 『唐代墓誌彙編續集』, 1099쪽, "公望貝州淸河郡, 今爲交趾人也. 諱叔遵, 字子明. 曾祖右神威軍護軍·元從興元元從正議大夫·行內侍省內侍員外置同正員兼內謁者監·上柱國·淸河縣開國男, 食邑三百戶, 賜紫金魚袋, 諱尙進."

121 崔珍烈, 「隋唐 本籍地封爵의 性格」, 408쪽.

122 『舊五代史』 卷132 「李茂貞傳」, 1737쪽, "李茂貞, 本姓宋, 名文通, 深州博野人. …… 朱玫之亂, 唐僖宗再幸興元, 文通扈蹕山南, 論功第一, 遷檢校太保·同平章事·洋蓬壁等州節度使, 賜姓, 名茂貞, 僖宗親為製字曰正臣. …… [光啓]三年, 誅昌符, 車駕還京, 以茂貞為鳳翔節度使, 加檢校太尉·兼侍中·隴西郡王."

묘지명에서도 이러한 예가 발견된다. 보응공신(寶應功臣)이 되었던 이국진(李國珍)의 본래 이름은 안위(安暐)였고, 무위군(武威郡) 출신이었다. 안사의 난 이후 숙종(肅宗)을 받들어 후에 '국진(國珍)'이란 이름을 하사받았고, 황실의 성인 이씨로 바꾸었다. 이후 그는 농서군개국공(隴西郡開國公)으로 봉해졌다.[123] 그가 성뿐만 아니라 당 황실의 군망(郡望)까지 본땄다면, 농서군개국공이란 작위는 그가 농서이씨임을 보증하는 장치가 될 수 있었다.[124]

심지어 이민족이 성을 하사받을 때 해당 성씨의 군망(郡望)을 봉호(封號)의 지명으로 받은 예도 있다. 예컨대 페르시아(波斯) 사람인 이익초(李益初)는 이씨(李氏)로 사성(賜姓)된 후 농서군에 봉해졌다.[125] 이는 이씨의 군망(郡望)인 '농서'를 따서 봉호(封號)를 하사한 것이다. 또 하문철(何文哲)은 중앙아시아에 있던 하국(何國, Koshania) 국왕(國王)의 후예였으며, 그의 선조가 고종(高宗) 영휘초(永徽初) 당(唐)에 항복하여 영무(靈武)에 살았다.[126] 그런데 하문철은 원화(元和) 5년(810)에 여강현개국자(廬江縣開國子)에 봉해졌고, 이후 여강군개국공(廬江郡開國公)으로 진봉(進封)되었다. 그런데 '여강(廬江)'은 하씨(何氏)의 군망(郡望)이었

---

123 「唐故寶應功臣開府儀同三司試太常卿上柱國隴西郡開國公兼射生使李府君墓誌銘并序」, 『唐代墓誌彙編續集』, 733쪽, "公將門令族, 本姓安氏, 諱暐, 字暐, 武威郡人也. 天寶中, 以忠勇見進, 武藝地名, 莅職有恪勤之勞, 理行爲時輩所範. 及燕虜犯闕, 二聖蒙塵, 公奉肅宗, 以爪牙從事, 由是得聲其肝膽, 稍沐洪恩, 特賜嘉名, 改姓皇姓, 出生入死, 實爲士卒之先, 執銳被堅, 頗歷日月之久."

124 崔珍烈, 「隋唐 本籍地封爵의 性格」, 408-409쪽.

125 「大唐故隴西郡李公墓誌銘」, 『唐代墓誌彙編』, 2039쪽, "公諱素, 字文貞, 西國波斯人也. …… 祖益初, 天寶中, 銜自君命, 來通國好, 承我帝澤, 納充質子, 止衛□國, 列在戎行, 拜銀青光祿大夫·檢校左散騎常侍·謙右武衛將軍, 賜紫金魚袋, 特賜姓李, 封隴西郡, 因以得姓也."

126 「大唐故右領軍衛上將軍贈」太子少保何公墓誌銘」, 『唐代墓誌彙編續集』, 893-894쪽, "公諱文哲, 字子洪, 世爲靈武人焉. …… 公本何國王丕之五代孫, 前祖以永徽初款塞來質, 附於王庭."

다.[127] 이는 중앙아시아의 이민족인 하문철이 작위를 받을 때 하씨 가운데 가장 유명한 문벌인 여강하씨(廬江何氏)의 군망(郡望)을 따서 봉호(封號)를 받았음을 보여준다.[128]

---

127 周振鶴, 「中古時期郡望郡姓的地理分布」, 163-166쪽의 表 3-3-3 唐前期郡望郡姓分道對照表 및 168-172쪽의 表 3-3-4 唐後期郡望郡姓分道對照表 참조.

128 崔珍烈, 「隋唐 本籍地封爵의 性格」, 409-410쪽. '노정빈(盧庭賓)'이란 이름과 함께 범양노씨(范陽盧氏)의 군망을 칭했던 낙사계(諾思計)도 같은 예이다.

제7장
남북조·수당시대 주변국 책봉 봉호의 지명

제7장
남북조(南北朝) · 수당시대(隋唐時代) 주변국 책봉(冊封) 봉호(封號)의 지명

본장에서는 발해의 국호에 포함된 중국의 군현(郡縣) 이름인 '발해(渤海)'가 선택된 이유를 밝히기 위해 남북조시대(南北朝時代)와 수당시대(隋唐時代) 중국의 군주들이 고구려(高句麗) · 백제(百濟) · 신라(新羅)의 군주들에게 준 책봉(冊封) 봉호(封號)를 분석한다. 그리고 삼국(三國)뿐만 아니라 중국 주변의 다른 나라에 준 책봉(冊封) 봉호(封號)와도 비교 분석하여 남북조 · 수당시대 책봉 봉호의 성격을 도출한다. 이를 통해 발해의 국호에 중국의 군현명이 포함된 실마리를 발견할 수 있을 것이다.

1. 동진(東晉) · 남조시대(南朝時代) 주변국 책봉 관행

한대(漢代)부터 서진시대(西晉時代)까지 중국의 황제들은 주변국의 군주들에게 친위왜왕(親魏倭王), 친진호왕(親晉胡王)처럼 "친(親)+왕조명(王朝名)"이 첨가된 작위(爵位)의 봉호(封號)를 하사하였다. 그러나 동진말(東晉末)부터 주변국 군주들을 책봉할 때 작위와 더불어 도독(都督), 자사(刺史) 등 지방관과 장군호(將軍號), 기타 관직을 주는 관행이 있었다.[1] 이와 함께 "중국의 군현명(郡縣名)+왕(王)/공(公)"의 봉호(封號)가 빈출하는 현상이 보였다. 아래 <표 17>은 동진(東晉) · 남조시대(南朝時代) 이민족 혹은 주변국의 군주에게 사여한 봉호를 모아 정리한 것이다.

〈표 17〉 동진(東晉)·남조시대(南朝時代) 이민족·주변국 책봉[2]

국 명	이 름	시 기	封 號
高句麗	高璉(長壽王)	東晉安帝 義熙 9년	高句驪王 樂浪[郡]公
		劉宋武帝 永初元年	高句驪王 樂浪公
		劉宋武帝 永初 3년	高句驪王 樂浪公
		劉宋孝武帝 大明 7년	高句驪王 樂浪公
		南齊明帝 建武元年	樂浪公
	高雲(文咨明王)	南齊廢帝 隆昌元年	樂浪公
		梁武帝 天監 7년	高驪王 樂浪郡公
	高安(安藏王)	梁武帝 普通元年	高驪王 樂浪郡公
	高延(安原王)	梁武帝 普通 7년	高驪王 樂浪郡公
	高成(陽原王)	梁武帝 太淸 2년	高驪王 樂浪公
百濟	辰斯王	東晉孝武帝 太元 11년	百濟王
	腆支王	東晉安帝 義熙 12년	百濟王
	餘暉(阿莘王)	東晉孝武帝 太元 11년	百濟王
	毗有王	劉宋文帝 元嘉 7년	百濟王
	牟大(東城王)	南齊武帝 永明 8년	百濟王
	餘隆(武寧王)	梁武帝 普通 2년	百濟王
		梁武帝 普通 4년	百濟王
吐谷渾	吐谷渾阿豺	劉宋少帝 景平 7년	隴西公
	吐谷渾慕璝	劉宋文帝 元嘉 9년	隴西王
	吐谷渾慕延	劉宋文帝 元嘉 15년	隴西王
		劉宋文帝 元嘉 16년	河南王
	吐谷渾拾寅	劉宋文帝 元嘉 29년	河南王

1 李成珪, 「中國의 分裂體制模式과 東아시아 諸國」, 269-270쪽.

2 崔珍烈, 「東晉 · 南北朝~唐代 주변국 冊封 封號의 地名 분석-韓國古代 三國君主들의 冊封郡王/郡公 칭호의 이해를 중심으로-」, 77-79쪽 <표 1> 東晉 · 南朝時代 이민족 · 주변국 책봉.

	吐谷渾易度侯	南齊高帝 建元 3년	河南王
蠻	向弘	東晉元帝 太興 3년	當平鄕侯 親晉王
	田益之 田義之	劉宋孝武帝	邊城縣王 陽城縣王
	梅式生	劉宋順帝	高山侯
仇池氐	楊初	東晉穆帝 永和 3년	仇池公
		永和 10년	天水公
	楊俊	東晉穆帝 升平 3년	仇池公
	楊世	東晉穆帝 升平 4년	仇池公
	楊篡	東晉廢帝(海西公)	仇池公
	楊盛	東晉安帝 隆安 3년	仇池公
		劉宋武帝 永初 3년	武都王
	楊玄	劉宋文帝	武都王
	楊難當	劉宋文帝	武都王
	楊文德	劉宋文帝 元嘉 20년	武都王
	楊僧嗣	劉宋明帝 泰始 2년	武都王
	楊文弘	劉宋順帝 昇明元年	武都王
	楊後起	南齊高帝	武都王
	楊炅	南齊武帝	陰平王
	楊集始	南齊武帝	武都王
	楊元秀	南齊明帝 建武 2년	仇池公
	楊馥之	南齊明帝 建武 2년	仇池公
	楊崇祖	南齊明帝 建武 3년	陰平王
	楊靈珍	南齊明帝 建武 4년	仇池公 武都王
	楊集始 楊靈珍	梁武帝 天監初	武都王 陰平王
	楊紹先	梁武帝 天監元年	武都王
	楊靈珍	梁武帝 天監 2년	仇池王
北涼	沮渠蒙遜	劉宋武帝 永初元年	酒泉公
		劉宋武帝	張掖公 河西王
	沮渠茂虔[牧犍]	劉宋文帝 元嘉 11년	河西王
	沮渠無諱	劉宋文帝 元嘉 19년	河西王
	沮渠安周	劉宋文帝 元嘉 21년	河西王
林邑	范陽邁	劉宋武帝 永初 2년	林邑王
	范當根	南齊武帝 永明 9년	林邑王

	范諸農	南齊武帝 永明 10년	林邑王
	范文款	南齊東昏侯 永泰元年	林邑王
	范天凱	梁武帝 天監 9년	林邑王
	高式勝鎧	梁武帝 普通 7년	林邑王
	高式律陁羅跋摩	梁武帝 中大通 2년	林邑王
扶南	闍邪跋摩		扶南王
宕昌羌	梁彌機	劉宋末 南齊武帝 永明元年	隴西公 隴西公 宕昌王
	梁彌頡	南齊武帝 永明 3년	隴西公 宕昌王
	梁彌承	南齊武帝 永明 6년	宕昌王
倭	讃	劉宋武帝 永初 3년	倭國王
	珍	劉宋文帝 元嘉 15년	倭國王
	濟	劉宋文帝 元嘉 20년	倭國王
	興	劉宋孝武帝 大明 6년	倭國王
	武	劉宋順帝 昇明 2년	倭王

<표 17>에서 봉호에 포함된 지명을 분석하면 세 가지 유형으로 나눌 수 있다. 첫째, 토욕혼(吐谷渾)·만(蠻)·구지저(仇池氐)·북량(北涼)·탕창강(宕昌羌)(일부)처럼 왕(王)·공(公)·후(侯) 앞의 지명이 중국의 군현 이름 혹은 하천(河川)·명산(名山)이다. 고구려의 문자명왕(文咨明王)이 남제(南齊) 폐제(廢帝)로부터 받은 낙랑공(樂浪公)의 작위도 이에 해당한다. 토욕혼의 군주는 유송(劉宋)·남제로부터 농서공(隴西公)·농서왕(隴西王)·하남왕(河南王)의 작위를 받았다. 농서(隴西)는 진한시대 이래 관롱 지역에 있었던 군명(郡名)이다. 관점에 따라서는 농산(隴山) 서쪽을 포괄적으로 지칭하는 것으로 볼 수 있다. 하남(河南)은 본래 한대(漢代) 이후 낙양(洛陽) 일대에 설치된 군명이지만, 토욕혼에게 준 하남왕의 '하남'은 현재 감숙성(甘肅省)과 섬서성(陝西省)을 흐르는 황하(黃河) 상류의 남쪽이라는 뜻으로 보는 것이 적합하다.[3] 또 구지저의 군주는

3 진한시대(秦漢時代)의 하남(河南)은 황하(黃河)가 '철(凸)' 모양으로 흘러가는 현재의 오르도스

유송・남제・양(梁)으로부터 구지공(仇池公)・천수공(天水公)・무도왕(武都王)・음평왕(陰平王)・구지왕(仇池王)에 봉해졌다. 구지(仇池)・천수(天水)・무도(武都)・음평(陰平)은 한대부터 남북조시대에 농서와 파촉(巴蜀)의 북부 지역에 설치되었던 군현(郡縣)의 이름이다. 북량의 군주들은 주천공(酒泉公)・장액공(張掖公)・하서왕(河西王)에 봉해졌다. 주천(酒泉)과 장액(張掖)은 하서 4군(河西四郡)의 하나이다. 하서(河西)는 원래 황하 서쪽이라는 뜻이지만, 현재 감숙성 서부 지역에 해당하는 하서회랑(河西回廊) 지역을 가리킨다. 이밖에 여러 만(蠻)들의 우두머리가 받은 작위에 보이는 지명도 군현의 이름에서 따왔다. 군현의 명칭이 포함된 작위를 받았던 나라, 혹은 이민족의 분포 지역을 살펴보면 남조(南朝)의 북쪽 국경 혹은 이와 가까운 국경 안쪽의 지역이거나(만과 구지저) 하서회랑과 청해(靑海) 일대의 지역이었다(토욕혼・북량・탕창강).

둘째, 백제왕(百濟王)처럼 국명에 '왕'을 붙인 경우이다. 백제(百濟)・임읍(林邑)・부남(扶南)・탕창(宕昌)・왜(倭)가 이에 해당한다. 군현이나 지형의 명칭을 딴 첫째의 경우보다 자신의 나라 명칭에 왕을 붙인 칭호가 외형적으로는 독립국의 군주에게 준 칭호처럼 보인다. 실제 임읍을 제외한 네 나라는 중국의 군현으로 편입된 예가 없다. 비록 임읍은 진대(秦代) 임읍현(林邑縣)이라고 하지만,[4] 한대 이후 중국의 군현에 편입되지 않았기 때문에 나머지 네 나라와 동일한 예로 볼 수 있다. 남조는 이들이 중국

(河套) 지역을 지칭하였다. 예컨대 전한(前漢) 무제(武帝) 원삭(元朔) 2년(B.C. 127) 수복하여 삭방군(朔方郡)과 오원군(五原郡)을 설치한 하남지(河南地)(『漢書』 卷6 「武帝紀」 元朔二年春正月條, 170쪽, "匈奴入上谷·漁陽, 殺略吏民千餘人. 遣將軍衛青·李息出雲中, 至高闕, 遂西至符離, 獲首虜數千級. 數河南地, 置朔方·五原郡.")가 바로 오르도스 일대였다. 이처럼 '하남(河南)'는 시대와 문맥에 따라 가리키는 지역이 다르다.

4 『南齊書』 卷58 東南夷・林邑傳, 1012쪽, "南夷林邑國, 在交州南, 海行三千里, 北連九德, 秦時故林邑縣也."

에 신하이며 속국일 뿐만 아니라 '내신(內臣)'임을 강조하기 위해 도독(都督)과 장군호(將軍號) 등의 관직을 주었다.[5] 임읍의 군주는 왕작(王爵)과 관직을 동시에 받은 예가 한 차례 존재하였다. 이때 안남장군(安南將軍)이란 장군호와 함께 도독연해군사(都督緣海軍事)라는 관직을 얻었다.[6] 여기에는 도독과 제군사 사이에 중국의 군현 이름이 제시되지 않았다. 백제와 왜에 주어진 도독제군사(都督諸軍事)의 칭호도 마찬가지였다. 즉 작위와 도독의 직책에 중국의 군현명이 붙지 않은 것은 이들 국가가 이전에 중국의 군현으로 편입된 경험이 전혀 혹은 거의 없었기 때문일 것이다.

셋째, 고구려왕(高句驪王) 낙랑공(樂浪公)처럼 "국명(國名)+왕(王)"과 "중국의 군현명(郡縣名)+공(公)"이 같이 주어진 경우이다. 즉 첫째와 둘째의 예가 혼합된 예이다. 만(蠻)의 우두머리 향홍(向弘)에게 주어진 당평향후(當平鄉侯) 친진왕(親晉王)도 동시에 복수의 작위를 받은 예이긴 하지만 '친진왕'은 "국명+왕"에 해당하지 않는다. 구지저(仇池公 武都王)와 탕창강(隴西公 宕昌王)에 각각 하나의 예가 보이지만, 대부분 고구려의 군주에게 복수의 작위가 주어졌다. 혹자는 낙랑공이 고구려 치하의 한인(漢人)들을 통치하기 위한 칭호이며, 고구려왕(高句驪王)은 고구려인들을 통치하기 위한 칭호였다고 보았다.[7] 그러나 고구려의 군주가 중국의 여러 왕조로부터 받은 관작을 국내 혹은 주변 국가에 과시하며 실제 정치에 이용한 흔적이 없었다.[8] 따라서 낙랑공을 한인(漢人) 통치와 관련시키는

5 李成珪, 「中國의 分裂體制模式과 東아시아 諸國」, 269-272쪽.

6 『南齊書』 卷58 東南夷・林邑傳, 1013쪽, "永泰元年, 諸農入朝, 海中遭風溺死, 以其子文款為假節·都督緣海軍事·安南將軍·林邑王."

7 窪添慶文, 「四世紀における東アジアの國際關係-官爵號を中心として-」, 『魏晋南北朝官僚制研究』, 東京: 汲古書院, 2003(原載 四世紀における東アジアの國際關係-官爵を中心として-」, 『歷史公論』 77, 1982), 358-360쪽.

8 李成珪, 「中國의 分裂體制模式과 東아시아 諸國」, 311쪽.

주장은 지나친 비약이라고 생각한다. 낙랑공의 '낙랑'은 전한(前漢) 무제(武帝)가 고조선(古朝鮮)을 멸한 후 설치한 군명이며, 고구려가 지배했던 지역이다. 고구려의 영토 가운데 한대의 요동군(遼東郡)·낙랑군(樂浪郡)·현도군(玄菟郡) 등이 있었으므로 중국의 군현이 설치된 지역을 점거한 군주에게 주었던 첫 번째 사례와 유사하다.

위에서 분석한 결과를 요약하면 이전에 중국의 군현이었던 지역을 지배했던 나라 혹은 군현과 인접한 나라, 이민족의 군주에게 중국의 군현명이 포함된 봉호가 주어졌다. 이는 남조가 현실적으로 지배하지 못하는 지역을 지배한 것 같은 효과를 나타내기 위한 허봉(虛封)이라고 볼 수 있다.[9] 예컨대 동진(東晉) 원제(元帝)가 영창원년(永昌元年, 322)에 모용외(慕容廆)에게 지절(持節) 도독유평이주동이제군사(都督幽平二州東夷諸軍事) 평주목(平州牧) 요동군공(遼東郡公),[10] 성제(成帝)가 함화(咸和) 9년(334)에 모용황(慕容皝)에게 진군대장군(鎭軍大將軍) 평주자사(平州刺史) 대선우(大單于) 요동공(遼東公)[11]의 관작(官爵)을 각각 주었다. 동진이 요동군공의 작위와 함께 도독제군사(都督諸軍事)와 주목(州牧) 혹은 자사(刺史)의 관직을 준 것은 평주(平州) 일대의 관할권을 인정한 것에 불과하며, 동진이 실제로 이 지역을 지배한 것은 아니었다. 모용외와 모용황은 도독·지방관과 함께 군현명이 포함된 작위를 받아들임으로써 형식적으로 동진의 신하가 된 셈이다. 그러나 모용황이 연왕(燕王)을 자칭하고 아들을 태자(太子)라고 호칭하는 등[12] 사실상 황제국(皇帝國) 체제(體

9 李成珪, 「中國의 分裂體制模式과 東아시아 諸國」, 269-270쪽.

10 『晉書』 卷6 元帝紀 永昌元年條, 155쪽, "十二月, 以慕容廆為持節·都督幽平二州東夷諸軍事·平州牧, 封遼東郡公."

11 『晉書』 卷109 「慕容皝載記」, 2816쪽, "是歲, 成帝遣謁者徐孟·閭丘幸等持節拜皝鎮軍大將軍·平州刺史·大單于·遼東公, 持節·都督·承制封拜, 一如廆故事."

制)를 갖추었다. 위진남북조시대(魏晉南北朝時代)에 왕 특히 '1자 왕(一字王)'이 황제 즉위의 전단계였던 점을 고려하면[13] 모용황은 연왕을 자칭한 이후 동진의 형식적인 신속(臣屬)에서 벗어난 것이다.

2. 북조시대(北朝時代) 주변국 책봉(冊封) 관행과 지명

동진남조(東晉南朝)처럼 북조시대(北朝時代)에도 중국의 주변국이나 이민족에게 준 봉호(封號)의 지명에도 중국의 군현이나 산천의 명칭을 딴 예가 많았다. 먼저 북조시대 주변국과 이민족 책봉을 살펴보면서 그 가운데 '연고지봉작(緣故地封爵)'의 성격을 검토해 보자. <표 18>은 북조시대 주변국과 이민족 책봉에 관한 기록을 모아 정리한 것이다.

12 『晉書』 卷109 「慕容皝載記」, 2817-2818쪽, "封弈等以皝任重位輕, 宜稱燕王, 皝於是以咸康三年僭即王位, 赦其境內. …… 起文昌殿, 乘金根車, 駕六馬, 出入稱警蹕. 以其妻段氏為王后, 世子儁為太子, 皆如魏武·晉文輔政故事."

13 중국(中國)의 왕작(王爵)은 위왕(魏王) · 진왕(晉王) · 송왕(宋王) · 양왕(梁王)처럼 춘추전국시대(春秋戰國時代) 국명(國名)에 왕(王)을 붙인 왕호(王號, '1자 왕(一字王)')와 군현명(郡縣名)을 붙인 왕호(王號, '2자 왕(二字王)')의 구별이 존재하였다. 전자는 권신(權臣)들이 찬탈하기 전 단계에 가지는 작위였다. 권신(權臣)뿐만 아니라 각 지역에 할거하던 군웅(群雄)들도 '1자 왕'을 칭하면 황제(皇帝)를 칭하지 않더라도 사실상 황제국(皇帝國)을 선포한 것이나 다름이 없었다(崔珍烈, 「中國 周邊國이 수용한 '王'의 이미지-北朝의 異姓王 濫封과 百濟 · 新羅의 複數王 출현 현상의 비교사적 이해-」, 176-180쪽).

〈표 18〉 북조시대(北朝時代) 이민족 · 주변국 책봉14

국 명	이 름	시 기	封 號
高句麗	高璉(長壽王)	北魏太武帝 太延元年	遼東郡開國公 高句麗王
		北魏孝文帝 太和 15년	遼東郡開國公 高句麗王(追贈)
	高雲(文咨明王)	孝文帝	遼東郡開國公 高句麗王(追贈)
	高安(安藏王)	北魏孝明帝 正光元年	遼東郡開國公 高句麗王
	高延(安原王)	北魏孝武帝 永熙元年	遼東郡開國公 高句麗王
		東魏孝靜帝	遼東郡開國公 高句麗王
	高成(陽原王)	北齊文宣帝 天保元年	遼東郡開國公 高麗王
	高湯(平原王)	北齊廢帝(560년)	遼東郡公 高句麗王
		北周武帝(建德 6년)	遼東郡開國公 遼東王[高句麗王]
百濟	餘昌(威德王)	北齊後主 武平元年	帶方郡公 百濟王
新羅	眞興王	北齊武成帝 河清 4년	樂浪郡王 新羅王
		北齊 後主(天統元年)	樂浪郡公 新羅王
武都氐 (仇池氐)	楊保宗	北魏太武帝	武都王
	楊保顯	北魏太武帝	晉壽公
	楊難當	北魏太武帝	南秦王, 大秦王(자칭), 武都王
	楊德	北魏	武都王(襲爵)
	楊小眼	北魏	武都王(襲爵), 武都公
	楊公熙	北魏	武都公(襲爵)
	楊元和	北魏文成帝	武都王
	楊鼠	北魏孝文帝	武都王
	楊集始	北魏	武都王, 漢中郡侯 武興王
	楊紹先	北魏	漢中郡公 武興王
吐谷渾	慕璝	北魏太武帝	西秦王
	慕利延	北魏太武帝	西平王
	叱力延	北魏太武帝	歸義王
	拾寅	北魏太武帝	西平王
	度易侯	北魏孝文帝	西海郡開國公 吐谷渾王
宕昌羌	梁彌忽	北魏太武帝	宕昌王
	梁彌黃	北魏太武帝	甘松侯
	梁彌機	北魏孝文帝	河南公 宕昌王
	梁仚定	西魏文帝 大統 4년	要安蕃王

14 崔珍烈, 「東晉 · 南北朝~唐代 주변국 册封 封號의 地名 분석-韓國古代 三國君主들의 册封 郡王/郡公 칭호의 이해를 중심으로-」, 83-84쪽, <표 2> 北朝時代 이민족 · 주변국 책봉.

	梁彌定	西魏文帝 大統 7년	宕昌王
高昌	麴嘉	北魏	泰臨縣開國伯 (高昌王)
	麴堅	北魏	泰臨縣[開國]伯 高昌王
蠻	蠻王 梅安	北魏太武帝 始光中	順陽公
	蠻王 文武龍	北魏文成帝 興光中	魯陽侯
	桓誕(大陽蠻)	北魏孝文帝 延興中	襄陽王, 襄陽公
	桓暉(大陽蠻)	北魏	襄陽公(襲爵)
	文僧明	北魏	開封侯
	樊舍擧	西魏 廢帝初	淮安郡公
	梅季昌	西魏 恭帝 2년	石臺縣公
柔然	郁久閭大那	北魏道武帝 天賜 3년	西平侯
	郁久閭悅代	北魏道武帝 天賜 3년	易陽子
	郁久閭阿那瓌	北魏孝明帝	朔方郡[開國]公 蠕蠕王
	郁久閭婆羅門	北魏孝明帝	廣牧公
高車	斛律倍侯利	北魏道武帝	孟都公, 王(追贈)
	[覆羅]伊匐	北魏孝明帝	西海郡開國公 高車王
	去賓	東魏孝靜帝	高車王

[凡例] ‘,’는 이전의 爵位에서 이후의 爵位로 바뀌었음을 표시함.

<표 18>을 보면 주변국 군주의 책봉에 몇 가지 유형이 발견된다. 1절의 분류 방식처럼 중국의 군현 이름을 딴 봉호가 보인다. 구지저(仇池氐)·토욕혼(吐谷渾)·만(蠻)·유연(柔然)·고차(高車) 등이다. 또 탕창왕(宕昌王)·고차왕(高車王)처럼 "국명(國名)+왕(王)"의 형태도 있다. 그러나 양자를 합한 복수(復數)의 작위도 빈출하였다. 즉 먼저 고구려·백제·신라·고창(高昌)의 군주 전부와 효문제(孝文帝)부터 북위말(北魏末)까지 무도저(武都氐)·토욕혼·탕창강·유연·고차의 군주 일부는 "요동군개국공(遼東郡開國公) 고려왕(高麗王)", 혹은 "대방군공(帶方郡公) 백제왕(百濟王)"처럼 "[중국의 군현명(郡縣名)+개국공(開國公)/군공(郡公)/군후(郡侯)/개국백(開國伯)]+[국명(國名)+왕(王)]"의 형식으로 이중책봉(二重冊封)을 받았다.

"국명+왕" 이외에 군현명이 포함된 작위를 준 이유에 대하여, 중국의

군현지배(郡縣支配)를 주장하는 연고(緣故)임을 밝히기 위해 해당 군현명을 포함했다고 주장할 수 있다. 즉 고구려·백제·신라의 군주의 책봉 봉호의 군현명인 요동·대방·낙랑이 중국의 군현지배와 관련 있다는 것이다. 한사군(漢四郡)의 하나인 현도군(玄菟郡)의 치소(治所) 고구려현(高句麗縣)을 상기하면 이러한 주장이 타당한 것처럼 보인다. 그러나 고구려가 군현지배를 받았음을 강조하려면 '현도'가 포함된 봉호를 고구려의 군주에게 주어야 하지만, 실제로 주어진 것은 '요동'이 포함된 봉호였다. 또 백제와 신라는 대방군이나 낙랑군의 군현지배를 받은 적이 없었다.[15] 또 요동·대방·낙랑은 북위말에 설치되었던 교군현(僑郡縣)이었으므로 사실상 북위 대부분의 시기에는 군현으로 존재하지도 않았다.[16] 따라서 북위 이전이나 북위 당시 군현지배의 연고를 상기시키기 위해 이 지명들을 사용했다고 볼 수 없다.

물론 고구려는 양한시대(兩漢時代) 요동군에 해당하는 지역을 지배했

15 『중국역사지도집』 제3책의 낙랑군(樂浪郡)과 대방군(帶方郡)의 영역을 보면 한대(漢代)와 비교하면 남쪽으로 확대되었음을 발견할 수 있는데, 백제(百濟)와 신라의 수도는 경계 밖에 놓였다(譚其驤 主編, 『中國歷史地圖集』 第三册 三國·西晉時期, 北京: 中國地圖出版社, 1990, 13-14쪽 및 41-42쪽).

16 『위서(魏書)』「지형지(地形志)」에 따르면, 요동군(遼東郡)은 각각 효무제(孝武帝) 영희(永熙) 년간과 효명제(孝明帝) 정광(正光) 년간에(『魏書』 卷106上 「地形志」上 南營州·遼東郡條, 2492쪽, "永熙中置."; 『魏書』 卷106上 「地形志」上 營州·遼東郡條, 2495쪽, "秦置, 後罷. 正光中復. 治固都城."), 대방현(帶方縣)은 동위(東魏) 효정제(孝靜帝) 원상(元象) 년간과 북위 효명제 정광말년에(『魏書』 卷106上 「地形志」上 南營州·營丘郡條, 2492쪽, "帶方: 元象中置."; 『魏書』 卷106上 「地形志」上 營州·樂良郡條, 2495쪽, "帶方: 二漢屬, 晉屬帶方, 後罷. 正光末復屬."), 낙량군(樂良郡)은 동위 효정제 천평(天平) 4년(537)과 효명제 정광말년에(『魏書』 卷106上 「地形志」上 南營州·樂良郡條, 2492쪽); "前漢武帝置, 二漢·晉曰樂浪, 後改, 罷. 正光末復. 治連城."(『魏書』 卷106上 「地形志」上 營州·樂良郡條, 2495쪽, "天平四年置.")에 설치되었다. 따라서 노간(勞榦)이 고증하여 편찬한 북위후기(北魏後期)의 주군지(州郡志)에는 요동(遼東)·대방(帶方)·낙랑(樂浪)의 이름이 보이지 않는다(勞榦, 「北魏州郡志略」, 『中央研究院歷史語言研究所集刊』32, 臺北: 歷史語言研究所, 1961, 181-283쪽).

기 때문에 고구려왕 앞에 요동군개국공이란 작위를 받았다고 해석할 수 있다. 그러나 한편으로 요동군이 고구려의 활동 무대이자 영토였으므로 요동군을 고구려인의 본적, 혹은 연고지로 생각했을 가능성이 있다.[17] 백제의 경우, 『주서(周書)』「백제전(百濟傳)」에서는 구태(仇台)가 대방에서 백제를 건국한 것으로 기록하였다.[18] 이는 백제왕 앞에 대방군공을 더한 것은 한인(漢人)들이 백제가 대방군에서 시작되었다는 인식과 관련 있음을 시사한다. 신라도 마찬가지이다. 『수서(隋書)』와 『구당서(舊唐書)』「신라전(新羅傳)」에서는 신라가 한대 낙랑의 땅에 있었다고 기록하였다.[19] 그러나 낙랑이 현재 신라의 본거지인 경상북도 경주까지 지배하지 않았으므로 위의 기록들은 사실이라고 보기 어렵다. 사실 여부와 상관없이 한인(漢人)들이 신라를 낙랑군과 관련지어 생각했음을 알 수 있다. 이러한 예들을 살펴보면, 북조시대 우리나라 삼국을 책봉할 때 삼국이 영유했던 지역이나 처음 건국했던 지역을 연고지로 삼아 "국명+왕" 앞에 "□□군개국공(郡開國公)"의 작위를 더해 주었던 관행임을 확인할 수 있다.

이밖에 무도저 · 토욕혼 · 탕창강 · 유연 · 고차의 군주들은 효문제, 혹은 효명제(孝明帝) 시기 "중국 군현명(郡縣名)+군개국공(郡開國公)/군후

17 당대(唐代)의 예이지만, 고구려(高句麗)가 망한 후 당(唐)에서 활동한 유민(遺民)들의 묘지명(墓誌銘)을 보면 9인 가운데 천남생(泉男生) · 천남산(泉男産) · 고현(高玄) · 고족유(高足酉) 4인이 "요동군(遼東郡) 평양성인(平壤城人)", "요동(遼東) 삼한인(三韓人)", "요동(遼東) 평양인(平壤人)", "요동(遼東) 조선인(朝鮮人)"을 자칭하였다(李文基, 「高句麗 寶藏王의 曾孫女 「高氏夫人墓誌」의 檢討」, 157쪽 <표 2> 高句麗 遺民 墓誌의 出身 表記 참조). 이를 본적지로 볼 수 있다면 고구려 유민 혹은 당대(唐代) 한인(漢人)들이 요동을 고구려인들의 본적, 혹은 연고지로 간주했음을 알 수 있다.

18 『周書』 卷49 「異域上 · 百濟傳」, 886쪽, "百濟者, 其先蓋馬韓之屬國, 夫餘之別種. 有仇台者, 始國於帶方."

19 『隋書』 卷81 「東夷 · 新羅傳」, 1820쪽, "新羅國, 在高麗東南, 居漢時樂浪之地, 或稱斯羅."; 『舊唐書』 卷199上 「東夷 · 新羅傳」, 5334쪽, "新羅國, 本弁韓之苗裔也. 其國在漢時樂浪之地, 東及南方俱限大海, 西接百濟, 北鄰高麗."

(郡侯)”의 작위를 받았다. 이는 효문제시기에 시작되었을 것이다. 그런데 이들 국가의 군주들이 받은 “중국 군현명+군개국공/군후”의 봉호는 이들 국가가 있던 지역명이거나 이들 국가와 관련이 있는 지명들이다. 예컨대 양집시(楊集始)와 양소선(楊紹先)에게 주어진 한중군후(漢中郡侯) 무흥왕(武興王)과 한중군공(漢中郡公) 무흥왕(武興王)의 ‘한중(漢中)’은 무도저(武都氐)가 한중군과 가까운 지역에 있었기 때문에 선택된 것으로 생각된다. 효문제 시기 도역후(度易侯)에게 주어진 서해군개국공(西海郡開國公)의 ‘서해군(西海郡)’은 토욕혼이 점거한 청해(青海) 일대에 왕망(王莽)과 후한말(後漢末)에 잠깐 세워진 군이었다.[20] 또 효명제 시기 유연의 욱구려아나괴(郁久閭阿那瓌)를 삭방군[개국]공(朔方郡[開國]公) 연연왕(蠕蠕王)으로 봉한 예에서 ‘삭방(朔方)’이 북변의 새외(塞外)를 지칭하는 지명이라면 유연의 본거지를 지칭한다고도 볼 수 있다.

또 ‘내경(內境)’[21]에 해당하는 만(蠻)의 군주들은 순양공(順陽公)·노양후(魯陽侯)·양양왕(襄陽王)/양양공(襄陽公)·개봉후(開封侯)와 같은 군현명이 포함된 작위를 주었다. 그런데 위진남북조시대 만(蠻)은 현재의 하남(河南) 남부, 회북(淮北), 회남(淮南), 장강(長江) 하류, 복건(福建), 강서(江西), 호북(湖北), 호남(湖南) 지역에 분포하였다.[22] 그러나 북위가 지칭하는 만(蠻)은 강회(江淮) 지역, 구체적으로 동쪽으로 수춘(壽春), 서쪽으로 상락(上洛), 북쪽을 여영(汝潁)에 이르는 지역에 거주하는[23] 소수민

20 崔珍烈, 「三國時代 天下觀念과 그 현실적 변용-遙領·虛封·‘四方’將軍의 수용을 중심으로-」, 104쪽.

21 ‘내경(內境)’은 명목상 중국 영토였지만 군현지배(郡縣支配)가 이루어지지 않았던 이민족 거주 지역을 의미한다. ‘내경(內境)’의 개념과 지역적 범위 등은 李成珪, 「中華帝國의 팽창과 축소: 그 이념과 실제」, 『歷史學報』 186, 2005, 96-101쪽 참조.

22 川本芳昭, 「蠻の問題を中心としてみた六朝期段階における各地域の狀況について」, 『魏晋南北朝時代の民族問題』, 489-534쪽.

족을 의미한다. 따라서 순양공·노양후·양양왕(양양공)은 실제 만(蠻)의 군주들이 거주하거나 지배했던 지역일 가능성이 크다. 그렇다면 이 봉호는 본적지봉호로 간주할 수 있다. 무도저의 군주들은 대개 무도왕(武都王)이나 무흥왕(武興王)에 책봉되었다. 무도(武都)와 무흥(武興)은 구지저(仇池氐)가 거주했던 지역의 지명이다. 따라서 무도왕과 무흥왕은 넓은 의미의 본적지봉호로 볼 수 있다. 요컨대 북조(北朝)와 남조(南朝)의 접경지대에 있던 만(蠻)과 구지저의 군주들에게 주어진 봉호는 해당 지역의 군현명이었다. 이들 군현명을 군주들의 본적지로 볼 수 있다면 북위는 만(蠻)과 구지저의 군주들에게 본적지봉호를 사여(賜與)한 것으로 간주할 수 있다. 이 역시 '연고지봉작(緣故地封爵)'에 해당한다.

이상의 내용을 정리하면 북조(北朝), 특히 북위(北魏)는 빈번히 주변국 군주에게 그들의 근거지, 혹은 발상지, 지배지역과 관련된 군현이나 산천의 명칭을 딴 봉호를 하사하였다. 그리고 이러한 봉호와 "국명+왕"의 이중봉작을 하사하는 예가 빈출하였다. 이러한 봉작은 자신들이 지배하지 못한 나라를 '신속(臣屬)'시키는 관념상의 효과를 가져오는 허봉(虛封)이었다. 주변국들을 정복할 역량이 없었던 북조와는 달리 고구려·돌궐 등 이민족 혹은 주변 국가들을 정복하고 위세를 떨쳤던 당대(唐代)의 책봉은 분열의 시기인 남북조시대의 '허봉(虛封)'과 다른 형태를 지녔을까? 이에 대한 답은 다음 절에서 살펴보도록 하자.

---

23 『魏書』 卷101 「蠻傳」, 2245쪽, "在江淮之間, 依託險阻, 部落滋蔓, 布於數州, 東連壽春, 西通上洛, 北接汝潁, 往往有焉."

3. 당대(唐代) 주변국 책봉(冊封) 군왕호(郡王號)와 지명 선정

당대(唐代)에 이민족 혹은 주변국의 군주에게 봉했던 왕(王)과 군왕(郡王)의 칭호에 대해 이미 기존의 연구성과가 있다. 이를 간단히 요약해 보자. 먼저 군왕호, 즉 "지명+군왕(郡王)"은 기미주(羈縻州)에 편입되거나 당(唐)에 내속(內屬)한 이민족에게 주어졌다. 반면 내속(內屬)하지 않은 이민족과 국가('외신(外臣)')에는 국왕(國王) 혹은 왕(王)의 칭호가 주었다. 또 당(唐)과 먼 지역의 원이(遠夷)('절역(絶域)')에게는 '국(國)'자를 붙였지만, 가까운 지역의 나라('번역(蕃域)')에는 '국'자를 붙이지 않았다. 마지막으로 주변국에 주어진 왕작(王爵)은 본국왕(本國王)("국명+왕")과 '덕화왕(德化王; 복종과 귀의를 뜻하는 한자어+왕)'으로 나뉜다.[24] 본고에서는 선행연구의 책봉표 가운데 중국의 군현 명칭과 관련된 봉호를 표로 만들어 보았다.

24 金子修一, 「中國皇帝と周邊諸國の秩序」(原載 田村晃一・鈴木靖民 編, 『新版古代の日本』 第二卷 「アジアからみた古代日本」, 角川書店, 1992), 53-61쪽; 同氏, 「唐代冊封制一斑-周邊民族における「王」號と「國王」號-」(原載 西嶋定生博士還暦記念論叢編輯委員會 編, 『東アジア史における國家と農民』, 山川出版社, 1984), 174-192쪽; 同氏, 「唐代の異民族における郡王號-契丹・奚を中心にして」(原載 『山梨大學教育學部研究報告』 36, 1986), 206-227쪽(이상 金子修一, 『隋唐の國際秩序と東アジア』, 東京: 名著刊行會, 2001에 수록).

〈표 19〉 당대(唐代) 군현명(郡縣名)과 관련된 주변국 · 이민족 책봉표[25]

봉작자		책봉연대	봉호	비고
高句麗	高建武[營留王]	高祖(624년)	遼東郡王 高麗王	郡王+國名王
	高藏[寶藏王]	太宗(643년)	遼東郡王 高麗王	郡王+國名王
	高藏	高宗(677년)	朝鮮郡王	高句麗 멸망 이후 받은 봉호
	高寶元	武則天(686년)	朝鮮郡王	
	高寶元	武則天(698년)	忠誠國王	
	高文簡	玄宗(715년)	遼西郡王	
百濟	扶餘章[武王	高祖(624년)	帶方郡王 百濟王	郡王+國名王
	扶餘義慈[義慈王]	太宗(641년)	帶方郡王 百濟王	郡王+國名王
	扶餘隆	高宗(677년)	帶方郡王	백제 멸망 이후 받은 봉호
	扶餘敬	武則天	帶方郡王	
新羅	金眞平[眞平王]	高祖(624년)	樂浪郡王 新羅王	郡王+國名王
	金善德[善德女王]	太宗(635년)	樂浪郡王 新羅王	郡王+國名王
	金眞德[眞德女王]	太宗(648년)	樂浪郡王 新羅王	郡王+國名王
	金春秋[太宗武烈王]	高宗(654년	樂浪郡王 新羅王	郡王+國名王
	金法敏[文武王]	高宗(661년)	樂浪郡王 新羅王	郡王+國名王
	金法敏[文武王]	高宗(663년)	新羅王	
	金仁問	高宗(674년)	新羅王	책봉 당시 唐에 체류 중이었음
	金法敏[文武王]	高宗(675년)	新羅王	
	金政明[神文王]	高宗(681년)	新羅王	
	金理洪[孝昭王]	武則天(693년)	新羅王	
	金隆基[聖德王]	武則天(703년)	新羅王	

25 崔珍烈, 「東晋 · 南北朝~唐代 주변국 册封 封號의 地名 분석-韓國古代 三國君主들의 册封 郡王/郡公 칭호의 이해를 중심으로-」, 88-91쪽, <표 3> 唐代 郡縣名과 관련된 주변국 · 이민족 책봉표.

	金承慶[孝成王]	玄宗(737년)	新羅王	
	金憲英[景德王]	玄宗(743년)	新羅王	
	金乾運[惠恭王]	代宗(768년)	新羅王	
	金敬信[元聖王]	德宗(785년)	新羅王	
	金良相[宣德王]	德宗(785년)	新羅王	
	金俊邕[昭聖王]	德宗(800년)	新羅王	
	金重熙[哀莊王?]	順宗(805년)	新羅王	
	金彦章[憲德王?]	憲宗(812년)	新羅王	
	金景徽[興德王?]	文宗(831년)	新羅王	
渤海	大祚榮[高王]	玄宗(713년)	渤海郡王	
	大武藝[武王]	玄宗(719년)	渤海郡王	
	大都利行	玄宗(720년)	桂婁郡王	옛 高句麗의 部名
	大欽茂[文王]	玄宗(737년)	渤海郡王	
	大欽茂[文王]	代宗(762년)	渤海國王	
	大崇璘[康王]	德宗(795년)	渤海郡王	
	大崇璘[康王]	德宗(798년)	渤海國王	
	大行瑜[定王]	憲宗(809년)	渤海國王	
	大言義[僖王]	憲宗(813년)	渤海國王	
	大仁秀[宣王]	憲宗(818년)	渤海國王	
	大彝震	文宗(831년)	渤海國王	
	大虔晃	宣宗(858)	渤海國王	
契丹	李窟哥	太宗(648년)	無終縣男	
	孫萬榮	武則天 (685-688년)	永樂縣公	
	李括[枯]莫離	武則天(697년)	歸順郡王	歸順은 契丹에 설치한 羈縻州
	李失活	玄宗(716년)	松漠郡王	松漠은 契丹에 설치된 都護府名.
	李婆固	玄宗(718년)	松漠郡王	契丹에 설치된 都護府名
	李鬱于	玄宗(722년)	松漠郡王	契丹에 설치된 都護府名
	李吐于	玄宗(724년)	松漠郡王	契丹에 설치된 都護府名
	李邵固	玄宗(726년)	廣化王	
	李邵固	玄宗(728년)	松漠郡王	契丹에 설치된 都護府名
	李吐于	玄宗(728년)	遼陽郡王	
	李屈烈	玄宗(734년)	契丹王	
	李過折	玄宗(735년)	北平郡王	

	李懷節	玄宗(745년)	崇順王	
	李楷固	玄宗(746년)	恭仁王	
	李骨戍	武宗-宣宗(841-847년)	契丹王	
奚	李可度者	太宗(648년)	樓煩縣公	
	李歸國	玄宗	歸誠王	
	李大酺	玄宗(716년)	饒樂郡王	饒樂은 奚의 거주지인 饒樂水에서 따옴[26]
	李魯蘇	玄宗(722년)	饒樂郡王	奚에 있는 水名
	李魯蘇	玄宗(726년)	奉誠王	奉誠은 奚에 설치된 都督府名
	李詩	玄宗(732년)	歸義王	奚에 설치된 羈縻州
	李延寵	玄宗(745년)	懷信王	
	李婆固	玄宗(746년)	昭信王	
	李梅落	憲宗(806년)	饒樂郡王 혹은 歸誠郡王	饒樂은 奚에 있는 水名
吐谷渾	慕容諾曷鉢	高宗(666년)	青海國王	
	慕容順	太宗(635년)	西平郡王 趉胡呂烏甘豆可汗	郡王+可汗. 西平郡은 吐谷渾과의 국경인 鄯州의 異稱임.
	慕容諾曷鉢	太宗(636년)	河源郡王 烏地也拔勤豆可汗	郡王+可汗
	慕容復	德宗(798년)	青海國王 烏地也拔勤豆可汗	
南詔	皮羅閣	玄宗	臺登郡王	嶲州/越嶲郡의 屬縣
	皮羅閣	玄宗(738년)	雲南王	姚州/雲南郡
	清平官尹仇寬	德宗(793년)	高溪郡王	
	異牟尋	德宗(794년)	南詔王	
	豐祐	穆宗(823년)	南詔王	
	蒙閣勸	憲宗(809년)	南詔王	
突厥	阿史那思摩	高祖(624년)	和順郡王	
	突利可汗 阿史那蘇尼失 阿史那思摩	太宗(630년)	北平郡王 懷德郡王 懷化郡王	

	阿史那思摩	太宗(639년)	乙彌泥熟侯[俟]利苾可汗	
	火拔頡利發	玄宗(714년)	燕北郡王	
西突厥	處羅可汗	高祖(618년)	歸義郡王	
渾部	渾釋之	天寶末-廣德中	寧朔郡王	回紇에 설치된 羈縻州; 渾部는 鐵勒九姓의 하나. 동일여부 불명
沙陀突厥	沙陀輔國	玄宗(738년)	永壽郡王	唐 內地 邠州의 屬縣
吐蕃	贊普弄讚	高宗(650년)	西海郡王 →賓王	
	贊婆	武則天(698년)	歸德郡王	

<표 19>를 보면 지명과 관련된 당(唐)의 주변국·이민족 봉작의 추세를 발견할 수 있다. 먼저 662년 이전에는 "요동군왕(遼東郡王) 고려왕(高麗王)"같은 "□□군왕(郡王) 국명(國名)+왕(王)"의 이중책봉(二重冊封)이 존재하였다. 그런데 북조시대(北朝時代)와 비교하면 군공(郡公)이 군왕(郡王)으로 승격된 것이 다르기는 하지만 고구려·백제·신라에 요동·대방·낙랑이란 지명이 붙은 것은 같다. 즉 북조시대에 시작된 관행이 당초(唐初)까지 유지되었음을 보여준다.[27] 또 713년 신라 성덕왕(聖德王)을 낙랑군공 신라왕으로 책봉한 예외를 제외하면 북조시대 주변국 혹은 이민족에게 주어진 이중책봉은 당초, 즉 고구려와 백제의 멸망 이후 사라졌다. 이는 당이 북조시대의 책봉 관행을 임시적으로 계승하여 운용하였

26 요락수(饒樂水)는 요수(澆水), 요락수(澆落水), 약락수(弱落水)라고 하며 현재의 서랍목륜하(西拉木倫河)이다. 고막해(庫莫奚)의 거주지가 되었다.

27 고구려(高句麗) 군주에 주어진 군왕(郡王)에 '요동(遼東)'이 표기된 것을 당대(唐代) 중국인들이 고구려(高句麗)가 중국의 옛 땅이라는 연고의식(緣故意識) 때문이라고 보기도 한다(권덕영, 「唐 墓誌의 고대 한반도 삼국에 대한 표기 검토」, 64쪽).

지만, 어느 시점부터 바뀌었고, 당의 책봉 관행이 만들어져서 통용되었기 때문일 것이다.

고구려 · 백제 · 신라의 이중책봉이 사라진 이유는 무엇일까? 일단 고구려와 백제가 망한 이후 사라졌다는 점에 주목하면, 망국의 국호인 '고려(고구려)'와 '백제'를 더 이상 사용할 필요가 없었기 때문일 것이다. 고장(高藏, 보장왕) · 고보원(高寶元)에게 조선군왕(朝鮮郡王)과 충성국왕(忠誠國王; 고보원에게만 해당), 부여융(扶餘隆) · 부여경(扶餘敬)에게 대방군왕(帶方郡王)의 칭호를 준 것처럼 고구려와 백제 망국 군주 일가에게 "국명+왕"이 생략된 군왕(郡王)의 칭호를 주었다. 그런데 백제 왕족에게는 이전과 같은 대방군왕의 칭호를 주었으나, 고구려에는 조선군왕의 칭호를 준 점이 특이하다. 당대에는 '조선'이 군현의 명칭으로 사용되지 않았다. 그러나 '조선'이 고구려와 밀접한 관계가 있음을 보여주는 기록들이 보인다. 예컨대 『구당서』 「예의지(禮儀志)」에는 현종(玄宗)이 태산(泰山)에서 봉선(封禪) 의식을 거행하면서 문무백관과 주변국들의 군주(카간(可汗) · 왕(王) · 추장) 및 대리인(인질과 사신) 등을 모아놓고 조근(朝覲)을 받았다. 여기에 '고려조선왕(高麗朝鮮王)'과 '백제대방왕(百濟帶方王)'이 보인다.[28] '고려조선왕'은 고구려 멸망 이후 보장왕(寶藏王)과 후손들이 조선군왕에 봉해진 예를 상기시킨다. 일단 고려와 조선이 밀접한 관계였음을 시사하는 것 같다.

이는 『구당서』와 『신당서』, 묘지명의 용례에서 살펴볼 수 있다. 『구당

28 『舊唐書』 卷23 「禮儀志」3, 900쪽, "[開元十三年十一月]壬辰, 玄宗御朝覲之帳殿, 大備陳布. 文武百僚, 二王後, 孔子後, 諸方朝集使, 岳牧舉賢良及儒生·文士上賦頌者, 戎狄夷蠻羌胡朝獻之國, 突厥頡利發, 契丹·奚等王, 大食·謝䫻·五天十姓, 崑崙·日本·新羅·靺鞨之侍子及使, 內臣之番, 高麗朝鮮王, 百濟帶方王, 十姓摩阿史那興昔可汗, 三十姓左右賢王, 日南·西竺·鑿齒·雕題·牂柯·烏滸之酋長, 咸在位."

서』「이밀전(李密傳)」에서는 요수(遼水)의 동쪽을 "조선의 땅(朝鮮之地)"라고 칭하였다.[29] 『신당서』「천문지(天文志)」에서는 요수의 북쪽[遼水之陽]이 모두 "조선과 삼한의 땅(朝鮮三韓之地)"이라고 하였다.[30] 고구려가 요동 일대를 점유하였으므로 "요수의 동쪽(遼水之東)"과 "요수의 북쪽(遼水之陽)"에 있는 '조선'은 고구려의 별칭으로 보아도 좋을 것이다. 또 당대(唐代) 묘지명을 보면 고자(高慈)는 "조선인(朝鮮人)"으로 표기되었다. 그런데 그의 조상이 고구려에서 벼슬했다.[31] 따라서 고자는 고구려인임이 분명하다. 형식논리상 고자는 고구려인이면서 동시에 조선인이므로 "고구려=조선"의 등식이 성립한다. 또 고구려의 권신(權臣)인 연개소문(淵蓋蘇文)의 아들 남산(男産)의 묘지명에서는 그의 본적을 "요동조선인(遼東朝鮮人)"이라 기록하였다.[32] 이는 요동에 사는 조선인의 뜻이다. 즉 남산을 조선인으로 보았기 때문에 "고구려인=조선인"으로 볼 수 있다. 이상의 예에서 조선이 고구려의 동의어로 사용되었음을 알 수 있다.[33] 그런데 『구당서』와 『신당서』에서 이러한 용법이 보이는 것으로 보아 중국인들이 양자를 동일하게 인식했음을 알 수 있다.

위의 형식논리에 따르면 보장왕 일족에게 주어진 조선군왕이라는 봉호

29 『舊唐書』 卷53 「李密傳」, 2214쪽, "遼水之東, 朝鮮之地, 禹貢以為荒服, 周王棄而不臣, ……"

30 『新唐書』 卷31 「天文志」1, 825쪽, "箕與南斗相近, 為遼水之陽, 盡朝鮮三韓之地, 在吳·越東."

31 「大唐故壯武將軍行左豹韜衛郎將贈左玉鈐衛將軍高公墓誌銘并序」, 『唐代墓誌彙編』, 959쪽, "公諱慈, 字智捷, 朝鮮人也. 先祖隨朱蒙王平海東諸夷, 建高麗國, 已後代爲公侯宰相, 至後漢末, 高麗與燕慕容戰大敗, 國幾將滅. 廿代祖密當提戈獨入, 斬首尤多, 因破燕軍, 重存本國. 賜封爲王, 三讓不受, 因賜姓高, 食邑三千戶, ……"

32 「大周故金紫光祿大夫行營繕大匠上護軍遼陽郡開國公泉君墓誌銘并序」, 『唐代墓誌彙編』, 995쪽, "君諱男産, 遼東朝鮮人也."

33 崔珍烈, 「唐人들이 인정한 高句麗人의 正體性-唐代 墓誌銘에 보이는 高句麗의 別稱(朝鮮 · 三韓 · 扶餘) 分析을 중심으로-」, 242-246쪽; 同氏, 「唐代 高句麗 표기 기피현상-隋唐 墓誌銘의 國名 표기 분석을 중심으로-」, 228-239쪽; 이 책의 부 1~2장 참조.

는 고구려왕과 동일하다는 주장도 가능하다. 즉 고구려가 망한 이후 당연히 고구려왕이라 칭하지 못하게 되자 이와 동일어, 혹은 고구려와 관련 있는 단어인 '조선'을 택해 보장왕 일족에게 주었다는 추론이 가능하다. 바꿔 말하면 고구려 군주에게 주어진 군왕호는 고구려와 밀접한 지명이 선택되었음을 뜻한다.[34]

다음으로 남조(南詔)와 토욕혼의 군주에게 준 군왕호(郡王號)도 남조·토욕혼과 관련 있는 지명이었다. 토욕혼의 군주는 카간(可汗)의 칭호와 함께 서평군왕(西平郡王)·하원군왕(河源郡王)·청해국왕(青海國王)의 칭호를 받았다. 서평(西平)과 하원(河源)은 토욕혼과 가까운 당(唐) 서쪽 변경(西邊)의 지명이었고, 청해(青海)는 토욕혼의 본거지에 있던 호수 이름이었다. 남조의 군주는 대등군왕(臺登郡王)·운남왕(雲南王)에 봉해졌다. 여기에서 대등(臺登)은 당대 수주(嶲州, 혹은 월수군(越嶲郡))의 속현(屬縣)이었고, 운남(雲南)은 요주(姚州)의 이칭(異稱)이었다. 남조 역시 당의 남쪽 변경 지역에 있는 지명을 포함한 군왕호를 받았다. 남조의 군주는 당 헌종(憲宗) 이후에는 남조왕(南詔王)으로 봉해졌다. 요컨대 서평·하원·대등·운남은 토욕혼과 남조에 가까운 변경이었기 때문에 군왕호에 포함되었다.

또 거란(契丹)과 해(奚)의 우두머리는 대개 송막군왕(松漠郡王)과 요락군왕(饒樂郡王)에 봉해졌다. 『구당서』「태종기(太宗紀)」에 따르면 정관(貞觀) 22년(648)에 거란의 굴가(窟哥)와 해(奚)의 가탁자(可度者)가 항복

34 <표 3>에서 고문간(高文簡)은 예외적으로 요서군왕(遼西郡王)에 봉해졌다. 그는 돌궐(突厥)에 살다가 당(唐)에 투항한 고구려(高句麗) 유민(遺民)이었다(『舊唐書』 卷8 「玄宗紀」 開元三年二月條, 175쪽, "十姓部落左廂五咄六啜·右廂五弩失畢五俟斤, 及高麗莫離支高文簡·都督䠶跌思太等, 各率其衆自突厥相繼來奔, 前後總二千餘帳."). 그가 조선군왕(朝鮮郡王)이 아닌 요서군왕(遼西郡王)에 봉해진 것은 『구당서(舊唐書)』「예의지(禮儀志)」에서 알 수 있듯이 당시 '고려조선왕(高麗朝鮮王)' 즉 조선군왕(朝鮮郡王)이 존재했기 때문이다.

하자 거란부(契丹部)에는 송막도독(松漠都督)을, 해부(奚部)에는 요락도독(饒樂都督)을 두었다.[35] 즉 송막(松漠)과 요락(饒樂)은 거란과 해(奚)에 설치된 기미부주(羈縻府州)의 명칭이었다. 이 가운데 요락은 해(奚)의 거주 지역에 흐르는 요락수(饒樂水)[36]에서 따왔다. 해(奚)의 우두머리 가운데 요락[주]도독과 요락군왕으로 임명된 『구당서』 「해국전(奚國傳)」의 기사를 보면,[37] 요락은 해(奚)의 본적으로 봐도 무방하다. 거란의 우두머리 역시 송막도독 송막군왕으로 봉해졌다.[38] 송막 역시 거란의 본적지로 볼 수 있을 것이다. 이밖에 천보말(天寶末)과 광덕(廣德) 년간 사이에 혼부(渾部)의 혼석지(渾釋之)가 영삭군왕(寧朔郡王)에 봉해졌다. 여기에서 영삭(寧朔)은 위구르(回紇)에 설치된 기미주(羈縻州)의 명칭이었다. 혼부는 철륵9성(鐵勒九姓)의 하나이므로[39] 영삭군왕도 '연고지봉작(緣故地封爵)'으로 볼 수 있다. 이는 돌궐과 위구르의 예 가운데 예외에 속한다.

요컨대 우리나라 삼국과 남조(南詔)・토욕혼, 거란・해(奚) 등 당(唐)과 직접 국경을 접하는 동북・서・남쪽의 국가의 군주에게 주어진 군왕호

35 『舊唐書』 卷3 「太宗紀」下 貞觀二十二年十一月條, 61쪽, "庚子, 契丹帥窟哥·奚帥可度者並率其部內屬. 以契丹部為松漠都督, 以奚部置饒樂都督."

36 『舊唐書』 卷199下 「北狄・奚國傳」, 5354쪽, "奚國, …… 自營州西北饒樂水以至其國."

37 『舊唐書』 卷199下 「北狄・奚國傳」, 5355쪽, "開元三年, 大輔遣其大臣粵蘇梅落來請降, 詔復立其地為饒樂州, 封大輔為饒樂郡王, 仍拜左金吾員外大將軍·饒樂州都督."; 『舊唐書』 8 玄宗紀上 開元十年條, 183쪽, "夏四月丁酉, 封契丹首領松漠都督李鬱于為松漠郡王, 奚首領饒樂都督李魯蘇為饒樂郡王." 첫번째 기사에서 개원(開元) 3년(715) 책봉했다고 기록했으나, 『신당서(新唐書)』는 개원 2년(714)으로 기록하였다(『新唐書』 卷219 「北狄・奚傳」, 6174쪽, "玄宗開元二年, 使奧蘇悔落丐降, 封饒樂郡王, 左金吾衛大將軍·饒樂都督.").

38 『舊唐書』 8 「玄宗紀」上 開元十年條, 183쪽, "夏四月丁酉, 封契丹首領松漠都督李鬱于為松漠郡王, 奚首領饒樂都督李魯蘇為饒樂郡王."; 『舊唐書』 卷8 「玄宗紀」上 開元十年條, 183쪽, "夏四月丁酉, 封契丹首領松漠都督李鬱于為松漠郡王, 奚首領饒樂都督李魯蘇為饒樂郡王."

39 『舊唐書』卷134 「渾瑊傳」, 3703쪽, "渾瑊, 皋蘭州人也, 本鐵勒九姓部落之渾部也. 高祖大俟利發渾阿貪支, 貞觀中為皋蘭州刺史. 曾祖元慶·祖大壽·父釋之, 皆代為皋蘭都督."

(郡王號)는 해당 국가와 밀접한 관계가 있는 지명(고구려 · 백제 · 신라)이나 가까운 변경(남조 · 토욕혼), 혹은 기미부주(羈縻府州)(거란 · 해)의 명칭에서 따왔다. 즉 당이 위의 국가나 이민족의 책봉 때 해당 국가와의 연고를 따져 군왕호(郡王號)를 주었던 관행이 있었음을 알 수 있다.

소결

3부에서 한당(漢唐) 시대 본적지봉호(本籍地封號)와 '연고지봉호(緣故地封號)'를 다루었다.

먼저 5장에서는 한당 시대 본적지봉작(本籍地封爵)의 통계를 검토하였다. 본적지봉호의 비율이 가장 높은 왕조는 북위(北魏)로 본적지 봉작자는 28.6%와 본적지봉호는 24.3%, 당은 24.2%와 24.4%였다. 당대 전 시기 골고루 본적지 봉작자와 본적지봉호가 나타났다. 이는 연고지 봉호와 함께 '발해' 국호 선정의 단서이다.

다음으로 당대(唐代) 본적지봉작과 식읍(食邑)의 관계를 살펴보았다. 당대 대부분의 시기에는 본적지봉작이 주어져도 이것이 곧 본적지에 식읍이나 봉호(封戶)가 두어진다는 의미는 아니었기 때문에 본적지 회피제 원칙의 관철에 주는 영향은 제한적이었다고 결론내릴 수 있다.

이어서 6장에서는 본적지봉작(本籍地封爵)과 문벌(門閥)의 관계를 살펴보았다. 북위시대(北魏時代)부터 본적지봉작이 빈출하였다. 본적지봉호를 받은 사람들은 소위 문벌 출신들이 많았다. 이는 본적지봉작이 문벌과 밀접한 관계가 있음을 알 수 있다. 특히 청하최씨(淸河崔氏), 박릉최씨(博陵崔氏), 농서이씨(隴西李氏), 조군이씨(趙郡李氏), 범양노씨(范陽盧氏), 형양정씨(滎陽鄭氏), 태원왕씨(太原王氏) 등 성씨 앞에 붙는 본적 지명을 군망(郡望)이라고 한다. 수당시대(隋唐時代) 본적지 봉작자의 봉작 지명은 대개 봉작자의 본적, 즉 군망을 취하는 경우가 많았다.

마지막으로 7장에서는 동진(東晉)부터 당대(唐代)까지 중국이 주변 국가의 군주들에게 준 책봉 봉호의 지명을 검토하였다. 특히 당대의 책봉 지명을 살펴보면, 우리나라 삼국과 남조(南詔)·토욕혼(吐谷渾), 거란(契丹)·해(奚) 등 당(唐)과 직접 국경을 접하는 동북·서·남쪽의 국가의 군주에게 주어진 군왕호(郡王號)는 해당 국가와 밀접한 관계가 있는 지명(고구려·백제·신라)이나 가까운 변경(남조·토욕혼), 혹은 기미부주(거란·해)의 명칭에서 따왔다. 즉 당이 위의 국가나 이민족의 책봉시에는 연고를 따져 군왕호(郡王號)를 주었던 관행이 있었음을 알 수 있다.

제4부

발해 국호의 연원

제8장

고구려의 고씨: 국호(고구려)의 약칭

제8장
고구려(高句麗)의 고씨(高氏): 국호(고구려)의 약칭

『삼국사기』「고구려본기(高句麗本紀)」를 보면 고구려(高句麗)의 군주(君主)들은 나라를 세울 때부터 신하들에게 성을 하사하였다. 따라서 적어도 지배층은 초기부터 성을 가지고 있었던 것처럼 보인다. 과연 그럴까? 현재까지 발견된 고구려인들의 금석문인「광개토대왕비(廣開土大王碑)」와「중원고구려비(中原高句麗碑)」,「모두루묘지(牟頭婁墓誌)」 등을 보면 대부분 인물들의 성이 표기되지 않았다.[1] 그러나 진한시대(秦漢時

1 金昌鎬,「高句麗 金石文의 人名 表記-官等名이 포함된 人名을 중심으로-」,『先史와 古代』 3, 1992, 156-166쪽; 金昌鎬,「百濟와 高句麗・新羅 金石文의 比較-人名 表記를 中心으로-」,『백제연구총서』, 3, 1993, 118-119쪽의 자료 참조.「중원고구려비(中原高句麗碑)」에 보이는 다우환노(多于桓奴)의 '다(多)' 혹은 '다우(多于)'가 성(姓)처럼 보이나, 단정할 수 없다. 또 고추가(古鄒加) 공(共)과 태자(太子) 공(共)이 장수왕(長壽王)의 아들인 조다(助多)로 비정되는 동일인물이라면 성(姓)을 사용하지 않았음을 알 수 있다. 이는「광개토대왕비(廣開土大王碑)」를 보면 광개토대왕(廣開土大王) 역시 성(姓)을 밝히지 않았다. 덕흥리(德興里) 고분의 유주자사(幽州刺史) 진(鎮) 묘지명에는 "□□郡信都縣都鄕中甘里/釋加文佛弟子□□氏鎮"라고 하였다. 씨(氏) 앞의 두 글자가 판독하기 어렵지만 2자 성(二字姓, 復姓)임을 알 수 있다. 그런데 맨 앞의 "□□郡信都縣"에서 군(郡) 앞의 두 글자를 북한 학자들은 "□□郡信都縣"을 평안도 일대로 보았지만, 신도현(信都縣)을 속현(屬縣)으로 둔 장락군(長樂郡)일 가능성이 있다. 장락군(長樂郡) 신도현(信都縣)을 본적으로 둔 대표적인 가문은 장락풍씨(長樂馮氏)와 유씨(劉氏, 북위(北魏) 태무제(太武帝) 시기의 유결(劉潔) 일가)이 있지만, 2자 성을 가진 가문은 없다. 따라서 유주자사(幽州

代)의 죽간(竹簡)에서도 관리들이 성을 생략하고 이름만 쓰는 예가 있으므로 국가의 공문서의 성격을 지닌 두 개의 비문에서 표기상 성을 누락했을 가능성도 존재한다.[2] 그렇다고 해도 고구려 군주들과 왕실의 성은 고씨(高氏)임은 주지의 사실이다. 본장에서는 사서와 묘지명에 보이는 고구려인들의 성이 대개 고씨인 이유를 살펴보려고 한다.

이에 앞서 배경 지식과 비교를 위해 먼저 중국의 성씨에 대해 살펴보자. 중국인은 세계 다른 지역보다 성씨를 일찍 사용하였다.[3] 이미 선진시대(先秦時代)에 왕(王)이나 제후(諸侯), 경(卿)·대부(大夫)·사(士)는 성(姓)과 함께 씨(氏)[4]를 사용하였다. 『잠부론(潛夫論)』「지씨성(志氏姓)」에 따르면 본래 선진시대 중국인들은 시호(謚號)·국명(國名)·작명(爵名)·관명(官名)·자(字)·사물·거처 등에서 씨(氏)의 명칭을 취하였다.[5] 『위서

刺史) 진(鎭)은 혈통상 고구려인(高句麗人)이라기보다 한족(漢族, 중국인)으로 보는 것이 타당해 보인다. 고구려인(高句麗人)이 아니므로 본고에서는 논외로 한다.

2 광개토대왕비에는 광개토대왕의 이름은 언급되었지만 성은 언급되지 않았다.

3 세계사의 시각에서 보면 이는 더욱 분명히 드러난다. 중국(中國)에서는 선진시대(先秦時代, 대략 기원전 5세기 무렵)부터 일반 백성들도 성(姓)을 사용하였고, 전국(戰國)·진한시대(秦漢時代)에 징병제(徵兵制) 및 수취체제와 맞물려 일반 백성들에게 성(姓)의 사용이 강제되었다. 반면 유럽에서는 로마 공화국/제국에서 일부 귀족들이 성(姓)을 사용했으나 로마제국이 망하고 중세시대에는 사라졌다가 18-19세기 이후 유럽에서 성(姓)의 사용이 보편화되었다. 특히 19세기 유럽 각국에서 신민(臣民)들에게 성(姓)의 사용을 강제하였다. 이밖의 다른 지역, 특히 중국 주변의 지역에서는 姓을 사용하는 지역이 적었고, 성(姓)과 유사한 다양한 방식으로 표기하는 지역도 존재하였다(쓰지하라 야스오 지음, 김미선 옮김, 『인명의 세계사』, 창조문화, 2008, 12-37쪽 및 170-193쪽).

4 성(姓)은 '女'와 '生'의 합성어인 점에서 알 수 있듯이, 원시시대 모계사회의 산물이었다. 그러나 후에 부계사회로 바뀌면서 같은 남성의 조상을 공유하는 부계집단의 명칭이 되었다. 주(周)의 지배층은 각각의 방계 가문을 구별하기 위해 씨(氏)를 만들어 개별 가문을 구별하였다. 서주와 춘추시대에 남성들은 씨를 칭했고 여성들은 성을 칭했다. 여성들이 씨가 아닌 성을 취한 것은 성이 다르더라도 씨가 같을 수 있고, 동성 사이의 결혼을 막기 위해 성으로 표기할 필요가 있었기 때문이다. 그러나 사마천이 『사기』를 쓸 무렵 성과 씨의 구별이 없어지고 '성씨'처럼 혼용되거나 하나의 단어로 사용되었다.

(魏書)』「관씨지(官氏志)」[6]와 『신당서(新唐書)』「장열전(張說傳)」[7]에서도 비슷한 구절이 보인다. 이후 진한시대(秦漢時代)에는 편호제민지배체제(編戶齊民支配體制)를 확립하기 위해 국가에서 일반 농민들에게 성(姓), 특히 단성(單姓, 1자 성)을 사용하도록 강제하였다.[8]

반면 흉노(匈奴)와 오환(烏丸)·선비(鮮卑) 등 유목민 사회에서는 대부분 중국식 개념의 성(姓) 혹은 씨(氏)가 존재하지 않았다.[9] 남조(南朝) 유송(劉宋)의 장창(張暢)이 북위(北魏) 사신(使臣)의 성(姓)을 묻자 북위 사신은 자신은 선비인(鮮卑人)이기 때문에 성(姓)이 없다고 답하였던 『송서(宋書)』「장창전(張暢傳)」의 기록[10]을 보면 북위시대에도 일부 호족지배층(胡族支配層)에게는 한족(漢族)의 성(姓)에 해당하는 개념이나 단어가 없었음을 알 수 있다. 그런데 『위서(魏書)』에는 호족지배층이 성을 사용한 것처럼 기록되었지만 「문성제남순비(文成帝南巡碑)」와 『위서』「관씨

5 『潛夫論』(王符 著, 汪繼培 箋, 彭鐸 校正, 『潛夫論箋校正』, 中華書局, 1997) 卷9「志氏姓」, 401쪽, "故或傳本姓, 或氏號邑諡, 或氏於國, 或氏於爵, 或氏於官, 或氏於字, 或氏於事, 或氏於居, 或氏於志."

6 『魏書』卷113「官氏志」, 3005, "自古天子立德, 因生以賜姓, 胙之土而命之氏; 諸侯則以家與諡, 官有世功, 則有宦族, 邑亦如之. 姓則表其所由生, 氏則記族所由出, 其大略然也. 至於或自所居, 或以國號, 或用官爵, 或用事物, 雖緣時不同, 俱其義矣."

7 『新唐書』卷125「張說傳」, 4404쪽, "[武]后嘗問: 「諸儒言氏族皆本炎·黃之裔, 則上古乃無百姓乎? 若為朕言之.」[張]說曰: 「古未有姓, 若夷狄然. 自炎帝之姜·黃帝之姬, 始因所生地而為之姓. 其後天子建德, 因生以賜姓, 黃帝二十五子, 而得姓者十四. 德同者姓同, 德異者姓殊. 其後或以官, 或以國, 或以王父之字, 始為賜族, 久乃為姓. 降唐·虞, 抵戰國, 姓族漸廣. 周衰, 列國既滅, 其民各以舊國為之氏, 下及兩漢, 人皆有姓. 故姓之以國者, 韓·陳·許·鄭·魯·衛·趙·魏為多.」"

8 李成珪, 「尹灣簡牘에 反映된 地域性-漢帝國의 一元的 統治를 制弱하는 地域傳統의 一端-」, 『中國古代史研究』 13, 2005, 69-72쪽.

9 『史記』卷110「匈奴列傳」, 2879쪽, "其俗有名不諱, 而無姓字."; 『後漢書』卷90 烏桓鮮卑列傳, 2979쪽, "氏姓無常, 以大人健者名字為姓."; 『三國志』卷30「魏書」烏丸傳 注引『魏書』, 832쪽, "氏姓無常, 以大人健者名字為姓."

10 『宋書』卷59「張暢傳」, 1600쪽, "[張]暢因問虜使姓, 答云: 「我是鮮卑, 無姓. ……」"

지(官氏志)」를 비교해 보면 사실상 독자적인 성이 아니라 부족의 명칭을 사용한 예가 많았다. 이는 북위 초기에 부족해산(부락해산)이 실제로 시행되지 않았다는 반증이기도 하다.[11] 무측천(武則天, 측천무후(則天武后)라고도 함)이 씨족(氏族)에 대해 묻자 장열(張說)은 이적(夷狄)에게는 성이 없었다고 응답했다.[12] 이에 따르면 당대(唐代) 중국인들은 주변 이민족들에게 성이 없었던 사실을 알고 있었다.

그러나 성씨를 칭하는 관습에 익숙했던 중국인들은 성씨가 없던 주변 외국인들을 이름 앞에 성을 붙여서 표기하려고 하였다. 필자는 이 점에 착안하여 고구려인 가운데 고씨가 많았던 이유를 국호 문제와 관련하여 살펴보려고 한다. 먼저 1절에서 북방 유목민과 중앙아시아, 백제의 성 표기 문제를 검토하려고 한다. 이어서 2절에서 고구려와 고씨의 관계를 분석할 것이다.

1. 유목국가・중앙아시아・백제의 국호・부족명 성(姓) 표기

1) 북방 유목민의 성(姓) 표기

앞에서 언급한 것처럼 흉노(匈奴)・오환(烏桓)・선비(鮮卑) 등 유목민

11 崔珍烈, 「北魏의 '部族解散' 再論-部・部落의 多義性과 鮮卑 無姓 현상의 검토 -」, 『역사와교육』 13, 2011, 167-174쪽; 同氏, 「北魏道武帝時期部落解散的再檢討」, 中國魏晉南北朝史學會・山西大學歷史文化學院 編, 『中國魏晉南北朝史學會第十屆年會暨國際學術硏討會論文集』, 太原: 北岳文藝出版社, 2012, 124-134쪽.

12 『新唐書』 卷125 「張說傳」, 4404쪽, "[武]后嘗問: '諸儒言氏族皆本炎·黃之裔, 則上古乃無百姓乎? 若為朕言之.' [張]說曰: '古未有姓, 若夷狄然. ……"

은 본래 중국의 성(姓)이 없었다.[13]

그러나 중국의 정사나 일부 금석문에는 이민족도 "성(姓)+이름(名)"의 형식으로 표기하였다. 『위서(魏書)』를 보면 선비(鮮卑) 탁발부(拓跋部)가 세운 북위(北魏)에서도 이러한 표기는 지속되었다. 화평(和平) 2년(461) 문성제 순행을 기록한 「문성제남순비(文成帝南巡碑)」에 문성제(文成帝)를 수행한 관리들의 명단이 기록되었다. 이 가운데 호인(胡人)들은 『위서』에 보이는 1자 성[단성(單姓)] 혹은 한성(漢姓, 중국인의 성)이 아닌 2자 이상의 복성(複姓), 즉 호성(胡姓)으로 표기되었다.[14] 이 가운데 '직근(直懃) 하량(何良)'처럼 성 대신 '直懃(직근)' 혹은 '直勤(직근)'으로 표기된 인물들이 있다. 직근은 북위황제(北魏皇帝)의 일족인 탁발씨(拓跋氏)[원씨(元氏)] 혹은 독발씨(禿髮氏)[원씨(源氏)] 남성에게 붙였던 칭호였다. 이는 돌궐의 카간 씨족 남성들이 칭한 티긴(테긴)과 동일하였다.[15] '직근' 이외에 위지(尉遲)·개루(蓋樓)·을전(乙旃)·약간(若干)·토난(吐難)[토난(土難)]·일불(一佛)[을불(乙弗)]·월근(越勤)[월륵(越勒)]·하약(賀若)·보륙고(步六孤)·하뢰(賀賴)[하란(賀蘭)]·소화(素和)·이루(伊樓)·질라(叱羅)·토복로(吐伏盧)·독고(獨孤)·발발(拔拔)·모용(慕容)·발열란(拔烈蘭)[발열(拔列)]·출대한(出大汗)·막나루(莫那婁)·기련(其連)·만뉴우(万忸于)·달해(達奚)·화계(和稽)·여여(茹茹)[보루여(普陋茹)]·후막진(侯莫陳)·질간(叱干)·구목릉(丘目陵)·사문(俟

13 칭기스칸 일족의 씨족명인 보르지긴, 만주인(滿洲人)이 세운 청(淸) 황실(皇室)의 성인 애신각라씨(愛新覺羅氏)처럼 유목민이나 반(半)유목 수렵민은 씨족의 명칭을 가지고 있었다. 그러나 중국인처럼 "씨족명+이름"으로 칭하지는 않았다.

14 山西省考古硏究所·靈丘縣文物局, 「山西靈丘北魏文成帝≪南巡碑≫」, 『文物』 1997-12, 1997, 72오른쪽-78왼쪽.

15 Boodberg, Peter A., "The Language of the T'o-Pa Wei", 172쪽; 羅新, 「北魏直勤考」, 『歷史硏究』 2004-5, 2004, 24-38쪽.

文)[우문(宇文)] 등 『위서(魏書)』「관씨지(官氏志)」에 보이는 성이 많다. 『송서』「장창전」에서 성이 없다는 선비인의 말이 사실이라면 이름 앞의 명칭은 성이 아니라 부족(部落)의 명칭이었을 것이다.[16]

필자의 추정이 옳은지 구체적인 사례로 검증해 보자. 「문성제남순비」에는 '월근우이근'[17]이란 인물이 보인다. '월근우이근(越勤右以斤)'의 '월근(越勤)'은 『위서』 본기에 보인다. 월근부(越勤部)는 천흥(天興) 5년(402) 내속하였으나,[18] 영흥(永興) 4년(413) 다시 토벌되었고, 이듬해 대녕(大寧)으로 옮겨져서 계구수전(計口受田)의 대상이 되었다.[19] 즉, '월근(越勤)'은 유목민 부족의 명칭이었다. 따라서 월근우이근의 '월근'은 부족 명칭인 월근부에서 따왔음을 알 수 있다. 이처럼 「문성제남순비」와 『위서』「관씨지(官氏志)」에서 확인할 수 있듯이, 호인(胡人)들이 사용한 '성'은 국가에서 편호화(編戶化), 혹은 편민화(編民化)를 위해 강제적으로 준 성이 아니었다. 호인들은 본래 성(姓)이 없었기 때문에 자신의 집단, 즉 부족의 명칭을 성처럼 사용했음을 시사한다. 혹은 중국인들이 한문으로 기록할 때 부족의 명칭을 성처럼 기록했을 것이다. 이처럼 호인(胡人)들에게 '성(姓)'이 없었고, 부족(부락)의 명칭을 성으로 사용했음은 북위의 호인(胡人)들이 '부족해산'되지 않았다는 명백한 증거일 것이다.[20]

---

16 崔珍烈, 「北魏의 '部族解散' 再論-部·部落의 多義性과 鮮卑 無姓 현상의 검토-」, 172-173쪽; 同氏, 「北魏道武帝時期部落解散的再檢討」, 124-134쪽.

17 山西省考古研究所·靈丘縣文物局, 「山西靈丘北魏文成帝≪南巡碑≫」, 74오른쪽.

18 『魏書』 卷2 「太祖紀」 天興五年十二月辛亥條, 40, "越勤莫弗率其部萬餘家內屬, 居五原之北."

19 『魏書』 卷2 「太宗紀」 永興五年秋七月條, 53, "奚斤等破越勤倍泥部落於跋那山西, 獲馬五萬匹, 牛二十萬頭, 徙二萬餘家於大寧, 計口受田."

20 崔珍烈, 「北魏의 '部族解散' 再論-部·部落의 多義性과 鮮卑 無姓 현상의 검토 -」, 『역사와교육』 13, 2011, 167-174쪽; 同氏, 「北魏道武帝時期部落解散的再檢討」, 中國魏晉南北朝史學會·山西大學歷史文化學院 編, 『中國魏晉南北朝史學會第十屆年會暨國際學術研討會論文集』, 太原: 北岳文藝出版社, 2012, 124-134쪽.

위에서 살펴본 것처럼 유목민들이 국명이나 부족명(部名)을 성씨처럼 사용한 예는 사서에 산견된다. 먼저 북주(北周)를 세운 우문씨(宇文氏)의 예이다.

> "그 후손을 보회(普回)라고 하였다. 보회는 사냥하다가 옥새(玉璽) 삼뉴(三紐)를 얻었다. 옥새의 문자를 보니 '황제새(皇帝璽)'라고 하였다. 보회는 마음으로 기이하게 여기고 하늘에서 [자신에게] 준 것이라고 생각했다. 선비(鮮卑)의 풍속에 하늘을 '우(宇)', 군주(君主)를 '문(文)'이라 칭했기 때문에 우문국(宇文國)이라 하였고, 아울러 이를 씨(氏)로 삼았다."[21](강조는 필자. 아래의 인용문도 같다.)

위의 인용문에서 우문(宇文)의 뜻과 유래를 설명하고 있다. 인용문의 밑줄 친 부분에서 알 수 있듯이 우문씨는 국명(國名)에서 씨명(氏名), 즉 성씨를 취했다. 이처럼 국명에서 씨명(氏名), 즉 성씨로 삼았던 예는 약간씨(若干氏)에게서 발견된다. 『주서(周書)』 권17 「약간혜전(若干惠傳)」의 앞 부분을 살펴보자.

> "약간혜(若干惠)의 자(字)는 혜보(惠保)이며, 대군(代郡) 무천(武川) 사람이다. 약간혜(若干惠)의 선조는 위씨(魏氏)와 함께 흥기하였으며 국(國)을 성(姓)으로 삼았다."[22]

위의 인용문에서 '약간(若干)'이 본래 국명이었으며, 약간씨(若干氏)는

---

21 『周書』 卷1 「文帝紀」上, 1쪽, "其後日普回, 因狩得玉璽三紐, 有文日皇帝璽, 普回心異之, 以為天授. 其俗謂天日宇, 謂君日文, 因號宇文國, 并以為氏焉."

22 『周書』 卷17 「若干惠傳」, 280쪽, "若干惠字惠保, 代郡武川人也. 其先與魏氏俱起, 以國為姓."

국명을 성으로 삼았음을 명시하였다. 인용문에서 위씨(魏氏)는 북위를 지칭하며, 문맥상 북위를 세운 탁발부(拓跋部)를 지칭한다.

『주서(周書)』 권20 「하란상전(賀蘭祥傳)」에도 비슷한 구절이 있다.

> "하란상(賀蘭祥)의 자(字)는 성락(盛樂)이다. 하란상(賀蘭祥)의 선조는 위(魏)와 함께 흥기하였다. 흘복(紇伏)이란 자가 하란막하불(賀蘭莫何弗)이 된 후 하란(賀蘭)을 씨(氏)로 삼았다."[23]

위의 인용문에서는 하란상(賀蘭祥)의 선조 흘복(紇伏)이 하란막하불(賀蘭莫何弗)이 되어 자신이 지배한 하란(賀蘭)을 씨(氏)로 삼았다고 기록하였다. 여기서는 '하란(賀蘭)'의 의미가 명확하지 않다. 1965년 섬서성(陝西省) 함양시(咸陽市) 주릉향(周陵鄕) 하가촌(賀家村)에서 발견된 「하란상묘지(賀蘭祥墓誌)」[24]에는 이를 구체적으로 설명하였다.

> "공의 이름은 상(祥)이며, 자(字)는 성락(盛樂)이고 하남(河南) 낙양현(洛陽縣) 사람이다. 위씨(魏氏)가 남쪽으로 이동할 때 36국(國)이 있었는데 하란국(賀蘭國)은 네 번째였다."[25]

위의 인용문에서 '하란국'이란 표기를 보면, 앞에서 인용한 『주서』 권20 「하란상전」에 보이는 '하란막하불'의 '하란'은 국명임을 알 수 있다.

---

23 『周書』 卷20 「賀蘭祥傳」, 335쪽, "賀蘭祥字盛樂. 其先與魏俱起, 有紇伏者, 為賀蘭莫何弗, 因以為氏."

24 劉曉華, 「北周賀蘭祥墓誌及其相關門題」, 『咸陽師範學院學報』 16-5, 2001; 「賀蘭祥墓誌」, 『新出魏晉南北朝墓誌疏證』, 247-248쪽.

25 「賀蘭祥墓誌」, 『新出魏晉南北朝墓誌疏證』, 245쪽, "公諱祥, 字盛樂, 河南洛陽人. 魏氏南遷, 有卌六國, 賀蘭國第四焉."

다음은 「위지운묘지(尉遲運墓誌)」를 살펴보자.

"[위지씨(尉遲氏)의] 시조(始祖) 토리(吐利)는 위지국(尉遲國)에 봉해졌다. 군은 위(魏) 성무[제](聖武[帝])를 따라 남천(南遷)하였으며 국(國)[의 이름]을 씨(氏)로 명명하였다."26

위의 인용문에 따르면 위지씨(尉遲氏)의 선조 토리(吐利)는 위지국(尉遲國)에 봉해졌고, 봉국(封國) 혹은 국명인 '위지(尉遲)'를 씨(氏)로 삼았다고 하였다. 이처럼 앞에서 열거한 우문씨 · 약간씨 · 하란씨 · 위지씨는 국명에서 성 혹은 씨의 명칭을 취했음을 확인할 수 있었다. 이들은 공통적으로 몽골고원 등지에서 활동했던 유목민 혹은 목축민의 후예였다. 따라서 유목민 혹은 목축민들은 대부분 자신의 국명에서 성씨의 명칭을 따왔음을 확인할 수 있다. 그런데 일반적으로 우문씨는 우문부, 하란씨는 하란부, 위지씨는 위지부로 불렸다. 즉 중국의 사서에서는 유목민의 집단을 표기할 때 국(國)과 부(部)를 혼용하였다. 예컨대 『주서(周書)』 권21 「위지형전(尉遲迥傳)」의 앞부분을 살펴보자.

"위지형(尉遲迥)의 자(字)는 박거라(薄居羅)이며, 대인(代人)이다. 위지형(尉遲迥)의 선조는 위(魏)[탁발부(拓跋部)]의 별종(別種)이며 위지부(尉遲部)라 호칭하였고, 이를 성(姓)으로 삼았다."27

26 「尉遲運墓誌」, 『新出魏晉南北朝墓誌疏證』, 304쪽, "始祖吐利, 封尉遲國. 君從魏聖武南遷, 因以國命氏."

27 『周書』 卷21 「尉遲迥傳」, 349쪽, "尉遲迥字薄居羅, 代人也. 其先, 魏之別種, 號尉遲部, 因而姓焉."

위의 인용문에서는 위지형(尉遲逈)의 선조가 위지부(尉遲部)에서 성을 취했다고 기록하였지만 「위지운묘지(尉遲運墓誌)」에서는 '위지국(尉遲國)'에서 씨(氏)의 명칭을 따왔다고 서술하였다.[28] 선진시대(先秦時代)에는 성(姓)과 씨(氏)는 구분되었지만, 한대(漢代) 이후 양자는 혼용되었고 심지어 '성씨(姓氏)'처럼 한 단어로 사용되었다. 즉 씨(氏)와 성(姓)을 동일시하였다. 이 두 기록에서 위지국과 위지부가 동일하므로 국(國)은 부(部)의 뜻으로 사용되었다. 이는 중국인들이 유목민들의 집단을 지칭하는 울루스, 엘(일) 등 단어를 상황에 따라 국(國) 또는 부(部)로 달리 번역했기 때문이다.[29]

다음으로 부(部), 즉 부족의 명칭을 성(姓)으로 쓰는 경우를 살펴보자. 『구당서』 「가서한전(哥舒翰傳)」의 기사를 보자.

> "가서한(哥舒翰)은 돌기시(突騎施)의 수령(首領) 가서부락(哥舒部落)의 후예이다. 번인(蕃人)들은 대개 부락(部落)의 명칭으로써 성(姓)을 칭하였기 때문에 [부락(部落)의 명칭인] 가서(哥舒)를 씨(氏)로 삼았다."[30]

위 인용문의 밑줄 친 부분에서 알 수 있듯이, 번인(蕃人), 즉 당(唐)에 귀부하거나 복속했던 이민족들은 부(部) 혹은 부락(部落)의 명칭을 성(姓)으로 쓰는 관례가 있었다. 당후기(唐後期)의 명장(名將)이었던 혼감(渾瑊) 역시 본래 철륵(鐵勒) 9성(九姓)의 하나인 혼부(渾部) 출신이었다는 기록으로[31] 보아 혼감(渾瑊)의 성인 '혼(渾)' 역시 혼부(渾部)에서 따왔음을 알

28 「尉遲運墓誌」, 304쪽, "始祖吐利, 封尉遲國. 君從魏聖武南遷, 因以國命氏."

29 崔珍烈, 「北魏의 '部族解散' 再論-部・部落의 多義性과 鮮卑 無姓 현상의 검토-」, 160-167쪽.

30 『舊唐書』 卷104 「哥舒翰傳」, 3211쪽, "哥舒翰, 突騎施首領哥舒部落之裔也. 蕃人多以部落稱姓, 因以爲氏."

수 있다. 이밖에 석홍(石洪)의 선조는 성이 오석란(烏石蘭)이었으나 오석란(烏石蘭)의 '석(石)'자를 따서 석씨(石氏)라고 칭했다.[32] 이 역시 부족명 가운데 한 글자를 따서 중국식 성으로 표기한 예이다.

『위씨』「관씨지」에는 북위에 복속된 호인(胡人)들의 성과 한성(漢姓) 개칭(改稱) 이후의 성이 나열되었다.

〈표 20〉 효문제(孝文帝) 호성(胡姓)의 한성(漢姓) 개칭 조치 중 약칭[33]

胡姓	개칭 후	약칭 여부	胡姓	개칭 후	약칭 여부	胡姓	개칭 후	약칭 여부
拓跋氏	元氏	×	紇骨氏	胡氏	×	普氏	周氏	×
拓[拔]跋氏	長孫氏	×	達奚氏	奚氏	○	伊婁氏	伊氏	○
丘敦氏	丘氏	○	侯氏(侯亥氏)	亥氏	×	乙旃氏	叔孫氏	×
車焜氏	車氏	○	丘目陵氏	穆氏	○	步六孤氏	陸氏	×
賀賴氏	賀氏	○	獨孤氏	劉氏	×	賀樓氏	賀氏	○
勿忸于氏	于氏	○	是連氏	連氏	○	僕蘭氏	蘭氏	○
若干氏	苟氏	×	拔列氏(拔列蘭氏)	梁氏	×	撥略氏	略[蘇]氏	○
若口引氏	寇氏	△	叱羅氏	羅氏	○	普陋茹氏	茹氏	○
賀葛氏	葛氏	○	是賁氏	封氏	×	阿伏于[干]氏	阿氏	○
可地延氏	延氏	○	阿鹿桓氏	鹿氏	○	他駱拔氏	駱氏	○
薄奚氏	薄氏	○	烏丸氏	桓氏	△	素和氏	和氏	○
吐谷渾氏	吐谷渾氏	×	胡[古]口引氏	侯氏	×	賀若氏	賀若氏	×
谷渾氏	渾氏	○	匹婁氏	婁氏	○	俟力伐氏	鮑氏	×
吐伏盧氏	盧氏	○	牒云氏	云氏	○	是云氏	是氏	○
叱利氏	利氏	○	副呂氏	副氏	○	那氏	那氏	×
乞扶氏	扶氏	○	阿[可]單氏	單氏	○	俟幾氏(俟畿氏)	幾[畿]氏	○
賀兒氏	兒氏	○	吐奚氏	古氏	×	出連氏	畢氏	×
庾氏	庾氏	×	賀拔氏	何氏	△	叱呂氏	呂氏	○

31 『新唐書』 卷155 「渾瑊傳」, 4891쪽, "渾瑊, 本鐵勒九姓之渾部也."

32 『新唐書』 卷171 「烏重胤傳附石洪傳」, 5188, "石洪者, 字濬川, 其先姓烏石蘭, 後獨以石爲氏."

33 『魏書』 卷113 「官氏志」, 3006-3014쪽.

莫那婁氏	莫氏	○	奚斗盧氏	索盧氏	×	莫蘆氏	蘆氏	○
出[步]大汗氏	韓氏	△	沒路眞氏	路氏	○	扈地于[干]氏	扈氏	○
莫[慕]輿氏	輿氏	○	紇干氏	干氏	○	俟伏斤氏	伏氏	○
是樓氏	高氏	×	尸[屈]突氏	屈氏	○	沓盧氏	沓氏	○
嗢石蘭氏	石氏	○	解枇氏	解氏	○	奇斤氏	奇氏	○
須卜氏	卜氏	○	丘林氏	林氏	○	大莫干氏	郃氏	×
尒綿氏	緜氏	○	蓋樓氏	蓋氏	○	素黎氏	黎氏	○
渴單氏	單氏	○	壹斗眷氏	明氏	×	叱門氏	門氏	○
宿六斤氏	宿氏	○	郦邗[邘]氏	邗[邘]氏	○	土難氏	山氏	×
屋引氏	房氏	×	樹洛于[干]氏	樹氏	○	乙弗氏	乙氏	○
宇文氏	宇文氏	×	慕容氏	慕容氏	×	茂[茙]眷氏	茂[茙]氏	○
宥連氏	雲氏	×	紇豆陵氏	竇氏	×	侯莫陳氏	陳氏	○
庫[厙]狄氏	狄氏	○	太洛稽氏	稽氏	○	柯拔氏	柯氏	○
尉遲氏	尉氏	○	步鹿斤氏	步氏	○	破多羅氏	潘氏	×
叱干氏	薛氏	×	俟奴氏	俟氏	○	輾遲氏	展氏	△
費連氏	費氏	○	其[綦]連氏	綦氏	○	去斤氏	艾氏	×
渴侯氏	緱氏	×	叱盧氏	祝氏	×	和稽氏	緩氏	×
寃[菀]賴氏	就氏	×	嗢盆氏	溫氏	△	達勃氏	褒氏	×
獨孤渾氏	杜氏	×	賀蘭氏	賀氏	○	郁都[原]甄氏	甄氏	○
紇奚氏	嵇氏	×	越勤氏	越氏	○	叱奴氏	狼氏	×
渴燭渾氏	味[朱]氏	×	庫傉官氏	庫氏	○	烏洛蘭氏	蘭氏	○
一那蔞氏	蔞氏	○	羽弗氏	羽氏	○			

[범례] 1. [ ] : 한 글자의 誤字.
2. ( ) : 전체의 誤記.
3. ○ : 약칭 △ : 동음 異字 약칭. ×: 약칭 아님.

<표 20>에서 알 수 있듯이, 119개 호성(胡姓)의 개칭 가운데 달해씨(達奚氏)를 해씨(奚氏)로 바꾼 것처럼 명확히 2자 이상의 복성(復姓) 가운데 1자로 약칭한 예는 72개(60.5%), 탁발씨(拓跋氏)를 원씨(元氏)로 개칭한 것처럼 명확히 두세 자를 한 글자로 약칭하지 않은 예는 41개(34.5%)이다. 그리고 출대한(보대한)씨(出大汗(步大汗)氏)를 바꾼 한씨(韓氏)처럼 같은 음의 다른 글자(同音異字)로 표기되어 이를 약칭으로 인정할 수 있는 예는 6개(5%)이다. 따라서 『위서』「관씨지」의 2자 이상 호성(胡姓, 復姓)을

한성(漢姓)으로 바꿀 때 기계적으로 1자의 한자로 줄이거나 동음(同音) 이자(異字)를 사용한 경우는 최소 72개(60.5%), 최대 78개(65.6%)이다. 이는 중국의 사서에 국명이나 부족명을 성으로 표기할 때 전체 그대로 표기하거나 중국식으로 1자로 표기할 경우 2자 이상의 글자를 1자로 기계적으로 약칭했던 관행이 존재했음을 보여준다.

2) 중앙아시아인의 성(姓) 표기

유목민뿐만 아니라 중앙아시아인들도 "성(姓)+명(名)"으로 표기되었다. 특히 이들은 출신 국명(國名)을 성(姓)으로 사용하였다. 『자치통감(資治通鑑)』 권248 「당기(唐紀)」64 무종회창육년이월경진조(武宗會昌六年二月庚辰條)에는 하주절도사(夏州節度使) 미기(米暨)를 동북도초토당항사(東北道招討党項使)로 임명한 기록이 있다.[34] 그런데 『자치통감』의 호삼성주(胡三省註)에는 미성(米姓)을 다음과 같이 설명하였다.

> "미성(米姓)은 서역(西域)에서 나왔으며, 강거(康居)의 지서(枝庶)가 나뉘어 미국(米國)이 되었다. 다시 중국(中國)에 들어왔으니, 자손은 결국 미(米)를 성(姓)으로 삼았다."[35]

위의 인용문에 따르면 미기(米暨)의 '미(米)'라는 성은 미국(米國)에서 유래되었음을 알 수 있다. 『고금성씨서변증(古今姓氏書辨證)』에도 비슷

34 『資治通鑑』 卷248 「唐紀」64 武宗會昌六年二月庚辰條, 8021쪽, "春, 二月, 庚辰, 以夏州節度使米暨為東北道招討党項使."

35 『資治通鑑』 卷248 「唐紀」64 武宗會昌六年二月庚辰條 胡註, 8021쪽, "米姓出於西域, 康居枝庶分為米國. 復入中國, 子孫遂以為姓."

한 구절이 보인다.

> "서역(西域)의 미국(米國)에서 중국(中國)에 들어온 사람은 미(米)를 성(姓)으로 삼았다. … (중략) … 공봉(供奉) 가자(歌者) 미가영(米嘉榮)이 있었으며, 그 아들이 미화랑(米和郞)이었다."[36]

위의 인용문에서도 미씨(米氏)는 중국에 들어오기 전 고국 '미국'의 '미(米)'자를 따서 성으로 삼았다고 기록하였다. 이는 미계분(米繼芬)의 묘지명에서도 확인할 수 있다.

> "공의 이름은 계분(繼芬)이고 자(字)도 계분(繼芬)이다. 그의 선조는 서역(西域)의 미국(米國) 사람이다."[37]

위의 인용문에서 본래의 국명을 따서 성(姓)을 취했다는 언급은 없지만, 조상이 미국 출신임을 밝혔기 때문에 미계분(米繼芬)의 성(姓)인 '미(米)'가 선조의 고국(故國)이었던 미국(米國)에서 따왔음을 알 수 있다. 미국(米國)은 사마르칸드의 동쪽에 위치한 Maimargh(혹은 Maymurgh)이다.[38]

이는 강씨(康氏)에서도 확인된다. 『양서(梁書)』 권18 「강현전(康絢傳)」 앞부분에 실린 강현(康絢)의 가계를 살펴보자.

---

36 『古今姓氏書辨證』 卷24 「十一薺・米條」, 368쪽, "西域米國, 胡人入中國者, 因以爲姓. …… 有供奉歌者米嘉榮, 其子米和郎."

37 「□□左神策軍故散副將□左武衛大將軍同正兼□大□□上柱國京兆米府君墓誌銘并序」, 『唐代墓誌彙編續集』, 796쪽, "公諱繼芬, 字繼芬, 其先西域米國人也."

38 馬承鈞 原編, 陸峻嶺 增訂, 『西域地名』, 北京: 中華書局, 1982, 61-62쪽.

"강현(康絢)의 자(字)는 장명(長明)이며, 화산군(華山郡) 남전현(藍田縣) 사람이다. 강현(康絢)의 선조는 강거(康居)에서 나왔다. 예전에 한(漢)은 도호(都護)를 두고 거의 대부분 서역(西域)을 신복(臣服)시켰다. 강거(康居) 역시 시자(侍子)를 보내 하서(河西)에서 조서(詔書)를 기다렸다. 이로 인해 [중국에] 머물러 백성이 되었다. 그의 후손은 강(康)을 성(姓)으로 삼았다."[39]

위의 인용문에서 강현이 강거(康居) 출신이었으며, 강현의 조상은 강거의 '강(康)'을 따서 성으로 사용했음을 알 수 있다. 비슷한 예를 당대(唐代) 부인(夫人) 강씨(康氏) 묘지명(墓誌銘)에서 확인할 수 있다.

"부인(夫人)은 강국(康國) 대수령(大首領)의 딸이다. 본국(本國)[의 국명(國名)]을 씨(氏)로 삼았다."[40]

묘지명의 표제(標題)에는 이 여성의 성을 강씨라고 표기하였다. '강'은 강국(康國, Samarkand)[41]의 '강'을 취한 것이므로 본국의 국명 가운데 한 글자를 취한 것임을 알 수 있다. 강씨의 모국 강국은 소무 9성(昭武九姓)에 속하지 않지만 소무 9성과 함께 중앙아시아 오아시스 국가의 하나였다.

미(米)와 강(康) 이외에도 다른 중앙아시아 출신도 자기 나라 이름의 한 글자를 따서 성으로 사용하였다. 예컨대 하문철(何文哲) 역시 하국왕

39 『梁書』 卷18 「康絢傳」, 290쪽, "康絢字長明, 華山藍田人也. 其先出自康居. 初, 漢置都護, 盡臣西域, 康居亦遣侍子待詔於河西, 因留為黔首, 其後即以康為姓."

40 「大周故□州□□□夫人康氏墓誌銘并序」, 『唐代墓誌彙編續集』, 353쪽, "夫人康國大首領之女也. 以本國爲氏, ……"

41 馬承鈞 原編, 陸峻嶺 增訂, 『西域地名』, 81-82쪽.

(何國王) 비(丕)의 5대손(代孫)이라고 기록하였다.[42] 성과 선조의 출신 국가에 '하(何)'자가 사용되므로 하문철의 성은 하국(何國, Koshania)[43]에서 따왔음을 알 수 있다. 이원광(李元光)은 본래의 성이 안(安)이었고 선조가 안식왕(安息王)의 후손이었다.[44] 여기에서도 이원광의 원래 성인 안성(安姓)이 안식국(安息國, Partava)[45]에서 따왔음을 보여준다. 지금까지 살펴본 미(米)·강(康)·안(安)·하(何) 등 씨(氏)는 소무 9성[46]에 속하였다. 또 아라감(阿羅憾)이라는 이름을 가진 사람의 묘지명 표제에는 '파사군구(波斯君丘)'라고 표기하였다. 보통 묘지명에는 죽은 사람을 "성(姓)+군(君)", "성(姓)+부군(府君)", "성(姓)+공(公)"으로 칭하였으므로, '파사(波斯)'가 성(姓)이고 '구(丘)'는 연자(衍字)로 추정된다. 즉 아라감의 성(姓)이 '파사(波斯)'였다. 묘지명의 원문에서도 아라감이 파사국(波斯國) 사람임을 기록하였다.[47] '파사(波斯)'는 페르시아의 음차인데, 아라감(阿羅憾)은 선조의 나라인 페르시아의 한자 표기를 성으로 삼은 것이다. 또 선행연구에 따르면, 한대(漢代)부터 남북조시대(南北朝時代)를 거쳐 당대(唐代)까지 서역(西域), 즉 중앙아시아 일대의 사람들을 호칭할 때 중국인들은

---

42 「大唐故右領軍衛上將軍贈」太子少保何公墓誌銘」, 『唐代墓誌彙編續集』, 893-894쪽, "公諱文哲, 字子洪, 世爲寧武人焉. …… 公本何國王丕之五代孫, 前祖以永徽初款塞來質, 附於王庭."

43 馬承鈞 原編, 陸峻嶺 增訂, 『西域地名』, 54-55쪽.

44 「唐故華州潼關鎮國軍隴右節度支度營田觀察處置臨洮軍等使開府儀同三司檢校尚書左僕射兼華州刺史御史大夫武康郡王贈司空李公墓誌銘并序」, 『唐代墓誌彙編續集』, 353쪽, "公本安姓, 諱元光, 其先安息王之胄也." 李元光은 『舊唐書』에는 李元諒으로 표기되었다(『舊唐書』 卷144 「李元諒傳」, 3916쪽, "李元諒, 本駱元光, 姓安氏, 其先安息人也.").

45 馬承鈞 原編, 陸峻嶺 增訂, 『西域地名』, 74쪽.

46 『新唐書』 卷221下 「西域下·康傳」, 6243쪽, "始居祁連北昭武城, 為突厥所破, 稍南依 嶺, 即有其地. 枝庶分王, 曰安, 曰曹, 曰石, 曰米, 曰何, 曰火尋, 曰戊地, 曰史, 世謂'九姓', 皆氏昭武."

47 「大唐故波斯國大酋長右屯衛將軍上柱國金城郡開國公波斯君丘之銘」, 『唐代墓誌彙編』, 1116쪽, "君諱阿羅憾, 族望波斯國人也."

주로 국명의 글자를 따서 성처럼 표기하였다.[48] 장경첩(張慶捷)도 중국 주변 이민족 가운데 국명(國名)을 씨(氏)로 호칭했던 예가 많았음을 지적하였다. 예컨대 '여여(茹茹)', '강(康)', '안(安)', '사(史)' 등의 성씨(姓氏)는 여여국(茹茹國),[49] 강국(康國), 안국(安國), 사국(史國)에서 유래되었다고 한다.[50]

이밖에 축씨(竺氏)는 천축(天竺) 출신이며, 후한시대(後漢時代) 중국으로 귀화한 후 축씨라고 칭하였다.[51] 천축은 현재의 인도를 지칭한다. 축씨 역시 인도의 중국 명칭인 천축의 '축(竺)'자를 따서 성으로 삼은 것이다.

3) 백제(百濟)의 성(姓)과 약칭

앞에서 중국인들이 중국 주변의 이민족들에게 없었던 성을 표기하기 위해 국명이나 부족의 명칭을 성처럼 표기하였음을 살펴보았다. 그러나 위에서 제시한 예들이 중앙아시아 오아시스 국가들과 유목민, 특히 투르크인들에 한정된 예이며 한국고대사와 관련 없다고 반론을 제기할 수도 있다. 그러나 십육국시대(十六國時代) 부여인(扶餘人)들이 '여씨(餘氏)'로 칭해진 예가 중국의 사료에 발견된다. 예컨대 전진(前秦)의 군대에게 전연(前燕)의 수도 업성(鄴城)의 문을 열어 주었던 여울(餘蔚)[52]과 후연(後燕) 시기의 여화(餘和),[53] 후연의 모용수(慕容垂)에 반기를 들었던 여

48 何健民 編著, 『隋唐時代西域人華化考』, 新文豐出版公司, 1937, 56-104쪽.

49 여여(茹茹)는 5-6세기 몽골고원을 지배했던 유연(柔然)의 별칭이다.

50 張慶捷, 「北魏破多羅氏壁畵墓所見文字考述」, 『歷史硏究』 2007-1, 2007, 177쪽.

51 『通志』 「氏族略」2 夷狄國條, "竺氏, 本天竺胡人, 後漢歸中國而稱竺氏."

52 『資治通鑑』 卷102 「晉紀」24 海西公下 太和五年(370)條, 3236쪽, "戊寅, 燕散騎侍郎餘蔚帥扶餘·高句麗及上黨質子五百餘人(胡注: 燕蓋遣兵戍上黨, 取其子弟留於鄴以為質. 餘蔚, 扶餘王子, 故陰率諸質子開門以納秦兵), 夜, 開鄴北門納秦兵, 燕主暐與上庸王評·樂安王臧·定襄王淵·左衛將軍孟高·殿中將軍艾朗等奔龍城. 辛巳, 秦王堅入鄴宮."

암(餘巖),[54] 후연의 장군(將軍) 여숭(餘嵩)[55]과 여숭(餘崇)[56] 부자, 여초(餘超),[57] 남연(南燕)의 장군 여울(餘鬱)[58] 등이 부여 사람이었다.

부여(扶餘)의 후손이라는 백제의 왕족은 중국사료에 '여(餘)' 혹은 '부여(扶餘)'라는 성(姓)을 사용한 것처럼 표기되었다.[59] 또 당대(唐代) 번장(蕃將)으로 활동한 사타충의(沙吒忠義)와 사택지적(砂宅智積)의 '사타(沙吒)'와 '사택(砂宅)'은 『수서(隋書)』「백제전(百濟傳)」에서 백제의 8대 대성(大姓)으로 제시된 사씨(沙氏)・연씨(燕氏)・퇴씨(頹氏)・해씨(解氏)・정씨(貞氏)・국씨(國氏)・목씨(木氏)・백씨(苩氏)[60]의 하나인 사씨(沙氏)의 본래 명칭이라고 한다.[61] 최근의 연구에 따르면 목협만치(木劦滿致),

53 『資治通鑑』 卷105 「晉紀」27 孝武帝太元九年(384)條, 3321쪽, "[畢]聰與屠各卜勝·張延·李白·郭超及東夷餘和·敕勃·易陽烏桓劉大各帥部眾數千赴之."

54 『資治通鑑』 卷106 「晉紀」28 孝武帝太元十年(385)條, 3347쪽, "燕建節將軍餘巖叛, 自武邑北趣幽州. 燕王垂馳使敕幽州將平規曰: '固守勿戰, 俟吾破丁零自討之.' 規出戰, 為巖所敗. 巖入薊, 掠千餘戶而去, 遂據令支."

55 『資治通鑑』 卷108 「晉紀」30 孝武帝太元二十一年(396)條, 3425쪽, "燕主垂遣征東將軍平規發兵冀州. 二月, 規以博陵·武邑·長樂三郡兵反於魯口, 其從子冀州刺史喜諫, 不聽. 規弟海陽令翰亦起兵於遼西以應之. 垂遣鎮東將軍餘嵩擊規, 嵩敗死."

56 『資治通鑑』 卷109卷 「晉紀」31 安帝隆安元年(397)條, 3441쪽, "初, 燕清河王會聞魏軍東下, 表求赴難, 燕主寶許之. 會初無去意, 使征南將軍庫傉官偉·建威將軍餘崇將兵五千為前鋒. 崇, 嵩之子也."

57 『資治通鑑』 卷109卷 「晉紀」31 安帝隆安三年(399)條, 3491쪽, "燕散騎常侍餘超·左將軍高和等坐謀反, 誅."

58 『資治通鑑』 卷114 「晉紀」36 安帝義熙二年(406)條, 3593쪽, "[慕容]超遣慕容鎮攻青州, 慕容昱攻徐州, 右僕射濟陽王凝及韓範攻兗州. 昱拔莒城, 段宏奔魏. 封融與群盜襲石塞城, 殺鎮西大將軍餘鬱, 國中振恐."

59 남조계(南朝系) 사서(史書)에서는 백제(百濟) 왕족(王族)의 성(姓)을 '여(餘)', 당대(唐代)의 사서(史書)와 묘지명(墓誌銘)에서는 '부여(扶餘)'라고 칭하였다.

60 『隋書』 卷81 「東夷・百濟傳」, 1818쪽, "國中大姓有八族, 沙氏·燕氏·頹氏·解氏·貞氏·國氏·木氏·苩氏."

61 崔珍烈, 『대륙에 서다-2천 년 중국 역사 속으로 뛰어든 한국인들-』, 미지북스, 2010, 88-90쪽.

조미걸취(祖彌桀取), 재증걸루(再曾桀婁), 고이만년(古尒萬年) 등의 성명에 보이는 목협(木劦), 조미(祖彌), 재증(再曾), 고이(古尒), 동성(東城), 귀실(鬼室), 흑치(黑齒), 낙랑(樂浪), 곡나(谷那), 사비(四比) 등 백제에는 다양한 복성(復姓, 2자성)이 존재한다.[62] 『삼국사기(三國史記)』와 『일본서기(日本書紀)』 등의 사서에는 사택기루(沙宅己婁)·사택적덕(沙宅積德)·사택지적(沙宅智積)·사택천복(沙宅千福)·사택손등(沙宅孫登)·사타상여(沙吒相如)·사택소명(沙宅紹明)·사택만수(沙宅萬首)와 목리미순(木刕眯淳)·목리마나(木刕麻那)·목리금돈(木刕今敦)·목리문차(木刕文次)·목소귀자(木素貴子)·목소정무(木素丁武), 연비선나(燕比善那), 진모선문(眞慕宣文)·진모귀문(眞慕貴文)·진야수제자(眞野首弟子) 등 백제 귀족들의 성명(姓名)이 보인다. 여기에서 사택(沙宅)은 사씨(沙氏), 목리(木刕, 목협(木劦))은 목씨(木氏), 진모(眞慕)는 진씨(眞氏)로 비정된다.[63] 또 조미걸취(祖彌桀取)의 '조미(祖彌)'는 『일본서기(日本書紀)』에 보이는 저미문귀(姐彌文貴)의 '저미(姐彌)'와 동일하며, 『남제서(南齊書)』에는 저근(姐瑾)라고 하여 '저(姐)'이라는 단성(單姓, 1자 성)으로 표기되었다.[64] 요컨대 왕족의 성인 부여(扶餘), 귀족의 성인 사택(沙宅, 혹은 사택(砂宅), 사타(沙吒)), 목협(목리), 진모(眞慕), 연비(燕比)는 본래 복성(復姓, 2자 성)이었으나, 중국의 사서와 『삼국사기』에는 각각 여(餘), 사(沙), 목(木), 진(眞), 연(燕) 등 단성(單姓, 1자 성)으로 표기되었다. 후자의 경우 백제의 8대 대성 가운데 최소한 4개가 복성(復姓), 즉 2자 성(姓)이었음을 알 수 있다.

62 오택현, 「百濟 複姓의 출현과 그 정치적 배경」, 『역사와 현실』 88, 2013, 184-202쪽.

63 오택현, 「百濟 貴族 沙氏 研究」, 5-12쪽.

64 오택현, 「百濟 複姓의 출현과 그 정치적 배경」, 185쪽의 주) 34.

2자 성(姓) 가운데 부여는 국명이고, 부여(扶餘)의 1자인 '여(餘)'를 취해 중국에서 성(姓)으로 표기했음을 알 수 있다.[65] 8대 대성(大姓)의 사택(沙宅, 혹은 사택(砂宅), 사타(沙吒)), 목협(木劦, 혹은 목리(木刕)), 진모(眞慕), 연비(燕比)는 어원이 명확하지 않다. 어쨌든 중국에서 이들 성씨를 단성(單姓, 1자 성)을 사용하는 중국의 관례대로 1자로 압축했음을 확인할 수 있다.[66] 정소용(鄭小容)도 중국으로 옮겨진 '동이민족(東夷民族)'은 족명(族名)의 한 글자를 따서 성(姓)으로 삼았다고 보았으며, 부여(餘)와 고구려(高)를 예로 들었다.[67] 부여와 고구려는 국명이기 때문에 종족(種族) 명칭으로 본 것은 잘못이지만, 부여와 고구려에서도 1자를 따서 성으로 삼았음을 지적한 부분은 필자의 주장과 일치한다.

2. 중국 이주 고구려인과 고구려 유민의 성(姓)

위진남북조시대(魏晉南北朝時代)부터 당대(唐代)까지 자발적으로, 혹은 포로가 되어 중국으로 끌려왔던 고구려인들이 중국의 사서와 금석문에 산견된다. 이들의 성(姓)을 분류하면 고씨(高氏)와 고씨 아닌 성으로

---

65 남북조시대(南北朝時代)의 사서(史書)에서는 여씨(餘氏)와 사씨(沙氏), 목씨(木氏)처럼 1자 성(一字姓)으로 표기하였다. 그러나 당대(唐代)의 사서(史書)와 묘지명(墓誌銘)에서는 백제(百濟)의 왕족(王族)은 여씨(餘氏)가 아닌 부여씨(扶餘氏), 즉 2자 성(複姓)으로 표기하였다.

66 이밖의 복성(復姓)은 왕명(王名)의 차용한 성(古尒・東城), 왕성(王姓)에서 분화한 성(鬼室・黑齒), 지명을 차용한 성(樂浪・谷那・四比・階伯)의 유형으로 나뉜다(오택현, 「百濟 複姓의 출현과 그 정치적 배경」, 186-193쪽.).

67 鄭小容, 「慕容鮮卑漢化過程中所保留赤本族文化」, 『西南民族大學學報・人文社科版』 26, 2005, 305오른쪽.

나눌 수 있다. 본 절에서는 양자로 나누어 고구려인 혹은 고구려 유민의 성을 살펴보려고 한다.

1) 비(非)'고씨(高氏)' 고구려인과 고구려 유민의 성(姓)

일부 고구려인들은 이미 3세기에 중국 안으로 강제 이주되었다. 서진(西晉)의 관리 강통(江統)의 사융론(徙戎論)에 따르면 조위(曹魏) 명제(明帝) 정시(正始) 년간 유주자사(幽州刺史) 관구검(毌丘儉)이 고구려를 공격하여 고구려의 수도를 함락한 후 고구려인 수백 호(戶) 혹은 락(落)을 형양(滎陽)으로 이주시켰다. 형양의 고구려인들은 서진시대(西晉時代)에 천여 호(戶) 혹은 락(落)으로 증가하였다.[68] 이후 고구려인들은 전연(前燕) 등과 싸워 패할 때 포로가 되어 중국 내지로 강제 이주되었다. 예컨대 고운(高雲)의 할아버지 고화(高和)를 고구려의 지서(支庶)로 기록한 것으로 보아[69] 모용황(慕容皝)이 고구려를 격파했을 때 모용부(慕容部)로 끌려갔을 것이다. 이외에 북주(北周)의 명장(名將) 고림(高琳)의 6세조(世祖) 고흠(高欽)은 모용외(慕容廆) 시기 인질이 되어 전연(前燕)에 잔류하였고, 5세조(世祖) 고종(高宗)은 북위(北魏)로 귀순하였다.[70] 이와 달리 연흥원년(延興元年, 471) 북위(北魏)로 귀순한 노구(奴久)[71]와 효문제(孝文

68 『晉書』 卷56 「江統傳」, 1534쪽, "滎陽句驪本居遼東塞外, 正始中, 幽州刺史毌丘儉伐其叛者, 徙其餘種. 始徙之時, 戶落百數, 子孫孳息, 今以千計, 數世之後, 必至殷熾."

69 『晉書』 卷124 「慕容雲載記」, 3108쪽, "慕容雲字子雨, 寶之養子也. 祖父和, 高句驪之支庶, 自云高陽氏之苗裔, 故以高為氏焉."

70 『周書』 卷29 「高琳傳」, 495쪽, "高琳字季珉, 其先高句麗人也. 六世祖欽, 為質於慕容廆, 遂仕於燕. 五世祖宗, 率眾歸魏, 拜第一領民酋長, 賜姓羽真氏."

71 『魏書』 卷7上 「高祖紀」上 延興元年九月條, 135쪽, "高麗民奴久等相率來降, 各賜田宅." 『삼국사기(三國史記)』에는 '노각(奴各)'으로 표기되었다(『三國史記』 券18 「高句麗本紀」6 長壽王條, "五十九年, 秋九月, 民奴各等奔降於魏, 各賜田宅.").

帝) 초기에 귀순한 고양(高颺)・고조(高肇) 일가[72]처럼 자발적으로 중국 내지로 이주한 고구려인들도 있었다. 요미원(姚薇元)은 『주서(周書)』 열전(列傳)에 실린 북주(北周)의 외척(外戚) 왕맹(王盟)[73]을 비롯한 낙랑왕씨(樂浪王氏), 혹은 하남왕씨(河南王氏, 拓王氏)와 북위시대(北魏時代)의 왕락아(王洛兒)와 왕유(王瑜), 북제(北齊)의 왕회(王懷), 북주(北周)의 왕웅(王雄)과 왕용(王勇) 등을 고구려인으로 분류하였다.[74] 이밖에 1980년대 영태현(永泰縣) 영태향(永泰鄕) 차촌(車村)에서 발견된 북위 신구(神龜) 3년(520) 조상비(造像碑)에는 사선씨(似先氏) 4인, 즉 사선노인(似先魯仁)・사선오명(似先仵明)・사선지랑(似先志郎)・사선도인(似先睹仁)이 발견되었다. 중국학자들에 따르면 사선씨는 고구려인이라고 한다.[75]

위진남북조시대에 중국으로 이주하거나 강제로 옮겨진 고구려인의 성(姓)은 고구려 군주 씨족의 성인 고씨(高氏), 즉 고운(高雲) 일족, 고림(高琳) 일족, 고양(高颺)・고조(高肇) 일족과 복성(複姓)인 사선씨(似先氏), 중국 성인 왕씨(王氏), 즉 왕맹(王盟) 일족, 왕락아(王洛兒)와 왕유(王瑜), 북제(北齊)의 왕회(王懷), 북주(北周)의 왕웅(王雄)과 왕용(王勇) 등이 있다. 이들이 언제 중국식 성을 사용했는지 명확하지 않다. 다만 『원화성찬(元和姓纂)』[76]과 『통지(通志)』 「씨족략(氏族略)」에 낙랑왕씨(樂浪王氏)가 북위시대에 탁왕씨(拓王氏)로 사성(賜姓)되었다고 기록되었다. 『광운(廣韻)』 19탁(十九鐸)에도 『주서(周書)』에 보이는 왕겸(王秉)과 왕흥(王

---

72 『魏書』 卷83 「外戚下・高肇傳」, 1829쪽, "自云本渤海蓚人, 五世祖顧, 晉永嘉中避亂入高麗. 父颺, 字法脩. 高祖初, 與弟乘信及其鄕人韓內·冀富等入國 …… "

73 『周書』 卷20 「王盟傳」, 333쪽, "王盟字子仵, 明德皇后之兄也. 其先樂浪人. 六世祖波, 前燕太宰. 祖珍, 魏黃門侍郎, 贈并州刺史·樂浪公. 父羆, 伏波將軍, 以良家子鎭武川, 因家焉."

74 姚薇元, 『北朝胡姓考』, 中華書局, 2007(修訂版), 296-297쪽.

75 金獻鏞・李健超, 「陝西新發現的高句麗人・新羅人遺迹」, 59왼쪽-59오른쪽.

76 『元和姓纂』 卷10 「十九鐸・拓王條」, 1575쪽.

興)이 탁왕씨로 사성(賜姓)되었다고 기록되었다.[77] 이 기록이 옳다면 왕맹(王盟) 일가와 왕병(王秉), 왕흥(王興)의 본성(本姓)은 알 수 없으나 각각 북위와 북주 시대에 탁왕이란 호성(胡姓, 複姓)을 하사받았다가 후에 중국성인 왕씨로 개칭했음을 추정할 수 있다.

이처럼 고씨 이외의 성을 사용한 고구려인들이 사성(賜姓) 혹은 중국식 성으로 사칭한 예가 수당시대에도 보인다.[78] 요미원에 따르면 수대(隋代)의 왕의(王誼)와 왕백익(王伯益), 당대(唐代)의 왕봉(王奉), 왕모중(王毛仲), 왕사례(王思禮)는 고구려인이라고 한다.[79] 왕사례(王思禮)[80]와 왕모중(王毛仲),[81] 이정기(李正己)[82]처럼 『구당서』와 『신당서』의 출신 혹은 본적 표기에서 고구려인임을 명시하여 고구려 유민임을 알 수 있는 경우도 있다. 또 1부 1장에서 살펴본 것처럼 묘지명의 출신지 '낙랑(樂浪)'과 중국 이주 기록을 통해 이인덕(李仁德)・왕경요(王景曜)[83]과 이타인(李他仁)[84]도 고구려 유민으로 간주된다. 위에서 열거한 비(非)'고씨(高氏)' 고

77 『廣韻』 十九鐸 「拓」條, "又虜複姓, 周書王秉·王興並賜姓拓王氏."; 姚薇元, 『北朝胡姓考』, 296쪽에서 재인용.

78 『삼국사기(三國史記)』와 중국의 사서(史書)에는 백암성(白巖城) 성주(城主) 손벌음(孫伐音)과 야사에 언급되는 안시성(安市城) 성주(城主) 양만춘(楊萬春)이 고씨(高氏)가 아니었다. 그러나 이들을 고구려(高句麗) 유민(遺民)으로 보기 어렵기 때문에 본문에서는 논외로 하였다.

79 姚薇元, 『北朝胡姓考』, 297쪽.

80 『舊唐書』 卷110 「王思禮傳」, 3312쪽, "王思禮, 營州城傍高麗人也."; 『新唐書』 卷147 「王思禮傳」, 4749頁쪽, "思禮, 高麗人, 入居營州."

81 『舊唐書』 卷106 「王毛仲傳」, 3252쪽, "王毛仲, 本高麗人也."; 『新唐書』 卷121 「王毛仲傳」, 4335쪽, "王毛仲, 高麗人."

82 『舊唐書』 卷124 「李正己傳」, 3534쪽, "李正己, 高麗人也. 本名懷玉, 生於平盧."; 『新唐書』 卷213 「藩鎮淄青橫海・李正己傳」, 5989쪽, "李正己, 高麗人."

83 姜淸波, 「入唐三韓人硏究」, 169쪽 및 172쪽.

84 尹龍九, 「중국출토의 韓國古代 遺民資料 몇 가지」, 308-310쪽; 拜根興, 「李他仁墓誌涉及的幾個問題」, 239-242쪽.

구려인들은 왕(王)과 이(李) 같은 한족(漢族)의 성(姓)을 사용하였다.

위에서 열거한 이들이 중국인, 즉 한족의 성을 사용한 이유를 설명할 필요가 있다. 현재의 부족한 자료로 이를 설명하기에는 어렵지만 두 가지 가능성이 있다. 먼저 이들의 성인 '왕'과 '이'로 보아 원래 한족(漢族)이었다고 가정할 수 있다. 그렇다면 『구당서』와 『신당서』에서 왕모중(王毛仲)·왕사례(王思禮)·이정기(李正己)를 굳이 고구려인이라고 기록할 필요가 없었을 것이다. 특히 『신당서』「재상세계표(宰相世系表)」에는 이정기를 고려이씨(高麗李氏)라고 기록하였다.[85] 왕사례는 영주왕씨(營州王氏)로 분류하였지만, 고구려의 혈통임을 밝혔다.[86] 이들을 고구려인이었다고 기록한 것을 보면 혈통상 한족(漢族)이 아니었음은 분명하다. 따라서 두 번째 가능성이 제기된다. 즉 중국 성인 이씨와 왕씨로 바꾼 고구려인이었을 것이다.[87] 그렇다면 이들이 '왕'과 '이'라는 성을 칭하게 된 것은 당대(唐代)의 이민족 사성(賜姓)과 관련이 있을 것이다. 예컨대 이타인이 주몽(朱蒙)의 유얼(遺孼)[88]이라는 구절에서 이타인의 원래 성(姓)이 고씨(高氏)였을 가능성이 있다.[89] 이정기의 본명이 회옥(懷玉)이었다는 『구당서』「이정기전」의 기록으로 보

85 『新唐書』 卷75下 「宰相世系表」5下 李氏·高麗李氏條, 3448-3450쪽.

86 『新唐書』 卷75下 「宰相世系表」5下 李氏·高麗李氏條, 3455쪽, "營州王氏, 本高麗之族."

87 이성규(李成珪) 교수는 후한시대(後漢時代) 금석문(金石文)인 「번장장선등제명(繁長張禪等題名)」을 분석한 결과 고조선(古朝鮮)의 유민(遺民), 즉 이민(夷民)들도 중국식 성(姓)과 자(字)를 사용했음을 밝혔다. 그리고 이들이 중국식 단성(單姓)을 사용한 것은 군현지배(郡縣支配)를 강화하기 위한 사성(賜姓) 정책 때문이었으므로, 중국 성(姓)을 사용했다고 반드시 한족(漢族)은 아니라고 주장하였다(李成珪, 「중국 군현으로서의 낙랑」, 동북아역사재단 편, 『낙랑 문화 연구』, 서울: 동북아역사재단, 2006, 30-36). 이는 당대(唐代) 고구려(高句麗) 유민(遺民)과 기타 이민족들에게도 적용되었을 것이다.

88 孫鐵山, 「唐李他仁墓誌考釋」, 736쪽.

89 尹龍九, 「중국출토의 韓國古代 遺民資料 몇 가지」, 309-310쪽.

이[90] '정기(正已)'는 당 조정이 하사한 이름임을 알 수 있다. 이름처럼 성도 그 이전에 사성(賜姓)되었을 것이다. 발해(국) 사람으로 추정되는 낙사계(諾思計), 즉 중국 성명은 노정빈(盧庭賓)의 묘지명의 구절을 살펴보자.

> "투항한 수령(首領) 낙사계(諾思計)는 조칙(詔勅)의 명령으로 노성(盧姓)으로 사성(賜姓)되고, 정빈(庭賓)이란 이름을 받았으며, 망(望)은 범양군(范陽郡)으로 하였다. 부여부대수령(扶餘府大首領) 유격장군(游擊將軍)과 수우영군위경조부문학부과의(守右領軍衛京兆府文學府果毅)를 역임하였다."[91]

위의 인용문에서 낙사계(諾思計)가 항복한 수령임을 보여주며, '부여부대수령(扶餘府大首領)'의 직함에서 본래 부여부(扶餘府)에서 활동했음을 알 수 있다. '부여부'는 발해의 15부(府)의 하나였으므로, 낙사계는 발해(국명)에서 당(唐)으로 망명했음을 시사한다.[92] 당(唐)은 낙사계에게 노성(盧姓)을 하사하고 중국식 이름을 붙여 주었다. 이는 낙사계가 발해인임

---

90 『舊唐書』 卷124 「李正己傳」, 3534쪽, "本名懷玉, 生於平盧."

91 「故投降首領諾思計(盧庭賓)墓誌」, 『唐代墓誌彙編續集』, 610쪽, "故投降首領諾思計勅賜盧姓, 名庭賓, 望范陽郡, 扶餘府大首領·游擊將軍, 守右領軍衛京兆府文學府果毅; ……"

92 낙사계(諾思計, 盧庭賓)는 천보(天寶) 7재(載)(748)에 사망하였고 아들이 32세인 것으로 보아(「故投降首領諾思計(盧庭賓)墓誌」, 610쪽, "天寶七載五月□日, 終於京兆府萬年縣平康坊之里. 嗣子卅二.") 50-60세일 것으로 추정된다. 그가 사망한 해에는 이미 발해(渤海)가 건국한 지 50년 가까이 흘렀으므로 원래 발해의 관료였을 것이다. 반면 일부 중국학자들은 낙사계가 백제 유민(百濟遺民)이었다고 보았다(董延壽·趙振華, 「洛陽·魯山·西安出土的唐代百濟人墓誌探索」, 2왼쪽 및 5쪽의 表五 諾思計(盧庭賓)墓誌; 7오른쪽-8왼쪽). 그러나 구체적인 이유를 밝히지는 않았다. 최근 국내에서 낙사계를 발해인으로 보는 견해가 제기되었다(金榮官, 「渤海人 諾思計 墓誌銘에 대한 고찰」, 『목간과문자』 7, 2011, 149-167쪽).

을 지워 버리는 효과가 있었다.

이는 다른 이민족의 예에서도 발견된다. 예컨대 돌궐인(突厥人) 아포사(阿布思)의 후손은 왕씨(王氏)로 사성(賜姓)되어 안동왕씨(安東王氏)로 불렸다.[93] 또 페르시아인이었던 이익초(李益初)는 이씨(李氏)로 사성(賜姓)되고 농서군에 봉해진 후 농서군을 자신의 본적으로 삼았다. 이후 이익초의 손자 이소(李素)를 페르시아인이라고 기록하였다.[94] 이소는 선조처럼 페르시아인으로 간주되었지만 성명만 놓고 보면 중국인과 다름없었다. 이러한 예를 보면 고구려인임이 명확한 왕모중 · 왕사례 · 이정기는 당 조정에 의해 중국식 성과 이름을 하사받았을 가능성은 충분하다.

2) 고구려(高句麗) 고씨(高氏)와 국호(國號)의 약칭

중국 사서에 보이는 고구려인들의 성은 단순하다. 십육국(十六國)과 북조시대(北朝時代) 중국에서 활약했던 고구려인들은 거의 고씨였다. 후연(後燕)의 마지막 황제(皇帝)가 되었던 고운(高雲)과 고조(高肇) 일족,[95] 북위(北魏) 안정왕(安定王) 원섭(元燮)의 비(妃)였던 고씨(高氏),[96] 북주(北

93 『新唐書』 卷75下 「宰相世系表」5下 王氏 · 安東王氏條, 3457쪽, "安東王氏, 本阿布思之族, 世隷安東都護府, 日五哥之, 左武衛將軍, 生末怛活."

94 「大唐故隴西郡李公墓誌」, 『唐代墓誌彙編』, 2039쪽, "公諱素, 字文貞, 西國波斯人也. …… 祖益初, 天寶中, 銜自君命, 來通國好, 承我帝澤, 納充質子, 止衛□國, 列在戎行. 拜銀青光祿大夫·檢校左散騎常侍·謙右武衛將軍, 賜紫金魚袋, 特賜姓李, 封隴西郡, 因以得姓也."

95 『魏書』 卷83 「外戚下 · 高肇傳」, 1829쪽, "自云本渤海蓚人, 五世祖顧, 晉永嘉中避亂入高麗. 父颺, 字法脩. 高祖初, 與弟乘信及其鄉人韓內·冀富等入國……"

96 원상(元詳)의 어머니가 원상(元詳)의 간통 사실을 알고 꾸짖는 과정에서 안정왕(安定王) 원섭(元燮)의 부인 고씨(高氏)를 '고려비(高麗婢)'로 비칭(卑稱)한 기록이 『위서(魏書)』에 보인다(『魏書』 卷21上 獻文六王上 北海王詳傳, 561쪽, "[元]詳又烝於安定王燮妃高氏, 高氏即茹皓妻姊."; 『魏書』 卷21上 獻文六王上 北海王詳傳, 563쪽, "[元]詳之初禁也, 乃以蒸高事告母. 母大怒, 詈之苦切, 曰: 「汝自有妻妾侍婢, 少盛如花, 何忽共許高麗婢姦通, 令致此罪. 我得高麗, 當噉

周)의 명장(名將)이었던 고림(高琳)[97]이 이러한 예이다. 반면 북위 효문제(孝文帝) 연흥원년(471) 항복한 노구(奴久)[98]는 성이 없었다.

『구당서』와 『신당서』에서 발견되는 수당시대 고구려 유민 가운데 고씨(高氏)는 고사계(高舍鷄)・고선지(高仙芝) 부자와 고장(高藏, 寶藏王), 고문간(高文簡), 고보원(高寶元), 고덕무(高德武) 등이다. 이 가운데 고선지 부자를 제외하면 고구려의 군주씨족에 해당한다. 1부 1장에서 살펴본 것처럼 묘지명에서 확인되는 고구려 유민 21인 가운데 14인, 즉 전체의 2/3이 고씨이다. 14인의 고씨 가운데 고구려 군주씨족은 고진(高震)과 고씨부인(高氏夫人) 부녀[99]에 불과하다. 즉 나머지 12인은 고구려의 군주씨족이라는 직접적인 증거는 없다. 즉 고구려 유민 14인 가운데 최대 85.7%가 군주씨족이 아닌 고구려인이었다. 이처럼 고구려 유민 가운데 고씨가 많은 이유는 무엇일까?

『한원(翰苑)』 권30 번이(蕃夷)・고려조(高麗條)에는 고구려의 5부(五部)를 설명하면서 내부(內部), 즉 계루부(桂婁部)의 성은 고(高)이고, 고구려에서 성이 없는 사람들은 모두 내부(內部)라고 기록하였다.[100] 당대 묘지명에서 발견되는 고씨 중 일부는 마지막 군주인 보장왕(寶藏王, 高藏)

其肉.」"). 여기에서 안정왕(安定王) 원섭(元燮)의 부인 고씨(高氏)가 고구려인(高句麗人)이었음을 알 수 있다.

97 『周書』 卷29 「高琳傳」, 495쪽, "高琳字季珉, 其先高句麗人也. 六世祖欽, 爲質於慕容廆, 遂仕於燕. 五世祖宗, 率衆歸魏, 拜第一領民酋長, 賜姓羽眞氏."

98 『魏書』 卷7上 「高祖紀」上 延興元年九月條, 135쪽, "高麗民奴久等相率來降, 各賜田宅."

99 「宣義郎唐守唐州慈丘縣令邵公故夫人高氏墓誌并序」, 458위쪽, "曾祖, 皇朝鮮王. 祖諱連, 皇封朝鮮郡王. 父震, 定州別駕. …… 夫人卽別駕府君之第四女也."

100 『翰苑』 卷30 「蕃夷・高麗條」, "五部皆貴人之族也. 一曰內部. 卽後漢書桂婁部, 一名黃部. 二曰北部. 卽絕奴部, 一名後部, 一名黑部. 三曰東部. 卽順奴部, 一名左部, 一名上部, 一名青部. 四曰南部. 卽灌奴部, 一名前部, 一名狄部. 五曰西部. 卽消奴部, 一名右部, 一名下部, 一名百部. 其北部如燕內部. 內部姓高, 卽王族也. 高麗稱無姓者, 皆內部也."

의 직계혈통은 아니었지만, 군주씨족에 해당하는 계루부 출신이었을 것이다. 당(唐)의 기미부주(羈縻府州)의 장관인 도독(都督)이나 자사(刺史)에 임명된 고흠덕(高欽德), 고원망(高遠望), 고현(高玄), 고려번장(高麗蕃長)에 임명된 고족유(高足酉), 고구려의 대상(大相)과 도사(道使)에 임명된 증조할아버지를 둔 고제석(高提昔)은 지배층이었으므로 계루부에 속한 신분이었을 것이다. 반면 나머지 고씨들은 본인이나 선조들이 고구려나 고구려 멸망 이후 역임한 관직이 없으므로 지배층에 속하지 않았을 가능성이 있다. 이들은 성을 칭할 정도의 신분, 즉 지배층이 아니었더라도 내부(內部)에 속했다면 고씨로 칭해졌을 것이다.

이처럼 고구려에는 고씨가 많았음을 알 수 있다. 그런데 '고씨(高氏)'의 연원은 여러 가지 설이 있다. 고구려 군주들의 성(姓)에 관한 지식은 조선 중기 의례를 적은 『춘관통고(春官通考)』에 자세히 기록되었다. 『춘관통고』에 따르면 동명왕(東明王)의 본성(本姓)은 해(解)였으며 중국의 전설 성의 성군(聖君)인 고신씨(高辛氏)의 후예를 자칭하여 '고신씨(高辛氏)'의 '고(高)'자를 따서 성으로 삼았다고 기록하였다.[101] 모용씨(慕容氏)에게 끌려갔다가 후연의 마지막 황제가 되었던 고운(高雲, 慕容雲)의 기록을 보면 스스로 고양씨(高陽氏)의 후예를 자칭했기 때문에 '고양씨'의 '고'자를 취해 성씨로 삼았다고 하였다.[102] 양자는 모두 고구려의 고씨가 중국인의 후예임을 자칭했다고 기록한 것이다. 그러나 이는 역사적 사실로 볼

---

101 『春官通考』(柳義養(朝鮮) 編, 刊者未詳, 1788) 卷45 「吉禮·歷代陵墓·高句麗陵」條, "東明王, 本姓解. 自稱高辛之後, 因姓高, 名朱蒙. 漢元帝建昭二年甲申立. 壬寅葬, 陵在中和郡龍山, 俗號眞珠墓. 世傳東明王升天, 不返, 以玎遺玉鞭, 葬於龍山. 高麗肅宗遣使致祭. 本朝英祖元年, 改築陵塋."(『春官通考』中 290다쪽). 『삼국유사(三國遺事)』의 연표도 태조왕(太祖王) 이전 '해(解)'자로 시작하는 군주 이름을 표기하였다.

102 『晉書』 卷124 「慕容雲載記」, 3108쪽, "慕容雲字子雨, 寶之養子也. 祖父和, 高句驪之支庶, 自云高陽氏之苗裔, 故以高為氏焉."

수 없다. 고구려뿐만 아니라 다른 이민족에서도 자신의 선조가 중국인이었다는 기록이 보인다.

중국의 내지(內地)로 옮겨와 살았던 각종 이민족들은 대개 3황 5제(三皇五帝)의 후손이라고 자칭하거나 중국인들에게 의해 간주되었다. 사마천(司馬遷)은 『사기(史記)』에서 춘추시대(春秋時代) 제융(諸戎)은 요(堯)의 방백(方伯)이었던 사악(四嶽)의 후손이었다는 진(晉) 혜공(惠公)의 발언을 기록하였다. 또 조선(朝鮮)·흉노(匈奴)·월(越)·초(楚)가 각각 은(殷) 기자(箕子), 하후씨(夏后氏)의 후예인 순유(淳維), 우(禹), 황제(黃帝)의 증손(曾孫)인 전욱(顓頊)의 후예였음을 밝혔다.[103] 반대로 이적(夷狄) 스스로도 본래 선왕(先王)의 후예였다고 칭하였다. 예컨대 북위(北魏)의 탁발씨(拓跋氏) 등 북조시대(北朝時代) 일부 이민족이 전한시대(前漢時代) 흉노(匈奴)에 항복한 이릉(李陵)의 후손을 지칭하였다.[104] 또 중국사서에는 십육국시대에 하(夏)를 세웠던 흉노(匈奴) 혁련발발(赫連勃勃)이 하후씨(夏后氏), 전진(前秦)을 세웠던 저인(氐人)이 유호씨(有扈氏), 전연(前燕)과 후연(後燕)을 세웠던 모용씨(慕容氏)는 웅씨(熊氏, 黃帝), 북위(北魏)를 세웠던 탁발씨(拓跋氏)와 남량(南涼)을 세웠던 독발씨(禿髮氏, 탁발씨(拓跋氏)의 방계 일족)는 황제(黃帝), 북주(北周)를 세웠던 우문씨(宇文氏)는 염제(炎帝) 신농씨(神農氏)의 후예임을 각각 자칭하였다고 기록되었다. 중국 남방의 묘(苗)·동(侗)·백(白)·포의(布衣)·이(彝)·납서(納西) 등 이민족도 자신의 선조를 반고(盤古) 혹은 복희(伏羲), 여와(女媧) 등의 후예로 간주하였다.[105]

---

103 李成珪, 「中華思想과 民族主義」, 45쪽.

104 湯海清, 「北魏·北周·唐時期追祖李陵現象述論 - 以"拓跋鮮卑系李陵之後"爲中心-」, 『民族研究』 2007-3, 2007.

105 谷苞, 「中華民族的共通性(二)」, 157-160쪽; 崔珍烈, 「前近代 中國의 '민족'과 '민족'문제-同床

이민족들이 자신의 선조를 한족(漢族)의 조상인 황제(黃帝) 등 전설상의 인물들과 결부시키는 것은 한족 혹은 현재의 중국인들의 입장에서 보면 이민족들이 한족으로 동화하려는 자발적인 움직임의 하나로 파악할 수 있다. 그러나 이러한 주장들은 한족들이 한자로 기록한 문헌에만 나온다는 점에서 이민족도 한족과 같은 원류에서 나왔기 때문에 한족으로 동화할 수 있다는 자신들의 생각을 이민족들의 입을 통해 가탁(假託)했다는 반론도 가능하다.106 이러한 맥락에서 보면 고구려 군주씨족의 성인 고씨를 고신씨(高辛氏) 혹은 고양씨(高陽氏)라고 부회(附會)한 주체는 후대의 중국인과 조선시대의 사람들이었지, 고구려인 스스로의 주장은 아니었을 것이다. 여기서 주목할 점은 기존 문헌에서는 공통적으로 '고신(高辛)'이나 '고양(高陽)'의 '고(高)'자를 따서 성으로 삼았음을 지적하였다. 즉 고씨(高氏)가 약칭이라는 것이다.

이러한 중국의 사서의 기록과는 달리 현재 발견되는 고구려 시대의 묘지명 혹은 비문에는 성이 보이지 않는다. 즉 고구려인들이 스스로 남긴 「광개토대왕비」와 「모두루묘지)」를 보면 비문과 묘지명 주인의 성씨는 기록되지 않았다. 이는 고구려의 지배층에게 가문의 명칭, 즉 씨족명(氏族名)이 존재했더라도 중국인들처럼 "성(姓)+이름"으로 표기하는 관행이 없었음을 시사한다. 따라서 중국인들은 중국 안으로 이주하거나 강제로 옮겨진 고구려인 혹은 고구려 유민에게도 성을 붙여야 했다. 1절에서 살펴본 북방 유목민, 중앙아시아인, 백제인처럼 국명을 따서 성처럼 표기했을 것이다. 그리고 고려 혹은 고구려 가운데 '고(高)'자를 따서 성으로 표기했을 것이다. 이는 사서의 기록에서도 확인된다.

異夢의 동화론-」, 『역사와교육』 15, 2012, 82-83쪽.

106 崔珍烈, 「前近代 中國의 '민족'과 '민족'문제-同床異夢의 동화론-」, 82-83쪽.

(가) "주몽(朱蒙)은 드디어 보술수(普述水)에 이르러 세 사람을 만났는데, 한 사람은 마의(麻衣), 한 사람은 납의(納衣), 한 사람은 수조의(水藻衣)를 각각 입고 있었다. 이들은 주몽(朱蒙)과 함께 흘승골성(紇升骨城)에 이르러 마침내 그 곳에 거주하였다. 고구려(高句麗)라고 하였으며 씨(氏)로 삼았다."107(『위서(魏書)』 권100 「고구려전(高句麗傳)」)

(나) "땅은 흘두골성(紇斗骨城)에 있었으며, 스스로 고구려(高句麗)라 불렀고 고(高)를 씨(氏)로 삼았다."108(『주서(周書)』 권49 「이역상(異域上) · 고려전(高麗傳)」)

(다) "국호를 고구려(高句麗)라 하고 이에 따라 고(高)를 씨(氏)로 삼았다."109(『북사(北史)』 권94 「고려전(高麗傳)」)

(라) "주몽(朱蒙)이 나라를 세운 후 스스로 고구려(高句麗)라 불렀고 고(高)를 씨(氏)로 삼았다."110(『수서(隋書)』 권81 「동이(東夷) · 고려전(高麗傳)」)

위의 인용문 가운데 (가)의 원문에서는 "因以為氏(인이위씨)" (다)의 원문에서는 "因以高為氏(인이고위씨)"라고 기록하여 씨(氏)로 삼은 것이 국

107 『魏書』 卷100 「高句麗傳」, 2214쪽, "朱蒙遂至普述水, 遇見三人, 其一人著麻衣, 一人著納衣, 一人著水藻衣, 與朱蒙至紇升骨城, 遂居焉, 號曰高句麗, 因以為氏焉."

108 『周書』 卷49 「異域上 · 高麗傳」, 884쪽, "土于紇斗骨城, 自號曰高句麗, 仍以高為氏."

109 『北史』 卷94 高麗傳, 3111쪽, "號曰高句麗, 因以高為氏."

110 『隋書』 卷81 東夷 高麗傳, 1813쪽, "朱蒙建國, 自號高句麗, 以高為氏."

호인 고구려 때문이었음을 기록하였다. (나)와 (라)에서는 직접적인 관계는 지적하지 않았지만, 고구려의 국호를 나열한 후 고(高)를 씨(氏)로 삼았다고 기록하였다. 그렇다고 해도 '고(高)'가 고구려에서 따왔다고 기록했음은 (가) · (다)와 유사하다. 이는 다수의 고구려인 혹은 고구려 유민이 성으로 사용한 고씨가 국호, 즉 고구려에서 따왔다는 필자의 주장에 부합한다. 요미원은 고구려왕의 성이 '고'인 것은 국명을 씨(氏)로 삼은 것이며, 중국 안에서 활동한 고구려인들도 마찬가지였음을 지적하였다.[111] 이는 필자의 추론과 부합하며, 1절에서 살펴본 유목민, 중앙아시아, 백제의 성씨 표기 방식과 일치하였다. 요컨대 고구려인의 성은 국명을 따서 고구려씨(高句麗氏) 혹은 고려씨(高麗氏)로 써야 했으나,[112] 중국식으로 1자로 축약해야 했고, 2자 혹은 3자 가운데 '고'자를 따서 고구려 군주씨족 혹은 고구려인의 성으로 표기한 것이다. 따라서 고구려의 군주씨족(왕족)의 성은 국명에서 따왔으며, 고구려의 약칭이었다.

이는 후삼국시대 태봉(후고구려)를 세운 궁예에 대한 중국의 기록에서 방증할 수 있다. 『송사』「고려전」의 서언(序言)을 살펴보자.

---

111 姚薇元, 『北朝胡姓考』, 270-271쪽.

112 예외적으로 북위(北魏) 신홍지묘명(申洪之墓銘)에 '고리고욱독(高梨高郁禿)'이라는 인물이 보인다(殷憲, 「北魏 ≪申洪之墓銘≫ 及幾個相關門題」, 『山西大同大學學報(社會科學版)』 24-1, 2010, 27왼쪽, "先地主文忸于吳提·賀賴吐伏延·賀賴吐根·高梨高郁禿四人邊買地廿頃, 官絹百匹, 從來卄一年. 今洪之喪靈永安于此, 故記之."). 주위주(周偉洲)에 따르면, 위의 인용문에서 고리고욱독(高梨高郁禿)의 '고리(高梨)'는 고려(高麗)의 별사(別寫)일 가능성이 많다. 천흥원년(天興元年) 고구려인(高句麗人)도 경사(京師)로 사민(徙民)하였다(『魏書』 卷2 「太祖紀」 天興元年春正月條, 31-32쪽, "辛酉, 車駕發自中山, 至于望都堯山. 徙山東六州民吏及徒何·高麗雜夷三十六萬, 百工伎巧十萬餘口, 以充京師. 車駕次于恒山之陽. 博陵·勃海·章武羣盜並起, 略陽公元遵等討平之. 廣川太守賀盧殺冀州刺史王輔, 驅勒守兵, 抄掠陽平·頓丘諸郡, 遂南渡河, 奔慕容德.") 당시 소수민족의 습관으로 성씨(姓氏)는 부족 명칭(部族名稱)을 사용하므로 고리고욱독(高梨高郁禿)의 '고리(高梨)'는 고구려(高句麗) 사람들의 성(姓)인 고려(高麗)의 '麗(려)'의 동음이자(同音異字)인 '梨(리)'로 적었을 것으로 본다(殷憲, 「北魏≪申洪之墓銘≫及幾個相關門題」, 28오른쪽). '麗(려)'와 '梨(리)'는 현대 중국어에서 li로 발음된다.

> "고려(高麗)는 본래 고구려(高句驪)라 칭하였다. … (중략) … 당말(唐末)에 중원(中原)에 사건이 많았다. 드디어 자립하여 군장(君長)이 되었다. 후당(後唐) 동광(同光) · 천성(天成) 년간(923-931)에 그 군주 고씨(高氏)가 누차 직공(職貢)을 받들었다. 장흥(長興) 년간(930-934)에 권지국사(權知國事) 왕건(王建)이 고씨(高氏)의 지위를 계승하였고, 사신을 보내 조공(朝貢)하니 왕건(王建)을 현도주도독(玄菟州都督)으로 임명하고 대의군사(大義軍使)에 충임하였으며 고려국왕(高麗國王)에 봉하였다."[113]

위 인용문에서 왕건(王建) 이전에 군주가 되었던 고씨(高氏)는 궁예를 잘못 표기한 것이다. 『송사(宋史)』 이외에도 『책부원귀(冊府元龜)』와 『원풍유고(元豊類藁)』, 『석림연어(石林燕語)』, 『옥해(玉海)』, 『속자치통감장편(續資治通鑑長編)』, 『계림유사(鷄林類事)』, 『보경사명지(寶慶四明志)』, 『육씨남당서(陸氏南唐書)』 등 송대(宋代)의 관청과 개인들의 사서(史書) 등의 기록을 살펴보면 공통적으로 태봉(후고구려)을 세운 궁예를 고씨(高氏)라고 표기하였고, 그의 부하 왕건(王建)이 찬탈했음을 기록하였다. 모두 궁예를 고씨(高氏)로 표기한 것은 오기(誤記)이다.[114] 『삼국사기(三國史記)』에서는 궁예가 신라왕의 후예이며, 김씨(金氏)라고 기록했기 때문이다.[115] 그럼에도 불구하고 송대 중국인들이 궁예를 고씨(高氏)로 표

---

113 『宋史』 卷487 「高麗傳」 序言, 14035쪽, "高麗, 本日高句驪. …… 唐末, 中原多事, 遂自立君長. 後唐同光·天成中, 其主高氏累奉職貢. 長興中, 權知國事王建承高氏之位, 遣使朝貢, 以建為玄菟州都督, 充大義軍使, 封高麗國王."

114 김위현, 「송(宋) · 요(遼)의 고구려에 대한 인식, 윤내현 엮음, 『동아시아의 지역과 인간』, 지식산업사, 2005, 518-523쪽.

115 『삼국사기(三國史記)』 「궁예전(弓裔傳)」에 따르면 궁예(弓裔)는 신라인이며, 성(姓)은 김씨(金氏)이고 헌안왕(憲安王) 혹은 경문왕(景文王)의 아들이라고 한다(『三國史記』 卷50 「弓裔傳」, "弓裔, 新羅人, 姓金氏. 考第四十七憲安王誼靖, 母憲安王嬪御, 失其姓名. 或云, 四十八景文王膺廉之子, ……").

기한 것은 고구려(고려)의 군주와 백성들의 성을 나라 이름인 '고구려(高句麗)'의 '고(高)'자를 따서 고씨(高氏)로 인식했기 때문이다.

제9장

고구려의 고씨와 발해고씨: 고구려 발해의 매개체

제9장
고구려(高句麗) 고씨(高氏)와 발해고씨(渤海高氏): 고구려(高句麗)와 발해(渤海)의 매개체

본장에서는 고구려(高句麗) 고씨(高氏)와 발해고씨(渤海高氏)의 관계를 검토한다. 1절에서는 '발해(渤海)'라는 지명, 즉 군망(郡望)이 발해군(渤海郡) 출신의 고씨 때문에 유명해졌고, 이 때문에 다른 고씨도 '발해'를 본적(本籍) 혹은 군망(郡望)으로 사용했음을 논증한다. 이어서 2절에서는 고씨 성(姓)을 가진 고구려인들이 발해고씨를 사칭했던 사례를 살펴봄으로써 '발해'라는 군망(郡望)이 고구려인들에게 익숙했음을 증명한다.

1. 발해군(渤海郡)과 고씨(高氏)의 관계: 고씨(高氏)의 발해고씨(渤海高氏) 모칭(冒稱)

선행연구에 따르면, 발해 국호의 어원에 대해 '발해(渤海)'가 한대(漢代)의 군(郡) 명칭이었고 당대(唐代)에는 창주(滄州)로 개칭(改稱)했음을 지적하였다. 그리고 당대(唐代) 고무광(高武光)[발해현백(渤海縣伯)]과 고원유(高元裕)[발해현남(渤海縣男)], 고중(高重)[발해현자(渤海縣子)]의 작위에 '발해'가 포함되지만 이들은 발해의 옛 땅에 살지 않았다고 한다. 즉 발해를 세운 대씨(大氏)는 고구려의 별종(別種)이지만 대씨의 조상이 중국의 발해군(渤海郡) 출신은 아니라는 것이다.[1] 금자수일(金子修一)도 발해의 명칭이 본래의 국명이 아니라 중국 내지(內地)의 군(郡)의 이름임을 지적하였다. 즉 '발해'가 들어간 봉호(封號)는 중국의 내신(內臣)에게 주어졌다. 예컨대 당(唐) 종실인 이봉자(李奉慈)[발해군왕(渤海郡王)]와 고숭문(高崇文)(발해군왕), 고소일(高少逸)[발해군개국공(渤海郡開國公)], 고원유(高元裕)[발해군공(渤海郡公)], 고상(高爽)[발해현남], 육방(陸房)의 처 고씨(高氏)[발해군부인(渤海郡夫人)]와 봉오(封敖)[발해남(渤海男)]가 '발해'라는 지명이 포함된 작위를 받았다.[2] 이러한 선행연구와 달리 발해국호의 유래가 되었던 '발해군왕'이라는 칭호는 당대(唐代) 내속한 이민족들에게 '군왕(郡王)'의 칭호를 주었던 관례의 연장선상에서 확인할 수 있다. 그러나 이민족이 세운 주변국가에 준 봉호에 당 내지의 지명이 사용된 예는 '발해'를 제외하면 없다.[3] 그렇다면 왜 당 조정은 유독 대조영이 세운 국가에만 당 내지의 지명을 국호처럼 붙여 주고 사용했을까?

필자는 '발해'자가 포함된 봉호(封號)를 받았던 당대(唐代) 중국인들의 본적에 주목하였다. 당 종실[4]인 이봉자를 제외하면 고씨(高氏)와 봉씨(封

1 서병국, 『발해 발해인』, 일념, 1990, 20-21쪽; 김종복, 「발해 국호의 성립 배경과 의미」, 11쪽.

2 金子修一, 「唐朝より見た渤海の名分的位置」, 276쪽.

3 金子修一, 위의 글, 277쪽.

4 본래 북위시대(北魏時代) 무천진(武川鎭)에 대대로 살다가 장안(長安)으로 이주한 당종실(唐宗室) 혹은 황실(皇室)은 농서이씨(隴西李氏)를 자칭했다. 이에 대해 진인각(陳寅恪)은 당종실(唐皇室)이 본래 조군이씨(趙郡李氏)였으나 후에 농서이씨(隴西李氏)를 자칭했다고 주장하였다(陳寅恪, 「統治階級之氏族及其升降」, 『唐代政治史述論稿』, 上海古籍出版社, 1998, 3-48쪽).

氏)였다. 이 두 성(姓)은 발해군의 대표적인 군망(郡望) 혹은 문벌(門閥)이었다.[5] 실제로 고원유와 고숭문, 고소일, 봉오의 본적이 발해군이었음이 확인되었다. 이는 당대(唐代) 선조들의 본적(祖籍)이나 자신의 현재 거주지 등 본적의 명칭을 딴 봉호, 즉 본적지봉호가 일반적으로 주어졌던 현상과 일치한다. 나머지 인물들의 본적은 확인되지 않지만, 발해군이 본적지가 아니더라도 고씨 가운데 최고 문벌인 발해고씨를 사칭하기 위해 '발해' 자가 포함된 봉호를 요구했거나 당시 관행상 같은 성씨에게 유명한 군망의 군현 이름을 봉호에 포함시키는 관행이 있었다.[6] 이를 발해군이 군망이었던 성씨의 봉호를 통해 확인해 보자.

〈표 21〉 당대(唐代) 발해(渤海) 출신 봉작자(封爵者)의 '군망(郡望)'과 봉호(封號)의 일치 여부[7]

姓氏	본적지 수치		본적지 비율		'郡望'과 봉작자 · 봉호의 일치				
	본적지 봉작자	본적지 봉호	본적지 봉작자	본적지 봉호	지명	일치 수치		일치 비율	
						봉작자	봉호	봉작자	봉쪽호
高氏	6/19	6/24	31.6 %	25 %	渤海	12/23	12/28	52.2 %	42.9 %
歐陽氏	0/2	0/2	0 %	0 %	渤海	3/4	3/4	75 %	75 %
封氏	2/3	3/7	66.7 %	42.9 %	渤海	2/3	3/7	66.7 %	42.9 %
紇干氏	0/3	0/3	-	-	渤海	0/3	0/3	-	-

[범례] ' / ' 부호 앞의 수치는 **本籍地封爵者** 혹은 봉호의 수치이고, 부호 뒤의 수치는 전체 봉작자 혹은 봉호의 수치임.

5 周振鶴, 「中古時期郡望郡姓的地理分布」, 163-166쪽의 表 3-3-3 唐前期郡望郡姓分道對照表 및 168-172쪽의 表 3-3-4 唐後期郡望郡姓分道對照表 참조.

6 崔珍烈, 「隋唐 本籍地封爵의 性格-門閥 · 郡望과의 관련성을 중심으로-」, 402-403쪽.

7 각 姓氏별 '郡望'은 周振鶴의 「中古時期郡望郡姓的地理分布」 가운데 表 3-3-3 唐前期郡望郡姓分道對照表(163-166쪽) 및 表 3-3-4 唐後期郡望郡姓分道對照表(168-172쪽) 참조; 姓氏別 본적지 封爵 현황은 崔珍烈, 「隋唐 本籍地封爵의 性格-門閥 · 郡望과의 관련성을 중심으로-」, 417-428쪽 참조.

<표 21>에서 주의할 점을 먼저 언급하겠다. 표본이 적어서 통계 수치의 신빙성이 떨어지는 한계가 있다. 따라서 통계 수치를 절대적인 사실로 받아들이기보다 추세를 반영하는 지표로 인식하는 것이 적합하다.

<표 21>에서 흘간씨(紇干氏)는 한족(漢族), 즉 중국인이 아닌 이민족의 성씨였다.[8] 이를 제외한 고씨(高氏)・구양씨(歐陽氏)・봉씨(封氏)는 본적 혹은 조적(祖籍)과는 상관없이 해당 성씨의 대표적인 군망(郡望)인 '발해(渤海)'의 명칭을 딴 봉호(封號)를 받았던 예가 많았음을 알 수 있다. 이는 당대(唐代)뿐만 아니라 북조시대(北朝時代)부터 확인할 수 있다. 이 가운데 고씨에 초점을 맞추어 당대(唐代)부터 시간의 역순으로 살펴보자.

먼저 현종(玄宗) 시기의 유명한 환관(宦官) 고력사(高力士) 가문을 살펴보자. 고력사는 심주(潘州) 출신이었으며, 원래의 성은 풍씨(馮氏)였다.[9] 후에 환관 고연복(高延福)의 양자가 되어 성(姓)을 고씨(高氏)로 바꾸었다.[10] 한 중국학자에 따르면, 고력사의 양아버지 고연복은 고구려 왕족의 후예로 추정된다. 그는 661년에 태어나 개원(開元) 11년(723)에 사망하였다. 고구려가 망했을 당시 10세 전후의 어린 나이에 거세되어 내시(內侍)가 되었을 것이다.[11] 고연복의 양자가 된 고력사는 후에 현종이 되는 이융기(李隆基)를 섬기게 되고 현종의 쿠데타와 즉위에 공을 세워 누차 승진하여 우감문위장군(右監門衛將軍)에 임명되고 내시성(內侍省)을 관장하였다.[12] 이후 현종의 총신(寵臣)으로 활약한 그는 천보 년간 초기에

8 姚薇元, 『北朝胡姓考』, 132-134쪽.

9 『舊唐書』 卷184 「宦官・高力士傳」, 4757쪽, "高力士, 潘州人, 本姓馮."

10 『新唐書』 卷207 「宦者上・高力士傳」, 5858쪽, "高力士, 馮盎曾孫也. 聖曆初, 嶺南討擊使李千里上二閹兒, 曰金剛, 曰力士, 武后以其彊悟, 敕給事左右. 坐累逐出之, 中人高延福養為子, 故冒其姓."

11 劉春英・姜維東, 「唐王朝對內遷高句麗人的安置措施」, 『長春師範學院學報』 20-4, 2001, 21쪽.

12 『舊唐書』 卷184 「宦官・高力士傳」, 4757쪽, "景龍中, 玄宗在藩, 力士傾心奉之, 接以恩顧. 及唐

발해군공(渤海郡公)에 봉해졌고, 안사(安史)의 난 이후 현종이 촉(蜀)으로 몽진할 때 따라간 공로로 제국공(齊國公)에 봉해졌다.[13] 고력사의 증손(曾孫) 고가방(高可方)의 묘지명을 보면, 선조가 발해군(勃海郡) 사람이라고 기록하였다.[14] 또 고력사의 5대손(代孫) 고극종(高克從)의 묘지명도 '발해고공(渤海高公)', 즉 발해군 출신의 고공이라 기록한[15] 것으로 보아 발해고씨를 자칭했음을 알 수 있다. 이는 곧 고력사와 그의 양부인 고연복이 모두 발해군 출신이라고 해석할 수 있다. 고력사가 발해군공으로 봉해진 것은 고가방과 고극종이 본적을 발해군으로 칭하는 데 도움이 되었을 것이다.[16] 고력사 가문의 예에서 성을 바꿀 경우 바뀐 성에서 문벌로 행세하기 위해 해당 성씨의 군망(郡望), 즉 제일 유명한 명문의 본적을 자칭하는 풍조가 있었음을 알 수 있다. 그리고 고력사의 양아버지인 고연복과 관련지어 생각할 경우, 고구려인도 한인(중국인) 문벌인 발해고씨로 사칭했음을 알 수 있다.

이어서 수 문제(隋文帝) 시기 재상으로 활약한 고경(高熲)의 예이다. 『수서』「고경전」에는 고경의 본적을 "스스로 발해군 수현(蓨縣) 사람이다(自云渤海蓨人也)."라고 기록하였다. 이는 그가 발해군 수현에 본적을

隆平內難, 升儲位, 奏力士屬內坊, 日侍左右, 擢授朝散大夫·內給事. 先天中, 預誅蕭·岑等功, 超拜銀青光祿大夫, 行內侍同正員. 開元初, 加右監門衛將軍, 知內侍省事."

13 『舊唐書』卷184「宦官·高力士傳」, 4758-4759쪽, "天寶初, 加力士冠軍大將軍·右監門衛大將軍, 進封渤海郡公. …… 玄宗幸蜀, 思藝走投祿山, 力士從幸成都, 進封齊國公."

14 「唐故渤海高府君墓銘」, 『唐代墓誌彙編續集』, 988쪽, "公諱可方, 其先渤海郡人. 曾祖力士, 開府儀同三司兼左街功德使. 祖忠政, 朝散大夫行內侍省內僕局丞. 烈考克從, 通議大夫行內侍省掖庭局令, 賜緋魚袋."

15 「故義昌軍監軍使正議大夫行內侍省掖庭局令上柱國賜緋魚袋渤海高公墓誌銘并序」, 『唐代墓誌彙編續集』, 972쪽, "公諱克從, 字師儉, …… 開元中, 開府儀同三司內侍監齊國公知省事諱力士者, 卽公之五代祖也."

16 崔珍烈, 「隋唐 本籍地封爵의 性格-門閥·郡望과의 관련성을 중심으로-」, 402-403쪽.

둔 발해고씨라는 뜻이다. 고경의 아버지 고빈(高賓)은 북제(北齊)에서 북주(北周)로 귀순한 후 독고신(獨孤信)의 참모가 되어 독고씨(獨孤氏)라는 성을 하사받았고, 후에 발해공(渤海公)으로 추증(追贈)되었다.[17] 『수서』 「고경전」 앞부분의 기사를 보면 고경이 발해고씨인지 의문을 제기할 수 있다. 당초(唐初) 사관(史官)들이 『수서』를 편찬할 때 "自云(자운)"이라는 표현을 쓴 것을 보면 고경이 발해고씨가 아니라는 뜻이 더 강하다.[18] 그런데 당대(唐代) 고안(高安)의 묘지명에서는 고경의 증손자인 고안의 본적을 발해군이라고 표기하였다.[19] 『수서』와는 달리 묘지명에서는 고경의 가문은 발해군 출신임을 명시하여 발해고씨임을 주장하였다. 고경과 그의 후손 고표인(高表仁)은 발해군공에 봉해졌다.[20] 이는 이들이 발해고씨라는 주장을 뒷받침하는 증거로 활용되었을 것이다.

다음으로 북제의 황실(皇室)을 살펴보자. 북제의 실질적인 창업군주인 고환(高歡)은 발해군 수현 사람이었다. 증조(曾祖)인 고밀(高謐)이 죄를 지어 회삭진(懷朔鎭)으로 옮겨져서 여러 세대 동안 북쪽 변경에 살았다.

---

17 『隋書』 卷41 「高熲傳」, 1179쪽, "高熲字昭玄, 一名敏, 自云渤海蓨人也. 父賓, 背齊歸周, 大司馬獨孤信引為僚佐, 賜姓獨孤氏. 及信被誅, 妻子徙蜀. 文獻皇后以賓父之故吏, 每往來其家. 賓後官至鄀州刺史, 及熲貴, 贈禮部尚書·渤海公."

18 사서(史書)에서는 고경(高熲)의 아버지 고빈(高賓)의 선조는 본래 관리였다가 요좌(遼左, 遼東)에서 죽은 이후 북위(北魏) 효문제(孝文帝) 태화초(太和初)에 요동(遼東)에서 북위(北魏)로 귀환했다고 기록하였으나, 고빈(高賓)과 고경(高熲) 가문의 선조가 고구려인(高句麗人)이라고 보는 견해가 있다(姚薇元, 『北朝胡姓考』, 270쪽; 仇鹿鳴, 「"攀附先世"與"僞冒士籍"-以渤海高氏爲中心的研究-」, 69쪽).

19 「□□□□□夫行洛州偃師縣令高氏墓誌銘并序」, 『唐代墓誌彙編』, 2211쪽, "□諱安, □□□□渤海人也. …… 曾祖[高]熲, 隋尚書左僕射上柱國齊國公, 皇朝贈禮部尚書上柱國郯國公, ……"

20 이하 본문에 封爵 사례는 일일이 주를 달지 않으며, <부록 · 표 6> 수대(隋代) 봉호(封號) 일람표(一覽表)와 <부록 · 표 7> 당대(唐代) 봉호(封號) 일람표(一覽表) 에 출전과 예가 보임을 밝힌다.

고환 세대에는 현지의 유목민들 풍습에 젖어 선비(鮮卑)와 동일한 상태가 되었다고 한다.[21] 선행연구에 따르면 고환은 발해군 출신이 아니며 고환이 이주씨(尒朱氏)에 대항하며 당시 기주(冀州) 일대를 장악했던 고건(高乾)과 고앙(高昂) 형제를 포섭하고, 당시 문벌을 중시하던 분위기에 편승하기 위해 고건 형제와 같은 발해고씨를 사칭하였다. 이후 고환 일가는 북위말(北魏末) · 동위초(東魏初)에 발해왕(渤海王)에 봉해지고 기주대중정(冀州大中正)에 임명되어 발해고씨임을 공인받았다.[22]

마지막으로 북위후기(北魏後期) 외척(外戚)으로 활약한 고구려인 고조(高肇) 가문을 살펴보자. 선무제(宣武帝)의 외삼촌으로 선무제 시기 권력을 행사한 고조는 스스로 발해군 수현 출신이라고 하여 발해고씨임을 주장하였다.[23] 그러나 『위서』 「효문소황후고씨전」에 따르면, 고조의 동생이자 선무제의 생모인 효문소황후(孝文昭皇后) 고씨(高氏) 남매(4남 3녀)는 모두 '동예(東裔)'에서 태어났다고 한다.[24] 『위서』 「고조전(高肇傳)」에서는 아버지 고양(高颺)이 효문제(孝文帝) 초에 고구려에서 북위(北魏)로 귀순했음을 전하고 있기 때문에[25] '동예(東裔)'가 고구려임을 보여준다.[26]

---

21 『北齊書』 卷1 「神武帝紀」上, 1쪽, "齊高祖神武皇帝, 姓高名歡, 字賀六渾, 渤海脩人也. 六世祖隱, 晉玄菟太守. 隱生慶, 慶生泰, 泰生湖, 三世仕慕容氏. 及慕容寶敗, 國亂, 湖率衆歸魏, 為右將軍. 湖生四子, 第三子謐, 仕魏位至侍御史, 坐法徙居懷朔鎮. …… 神武既累世北邊, 故習其俗, 遂同鮮卑."

22 濱口重國, 「高齊出身考-高歡の制覇と河北の胡族高乾兄弟の活躍-」, 『秦漢隋唐史の研究』, 685-729쪽.

23 『魏書』 卷83 「外戚下 · 高肇傳」, 1829쪽, "高肇, 字首文. 文昭皇太后之兄也. 自云本渤海蓨人."

24 『魏書』 卷13 「皇后 · 孝文昭皇后高氏傳」, 335쪽, "孝文昭皇后高氏, 司徒公肇之妹也. 父颺, 母蓋氏, 凡四男三女 皆生於東裔."

25 『魏書』 卷83 「外戚下 · 高肇傳」, 1829쪽, "自云本渤海蓨人, 五世祖顧, 晉永嘉中避亂入高麗. 父颺, 字法脩. 高祖初, 與弟乘信及其鄉人韓內·冀富等入國 …… "

26 『魏書』 「高肇傳」에서 그가 夷土에서 出自했음을 밝히고 있는데(『魏書』 卷83下 「外戚下 · 高肇傳」, 1830쪽, "肇出自夷土, 時望輕之.") 東裔와 夷土는 高句麗를 지칭한다.

따라서 고조가 고구려인일 수도 있고[27] 『위서』 「고조전」에서 밝힌 대로 5세조(世祖)가 고구려로 도망갔던 한인(중국인)일 수도 있다.[28] 그런데 고조의 동생 고현(高顯)이 고려국대중정(高麗國大中正)을 역임했다는 사실에[29] 주목할 필요가 있다. 대중정(大中正)은 해당 지역의 인재 천거를 맡았던 관직이며, 주로 해당 지역의 문벌 출신 관리들이 임명되었다. 고현이 고려국대중정에 임명되었다는 사실은 그가 고려, 즉 고구려 출신임을 입증한다. 그러면 고구려인인 고조 일가가 어떻게 한인(중국인)인 발해고씨 행세를 했는지 살펴보자.

고조는 선무제 즉위 후 선무제의 지지를 바탕으로 실세로 부상했으며, 종실제왕(宗室諸王)들을 제거하여 선무제의 황제권 강화에 이바지하였다.[30] 고조의 정치적 부상으로 일족 역시 현달하였다. 예컨대 고양의 적손 고맹(高猛)이 발해공, 고조가 평원군공(平原郡公), 고현이 징성군공(澄城郡公)에 봉해졌다.[31] 고조는 부형(父兄)의 작위 추증이 오래되었지만 본적지인 발해군으로 개장(改葬)하지 않았고 연창(延昌) 3년(514) 이장(遷葬)의 명령을 받고도 자신이 직접 가지 않았다. 대신 조카 고맹에게 대(代, 북위전기(北魏前期)의 수도인 평성(平城)을 지칭)에 있던 부형 무덤

27 千寬宇·姚薇元·仇鹿鳴은 고조(高肇) 일가를 고구려인으로 보았다(姚薇元, 『北朝胡姓考』, 272쪽; 千寬宇, 『인물로 본 한국 고대사』, 정음문화사, 1982, 162-165쪽; 仇鹿鳴, 「"攀附先世"與"僞冒士籍"-以渤海高氏爲中心的研究-」, 69-71쪽).

28 고로가(高路加)는 고조(高肇) 일가를 발해군(渤海郡)에서 출자(出自)한 고구려 고씨(高句麗高氏)로 보았다(高路加, 『高姓群體的歷史與傳統』, 呼和浩特: 內蒙古大學出版社, 1997, 67-69쪽).

29 『魏書』 卷83 「外戚下 · 高肇傳附顯傳」, 1832쪽, "肇弟顯, 侍中·高麗國大中正, 早卒."

30 이하 고조(高肇)의 정치적 부상과 활약은 張金龍, 『北魏政治史研究』, 蘭州: 甘肅教育出版社, 1996, 238-254쪽; 李文才, 「高肇伐蜀與所謂"高肇專權"」, 『北朝研究』 第 1輯, 北京: 北京燕山出版社, 1999, 82-94쪽.

31 『魏書』 卷83下 「外戚下 · 高肇傳」, 1829쪽, "又詔[高]颺適孫[高]猛襲渤海公爵 封[高]肇平原郡公 [高]肇弟 [高]顯澄城郡公."

을 향리(鄕里)인 발해군으로 이장하도록 했다.[32] 고맹의 묘지명에 따르면 그의 할아버지 고양은 발해경공(勃海敬公), 그의 아버지 고곤(高琨)은 발해정공(勃海靜公)으로 추증되었다.[33] 이들이 사칭한 본적이 발해군이므로 '발해공'은 본적지봉호이다. 따라서 고조의 아버지와 형 고양과 고곤의 추증 이후 향리(고향)로 이장하도록 황제(皇帝)가 조서(詔書)를 내린 것은 국가권력이 그의 가문을 발해군 수현 출신인 발해고씨로 공인했음을 뜻한다. 고조의 예에서 알 수 있듯이, 본적지가 불분명한 가문이 어떤 본적지로 등록(冒籍)하거나 자신의 본적지를 주장하면, 이를 합리화, 혹은 증명하는 방법이 본적지봉호를 사여받는 것이었다. 또 조상의 분묘를 해당 향리로 이장하면 본적지에 대한 논란이 종식되고 해당 본적지로 정식으로 인정받았음을 확인할 수 있다.[34]

2. 고구려(高句麗) 고씨(高氏)의 발해고씨(渤海高氏) 모칭(冒稱)

3부 6장에서 살펴본 것처럼 특정 성씨가 특정 군명(郡名)과 결합하는 군망(郡望)이 존재했다. 이 가운데 발해고씨의 존재가 주목된다. 발해고씨의 본적지 봉작자(本籍地封爵者) 가운데 '발해(渤海)'라는 지명이 들어간 봉호를 받은 봉작자는 12인으로 전체 23인 가운데 52.2%, 봉호는 12개로 전체

32 『魏書』 卷83下 「外戚下 · 高肇傳」, 1830쪽, "肇出自夷土 時望輕之. …… 父兄封贈雖久 竟不改瘗. [延昌]三年 乃詔令遷葬. 肇不自臨赴 唯遣其兄子猛改服詣代 遷葬於鄉. 時人以肇無識 哂而不責也."

33 「高猛墓志」, 『新出魏晉南北朝墓志疏證』, 羅新 · 葉煒, 中華書局, 2005, 101쪽.

34 崔珍烈, 「南北朝時代 본적지봉작과 그 성격-통계적 분석과 정치적 기능을 중심으로-」, 223-232쪽.

28개의 42.9%였다.[35] 따라서 당대(唐代) 고씨 가운데 발해고씨가 가장 유명하였다. 남북조시대부터 당대까지 중국에서 활동했던 고구려인 가운데 북위 선무제의 외척 고조(高肇)와 고구려인으로 추정되는 고경(高熲)[36]과 그의 증손(曾孫) 고표인(高表仁), 고구려 출신 환관 고연복(高延福)[37]의 양자 고력사(高力士) 일족 등 고구려인이거나 고구려인으로 추정되는 인물과 그 후손들이 발해군공처럼 '발해'라는 지명이 붙는 작위를 받았다.

위에서 고구려인이 발해고씨처럼 '발해'가 붙는 작위를 받았음을 살펴보았지만, 확실히 고구려인인 고조 일가에 불과하다는 비판도 가능하다. 수대(隋代) 재상을 지낸 고경이나 고연복의 양자였던 고력사는 고구려인 혹은 그 후손으로 보기 어렵다는 반론이 가능하기 때문이다. 고구려인과 '발해'라는 군망(郡望)의 관련성을 확인하기 위해 작위 이외에 본적 사칭 현상을 검토해 보자.

먼저 보장왕(寶藏王)의 후손인 고진(高震)과 고씨부인(高氏夫人)의 예를 살펴보자. 고구려의 마지막 군주 보장왕의 증손(曾孫)인 고씨부인(高氏夫人)의 본적도 발해군 사람(渤海人)이라 표기되었지만, 그의 증조 할아버지가 보장왕이었기 때문에[38] 고구려인의 후예임을 알 수 있다. 또 고진의 본적은 '발해군 사람'으로 표기되었지만 할아버지 고장이 조선군왕(朝鮮郡王)에 봉해졌고 아버지 고련(高連)이 안동도호(安東都護)에 임명

---

35 9장 1절의 <표 21> 당대(唐代) 발해(渤海) 출신 봉작자(封爵者)의 '군망(郡望)'과 봉호(封號)의 일치 여부 참조.

36 요미원(姚薇元)과 구녹명(仇鹿鳴)은 고경(高熲)과 아버지 고빈(高賓)의 선조가 고구려인(高句麗人)이라고 보았다(姚薇元, 『北朝胡姓考』, 270쪽; 仇鹿鳴, 「"攀附先世"與"僞冒士籍"-以渤海高氏爲中心的硏究-」, 69쪽).

37 劉春英 · 姜維東, 「唐王朝對內遷高句麗人的安置措施」, 『長春師範學院學報』 20-4, 2001, 21쪽.

38 「宣義郎唐守唐州慈丘縣令邵公故夫人高氏墓誌并序」, 『全唐文補遺』 第六輯, 458쪽, "夫人姓高氏, 渤海人也. 齊之諸裔也. ……(중략)…… 曾祖, 皇朝鮮王. 祖諱連, 皇封朝鮮郡王. 父震, 定州別駕. ……(중략)…… 夫人卽別駕府君之第四女也."

되었다.[39] 고장은 보장왕을 지칭하므로 고진은 고구려 왕실의 후손임을 알 수 있다. 기존에는 고진의 묘지명에 '발해인'으로 표기된 것을 고구려 유민들이 주축이 되어 세운 발해와 동일성 혹은 정체성을 느꼈기 때문에 "발해국의 사람"이라고 해석하였다.[40] 그러나 고구려 유민의 묘지명이 발굴되면서 이러한 견해는 수정되었다. 예컨대 고구려 마지막 임금인 보장왕의 증손녀 고씨부인의 묘지명에 따르면 고씨부인도 '발해인'으로 칭해졌다. 이 묘지명을 검토한 학자들은 '발해인'이 '발해국인(渤海國人)'이 아니라 중국의 문벌인 발해고씨의 사칭이라고 보았다.[41] 한 중국학자들은 이들의 발해고씨 사칭을 한화(漢化)로 해석하였다.[42] 그러나 당(唐)에 귀부(歸附)・복속한 지 2세대부터 중국의 편호(編戶)로 취급되는 법률 때문에 현 거주지의 군현명(郡縣名)을 본적으로 표기하게 되었을 뿐, 이것만으로는 고구려인에서 한족(漢族)으로 정체성이 바뀐다고 보기 어렵다는 반론도 제기되었다.[43]

이어서 고흠덕(高欽德) 부자의 예이다. 고흠덕의 묘지명에 따르면 고흠덕의 본적은 발해인, 즉 발해군 사람이라 표기되었다. 그러나 그의 증조(曾祖) 고원(高瑗)과 고회(高懷)가 건안주도독(建安州都督)을 세습하였다.[44] 주지하듯이 건안주(建安州)는 고구려의 건안성(建安城)을 개칭(改

39 「唐開府儀同三司工部尙書特進右金吾衛大將軍安東都護郯國公上柱國高公墓誌銘并序」, 『唐代墓誌彙編』, 1814쪽, "公諱震, 字某渤海人. 祖藏, 開府儀同三司工部尙書朝鮮郡王柳城郡開國公; 禰諱連, 雲麾將軍·右豹韜大將軍安東都護."

40 盧泰敦, 「高句麗 遺民史 硏究-遼東・唐內地 및 突厥方面의 集團을 중심으로-」, 95-96쪽.

41 李文基, 「高句麗 寶藏王의 曾孫女 「高氏夫人墓誌」의 檢討」, 157-159쪽; 宋基豪, 「고구려 유민 高氏夫人 墓誌銘」, 『韓國史論』 53, 2007, 490-491쪽.

42 馬一虹, 「從唐墓志看入唐高句麗遺民歸屬意識的變化-以高句麗末代王孫高震一族及權勢貴族爲中心-」, 『北方文物』 2006-1(總第85期), 2006, 29왼쪽-36오른쪽.

43 崔珍烈, 「唐人들이 인정한 高句麗人의 正體性-唐代 墓誌銘에 보이는 高句麗의 別稱(朝鮮・三韓・扶餘) 分析을 중심으로-」, 212-233쪽.

稱)한 기미주(羈縻州)였다. 당(唐)은 고구려 멸망 후에 세워진 기미부주(羈縻府州)의 도독(都督)과 자사(刺史)는 고구려인 추장(酋渠)들을 임명하였다.[45] 따라서 고흠덕(高欽德)은 발해고씨를 모칭(冒稱)했지만 원래 고구려인이었음을 알 수 있다. 고흠덕의 아들 고원망(高遠望)의 묘지명에서는 자신의 선조를 은(殷) 왕조와 관련이 있다고 서술하였다.

> "아버지의 이름은 원망(遠望)이고 자(字)는 유민(幼敏)이며, 선조는 은나라 사람이다. 당시의 군주는 주색에 빠지고 폭정을 행했다. 간신들을 믿고, 간언하여 보좌하는 신하를 죽였다. 비간(比干)은 충간(忠諫)하였으나 죽었다. 따라서 비간의 아들은 나라를 떠나 요동(遼東)에 뿌리내렸다."[46]

이 구절을 보면 고원망은 자신이 은(殷)의 충신 비간(比干)의 후예라고 서술하였다. 이어서 자신의 가문을 아래와 같이 서술하였다.

> "동쪽과 서쪽의 정토(征討)에 참전하였고, 일부는 그 읍리(邑里)를 하북(河北)으로 옮겼다. 발해고씨(勃海高氏)가 곧 그 종맹(宗盟)이었으며 혹은 일부는 막남(漠南)에 머물렀다."[47]

---

44 「唐右武衛將軍高府君墓誌銘并序」, 『唐代墓誌彙編』, 1416쪽, "公諱欽德, 字應休, 渤海人也. 曾祖瑗, 建安州都督; 祖懷, 襲爵建安州都督; 父千. 唐左玉鈴衛中郎."

45 『舊唐書』 卷39 「地理志」2 河北道・安東都護府條, 1526쪽, "安東都護府: 總章元年九月, 司空李勣平高麗. 高麗本五部, 一百七十六城, 戶六十九萬七千. 其年十二月, 分高麗地為九都督府, 四十二州, 一百縣, 置安東都護府於平壤城以統之. 用其酋渠為都督·刺史·縣令, 令將軍薛仁貴以兵二萬鎮安東府."

46 「唐故安東副都護高府君墓誌銘并序(高遠望墓誌)」, 『全唐文補遺』 第八輯, 47위쪽, "考諱遠望, 字幼敏, 先殷人也. 時主荒湎, 攻惟暴政. 崇信奸回, 賊虐諫輔. 比干以忠諫而死, 故其子去國, 因家于遼東焉."

위의 인용문에서 알 수 있듯이 자신이 발해고씨와 관련 있는 것처럼 서술하려고 하였다. 그러나 고원망의 증조할아버지 고회(高懷)는 운휘장군(雲麾將軍) 건안주도독(建安州都督), 할아버지 고천(高千)은 좌옥검위중랑장(左玉鈐衛中郎將) 건안주도독, 아버지 고흠덕(高欽德)은 건주도독(建州都督) 우무위장군(右武衛將軍) 유주부절도 지평로군사(幽州副節度知平盧軍事)를 지냈다.[48] 고원망의 아버지 고흠덕의 예에서 살펴보았듯이, 건안주도독은 고구려를 멸망시킨 이후 설치한 기미부주(羈縻府州)의 하나였으므로, 고원망의 선조는 발해고씨도 은나라 사람도 아닌 고구려인이었다. 그리고 고흠덕은 발해고씨라고 지칭한 데 비해 아들 고원망은 선조가 은나라 사람이라고 하여 계보 조작도 서로 어긋났음을 발견할 수 있다.

이밖에 본래 발해군 사람이며, 후에 요양(遼陽)으로 이주했다는 고덕(高德)의 출신은 묘지명의 기록만으로는 애매하다. 중국학자 구녹명(仇鹿鳴)은 구체적인 근거를 제시하지 않고 본래 고려(고구려)에서 출자(出自)했으나 발해고씨를 사칭하였으며, 한편으로 고점리(高漸離)의 후손을 자칭한 기묘한 예임을 지적하였다.[49] 고덕의 묘지명을 살펴보자.

> "부군(府君)의 이름은 덕(德)이고 자(字)는 원광(元光)이다. 그의 선조는 발해(渤海) 사람이다. …(중략)… 부군의 선조 세대에 요양(遼陽)으로 피난 갔으며, 이로 인해 요양(遼陽)의 □족(□族)이 되었다. …(중략)… 바야흐

47 「唐故安東副都護高府君墓誌銘并序(高遠望墓誌)」, 47아래쪽, "東征西討, 其邑里或遷于河北, 勃海高氏卽其宗盟, 或留於漠南."

48 「唐故安東副都護高府君墓誌銘并序(高遠望墓誌)」, 47아래쪽, "曾祖懷, 唐雲麾將軍·建安州都督. 祖千, 唐左玉鈐衛中郎·襲爵建安州都督. 父欽德, 襲建州都督·皇右武衛將軍·幽州副節度知平盧軍事."

49 仇鹿鳴, 「"攀附先世"與"僞冒士籍"-以渤海高氏爲中心的硏究-」, 65쪽.

로 이릉(李陵)이 흉노(匈奴)에 있게 되어 드디어 흉노의 족속이 되었다. 이에 비해 소무(蘇武)는 [흉노(匈奴)에서] 한(漢)으로 되돌아 와서 오랫동안 한(漢)의 신하가 되었다. 할아버지와 아버지는 효(孝)와 충(忠)[의 덕목을 지녔으며] 왕가(王家)를 힘써 섬겼으며 오랫동안 지냈다."[50]

위의 인용문에서 고구려 사람이란 표기는 없다. 그러나 흉노와의 전쟁에서 패해 흉노에 항복하여 한(漢)으로 돌아가지 못한 이릉(李陵)과 사신의 절(節)을 지니고 결국 흉노에서 한으로 귀환한 소무(蘇武)의 고사를 제시하고 있는 점이 주목된다. 이와 관련하여 이릉의 후예임을 자처하는 중국 주변의 이민족들의 예가 보인다. 『송서』와 『남제서』같은 남조계(南朝系) 사서에서는 북위를 세운 탁발씨(拓跋氏)가 이릉과 흉노 여자 사이에서 태어난 후손임을 기록하였다.[51] 또 일부 이민족이 전한시대(前漢時代) 흉노에 항복한 이릉의 후손을 지칭하는 예가 빈번하였다.[52] 당대(唐代)에도 키르키즈(黠戛斯)가 이릉의 후손임을 강조하기도 하였다.[53] 이릉의 후예임을 강조한 이민족들은 결국 자신이 한족(漢族)임을 표방하는 예가 많았음을 상기하자. 즉 고덕의 묘지명에서 이릉의 고사를 언급한 것은 그의 선조가 단순히 요양으로 피난간 것이 아니라 원래 요양에 살던 사람이었음을 은유적으로 표현한 것이다. 즉 원래 고구려 사람이었고, 당에

---

50 「故右龍武軍翊府中郎將高府君墓誌銘并序」, 『唐代墓誌彙編』, 1536쪽, "府君諱德, 字元光, 其先渤海人也 ……府君先代, 避難遼陽, 因爲遼陽□族. …… 方李陵之在匈奴, 遂作匈奴之族; 比蘇武之還漢代, 長爲漢代之臣. 乃祖乃父, 有孝有忠, 勤勞王家, 多歷年所."

51 『宋書』 卷95 「索虜傳」, 2321쪽, "索頭虜姓託跋氏, 其先漢將李陵後也. [李]陵降匈奴, 有數百千種, 各立名號, 索頭亦其一也."; 『南齊書』 卷57 「魏虜傳」, 993쪽, "初, 匈奴女名托跋, 妻李陵, 胡俗以母名為姓, 故虜為李陵之後, 虜甚諱之, 有言其是陵後者, 輒見殺, 至是乃改姓焉."

52 湯海淸, 「北魏·北周·唐時期追祖李陵現象述論-以"拓跋鮮卑系李陵之後"爲中心-」.

53 『新唐書』 卷217下 「回鶻傳」下, 6131쪽, "黠戛斯已破回鶻, 得太和公主; 又自以李陵後, 與唐同宗, 故遣使者達干奉主來歸."

벼슬하며 "중국(中國) → 요양(遼陽) → 당(唐)"의 궤적을 밟았다고 기술했다고 이해할 수 있다. 중국학자도 필자와 같은 추론을 거쳐 고덕을 고구려인이라고 결론지었을 것이다. 즉 고덕 역시 당으로 이주한 후 중국인인 발해고씨를 사칭한 고구려 유민의 하나였다.[54]

이상으로 보장왕의 후손, 고흠덕·고원망 부자, 고덕이 중국 고씨의 명문인 발해고씨를 사칭했음을 살펴보았다. 이밖에도 각종 묘지명에서 고구려 유민 가운데 발해고씨를 사칭한 예가 발견된다.[55] 이는 고구려 유민이 자신의 정체성을 잃고 중국인을 자칭하여 한화(漢化)되었다는 해석도 가능하지만, 고구려 유민들의 중국 발해고씨 사칭 사례를 통해 당대 고구려와 '발해'라는 지명이 관계가 있음을 확인할 수 있다.

---

54 崔珍烈, 「唐人들이 인정한 高句麗人의 정체성-唐代 墓誌銘에 보이는 高句麗의 別稱(朝鮮·三韓·扶餘) 분석을 중심으로-」, 217-218쪽.

55 盧泰敦, 「高句麗 遺民史 硏究-遼東·唐內地 및 突厥方面의 集團을 중심으로-」, 96쪽; 李文基, 「高句麗 寶藏王의 曾孫女 「高氏夫人墓誌」의 檢討」, 157-158쪽; 姜清波, 『入唐三韓人研究』, 73-74쪽; 馬一虹, 「從唐墓志看入唐高句麗遺民歸屬意識的變化-以高句麗末代王孫高震一族及權勢貴族爲中心-」, 29왼쪽-36오른쪽; 崔珍烈, 「唐人들이 인정한 高句麗人의 正體性-唐代 墓誌銘에 보이는 高句麗의 別稱(朝鮮·三韓·扶餘) 分析을 중심으로-」, 212-220쪽.

제10장
'발해' 국호와 고구려의 관계

제10장
'발해' 국호와 고구려의 관계

본장에서는 '발해(渤海)'라는 국호가 고구려(高句麗)와 관계있음을 논증한다. 먼저 1절에서는 발해 '군주씨족'의 성(姓)인 '대(大)' 씨의 연원을 살펴보기 위해 중국의 『원화성찬(元和姓纂)』과 『고금성씨서변증(古今姓氏書辨證)』의 대씨(大氏) 관련 기록을 검토한다. 그리고 2절에서는 '대(大)'와 '고(高)'의 의미상 유사성에 주목하고 고구려의 국호와 관련하여 대씨와 고씨의 관계를 검토한다. 3절에서는 발해가 고구려 혹은 고구려인과 관련이 있음을 1부의 고구려 표기 기피현상, 3부의 본적지봉호(本籍地封號)와 책봉 봉호('연고지봉작(緣故地封爵)'), 4부 8-9장의 성씨(姓氏)와 문벌(門閥) 등의 내용을 결합하여 검토한다.

1. 중국 자료의 대씨(大氏) 기술

중국의 성씨를 종합적으로 정리한 책으로 『원화성찬』과 『고금성씨서변증』 등이 있다. 먼저 당대(唐代)에 편찬된 『원화성찬』의 대씨(大氏) 설명을 살펴보자.

> "『풍속통(風俗通)』에 따르면, [대씨(大氏)]는 대정씨(大庭氏)의 후예이다. 또 대전(大塡)과 대산계(大山稽)는 황제(黃帝)의 사(師)였다. 『예기(禮記)』에서 말하기를, 대련(大連)은 동이(東夷)의 아들이었다."[1]

위의 인용문에 언급된 인물들은 모두 선진시대(先秦時代)[2] 인물이었고, 사실상 전설상의 인물이었다. 그리고 한대(漢代), 혹은 위진남북조와 수당시대의 대씨에 대한 언급은 없다.

중국학자들은 위의 인용문을 근거로 처음에 대조영의 조상이 발해에 거주했던 대정씨(大庭氏)에서 유래하였으며, 선조들의 원래 고향 혹은 군망(郡望)인 발해라는 지명을 따서 국호로 정했다고 주장하였다.[3] 그러나 대정씨가 발해에 살았다는 근거를 대지 못했다는 한계를 지닌다. 특히 장벽파(張碧波)는 대씨가 대정씨에서 유래되었고, 대정씨는 발해군과 관계가 있다고 주장하며, 『원화성찬』을 근거로 들었다. 그러나 위의 인용문에서 보듯이 『원화성찬』에서는 『풍속통』을 인용하여 대씨가 대정씨의 후예라고만 언급했을 뿐, 발해군 출신이라고 기록하지 않았다. 이성규(李成珪) 교수는 노(魯)에 대정씨의 고(庫)가 존재한다는 사실에 주목하여 이야진간(里耶秦簡)에 보이는 대씨(大氏)가 춘추전국시대 노(魯) 지역에서

---

1 『元和姓纂』 卷8 十四泰 · 大條, 1254쪽, "風俗通, 大庭氏之後. 又大塡·大山稽, 黃帝師. 禮記曰, 大連, 東夷之子."

2 중국 최초의 통일왕조인 진(秦)이 통일하기 이전의 시대를 범칭. 즉 선사시대, 하상주(夏商周, 夏殷周라고도 함) 3대, 춘추전국시대(春秋戰國時代)까지의 시대를 지칭한다.

3 傅朗雲 · 楊暘, 『東北民族史略』, 85-86쪽; 何光岳, 「渤海大氏的來源和遷徙」, 『求索』 1990-2, 1990, 127왼쪽; 張碧波, 「渤海大氏考」, 118-124쪽; 張碧波, 「渤海大氏續考」, 57왼쪽-62오른쪽; 張碧波, 「漢唐郡望觀念與渤海大氏-渤海大氏三考-」, 131-136쪽.

기원했을 가능성을 제시하였다. 또 노(魯)와 초(楚)가 문화적으로 밀접한 관계가 있었기 때문에 일찍이 '초인(楚人)'이 되었을 것이라고 추정하였다.[4] 따라서 장벽파의 주장은 사료를 왜곡한 견강부회에 불과하다.

그런데 송대(宋代) 편찬된 『고금성씨서변증』에는 대씨를 『원화성찬』보다 상세히 설명하였다.

> "『풍속통(風俗通)』에서는 대정(大庭)의 후예라고 하였다. 당(唐) 발해국왕(渤海國王)의 성(姓)은 대씨(大氏)이다. 그 왕(王) 걸걸중상(乞乞仲象)은 조영(祚榮)을 낳았으니 사사로운 시호[5]는 고왕(高王)이다. 조영은 무예(武藝)와 문예(門藝)를 낳았다. 무예의 시호는 무왕(武王)이며, 문왕(文王) 흠무(欽茂)를 낳았다. 흠무는 굉림(宏臨)을 낳았다. 굉림은 성왕 화여(華璵)를 낳았다. 화여의 작은 아들은 강왕(康王) 숭린(嵩鄰)이다. 숭린은 정왕(定王) 원유(元瑜)와 희왕(僖王) 언의(言義), 간왕(簡王) 명충을 낳았다. 명충(明忠)의 종부(從父)는 선왕(宣王) 인수(仁秀)이다. 인수의 손자는 이(彝) · 진(震) · 건(虔) · 황(晃) · 원석(元錫)이며, 모두 이어서 즉위했다고 칭하였다. 오대(五代) 시대에 그 왕은 인선(諲選), 왕자(王子)는 소순(昭順), 재상은 함악(諴諤), 사신은 소좌(昭佐) · 우모(禹謨) · 광찬(光贊) · 진림(陳林)이라 하였으며, 모두 대씨(大氏)였다."[6]

4 李成珪, 「里耶秦簡 南陽戶人 戶籍과 秦의 遷徙政策」, 『중국학보』, 57, 2008, 138-139쪽.

5 원문은 '사시(私謚)'이다. 『신당서』 「발해전」에 발해 군주들의 독자적인 연호를 '사년(私年)'으로 표기한 것으로 보아 '사시'는 당의 허락 없이 정한 시호라는 어감이 강하다. 그런데 간왕의 아내 순목황후 무덤에서 발해 군주의 아내가 '황후'인 것으로 보아 남편인 간왕은 '왕'이 아닌 '황제'라는 논리가 성립한다. 연호도 황제만이 사용하는 것임을 고려하면, '사시'에는 '황제'의 자칭과 함께 독자적인 시호를 정했다는 뉘앙스가 있음을 파악할 수 있다.

6 『古今姓氏書辨證』 卷31 十四泰 · 大條, 468쪽, "風俗通曰: 大庭之後. 唐渤海國王姓大氏, 其王乞乞仲象, 生祚榮, 私謚高王. 祚榮生武藝·門藝. 武藝謚武王, 生文王欽茂. 欽茂生宏臨. 宏臨生成王華璵. 華璵少子曰康王嵩鄰. 嵩鄰生定王元瑜·僖王言義·簡王明忠. 明忠從父曰宣王仁秀. 仁秀孫彝·震·虔·晃·元錫, 皆稱繼立. 五代時, 其王曰諲選, 王子曰昭順, 相曰諴諤, 使曰昭佐 · 曰禹

위의 인용문을 보면 『고금성씨서변증』에서는 대씨를 대정(大庭)의 후예라고 기록하면서도 발해의 '군주씨족' 대씨만을 기록하였다. 그리고 양자의 혈연관계를 언급하지 않았다. 이는 한족(漢族), 즉 중국인의 대씨는 역사에 기록될 만한 유명한 사람이 없었고, 발해의 군주씨족 대씨만이 두드러졌다는 뜻이다.

참고로 현재 중국의 100대 대성(大姓)을 소개한 『신백가성(新百家姓)』에 대씨는 포함되어 있지 않다.[7] 이처럼 중국에서 한족(漢族) 출신 대씨의 정치적 · 사회적 존재는 미미하다. 따라서 대씨는 발해 군주씨족이 거의 유일하고 중국에서 존재감이 없는 성이라고 보아도 좋을 것이다.

위에서 인용한 『원화성찬』과 『고금성씨서변증』의 기록을 종합하면, 중국 한족 혈통의 대씨가 존재하고 이야진간에 대씨가 보이기는 하지만 정치적 · 사회적으로 존재감이 없었다. 따라서 조영(祚榮)이 별 볼 일 없는 한족 일부가 사용한 '대(大)'라는 성을 차용했다고 보기 어렵다. 따라서 '대'라는 성의 유래에 대해 학계에서 다양한 의견이 제기되었다.

『신당서』에서는 대조영의 아버지를 사리걸걸중상(舍利乞乞仲象), 『신오대사』와 『오대회요』에서는 대사리걸걸중상(大舍利乞乞仲象)이라 칭하였다. 『오대회요』에서는 '대(大)'가 성(姓), '사리(舍利)'가 벼슬이름이라 보았다.[8] 『거란국지(契丹國志)』와 『자치통감(資治通鑑)』 호삼성주(胡三省注)[9]에도 사리를 거란(契丹)의 벼슬이라고 기록되었다. 『통지(通志)』에서는 대사리(大舍利)가 사리부(舍利部)의 대인(大人), 즉 부족의 수령

謨 · 日光贊 · 日陳林, 皆大氏."

7 桑君, 『新百家姓』, 北京: 中國社會科學出版社, 1991.

8 『五代會要』 卷30 「渤海條」 細注, 473쪽, "大姓, 舍利官, 乞乞仲象名也."

9 『資治通鑑』 卷277 「後唐紀」6 明宗長興三年條, 9067쪽 胡註, "舍利·惕隱, 皆契丹管軍頭目之稱."

을 지칭한다고 보았다. 그러나 거란(요)에 벼슬했던 발해인 고모한(高模翰)이 대사리라는 벼슬을 받았던 것처럼 걸걸중상(乞乞仲象) 역시 대사리라는 벼슬을 받았고 이 대사리의 '대'를 성씨로 삼았다고 한다.[10] 또 '사리(舍利)'와 '살이(薩伊)', '신지(臣智)', '대가(大加)'의 음운과 뜻풀이를 통해 '걸걸(乞乞)'이 '대(大)'의 한역(漢譯)이라고 주장하기도 한다.[11] 이밖에 '대(大)'가 대인(大人) · 대막불(大莫弗) 혹은 추장의 뜻을 지녔다는 주장과 중국고대 대정씨의 후예라는 설, '대(大)'는 본래 태황(泰皇) 혹은 태호(太昊) 등 '태(太)'자 혹은 '태(泰)'자에서 비롯되었다는 주장, '대(大)'가 '고(高)'와 동일하다('高而且大')는 설 등이 제기되었다.[12]

기존의 연구 성과를 보면 타당해 보이기도 한다. 예컨대 『통지』처럼 '대사리'를 사리부의 우두머리로 보는 견해는 고구려 멸망 이후 설치된 기미부주 가운데 사리주도독부(舍利州都督府)가 존재하므로 대조영이 속했던 부족이 사리부였다면 가능하다.[13] 또 흉노의 좌저거(左沮渠)라는 관직을 역임했기 때문에 이 관직명을 씨(氏)로 삼았던[14] 십육국시대 북량(北涼) 저거

10 金毓黻, 『東北通史』 上編 六卷, 臺北: 臺聯國風出版社, 1969, 261쪽; 徐炳國, 『발해 · 발해인』, 24-25쪽.

11 김재선, 「渤海先世의 일부 문제에 대하여-'舍利'와 姓 '大'氏 문제를 중심논제로 삼음-」, 『東國史學』 29, 1995, 1-6쪽.

12 이상 張碧波, 「渤海大氏續考」, 57왼쪽-58오른쪽의 大氏 관련 연구사 참조.

13 송대(宋代)에 편찬된 『고금성씨서변증(古今姓氏書辯證)』에는 사리씨(舍利氏)가 북번(北蕃)의 추수(酋帥) 사리부(舍利部)에서 유래된 씨(氏)라고 하였다(『古今姓氏書辯證』 卷33 舍利條, 513쪽, "出北蕃酋帥舍利部, 因氏焉."). 마치(馬馳) 역시 걸걸중상(乞乞仲象)의 이름이 사리걸걸중상(舍利乞乞仲象)인 것으로 보아 돌궐(突厥)의 사리부(舍利部) 출신이라고 주장하였다. 사리부(舍利部)는 돌궐(突厥) 힐리가한(頡利可汗)의 우부(右部)의 하나였기 때문이다. 이를 근거로 마치(馬馳)는 발해(渤海)의 왕실 대씨(大氏)는 말갈인(靺鞨人)도 아니고 고구려 별종(高麗別種)도 아니라고 보았다(馬馳, 『李光弼』, 西安: 陝西師範大學出版社, 1996, 13쪽).

14 『晉書』 卷129 沮渠蒙遜載記, 3189쪽, "沮渠蒙遜, 臨松盧水胡人也. 其先世為匈奴左沮渠, 遂以官為氏焉."

씨(沮渠氏)의 예를 보면 관직명을 성씨로 삼는 것도 가능하다. 전자의 가능성을 검토하면, 사리(舍利)가 대조영(大祚榮)의 출신부족인지 현재의 자료로는 확인할 수 없다. 후자의 경우, 발해보다 국력이 약했고 발해의 종주국도 아니었던 거란의 관직명을 성으로 사용했을 가능성은 적어 보인다.

그러면 대씨의 유래는 무엇일까? 이는 다음 절에서 살펴보자.

2. 대씨(大氏)와 고씨(高氏): 이음동의어(異音同義語)

필자는 대씨(大氏)와 고씨(高氏)의 뜻이 비슷한 점에 주목하였다. 즉 '대(大)'가 뜻을 살린 성(姓)일 가능성이 있다. 이 경우 '대(大)'라는 한자 자체가 중요한 것이 아니라 뜻이 중요하다. 현재 한반도에 남아 있는 영순 태씨(太氏)는 발해 '군주세력'의 후예라고 한다. 이들이 '대(大)'가 아닌 '태(太)'를 성씨로 삼은 것을 보면 발해 군주씨족의 성이 '크다'라는 뜻에서 비롯되었기 때문에 자신의 선조와 다른 글자를 취해 성(姓)으로 삼았을 가능성이 있다. 필자의 추론에 유리한 증거가 2009년에 공개된 길림성(吉林省) 화룡시(和龍市)의 '발해왕실(渤海王室)' 무덤 발굴보고서에 있다. 이 보고서에는 묘지명 사진이나 판독문(釋讀)이 누락된 채 순목황후(順穆皇后) 묘지명의 일부 구절이 간접적으로 인용되었다. 즉 "渤海國順穆皇后(발해국 순목황후)", 즉(卽) "簡王皇后泰氏也(간왕의 황후 태씨이다)"[15]라는 구절이다. 이 짧은 구절에서 발해 군주의 아내를 '황후(皇后)'

---

15 吉林省文物考古研究所·延邊朝鮮族自治州文物管理委員會辦公室, 「吉林和龍市龍海渤海王室墓葬發掘簡報」, 38오른쪽.

라고 불렀음은 발해가 '황제국체제(皇帝國體制)'를 지향했다는 기존의 학설[16]이 옳았음을 보여준다. 이와 함께 순목황후의 성씨가 태씨(泰氏)임이 주목된다. 만약 기존의 발해 군주씨족의 성으로 알려진 '대씨(大氏)'와 동일하다면 족내혼(族內婚)의 증거로 해석할 수 있다. 이 경우 '태씨(泰氏)'는 영순 태씨(太氏)처럼 발해 군주씨족의 성에 '크다'라는 의미가 있었기 때문에 가능한 표기였을 것이다. 즉 大氏(대씨)가 泰氏(태씨) · 太氏(태씨)로 혼용되었다면, 이는 당시 발해 군주씨족이 사용한 언어에서 '크다'라는 뜻의 단어가 한자로 표기되는 과정에서 생긴 표기의 다양화이었을 것이다. 이는 '高句麗(고구려)'의 '高(고)'가 '크다'라는 뜻에서 유래되었다는 선행연구를 상기시킨다.[17] 따라서 발해 군주씨족의 성 '大(대)'는 고구려 군주씨족의 성 '高(고)'와 같은 뜻임을 알 수 있다.

중국의 사서에서 '高(고)'가 '大(대)'와 같은 뜻으로 쓰인 예가 보인다. 먼저 북위(北魏)의 국호 '魏(위)'와 관련된 기사를 살펴보자.

도무제(道武帝)는 천흥원년(天興元年, 398) 신하들에게 국호를 정하는 문제를 의논하도록 하였다. 신하들은 국가가 운대(雲代) 지방을 기초로 건설되었기 때문에 대(代)를 국호로 정해야 한다고 주장하였다. 이에 대해 도무제는 중원 평정[18] 등을 이유로 국호를 위(魏)로 정할 것을 천명하였다.[19] 국호를 '위'로 정한 자세한 이유는 『위서(魏書)』「최현백전(崔

16 宋基豪, 『渤海政治史研究』, 185-188쪽; 공명성, 「정치제도에 반영된 발해의 황제국가적성격」, 고구려연구재단 · 조선력사학학회 · 러시아극동국립기술대학교 편, 『고조선 · 고구려 · 발해 발표 논문집』, 고구려연구재단, 2005, 438-445쪽.

17 '고(高)'는 우리말의 '크'(大)의 음사(音寫)임과 동시에 '고대(高大)'의 뜻을 차용한 것이다(白鳥庫吉, 「高句麗の名稱に就きて」, 『國學院雜誌』 第2卷第10號, 16-18쪽).

18 당시 북위(北魏)는 후연(後燕)의 수도 중산성(中山城)을 포함하여 하북(河北) 지역을 점령하였다. 이에 후연(後燕)의 잔여세력은 북쪽 요서(遼西)의 북연(北燕)과 산동반도(山東半島)의 남연(南燕)으로 나뉘었다.

19 『魏書』 卷 2 太祖紀 天興元年(398)六月丙子條, 32-33, "詔有司議定國號. 羣臣曰: 「昔周秦以前

玄伯傳)」에 보인다.

"이때 사마덕종(司馬德宗, 동진(東晉) 안제(安帝)의 이름)이 사신을 파견하여 내조(來朝)하였다. 태조(太祖)[도무제]는 장차 이에 보답하려 하였다. 조서를 내려 유사(有司)에게 널리 국호를 논의하게 하였다. 현백(玄伯)[최굉(崔宏)]은 다음과 같이 주장하였다: "3황 5제(三皇五帝)가 국호를 정할 때 태어난 땅의 이름을 취하거나 혹은 봉국(封國)의 이름을 취하였습니다. 그래서 우(虞)·하(夏)·상(商)·주(周)는 처음에는 모두 제후(諸侯)였지만 성덕(聖德)이 융성하여 모든 나라가 우두머리로 받들었으나 국호는 원래의 것을 따라 다시 바꾸지 않았습니다. 오직 상(商) 사람들은 여러 차례 [수도를] 옮겨 다녔기 때문에 국호를 은(殷)으로 바꾸었습니다. 그러나 여전히 [상을 은과 함께] 사용하여 처음 불렀던 국호를 없애지 않았습니다. '은상지려(殷商之旅)'와 '하늘이 현조(玄鳥)에 명하여 땅에 내려가서 상(商)을 낳고 은토(殷土)에 사는 모습이 성(盛)하도다!'라는 『시경(詩經)』의 구절은 이런 뜻입니다. 옛날 한고조(漢高祖)가 한왕(漢王)으로 봉해진 후 삼진(三秦)을 평정하고 강한 초(楚)를 멸하였지만 결국 [원래 봉국 이름이었던] 한(漢)을 국호로 삼았습니다. 우리 국가는 비록 북방(北方)의 넓고 아득한 땅을 통할했던 [변방국가였지만] 폐하(陛下)께서는 천운(天運)을 따라서 즉위하셨습니다. 비록 옛 나라라고 하지만, 천명(天命)을 받은 것은 오히려 새로우니, 이 때문에 등국(登國) 초에 국호(國號)를 대(代)에서 위(魏)로 바꾼 것입니다. 또 [서연(西燕)의] 모용영(慕容永)이 위토(魏土)를 바쳤습니다. 무릇 '위(魏)'는 크다는 명칭이며, 신주(神州)의

世居所生之土, 有國有家, 及王天下, 卽承爲號. 自漢以來, 罷侯置守, 時無世繼, 其應運而起者, 皆不由尺土之資. 今國家萬世相承, 啓基雲代, 臣等以爲若取長遠, 應以代爲號.」詔曰:「昔朕遠祖, 總御幽都, 控制遐國, 雖踐王位, 未定九州. 逮于朕躬, 處百代之季, 天下分裂, 諸華乏主. 民俗雖殊, 撫之在德, 故躬率六軍, 掃平中土, 凶逆蕩除, 遐邇率服. 宜仍先號, 以爲魏焉. 布告天下, 咸知朕意.」"

상국(上國)이니, 이는 혁명(革命)의 징험(徵驗)이며, 이견(利見)의 현부(玄符)입니다. 신은 어리석게도 마땅히 위(魏)를 국호로 삼아야 한다고 생각합니다." 태조(도무제)는 최굉(崔宏)의 의견을 따랐다. 이에 사방(四方)의 빈왕(賓王)이 조공하여 모두 대위(大魏)라 칭하였다."[20](강조는 필자)

위의 인용문에서 밑줄 친 부분, 즉 '魏(위)'는 크다는 명칭이라는 구절이 주목된다. 삼국시대(三國時代) 촉(蜀)의 초주(譙周)는 "'魏(위)'는 크다의 뜻이며, '曹(조)'는 많다의 뜻이다. 많고 또한 크니 천하(天下)가 귀의하지 않겠는가!"라 하여 조위(曹魏)의 선양이 하늘의 뜻이라는 두경(杜瓊)의 설명에 동의하였다.[21] 즉, 위의 인용문과 호삼성(胡三省)의 주에 '魏(위)'가 '크다(大)', 혹은 '높다(高)'의 뜻을 있음을 알 수 있다. '魏(위)'를 상위(象魏), 즉 대궐의 문으로 보아 당도고(當塗高)와 관련시키려는 풍조가 위진남조시대에 널리 퍼져 있었다. 여기서 '상(象)'은 법(法), '위(魏)'는 고(高)를 뜻하며, '魏(위)'는 高大(고대)의 뜻, 즉, '크다'와 '높다'의 뜻을 모두 지니고 있음을 알 수 있다.[22] 요컨대 "魏(위)=大(대)", "魏(위)=高(고)"

---

20 『魏書』 卷 24 崔玄伯傳, 620-621, "時司馬德宗遣使來朝, 太祖將報之, 詔有司博議國號. 玄伯議曰: 「三皇五帝之立號也, 或因所生之土, 或卽封國之名. 故虞夏商周始皆諸侯, 及聖德旣隆, 萬國宗戴, 稱號隨本, 不復更立. 唯商人屢徙, 改號曰殷, 然猶兼行, 不廢始基之稱. 故詩云『殷商之旅』又云『天命玄鳥, 降而生商, 宅殷土茫茫』. 此其義也. 昔漢高祖以漢王定三秦, 滅强楚, 故遂以漢爲號. 國家雖統北方廣漠之土, 逮于陛下, 應運龍飛, 雖曰舊邦, 受命惟新, 是以登國之初, 改代曰魏. 又慕容永亦奉進魏土. 夫『魏』者大名, 神州之上國, 斯乃革命之徵驗, 利見之玄符也. 臣愚以爲宜號爲魏.」 太祖從之. 於是四方賓王之貢, 咸稱大魏矣."

21 『宋書』 卷 27 「符瑞志」上, 775, "春秋讖曰: 「代漢者 當塗高也.」 漢有周舒者, 善內學. 人或問之舒曰: 「當塗高者 魏也.」 舒旣沒, 譙周又問術士杜瓊曰: 「周徵君以爲當塗高 魏也. 其義何在?」 瓊曰: 「魏 闕名也. 當塗而高, 聖人以類言耳.」 又問周曰: 「寧復有所怪邪?」 周曰: 「未達也.」 瓊曰: 「古者名官職不言曹, 自漢以來, 名官盡言曹, 吏言屬曹, 卒言侍曹, 此殆天意也.」 周曰: 「魏者 大也. 曹者 衆也. 衆而且大, 天下之所歸乎.」 建安十八年, 武帝爲公, 又進爵爲王. 二十五年, 武帝薨, 太子丕嗣爲魏王, 是爲文帝."

22 『三國志』 卷二 「魏書」 文帝紀 裴注, 64, "春秋漢含孳曰: 『漢以魏, 魏以徵.』 春秋玉版讖曰:

이므로 결국 "魏(위)=大(대)=高(고)"의 뜻이었다.

다음으로 북주의 예이다. 북주(北周) 선제(宣帝)는 다른 사람들이 '高大(고대)'를 언급하는 것을 싫어하였다. 그래서 '高(고)', '大(대)', '上(상)', '天(천)' 자가 들어가는 성, 명칭, 관명을 '長(장)'으로 바꾸도록 하였다.[23] 여기서도 "高(고)=大(대)=上(상)=天(천)"임을 알 수 있다. 즉 '높다', '크다', '위쪽', '하늘'이 같은 뜻 혹은 비슷한 뜻을 지닌 것이다.

3. 당(唐)의 '발해(渤海)' 국호 명명: 고구려(高句麗) 계승의 묵인과 부인

2절에서 살펴본 것처럼 발해의 군주씨족 대씨와 고구려의 군주씨족 고씨(高氏)는 같은 뜻을 지녔다. 필자가 이 점에 주목한 것은 고씨(高氏)를 매개로 "고씨(高氏) → 발해고씨(渤海高氏) → 발해(渤海)"를 연상시키기 때문이다. 즉 당(唐)은 조영(祚榮) 집단이 세운 나라의 이름에서 고구려를 지우기 위해 고씨를 매개로 고구려를 연상시키면서도 관계가 없어 보이는 '발해'라는 나라 이름으로 명명하였고, 발해 군주씨족의 성은 고구려의 고씨와 뜻이 같은 '대(大)'로 호칭하거나 '대'라는 성을 하사했을 것이다. 필자가 이렇게 추론한 이유를 검토해 보자.

『代赤者魏公子.』春秋佐助期日:『漢以許昌失天下.』故白馬令李雲上事日:『許昌氣見于當塗高, 當塗高者當昌於許.』當塗高者 魏也; 象魏者, 兩觀闕是也; 當道而高大者魏, 魏當代漢, 今魏基昌于許, 漢徵絕于許, 乃今效見, 如李雲之言, 許昌相應也.";『宋書』卷 27「符瑞志」上, 778, "…… 當塗高者, 魏也; 魏者, 象魏兩闕之名當道而高大者也. 魏當代漢, 如李雲之言也."

23『周書』卷7「宣帝紀」大象二年條, 125쪽, "又不聽人有高大之稱, 諸姓高者改為姜, 九族稱高祖者為長祖, 曾祖為次長祖, 官名凡稱上及大者改為長, 有天者亦改之."

발해 국호의 배경을 살펴보기 위해 3부 5-7장에서 본적지봉호(本籍地封號)와 연고지봉작(緣故地封爵)을 검토하였다. 필자는 '발해(渤海)'자가 포함된 봉호(封號)를 받았던 당대(唐代) 중국인들의 본적에 주목하였다. 당종실(唐宗室)[24]인 이봉자를 제외하면 고씨(高氏)와 봉씨(封氏)였다. 이 두 성은 당대 발해군(渤海郡)의 대표적인 군망(郡望) 혹은 문벌이었다.[25] 봉작자인 고원유와 고숭문, 고소일, 봉오의 본적이 발해군이었다. 이는 당대 선조들의 본적이나 자신의 현재 거주지 등 본적의 명칭을 딴 봉호가 일반적으로 주어졌던 현상과 일치한다. 나머지 인물들의 본적은 확인되지 않지만, 발해군이 본적지가 아니더라도 고씨 가운데 최고 문벌인 발해고씨를 사칭하기 위해 '발해'자가 포함된 봉호를 요구했거나 당시 관행상 같은 성씨에게 유명한 군망(郡望)의 군현의 이름을 봉호에 포함시키는 관행이 있었다.[26] 당대 고구려 유민들이 발해고씨를 사칭했던 예들이 묘지명에서 발견되므로[27] 고구려인 혹은 고구려 유민에게 '발해'라는 단어 혹은 지명은 익숙하였다. 따라서 고구려 유민이 세운 나라의 국호에 '발해'자가 들어갈 가능성이 있었다.

이는 남북조시대 이래 중국 왕조가 주변국 군주를 책봉할 때 작위 앞에 붙이는 지명에서도 확인된다. 3부 7장에서 살펴본 것처럼 당대 주변국

24 본래 북위시대(北魏時代) 무천진(武川鎭)에 세거(世居)하다 장안(長安)으로 이주한 당 종실(唐宗室) 혹은 황실(皇室)은 농서이씨(隴西李氏)를 자칭했다. 이에 대해 진인각(陳寅恪)은 당 황실(唐皇室)이 본래 조군이씨(趙郡李氏)였으나 후에 농서이씨(隴西李氏)를 자칭했다고 주장하였다(陳寅恪, 「統治階級之氏族及其升降」, 3-48쪽).

25 周振鶴, 「中古時期郡望郡姓的地理分布」, 163-166쪽의 表 3-3-3 唐前期郡望郡姓分道對照表 및 168-172의 表 3-3-4 唐後期郡望郡姓分道對照表 참조.

26 崔珍烈, 「隋唐 本籍地封爵의 性格-門閥·郡望과의 관련성을 중심으로-」, 402-403쪽.

27 李文基, 「高句麗 寶藏王의 曾孫女 「高氏夫人墓誌」의 檢討」, 157-159쪽; 宋基豪, 「고구려 유민 高氏夫人 墓誌銘」, 490-491; 馬一虹, 「從唐墓志看入唐高句麗遺民歸屬意識的變化-以高句麗末代王孫高震一族及權勢貴族爲中心-」, 29왼쪽-36오른쪽.

책봉 봉호에 포함된 지명을 분석하면, 우리나라 삼국과 남조(南詔)・토욕혼(吐谷渾), 거란(契丹)・해(奚) 등 당과 직접 국경을 접하는 동북・서・남쪽의 국가의 군주에게 주어진 군왕호(郡王號)는 해당 국가와 밀접한 관계가 있는 지명(고구려・백제・신라)이나 가까운 변경[남조(南詔)・토욕혼], 혹은 기미부주[거란・해(奚)]의 명칭에서 따왔다. 특히 거란・해(奚)와 우리나라 삼국 등 당의 동북지역에서 두드러진 현상이었다. 이처럼 당의 동북 지역에 있었던 고구려・백제・신라・거란・해(奚)의 군주 혹은 우두머리에게 주어진 군왕호가 해당 국가 혹은 이민족과 밀접한 지명을 택하는 연고지봉작의 관행을 따랐다면 고구려를 계승한 발해의 군주에게도 이러한 관행이 통했다는 유추도 가능하다.[28]

그러나 "본래의 국호+왕(王)"과 함께 주어진 군공(郡公) 혹은 군왕(郡王)의 칭호는 외형상 연고지봉작의 원칙 혹은 관행이 발해에 적용되지 않았다. 선행연구에 따르면, 신라왕은 "낙랑군공 신라왕"처럼 낙랑군공과 함께 신라왕으로 책봉 받았지만(이중책봉), 발해의 책봉호를 보면 진국왕(震國王, 振國王)을 무시하고 군왕호(郡王號)만 주어졌다. 거란과 해(奚)의 우두머리는 각각 송막도독(松漠都督) 송막군왕(松漠郡王)과 요락주도독(饒樂州都督) 요락군왕(饒樂郡王)이란 칭호를 받아 기미부주의 지명이 군왕호(郡王號)에도 사용되었다. 그러나 발해의 군주는 발해군왕(渤海郡王) 홀한주도독(忽汗州都督)의 칭호를 받았다. 즉 발해는 거란・해(奚)와 달리 기미주의 명칭이 있는 군왕(郡王) 칭호를 받은 것도 아니었다.[29] 이는 발해가 거란・해(奚)처럼 당에 복속한 속국 혹은 '지방정권'이라는 가정하의 결론이다. 발해가 신라처럼 당 주변의 독립국이라고 하면, "군왕

28 崔珍烈, 「東晉・南北朝~唐代 주변국 冊封 封號의 地名 분석-韓國古代 三國君主들의 冊封 郡王/郡公 칭호의 이해를 중심으로-」, 88-95쪽 및 97쪽.

29 김종복, 『발해정치외교사』, 일지사, 2009, 97-99쪽.

(郡王)+국호(國號)+왕(王)"의 이중 왕호(王號)를 받아야 했다. 어떤 경우이건 간에 발해의 국호만 오직 당시 책봉 관행과도 다른 것이다.

그런데 '발해'라는 지명은 외형상 조영과 아무런 역사적·지리적 관계가 없었다. 게다가 당은 다른 나라처럼 "국호+왕"의 칭호를 준 것도 아니었다. 조영이 세운 나라에는 상당수 고구려 유민이 참여하였다. 또 『구당서』와 『신당서』, 『오대회요』 등 중국의 사서와 신라 최치원(崔致遠)의 문장, 『입당구법순례행기(入唐求法巡禮行記)』, 『속일본기(續日本紀)』, 『유취국사(類聚國史)』 등 일본의 기록에서 공통적으로 고구려 멸망을 발해 건국의 서술 기점으로 삼았다. 이를 발해가 고구려 부흥국가로 인식했던 증거로 보기도 한다.[30] 이를 비약이라고 반론을 제기한다고 하더라도 최소한 고구려가 발해와 밀접한 관련이 있음은 부인할 수 없다. 그리고 같은 만주 지역을 지배했던 고구려가 『구당서』와 『신당서』에서 「동이전(東夷傳)」에 열전이 두어진 것과는 달리 발해가 「동이전」이 아닌 「북적전(北狄傳)」에 포함된 것은 고구려와 발해의 관계를 끊으려는 의도였음을 역설적으로 보여준다. 필자는 당대 묘지명에서 고구려 유민의 본적이나 고구려 관련 기사에서 '고려(고구려)'라는 국호를 기피했음을 검토하였다.[31] 또 당대 편찬된 『진서(晉書)』에 고구려의 열전(列傳)이 존재하지 않았다. 또 당대(唐代) 자료를 바탕으로 씌여진 『신당서』 「발해전」에서도 발해의 영역을 "고구려의 영역+기타 지역"으로 서술한 것이 아니라 고구려의 영토를 부여고지(扶餘故地)·옥저고지(沃沮故地)·고려고지(高麗故地) 등으로 분할하여 서술하였다. 이는 고구려에 대한 혐오 혹은 증오감 때문에 고구려 국호를 의도적으로 회피한 것이 아니라면 설명될 수

---

30 송기호, 「발해의 고구려 계승성」, 『발해 사회문화사 연구』, 서울대학교출판문화원, 2011, 296쪽.

31 崔珍烈, 「唐人들이 인정한 高句麗人의 正體性」, 209-250쪽; 同氏, 「唐代 高句麗 표기 기피 현상」, 211-253쪽; 본서의 1부와 2부 참조.

없다.[32] 즉 당대(唐代) 중국인들은 '고구려' 자체를 떠올리기 싫어했고, 발해라는 나라가 고구려와 관계가 있다는 사실을 더욱더 인정하기 싫어했을 것이다.

위의 내용을 정리하면, 관행에 어긋한 발해 군주에 대한 책봉호(冊封號)와 『구당서』·『신당서』에서 「동이전」이 아닌 「북적전」에 열전을 만들어 고구려와의 관계를 단절시킨 점과 당대(唐代) 고구려 표기의 기피 현상 등은 역설적으로 발해의 국호가 고구려와 밀접한 관계가 있다고 볼 수밖에 없다. 필자는 "조영(祚榮) → 고구려(高句麗) 백성(속민) → 고씨(高氏) → 발해고씨(渤海高氏) → 발해(渤海)"라는 논리를 통해 당이 대조영이 세운 국가에 우회적으로 고구려를 연상시키는 발해라는 국호를 강요한 것이라고 추론하였다. 즉 당 조정이 조영(祚榮)을 발해군왕(渤海郡王)으로 봉한 것은 현실적으로 고구려 유민들이 부흥운동에 성공하여 고구려의 재건에 성공하였지만, 이를 공인하기 싫어했던 당의 체면을 세워주는 절충적인 장치였을 것이다. 왜냐하면 3부 6장에서 살펴본 것처럼 '발해'는 한족, 즉 중국인 고씨들에게 주어진 봉호의 지명으로 사용되었고, 보장왕의 후손들이 당(唐)에 거주하면서 문벌로 자임하기 위해 발해고씨로 사칭하여[33] 발해는 고씨를 연상시키는 지명이었기 때문이다. 게다가 당대(唐代) 중국인들이 성이 없는 주변국의 사람들에게 해당 국명의 글자를 따서 성처럼 표기했던 관행이 존재하였다. 이는 고구려인들에게도 적용되기 때문에 중국인들은 고구려 백성이었던[34] 조영(祚榮)을 고씨(高氏)

32 崔珍烈, 「唐代 高句麗 표기 기피 현상」, 223-228쪽 및 본서 2부 3장 참조.

33 李文基, 「高句麗 寶藏王의 曾孫女 「高氏夫人墓誌」의 檢討」, 157-159쪽; 宋基豪, 「고구려 유민 高氏夫人 墓誌銘」, 490-491; 馬一虹, 「從唐墓志看入唐高句麗遺民歸屬意識的變化-以高句麗末代王孫高震一族及權勢貴族爲中心-」, 29왼쪽-36오른쪽.

34 조영(祚榮)의 기사는 『구당서』에서는 "고려별종(高麗別種)", 『신당서』에서는 "고려(고구려)에 부속한 속말말갈"이라고 하여 두 기록이 완전히 다름을 알 수 있다. 2부 4장에서 검토한 것처럼

로 간주하였을 것이다. 따라서 당과 조영(祚榮)은 '고구려'와 '고씨'라는 단어를 직접 사용하지 않으면서 고씨를 연상시키는 '발해'를 국호로, '고(高)'와 동일한 의미를 가진 '대(大)'를 성으로 사용하는 선에서 타협했을 것이다.[35] 그리고 당이 자국의 사서와 관문서에 일방적으로 고구려, 혹은 고구려 계승국가를 자임한 조영(祚榮)의 국가를 '발해'로 표기했을 것이다.[36]

그러나 조영(祚榮)에게 준 책봉 봉호인 '발해군왕'의 '발해'는 당조차 정식 국호로 생각하지 않았던 것 같다. 당대의 각종 문서를 모은 『책부원귀』의 「외신편」에 따르면, 조영(祚榮)이 '발해군왕'에 봉해진 이후에도 조영(祚榮)이 세운 나라를 '진국', '발해', '발해말갈', '말갈'로 표기하였다.[37] 당대의 각종 관문서에 4가지 국호가 혼용된 것은 당의 관리들이 이

『구당서』뿐만 아니라 『당회요』, 『오대회요』, 『신오대사』처럼 각종 관문서를 거의 원사료 그대로 수록한 사료에는 "고려별종(高麗別種)"으로 표기하였다. 반면 각종 사료를 첨삭하고 정리가 잘 된 『신당서』에서만 조영(祚榮)을 속말말갈(粟末靺鞨)로 표기하였다. 이는 북송시대(北宋時代) 정치적 이해관계에 따라 조영(祚榮)의 종족(種族)이 자의적으로 바뀌었음을 시사한다. 따라서 조영(祚榮)이 말갈인이 아닌 고려별종(高麗別種)이라는 기록이 더 신빙성이 있으며, 별종(別種)의 해석에 따라 혈통상 고구려인일 가능성이 있다. 혈통상 고구려인이 아니라고 해도 "고구려에 부속"했기 때문에 고구려의 국민임은 틀림없다. 자세한 내용은 보론에서 다루고자 한다.

35 필자가 대조영(大祚榮)의 성(姓)인 '대(大)'자가 고구려의 뜻인 '大城'에서 취했다고 추정했다. 그런데 이름인 조영(祚榮)도 사서(史書)의 고구려인·말갈인과 다르다. 대부분 고구려인과 말갈인의 이름은 한자의 뜻을 살려 지은 이름이라기보다 본래의 음을 한자로 전사(轉寫)한 것처럼 보인다. 조영(祚榮)의 아버지 이름인 중상(仲象)과 걸사비우(乞四比羽)의 '비우(比羽)'도 그러하다. 이에 비해 조영(祚榮)의 '조(祚)'는 복(福) 혹은 왕조(王朝)의 조명(祚命), '영(榮)'은 빛남 혹은 영화라는 뜻을 취해 만든 이름처럼 보인다. 아마 당 조정에서 조영(祚榮)이 세운 나라를 '발해(渤海)'라고 칭하고 성(姓)을 '대(大)'로 고치게 함과 동시에 '조영(祚榮)'이란 이름을 하사했을 것이다.

36 2부 4장에서 살펴본 것처럼 『신당서』를 제외한 당대 관문서나 사서에서 걸걸중상(乞乞仲象)과 조영(祚榮)을 고려종(高麗種), 고려 별종(高麗別種)이라 표기하면서도 조영이 세운 나라를 '말갈(靺鞨)', '발해(渤海)', '발해말갈(渤海靺鞨)' 등으로 표기한 것도 이러한 심리 때문일 것이다.

나라의 정식 국호를 몰랐음을 방증한다. 즉 '발해'라는 국호는 '발해군왕'에서 따온 이름이었을 뿐, 당의 관리들이 정식 국호로 생각하지 않았기 때문에 '발해'를 제외해도 3가지 국호가 당의 관문서에 쓰인 것이다. 또 '요동군왕 고구려왕', '대방군왕 백제왕', '낙랑군왕 신라왕'처럼 발해군왕 뒤에 "국호+왕"의 봉호가 생략되었을 가능성이 있다. 이 경우 이 봉호에 포함된 국명은 1부와 2부에서 살펴본 것처럼, 당이 기피했던 '고려(고구려)'였을 것으로 추론할 수 있다. 즉 조영(祚榮)이 삼국처럼 이중봉호를 받았으나 후에 "국호+왕"이 생략되어 '발해군왕'만 남았을 것이다.

조영이 세운 나라에 '고려(고구려)'가 포함된 봉호를 생략했다는 추론의 방증은 보장왕 일족의 책봉호(冊封號)에서도 찾아볼 수 있다. 포로가 된 고구려의 마지막 군주인 보장왕과 그의 후손들에게는 고려왕 대신 조선군왕이라는 칭호가 주어졌다. 본래 북조시대부터 당초(唐初)까지 고구려의 군주에게 '요동군공(遼東郡公)/요동군왕(遼東郡王) 고려왕(高麗王, 高句麗王)'이라는 이중봉호(二重封號)가 주어졌지만 멸망된 이후에는 '요동'과 '고려' 모두 더 이상 책봉에 사용되지 않았다. 이는 고구려를 연상시키기 때문에 보장왕 일족에게 고구려인이라는 정체성을 지우기 위해서 필요했을 것이다. 당대에 '조선'은 고구려의 별칭으로 사용되었기 때문에[38] '조선군왕'은 고구려라는 단어를 직접 사용하지 않으면서도 고구려를 간접적으로 연상시키므로 유민인 보장왕 후손들에게 적합한 봉호였을 것이다.[39] 그러나 예외적으로 '고려(고구려)'라는 국호는 『구당서』「예의

37 현명호, 「발해의 고구려와의 계승관계를 모호하게 한 별칭 ≪발해말갈≫에 대하여」, 94쪽.

38 崔珍烈, 「唐人들이 인정한 高句麗人의 正體性-唐代 墓誌銘에 보이는 高句麗의 別稱(朝鮮·三韓·扶餘) 分析을 중심으로-」, 242-246쪽; 同氏, 「唐代 高句麗 표기 기피현상-隋唐 墓誌銘의 國名 표기 분석을 중심으로-」, 228-239쪽.

39 崔珍烈, 「東晉·南北朝~唐代 주변국 册封 封號의 地名 분석-韓國古代 三國君主들의 册封 郡王/郡公 칭호의 이해를 중심으로-」, 91-93쪽; 同氏, 「唐人들이 인정한 高句麗人의 정체성-唐

지」에 등장하였다. 『구당서』「예의지」에 따르면, 현종(玄宗)이 태산(泰山)에서 봉선(封禪) 의식을 거행하면서 문무백관과 주변국들의 군주(可汗・王・酋長) 및 대리인(인질과 사신) 등을 모아놓고 조근(朝覲)하였다. 여기에 '고려조선왕(高麗朝鮮王)'과 '백제대방왕(百濟帶方王)'이 보인다.[40] 다른 사서나 묘지명에서는 '조선군왕(朝鮮郡王)'과 '대방군왕(帶方郡王)'만이 보이는 데 비해 '고려(고구려)'와 '백제'가 포함된 특이한 예이다. 이는 봉선 행사의 특징에서 설명이 가능하다. 태산 봉선이 주변국과 이민족들의 군주나 자제(子弟), 신하들이 모두 모여 당 현종에게 충성을 맹세함과 동시에 당의 부강함을 과시하는 자리였다. 따라서 참가한 국가들을 일일이 나열할 필요가 있었다. 이때 '조선군왕'과 '대방군왕'만으로는 본래의 국명을 알 수 없었기 때문에 각각 '고려'와 '백제'를 넣어 '고려조선왕'과 '백제대방왕'으로 표기하였다. 즉 고구려와 백제가 당에 정복되었고 망국 군주의 후손도 이 봉선의식에 참석했음을 과시하기 위해 망한 나라의 국호를 특별히 기록한 것이다. 따라서 '고려(고구려)'와 '요동'은 고구려인들의 정체성 말살을 위해, '조선'은 이미 보장왕 일족에게 주어진 봉호에 포함되었으므로 조영(祚榮)에게 책봉하는 봉호에 포함될 수 없는 지명이었다. 대신 대안으로 제시된 것이 "조영(祚榮) → 고구려(高句麗) 백성(民) → 고씨(高氏) → 발해고씨(渤海高氏) → 발해(渤海)"의 과정을 통해 간접적・우회적으로 고구려를 연상시키는 '발해'라는 국호였을 것이다.

필자의 추론에 대한 직접적인 증거는 없지만 '발해'가 고구려를 연상시

代 墓誌銘에 보이는 高句麗의 別稱(朝鮮・三韓・扶餘) 분석을 중심으로-」, 242-243쪽.

40 『舊唐書』 卷23 「禮儀志」3, 900쪽, "[開元十三年十一月]壬辰, 玄宗御朝覲之帳殿, 大備陳布. 文武百僚, 二王後, 孔子後, 諸方朝集使, 岳牧擧賢良及儒生·文士上賦頌者, 戎狄夷蠻羌胡朝獻之國, 突厥頡利發, 契丹·奚等王, 大食·謝䫻·五天十姓, 崑崙·日本·新羅·靺鞨之侍子及使, 內臣之番, 高麗朝鮮王, 百濟帶方王, 十姓摩阿史那興昔可汗, 三十姓左右賢王, 日南·西竺·鑿齒·雕題·牂柯·烏滸之酋長, 咸在位."

키거나 우회적인 국호였음을 방증할 수 있는 예가 있다.

먼저 5대 10국시대 '발해'왕('渤海'王; 渤海郡王)으로 책봉된 독립국으로 장강(長江) 중류 형주(荊州) 일대에 있었던 남평(南平, 형남(荊南)이라고도 함)의 예를 살펴보자. 섬주(陝州) 협석현(硤石縣) 출신[41]인 고계흥(高季興)은 당말(唐末) 형남절도관찰유후(荊南節度觀察留後)에 임명되었다가 후량(後梁) 개평원년(開平元年, 907) 형남절도사(荊南節度使)에 임명되었다.[42] 고계흥은 후량 말제(末帝) 시기 발해왕(渤海王)에 봉해졌고,[43] 동광(同光) 3년(925) 남평왕(南平王)에 봉해졌다.[44] 고계흥의 아들 고종회(高從誨)도 장흥(長興) 3년(932) 발해왕에 봉해졌다가 응순원년(應順元年, 934) 발해군왕(渤海郡王)에 봉해졌고 현덕원년(顯德元年, 954) 남평왕에 봉해졌다.[45] 고종회(高從誨)의 아들 고보융(高保融)도 광순원년(廣順元年, 951) 발해군왕에 봉해졌고 현덕원년(954) 남평왕에 봉해졌다.[46] 이처럼 고계흥 일족은 3대에 걸쳐 처음에 발해왕(발해군왕)에 봉해진 후 나중

41 『舊五代史』 卷133 「世襲列傳 · 高季興傳」, 1751쪽, "高季興 , 字貽孫, 陝州硤石人也. 本名季昌, 及後唐莊宗即位, 避其廟諱改焉."

42 『新五代史』 卷69 「南平世家 · 高季興世家」, 856쪽, "當唐之末, 襄州趙匡凝襲破雷彥恭于荊南, 以其弟匡明為留後. 梁兵攻破襄州, 匡凝 奔于吳, 匡明奔于蜀, 乃以季興為荊南節度觀察留後. 開平元年, 拜季興節度使."

43 『新五代史』 卷69 「南平世家 · 高季興世家」, 856쪽, "太祖崩, 季興見梁日以衰弱, 乃謀阻兵自固, 治城隍, 設樓櫓. 以兵攻歸·峽, 為蜀將王宗壽所敗. 又發兵聲言助梁擊晉, 以侵襄州, 為孔勍所敗, 乃絕貢賦累年. 梁末帝優容之, 封季興渤海王, 賜以衮冕劍佩. 貞明三年, 始復脩貢."; 『舊五代史』 卷133 「世襲列傳 · 高季興傳」, 1751쪽, "荊南舊無外壘, 季興始城之, 遂厚斂於民, 招聚亡命, 自後僭臣於吳·蜀, 梁氏稍不能制焉, 因就封渤海王."

44 『新五代史』 卷69 「南平世家 · 高季興世家」, 857쪽, "同光三年, 封南平王."; 『舊五代史』 卷133 「世襲列傳 · 高季興傳」, 1752쪽, "明年, 冊拜南平王."

45 『新五代史』 卷69 「南平世家 · 高季興世家附從誨傳」, 858쪽, "長興元年正月, 拜從誨節度使, 追封季興楚王, 諡曰武信. 三年, 封從誨渤海王. 應順元年, 封南平王."

46 『新五代史』 卷69 「南平世家 · 高季興世家附保融傳」, 858쪽, "從誨卒, 拜節度使. 廣順元年, 封渤海郡王. 顯德元年, 進封南平王."

에 남평왕으로 전봉(轉封)되었다. 본적이 발해가 아닌, 즉 발해고씨가 아닌 섬주 협석현 출신인 고계흥과 그 후손들이 발해왕(발해군왕)에 봉해진 것은 당대(唐代) 해당 성씨의 군망(郡望) 혹은 본적 군현명을 봉호에 넣는 본적지봉작의 관행 때문이다. 그리고 실질적인 독립국이지만 지방정권[47]으로 격하시키려는 후량 등 오대(五代) 왕조의 입장도 발해에 대한 당의 입장과 유사하다. 남평(형남)[48] 고계흥 일족의 예는 '발해'의 국호 혹은

---

47 형남절도사(荊南節度使)는 본래 10주(州)를 관할하였으나, 당말(唐末) 주변 번진(藩鎭)에게 영토를 빼앗겨 고계흥이 형남절도사(荊南節度使)로 부임할 당시 강릉(江陵) 1성(城)만 지배하였다. 고계흥(高季興)은 경내(境內)를 안정시키고 인재를 기용하였다(『新五代史』 卷69 「南平世家 · 高季興世家」, 856쪽, "荊南節度十州, 當唐之末, 為諸道所侵, 季興始至, 江陵一城而已, 兵火之後, 井邑凋零. 季興招緝綏撫, 人士歸之, 乃以倪可福·鮑唐為將帥, 梁震·司空薰·王保義等為賓客."). 그러나 여전히 소국(小國)에 불과하였다. 고계흥은 후당(後唐)이 전촉(前蜀)을 공격하는 기회를 노려 인접한 기(夔) · 충(忠) · 만(萬) · 귀(歸) · 협(峽) 등 주(州)를 차지하려고 하다가 실패하였다. 이후 고계흥은 오(吳)에 칭신(稱臣)하였고, 진왕(秦王)에 봉해졌다(『新五代史』 卷69 「南平世家 · 高季興世家」, 857쪽, "初, 唐兵伐蜀, 季興請以本道兵自取夔·忠·萬·歸·峽等州, 乃以季興為峽路東南面招討使, 而季興未嘗出兵. 魏王已破蜀, 而明宗入立, 季興因請夔·忠等州為屬郡, 唐大臣以為季興請自取之, 而兵出無功, 不與. 季興屢請, 雖不得已而與之, 而唐猶自除刺史, 季興拒而不納. 明宗乃以襄州劉訓為招討使, 攻之, 不克, 而唐別將西方鄴克其夔·忠·萬三州, 季興遂以荊·歸·峽三州臣于吳, 吳册季興秦王."). 이후에도 형남(荊南)은 장강(長江) 하류의 강국 오(吳)와 동정호(洞庭湖) 남쪽 초(楚) 사이에 낀 소국(小國)이었으며, 오(吳), 남한(南漢), 민(閩), 촉(蜀)이 칭제(稱帝)하였을 때 이들 국가에 칭신(稱臣)하였다(『新五代史』 卷69 「南平世家 · 高季興世家附高從誨傳」, 859쪽, "荊南地狹兵弱, 介於吳·楚為小國. 自吳稱帝, 而南漢·閩·楚皆奉梁正朔, 歲時貢奉, 皆假道荊南. 季興·從誨常邀留其使者, 掠取其物, 而諸道以書責誚, 或發兵加討, 即復還之而無媿. 其後南漢與閩·蜀皆稱帝, 從誨所嚮稱臣, 蓋利其賜予.").

48 '남평(南平)'이란 국호는 고계흥(高季興) 일족이 지배한 형주(荊州)에 서진시대(西晉時代) 설치된 남평군(南平郡)(『宋書』 卷37 「州郡志3 荊州條, 1118쪽, "南平內史, 吳南郡治江南, 領江陵·華容諸縣. 晉武帝太康元年, 分南郡江南為南平郡, 治作唐, 後治江安. 領縣四. 戶一萬二千三百九十二, 口四萬五千四十九. 去州水二百五十. 去京都水三千五百, 無陸.")에서 유래되었을 것이다. 본문에서 본 것처럼 고계흥 일족 3대는 처음에 발해왕(渤海王)에 봉해졌다가 후에 남평왕(南平王)으로 전봉(轉封)되었다. 형남(荊南)은 고계흥 일족이 지배했던 형주 일대에 설치된 절도사(節度使) 혹은 번진(藩鎭) 명칭이었다. 사서나 개설서에는 남평과 형남이 국호로 함께 사용된다. 남평(형남)은 10국 가운데 유일하게 지명을 딴 국호이며 2자의 국호이다(남한(南漢), 북한(北漢), 남당(南唐), 전촉(前蜀), 후촉(後蜀)의 본래 국호는 한(漢), 당(唐), 촉(蜀)이었으나 비슷한 시기 같은 국호를 사용한 나라가 많아 '남(南)', '북(北)', '전(前)', '후(後)'를

봉호가 고씨와 관련이 있음을 시사한다. 그리고 이는 발해에 적용될 수 있었고, 이 경우 최소한 조영(祚榮)이 고씨이어야 한다. 조영(祚榮)이 고구려의 군주씨족이 아니어도 5부(五部) 이외의 성이 없는 백성이라는 조건[49]만 충족시키면 충분하였다. 현존하는 기록에서 고구려 백성인 조영(祚榮)이 고구려의 핵심 지배층인 5부에 속했다는 기록이 없으므로 이 조건을 충족한다고 볼 수 있다.

다음으로 본적지봉호에 해당하는 국호를 채택할 뻔한 조선(朝鮮)의 예를 살펴보자. 태조 이성계는 '조선'과 자신의 본적지 지명인 '화령(和寧)'이라는 두 개의 국호를 명(明)에 보내 태조(太祖) 주원장(朱元璋)에게 하나를 선택해 줄 것을 요청하였다. 이에 명이 '조선'으로 정하여 이성계는 이를 국호로 사용하게 되었다.[50] 이는 조선 초에도 책봉 봉호의 지명, 즉 국호에 창업군주의 본적지 지명(和寧)을 사용했다는 관행을 알고 있었음을 뜻한다. 따라서 당대 중국인들이 조영이 옛 고구려 백성이라고 간주하여 고구려의 '고'자를 따서 기계적으로 고씨로 표기했다면, 조영에게 발해군왕이라는 칭호를 내린 것은 본적지봉호를 확대하여 적용한 것이며('연고지봉작'), 관행에도 맞는 작명이었다.

고구려라는 국호를 꺼려하여 '고구려'를 언급하지 않으면서도 우회적으로 고구려를 연상시키는 '발해'라는 단어를 선택했다는 필자의 추론은 베트남의 완조(阮朝)와 청(淸)의 국호 협상에서도 찾아볼 수 있다. 완복영(阮福映, Nguyen Phuc Anh)은 청에 사신을 파견하여 '남월(南越)'이라는 국호를 승인해 줄 것을 요구하였다. 남월은 창업군주 조타(趙佗)가 황제

붙여 구별한 것이다).

49 『翰苑』 卷30 「蕃夷・高麗條」, "內部姓高, 卽王族也. 高麗稱無姓者, 皆內部也.".

50 『太祖實錄』 卷2 太祖元年十一月二十七日(甲辰)條; 十一月二十九日(丙午)條; 太祖二年二月十五日(庚寅)條.

(皇帝)를 자칭하며 전한(前漢)의 신하가 되는 것을 거부했던 나라였다. 따라서 왕조의 국호로 황제국을 자칭했던 남월을 국호로 사용하도록 허용하는 것은 황제 혹은 천자(天子)는 오직 1인만이 존재한다는 중국 고유의 중화사상 혹은 천하관(天下觀)을 스스로 부정하는 모순이다. 게다가 세상의 유일한 지배자인 중국 황제를 부정하는 것이었다. 청은 이런 이유 때문에 거부하였고 대신 절충안으로 '남(南)'과 '월(越)'의 순서를 바꾼 '월남(越南)'이란 대안을 제시하였다. 베트남어에서는 수식어가 명사 뒤에도 붙기 때문에 '월남(越南)'도 '남월(南越)'처럼 '남쪽의 월(越)'이라는 뜻을 가졌다. 뜻의 차이가 없었기 때문에 완복영은 이를 수락하였다. 그후 베트남의 국호는 월남으로 정해졌고 완복영은 월남국왕(越南國王)에 봉해졌다.[51] 청의 입장에서는 '남월'이란 국호를 지우려고 한 조치이지만, 베트남의 입장에서는 '월남' 역시 '남월'을 상기시키는 국호였다. 외형상 청의 주장이 관철되었지만, 실질적으로는 베트남의 주장이 인정된 것이다. 이 일화에서 청이 '남월'이라는 국호를 꺼렸던 것은 당이 묘지명에서 '고려(고구려)'라는 표기를 기피했던 사실과 일치한다.[52] 또 '고구려'를 기피하여 고구려를 연상시키는 '발해'라는 국호로 바꿨다는 필자의 추론을 지지하는 예이다.

필자의 추론대로 당은 조영(祚榮)이 세운 나라를 '발해'라고 불러 고구려라는 단어를 피하거나 지울 수 있었다. 그리고 각자의 정치・외교적 상황에 부합하는 국호를 사용하였다. 당조의 입장에서 대외적으로 조영(祚榮)이 세운 국가를 '발해'로 불러 '고구려'와의 관계를 단절시키는 효

51 劉仁善, 「中越關係와 朝貢制度-實像과 虛像-」, 『歷史學報』 114, 1987, 101쪽.

52 崔珍烈, 「唐人들이 인정한 高句麗人의 正體性-唐代 墓誌銘에 보이는 高句麗의 別稱(朝鮮・三韓・扶餘) 分析을 중심으로-」, 209-255쪽; 同氏, 「唐代 高句麗 표기 기피현상-隋唐 墓誌銘의 國名 표기 분석을 중심으로-」, 211-253쪽.

과가 있었다. 그러나 조영(祚榮)의 후손들은 자신의 나라를 '고구려'라고 생각하였다. 발해 무왕이 727년에 일본에 처음으로 사신을 보내면서 "고구려의 옛 땅을 회복하였고 부여의 유속(遺俗)을 지녔다."라고 말했다. 또 문왕은 일본에 보낸 외교 문서에서 스스로를 고려국왕(高麗國王)이라 칭하였다.[53] 이는 기존의 견해처럼 발해의 군주가 고구려 계승의식을 지닌 것이 아니라 고구려의 군주임을 대외에 천명한 것으로 해석하는 것이 자연스럽다.[54] 또 일본도 발해의 사신을 발해사(渤海使)가 아닌 고려사(高麗使)로, 발해국(渤海國)을 고려국(高麗國)으로 표기하였다. 『속일본기(續日本紀)』 권22 순인천황(淳仁天皇) 천평보우삼년(759)정월조(天平寶宇三年正月條)의 기록을 보자.

> "고려국사(高麗國使) 양승경(楊承慶) 등이 방물(方物)을 공물로 바쳤다. 상주문에서는 '고려국왕 대흠무(大欽茂)는, …(중략)…'이라고 하였다."[55]

위의 인용문에서 발해의 사신을 고려국사(高麗國使), 즉 고구려의 사신

53 이 문제는 白鳥庫吉, 「渤海國に就いて」, 『白鳥庫吉全集』 第五卷(塞外民族史硏究下), 東京: 岩波書店, 1970, 506-507쪽; 三上次男, 「金室完顔氏の始祖說話について」, 『金史硏究』 3, 東京: 中央公論美術出版社, 1973, 22-23쪽; 盧泰敦, 「對日本國書에 云謂한 高麗舊記에 대하여」, 邊太燮博士 華甲紀念 史學論叢刊行委員會 編, 『邊太燮博士華甲記念史學論叢』, 三英社, 1985; 同氏, 「渤海國의 住民構成과 渤海人의 族源」, 『한국고대의 국가와 사회』, 역사학회, 1985; 宋基豪, 『渤海政治史硏究』, 一潮閣, 1995, 116-119쪽; 石井正敏, 「日本・渤海交涉と渤海高句麗繼承國意識」, 『日韓渤海關係史の硏究』, 東京: 吉川弘文館, 2001, 415-516쪽; 赤羽目匡由, 「八世紀における渤海の高句麗繼承意識を巡って-日本に對する高句麗繼承意識主張の一解釋-」, 『渤海王國の政治と社會』, 京都: 吉川弘文館, 2011, 233-241 및 242-244쪽.

54 朴時亨, 朴鐘鳴 譯, 「渤海史硏究のために」, 旗田巍・井上秀雄 編, 『古代朝鮮の基本問題」, 東京: 學生社, 1974, 155쪽; 盧泰敦, 「對日本國書에 云謂한 高麗舊記에 대하여」, 邊太燮博士華甲紀念 史學論叢刊行委員會 編, 『邊太燮博士華甲記念史學論叢』, 三英社, 1985.

55 『續日本紀』 卷22 淳仁天皇 天平寶宇三年(759)正月條, "高麗國使楊承慶等貢方物, 奏曰: 「高麗國王大欽茂, ……」"

이라고 표기하였다. 그리고 문왕(文王) 대흠무(大欽茂)를 고려국왕(高麗國王), 즉 고구려왕이라고 표기하였다.

『속일본기』 권22 순인천황 천평보우삼년이월조(天平寶宇三年二月條)에서도 같은 표기가 보인다.

> "고려국왕(高麗國王)에 하사하는 문서에서 '천황(天皇)은 고려국왕에게 삼가 묻노니'라고 하였다."[56]

위의 인용문에서도 '발해 문왕'을 고려국왕, 즉 고구려왕이라고 표기하였다. 일본 평성경(平城京)에서 출토된 목간에서도 "의견고려사회래천평보우이년십월입팔일진이계서(依遣高麗使廻來天平寶宇二年十月廿八日進二階敍)"[57]라고 하였다.[58] 천평보우(天平寶宇) 7년(763)의 악구궐실병출납장(樂具闕失幷出納帳)에 보이는 '고려객인(高麗客人)'[59]에서도 발해 사신과 발해인을 '고려사(高麗使)' 혹은 '고려객인'[60]으로 표기했음을 알 수 있다.[61] 또 일본 내량(奈良) 시대 평성경에서 출토된 "맥인(貊人)에게 쌀 1승을 주다(貊人給米一升)"[62]이란 목간(木簡)에서 맥인(貊人)이 등장

---

56 『續日本紀』 卷22 淳仁天皇 天平寶宇三年(759)二月條, "賜高麗國王書曰: 「天皇敬問高麗國王」."

57 『譯註 韓國古代金石文』 제3권 新羅2·渤海 篇, 駕洛國史蹟開發硏究院, 1992, 495쪽.

58 '견고려사(遣高麗使)'로 기록한 목간은 井上光貞, 「最近出土した平城京の木簡」, 『古代史研究の世界』, 東京: 吉川弘文館, 1975, 190-191쪽; 野村忠夫, 「平城宮跡の木簡と官人の考選」, 『日本歷史』 240, 1968, 10-11쪽.

59 『大日本古文書』 卷16 天平寶宇七年正月卄四日付「樂具闕失并出納帳」, "□麗客人禮佛會破損如件."

60 石井正敏, 「日唐交通と渤海」, 『日韓渤海關係史の研究』, 東京: 吉川弘文館, 2001, 535쪽.

61 송성호, 「발해의 건국」, 류영심 편, 『발해사연구론문집』 2, 평양: 과학백과사전종합출판사, 1997, 22-23쪽; 李成珪, 「고대 동아시아 교류의 열림[開]과 닫힘[塞]」, 한림대학교 아시아문화연구소, 『동아시아 경제문화 네트워크』, 태학사, 2007, 162쪽.

62 石川縣立歷史博物館, 『波濤をこえて-古代・中世の東アジア交流-』, 金澤: 石川県立歷史博物

하였다. 이는 일본에서 8세기에 발해 사신을 맥인, 즉 고구려인으로 칭했음을 보여준다. 이는 797년에 발해를 맥종(貊種)이라 규정했던 기록[63]과 함께 발해를 고구려와 동일시한 증거이다.[64]

또 티벳어 문헌에 따르면, 8세기 중엽에 발해는 Ke'u-li(高麗)라고 불렸다.[65] 또 돈황문서(敦煌文書)(분류번호 1283)에도 고려(고구려)라는 표기가 보인다.

> "그의 동방을 보면 Drug인(투르크 계통의 사람을 지칭)들이 Mug-lig, 중국인들이 Kéu-li라고 부르는 나라가 있다."[66]

위의 인용문에서 양자 모두 고려, 즉 고구려를 지칭한다고 한다. 즉 Mug-lig는 돌궐비문(突厥碑文)에서 고구려를 Bökli(맥국(貊國) 혹은 맥구려(貊句麗)의 뜻)라고 칭한 것과 상통한다고 한다.[67] 발해의 군주 스스로 고구려와 동일시하였고, 중앙아시아 사람들과 북아시아 유목민들이 발해를 고구려라고 인정한 것은 발해가 고구려를 계승했다는 의식을 가진 것이 아니라 자신의 나라가 고구려였음을 밝히는 또 다른 증거이다.

館, 1996, 75쪽, 「貊人給米一升」.

63 宋基豪, 『渤海政治史硏究』, 145-146쪽.

64 宋基豪, 「六頂山 古墳群과 건국집단」, 『발해 사회문화사 연구』, 서울대학교출판문화원, 2011, 42쪽.

65 森安孝夫, 「チベット語史料中に現れる北方民族」, 『アジア・アフリカ言語文化研究』 14, 1977, 19쪽; 同氏, 「渤海から契丹へ」, 井上光貞・西嶋定生・甘粕健・武田幸男 編, 『東アジア世界における日本古代史講座』 7, 學生社, 1982, 74쪽; 同氏, 『シルクロードと唐帝國』, 講談社, 2007, 319-326쪽.

66 盧泰敦, 「高句麗・渤海人과 內陸아시아인과의 交涉에 관한 一考察」, 『고구려사 연구』, 사계절출판사, 1999(原載 『大同文化硏究』 23, 1989), 盧泰敦, 위의 글. 529쪽에서 재인용.

67 盧泰敦, 「高句麗・渤海人과 內陸아시아인과의 交涉에 관한 一考察」, 527-539쪽.

일본과 중앙아시아, 티벳뿐만 아니라 심지어 당의 뒤를 이은 무주(武周)68 시대에도 발해를 고구려와 동일시하였다. 『당회요』 권100 「잡록(雜錄)」 성력삼년삼월육일조(聖歷三年三月六日條)에도 '고려(고구려)'가 보인다. 아래의 문장을 보자.

> "성력(聖歷) 3년 삼월 육일(700. 3. 30) 다음과 같은 조칙을 내렸다: 「동쪽으로 고려국(高麗國), 남쪽으로 진랍국(真臘國), 서쪽으로 페르시아(波斯), 토번(吐蕃), 견곤도독부(堅昆都督府), 북쪽으로 거란(契丹), 돌궐(突厥), 말갈(靺鞨)에 각각 이르기까지 모두 번(番)에 편입시키고 이밖의 지역은 절역(絕域)으로 삼는다. 그 나라의 사신들에게 각자 식(式)에 따라 료(料)를 준다.」"69

위의 인용문은 『백씨육첩사류집(白氏六帖事類集)』에도 같은 문장이 보인다.70 위의 인용문은 무주(당)의 주변국을 번(番) 혹은 번역(蕃域)과 절역(絶域)으로 나누고 있다. 그리고 번(번역)과 절역의 경계가 되는 나라를 동쪽의 고려(고구려), 남쪽의 진랍, 서쪽의 페르시아, 토번, 견곤도독부, 북쪽의 거란, 돌궐, 말갈로 획정하였다. 이 나라까지는 번(번역)이고, 이밖의 나라(지역)은 절역이라는 뜻이다. 그런데 여기에서 고려(고구려)의 존재에 주목하자. 위의 인용문, 즉 조칙이 반포된 날은 서기 700년 3월 30일

68 무측천(武則天)이 690년 예종(睿宗)으로부터 황제의 자리를 넘겨받아 705년 장간지(張柬之)의 쿠데타로 황제의 자리를 아들 중종(中宗)에게 물려주기 까지 세웠던 나라. 현재 학계에는 무측천이 세웠던 주(周)의 존재를 무시하고 당의 역사로 간주한다.

69 『唐會要』 卷100 「雜錄」 聖歷三年三月六日條, 2136쪽, "聖歷三年三月六日勅: 「東至高麗國, 南至真臘國, 西至波斯吐蕃及堅昆都督府, 北至契丹突厥靺鞨, 並為入番, 以外為絕域, 其使應給料各依式.」"

70 金子修一, 「唐代册封制一斑-周邊民族における「王」號と「國王」號-」, 177쪽에서 재인용. 금자수일(金子修一)의 인용문에서는 본문의 '番(번)'을 '蕃(번)'으로 표기하였다.

이다. 이때는 고구려가 망한 지 32년이 지난 뒤였다. 따라서 '고려' 2자는 오류나 연자(衍字, 무의미하게 추가된 글자)로 간주할 수 있다. 그러나 돌궐의 존재 역시 주목된다. 돌궐은 630년에 당에 멸망되었으나, 골돌록(骨咄祿)이 682년 무렵 독립하여 영순(永淳) 2년(683) 당의 울주(蔚州) 등 북쪽 변경을 침입하였다.[71] 이때의 돌궐을 돌궐 제2제국(突厥第二帝國)이라고 한다. 따라서 위에서 언급된 나라나 지역은 '고려'를 제외하면 700년에 실제로 존재했던 나라나 행정구역(견곤도독부)이다. 그런데 왜 이미 망한지 30년이 지난 '고려'만 언급했을까?

4장에서 살펴본 것처럼 『당회요』는 당시의 원사료를 그대로 수록했기 때문에 사료적 가치가 높다.[72] 위의 인용문이 700년 당시의 상황을 그대로 기록한 것이라면, 이미 망한 '고려(고구려)'는 다른 나라를 가리킨다. 그리고 700년은 조영이 자신의 나라를 세운 지 2년 남짓 지난 시기였음을 상기하자. 4장에서 살펴본 것처럼 『당회요』 권96 발해조에서도 발해는 본래 고려 별종(高麗別種)이라고 기록하였다.[73] 이처럼 발해를 고려(고구려)와 관련이 있는 것으로 기록한 것으로 보아 같은 책인 『당회요』의 인용문에 보이는 '고려', 즉 고구려는 조영이 세운 나라를 지칭했을 가능성이 크다. 4장에서 살펴본 것처럼 『당회요』, 『오대회요』, 『책부원귀』 등 원사료를 보존한 문헌에서 조영 부자를 고려종(高麗種) 혹은 고려 별종으로 표기했기 때문에 조영이 건국한 초기에 조영의 나라를 고려(고구려)와 동일시했을 것이다.

71 『舊唐書』 卷194上 「突厥傳」上, 骨咄祿條, 5167-5168쪽.

72 『四庫全書總目提要』 「史部」37 政書類1 唐會要條, 428왼쪽; 金毓黻, 『中國史學史』, 170-173쪽; 高國抗 지음, 오상훈·이개석·조병한 옮김, 『중국사학사』, 48-50쪽; 董興艷, 『≪唐會要≫ 研究』, 98-114쪽.

73 『唐會要』 卷96 渤海條, 2042쪽, "渤海靺鞨, 本高麗別種, 後徙居營州. 其王姓大氏, 名祚榮. 先天中, 封渤海郡王."

이처럼 발해를 '고려(고구려)'로 지칭한 예는 도관칠국육판은합(都管七國六瓣銀盒)의 명문에서도 살펴볼 수 있다.

1979년 중국 서안시(西安市) 교통대학(交通大學)에서 발견된 도관칠국육판은합은 꽃무늬의 권족(圈足)과 당초문(唐草文) 등의 장식양식으로 보아 당후기 혹은 9세기 중후반으로 비정된다.[74] '도관칠국(都管七國)'은 중국 황제가 7개 국가를 모두 지배한다는 뜻이다. 7개 국가는 곤륜왕국(崑崙王國), 오만인(烏蠻人), 파라문국(婆羅門國), 토번국(土番國), 소륵국(疎勒國), 고려국(高麗國), 백탁□국(白拓□國)이다. 판독이 불가능한 백탁□국을 제외하면, 곤륭왕국은 임읍(林邑) 혹은 남해 제국(南海諸國), 오만인은 남조(南朝), 파라문국은 천축(인도), 토번국은 토번(吐蕃), 소륵국은 중앙아시아의 도시국가인 소륵(疏勒)의 별칭으로 비정된다. '고려국'은 신라,[75] 혹은 고구려[76]로 비정되기도 하지만 발해로 보는 설[77]이 유력하다. 도관칠국육판은합에서 발해를 고려로 호칭한 것은 당에 온 발해사(渤海使)가 고려라고 칭하고 발해에 파견된 당의 사신이 발해 국내에서 고려라고 칭하는 것을 듣고 와서 당에서도 고려를 발해의 별칭으로 파악했던 관행을 수용한 것으로 해석된다.[78] 당의 관문서나 공식 문서는 아니지만

74 張達宏・王長啓,「西安市文管會收藏的幾件珍貴文物」,『考古與文物』1984-4, 1984; 田中一美,「都管七箇國の圖像とその用途」,『佛教藝術』210, 1993.

75 田中一美,「都管七箇國の圖像とその用途」, 20쪽.

76 李成市,「法隆寺金堂阿彌陀如來坐像臺座から發見された人物畵像の出自をめぐって」,『アジアにおける國際交流と地域文化』, 平城四・五年度文部省科學硏究費報告書, 1994, 2쪽.

77 西谷正,「唐・章懷太子李賢墓の禮賓圖をめぐって」,『児嶋隆人先生喜壽記念論集古文化論叢』, 児嶋隆人先生喜壽記念事業會, 1991, 780쪽; 鈴木靖民,「渤海の國家構造」,『月刊しにか』9-9, 1998, 14쪽; 同氏,「渤海國家の構造と特質」,『朝鮮學報』170, 1999, 6-7쪽; 赤羽目匡由,「出土遺物からみた唐後期の渤海認識に關する一試論-都管七國六瓣銀盒銘文の考察を通して-」,『渤海王國の政治と社會』, 京都: 吉川弘文館, 2011, 279-284쪽.

78 赤羽目匡由,「出土遺物からみた唐後期の渤海認識に關する一試論-都管七國六瓣銀盒銘文の

당 황제를 찬양하고 당대 중국의 천하관을 반영하는 도관칠국육판은합에서 발해를 고려, 즉 고구려로 칭한 것은 당대에도 양자를 동일시하는 시각이 있었음을 보여준다. 그리고 돌궐, 티벳, 중앙아시아에서 발해를 고구려로 칭했던 관행과 일치한다.

당말 신라인의 도움으로 중국을 여행한 원인(圓仁)은『입당구법순례행기(入唐求法巡禮行記)』에서 장보고가 세운 적산원(赤山院)에서 신라의 나이 든 스님에서 들은 추석의 유래를 기록하였다. 추석은 신라가 발해와 싸워 승리한 것을 기념했다고 한다.[79] 원문에 언급된 '발해' 가운데 앞의 두 '발해'는 고구려를, 세 번재 '발해'는 실재 발해를 지칭한다. 고구려를 발해로 지칭한 것은 당시 신라인들이 고구려와 발해를 동일시했기 때문일 것이다.[80]

이러한 필자의 추론을 뒷받침하는 직접적인 사료가 없으므로 사실 여부에 이의를 제기할 수도 있다. 한 중국학자도 필자와 비슷한 주장을 개진하였다.

> "당조(唐朝)가 대조영(大祚榮)을 발해군왕(渤海郡王)으로 책봉한 것은 정확히 발해고씨(渤海高氏)가 발해(渤海)의 군망(郡望)과 관련 있기 때문이다. 그러나 이는 다만 당조의 정략(政略)일 뿐이고, 그 목적은 발해고씨와 발해의 군망(郡望)을 이용하여 대외적으로 대조영의 정권과 고구려

考察を通して-」, 281-284쪽.

79『入唐求法巡禮行記』卷2 開成四年八月條, "十五日, 寺家設餺飩餅食等, 作八月十五日之節. 斯節諸國未有, 唯新羅國獨有此節. 老僧等語云, 新羅國, 昔與渤海相戰之時, 以是日淂勝矣. 仍作節, 樂而喜儛, 永代相續不息. 設百種飲食, 歌儛管絃, 以晝續夜, 三箇日便休. 今此山院, 追慕鄉國, 今日作節, 其渤海爲新羅罰, 纔有一千人, 向北逃去. 向後却來, 依舊為國. 今喚渤海國之者是也."

80 송기호,「발해의 고구려 계승성 補論」, 309쪽.

사이의 관계를 단절함을 선전하는 데에 있었다. 당조가 진정으로 관심을 가진 것은 대조영이 고구려인이냐 말갈인이냐에 있었던 것이 아니라 대조영의 정권이 다시 고구려처럼 당의 천하질서(天下秩序)에 위협이 되느냐의 여부였다."[81]

위의 인용문처럼 당은 '발해'라는 국호를 통해 조영(祚榮) 측을 독립국가로 인정하여 만족시키고 대내외적으로 고구려와 조영(祚榮)의 국가의 관계를 단절시키는 데 성공하였다.

81 馬一虹, 「唐封大祚榮"渤海郡王"號考」, 65왼쪽.

보론(補論)

조영(祚榮)의 종족(種族)과 고구려(高句麗)

10장 3절에서 설명한 필자의 추론에는 전제가 있다. 조영(祚榮)이 혈통상 고구려인이거나 고구려의 백성(속민(屬民), 혹은 국민)이어야 한다.

조영(祚榮)의 종족(種族), 즉 종족의 근원에 대해 『구당서』와 『신당서』의 기록이 엇갈린다. 『구당서』와 『신당서』는 발해의 창업군주인 조영(祚榮)의 종족(種族)을 달리 기술하였다. 『구당서』에서는 조영을 고려(고구려) 별종(別種)으로 보지만,[1] 『신당서』에서는 고구려에 부속(附屬)한 속말말갈(粟末靺鞨)로 보았다.[2] 2부 4장에서 살펴본 것처럼 5대 10국시대 편찬한 『구당서』와 북송시대 편찬한 『당회요』, 『오대회요』, 『책부원귀』는 관문서를 비롯한 원사료를 거의 그대로 수록했기 때문에 당대(唐代) 혹은 5대 10국시대 관문서를 통해 당시의 정치·외교관을 알 수 있는 자료이다. 『신오대사』「발해전」은 『오대회요』「발해조(渤海條)」 기사와 유사하

1 『舊唐書』 卷199下 「北狄 · 渤海靺鞨」, 5360쪽, "渤海靺鞨大祚榮者, 本高麗別種也. 高麗既滅, 祚榮率家屬徙居營州."

2 『新唐書』 卷219 「北狄 · 渤海傳」, 6179쪽, "渤海, 本粟末靺鞨附高麗者, 姓大氏."

다. 반면 가장 늦게 편찬되었고 첨삭이 있는 『신당서』「발해전」만 조영(祚榮)의 본적을 고려 별종(高麗別種)이 아닌 속말말갈로 표기하였다. 이는 모종의 의도가 있었음은 짐작하기 어렵지 않다. 『신당서』「발해전」에서 고구려를 배제하고 고구려와 발해의 관계를 단절하려는 서술 태도[3]도 이를 뒷받침한다.

역사 연구에는 원시사료를 간직한 『구당서』가 가공한 사료인 『신당서』보다 사료적 사치가 높다. 이러한 배경을 바탕으로 하면 『구당서』에 기록된 조영의 배경이 정확할 가능성이 크다. 이 경우 '별종(別種)'의 해석이 문제가 된다. 사서에서 '별종'은 다른 종족(種族)의 뜻이 아니라 군주씨족과 다른 혈통이라는 뜻으로 사용된 예가 많기 때문에 '고려 별종'이라는 단어를 고구려인과 다른 혈통으로 해석할 수 없다. 오히려 고구려 군주와 다른 혈통으로 해석하는 것이 자연스럽다. 이는 『오대회요』에서 걸사비우(乞四比羽)를 말갈반인(靺鞨反人), 『신오대사』에서 말갈추장(靺鞨酋長)으로 기록한 데 비해 걸걸중상(乞乞仲象)을 고려 별종으로 기록한 예[4]에서 그 근거를 찾아볼 수 있다. 그렇다면 조영(祚榮)은 혈통상 고구려인이라고 볼 수 있다. 따라서 고구려인인 조영(祚榮)은 성(姓)이 없었다면 내부(內部, 고구려 계루부의 별칭)에 속하였을 것이고 따라서 내부(內部)의 성인 고씨(高氏)를 성으로 사용했을 것이다.[5] 따라서 조영

3 崔珍烈, 唐代 高句麗 표기 기피현상-隋唐 墓誌銘의 國名 표기 분석을 중심으로-」, 211-257쪽.

4 『五代會要』 卷30 渤海條, 473쪽, "有高麗別種大舍利乞乞仲象, 與靺鞨反人乞四比羽走保遼東, 分王高麗故地."; 『新五代史』 卷74 「四夷附錄第三 · 渤海傳」, 919-920쪽, "武后時, 契丹攻北邊, 高麗別種大乞乞仲象與靺鞨酋長乞四比羽走遼東, 分王高麗故地, 武后遣將擊殺乞四比羽, 而乞乞仲象亦病死. 仲象子祚榮立, 因并有比羽之衆, 其衆四十萬人, 據挹婁, 臣于唐."

5 『翰苑』 卷30 「蕃夷 · 高麗條」, "五部皆貴人之族也. 一日內部. 卽後漢書桂婁部, 一名黃部. 二日北部. 卽絕奴部, 一名後部, 一名黑部. 三日東部. 卽順奴部, 一名左部, 一名上部, 一名靑部. 四日南部. 卽灌奴部, 一名前部, 一名狄部. 五日西部. 卽消奴部, 一名右部, 一名下部, 一名百部. 其北部如燕. 內部姓高, 卽王族也. 高麗稱無姓者, 皆內部也."

(祚榮)이 새 나라를 건국했을 때 당 왕조는 고구려라는 국명과 고씨라는 성을 사용하지 않지만 이를 연상시키는 다른 단어로 대체했을 것이다. '고(高)'는 '대(大)'와 같은 뜻이었으므로 조영(祚榮)의 성(姓)을 '고'대신 '대'로 표기했을 것이다. 국명 역시 앞에서 살펴본 것처럼 고씨를 연상시키는 '발해'로 대체했을 것이다. 즉 "고구려 → 고구려인 → 고씨 → 발해고씨 → 발해"라는 논리구조에서 고씨(高氏)를 중심으로 도식에서 고구려와 좌우대칭인 발해를 국호로 정하여 고구려를 연상시키지만, 성(姓)을 대씨로 바꾸면 고구려와 발해의 연상관계를 차단할 수 있었다.

그러나 조영(祚榮)이 고구려인의 혈통이 아니라 말갈, 즉 고구려에 부속(附屬)한 속말말갈이라는 『신당서』의 기록이 사실이라고 주장하며 필자의 주장에 반론을 제기할 수 있다. 만약 조영(祚榮)의 혈통이 고구려인이 아닌 말갈인이라고 가정해 보자. 이 경우에도 두 가지 가능성이 있다. 첫째, 말갈인이 고구려인과 같은 혈통이라는 주장이다. 즉, 『삼국사기』에 말갈의 활동 범위는 고구려의 영역인 지역이나 고구려와 인접한 백제·신라의 접경 지역, 혹은 고구려와 접경하지 않은 신라·백제의 변방이었다. 시기적으로 중국 사서에 563년 이전에 나타나지 않지만, 삼국사기에는 기원전 37년부터 나타났다. 이미 조선후기에 정약용은 『삼국사기』에 참말갈(眞靺鞨)과 거짓말갈(僞靺鞨)이 있다고 주장하였다. 따라서 『삼국사기』 등에 보이는 말갈은 고구려·백제·신라의 변방 주민에 대한 비칭이자 범칭이었다.[6] 이 경우 조영(祚榮)이 말갈로 칭해지더라도 사실상 고구려인이므로 고구려와의 계승성이 인정되며, "고구려 → 고구려 백성 → 고씨 → 발해고씨 → 발해"의 논리 구조를 통해 발해 국호를 선택한

6 韓圭哲, 「발해의 건국 주체와 국가의 성격」, 동북아역사재단 편, 『발해의 역사와 문화』, 동북아역사재단, 2007, 50-51쪽.

이유가 설명된다.

둘째, 위의 주장과는 달리 조영(祚榮)이 고구려인과 혈통이 다른 말갈인일 가능성이다. 이 경우를 살펴보기 위해 말갈인의 성 표기를 살펴보자. 『신당서』「이근행전」에 따르면, 돌지계(突地稽)는 수말에 무리를 이끌고 수(隋)의 영주(營州)로 이주하였다. 그리고 당 태종 정관 년간 초기에 이씨(李氏)로 사성(賜姓)되었다.[7] 돌지계는 『수서』「말갈전」에는 도지계(度地稽)로 표기되었다.[8] 이는 突地稽(돌지계)의 '突(돌)'이 성(姓)이 아님을 반증한다. '突(돌)'이 성이라면 『수서』와 『신당서』가 다른 한자로 표기할 리 없기 때문이다. 따라서 돌지계에 대한 사성(賜姓)은 돌지계 일가 및 휘하 집단의 말갈인에게 본래 중국식 성이 없었다는 뜻으로 해석할 수 있다. 무덕(武德) 5년(622)에 흑수말갈(黑水靺鞨)의 우두머리 아고랑(阿固郞)이 당 조정에 내조(來朝)했다는 기사[9]에서 아고랑의 성(姓)이 있다고 볼 수 없다. 일반적으로 북아시아와 만주에 있던 집단들의 성은 2자 이상의 성 혹은 명칭이 일반적이기 때문에 1자인 '아(阿)'가 성이라기보다 아고랑 자체가 이름으로 보이기 때문이다. 『구당서』「말갈전」에서도 당이 개원(開元) 13년(725)에 흑수말갈의 땅에 흑수군(黑水軍)을 설치하고 가장 큰 부(部)에 흑수부(黑水府)를 설치한 후 그 수령(首領)을 도독(都督)에 임명하였다. 개원 16년(728)에 흑수부의 도독에게 이씨(李氏)라는 성과 헌성(獻誠)이란 이름을 하사하였다.[10] 흑수부 도독의 원래 성과

7 『新唐書』 卷110 「諸夷蕃將 · 李謹行傳」, 4122-4123쪽, "李謹行, 靺鞨人. 父突地稽, 部酋長也. 隋末, 率其屬千餘內附, 居營州, 授金紫光祿大夫·遼西太守. 貞觀初, 進右衛將軍, 賜氏李, 卒."

8 『隋書 卷81 「東夷 · 靺鞨傳」, 1822쪽, "煬帝初與高麗戰, 頻敗其衆, 渠帥度地稽率其部來降. 拜為右光祿大夫, 居之柳城, 與邊人來往."

9 『新唐書』 卷219 「北狄 · 黑水靺鞨傳」, 6178쪽, "武德五年, 渠長阿固郞始來."

10 『舊唐書』 卷199下 「北狄 · 靺鞨傳」, 5359쪽, "開元十三年, 安東都護薛泰請於黑水靺鞨內置黑水軍. 續更以最大部落為黑水府, 仍以其首領為都督, 諸部刺史隸屬焉. 中國置長史, 就其部落監

이름이 등장하지 않기 때문에 단정할 수 없지만, 특히 당의 사성(賜姓)을 보면 원래 성이 없었을 가능성이 크다.

물론 조영(祚榮)과 관련된 인물들은 성(姓)을 가지고 있는 것처럼 해석될 수도 있다. 조영(祚榮)과 동일인이거나 조영(祚榮)의 아버지라고도 하는 사리걸걸중상(舍利乞乞仲象)과 말갈의 추장 걸사비우의 이름을 보면[11] '사리(舍利)' 혹은 '사리걸걸(舍利乞乞)'과 '걸사(乞四)'가 성처럼 보일 수 있다. 그러나 발해 지배층의 성에 사리(舍利) 혹은 사리걸걸(舍利乞乞), 걸사가 보이지 않기 때문에[12] 성으로 단정하기 어렵다. 걸사비우가 도중에 전사했지만, 조영(祚榮)과 함께 발해 건국의 한 축이었다면 그의 후손 혹은 친척이 지배층에 편입되지 않은 것이 이상하다.[13] 만약 걸사비우 일족이 발해 지배층에 편입되었다면 발해 지배층에 '걸사(乞四)'라는 성이 보이지 않는 것은 '걸사'가 원래 성이 아니거나 중국식의 1자 성으로 바뀌었기 때문일 것이다. 후자의 경우, 즉 '걸사'가 1자 성으로 바뀌었다면 그 변동 사항은 각종 문헌에 기록되지 않았다. 사리(舍利) 혹은 사리걸걸(舍利乞乞), 걸걸(乞乞)도 마찬가지이다. 요컨대 발해 건국 이전에는 대부분의 말갈인들에게 성이 없었다고 봐도 좋을 것이다.

領之. 十六年, 其都督賜姓李氏, 名獻誠, 授雲麾將軍兼黑水經略使, 仍以幽州都督為其押使, 自此朝貢不絕."

11 『新唐書』 卷219 「北狄 · 渤海傳」, 6179쪽, "萬歲通天中, 契丹盡忠殺營州都督趙翽反, 有舍利乞乞仲象者, 與靺鞨酋乞四比羽及高麗餘種東走, 度遼水, 保太白山之東北, 阻奧婁河, 樹壁自固."

12 渤海 支配層의 성은 한규철, 「발해유민의 부흥운동」, 國史編纂委員會 編, 『韓國史』 10(渤海), 國史編纂委員會, 1991, 84-85쪽; 王成國, 「唐代渤海國姓氏研究」, 『北方論叢』 2005-4(總第192期), 2005, 98왼쪽-100왼쪽 참조.

13 허왕부(許王府)의 존재에 대하여 걸사비우(乞四比羽)가 허국공(許國公)에 봉해진 것으로 보아 걸사비우(乞四比羽)의 후손을 허왕(許王)으로 임명했을 가능성이 제기된다. 또 허왕부(許王府)의 존재는 발해(渤海)가 황제국체제(皇帝國體制)를 지향했던 증거이기도 하다(宋基豪, 『渤海政治史研究』, 186-188쪽).

대부분의 말갈인들에게 성이 없었다고 하더라도 말갈인이 고구려인, 즉 고구려의 백성 혹은 속민(屬民)으로 간주되었다면 고씨로 칭해졌을 가능성이 있다. 수대(隋代) 말갈은 속말부(粟末部)와 백돌부(伯咄部), 안차골부(安車骨部), 불열부(拂涅部), 호실부(號室部), 흑수부(黑水部), 백산부(白山部) 등 7부(部)가 존재하였다.[14] 이 가운데 고구려 멸망 이후 말갈 집단의 동향을 살펴보면 말갈이 고구려의 지배를 받았는지 확인할 수 있다.[15] 예컨대 속말부와 백산부, 백돌부, 안차골부, 호실부 등은 고구려의 지배를 받았거나 강력한 영향권 아래 놓였다. 반면 흑수부와 불열부는 고구려의 지배 밖에 있었다.[16]

또 필자는 고구려가 망한 후 옛 고구려의 영토에 설치한 기미부주(羈縻府州)인 14주(州) 9부(府)의 명칭에 주목하였다. 『신당서(新唐書)』「지리지(地理志)」에 따르면 14주는 남소주(南蘇州)・개모주(蓋牟州)・대나주(大那州)・창암주(倉巖州)・마미주(磨米州)・적리주(積利州)・여산주(黎山州)・연진주(延津州)・목저주(木底州)・안시주(安市州)・제북주(諸北州)・식리주(識利州)・불열주(拂涅州)・배한주(拜漢州)였고, 9부는 신성주도독부(新城州都督府)・요성주도독부(遼城州都督府)・가물주도독부(哥勿州都督府)・위락주도독부(衛樂州都督府)・사리주도독부(舍利州都督府)・거소주도독부(居素州都督府)・월희주도독부(越喜州都督府)

14 『隋書』 卷81 「東夷・靺鞨傳」, 1821쪽, "靺鞨, 在高麗之北, 邑落俱有酋長, 不相總一. 凡有七種: 其一號粟末部, 與高麗相接, 勝兵數千, 多驍武, 每寇高麗中. 其二曰伯咄部, 在粟末之北, 勝兵七千. 其三曰安車骨部, 在伯咄東北. 其四曰拂涅部, 在伯咄東. 其五曰號室部, 在拂涅東. 其六曰黑水部, 在安車骨西北. 其七曰白山部, 在粟末東南. 勝兵並不過三千, 而黑水部尤為勁健."

15 『舊唐書』 卷199下 「北狄・靺鞨傳」, 5359쪽, "其白山部, 素附於高麗, 因收平壤之後, 部衆多入中國. 汨咄·安居骨·號室等部, 亦因高麗破後奔散微弱, 後無聞焉, 縱有遺人, 並為渤海編戶. 唯黑水部全盛, 分為十六部, 部又以南北為稱."

16 盧泰敦, 「渤海의 建國」, 國史編纂委員會 編 『韓國史』 10(渤海), 國史編纂委員會, 1996, 17-18쪽.

·거단주도독부(去旦州都督府)·건안주도독부(建安州都督府)였다.[17] 이 가운데 '불열주(拂涅州)'의 '불열(拂涅)'이 '불열(拂涅)'의 오기(誤記)라면 고구려가 멸망하기 전에 불열부(拂涅部)가 고구려의 지배를 받아 고구려의 영토였기 때문에 고구려 멸망 후에 그 지역에 '불열주', 즉 불열주(拂涅州)가 설치되었다고 볼 수 있다. 또 월희주도독부의 존재에서 월희부도 고구려의 지배를 받았음을 유추할 수 있다.[18] 고구려는 말갈의 유력한 촌락세력을 해당 지역의 대표적인 세력으로 인정하고 이 집단에 여러 촌락을 집단적으로 예속시켜 지배하는 방식을 취하였다. 따라서 고구려가 망한 후 고구려에 의해 편제되었던 말갈 집단의 기존 질서가 와해되었다.[19]

위에서 불열부와 월희부가 고구려의 멸망 후 설치된 기미부주의 하나였으므로 이 두 부(部)를 포함한 일부 말갈 집단은 고구려의 영토 안에서 고구려의 지배를 받았을 것이다. 즉 이에 속하는 말갈인들은 고구려의 속민임을 시사한다. 이러한 증거는 이다조(李多祚)의 묘지명에서 확인된다. 즉 말갈인으로 알려진 이다조의 묘지명과 잔존 사료는 당대(唐代) 중국인들이 일부 말갈인들을 고구려와의 관련성을 알고 있었음을 보여준다.

『구당서』와 『신당서』에는 이다조의 선조를 말갈추장이라고 하였다.[20]

---

17 『新唐書』 卷43下 「地理志」7下 河北道·高麗降戶條, 1128쪽.

18 『수서(隋書)』 「말갈전(靺鞨傳)」에서는 월희부(越喜部)가 보이지 않지만, 『신당서(新唐書)』 「흑수말갈전(黑水靺鞨傳)」에는 흑수말갈(黑水靺鞨) 인근에 불열(拂涅)·우루(虞婁)·철리(鐵利)와 함께 월희부(越喜部)가 있었다고 기록하였다(『新唐書』 卷219 「北狄·黑水靺鞨傳」, 6178-6179쪽, "初, 黑水西北又有思慕部, 益北行十日得郡利部, 東北行十日得窟說部, 亦號屈設, 稍東南行十日得莫曳皆部, 又有拂涅·虞婁·越喜·鐵利等部."). 고구려(高句麗)의 영역 안에 있던 월희주(越喜州)가 당대(唐代) 월희부(越喜部)와 같은 위치인지, 혹은 고구려(高句麗)의 옛 영토에 있던 월희부(越喜部)가 흑룡강(黑龍江) 일대로 이주한 것인지는 알 수 없다. 『신당서(新唐書)』 「발해전(渤海傳)」에 월희(越喜)의 고지(故地)에 회원부(懷遠府)를 설치했다는 기록으로 보아(『新唐書』 卷219 「北狄·渤海傳」, 6182쪽, "越喜故地為懷遠府, 領達·越·懷·紀·富·美·福·邪·芝九州.") 어느 시기부터 발해(渤海)의 지배를 받았음을 알 수 있다.

19 盧泰敦, 「渤海의 建國」, 17-19쪽.

그러나 「이다조묘지명」에서는 그가 개천(蓋川) 사람이며 증조(曾祖)부터 3대에 걸쳐 오몽주도독(烏蒙州都督)을 세습하였다고 기록하였다.[21] 그런데 중국의 고고학 잡지 『고고(考古)』에 소개된 발굴보고서는 '개천(蓋川)'을 '개주(蓋州)'로 해독하였다.[22] 그러나 이 보고서는 오몽주도독(烏蒙州都督)을 "위몽주도독(爲蒙州都督)"[23]으로 오독(誤讀)하여 신빙성이 떨어진다. 발굴보고서를 작성한 장내저(張乃翥)와 장성투(張成渝)는 아래와 같이 말하였다.

> "그러나 묘지(墓誌)에서 이다조(李多祚)의 원적(原籍)이 개주(蓋州)이며, 증조할아버지 눌(訥)과 할아버지 리(利), 아버지 변(辯)이 모두 동이(東夷)의 우두머리를 칭하고 오몽주도독(烏蒙州都督)을 자칭하였음을 알 수 있다. 따라서 『신당서』 열전(列傳)에서는 '그 선조는 말갈추장이며 황두도독(黃頭都督)이라 불렸다.'라고 기록하였다."[24]

20 『舊唐書』 卷109 「李多祚傳」, 3296쪽, "李多祚, 代為靺鞨酋長. 多祚驍勇善射, 意氣感激. 少以軍功歷位右羽林軍大將軍, 前後掌禁兵, 北門宿衛二十餘年."; 『新唐書』 卷110 「諸夷蕃將・李多祚傳」, 4124-4125쪽, "李多祚, 其先靺鞨酋長, 號'黃頭都督', 後入中國, 世系湮遠. 至多祚, 驍勇善射, 以軍功累遷右鷹揚大將軍. 討黑水靺鞨, 誘其渠長, 置酒高會, 因醉斬之, 擊破其紅. 室韋及孫萬榮之叛, 多祚與諸將進討, 以勞改右羽林大將軍, 遂領北門衛兵."

21 「大唐故鎭軍大將軍行右羽林軍大將軍上柱國遼陽郡王食恒州實封八百五十戶封王墓誌銘(李多祚墓誌)」, 『全唐文補遺』 第六輯(吳鋼 主編, 西安: 三秦出版社, 1999), 383아래쪽, "王諱多祚, 蓋川人也. 忠誠久著, 功績遠稱. 列代班師, 封爵所賴. 曾祖訥, 烏蒙州都督. 祖利, 烏蒙州都督. 父辯, 烏蒙州都督, 贈右武衛將軍. 王以神龍三年七月五日薨於長安, 春秋五十有四."; 「大唐故鎭軍大將軍行右羽林軍大將軍上柱國遼陽郡王食恒州實封八百五十戶封王(李多祚)墓誌銘」, 『全唐文新編』 21(周紹良 主編, 長春: 吉林文史出版社, 2000), 14886쪽.

22 보고서의 圖二 墓誌銘文을 보면 '蓋川'임이 확실하다(張乃翥・張成渝, 「洛陽龍門山出土的唐李多祚墓誌」, 78쪽).

23 張乃翥・張成渝, 「洛陽龍門山出土的唐李多祚墓誌」, 77왼쪽.

24 위의 글, 77오른쪽-78왼쪽.

즉 이다조가 말갈인이라는 주장이다. 또 이다조와 돌지계가 동일한 말갈 부락에 속한다고 보았다.[25]

이다조 무덤의 발굴보고서에서 제시한 사진도판을 보면 '蓋川(개천)'임이 명확한데도 보고서 작성자들이 '蓋州(개주)'로 판독한 것은 묘지명 자체의 글자가 오타였다는 가정 때문일 것이다. 이들의 추정이 옳다면 몇 가지 문제가 생긴다. 주지하듯이 '개주(蓋州)'는 고구려의 개모성을 지칭하기 때문이다. 즉 당(唐)의 군대가 정관 19년(645)에 개모성을 점령한 후[26] 개모성을 개주로 이름을 바꾸었다.[27] 따라서 이다조가 '개천(蓋川)'이 아닌 '개주(蓋州)' 사람이라면 당의 군대가 회군할 때 개모성에서 끌려간[28] 고구려인일 가능성이 높기 때문이다. 그러나 이러한 추론은 이다조가 개모성 사람이라고 단정하고 '개천(蓋川)'을 '개주(蓋州)'로 오독(誤讀)했기 때문에 가능하다. 그러나 '개천(蓋川)'의 '천(川)'이 하천이 아닌 평지 혹은 지역을 뜻한다면 위의 추론과 동일한 결론에 도달한다.

당 고종부터 현종 시기까지 활약한 왕경(王慶)의 무덤에서 출토된 「왕경묘지」에 따르면 용삭(龍朔) 년간(661-663) 초 이후 왕경이 고구려 사람들이 요천(遼川)에서 난을 일으키자 이를 토벌하는 군대에 종군하였다고 기록하였다.[29] 고구려의 옛 영토에 대한 지리 지식을 동원하면 여기에서

---

25 위의 글, 78왼쪽.

26 『資治通鑑』 卷197 「唐紀」 13 太宗貞觀十九年條, 6219쪽, "壬子, 李世勣·江夏王道宗攻高麗蓋牟城(胡註: 蓋牟城在遼東城東北, 唐取之, 以其地為蓋州. 大元遼陽府路有蓋州·遼海軍節度, 領建安·湯地·熊岳·秀岩四縣). 丁巳, 車駕至北平. 癸亥, 李世勣等拔蓋牟城, 獲二萬餘口, 糧十餘萬石."

27 『資治通鑑』 卷198 「唐紀」 14 太宗貞觀十九年條, 6223쪽, "己亥, 以蓋牟城為蓋州."

28 『資治通鑑』 卷198 「唐紀」 14 太宗貞觀十九年條, 6230쪽, "凡征高麗, 拔玄菟·橫山·蓋牟·磨米·遼東·白巖·卑沙·麥谷·銀山·後黃十城, 徙遼·蓋·巖三州戶口入中國者七萬人(考異曰: 實錄上云, '徙三州戶口入內地者, 前後七萬人'; 下癸丑詔書云, '獲戶十萬, 口十有八萬'. 蓋并不徙者言之耳). 新城·建安·駐驛三大戰, 斬首四萬餘級, 戰士死者幾二千人, 戰馬死者什七·八."

29 「唐故朝議郎行登州司馬上柱國王府君墓誌銘并序(王慶墓誌)」, 『唐代墓誌彙編』, 開元134, 1249

'요천'은 요수(遼水) 일대의 지역임을 알 수 있다. 즉 고구려와 관련된 지명에서 '川(천)'은 하천이 아닌 평지 혹은 지역의 뜻으로 사용되었다. 또 『구당서』「설인귀전」에서는 설인귀(薛仁貴)가 부여성(扶餘城)을 함락시켰음을 기록하였다. 이어서 "부여천(扶餘川)의 40여 성(城)은 당군(唐軍)의 기세를 두려워하고 떨며 일시에 항복하였다."라고 서술하였다.[30] 이 구절에서 부여천이 주목된다. 문맥상 부여천이 하천의 명칭이 아니므로 부여성 일대의 들판이나 지역을 지칭함을 알 수 있다. 이는 개천(蓋川)이 '개(蓋)'자가 들어가는 지역임을 방증하는 증거이다.

그렇다면 장내저(張乃翥)와 장성투(張成渝)가 '개천(蓋川)'을 '개주(蓋州)'의 오기로 판단한 독법(讀法)을 견강부회라고 부정한다고 하더라도 '개천(蓋川)'이 '개(蓋)'자가 들어가는 지역을 지칭하는 용법임을 알 수 있다. 이와 관련된 고구려 지명 가운데 가장 먼저 떠오르는 것은 '개모성' 혹은 '개마(蓋馬)'이다. 전자의 의미라면 '개천'은 개모성과 그 주변의 여러 성(城)들을 지칭하는 용어였을 것이다. 이다조의 조상들이 오몽주도독에 임명되었던 것으로 보아 개모성(蓋牟城) 부근에 '오몽성(烏蒙城)'이 존재했을 것이며, 당에 귀부한 이후 이다조 조상들의 거주지역이었던 '오몽(烏蒙)'을 따서 오몽주도독이란 관직이 주어졌을 것이다. 즉 이다조의 선조들은 개모성 일대에 살다가 정관 19년(645) 개모성 함락 후 혹은 고구려 멸망 후에 당에 끌려갔던 사람들일 것이다. 이와 함께 『구당서』「이다조전」에서는 예종(睿宗)이 즉위한 후 내린 조서에서 그를 '삼한귀종(三韓貴種)'이라 기록하였다.[31] 이 시기 '삼한(三韓)'은 고구려를 지칭한 예가 많

쪽, "龍朔初, 刺史河南丘孝忠褰襜海甸, 下車未幾, 便引公爲談客. 時高麗餘孽, 作梗遼川, 詔徵丹師, 濟自黃腄."

30 『舊唐書』卷83「薛仁貴傳」, 2782쪽, "遂先鋒而行, 賊紅來拒, 逆擊大破之, 殺獲萬餘人, 遂拔扶餘城. 扶餘川四十餘城, 乘風震慴, 一時送款."

기 때문에[32] "이다조=삼한 귀종"은 당대(唐代) 중국인들이 그가 고구려인임을 암시한 셈이다.

현재 이다조와 관련된 기록들이 서로 모순이 없다고 한다면 이다조는 말갈인이면서 고구려의 영토인 개모성 인근 지역으로 추정되는 개천에 살았던 사람이다. 또 당대(唐代) 중국인에게 '삼한 귀종'으로 인식되어 고구려 사람 혹은 고구려와 역사적·문화적인 친연성을 인정받았음을 알 수 있다. 여기에서 당대(唐代)에 말갈인을 고구려인, 정확히 말하면 고구려 속민, 즉 고구려 국민으로 파악했음을 보여준다.

이처럼 고구려의 지배를 받았던 말갈인들은 고구려가 멸망한 후 당대(唐代)의 기록으로는 고구려 유민들과 동일시되었다. 『구당서』에 따르면 당은 669년에 고구려를 멸한 후에 고려호(高麗戶) 28,200과 수레 1,800승(乘), 소 3,300마리, 말 2,900필, 낙타 60마리 등을 장강과 회수(淮水)의 이남, 산남(山南)·병주(幷州)·양주(涼州) 이서에 있는 여러 주의 빈 땅으로 강제 이주시켰다.[33] 『자치통감』에서는 당에 이반(離叛)하는 다수의 고려민(高麗民) 38,200호를 장강과 회수의 남쪽, 산남(山南) 및 경서(京西)의 여러 주로 옮기고 빈약자(貧弱者)만 안동도호부에 남게 하였다고 기록하였다.[34] 이후 고구려 유민들의 저항이 거세지자 당은 의봉(儀鳳)

31 『舊唐書』 卷109 「李多祚傳」, 3297쪽, "睿宗即位, 下制曰: 「以忠報國, 典冊所稱; 感義捐軀, 名節斯在. 故右羽林大將軍·上柱國·遼陽郡王李多祚, 三韓貴種, 百戰餘雄. 席寵禁營, 乃心王室, 仗茲誠信, 翻陷誅夷. 賴彼神明, 重清姦慝, 永言徽烈, 深合褒崇. 宜追歿後之榮, 以復生前之命. 可還舊官, 仍宥其妻子.」"

32 崔珍烈, 「唐人들이 인정한 高句麗人의 正體性-唐代 墓誌銘에 보이는 高句麗의 別稱(朝鮮·三韓·扶餘) 分析을 중심으로-」, 237-242쪽; 同氏, 「唐代 高句麗 표기 기피현상-隋唐 墓誌銘의 國名 표기 분석을 중심으로-」, 213-223쪽 및 228-239쪽.

33 『舊唐書』 卷5 「高宗紀」下 總章二年(669)條, 92, "五月庚子, 移高麗戶二萬八千二百, 車一千八十乘, 牛三千三百頭, 馬二千九百匹, 駝六十頭, 將入內地, 萊·營二州般次發遣, 量配於江·淮以南及山南·并·涼以西諸州空閑處安置."

2년(677)에 당에 억류되었던 보장왕을 요동주도독(遼東州都督) 조선왕(朝鮮王)에 임명하고 요동으로 돌아가 고구려의 남은 무리를 안정시키도록 하였다. 이때 당 내지의 여러 주에 있던 고구려인들도 귀환하도록 하였다. 보장왕은 고구려의 재건을 시도하였으나, 이 정보가 누설되자 공주(邛州)로 유배되었다. 이후 고구려인들은 하남(河南)과 농우(隴右)로 이주되었고 빈자(貧者)만 안동성방(安東城傍)에 남게 하였다.[35] 이처럼 669년과 677년 두 차례 고구려 유민의 강제 이주 기록 가운데 고려호(高麗戶) 혹은 고려민(高麗民)의 강제 이주만 기록되었을 뿐 말갈인의 강제 이주에 대한 언급은 없다.[36] 그러나 『구당서』 「북적 · 발해말갈전」에는 고구려가 멸망한 후 조영(祚榮)이 가족들을 이끌고 영주(營州)로 옮겨 살았다고 기록하였다.[37] 또 『신당서』 「북적 · 흑수말갈전」에는 고구려에 신속(臣屬)했던 말갈의 백산부가 고구려가 멸망한 후에 당에 편입되었고, 골돌부와 안거골부는 모두 분산(奔散)되어 종적을 알 수 없다고 하였다.[38] 이 기록을 보면 고구려의 지배를 받았던 말갈인들도 당으로 이주했음을 알 수 있다. 조영(祚榮) 일가와 백산부가 구체적으로 언제 이동했는지는 기록하지 않

34 『資治通鑑』 卷201 「唐紀」17 高宗總章二年(669)條, 6358쪽, "高麗之民多離叛者, 敕徙高麗戶三萬八十二百於江·淮之南, 及山南·京西諸州空曠之地, 留其貧弱者, 使守安東."

35 『資治通鑑』 卷202 「唐紀」18 高宗儀鳳二年(677)條, 6382쪽, "二月, 丁巳, 以工部尚書高藏為遼東州都督, 封朝鮮王, 遣歸遼東, 安輯高麗餘眾; 高麗先在諸州者, 皆遣與藏俱歸. …… 藏至遼東, 謀叛, 潛與靺鞨通; 召還, 徙邛州而死, 散徙其人於河南·隴右諸州, 貧者留安東城傍."

36 『구당서』와 『신당서』 「지리지」에 따르면 당은 속말말갈을 이주시켜 신주(愼州) · 이빈주(夷賓州) · 여주(黎州) · 연주(燕州) 등 4주의 기미주(羈縻州)를 설치하였다(송기호, 「粟末靺鞨의 원류와 扶餘系 집단」, 『발해 사회문화사 연구』, 서울대학교출판문화원, 2011, 90쪽, 표 2-2 靺鞨羈縻州 일람표). 그런데 고구려와 수의 전쟁 때 수로 귀부한 돌지계도 속말말갈이었기 때문에 4개의 기미주가 당대에 이주시킨 말갈인 집단에 설치한 기미주라고 단정할 수 없다.

37 『舊唐書』 卷199下 「北狄 · 渤海靺鞨傳」, 5360쪽, "高麗既滅, 祚榮率家屬徙居營州."

38 『新唐書』 卷219 「北狄 · 黑水靺鞨傳」, 6178, "白山本臣高麗, 王師取平壤, 其衆多入唐, 汨咄·安居骨等皆奔散, 寖微無聞焉, 遺人迸入渤海."

았으나, 모두 고구려가 멸망한 다음에 이동했다는 것으로 보아 668년 이후 이주되었을 것이다. 즉 당시 중국인들은 고구려인과 고구려의 지배를 받던 말갈인을 동시에 당의 변경이나 내지로 이주시켰지만 『구당서』와 『자치통감』 등에는 고구려인과 말갈인이 아닌 고구려인만을 이주시켰다고 기록하였다. 이는 말갈인도 고구려인에 포함시켜 기록했음을 뜻한다. 이는 당대(唐代) 중국인들이 고구려의 지배를 받던 말갈인도 고구려의 백성으로 간주했거나 통칭했음을 시사한다.

이처럼 당대(唐代) 중국인이 고구려의 지배를 받아 고구려의 백성이 된 말갈인들을 뭉뚱그려 고구려인으로 간주하고 양자를 고구려인으로 기록했다면, 중국인들이 다른 주변국 혹은 이민족의 성을 붙였던 관례대로 고구려의 '고'를 따서 성으로 칭했다고 상정(想定)해 볼 수 있다. 이는 대조영의 아들 대무예(大武藝, 무왕)가 계루군왕(桂樓郡王)의 작위를 가지고 있었고,[39] 발해 무왕(武王)의 아들 대도리행(大都利行)이 계루군왕에 봉해진 예[40]에서 확인할 수 있다. 기존의 연구에 따르면 2대 군주 대무예의 맏아들 대도리행을 계루군왕에 봉한 것은 당이 책봉을 통해 발해가 고구려를 계승했음을 인정했다고 주장하였다. 즉 계루군왕이란 칭호를 통해 고구려의 귀족층을 구성했던 고구려인들을 초무(招撫)하려 했다는 것이다.[41] 그런데 본래 고구려의 계루부는 군주씨족(왕족)이었다. 『한원』 권30 번이 · 고려조에는 고구려의 5부(五部)를 설명하면서 내부(內部, 桂婁部)의 성은 고(高)이고, 고구려에서 성이 없는 사람들은 모두 내부(內部)

39 『冊府元龜』 卷964 「外臣部」9 封冊2 開元七年三月條, 11172쪽, "[開元]七年三月, 忽汗州都督渤海郡王大祚榮卒 , 遣使撫立其嫡子桂樓郡王大武藝襲爲左驍衛大將軍·渤海郡王·忽汗州都督."

40 『冊府元龜』 卷964 「外臣部」9 封冊2 開元八年八月條, 11172쪽, "冊渤海郡王左驍衛大將軍大武藝嫡男大都利行爲桂樓郡王."

41 西嶋定生, 「東アジア世界と冊封體制-六-八世紀の東アジア-」, 『西嶋定生東アジア史論集』 第三卷(東アジア世界と冊封體制), 東京: 岩波書店, 2002, 44-45쪽.

라고 기록하였다.[42] 대조영이 고구려 왕족의 후예라는 기록이 없으므로 내부, 즉 계루부에 속하려면 성(姓)이 없어야 한다. 앞에서 살펴본 것처럼 대부분의 말갈인들은 성이 없다. 따라서 조영이 말갈인이었으면 성이 없었고, 이 경우 고구려가 망하기 전에 내부, 즉 계루부에 속했을 것이다. 고구려와 거란・해(奚)의 군주나 우두머리에게 지배지역의 옛 군현 혹은 기미주 등 연고지가 있는 지명을 군왕호로 주었으므로,[43] 대조영이 원래 고구려의 계루부에 속했기 때문에 대조영의 손자인 대도리행을 계루군왕에 봉했다고 추정해도 당시 본적지봉호의 관행을 보면 이상하지 않다.

만약 말갈계 고구려인들이 5부(五部)에 편입할 수 없는 신분이라고 반론을 제기한다고 해도 말갈인들이 고구려의 지배를 받는 속민(屬民)임은 분명하다. 『구당서』「발해말갈전」에서는 발해의 풍속이 고구려 및 거란과 같았으며, 문자와 기록이 있었다고 하였다.[44] 『신당서』「발해전」에서는 발해의 특산물을 지역별로 나열한 다음에 발해의 나머지 풍속은 고구려 및 거란과 대략 같았다고 한다.[45] 고구려의 지배를 받고 고구려와 풍속이 거의 같았으며, 자신들의 독립된 나라를 세운 적이 없었던 말갈인들을

42 『翰苑』卷30「蕃夷・高麗條」, "五部皆貴人之族也. 一曰內部. 卽後漢書桂婁部, 一名黃部. 二曰北部. 卽絕奴部, 一名後部, 一名黑部. 三曰東部. 卽順奴部, 一名左部, 一名上部, 一名靑部. 四曰南部. 卽灌奴部, 一名前部, 一名狄部. 五曰西部. 卽消奴部, 一名右部, 一名下部, 一名百部. 其北部如燕. 內部姓高, 卽王族也. 高麗稱無姓者, 皆內部也."

43 崔珍烈, 「東晉・南北朝~唐代 주변국 册封 封號의 地名 분석-韓國古代 三國君主들의 册封 郡王/郡公 칭호의 이해를 중심으로-」, 88-95쪽 및 97쪽.

44 『舊唐書』卷199下「北狄・渤海靺鞨傳」, 5360쪽, "祚榮驍勇善用兵, 靺鞨之眾及高麗餘燼, 稍稍歸之. 聖曆中, 自立為振國王, 遣使通于突厥. 其地在營州之東二千里, 南與新羅相接. 越憙靺鞨東北至黑水靺鞨, 地方二千里, 編戶十餘萬, 勝兵數萬人. 風俗與高麗及契丹同, 頗有文字及書記."

45 『新唐書』卷219「北狄・渤海傳」, 6183, "俗所貴者, 曰太白山之菟, 南海之昆布, 柵城之豉, 扶餘之鹿, 鄚頡之豕, 率賓之馬, 顯州之布, 沃州之綿, 龍州之紬, 位城之鐵, 盧城之稻, 湄沱湖之鯽. 果有九都之李, 樂游之. 餘俗與高麗·契丹略等."

고구려의 속민 혹은 백성(국민)이었다고 보지 않을 이유가 없다. 이처럼 고구려인과 말갈인들은 고구려라는 같은 나라에 속했고 풍속도 같았기 때문에 동질성을 느꼈을 것이다. 이는 대조영이 건국하는 과정에서 고구려인와 말갈인들이 대조영집단(大祚榮集團)에 참여했던 이유이기도 했다. 즉 말갈인들이 종족상 혹은 혈통상 원래의 고구려인들과 다르다고 해도 고구려의 지배를 받았고 고구려와 풍속이 같았으므로 고구려의 속민 혹은 백성이라는 정체성과 문화적 친연성을 가졌음은 당연하다. 당이 대조영의 손자에게 계루군왕이란 칭호를 하사한 것은 혈통과 상관없이 대조영 일가가 옛 고구려의 국민이었음을 인정하는 조치였을 것이다. 따라서 고구려 국민인 조영(祚榮)은 "고구려 → 고구려 백성 → 고씨"의 논리에 따라 고씨(高氏)로 간주되었다. 따라서 고구려를 언급하지 않으면서 연상시킬 수 있는 발해(渤海)와 대씨(大氏)로 명명되었을 것이다.

종장(終章)

발해 국호의 연원과 고구려 계승

종장(終章) 발해 국호의 연원과 고구려 계승

본 연구서에서 필자는 '발해(渤海)' 국호가 고구려와 관련이 있음을 추론하였다. 필자가 이렇게 추론한 근거는 고구려의 국호와 고구려 고씨의 유래이다. 선행연구에 따르면, 고구려(高句麗)는 '고(高)'와 '구려(句麗)'의 합성어이다. '구려(句麗)'는 溝漊(구루), 忽(홀), 骨(골)로도 표기되며 성(城), 혹은 성읍(城邑), 도시의 뜻이다.[1] '고(高)'는 우리말의 '크'(大)의 음사(音寫)임과 동시에 '고대(高大)'의 뜻을 차용한 것이다. 즉 '고구려(高句麗)'는 '대성(大城)'의 뜻이다.[2] 이는 발해 군주씨족의 성(姓) '대(大)'와 뜻이 같다. 10장 1절에서 살펴본 것처럼 '대(大)'는 한족(漢族)에게는 거의 찾아보기 힘든 성(姓)이며, 사실상 발해 군주씨족만의 성으로 볼 수 있다. 필자는 고구려 군주와 발해 군주씨족 성의 뜻이 '크다'로 같은 현상이 우연이 아니라고 생각한다. 따라서 조영(祚榮)이 세운 나라의 국호가

1 今西春秋, 「高句麗の城: 溝漊と忽」, 『朝鮮學報』 50, 1971; 李丙燾, 「高句麗國號考」, 『韓國古代史研究』, 서울: 博英社, 1976, 362-363쪽.

2 白鳥庫吉, 「高句麗の名稱に就きて」, 16-18쪽.

'발해'로 불리고 성이 '대(大)'인 것은 외형상 고구려와 관련이 없는 것처럼 보이지만, 발해 군주씨족의 성 '대(大)'와 고구려 군주의 성 '고(高)'가 같은 뜻이라는 점에 착안하여 발해라는 국호가 고구려와 관계가 있다고 추론하였다. 즉 당이 조영(祚榮)에게 발해군왕의 칭호를 준 것은 외형상 고구려와 관계가 없는 것처럼 보이지만, "고구려(高句麗) 백성(民) → 고씨(高氏) → 발해고씨(渤海高氏) → 발해(渤海)"의 도식처럼 간접적으로 고구려와 관련이 있음을 묵인한 것이라는 것이 필자의 결론이다. '발해'는 본래 고구려와 관련이 없는 한대(漢代) 이래의 군현명(郡縣名)처럼 보인다. 그러나 발해는 발해고씨, 즉 고씨의 군망(郡望)이었고, 고씨는 고구려의 군주와 대부분 백성의 성씨였음을 고려하면[발해 → 발해고씨 → 고씨 → 고구려 백성 → 고구려], 발해가 고구려와 관계가 없는 것이 아니었다.

필자가 이렇게 추론하는 근거는 다음과 같다. 1부의 1~2장에서 살펴본 것처럼, 당대(唐代)의 고구려 유민 묘지명(墓誌銘)을 검토하면, 고구려 유민 자신이나 조상의 본적이 '고려(高麗, 당대(唐代)의 고구려(高句麗) 표기)'라고 표기되지 않았다. 대신 '삼한(三韓)', '조선(朝鮮)', '요동(遼東)' '발해[군](渤海[郡])' 등으로 표기되었다. 또 당대 묘지명과 당대의 사료를 바탕으로 편찬된 5대(五代) 혹은 북송시대(北宋時代) 사서의 고구려 관련 기사를 검색해 보면, '고려(高麗)' 대신 삼한(18회), 구종(9회), 현도(7회), 요(5회), 동이(4회), 요갈 · 조선 · 조이 · 진한(3회), 백랑 · 요양 · 요좌(2회), 계루 · 구이 · 낙랑 · 도이 · 현이 · 마한 · 소맥 · 압록 · 예맥 · 주몽지서 · 청구 · 오부 · 요천 · 요해(1회) 등 다양한 별칭이 사용되었다. 반면 고구려의 당대 표기인 '고려' 표기는 거의 없었다.

또 2부에서 살펴본 것처럼 『구당서』와 『신당서』 주변국 열전의 종족(種族) 표기를 분석하면 사실상 발해의 종족(種族) 표기만 완전히 달라졌다. 또 조영(祚榮)의 종족(種族)을 기록한 사료 가운데 역시 『신당서』「발해전」이 유일한 예외였다. 원사료를 그대로 베낀 『구당서』와 『당회요』, 『오대회요』, 『백부원귀』에서 조영(祚榮)을 고려 별종(高麗別種) 혹은 고려종(高麗種)이라고 표기한 것은 사료의 성격상 신뢰할 수 있다. 오히려 『신당서』 「발해전」의 종족(種族) 표기가 다른 점이 이상하다. 이는 『신당서』 「발해전」에서 발해와 고구려의 관계를 단절, 혹은 축소시키려는 의도를 확인할 수 있다. 또 『신당서』 「발해전」의 영역기사를 분석하면, 발해의 영토가 고구려와 상당 부분 겹침에도 불구하고 "서계(書契)를 조금 알았으며 부여(扶餘)·옥저(沃沮)·변한(弁韓)·조선(朝鮮) 등 해북제국(海北諸國)을 모두 얻었다."[3]라는 구절처럼 고구려를 전혀 언급하지 않거나 발해의 영토를 예맥고지(獩貊故地), 옥저고지(沃沮故地), 고려고지(高麗故地), 부여고지(扶餘故地), 읍루고지(挹婁故地), 솔빈고지(率濱故地), 불열고지(拂涅故地), 월희고지(越喜故地)로 세분하여, 고려고지, 즉 고구려의 영토를 압록강 중류로 축소하였다. 또 『구당서』와 『신당서』의 「발해전」은 동이(東夷)가 아닌 북적(北狄)에 편입되어 동이에 편입된 「고려전」과 분리되었다. 이처럼 당대(唐代) 묘지명과 사서에서 고구려의 표기는 기피되었고, 고구려와 발해의 관계는 의도적으로 무시되었다. 이러한 서술 태도는 거꾸로 해석하면 양자의 관계가 밀접했다는 느낌을 준다.

다음으로 조영(祚榮)에게 주어진 '발해군왕(渤海郡王)'이 고구려를 우회한 봉호였음을 증명하기 위해 3부에서 본적지봉호(本籍地封號)와 '연고지봉호(緣故地封號, 緣故地封爵)'에 대해 살펴보았다. 5장과 6장에서 중국의 본적지봉호가 위진시대(魏晉時代)부터 증가하여 북조(北朝)와 당대(唐代)에 빈출했던 현상을 분석하였다. 자신의 본적, 혹은 조적(祖籍, 선조의 본적) 군현명을 청하군공(清河郡公), 발해현후(渤海縣侯), 범양자

3 『新唐書』 卷219 「北狄·渤海傳」, 6179-6180쪽.

(范陽子)처럼 작위(公・侯・伯・子・男) 앞에 붙이는 본적지봉호는 북조시대부터 수당시대까지 점차로 해당 인물이 문벌임을 공인하는 장치의 하나가 되었다. 한족(중국인) 고씨는 가장 유명한 발해고씨의 군망(郡望)을 사칭하는 현상이 빈발하였다. 이는 북조시대 활동한 고구려인에게도 흔히 발견되었다.

7장에서 위진남북조와 수당시대 중국이 주변국에 '하사'한 책봉 작위를 살펴보면, 해당국가와 관련이 있는 지명이나 중국의 군현명(郡縣名)을 군왕(郡王)이나 군공(郡公) 앞에 붙였다. 구체적으로 해당 국가와 밀접한 관계가 있는 지명(고구려・백제・신라)이나 가까운 변경(南詔・吐谷渾), 혹은 기미부주(契丹・奚)의 명칭에서 따왔다. 특히 당의 동북지역, 즉 거란・해(奚)와 우리나라 삼국에서 두드러졌다. 이처럼 연고지봉작(緣故地封爵)의 관행을 따랐다면 고구려를 계승한 발해의 군주에게도 이러한 관행이 통했다는 유추도 가능하다.[4] 그러나 "본래의 국호+왕(王)"과 함께 주어진 군왕호(郡王號)는 연고지봉작의 원칙 혹은 관행이 발해에 적용되지 않았다. 신라왕은 낙랑군공(樂浪郡公)과 함께 "국호+왕(王)", 즉 '신라왕'으로 책봉 받았지만, 발해의 책봉호를 보면 대신 군왕호만 주어졌다.[5]

4 崔珍烈, 「東晉・南北朝~唐代 주변국 册封 封號의 地名 분석-韓國古代 三國君主들의 册封 郡王/郡公 칭호의 이해를 중심으로-」, 88-95쪽 및 97쪽.

5 『구당서(舊唐書)』에는 조영(祚榮)이 자립하여 진국왕(振國王)이 되었다고 기록하였으나(『舊唐書』 卷199下 「北狄・渤海靺鞨傳」, 5360쪽, "聖曆中, 自立為振國王, 遣使通于突厥."), 『신당서(新唐書)』에는 무측천(武則天)이 조영(祚榮)의 아버지 걸걸중상(乞乞仲象)을 진국공(震國公)에 봉했고. 조영(祚榮)이 나라를 세운 후 진국왕(震國王)을 자칭(自稱)했다고 서술하였다(『新唐書』 卷219 「北狄・渤海傳」, 6179-6180쪽, "萬歲通天中, 契丹盡忠殺營州都督趙翽反, 有舍利乞乞仲象者, 與靺鞨酋乞四比羽及高麗餘種東走, 度遼水, 保太白山之東北, 阻奥婁河, 樹壁自固. 武后封乞四比羽為許國公, 乞乞仲象為震國公, 赦其罪. …… 祚榮即并比羽之眾, 恃荒遠, 乃建國, 自號震國王, 遣使交突厥, 地方五千里, 戶十餘萬, 勝兵數萬, 頗知書契, 盡得扶餘·沃沮·弁韓·朝鮮海北諸國."). 양자의 기록이 엇갈리기 때문에 진국왕(振國王, 震國王)이 자칭인지 주(周, 武則天이 세운 나라)의 책봉(册封) 봉호(封號) 진국공(震國公)을 1자 왕(一字王)으로 승격시킨 것인지

물론 거란과 해(奚)의 경우 송막도독(松漠都督) 송막군왕(松漠郡王)과 요락주도독(饒樂州都督) 요락군왕(饒樂郡王)이란 칭호를 받아 기미부주의 지명이 군왕호(郡王號)에도 사용되었다. 반면 발해의 군주는 발해군왕(渤海郡王) 홀한주도독(忽汗州都督)의 칭호를 받았다. 즉 발해는 거란・해(奚)와 달리 기미주의 명칭이 없는 군왕(郡王) 칭호를 받았다.[6] 이처럼 발해의 국호만 오직 당시 책봉 관행과도 달랐다.

4부에서는 발해 국호가 "고구려 백성 → 고씨 → 발해고씨 → 발해"의 논리구조와 관련이 있음을 구체적으로 살펴보았다. 8장에서는 일부 성(姓)이 있는 지배층을 제외한 고구려의 군주씨족과 대부분의 백성들이 '고(高)'를 성(姓)으로 쓴 이유를 규명하였다. 성씨가 존재하고 실제 생활에서 사용한 중국과는 달리 중국의 주변국에는 성씨가 없었거나, 씨족의 명칭이 있더라도 "성(姓)+명(名)"의 형태로 사용하지 않았다. 따라서 중국 사서에서 이민족의 성명을 표기할 때 그 사람의 국명이나 부족명의 일부 혹은 전부를 차용하여 성처럼 표기하는 관행이 있었다. 이는 고구려뿐만 아니라 북아시아의 유목국가 혹은 유목민, 중앙아시아인, 백제에서 확인된다. 고구려와 백제, 중앙아시아인의 경우 국명 혹은 집단의 명칭 중 한 글자를 따서 성(姓)처럼 표기하였다. 이것이 고구려의 군주씨족과 일반 국민이 고씨로 표기된 이유였다. 이를 바탕으로 9장에서는 고씨를 칭한 고구려인 혹은 고구려 유민들이 중국에서 고씨 가운데 문벌인 발해고씨로 사칭했음을 검토하였다. 즉 이들은 본적을 발해로 분식하거나 '발해'가

판단하기 어렵다. 중국의 작위(爵位) 사여 관행에서 이성왕(異姓王)의 1자 왕 봉호(封號)는 찬탈 직전에 해당하므로(崔珍烈, 「中國 周邊國이 수용한 '王'의 이미지-北朝의 異姓王 濫封과 百濟・新羅의 複數王출현현상의 비교사적 이해-」, 178-180쪽), 진국왕(振國王, 震國王), 즉 진왕(振王, 震王)의 자칭은 독립국, 혹은 자립의 표명을 뜻한다.

6 김종복, 『발해정치외교사』, 97-99쪽.

들어가는 본적지봉호를 받아 발해고씨로 인정받으려고 했다. 이처럼 '발해'는 고구려인 혹은 고구려 유민에게 익숙한 단어이자 지명이었다. 따라서 고구려인 혹은 고구려의 속민(屬民)인 말갈인이 연합하여 세운 국가에 '발해'라는 국명이 붙어도 이상하지 않다.

10장에서는 발해의 군주씨족 대씨(大氏)와 고구려의 고씨(高氏)라는 성이 같은 뜻을 지니고 있음에 주목하였다. 발해의 군주씨족의 성인 대씨는 중국에서도 드문 성씨였고, 이후에도 자주 사용된 성은 아니었다. 고구려(高句麗)의 '고(高)'는 크다는 뜻을 가졌으며,[7] 이는 발해의 군주씨족의 성 '대(大)'와 일치하며 중국의 사서에서도 비슷한 용례가 발견된다. 조영(祚榮)의 종족(種族)에 두 가지 설이 있지만, 어떤 경우이건 고구려의 속민이었음은 분명하다. 조영(祚榮)이 이끄는 고구려 유민과 말갈인이 독립과 '고구려의 재건'에 성공하였지만 당은 이를 인정할 수 없었다. 이러한 상황에서 '발해(渤海)'라는 국호와 '대(大)'라는 성(姓)은 당과 조영(祚榮)이 타협할 수 있는 절충안이었을 것이다. 즉 당과 조영(祚榮)은 '고구려'와 '고씨'라는 단어를 직접 사용하지 않으면서 고씨를 연상시키는 '발해'를 국호로, '고(高)'와 동일한 의미를 가진 '대(大)'를 성(姓)으로 사용하는 선에서 타협했을 것이다. 혹은 조영의 동의 없이 당의 관문서와 사서에 '발해'라는 국호와 '대'라는 성씨로 일방적으로 표기했을 것이다. 이는 발해왕으로 봉해졌던 오대십국 남평(형남)의 고계흥(高季興) 일가, 조선과 함께 화령을 국호로 고려했던 태조 이성계, 남월과 월남 중 후자를 국호로 인정한 청의 예에서도 유사한 점을 발견할 수 있다.

---

7 白鳥庫吉, 「高句麗の名稱に就きて」, 16-18쪽.

부록

〈부록 · 표 1〉 曹魏時代 封號 一覽

봉작자	본적지 / 출신	封 號	출 전	기타
獻帝	後漢皇室	山陽公	三, 卷2, 76	
獻帝 아들	後漢皇室	列侯	三, 卷2, 76	獻帝 아들 4인
孔羨	孔子의 후손	宗聖侯	三, 卷2, 78	
郭脩		長樂鄕侯(追贈)	三, 卷4, 126	
龐會		鄕侯	三, 卷4, 140	
路蕃		亭侯	三, 卷4, 140	
夏侯和		鄕侯	三, 卷4, 151	
賈輔		鄕侯	三, 卷4, 151	
呂興		定安縣侯	三, 卷4, 152	
徐紹		都亭侯	三, 卷4, 152	
卞廣	瑯琊郡 開陽縣	開陽侯(追贈)	三, 卷5, 158	본적지봉호
卞遠	瑯琊郡 開陽縣	開陽侯(追封)	三, 卷5, 158	본적지봉호
卞秉	瑯琊郡 開陽縣	都鄕侯, 開陽侯	三, 卷5, 158	본적지봉호(開陽侯); 卞蘭·卞暉 襲爵
卞琳	瑯琊郡 開陽縣	列侯	三, 卷5, 158	
卞隆	瑯琊郡 開陽縣	睢陽鄕侯	三, 卷5, 158	
甄逸	中山郡 無極縣	安陽鄕侯(追封), 魏昌侯(追封)	三, 卷5, 161; 162	본적지봉호(安陽鄕侯, 魏昌侯)
甄儼	中山郡 無極縣	安城鄕侯(追封), 魏昌侯(追封)	三, 卷5, 162	본적지봉호(安陽鄕侯, 魏昌侯)
甄像	中山郡 無極縣	安城鄕侯(追封), 魏昌侯(追封)	三, 卷5, 162	본적지봉호(安陽鄕侯, 魏昌侯); 甄暢·甄紹 襲爵
甄溫	中山郡 無極縣	列侯	三, 卷5, 162	
甄韡	中山郡 無極縣	列侯	三, 卷5, 162	
甄艶	中山郡 無極縣	列侯	三, 卷5, 162	
甄黃	中山郡 無極縣	平原侯(追贈)	三, 卷5, 163	甄悳 襲爵
甄毅	中山郡 無極縣	列侯	三, 卷5, 163	
甄像 아우	中山郡 無極縣	列侯	三, 卷5, 163	甄像 아우 3인
甄暢	中山郡 無極縣	列侯	三, 卷5, 163	甄暢 아들 2인

아들				
郭表	安平郡 廣宗縣	安陽亭侯, 安陽鄕侯, 觀津侯	三, 卷5, 166	본적지봉호(觀津侯); 郭詳·郭釗 襲爵
郭浮	安平郡 廣宗縣	梁里亭侯(追封)	三, 卷5, 166	
郭都	安平郡 廣宗縣	武城亭侯(追封)	三, 卷5, 166	
郭成	安平郡 廣宗縣	新樂亭侯(追封)	三, 卷5, 166	
郭述	安平郡 廣宗縣	列侯	三, 卷5, 166	
毛嘉	河內郡	博平鄕侯, 安國侯	三, 卷5, 167; 168	
郭滿	西平郡	西都侯(追封)	三, 卷5, 168	郭建 襲爵
郭之	西平郡	列侯	三, 卷5, 168	
郭立	西平郡	列侯	三, 卷5, 168	
郭建	西平郡	列侯	三, 卷5, 168	
劉琮	山陽郡 高平縣	列侯	三, 卷6, 215	
蒯越 등	劉表의 부하	侯	三, 卷6, 215	劉表 부하 15인
鮮于輔		縣侯	三, 卷6, 247	
閻柔		縣侯	三, 卷6, 247	
公孫恭	遼東郡 襄平縣	平郭侯	三, 卷8, 253	본적지봉호
荀顗	潁川郡 潁陰縣	廣陽鄕侯	三, 卷10, 319	
荀愷	潁川郡 潁陰縣	南頓子	三, 卷10, 319	
荀彪	潁川郡 潁陰縣	陵樹亭侯(紹封), 丘陽亭侯	三, 卷10, 325-326	
賈詡	武威郡 姑臧縣	魏壽鄕侯	三, 卷10, 331	賈穆·賈模 襲爵
賈訪	武威郡 姑臧縣	列侯	三, 卷10, 331	
何夔	陳郡 陽夏縣	成陽亭侯	三, 卷12, 381	何曾 襲爵
鍾繇	潁川郡 長社縣	崇高鄕侯, 平陽鄕侯, 定陵侯	三, 卷13, 395	본적지봉호(崇高鄕侯, 定陵侯); 鍾毓·鍾駿 襲爵
鍾演	潁川郡 長社縣	列侯	三, 卷13, 399	
鍾劭	潁川郡 長社縣	列侯	三, 卷13, 399	
鍾豫	潁川郡 長社縣	列侯	三, 卷13, 399	
華歆	平原郡 高唐縣	博平侯	三, 卷13, 404	華表 襲爵
華緝	平原郡 高唐縣	列侯	三, 卷13, 406	
王朗	東海郡 郯縣	樂平鄕侯, 蘭陵侯	三, 卷13, 409; 412	본적지봉호(蘭陵侯); 王肅·王惲·王

				恂 襲爵
王詳	東海郡 郯縣	列侯	三, 卷13, 414	
王恂	東海郡 郯縣	丞子	三, 卷13, 419	본적지봉호
程昱	東郡 東阿縣	安鄉侯	三, 卷14, 429	程武·程克·程良 襲爵
程延	東郡 東阿縣	列侯	三, 卷14, 429	
程曉	東郡 東阿縣	列侯	三, 卷14, 429	
董昭	濟陰郡 定陶縣	右鄉侯, 成都鄉侯, 樂平侯	三, 卷14, 440; 442	董冑 襲爵
劉曄	淮南郡 成悳縣	東亭侯	三, 卷14, 447	
蔣濟	楚國 平阿縣	昌陵亭侯, 都鄉侯	三, 卷14, 454	蔣秀·蔣凱 襲爵
蔣凱	楚國 平阿縣	都鄉侯(襲爵), 下蔡子	三, 卷14, 455	본적지봉호(下蔡子)
劉放	涿郡 方城縣	魏壽亭侯, 西鄉侯, 方城侯	三, 卷14, 457	본적지봉호(方城侯); 劉正 襲爵
劉正	涿郡 方城縣	方城侯(襲爵), 方城子	三, 卷14, 462	본적지봉호(方城子)
劉放 아들	涿郡 方城縣	亭侯	三, 卷14, 459	1인
劉放 아들	涿郡 方城縣	亭侯(또 다른 아들)	三, 卷14, 459	위와는 다른 1인
孫資	太原郡 中都縣	樂陽亭侯, 左鄉侯, 中都侯	三, 卷14, 457	본적지봉호(中都侯); 孫宏 襲爵
孫宏	太原郡 中都縣	中都侯(襲爵), 離石子	三, 卷14, 462	
劉靖	沛國 相縣	廣陸亭侯, 建城鄉侯(追封)	三, 卷15, 464	劉熙 襲爵
司馬遺	河內郡 溫縣	昌武亭侯	三, 卷15, 468	司馬望·司馬洪 襲爵
梁習	陳郡 柘縣	申門亭侯	三, 卷15, 469	梁施 襲爵
王思		列侯	三, 卷15, 470	
張楚	馮翊郡 高陵縣	列侯	三, 卷15, 473	
賈逵	河東郡 襄陵縣	陽里亭侯	三, 卷15, 482	
蘇則	扶風郡 武功縣	都亭侯	三, 卷16, 492	蘇怡·蘇愉 襲爵
杜畿	京兆郡 杜陵縣	豐樂亭侯	三, 卷16, 497	杜恕·杜預 襲爵
張遼	雁門郡 馬邑縣	晉陽侯	三, 卷17, 520	張虎·張統 襲爵
張郃	河間郡 鄚縣	鄚侯	三, 卷17, 526	본적지봉호;

				張雄 襲爵
張郃 아들	河間郡 鄚縣	列侯	三, 卷17, 527	張郃의 아들 4인
徐晃	河東郡 楊縣	楊侯, 陽平侯	三, 卷17, 527	본적지봉호(楊侯); 徐蓋·徐覇 襲爵
徐晃 자손	河東郡 楊縣	列侯	三, 卷17, 530	徐晃의 자손 2인
朱靈	淸河郡	鄃侯, 高唐侯	三, 卷17, 531	본적지봉호(鄃侯)
臧覇	泰山郡 華縣	開陽侯, 良成侯	三, 卷18, 538	臧艾·臧權 襲爵
臧覇 아들	泰山郡 華縣	列侯	三, 卷18, 538	臧覇의 아들 3인
文聘	南陽郡 宛縣	長安鄕侯, 新野侯	三, 卷18, 539	본적지봉호(新野縣); 文休·文武 襲爵
文垈	南陽郡 宛縣	列侯	三, 卷18, 540	
呂虔	任城郡	萬年亭侯	三, 卷18, 541	呂翻·呂桂 襲爵
許褚	譙國 譙縣	萬歲亭侯, 牟鄕侯	三, 卷18, 543	許儀·許綜 襲爵
衛覬	河東郡 安邑縣	陽吉亭侯, 閺鄕侯	三, 卷21, 611	衛瓘 襲爵
衛實	河東郡 安邑縣	開陽亭侯	晉, 卷36, 1057	
傅嘏	北地郡 泥陽縣	武鄕亭侯, 陽鄕侯	三, 卷21, 627	傅祗 襲爵
傅祗	北地郡 泥陽縣	陽鄕侯(襲爵), 涇原子	三, 卷21, 627	
桓階	長沙郡 臨湘縣	高鄕亭侯, 安樂鄕侯	三, 卷22, 632	桓嘉 襲爵
陳羣	潁川郡 許昌縣	潁鄕侯, 潁陰侯	三, 卷22, 635	본적지봉호(潁鄕侯, 潁陰侯); 陳泰·陳恂·陳溫 襲爵
陳羣 아들	潁川郡 許昌縣	列侯	三, 卷22, 638	陳羣의 아들 1인
陳泰 子弟	潁川郡 許昌縣	亭侯	三, 卷22, 641	陳泰의 자제 1인
陳溫	潁川郡 許昌縣	潁陰侯(襲爵), 愼子	三, 卷22, 641	
陳矯	廣陵郡 東陽縣	高陵亭侯, 東鄕侯	三, 卷22, 644	陳本·陳粲 襲爵
徐宣	廣陵郡 海西縣	津陽亭侯	三, 卷22, 646	徐欽 襲爵
衛臻	陳留郡 襄邑縣	安國亭侯, 康鄕侯, 長垣侯	三, 卷22, 647; 648; 649	본적지봉호(長垣侯); 衛烈

				襲爵
衛臻 아들	陳留郡 襄邑縣	列侯	三, 卷22, 649	衛臻의 아들 1인
盧毓	涿郡 涿縣	高樂亭侯, 大梁鄕侯, 容城侯	三, 卷22, 652	본적지봉호(容城侯); 盧藩 襲爵
盧毓 아들	涿郡 涿縣	亭侯	三, 卷22, 652	盧毓의 아들 1인
和洽	汝南郡 西平縣	安城亭侯, 西陵鄕侯	三, 卷23, 657	和离 襲爵
和逌	汝南郡 西平縣	上蔡伯	晉, 卷45, 1283	和嶠 襲爵
常林	河內郡 溫縣	樂陽亭侯, 高陽鄕侯	三, 卷23, 659-660	常峕 襲爵
杜襲	潁川郡 定陵縣	武平亭侯, 平陽鄕侯	三, 卷23, 667	杜會 襲爵
趙儼	潁川郡 陽翟縣	宜土亭侯, 都鄕侯	三, 卷23, 671	趙亭 襲爵
裴潛	河東郡 聞喜縣	淸陽亭侯	三, 卷23, 673	
裴秀	河東郡 聞喜縣	淸陽亭侯(襲爵), 魯陽鄕侯, 魯陽縣侯, 濟川侯	晉, 卷35, 1038	
韓曁	南陽郡 堵陽縣	宜城亭侯, 南鄕亭侯	三, 卷24, 677	본적지봉호(南鄕亭侯); 韓肇·韓邦 襲爵
崔林	淸河郡 東武城縣	安陽亭侯, 安陽鄕侯	三, 卷24, 681	崔述 襲爵
崔林 아들 1인	淸河郡 東武城縣	列侯	三, 卷24, 682	崔林의 아들 1인
高柔	陳留郡 圉縣	延壽亭侯, 萬歲亭侯, 安國侯	三, 卷24, 685; 690	高渾襲爵
高渾	陳留郡 圉縣	安國侯(襲爵), 昌陸子	三, 卷24, 690	
高柔 아들	陳留郡 圉縣	亭侯	三, 卷24, 690	高柔의 아들 2인
孫禮	涿郡 容城縣	大利亭侯	三, 卷24, 693	孫元 襲爵
王觀	東郡 廩丘縣	中鄕亭侯, 陽鄕侯	三, 卷24, 694	王悝 襲爵
王悝	東郡 廩丘縣	陽鄕侯(襲爵), 膠東子	三, 卷24, 694	
辛毗	潁川郡 陽翟縣	廣平亭侯, 潁鄕侯	三, 卷25, 697; 698	본적지봉호(潁鄕侯); 辛敞 襲爵
滿寵	山陽郡 昌邑縣	昌邑侯	三, 卷26, 722	본적지봉호;

				滿偉 襲爵
滿寵 子孫	山陽郡 昌邑縣	亭侯	三, 卷26, 725	滿寵의 자손 2인
田豫	漁陽郡 雍奴縣	長樂亭侯	三, 卷26, 727	田彭祖 襲爵
郭淮	太原郡 陽曲縣	射陽亭侯, 都鄉侯, 陽曲侯	三, 卷26, 734	본적지봉호(陽曲侯); 郭統·郭正 襲爵
郭淮 아들	太原郡 陽曲縣	亭侯	三, 卷26, 736	郭淮의 아들 1인
郭正	太原郡 陽曲縣	陽曲侯(襲爵), 汾陽子	三, 卷26, 736	
徐邈	燕國 薊縣	都亭侯	三, 卷27, 740	徐武 襲爵
胡質	楚國 壽春縣	陽陵亭侯(追封)	三, 卷27, 743	胡威 襲爵
王昶	太原郡 晉陽縣	武觀亭侯, 京陵侯	三, 卷27, 748; 750	王渾襲爵
王昶 아들	太原郡 晉陽縣	亭侯	三, 卷27, 750	1인
王基	東萊郡 曲城縣	常樂亭侯, 安樂亭侯, 東武侯	三, 卷27, 753; 754; 755	王徽·王廙 襲爵
王基 아들	東萊郡 曲城縣	亭侯	三, 卷27, 755	1인
王淩	太原郡 祁縣	南鄉侯	三, 卷28, 758	
楊弘		鄉侯	三, 卷28, 759	
黃華		鄉侯	三, 卷28, 759	
毌丘儉	河東郡 聞喜縣	高陽鄉侯(襲爵), 安邑侯	三, 卷28, 762	본적지봉호
張屬		侯	三, 卷28, 766	
諸葛誕	瑯琊郡 陽都縣	山陽亭侯, 高平侯	三, 卷28, 769; 770	
鄧艾	義陽郡 棘陽縣	方城亭侯, 方城鄉侯, 鄧侯	三, 卷28, 777; 778	본적지봉호(鄧侯)
鄧忠	義陽郡 棘陽縣	惠唐亭侯	三, 卷28, 778	
鄧艾 아들	義陽郡 棘陽縣	亭侯	三, 卷28, 780	鄧艾의 아들 2인
鍾會	潁川郡 長社縣	東武亭侯, 縣侯	三, 卷28, 789; 791	
鍾會 아들	潁川郡 長社縣	亭侯	三, 卷28, 791	鍾會의 아들 2인
司馬懿	河內郡 溫縣	安國鄉侯, 向鄉侯, 舞陽侯, 安平郡公(不受)	晉, 卷1, 4; 19	司馬攸 襲爵(舞陽侯)

司馬肜	河內郡 溫縣	平樂亭侯	晉, 卷1, 19	
司馬倫	河內郡 溫縣	安樂亭侯	晉, 卷1, 19	
司馬師	河內郡 溫縣	長平鄕侯	晉, 卷2, 25	
司馬昭	河內郡 溫縣	新城鄕侯, 高都侯, 高都公	晉, 卷2, 32; 33	
司馬炎	河內郡 溫縣	北平亭侯, 新昌鄕侯	晉, 卷3, 49	
司馬孚	河內郡 溫縣	昌平亭侯, 長社縣侯, 長樂公	晉, 卷37, 1082; 1084	
司馬幹	河內郡 溫縣	安陽亭侯, 平陽鄕侯, 定陶伯	晉, 卷38, 1119	
司馬伷	河內郡 溫縣	南安亭侯, 東武鄕侯, 南皮伯	晉, 卷38, 1121	
司馬駿	河內郡 溫縣	平陽亭侯, 平陽鄕侯, 平壽侯, 東牟侯	晉, 卷38, 1124; 1125	
司馬肜	河內郡 溫縣	平樂亭侯, 開平子	晉, 卷38, 1127	
司馬攸	河內郡 溫縣	長樂亭侯, 安昌侯	晉, 卷38, 1130	
司馬鑒	河內郡 溫縣	臨泗亭侯	晉, 卷38, 1137	
司馬望	河內郡 溫縣	永安亭侯, 安樂鄕侯, 順陽侯	晉, 卷37, 1086	
司馬楙	河內郡 溫縣	樂陵亭侯	晉, 卷37, 1088	
司馬晃	河內郡 溫縣	武始亭侯, 西安男	晉, 卷37, 1090	
司馬瓌	河內郡 溫縣	長樂亭侯, 貴壽亭侯, 固始子	晉, 卷37, 1091	
司馬珪	河內郡 溫縣	高陽鄕侯, 湞陽子	晉, 卷37, 1091	
司馬衡	河內郡 溫縣	德陽鄕侯, 汝陽子	晉, 卷37, 1092	
司馬景	河內郡 溫縣	樂安亭侯	晉, 卷37, 1092	

司馬權	河內郡 溫縣	東武城侯	晉, 卷37, 1092	
司馬泰	河內郡 溫縣	陽亭侯	晉, 卷37, 1094	
司馬遜	河內郡 溫縣	城陽亭侯, 涇陽男	晉, 卷37, 1103	
司馬睦	河內郡 溫縣	安平亭侯	晉, 卷37, 1112	
司馬陵	河內郡 溫縣	安城亭侯	晉, 卷37, 1113	
王祥	琅邪郡 臨沂縣	萬歲亭侯, 睢陵侯	晉, 卷33, 988	
王俊	琅邪郡 臨沂縣	永世侯	晉, 卷33, 988	
王覽	琅邪郡 臨沂縣	即丘子	晉, 卷33, 990	본적지봉호; 咸熙년간; 王導襲爵
鄭沖	滎陽郡 開封縣	壽光侯	晉, 卷33, 992	
何曾	陳國 陽夏縣	平原侯, 潁昌鄉侯, 朗陵侯	晉, 卷33, 994; 996	
石苞	渤海郡 南皮縣	東光侯	晉, 卷33, 1001	본적지봉호
羊祜	泰山郡 南城縣	鉅平子	晉, 卷34, 1014	본적지봉호; 咸熙년간
陳騫	廣陵郡→臨淮郡 東陽縣	安國亭侯, 廣陵侯, 郯侯	晉, 卷34, 1036	본적지봉호(廣陵侯); 본래 廣陵留氏
王沈	太原郡 晉陽縣	安平侯, 博陵侯	晉, 卷39, 1143; 1145	
荀顗	潁川郡 潁陰縣	萬歲亭侯, 萬歲鄉侯, 臨淮侯	晉, 卷39, 1150; 1151	
荀勖	潁川郡 潁陰縣	安陽子	晉, 卷39, 1153	
賈充	平陽郡 襄陵縣	陽里亭侯(襲爵), 宜陽鄉侯, 臨沂侯, 安陽鄉侯, 臨潁侯	晉, 卷40, 1165; 1166	
魏舒	任城郡 樊縣	劇陽子	晉, 卷41, 1186	
劉寔	平原郡 高唐縣	循陽子	晉, 卷41, 1191	
山濤	河內郡 懷縣	新沓子	晉, 卷43, 1224	
鄭袤	滎陽郡 開封縣	廣昌亭侯, 安城鄉侯, 密陵伯	晉, 卷44, 1250	
李胤	遼東郡 襄平縣	廣陸伯	晉, 卷44, 1253	
華表	平原郡 高唐縣	觀陽伯	晉, 卷44, 1260	

武陔	沛國 竹邑縣	亭侯, 薛縣侯	晋, 卷45, 1284	
任愷	樂安郡 博昌縣	昌國縣侯	晋, 卷45, 1285	
傅玄	北地郡 泥陽縣	鶉觚男	晋, 卷47, 1317	
江蕤	陳留郡 圉縣	亢父男	晋, 卷49, 1529	
魯芝	扶風郡 郿縣	武進亭侯, 藁城鄉侯, 陰平伯	晋, 卷90, 2329	
羊琇	太山郡	甘露亭侯	晋, 卷93, 2410	
劉禪	蜀漢 後主	安樂縣公	三, 卷33, 901-902	
劉永	蜀漢 宗室	鄉侯	三, 卷34, 907	
劉輯	蜀漢 宗室	鄉侯	三, 卷34, 908	
樊建	義陽郡	列侯	三, 卷33, 902	
張紹		列侯	三, 卷33, 902	
譙周	巴西郡 西充國縣	陽城亭侯	三, 卷42, 1032	
張通	汝南郡	列侯	三, 卷33, 902	
黃權	巴西郡 閬中縣	育陽侯	三, 卷43, 1044	
龐林	襄陽郡	列侯	三, 卷37, 956	
韓綜	遼西郡 令支縣	廣陽侯	三, 卷55, 1286	
全懌	吳郡 錢塘縣	臨淮侯	三, 卷60, 1383	
全禕	吳郡 錢塘縣	列侯	三, 卷60, 1383	
全儀	吳郡 錢塘縣	列侯	三, 卷60, 1383	
全靜	吳郡 錢塘縣	列侯	三, 卷60, 1383	

[범례] 1. 출전 가운데 '三'은 『三國志』, '晋'은 『晋書』의 약칭이다.
2. 封號사이의 ','는 改封, 進封 등으로 封號의 변화를 뜻한다.
3. 본적지/출신의 공란은 해당 본적지를 모를 경우를 뜻한다.
4. 關內侯 · 關中侯 등은 통계 수치에서 제외하며 수십인, 50여인, 100여인 등 애매한 표현도 통계 수치에서 제외한다.
5. 봉작자 수는 始封者 기준이기 때문에 襲爵과 紹封은 계산에서 제외한다.

〈부록 · 표 2〉 西晉時代 封號 一覽

봉작자	본적지 / 출신	封　　號	출　전	기 타
魏帝	曹魏 帝室	陳留王	晉, 卷3, 50	
孔震	孔子의 후손	奉聖亭侯	晉, 卷3, 56	
孫秀	孫吳 宗室	會稽公	晉, 卷3, 60	
孫楷	孫吳 宗室	丹楊侯	晉, 卷3, 66	
孫皓	孫吳 君主	歸命侯	晉, 卷3, 72	
胡奮		陽夏侯	晉, 卷3, 78	
朱整		廣興侯	晉, 卷3, 79	
葛旟		牟平公	晉, 卷4, 98	
路季		小黃公	晉, 卷4, 98	
衛毅		平陰公	晉, 卷4, 98	
劉眞		安鄕公	晉, 卷4, 98	
韓泰		封丘公	晉, 卷4, 98	
羊玄之	泰山郡 南城縣	興晉侯	晉, 卷4, 100	
邵續		祝阿子	晉, 卷6, 144	
曹嶷		廣饒侯	晉, 卷6, 144	
董猛		武安侯	晉, 卷31, 965	
董猛의 형		亭侯	晉, 卷31, 965	董猛의 형 3인
王祥	琅邪郡 臨沂縣	睢陵公	晉, 卷33, 988	王馥·王根 襲爵
王俊	琅邪郡 臨沂縣	永世侯	晉, 卷33, 990	
鄭沖	滎陽郡 開封縣	壽光公	晉, 卷33, 992	鄭徽·鄭簡 襲爵
何曾	陳國 陽夏縣	朗陵公	晉, 卷33, 996	何劭 襲爵
石苞	渤海郡 南皮縣	樂陵郡公	晉, 卷33, 1002	石統 襲爵
石崇	渤海郡 南皮縣	安陽鄕侯	晉, 卷33, 1005	
石演	渤海郡 南皮縣	樂陵公	晉, 卷33, 1008	
羊祜	泰山郡 南城縣	鉅平郡公, 鉅平侯, 南城侯	晉, 卷34, 1014; 1019	본적지봉호(鉅平郡公, 鉅平侯, 南城侯); 羊篇 襲爵
杜預	京兆郡 杜陵縣	當陽縣侯	晉, 卷34, 1030	杜錫·杜乂 襲爵
杜耽	京兆郡 杜陵縣	亭侯	晉, 卷34, 1030	
陳騫	臨淮郡 東陽縣	高平郡公	晉, 卷35, 1036	陳輿·陳植·陳粹·玄孫(東晉)·陳浩之(東晉) 襲爵
裴秀	河東郡 聞喜縣	鉅鹿郡公	晉, 卷35, 1038	裴頠·裴頠·裴嵩 襲爵
裴憬	河東郡 聞喜縣	高陽亭侯	晉, 卷35, 1041	
裴瓚	河東郡 聞喜縣	臨海侯	晉, 卷35, 1049	

衛瓘	河東郡 安邑縣	菑陽公	晉, 卷36, 1057	衛璪·衛崇(東晉) 襲爵
衛密	河東郡 安邑縣	亭侯, 蘭陵郡公(追封)	晉, 卷36, 1057; 1061	
衛璪	河東郡 安邑縣	江夏郡公	晉, 卷36, 1066	
張華	范陽郡 方城縣	廣武縣侯, 壯武郡公	晉, 卷36, 1070; 1072	張輿 襲爵
張華 아들	范陽郡 方城縣	亭侯	晉, 卷36, 1070	
王沈	太原郡 晉陽縣	博陵縣公, 博陵郡公(追封)	晉, 卷39, 1145; 1147	王浚·王道素(東晉)·王崇之(東晉) 襲爵
荀顗	潁川郡	臨淮公	晉, 卷39, 1151	荀徽·荀序(東晉)·荀恒(東晉)·荀龍符(東晉) 襲爵
荀勖	潁川郡 潁陰縣	濟北郡公	晉, 卷39, 1153	荀輯·荀畯·荀識 襲爵
荀勖 아들	潁川郡 潁陰縣	亭侯	晉, 卷39, 1154	荀勖의 아들 1인
荀顯	潁川郡 潁陰縣	潁陽亭侯	晉, 卷39, 1154	본적지봉호
荀藩	潁川郡 潁陰縣	西華縣公	晉, 卷39, 1158	荀邃·荀汪 襲爵
荀闓	潁川郡 潁陰縣	射陽公	晉, 卷39, 1159	荀達 襲爵
荀組	潁川郡 潁陰縣	成陽縣男, 臨潁縣公	晉, 卷39, 1159; 1160	본적지봉호(臨潁縣公); 荀弈 襲爵
賈充	平陽郡 襄陵縣	魯郡公	晉, 卷40, 1166	
賈混	平陽郡 襄陵縣	永平侯	晉, 卷40, 1175	
賈模	平陽郡 襄陵縣	平陽鄉侯	晉, 卷40, 1176	본적지봉호; 賈遊 襲爵
楊駿	弘農郡 華陰縣	臨晉侯	晉, 卷40, 1177	
楊超	弘農郡 華陰縣	蓩亭侯	晉, 卷40, 1180	
李憙	上黨郡 銅鞮縣	祁侯	晉, 卷41, 1189	李贊 襲爵
劉寔	平原郡 高唐縣	循陽伯	晉, 卷41, 1196	
高光	陳留郡 圉城縣	延陵縣公	晉, 卷41, 1198	
王渾	太原郡 晉陽縣	京陵公	晉, 卷42, 1202	王濟·王卓 襲爵
王澄	太原郡 晉陽縣	亭侯	晉, 卷42, 1202	
王聿	太原郡 晉陽縣	敏陽侯	晉, 卷42, 1207	
王濬	弘農郡 湖縣	襄陽縣侯	晉, 卷42, 1215	王矩 襲爵
王彝	弘農郡 湖縣	楊鄉亭侯	晉, 卷42, 1215	
唐彬	魯國 鄒縣	上庸縣侯	晉, 卷42, 1219	唐彬의 장자
山濤	河內郡 懷縣	新沓伯	晉, 卷43, 1224	
王戎	琅邪郡 臨沂縣	安豐縣侯	晉, 卷43, 1232	王愔 襲爵

王澄	琅邪郡 臨沂縣	南鄉侯	晉, 卷43, 1239	
華恒	平原郡 高唐縣	苑陵縣公	晉, 卷44, 1262	
華嶠	平原郡 高唐縣	宣昌亭侯, 樂鄉侯	晉, 卷44, 1264	
石鑒	樂陵郡 厭次縣	堂陽子, 昌安縣侯	晉, 卷44, 1265; 1266	石陋 襲爵
和郁	汝南郡 西平縣	汝南亭侯	晉, 卷45, 1283	본적지봉호
侯史光	東萊郡 掖縣	臨海侯	晉, 卷45, 1290	侯玄·侯施 襲爵
劉頌	廣陵郡	梁鄒縣侯	晉, 卷46, 1308	
傳玄	北地郡 泥陽縣	鶉觚子	晉, 卷47, 1317	傳咸·傳敷 襲爵
傳祗	北地郡 泥陽縣	靈川縣公	晉, 卷47, 1331	본적지봉호
傳暢	北地郡 泥陽縣	武鄉亭侯	晉, 卷47, 1331	
傳雋	北地郡 泥陽縣	東明亭侯	晉, 卷47, 1331	
閻纘	巴西郡 安漢縣	平樂鄉侯	晉, 卷48, 1350	
華譚	廣陵郡	都亭侯	晉, 卷52, 1453	華茂 襲爵
馬隆	東平郡 平陸縣	奉高縣侯	晉, 卷57, 1556	馬咸 襲爵
陶璜	丹楊郡 秣陵縣	宛陵侯	晉, 卷57, 1560	
周玘	義興郡 陽羨縣	烏程縣侯	晉, 卷58, 1573	周勰(東晉) 襲爵
周訪	汝南郡 安城縣→廬江郡 尋陽縣	尋陽縣侯	晉, 卷58, 1580	현거주지 봉호
解脩	濟南郡 著縣	梁鄒侯	晉, 卷60, 1631	
孟觀	渤海郡 東光縣	上谷郡公	晉, 卷60, 1634	
周浚	汝南郡 安成縣	射陽侯, 成武侯	晉, 卷61, 1657; 1658	周顗 襲爵
周馥	汝南郡 安成縣	永寧伯	晉, 卷61, 1663	
苟晞	河內郡 山陽縣	東平郡侯	晉, 卷61, 1667	
劉喬	南陽郡	安衆男	晉, 卷61, 1673	
劉琨	中山郡 魏昌縣	廣武侯	晉, 卷62, 1680	劉羣 襲爵
劉輿	中山郡 魏昌縣	定襄侯	晉, 卷62, 1692	劉演 襲爵
祖納	范陽郡 遒縣	晉昌公	晉, 卷62, 1698	
李矩	平陽郡	陽武縣侯	晉, 卷63, 1706	
劉弘	沛國 相縣	宣城公, 新城郡公(追封)	晉, 卷66, 1763; 1767	
陶侃	鄱陽郡→廬江郡 尋陽縣	東鄉侯	晉, 卷66, 1769	
顧榮	吳郡 吳縣	嘉興伯	晉, 卷68, 1812	본적지봉호; 顧毗 襲爵
紀瞻	丹楊郡 秣陵縣→歷陽郡	都鄉侯, 臨湘縣侯	晉, 卷68, 1820	
賀循	會稽郡 山陰縣	都鄉侯	晉, 卷68, 1828	

薛兼		安陽亭侯, 安陽鄉侯	晉, 卷68, 1832	
戴淵	廣陵郡	秣陵侯	晉, 卷69, 1847	戴謐 襲爵
甘卓	丹楊郡	都亭侯	晉, 卷70, 1862	
卞壼	濟陰郡 冤句縣	成陽子, 成陽公	晉, 卷70, 1867	卞誕 襲爵
卞敦	濟陰郡 冤句縣	安陵亭侯	晉, 卷70, 1874	
劉超	琅邪郡 臨沂縣	原鄉亭侯	晉, 卷70, 1875	
庾亮	潁川郡	都亭侯	晉, 卷73, 1915	
庾氷	潁川郡	都鄉侯	晉, 卷73, 1927	
王嶠	太原郡 晉陽縣	九原縣公	晉, 卷75, 1974	王淡 襲爵
荀顗	潁川郡 臨潁縣	安陵亭侯	晉, 卷75, 1975	荀崧 襲爵
王廙	琅邪郡 臨沂縣	武陵縣侯	晉, 卷76, 2003	王頤之 襲爵
王彬	琅邪郡 臨沂縣	都亭侯	晉, 卷76, 2005	王彭之 襲爵
虞潭	會稽郡 餘姚縣	都亭侯	晉, 卷76, 2013	
顧衆	吳郡 吳縣	東鄉侯	晉, 卷76, 2015	顧昌 襲爵
張闓	丹楊郡	丹楊縣侯	晉, 卷76, 2018	
諸葛恢	琅邪郡 陽都縣	博陵亭侯	晉, 卷77, 2042	
孔愉	會稽郡 山陰縣	餘不亭侯	晉, 卷78, 2051	孔誾 襲爵
張軌	安定郡 烏氏縣	安樂鄉侯	晉, 卷86, 2222	
張寔	安定郡 烏氏縣	建武亭侯, 福祿縣侯, 西平公	晉, 卷86, 2226; 2227	
嵇紹	譙郡 銍縣	弋陽子, 弋陽侯	晉, 卷89, 2298; 2301	嵇曠(東晉) 襲爵
嵇蕃	譙郡 銍縣	武昌鄉侯	晉, 卷89, 2302	嵇含 襲爵
魯芝	扶風郡 郿縣	陰平侯	晉, 卷90, 2329	
王虔	東海郡 郯縣	安壽亭侯	晉, 卷93, 2412	
王愷	東海郡 郯縣	山都縣公	晉, 卷93, 2412	
王敦	琅邪郡 臨沂縣	漢安侯	晉, 卷98, 2554	
索靖	敦煌郡	安樂亭侯(追贈)	晉, 卷60, 1648	

[범례] 1. 출전의 '晉'은 『晉書』의 약칭이다.
2. 본적지의 '→'는 본적의 이동, 혹은 거주지의 변동을 뜻한다.
3. 封號 사이의 ','는 改封, 進封 등으로 封號의 변화를 뜻한다.

〈부록 · 표 3〉 北魏時代 漢人官僚의 本籍地 封號表

봉작자	본 적 지	封號	봉작시기	본적여부	계승자	출 전
張修虎	上谷郡 沮陽縣	上谷公		本郡		魏, 卷24, 619
張太	上谷郡 沮陽縣	菹陽侯		本郡他縣		魏, 卷24, 619
崔浩	淸河郡 東武城縣	武城子	明元帝	本郡本縣		魏, 卷35, 807
崔徽	淸河郡 東武城縣	貝丘侯	太武帝이전	本郡他縣		魏, 卷24, 624
崔景茂	淸河郡 東武城縣	武城男		本郡本縣		魏, 卷24, 628
崔道固	淸河郡 東武城縣	淸河公	獻文帝	本郡	崔彦遠	魏, 卷24, 629
崔景淵	淸河郡 東武城縣	武城男		本郡本縣		魏, 卷24, 630
鄧宗慶	安定郡	安定侯		本郡本縣		魏, 卷24, 636
崔賾	淸河郡 東武城縣	淸河侯		本郡	崔廣	魏, 卷32, 758
封魔奴	勃海郡 蓨縣	勃海公(追贈)		本郡		魏, 卷32, 761
宋溫	西河郡 介休縣 廣平郡 列人縣	列人侯(追贈)	太武帝?	현거주지(本郡本縣)		魏, 卷33, 774
王憲	北海郡 劇縣	劇縣侯 北海公	太武帝? 太武帝?	本郡本縣 本郡	王崇, 王仲智	魏, 卷33, 775
張昭	河內郡 修武縣	修武侯		本郡本縣		魏, 卷33, 780
公孫軌	燕郡 廣陽縣	燕郡公		本郡		魏, 卷33, 784
公孫質	燕郡 廣陽縣	廣陽侯(追贈)		本郡本縣		魏, 卷33, 785
李先	中山郡 盧奴縣	中山公(追贈)		本郡		魏, 卷33, 791
薛提	太原郡	太原公		本郡	薛浮子	魏, 卷33, 795

薛浮子	太原郡	太原侯		本郡		魏, 卷33, 795
李系	趙郡 平棘縣	平棘男(追贈)		本郡本縣		魏, 卷36, 829
李順	趙郡 平棘縣	平棘子 平棘侯	太武帝	本郡本縣 本郡本縣		魏, 卷36, 829
李敷	趙郡 平棘縣	平棘子		本郡本縣		魏, 卷36, 833
李育	趙郡 平棘縣	趙郡公	孝明帝	本郡		魏, 卷36, 846
李孝怡	趙郡 平棘縣	趙郡公	孝莊帝	本郡		魏, 卷36, 846
李熙	趙郡 平棘縣	元氏子	太武帝?	本郡他縣		魏, 卷36, 847-8
司馬靈壽	河內郡 溫縣	溫縣侯	太武帝	本郡本縣	司馬惠安, 司馬宗龐	魏, 卷37, 861
刁雍	勃海郡 饒安縣	東光侯	明元帝	本郡他縣		魏, 卷38, 866
韓延之	南陽郡 赭陽縣	魯陽侯		本郡他縣	韓道仁	魏, 卷38, 880
袁式	陳郡 陽夏縣	陽夏子/陽夏侯(?)	明元帝	本郡本縣	袁濟	魏, 卷38, 881
李寶	隴西郡 狄道縣	敦煌公	太武帝	현거주지	李茂	魏, 卷39, 885
李承	隴西郡 狄道縣	姑臧侯		현거주지	李韶	魏, 卷39, 886
李韶	隴西郡 狄道縣	姑臧伯		현거주지		魏, 卷39, 886
李茂	隴西郡 狄道縣	敦煌侯	孝文帝	현거주지	李靜, 李遐	魏, 卷39, 891
薛辯	河東郡 汾陰縣	汾陰侯	明元帝	本郡本縣	薛謹	魏, 卷42, 941
薛初古拔	河東郡 汾陰縣	河東公	孝文帝	本郡	薛胤	魏, 卷42, 942
薛胤	河東郡 汾陰縣	河東侯		本郡		魏, 卷42, 943
寇脩之	上谷郡	馮翊公	太武帝	현거주지		魏, 卷42, 946

	馮翊郡 萬年縣	(追贈)				
薛法順	河東郡 汾陰縣	汾陰侯		本郡本縣		彙, 214
寇讚	上谷郡 馮翊郡 萬年縣	河南公	明元帝	현거주지	寇元寶, 寇祖, 寇靈孫	魏, 卷42, 947
寇治	上谷郡 馮翊郡 萬年縣	昌平男		本郡本縣		魏, 卷42, 948
酈範	范陽郡 涿鹿縣	假范陽公		本郡		魏, 卷42, 951
呂方生	趙郡	高邑子 (追贈)		本郡他縣		魏, 卷42, 955
嚴雅玉	馮翊郡 臨晉縣	假馮翊公		本郡		魏, 卷43, 959
唐玄達	晉昌郡 冥安縣	晉昌公 晉昌侯	太武帝	本郡本縣 本郡本縣		魏, 卷43, 963
劉休賓	平原郡 北海郡 都昌縣	平原公	獻文帝	本郡		魏, 卷43, 965
劉文華	平原郡 北海郡 都昌縣	都昌子		현거주지	劉元	魏, 卷43, 969
房思安	清河郡 繹幕縣	清河子	獻文帝	本郡他縣	房敬寶, 房去病	魏, 卷43, 972
韋欣宗	京兆郡 杜陵縣	杜縣侯	獻文帝	本郡本縣		魏, 卷45, 1011
韋珍	京兆郡 杜陵縣	霸城子 霸城侯		本郡他縣 本郡他縣		魏, 卷45, 1013
韋融	京兆郡 杜陵縣	長安伯		本郡他縣		魏, 卷45, 1015
韋朏	京兆郡 杜陵縣	杜縣開國子	孝明帝	本郡本縣		魏, 卷45, 1015
梁穎	安定郡	朝那男	道武帝	本郡他縣		魏, 卷45, 1016
梁嵩儁	安定郡	烏氏縣開國伯	孝明帝	本郡他縣		魏, 卷45, 1016
裴雙碩	河東郡 聞喜縣	安邑子 聞喜侯		本郡他縣 本郡本縣		魏, 卷45, 1020

		(追贈)				
裴駿	河東郡 聞喜縣	聞喜侯 (追贈)		本郡本縣		魏, 卷45, 1021
辛紹先	隴西郡 狄道縣 太原郡 晉陽縣	晉陽公 (追贈)	孝文帝 (太和 13년)	현거주지		魏, 卷45, 1025
柳元章	河東 解縣	猗氏伯	孝明帝	本郡他縣		魏, 卷45, 1030
竇瑾	頓丘郡 衛國縣	繁陽子 衛國侯		本郡他縣 本郡本縣		魏, 卷46, 1035
李崇	范陽郡	固安侯	太武帝 (延和初)	本郡他縣	李瓘, 李長生, 李元宗	魏, 卷46, 1039
李訢	范陽郡	范陽公	孝文帝	本郡		魏, 卷46, 1040
李恭	范陽郡	容城侯 (追贈)		本郡他縣		魏, 卷46, 1042
盧玄	范陽郡 涿縣	固安伯		本郡他縣	盧度世, 盧道舒	魏, 卷48, 1078
盧度世	范陽郡 涿縣	固安伯 (襲爵) 固安侯		本郡他縣 本郡他縣		魏, 卷47, 1046
盧淵	范陽郡 涿縣	固安伯 (追贈)	宣武帝	本郡他縣		魏, 卷47, 1050
盧文翼	范陽郡 涿縣	范陽子	孝莊帝	本郡		魏, 卷47, 1062
許堪	博陵郡	饒陽子		本郡他縣		魏, 卷48, 1079
許琛	常山郡	眞定子		本郡他縣		魏, 卷48, 1079
崔建	博陵郡	安平子		本郡他縣		魏, 卷48, 1080
呂季才	趙郡	高邑子		本郡他縣		魏, 卷48, 1081
李靈	趙郡	高邑子		本郡他縣		魏, 卷49, 1097
李悅祖	趙郡	高邑侯		本郡他縣	李瑾,	魏, 卷49, 1098

		高邑伯		本郡他縣	李景威	
李顯甫	趙郡	平棘子		本郡本縣	李元忠	魏, 卷49, 1098
李華	趙郡 柏人縣	欒城子		本郡他縣		魏, 卷49, 1099
崔鑒	博陵郡 安平縣	安平侯(追贈)		本郡本縣		魏, 卷49, 1103
韓耆	安定郡 安武縣	假安武侯	明元帝?	本郡本縣		魏, 卷51, 1127
韓茂	安定郡 安武縣	安定公 安定王(追贈)	太武帝 文成帝	本郡 本郡	韓備, 韓均, 韓寶石	魏, 卷51, 1128
孔昭	魏郡 鄴縣	魏縣侯	太武帝	本郡他縣		魏, 卷51, 1140
胡方回	安定郡 臨涇縣	臨涇子	太武帝	本郡本縣		魏, 卷52, 1149
李曾	趙郡	栢仁子(追贈)		本郡他縣		魏, 卷53, 1167
李祥	趙郡	平棘子(追贈)		本郡本縣		魏, 卷53, 1175
李安世	趙郡	趙郡公	孝文帝	本郡		魏, 卷53, 1176
李沖	隴西郡	隴西公	孝文帝	本郡		魏, 卷53, 1180
游雅	廣平郡 任縣	廣平子 廣平侯	太武帝 太武帝	本郡他縣		魏, 卷54, 1195
游明根	廣平郡 任縣	假廣平公	孝文帝	本郡他縣		魏, 卷55, 1214
鄭羲	滎陽郡 開封縣	陽武子 假滎陽侯 滎陽侯	孝文帝 孝文帝 孝文帝	本郡他縣 本郡他縣 本郡他縣		魏, 卷56, 1238; 1239
鄭懿	滎陽郡 開封縣	滎陽伯 (襲爵?)	孝文帝	本郡他縣	鄭恭業	魏, 卷56, 1239
鄭輯之	滎陽郡 開封縣	成皐男		本郡他縣		魏, 卷56, 1245
鄭穎考	滎陽郡 開封縣	開封侯(追贈)		本郡本縣		魏, 卷56, 1249
崔辯	博陵郡 安平縣	饒陽侯		本郡他縣		彙, 475
高讜	渤海郡	南皮子 假蓨縣侯	太武帝 太武帝	本郡他縣 本郡本縣		魏, 卷57, 1259
高祐	渤海郡	假東光侯	孝文帝	本郡他縣		魏, 卷57, 1261
楊懿	恒農郡 華陰縣	弘農公(追贈)	孝文帝	本郡		魏, 卷58, 1279
楊播	恒農郡 華陰縣	華陰子 華陰伯	孝文帝 孝文帝	本郡本縣 本郡本縣	楊侃	魏, 卷58, 1280

楊逸	恒農郡 華陰縣	華陰男		本郡本縣		魏, 卷58, 1300
楊謐	恒農郡 華陰縣	弘農伯		本郡		魏, 卷58, 1301
楊暉	恒農郡 華陰縣	弘農公(追贈)		本郡		魏, 卷58, 1303
程駿	廣平郡 曲安縣	曲安侯(追贈)	孝文帝	本郡本縣		魏, 卷60, 1350
薛安都	河東郡 汾陰縣	河東公 河東王(追贈)	獻文帝 獻文帝	本郡 本郡	薛達	魏, 卷61, 1354
薛達	河東郡 汾陰縣	河東侯(降爵) 河東郡開國侯	孝文帝 孝文帝	本郡 本郡		魏, 卷61, 1354
薛道異	河東郡 汾陰縣	安邑侯(追贈)		本郡他縣		魏, 卷61, 1355
薛道次	河東郡 汾陰縣	安邑侯	孝文帝?	本郡他縣	薛巒	魏, 卷61, 1355
薛碩明	河東郡 汾陰縣	蒲坂侯	獻文帝	本郡他縣		魏, 卷61, 1355
薛懷儁	河東郡 汾陰縣	汾陰男	孝武帝?	本郡本縣		魏, 卷61, 1358
畢衆敬	東平郡 須昌縣	東平公	獻文帝	本郡	畢義允	魏, 卷61, 1360
畢元賓	東平郡 須昌縣	須昌侯	獻文帝	本郡本縣	畢祖朽, 畢祖髦	魏, 卷61, 1361
畢義允	東平郡 須昌縣	東平侯		本郡		魏, 卷61, 1361
畢祖朽	東平郡 須昌縣	須昌伯		本郡本縣		魏, 卷61, 1362
田益宗	光城蠻	光城縣開國伯	孝文帝	本郡本縣		魏, 卷61, 1370
李彪	頓丘郡 衛國縣	衛國子	孝文帝	本郡本縣		魏, 卷62, 1381
宋愔	廣平郡 列人縣	列人子	太武帝	本郡本縣	宋顯, 宋弁, 宋維	魏, 卷63, 1414
郭逸	太原郡 晉陽縣	楡次侯	太武帝	本郡他縣		魏, 卷64, 1421
邢産	河間郡 鄚縣	假鄚縣子 樂城子(追贈)	孝文帝	本郡本縣 本郡他縣		魏, 卷65, 1449; 1450
李世哲	頓丘郡	衛國子	孝明帝	本郡本縣		魏, 卷66, 1475
崔思韶	淸河郡 東武城縣	武城子	孝明帝	本郡本縣		魏, 卷66, 1481
劉藻	廣平郡 易陽縣	易陽子	孝莊帝	本郡本縣		魏, 卷70, 1549
傅永	淸河郡	淸河男	宣武帝	本郡		魏, 卷70, 1552
傅靈越	淸河郡	貝丘子	文成帝	本郡他縣		魏, 卷70, 1556

傅三寶	清河郡	貝丘子	獻文帝	本郡他縣		魏, 卷70, 1561
張烈	清河郡 東武城縣	清河縣開國子	宣武帝	本郡他縣		魏, 卷76, 1686
董紹	新蔡郡 鮦陽縣	新蔡縣開國男	孝明帝	本郡他縣		魏, 卷79, 1759
鹿悆	濟陰郡	定陶縣開國子	孝莊帝	本郡他縣		魏, 卷79, 1764
祖瑩	范陽郡 遒縣	容城縣子	孝明帝	本郡他縣		魏, 卷81, 1800
常英	遼西郡	遼西公 遼西王	文成帝 文成帝	本郡 本郡		魏, 卷83上, 1817
常亥	遼西郡	遼西公(追贈)	文成帝	本郡		魏, 卷83上, 1817
常澄	遼西郡	遼西公(追贈)	文成帝	本郡		魏, 卷83上, 1817
馮熙	長樂郡 信都縣	昌黎王	獻文帝	本郡	馮冏	魏, 卷83上, 1819
馮誕	長樂郡 信都縣	長樂郡公	獻文帝	本郡	馮穆	魏, 卷83上, 1821
馮聿	長樂郡 信都縣	信都伯		本郡本縣		魏, 卷83上, 1823
李蓋	中山郡	中山王(追贈)		本郡		魏, 卷83上, 1824
李惠	中山郡	中山公(追贈)	宣武帝	本郡		魏, 卷83上, 1826
李興祖	中山郡	安喜侯		本郡他縣		魏, 卷83上, 1825
高颺	勃海郡	勃海公(追贈)	宣武帝	本郡	高琨, 高猛	魏, 卷83下, 1829
高琨	勃海郡	勃海公(追贈)	宣武帝	本郡		魏, 卷83下, 1831
胡國珍	安定郡 臨涇縣	安定郡公	孝明帝	本郡	胡祥	魏, 卷83下, 1833
胡寧	安定郡 臨涇縣	臨涇伯 臨涇公		本郡本縣 本郡本縣		魏, 卷83下, 1836
李業興	上黨郡 長子縣	長子伯 屯留縣開國子	孝莊帝 孝武帝	本郡本縣 本郡他縣		魏, 卷84, 1862
張赦提	中山郡 安喜縣	假安喜侯	獻文帝	本郡本縣		魏, 卷89, 1922
羊規之	太山郡 鉅平縣	鉅平子	太武帝	本郡本縣	羊祉	魏, 卷89, 1923

晁繼	遼東郡 襄平縣	襄平子	道武帝	本郡本縣		魏, 卷91, 1944
劉靈助	燕郡	燕郡公	孝莊帝	本郡		魏, 卷91, 1959
王橋	太原郡 晉陽縣 武威郡 姑臧縣	顯美侯(追贈) 武威王(追贈)	獻文帝 獻文帝	현거주지 현거주지		魏, 卷93, 1988 魏, 卷93, 1990
王叡	太原郡 晉陽縣 武威郡 姑臧縣	太原公	孝文帝	本郡		魏, 卷93, 1990
王隆保	太原郡 晉陽縣 武威郡 姑臧縣	姑臧侯		현거주지		魏, 卷93, 1996
王琚	高平郡	高平王		本郡		魏, 卷94, 2015
趙黑	酒泉郡 安彌縣 自云 河內郡 溫縣	河內公	太武帝	자칭(本縣)		魏, 卷94, 2016
孫小	咸陽郡 石安縣	石安縣子	太武帝	本郡本縣		魏, 卷94, 2018
張孟舒	河南郡 鞏縣	鞏縣侯(追贈)	文成帝	本郡本縣		魏, 卷94, 2018
張宗之	河南郡 鞏縣	鞏縣侯		本郡本縣		魏, 卷94, 2018
張鸞旗	河南郡 鞏縣	洛陽男 洛陽侯		本郡他縣 本郡他縣		魏, 卷94, 2019
抱嶷	安定郡 石唐縣	安定公		本郡		魏, 卷94, 2021
王溫	趙郡 欒成縣 自云 陽平郡 武陽縣	欒城伯 欒城縣開國侯 武陽縣開國侯	孝明帝 孝明帝 孝明帝	本郡本縣 本郡本縣 本郡本縣	王冏哲	魏, 卷94, 2031
封津	勃海郡 蓨縣	東光縣開國子	孝明帝	本郡他縣	封長業	魏, 卷94, 2033
寇臻	上谷郡 昌平縣	昌平子		本郡本縣		彙, 48
邢穎	河間郡 鄚縣	城平侯		本郡他縣		彙, 78
李祥	趙郡	平棘子		本郡本縣		彙, 78
封休桀	渤海郡	安陵子		本郡他縣		彙, 79
劉策	中山郡 蒲陰縣	蒲陰子		本郡本縣		彙, 88
崔雙護	博陵郡 安平縣	安平侯		本郡本縣		彙, 98
楊辨	恒農郡	恒農子		本郡		彙, 193
楊悅	恒農郡	恒農男		本郡		彙, 193
唐耀	魯郡 鄒縣	鄒縣男		本郡本縣		彙, 248
辛松	隴西郡	狄道侯		本郡		疏, 58
韋尙	京兆郡 杜縣	杜縣侯		本郡本縣		疏, 128

韋彧	京兆郡 杜縣	陰槃縣開國公		本郡他縣		疏, 234
宗儒	南陽郡 安衆縣	安衆子		本郡本縣		彙, 367
李?	頓丘郡	頓丘男		本郡		彙, 377
高歡	渤海郡 蓨縣	渤海王	前廢帝	本郡		齊, 卷1, 6
孫騰	咸陽郡 石安縣	石安縣伯	前廢帝	本郡本縣		齊, 卷18, 233
劉貴	秀容郡 陽曲縣	敷城縣伯 敷城縣公	孝莊帝 孝莊帝	本郡他縣 本郡他縣		齊, 卷19, 250
薛壽仁	河東郡 汾陰縣	汾陰公	孝明帝	本郡本縣		齊, 卷20, 275
薛脩義	河東郡 汾陰縣	汾陰縣侯	孝明帝	本郡本縣		齊, 卷20, 276
崔㥄	淸河郡 東武城縣	武城縣公	孝武帝	本郡本縣		齊, 卷23, 333
李方叔	黎陽郡 衛國縣	頓丘王		本郡他縣		彙, 476
王羆	京兆郡 覇城縣	覇城縣公		本郡本縣		周, 卷18, 292
王思政	太原郡 祁縣	祁縣侯	孝武帝	本郡本縣		周, 卷18, 294
王珍	樂浪郡	樂浪公(追贈)		本郡		周, 卷20, 333
韋孝寬	京兆郡 杜陵縣	山北縣男	孝莊帝	本郡他縣		周, 卷31, 535
薛端	河東郡 汾陰縣	汾陰縣男	孝武帝	本郡本縣		周, 卷35, 621
王士良	太原郡 晉陽縣	晉陽縣子	孝武帝	本郡本縣		周, 卷36, 638
薛遵彦	河東郡 汾陰縣	安邑侯		本郡他縣		周, 卷38, 685
李辯	隴西郡 狄道縣	隴西公		本郡		疏, 325쪽
羊侃	泰山郡 梁甫縣	鉅平侯	孝明帝	本郡他縣		梁, 卷39, 557
胡亮	安定郡 臨涇縣	臨涇子		本郡本縣		誌, 15
崔隆宗	淸河郡 東武城縣	淸河郡開國公		本郡		誌, 1741

[범례] 1. 출전에서 '魏'는 『魏書』, '齊'는 『北齊書』, '周'는 『周書』, '梁'은 『梁書』, '彙'는 『漢魏南北朝墓誌彙編』, '疏'는 『新出魏晉南北朝墓志疏證』, '巡'은 文成帝南巡碑(山西省考古研究所 靈丘縣文物局, 「山西靈丘北魏文成帝≪南巡碑≫」, 『文物』 1997-12, 1997), '誌'는 『唐代墓誌彙編』(周紹良 主編, 上海: 上海古籍出版社, 1992), '續'은 『唐代墓誌彙編續集』(周紹良 · 趙超 主編, 上海: 上海古籍出版社, 2001)

2. 본적지가 두 개인 경우, 위는 원래의 본적지, 아래는 이주 후의 본적지를 뜻함.

〈부록 · 표 4〉 東魏北齊 漢人官僚의 본적지봉호표

봉작자	본 적 지	封 號	계승자	출 전
段榮	姑臧郡 武威縣	姑臧縣侯	段韶	齊, 卷16, 207
孫騰	咸陽郡 石安縣	石安縣伯	孫鳳珍	齊, 卷18, 233
司馬子如	河內郡 溫縣	野王縣[開國]男		齊, 卷18, 240; 彙, 391
薛脩義	河東郡 汾陰縣	正平郡公	薛文殊	齊, 卷20, 277
杜弼	中山郡 曲陽縣 → 京兆郡 杜陵縣	長安縣伯		齊, 卷24, 351
楊愔	弘農郡 華陰縣	華陰縣侯 華山郡公		齊, 卷34, 446
唐邕	晉昌郡 太原郡 晉陽縣	晉昌王		齊, 卷40, 531
盧熙裕	范陽郡 涿縣	固安伯		齊, 卷42, 557
蕭正表	梁帝室/蘭陵郡	蘭陵郡開國公		魏, 卷59, 1327
李子固	安平	安平侯		疏, 374
李慶□	安平	安平子		疏, 374
高德政	渤海郡 蓨縣	渤海郡王		誌, 1377
段仲德	遼西郡 令支縣	肥如縣開國公		誌, 51
薛孝通	河東郡 汾陰縣	汾陰侯		續, 278
鄭景	滎陽郡 開封縣	滎陽郡公		誌, 406
楊蘭	弘農郡 華陰縣	弘農縣開國公		誌, 504
楊球	弘農郡	弘農郡開國公		誌, 812
靖?	廣平郡 列人縣	廣平侯		誌, 1360
王緝	琅耶郡 臨沂縣	琅耶郡開國公		續, 349

[범례] 1. 출전에서 '魏'는 『魏書』, '齊'는 『北齊書』, '周'는 『周書』, '彙: 『漢魏南北朝墓誌彙編』, '疏'는 『新出魏晉南北朝墓志疏證』, '誌'는 『唐代墓誌彙編』(周紹良 主編, 上海: 上海古籍出版社, 1992), '續'은 『唐代墓誌彙編續集』(周紹良 · 趙超 主編, 上海: 上海古籍出版社, 2001)의 약칭이다.

2. 본적지가 두 개인 경우, 화살표 왼쪽은 원래의 본적지, 화살표 오른쪽은 이주 후의 본적지를 뜻함.

〈부록 · 표 5〉 東魏北齊 漢人의 본적지봉작표

봉작자	본 적 지	封 號	계승자	출 전
王思政	太原郡 祁縣	太原郡公		周, 卷18, 294
周惠達	章武郡 文安縣	文安縣子, 文安縣伯, 文安縣公	周題	周, 卷22, 363
楊寬	弘農郡 華陰	華山郡公		周, 卷22, 367
楊儉	弘農郡 華陰	夏陽縣侯		周, 卷22, 368
蘇綽	武功郡	美陽縣子, 美陽縣伯		周, 卷23, 382
蘇椿	武功郡	美陽子	蘇植	周, 卷23, 395
盧辯	范陽郡 涿縣	范陽公		周, 卷24, 403
李詢	隴西郡 成紀縣	隴西郡公		隋, 卷37, 1122
權景宣	天水郡 顯親縣	顯親縣男, 顯親縣伯		周, 卷28, 478; 479
韋孝寬	京兆郡 杜陵縣	山北縣[開國]侯		周, 卷31, 535; 疏, 313
盧柔	范陽郡	容城縣男, 容城伯		周, 卷32, 563; 隋, 卷56, 1383
王悅	京兆郡 藍田縣	藍田縣伯, 藍田縣侯		周, 卷33, 581
崔說	博陵郡 安平縣	安平縣公	崔弘度	周, 卷35, 614
劉志	弘農郡 華陰縣	華陰縣男		周, 卷36, 649
李昶	頓丘郡 臨黃縣	臨黃縣伯, 臨黃縣侯, 臨黃縣公		周, 卷38, 686
韋瑱	京兆郡 杜陵縣	長安縣男, 長安縣子		周, 卷39, 693
梁昕	安定郡 烏氏縣 → 京兆郡 盩厔	安定縣子		周, 卷39, 695
梁榮	上同	朝那縣伯		周, 卷39, 696
王子直	京兆郡 杜陵縣	山北縣男		周, 卷39, 700
泉企	上洛郡 豐陽縣	上洛郡公		周, 卷44, 787
泉仲遵	上洛郡 豐陽縣	豐陽縣伯, 上洛郡公		周, 卷44, 788; 789
李遷哲	安康郡	安康郡公		周, 卷44, 792
任果	南安郡	南安縣公		周, 卷44, 799
盧光	范陽郡 涿縣	范陽縣伯		周, 卷45, 807
樂遜	河東郡 猗氏縣	安邑縣子		周, 卷45, 817
楊熙之	弘農郡 華陰縣	華陰縣開國男		彙, 385
韋奥	京兆郡 杜陵縣	山北縣開國男		疏, 234
蘇威	京兆郡 武功縣	美陽縣公		隋, 卷41, 1185
牛弘	安定郡 鶉觚縣	臨涇公(襲爵)		隋, 卷49, 1297
李蔚	隴西郡 狄道縣	襄武縣公	李安	隋, 卷50, 1322

盧愷	涿郡 范陽縣	容城伯		隋, 卷56, 1383
王韶	自云 太原郡 晉陽縣	晉陽縣公		隋, 卷62, 1473
李虎	隴西郡 狄道縣	隴西郡公		舊, 卷1, 1
鄭誠	鄭州 滎澤縣	開封縣公		新, 卷100, 3936
徐招	高平郡 金鄉縣	金鄉縣開國公		誌, 1460
唐永	北海郡	平壽縣開國公		續, 539
梁榮	安定郡 始平縣	朝那縣開國伯		誌, 176
?彩	陽平郡 淸水縣	陽平郡開國公		誌, 333
梁顯	安定郡	臨涇郡開國公		誌, 457
郭穆	潁川郡 陽翟縣	潁川縣侯		誌, 599
鄧黙	潁川郡 許昌縣→京兆府 萬年縣	許昌子		誌, 1299
魏敷	鉅鹿郡 鼓城縣	鉅鹿郡公	魏元凱	續, 103
孔琰	魯國 曲阜縣→洛陽縣	曲阜縣開國男		續, 311-312
劉咸	河間郡→長安縣	河間公		續, 324
常建	河內郡 溫縣	河內縣開國子		續, 451

[범례] 1. 출전에서 '周'는 『周書』, '隋'는 『隋書』, '舊: 『舊唐書』, '新'은 『新唐書』, '彙'는 『漢魏南北朝墓誌彙編』, '疏'는 『新出魏晉南北朝墓志疏證』, '誌'는 『唐代墓誌彙編』(周紹良 主編, 上海: 上海古籍出版社, 1992), '續'은 『唐代墓誌彙編續集』(周紹良 · 趙超 主編, 上海: 上海古籍出版社, 2001)의 약칭이다.

2. 본적지가 두 개인 경우, 위는 원래의 본적지, 아래는 이주 후의 본적지를 뜻함.

〈부록 · 표 6〉 隋代 封號 一覽表

봉작자	본 적 지	封　　號	출　전	비 고
?兗	陽平郡 淸水縣	閿鄕縣開國公	誌, 333	
?孝敏	平原郡 平昌縣	淸淇縣開國公	誌, 37	
賈悉達		南陽郡公	隋, 卷2, 38	開皇 13년
甘?	丹陽郡	南陵縣公	誌, 1062	
康滿	衛	壽陽侯	誌, 1270	
康武通	太原郡 祁縣	陽城縣開國子	誌, 545	
姜謩	秦州 上邽縣	長道縣公	舊, 卷59, 2333	본적지봉호
耿士隆	太原郡 晉陽縣	耿國公	續, 12	
耿毅	鉅鹿郡	鉅鹿公	誌, 1008	본적지봉호
耿子相	太原郡 晉陽縣	頓丘郡開國公	續, 12	
高熲	渤海郡 蓚縣/渤海郡	渤海郡公, 齊國公	隋, 卷41, 1180; 1181	본적 자칭; 본적지봉호(渤海郡 公); 唐代 郯國公 追封 (誌, 726); 묘지명에서 渤海郡을 본적지로 기록(誌, 726)
高賓	渤海郡 蓚縣	渤海公(追贈)	隋, 卷41, 1179	본적 자칭; 본적지봉호
高表仁	渤海郡 蓚縣/渤海郡	渤海郡公	隋, 卷41, 1184	본적 자칭; 본적지봉호
高弘德	渤海郡 蓚縣/渤海郡	應國公	隋, 卷41, 1184	본적 자칭
顧元	吳郡	蓀蕪郡開國公	誌, 1321-1322	
孔子 후손		紹聖侯	隋, 卷3, 72	
郭衍	自云 太原郡 介休縣	武山郡公, 眞定侯	隋, 卷61, 1469; 1470	大業 6년(眞定侯)
郭榮	自云 太原郡	蒲城郡公	隋, 卷50, 1320	본적 자칭
郭行□	太原郡 介休縣	武山郡開國公	續, 268	
郭懷道	太原郡 介休縣	須昌縣開國子	誌, 1901	郭遊素 襲爵

郭孝恭	太原郡	崇義縣開國男	誌, 1086	
郭徽	太原郡	安城縣公	續, 116	
丘和	河南郡 洛陽縣	平城郡公	舊, 卷59, 2324	李淵 起義 이후
屈突?	昌黎郡→京兆府 長安縣	蔣國公	誌, 814	
權杜玢	天水郡 略陽縣	廣州縣開國公	續, 433	
靳長仁	汾州 西河縣	修武縣開國子	誌, 637	靳義全 襲爵
駱奉仙	會稽郡	江國公	續, 891	
來護兒	江都	黃縣公, 榮國公	隋, 卷64, 1515; 1516	仁壽 3년(黃縣公); 大業 7년(榮國公)
來和	京兆郡 長安縣	洹水縣子	隋, 卷78, 1773	開皇初
盧愷	涿郡 范陽縣	容城侯	隋, 卷56, 1384	본적지봉호; 盧義恭 襲爵
盧賁	涿郡 范陽縣	燕郡公	隋, 卷38, 1142	
盧毅	范陽郡	肥如侯	誌, 1336	
盧楚	涿郡 范陽縣	涿郡公	隋, 卷71, 1651	본적지봉호
段文振	北海郡 期原縣 遼西郡 令支縣	龍岡縣公, 北平侯(追增) 北平侯	隋, 卷60, 1458; 1460 續, 59	
唐儉	并州 晉陽縣	晉昌郡公	舊, 卷58, 2306	李淵 起義 이후
唐憲	并州 晉陽縣	安富縣公	新, 卷89, 3760	
獨孤羅	雲中郡/河南郡 洛陽縣	趙國公(追贈)	隋, 卷79, 1789	
獨孤穆	雲中郡/河南郡 洛陽縣	金泉縣公	隋, 卷79, 1790	
獨孤善	雲中郡/河南郡 洛陽縣	河內郡公	隋, 卷79, 1789	
獨孤盛		紀國公(追贈)	隋, 卷71, 1649	
獨孤藏	雲中郡/河南郡 洛陽縣	武平縣公	隋, 卷79, 1790	
獨孤整	雲中郡/河南郡 洛陽縣	平鄉侯	隋, 卷79, 1791	
獨孤楷		汝陽郡公	隋, 卷55, 1377	

獨孤陁	雲中郡/河南郡 洛陽縣	武喜縣公	隋, 卷79, 1790	묘지명에서 본적을 河南郡 洛陽縣으로 기록(誌, 1461)
董?	洛州 伊闕縣	琅耶郡公	誌, 458	
董□	廣川郡	博望侯	續, 342	
董純	隴西郡 成紀縣	漢曲縣公, 順政縣公, 順政郡公	隋, 卷65, 1539	隋文帝 즉위(漢曲縣公); 煬帝즉위 무렵(順政縣公)
豆盧毓	昌黎郡 徒河縣	正義縣公(追贈), 雍丘侯(追贈)	隋, 卷39, 1158	豆盧顒師 襲爵
豆盧勣	昌黎郡 徒河縣	楚國公	隋, 卷39, 1156-7	豆盧賢 襲爵
豆盧通	昌黎郡 徒河縣	南陳郡公	隋, 卷39, 1159	
杜寶虔	雲中	承縣公	隋, 卷55, 1372	
杜寶安	雲中	昌陽縣公	隋, 卷55, 1372	
杜嵩	京兆 杜陵縣	煦山公	誌, 797	杜忍 襲爵
杜彦	雲中	襄武縣公	隋, 卷55, 1371	開皇初
杜整	京兆郡 杜陵縣	長廣郡公	隋, 卷54, 1366	隋 건국; 杜楷 襲爵
竇軌	扶風郡 平陵縣	贊皇縣公	舊, 卷61, 2365	李淵 起義 이후
竇榮定	扶風郡 平陵縣	安豐郡公, 陳國公(追贈)	隋, 卷39, 1151	竇抗 襲爵(續, 43)
竇毅		神武郡公	隋, 卷1, 14	
竇琮	扶風郡 平陵縣	扶風郡公	舊, 卷61, 2367	李淵 起義 이후; 본적지봉호
竇熾		鄧國公	隋, 卷1, 22	開皇 4년
竇誕	岐州 平陸縣/扶風郡 平陵縣	安豐郡公	新, 卷95, 3849	義寧初; 묘지명에서 扶風郡 平陵縣을 본적지로 기록(續, 43)
竇抗	扶風郡 平陵縣	陳國公	舊, 卷61, 2368	
竇憲	扶風郡 平陵縣	安康郡公	隋, 卷39, 1151	
鄧暠	京兆府 長安縣	臨川郡開國公	誌, 1293	
馬勝	扶風郡	絳郡公	誌, 978	
麥士雄	始興郡	武强侯(追贈)	隋, 卷64, 1512	麥傑 襲爵
麥才		宿公	隋, 卷5, 101	

麥鐵杖	始興郡	宿國公(追贈)	隋, 卷64, 1512	麥孟才 襲爵
明克讓	平原郡 鬲縣	歷城縣侯	隋, 卷58, 1415	
慕容三藏	燕郡? 昌黎郡 棘城縣	河內縣男 野王縣開國公, 河內縣公	隋, 卷65, 1532 誌, 564	仁壽元年 開皇 4년(野王縣開國公) ; 仁壽元年(河內縣公)
武士彠	并州 文水縣	太原郡公	舊, 卷58, 2317	李淵 起義 이후; 본적지봉호
房?	淸河郡	平高郡公	誌, 420	
房兆	河南郡 洛陽縣	平高公	誌, 348	
房崱	淸河郡	崇國公	誌, 211	
龐晃	楡林	比陽公	隋, 卷50, 1322	
裴矩	河東郡 聞喜縣/絳州 聞喜縣	聞喜縣公	隋, 卷67, 1578	본적지봉호; 隋文帝 시기
裴仁基	河東郡	絳郡公	隋, 卷70, 1633	본적지봉호
裴寂	蒲州 桑泉縣	聞喜縣公	舊, 卷57, 2286	李淵 起義 이후; 본적지봉호
樊叔略	陳留郡	安定郡公	隋, 卷73, 1677	開皇初
樊子蓋	廬江郡	建安侯, 濟北公	隋, 卷63, 1491; 卷4, 90	大業 12년(濟北公)
封君明	河南 洛陽縣	渤海公	誌, 880	
北周 靜帝	北周帝室	介國公	隋, 卷1, 13	開皇元年; 宇文洛 襲爵
謝慶恩		鮮虞縣公	隋, 卷54, 1365	
司馬運	河內郡 溫縣	琅邪公	誌, 1387	
司馬玄祚	河內郡 溫縣	琅邪公	誌, 1387	
史萬歲		太平公	隋, 卷84, 1873	
史祥	朔方郡	陽城郡公	隋, 卷63, 1493	隋文帝 즉위후
史雲	朔方郡	武平縣公	隋, 卷63, 1496	
史威	朔方郡	武當縣公	隋, 卷63, 1496	
厙狄士文	代人	湖陂縣子	隋, 卷74, 1692	開皇元年
傷蒲俱	京兆府 鄠縣	懷遠公	誌, 139	

徐寔	高平郡 金鄕縣	江夏郡開國公	誌, 1460	
薛回	河東郡 汾陰縣→關中	舞陰郡公	隋, 卷65, 1533	開皇初
蕭球	蘭陵郡	仁化侯	誌, 1447	
蕭瑀	蘭陵郡	新安郡王, 宋國公	舊, 卷63, 2398; 2400	
蕭岑	蘭陵郡	懷義郡公	周, 卷48, 867	
蕭綜	蘭陵郡	莒國, 梁公	隋, 卷79, 1793; 1794	
蕭該	蘭陵郡	山陰縣公	隋, 卷75, 1715	開皇初
蘇威	京兆郡 武功縣	邳國公	隋, 卷41, 1185	蘇綽 追贈 襲爵
蘇虎	京兆郡 武功縣	巴東郡公	誌, 1526	
蘇孝慈	扶風郡	安平郡公	隋, 卷46, 1259	文帝 시기
孫恕		濟南郡公	隋, 卷1, 14	開皇元年
宿勤武		盤石侯	隋, 卷39, 1157	
柴紹	晉州 臨汾縣	臨汾郡公	新, 卷90, 3774	李淵 起義 이후; 본적지봉호
柴愼	晉州 臨汾縣	鉅鹿郡公	舊, 卷58, 2314	李淵 起義 이후
辛公義	隴西郡 狄道縣	安陽縣男	隋, 卷73, 1681	開皇元年
辛彦之	隴西郡 狄道縣	任城郡公	隋, 卷75, 1709	
辛遵		大義公	隋, 卷54, 1365	
安羅	涼州 姑臧縣	貴鄕縣開國公	續, 272	
顔之儀	琅邪郡	新野郡公	誌, 666	
楊武通	弘農郡 華陰縣	白水郡公	隋, 卷53, 1359	
楊文紀	弘農郡 華陰縣	上明郡公	隋, 卷48, 1295	
楊文思	弘農郡 華陰縣	正平郡公	隋, 卷48, 1295	開皇元年
楊文偉	弘農郡 華陰縣	永平公	誌, 1004	
楊敏	弘農郡 華陰縣	金鄕縣開國公	誌, 12	義寧元年
楊旻	弘農郡	丹水縣公	隋, 卷46, 1253	
楊尚希	弘農郡	高都郡公	隋, 卷46, 1253	楊旻 襲爵

楊素	弘農郡 華陰縣	淸河公, 郢國公, 越國公, 楚公	隋, 卷2, 31; 卷48, 1283・1284・1292	開皇 8년(淸河公)
楊素의 아들	弘農郡 華陰縣	義康郡公	隋, 卷48, 1287	
楊約	弘農郡 華陰縣	修武縣公	隋, 卷48, 1294	文帝 시기
楊榮	鄜州 洛川縣	魏平縣開國公	續, 46	
楊溫	弘農郡 華陰縣	成安郡開國公	續, 22	
楊汪	弘農郡 華陰縣 → 河東	平鄕縣伯	隋, 卷56, 1393	隋 건국
楊瓚		懷化縣公	隋, 卷44, 1223	
楊玄感	弘農郡 華陰縣	楚國公	隋, 卷70, 1615	
楊玄縱	弘農郡 華陰縣	淮南郡公	隋, 卷48, 1286	
楊玄奬	弘農郡 華陰縣	淸河郡公	隋, 卷48, 1283	
楊惠		邗國公	隋, 卷1, 13	開皇元年
楊暄	弘農郡 緱氏縣	龍門公	誌, 873	
楊休	弘農郡	平武縣公	誌, 1038	
楊洽	弘農郡	河山縣公	誌, 1038	
梁剛	安定郡 烏氏縣	通政縣公	隋, 卷40, 1165	
梁務	安定郡 烏氏縣	建威伯	隋, 卷40, 1165	
梁文讓	安定郡 烏氏縣	陽城縣公	隋, 卷73, 1676	
梁毗	安定郡 烏氏縣	易陽縣侯, 邯鄲縣侯	隋, 卷62, 1479	
梁士彦		郕國公	隋, 卷1, 24	開皇 6년
梁叔諧	安定郡 烏氏縣	廣平縣公	隋, 卷40, 1165	
梁彦光	安定郡 烏氏縣	華陽郡公) / 華陽郡開國公	隋, 卷73, 1674; 誌, 457	梁文謙 襲爵
梁衍	安定郡 烏氏縣	宜陽郡開國公	誌, 838	
梁睿	安定郡 烏氏縣	蔣國公, 戴公(追贈)	隋, 卷2, 39-40	開皇 15년 책봉; 大業 6년 追贈; 梁洋 襲爵(戴公)
梁遠		濟北郡公	隋, 卷1, 19	開皇 3년

梁操	安定郡 烏氏縣	義鄕縣公	隋, 卷40, 1165	
梁志遠	安定郡 烏氏縣	安定伯	隋, 卷40, 1165	본적지봉호
梁讚	安定郡	南頓縣開國公	誌, 457	
梁巘	安定郡 始平縣	安定郡開國公	誌, 177	본적지봉호
魚俱羅	馮翊郡 下邽縣	高唐縣公	隋, 卷64, 1517	
燕榮	華陰郡 弘農縣/涿郡 平昌縣	洛叢郡公	隋, 卷74, 1695	開皇元年
閻毗	河南郡	右保公	續, 498	
榮權	京兆	東阿郡開國公	誌, 1476	榮建緒 襲爵
令狐熙	燉煌郡	河南郡公, 武康郡公	隋, 卷56, 1385; 1386	開皇년간 (河南郡公)
王?	并州 太原縣	同昌公	誌, 424	
王慶	太原郡 祁縣	平昌郡開國公	續, 256	
王景		任城郡公/ 東萊郡公	隋, 卷54, 1365; 卷2, 35	開皇 10년(東萊郡公)
王匡	太原郡	眉山郡開國公	誌, 1178	
王端	太原郡 祁縣	樂平公, 修武郡開國公	誌, 1278	王世郎 襲爵
王樂	太原郡	始安縣開國男	誌, 1178	
王頒	太原郡 祁縣	蛇丘縣公	隋, 卷72, 1666	開皇初
王辯	馮翊郡 蒲城縣	武寧縣男	隋, 卷64, 1520	煬帝 즉위무렵
王世積	闡熙郡 新冏縣	宜陽郡公	隋, 卷40, 1172	
王韶	自云 太原郡 晉陽縣 → 京兆	項城郡公, 魏國公(追贈)	隋, 卷62, 1473	隋文帝 즉위후(項城郡公); 王士隆 襲爵
王誼	河南郡 洛陽縣	郢國公	隋, 卷40, 1169	
王子忠	琅耶郡 臨沂縣	陽安縣開國公	誌, 973	
王長述	京兆郡 霸城縣	龍門郡公	隋, 卷54, 1362	王謨 襲爵
王才剽		白水郡公	隋, 卷53, 1359	
姚辯		蔡陽縣公	隋, 卷2, 40	開皇 16년
姚威	河東郡	河東郡開國公	誌, 1552	본적지봉호
姚察	雍州 萬年縣	北絳公	舊, 卷73, 2592	
虞慶則	京兆郡 櫟陽縣	彭城郡公 (隋,	隋, 卷40, 1174;	

		卷40, 1174) → 魯國公 沁源縣公	1174-1175 隋, 卷1, 13	
宇文愷		甑山縣公, 安平郡公	隋, 卷68, 1587; 1588	隋文帝 즉위(甑山縣公)
宇文弓弓攵	河南郡 洛陽縣	平昌縣公	隋, 卷56, 1390	
宇文士及	雍州 長安縣/京兆 長安縣	新城縣公	新, 卷100, 3934	開皇末; 아버지 宇文述과 본적 다름
宇文善		許國公	隋, 卷1, 24	開皇 6년
宇文述	代郡 武川	許國公	隋, 卷61, 1463; 1465	
宇文靜禮	河南郡 洛陽縣	安德縣公	隋, 卷50, 1315	
宇文忻	河南郡 洛陽縣	杞國公	隋, 卷1, 24	開皇 6년
宇文譽	秦州 上邽縣	長道縣開國公	誌, 27	본적지봉호
于義		建平郡公	隋, 卷1, 19	開皇 3년
于翼		任國公	隋, 卷1, 14	開皇元年
于詮	東海郡 郯縣	襄城郡公	誌, 1087	
于仲文		燕國公	隋, 卷60, 1456	于顗·于世虔 襲爵
于孝武	河南郡 洛陽縣	安平郡開國公	續, 448	
虞義	京兆郡 櫟陽縣	彭城公	隋, 卷40, 1175	
袁?	洛州 永昌縣	陽夏縣開國公	誌, 957	
元景山		宋安公	隋, 卷1, 15	開皇元年
元旻		五原郡公	隋, 卷2, 45	開皇 20년
元成壽	河南郡 洛陽縣	平原郡公	隋, 卷39, 1152	
元世雅		安成侯	隋, 卷39, 1157	
元肅의 아버지?	河南郡 洛陽縣	義寧公	隋, 卷46, 1256	元肅 襲爵

元雅		順陽郡公	隋, 卷50, 1318	
元巖	河南郡 洛陽縣	昌國縣公, 平昌郡公/昌平郡公	隋, 卷1, 13; 卷62, 1476/誌, 1004	元弘 襲爵(誌, 1005)
元胄	河南郡 洛陽縣	武陵郡公	隋, 卷40, 1177	
元通	河南郡 洛陽縣	河陽縣開國公	誌, 987	
元諧	河南郡 洛陽縣	樂安郡公	隋, 卷40, 1170	
元諧의 아들	河南郡 洛陽縣	縣公	隋, 卷40, 1171	
元孝矩	河南郡 洛陽縣	始平縣公	隋, 卷50, 1317	元無竭 襲爵
元暉		義寧縣公	隋, 卷1, 13	開皇元年
元褮	河南郡	譚國公	續, 716	
源崇	西平郡 樂都縣	朔方郡公	隋, 卷39, 1154	
袁憲	陳郡 陽夏縣	安城郡公(追贈)	陳, 卷24, 313	開皇 18년
韋洸		襄陽郡公	隋, 卷2, 35	開皇 10년
韋匡伯	京兆 萬年縣	舒國公	舊, 卷92, 2963	
韋師	京兆郡 杜陵縣	井陘侯	隋, 卷46, 1257	韋德政 襲爵
韋世康	京兆郡 杜陵縣	漢安縣公, 上庸郡公	隋, 卷1, 13; 卷47, 1266	開皇元年(漢安縣公)
韋壽	京兆郡 杜陵縣	滑國公	隋, 卷47, 1271	韋保巒 襲爵
韋藝	京兆郡 杜陵縣	魏興郡公	隋, 卷47, 1269	
韋汪		襄陽公	誌, 564	
韋雲起	京兆 萬年縣	陽城縣公	新, 卷103, 3994	李淵 起義 이후
韋材	京兆郡 杜陵縣	恒安縣開國伯	誌, 1084	
韋貞伯	京兆 萬年縣	舒國公	新, 卷123, 4375	
韋霽	京兆郡 杜陵縣	安邑縣伯	隋, 卷47, 1271	
韋沖	京兆郡 杜陵縣	安固縣侯, 新豐侯	隋, 卷47, 1269; 卷3, 65	본적지봉호(新豐侯; 大業元年 이후)
衛文昇	河南郡 洛陽縣	同軌郡開國公	續, 336	
衛玄	河南郡 洛陽縣	同軌郡公	隋, 卷63, 1501	文帝 시기
劉方	京兆郡 長安縣	河陰縣公, 盧國公(追贈)	隋, 卷53, 1357; 1358	隋 건국(河陰縣公); 劉通仁 襲爵(盧國公)
劉昉		舒國公	隋, 卷1, 24	開皇 6년

劉祐	滎陽郡	索盧縣公	隋, 卷78, 1769	開皇初
劉昶		彭國公	隋, 卷2, 41	開皇 17년
劉弘	彭城郡 叢亭里	濩澤縣公	隋, 卷71, 1640	
劉弘基	雍州 池陽縣	河間郡公	舊, 卷58, 2310	李淵 起義 이후
柳儉	河東郡 解縣	率道縣伯	隋, 卷73, 1683	開皇元年
柳顧言	河東郡 解縣	漢南公	誌, 1113	柳約 襲爵
柳機	河東郡 解縣	建安郡公	隋, 卷47, 1272	柳述 襲爵
柳旦	河東郡 解縣	新城縣男/新城縣公	隋, 卷47, 1273/舊隋, 卷2, 31, 卷77, 2680	開皇元年
柳敏		武德郡公	隋, 卷1, 14	
柳惠童의 아버지	河東郡 解縣	公	隋, 卷38, 1139	柳惠童 襲爵
柳暉	河東郡 解縣	漢川郡公	誌, 308	
庾季才	新野郡	臨潁公	隋, 卷78, 1766	
陸善宗	吳郡	延陵縣開國公	誌, 766	
陸彦師	魏郡 臨漳縣	臨水縣子	隋, 卷72, 1662	
殷嶠	雍州 鄠縣	陳郡公	新, 卷90, 3767	李淵 起義 이후
乙弗武	河南郡	定陶公	續, 380	
李□	隴西郡 狄道縣	濮陽縣開國伯	續, 414	
李綱	觀州 蓨縣	新昌縣公	舊, 卷62, 2374	
李建成	隴西郡 成紀縣/唐帝室	隴西公	隋, 卷5, 10	義寧元年; 본적지봉호
李慶	隴西郡 狄道縣	濮陽縣開國子	誌, 1376	
李景	天水郡 休官縣	苑丘侯, 滑國公	隋, 卷65, 1529; 1531	
李高遷	岐州 岐山縣	江夏郡公	舊, 卷57, 2297	李淵 起義 이후
李寬	隴西郡 成紀縣	蒲山公	續, 1	
李貴	隴西郡	涼國公	誌, 1354	
李筠	隴西郡 成紀縣	申國公	隋, 卷37, 1119	본적 자칭; 李穆 襲爵
李德林	博陵郡 安平縣	咸安縣男, 郡公	隋, 卷1, 13; 隋,	

			卷42, 1207	
李綸	遼東郡 襄平縣	河陽郡公	隋, 卷54, 1363	李長雅 襲爵
李穆		申國公	隋, 卷1, 14	開皇元年
李敏	隴西郡 成紀縣	廣宗縣公(襲爵), 經城縣公	隋, 卷37, 1123; 1124	본적 자칭
李密	遼東郡 襄平縣	魏國公	隋, 卷70, 1630	
李放之의 선조	趙郡 贊皇縣	廣平伯	誌, 1079	李放之 襲爵
李百藥	博陵郡 安平縣	安平縣公	隋, 卷42, 1209	李德林 襲爵? 작위가 다름; 본적지봉호
李士操	隴西郡 狄道縣	富平縣開國子	誌, 123	
李世民	隴西郡 成紀縣/唐帝室	敦煌公, 秦公	隋, 卷5, 100	義寧元年(秦公)
李世讚	隴西郡 成紀縣	隴西縣開國男	誌, 1648	본적지봉호
李詢	隴西郡 成紀縣	隴西郡公	隋, 卷2, 29	본적 자칭; 開皇 8년; 본적지봉호; 李元方・李紹 襲爵
李昇明	隴西郡 成紀縣	鄒縣公	續, 199	
李雅	隴西郡 成紀縣	西安縣公	隋, 卷37, 1119	본적 자칭("自云"); 開皇初
李安	隴西郡 狄道縣	順陽郡公	隋, 卷50, 1324	李瓊 襲爵
李安遠	夏州 朔方縣	正平縣公	舊, 卷57, 2302	李淵 起義 이후
李藥王		永康公	隋, 卷74, 1697	
李衍	遼東郡 襄平縣	眞鄉郡公	隋, 卷54, 1363	李仲威 襲爵
李榮	隴西郡 成紀縣	長城縣公	隋, 卷37, 1119	본적 자칭
李禮成	隴西郡 狄道縣	絳郡公	隋, 卷50, 1316	
李雄	趙郡 高邑縣	高都郡公	隋, 卷46, 1261	文帝 시기
李雄	隴西郡 成紀縣	密國公	隋, 卷37, 1119	본적 자칭
李雄		密國公	周, 卷30, 529	
李元吉	隴西郡 成紀縣/唐帝室	齊公	隋, 卷5, 100	

李圓通	京兆郡 涇陽縣	新安伯, 萬安縣侯, 萬安郡公	隋, 卷64, 1508	隋 건국(新安伯); 陳 정벌후(萬安縣侯); 仁壽연간(萬安郡公)
李威	隴西郡 成紀縣	黎國公	隋, 卷37, 1121	본적 자칭
李直	隴西郡 成紀縣	歸政縣公	隋, 卷37, 1119	본적 자칭
李徹	朔方郡 巖綠縣	齊安郡公, 安道郡公, 德廣郡公, 城陽郡公	隋, 卷54, 1367; 1368	
李椿	隴西郡 成紀縣	河東郡公	續, 371	李匡義 襲爵
李充	隴西郡 成紀縣	武陽郡公	隋, 卷53, 1359	
李充節	雍州 涇陽縣/本居 隴西郡 狄道縣	武陽公	舊, 卷62, 2386	
李恒	隴西郡 成紀縣	陽曲侯	隋, 卷37, 1119	본적 자칭
李楷	隴西郡 成紀縣	汝陽郡公	誌, 1338	李卿雲 襲爵
李楷	隴西郡 成紀縣	武陽公	續, 887	
李渾	隴西郡 成紀縣	郕國公	隋, 卷37, 1120	본적 자칭; 大業 6년
李興	趙郡	隴城縣開國子	誌, 419	
伊婁彦恭		濟陽侯	隋, 卷1, 13	開皇元年
爾朱敞	河南郡 洛陽縣	邊城郡公	誌, 618	爾朱[休]最 襲爵(誌, 618; 隋, 卷55, 1372)
長孫覽		薛國公	隋, 卷1, 15	開皇元年
長孫晟	河南郡 洛陽縣	齊國公	續, 256	
長孫熾	河南郡 洛陽縣			
張?	南陽郡 白水縣	遂安郡開國公	誌, 952	
張植	雍州 新豐縣	連山縣公	舊, 卷83, 2775	
張淵	清河郡 東武城縣	文安縣開國公	誌, 1681	
張威	京兆 新豐縣	皖城郡公	新, 卷111, 4132	
張威		晉熙郡公, 皖城郡公	隋, 卷55, 1379	

張鼐	淸河郡	文安縣子	隋, 卷64, 1510	본적 자칭 ("自云淸河郡")
張定和	京兆郡 萬年縣	武安縣侯	隋, 卷64, 1509	
張衡	河內郡	南陽郡公(追贈)	隋, 卷56, 1393	義寧中
張曉	淸河郡 武城縣	江陽縣開國公	誌, 516	
張後胤	蘇州 崑山縣	新野縣公	新, 卷198, 5650	義寧初
張煚	河間郡 鄚縣	廣鄉縣公	隋, 卷46, 1262	
臧滿	東莞郡 莒縣	東海公	續, 521	臧寵 襲爵
田軌	雍州 長安縣/北平郡	信都郡公	舊, 卷185上, 4793	田弘 襲爵; 묘지명에서 北平郡을 본적으로 기록(續, 160)
田德懋	平涼郡 長城縣	平原郡公	隋, 卷72, 1663	開皇初
田仁恭		觀國公	隋, 卷1, 14	開皇元年
鄭宏	滎陽郡 開封縣	襄城郡開國公	誌, 876	
鄭善果	鄭州 滎澤縣	武德郡公	新, 卷100, 3936-7	開皇初
鄭譯	滎陽郡 開封縣	沛國公, 莘公(追贈)	隋, 卷38, 1137; 1138	鄭元璹 襲爵
丁叔則	譙郡	山桑公	誌, 800	본적지봉호
趙亮	隴西郡 天水縣	武陶公	誌, 820	
趙巒	天水郡	建城郡開國公	續, 511	
趙文舉	天水郡	新昌縣伯	誌, 1494	
趙芬	天水郡 西縣	淮安郡公	隋, 卷46, 1252	趙元恪 襲爵
趙元淑	博陵郡 → 京兆郡 雲陽	葛公	隋, 卷70, 1622	
趙仲卿	天水郡 隴西縣	河北郡公	隋, 卷74, 1696	開皇元年; 趙弘 襲爵
趙仲威	天水郡→扶風郡 岐山縣	淸河郡開國公	誌, 1175	趙文則 襲爵
趙煚	天水郡 西縣	金城郡公	隋, 卷46, 1250	趙義臣 襲爵
周羅睺	九江郡 尋陽縣/汝南郡 安成縣	義寧郡公	隋, 卷65, 1525	仁壽元年; 汝南郡 安成縣을 본적으로 기록(誌, 120)

周法尚	汝南郡 安成縣	譙郡公	隋, 卷65, 1527	
陳稜	廬江郡 襄安縣	信安侯	隋, 卷64, 1519	煬帝 시기
陳茂	河東郡 猗氏縣	魏城縣男, 魏城縣伯	隋, 卷64, 1508	陳政 襲爵
陳叔達	南朝 陳宗室	漢東郡公 / 江國公	舊, 卷61, 2363/新, 卷191, 5518	李淵 起義 이후
陳興	岐州 郿縣	樂寧公	續, 378	
蔡大寶	濟陽郡 考城縣	安豐縣公(追封)	周, 卷48, 869	
崔善爲	貝州 武城縣	淸河縣公	舊, 卷191, 5088	李淵 起義 이후; 본적지봉호
崔仲方	博陵郡 安平縣	安固縣公/固安郡開國公	隋, 卷60, 1448/誌, 1289	文帝 시기(安固縣公)
崔彭	博陵郡 安平縣	安陽縣男, 安陽縣公	隋, 卷54, 1369; 1370	仁壽末(安陽縣公)
崔弘壽	博陵郡 安平縣	獲嘉侯	誌, 1496	
崔弘昇	博陵郡 安平縣	黃臺縣公	隋, 卷74, 1700	
馮慈明	信都郡 長樂縣	昌黎郡公(追贈)	隋, 卷71, 1645	
匹婁普樂	河南郡 洛陽縣	廣安郡王	誌, 781	
賀蘭蕃	河南郡 洛陽縣	成安郡公	誌, 1243	
賀若東	河南郡 洛陽縣	萬榮郡公	隋, 卷52, 1345	
賀若隆	河南郡 洛陽縣	武都郡公	隋, 卷52, 1345	
賀若誼	河南郡 洛陽縣	海陵郡公	隋, 卷39, 1160	隋文帝 시기; 賀若擧 襲爵
賀若弼	河南郡 洛陽縣	當亭縣公, 襄邑公, 宋國公	隋, 卷1, 14; 卷2, 31; 卷52, 1345	開皇元年(當亭縣公); 開皇 8년(襄邑公); 陳 평정후(宋國公)
何妥	西城郡/廬江郡	襄城縣公/襄城公	隋, 卷75, 1710; 續, 1058	
夏侯誠	沛國 譙縣	汶山縣開國公	續, 80	

韓建業		郇國公	隋, 卷2, 37	開皇 13년
韓擒[虎]	河南郡 東垣縣	新義縣公, 壽光縣公	隋, 卷1, 14; 卷52, 1341	開皇元年(新義縣公); 韓世諤襲爵(壽光縣公)
韓僧壽	河南郡 東垣縣	廣陵郡公	隋, 卷52, 1342	
韓延		撫寧郡公	隋, 卷2, 38	開皇 13년
韓洪	河南郡 東垣縣	甘棠縣公	隋, 卷52, 1342	
許澄	高陽郡	賀川縣伯	隋, 卷78, 1783	
和龍	汝南郡 平輿縣→代郡	南平郡公	誌, 1095	
皇甫無逸	安定郡 烏氏縣	平輿侯	隋, 卷71, 1641	
皇甫誕	安定郡 烏氏縣	弘義公	隋, 卷71, 1641	
昝悅	平陽郡	洵陽縣開國公	誌, 849	

[범례] 1. 출전의 약칭은 다음과 같다.

隋: 『隋書』

舊: 『舊唐書』

新: 『新唐書』

誌: 『唐代墓誌彙編』(周紹良 主編, 上海: 上海古籍出版社, 1992)

續: 『唐代墓誌彙編續集』(周紹良 · 趙超 主編, 上海: 上海古籍出版社, 2001)

2. '→'는 본적지, 혹은 거주지의 변동을 뜻한다. 화살표 앞은 원래의 본적지, 뒤는 이주 후의 본적지, 혹은 현거주지를 뜻한다.
3. '/'는 두 개 자료의 封號, 혹은 본적지가 다를 때 병렬로 모두 제시하였음을 표시하기 위해 사용하였다.
4. 封號사이의 ','는 改封, 進封 등 封號의 변화일뿐 하나의 작위이다. 복수의 封號가 있는 경우 '(別封)'으로 표기하였다.
5. 비고란의 시기 표시(開皇初, 李淵 起義 이후 등)는 해당 작위가 賜與된 연도, 혹은 시점을 나타낸다. 복수일 경우 ( )안에 해당 작위를 적었다.

〈부록 · 표 7〉 唐代 封號 一覽表

봉작자	본 적 지	封　號	출　전	비 고
賈守義	魏州 貴鄕縣	長樂縣開國男	誌, 752	
賈溫	武威郡	陽武縣開國子	續, 920	
賈隱林		武威郡王	舊, 卷144, 3921	建中初
賈至	河南郡 洛陽縣	信都縣伯	新, 卷119, 4299	大曆初
賈耽	滄州 南皮縣	魏國公	舊, 卷138, 3786	德宗 시기
賈餗	河南郡	姑臧男	舊, 卷169, 4408	太和 9년
甘基	丹陽郡	丹陽郡開國公	誌, 1062	神龍 2년; 본적지봉호
姜恪		永安郡公	舊, 卷4, 86	麟德 2년
姜皎	秦州 上邽縣	楚國公	舊, 卷59, 2335	玄宗 시기; 姜慶初 襲爵
姜謨	隴西郡 上邽縣	長道縣開國公	誌, 583	본적지봉호8; 姜基 襲爵
姜協	秦州 上邽縣	成紀縣侯	新, 卷88, 3740	唐初; 본적지봉호
姜確	秦州 上邽縣	郟國公(追贈)	新, 卷91, 3792	太宗 시기; 姜簡 襲爵
姜謩	秦州 上邽縣	金城郡公, 郟國公(追贈)	舊, 卷59, 2334	
康季榮		會稽縣開國公	舊, 卷18下, 643	
康承訓	靈州	會稽縣男, 龍陽縣開國伯, 扶風郡開國公	新, 卷148, 4774; 舊, 卷19上, 665	咸通 10년 (扶風郡開國公)
康日知	靈州	天山縣男, 會稽郡王	新, 卷148, 4773	興元元年 (會稽郡王)
康志睦	靈州	會稽郡公	新, 卷148, 4773	
格輔元	汝南郡	梁縣開國男	續, 277	
敬暉	絳州 太平縣	平陽郡公, 齊國公, 平陽郡王	舊, 卷91, 2932	모두 中宗 시기
高偘	渤海郡 蓨縣	平原郡開國公	誌, 1960	
高開道	懷戎	北平郡王	舊, 卷1, 11	武德 3년
高儉[高士廉]	渤海郡 蓨縣	義興郡公, 許國公, 申國公	舊, 卷65, 2442; 2443; 2444	貞觀元年(義興郡公), 貞觀 5년(許國公), 貞觀 12년(申國公); 高履行 襲爵(申國公)

高季輔	德州 蓚縣	蓚縣公	舊, 卷78, 2703	貞觀 22년; 본적지봉호
高固		渤海郡王	舊, 卷152, 4077	德宗 시기
高力士	潘州	渤海郡公, 齊國公	舊, 卷184, 4758; 4759	天寶初(渤海郡公), 玄宗 蜀 몽진(齊國公)
高滿政		榮國公	新, 卷92, 3805	高祖 시기
高駢	渤海郡→ 幽州	燕國公, 渤海郡王	舊, 卷182, 4703; 新, 卷224下, 6395	乾符 4년(燕國公); 본적지봉호 (渤海郡王)[9]
高士廉 의 아들	渤海郡 蓚縣	縣公	舊, 卷65, 2443	
高少逸	渤海郡	渤海郡開國公	舊, 卷18下, 634	大中 10년 이전; 본적지봉호
高崇文	渤海郡/渤海 郡→幽州	渤海郡王, 南平郡王	舊, 卷14, 419; 卷151, 4053	元和元年 (南平郡王); 본적지봉호 (渤海郡王)
高叡	雍州 萬年縣	平昌縣子	舊, 卷187上, 4877	
高昱	渤海郡	安德縣開國男	誌, 726	
高元裕	渤海郡	渤海郡公	舊, 卷171, 4453	會昌 2년; 본적지봉호
高適	渤海郡 蓚縣/滄州 渤海縣	渤海縣侯	舊, 卷111, 3331	代宗; 본적지봉호
高懲	渤海郡 蓚縣	渤海郡開國公	誌, 1377	
高表仁	渤海郡	郯國公	誌, 726	
高霞寓	范陽郡	感義郡王	舊, 卷162, 4248	元和初
高弘諒	京兆府	渤海郡開國伯	續, 701	
顧少連	蘇州 吳縣	本縣男[吳縣男]	新, 卷162, 4995	德宗 시기?; 본적지봉호
顧胤	蘇州 吳縣	餘杭縣男	新, 卷102, 3985	高宗 시기
斛斯正 則	京兆郡 鄠縣	清河縣開國子	續, 187	乾封元年
谷崇義	魏州 昌樂縣	清江郡王	新, 卷198, 5652	
曲環	陝州 安邑縣	晉昌郡王	新, 卷147, 4759	德宗 시기
公孫武 達	雍州 櫟陽縣	清水縣公, 東萊郡公 沔陽郡公	舊, 卷57, 2300; 2301 新, 卷191, 5522	고조(清水縣公)

公孫俊	城陽	漁陽郡開國公	誌, 661	
公孫眞	城陽	□□郡開國公	誌, 661	
孔若思	越州 山陰縣	梁郡公	舊, 卷190上, 4984	
孔琰	魯國 曲阜縣→洛陽縣	曲阜縣開國男	續, 313	본적지봉호
孔穎達	冀州 衡水縣	曲阜縣男	舊, 卷73, 2601	貞觀初
孔緯	魯郡 曲阜縣	魯國公[魯郡開國公]	舊, 卷179, 4650; 4651	乾寧 2년 이전(魯郡開國公); 본적지봉호(魯郡開國公, 潞國公)
孔禎[楨]	越州 山陰縣	武昌縣子	舊, 卷190上, 4983	高宗 시기
孔?(褒聖侯; 공자의 후예)		文宣公	舊, 卷9, 210	開元 27년
郭?		晉陽縣開國男	續, 600	
郭虔瓘	齊州 歷城縣	太原縣開國子, 太原郡開國公, 潞國公	舊, 卷103, 3189	
郭敬之	華州 鄭縣	祁國公(追封)	舊, 卷120, 3449	
郭曙	華州 鄭縣	祁國公	舊, 卷120, 3469	
郭曖	華州 鄭縣	淸源縣侯	新, 卷137, 4611	大曆년간?
郭英乂		定襄郡王	舊, 卷117, 3397	
郭曜	華州 鄭縣	太原郡公	新, 卷137, 4609	至德初; 郭釗·郭仲文 襲爵
郭雲	京兆府 萬年縣	定遠縣男, 定遠縣子	誌, 23	武德元年(定遠縣男)
郭元振	魏州 貴鄉縣	館陶縣男, 代國公	舊, 卷97, 3048	景雲 2년(館陶縣男), 玄宗 시기(代國公); 본적지봉호(館陶縣男)
郭子儀	華州 鄭縣	代國公, 汾陽郡王	舊, 卷120, 3452; 3454	至德 2載(代國公), 上元 2년(汾陽郡王); 郭曜·郭曖 襲爵(代國公)

郭知運	瓜州 常樂縣	介休縣公, 太原縣公	舊, 卷103, 3190	開元 2년(介休縣公), 開元 6년(太原縣公)
郭震	魏州 貴絁縣	館陶縣男, 代國公	新, 卷122, 4365	景雲 2년(館陶縣男); 본적지봉호(館陶縣男)
郭超岸	太原郡→汝州 葉縣	合浦郡王	續, 820	
郭孝恪	許州 陽翟縣	陽翟郡公(追贈)	舊, 卷83, 2775	高宗 시기
郭晞	華州 鄭縣	趙國公	舊, 卷120, 3469	
喬達	梁郡→京兆府 渭南縣	期城郡公	誌, 1327	
瞿曇譔	京兆府	江寧縣開國男	誌, 1791	
仇士良	循州 興寧縣	楚國公	舊, 卷18上, 584	開成 4년
歐陽詢	潭州 臨湘縣	渤海縣男	舊, 卷189上, 4947	高祖 시기
歐陽通	潭州 臨湘縣	渤海縣子	新, 卷191, 5520	
寇泚	上谷郡	上谷縣開國子	誌, 1547	본적지봉호; 寇鐈襲爵
丘行恭	河南郡 洛陽縣	天水郡公	舊, 卷59, 2326	高祖시기
丘和	河南郡 洛陽縣	譚國公	舊, 卷59, 2325	高祖시기
屈突詮	昌黎郡→京兆府 長安縣	燕郡開國公	誌, 814	
屈突通	雍州 長安縣	蔣國公	舊, 卷59, 2321	高祖시기; 屈突壽襲爵
屈元壽	臨海郡	南浦縣開國男	續, 626	
權德輿	天水郡 略陽縣	襄武縣開國侯, 扶風郡公	舊, 卷14, 432; 新, 卷165, 5078	모두 憲宗 시기
權萬紀	天水郡→雍州 萬年縣	冀氏男, 武都公(追贈)	舊, 卷185上, 4799	太宗 시기(冀氏男)
權秀	天水郡→直寧	成紀縣開國伯, 洋川郡王	續, 747	본적지봉호(成紀縣開國伯)
權弘壽	天水郡→雍州 萬年縣	盧國公	舊, 卷185上, 4798	高祖 시기; 權知讓·權懷恩襲爵

權璩		扶風縣男	誌, 2020	
歸登	蘇州 吳縣	長洲縣男	新, 卷164, 5039	順宗 시기; 본적지봉호
歸崇敬	蘇州 吳縣	餘姚郡公	新, 卷164, 5038	德宗 시기
歸融	蘇州 吳縣	晉陵郡公	新, 卷164, 5040	
靳朝俊	延安郡 豐林縣	夏國公	續, 789	
羅君副	齊州 歷城縣	安山縣子, 安山縣侯	誌, 46	高祖 시기
羅士信	齊州 歷城縣	郯國公	新, 卷191, 5502	高祖 시기
羅藝	襄州 襄陽縣→京兆 雲陽	燕郡王	舊, 卷1, 10	武德 2년
羅威	魏州 貴鄉縣	長沙王, 鄴王	舊, 卷181, 4691	天復末(長沙王), 天祐初(鄴王)
羅珦	越州 會稽縣	襄陽縣男	新, 卷197, 5628	
羅弘信	魏州 貴鄉縣	豫章郡公, 北平王(追封), 臨淸郡王(追封)	舊, 卷181, 4691; 卷20上, 764	龍紀년간 (豫章郡公), 光化元年(北平王), 光化 2년(臨淸郡王)
郞穎[楚之]	定州 新樂縣	常山郡公	新, 卷199, 5659	高祖 시기
來瑱	邠州 永壽縣	穎國公	舊, 卷114, 3365	至德 2載
來濟	揚州 江都縣	南陽縣男, 南陽縣侯	新, 卷105, 4031; 卷191, 5514	高祖 시기
盧?	范陽郡	固安縣開國公	續, 575	본적지봉호10
盧簡求	范陽郡	范陽縣開國男	舊, 卷18下, 639	大中 10년 이전; 본적지봉호
盧鈞	本 范陽郡/范陽郡→京兆 藍田	范陽郡開國公	舊, 卷177, 4592	大中 4년; 본적지봉호
盧大質	范陽郡	淮源侯	誌, 1336	盧知玄 襲爵
盧商	范陽郡	范陽郡開國公	舊, 卷176, 4575	宣宗 즉위; 본적지봉호
盧承慶	幽州 范陽縣/范陽郡	范陽郡公	新, 卷191, 5519	본적지봉호
盧承業	幽州	魏縣子	舊, 卷81, 2749	

	范陽縣/ 范陽郡			
盧承泰	幽州 范陽縣/ 范陽郡	廣陽縣公	舊, 卷81, 2750	
盧翊	范陽郡	范陽郡開國子	誌, 1935	본적지봉호
盧赤松	幽州 范陽縣/ 范陽郡	范陽郡公	舊, 卷81, 2748	武德년간; 본적지봉호; 盧承慶 襲爵(范陽縣公)
盧全操	涿郡 范陽縣	魏縣開國子	誌, 1447	
盧祖尙	光州 樂安縣	弋陽郡公	舊, 卷69, 2521	高祖 시기
盧粲	幽州 范陽縣	固安縣侯	新, 卷199, 5671	본적지봉호11
盧懷愼	范陽→滑州 靈昌縣	漁陽伯	舊, 卷98, 3066	景龍년간
魯炅	范陽郡	金鄉縣公, 岐國公	舊, 卷114, 3363	至德 2載(岐國公)
路嗣恭	京兆 三原縣	翼國公	舊, 卷11, 303	大曆 8년
路巖	魏州 冠氏縣	魏國公	新, 卷184, 5397	본적지봉호
路應		襄陽郡王	新, 卷138, 4624	
雷滿	朗州 武陵縣	馮翊郡開國侯, 馮翊郡王	舊, 卷20上, 767	光化 3년(馮翊郡王)
能元晧	譙郡	譙國公	誌, 2075	본적지봉호
段[偃]師	淄州 鄒平縣/武威 郡→京兆	益都縣開國公	誌, 170	
段開山		郿節公	舊, 卷3, 52	貞觀 14년 이전
段綸	遼西郡 令支縣	紀國公	續, 59	
段文昌	齊州 臨淄縣→荊 州	鄒平郡公	新, 卷89, 3764	文宗 시기
段秀實	隴州 汧陽縣/姑臧 →汧陽	張掖郡王	舊, 卷128, 3586	德宗 즉위(張掖郡王)
段晏	隴西郡→洛 陽縣	姑臧縣開國侯	續, 705	
段志玄	齊州 臨淄縣	樊國公, 褒國公	舊, 卷68, 2505	모두 太宗 시기; 段瓚·段懷簡 襲爵
段會	淄州	曲沃縣開國男	誌, 171	

	鄒平縣/武威郡→京兆			
唐儉	并州 晉陽縣	莒國公	舊, 卷58, 2306	高祖 시기
唐憲	并州 晉陽縣	安富郡公	新, 卷89, 3760	高祖 시기
唐休璟	京兆 始平縣	酒泉郡公, 宋國公	新, 卷111, 4150	中宗 시기
戴叔倫	潤州 金壇縣	譙縣男	新, 卷143, 4690	
戴至德	相州 安陽縣	道國公	舊, 卷5, 91	乾封 2년
戴胄	相州 安陽縣	武昌縣男, 武昌郡公, 道國公(追贈)	舊, 卷70, 2531 및 2533; 新, 卷99, 3916	高祖시기(武昌縣男), 貞觀 4년(武昌郡公), 貞觀 7년(道國公)
戴休璿	夏州	東陽郡王	新, 卷156, 4899	
戴休顔	夏州	濟陰郡公, 咸寧郡王	新, 卷156, 4899	
戴休晏	夏州	彭城郡公	新, 卷156, 4899	
獨孤德	河南郡	藤國公	續, 410	
獨孤明		武陽縣開國侯	續, 656	
獨孤奉先	河南郡	蜀國公	誌, 1554	
獨孤損	河南郡 洛陽縣	河南縣開國子, 河南郡開國侯	舊, 卷20下, 790; 794	모두 天祐 2년 이전; 본적지봉호(河南縣開國子, 河南郡開國侯)
獨孤彦雲		歷陽郡公	新, 卷191, 5522	
獨孤義順	河南郡 洛陽縣	洛南郡公	誌, 921	
董秀	河中府 寶鼎縣→隴西郡	魏國公	續, 845	
董翼	隴西郡 狄道縣	武邑縣公	誌, 638	
董懷德	隴西郡 狄道縣	狄道縣開國侯	誌, 1195	본적지봉호
杜?		濮陽郡開國公	續, 726	
杜君綽		懷寧郡公	新, 卷191, 5522	
杜德俊	齊州 章丘縣	山陽公	新, 卷92, 3800	
杜寶符		新野縣開國男	誌, 2165	
杜伏威	齊州 章丘縣	楚王, 吳王	舊, 卷1, 9; 11	각각 武德 2년과 3년

杜暹	濮州 濮陽縣	魏縣侯	舊, 卷98, 3077	開元 24년
杜審權	京兆 杜陵縣	襄陽郡公	新, 卷96, 3863	懿宗 시기
杜讓能	京兆	建平縣開國子, 襄陽郡開國公, 晉國公	舊, 卷177, 4612; 4613	僖宗(建平縣開國子, 襄陽郡開國公), 昭宗(晉國公)
杜淹	京兆 杜陵縣	安吉郡公	舊, 卷66, 2471	太宗 시기
杜如晦	京兆 杜陵縣	建平縣男, 蔡國公, 萊國公	新, 卷96, 3858; 3859	高祖(建平縣男); 杜構 襲爵
杜如晦 아들	京兆 杜陵縣	郡公	舊, 卷65, 2447	
杜佑	京兆 萬年縣	岐國公	舊, 卷147, 3979	元和元年
杜元穎	京兆 杜陵縣	建安[縣開國]男	舊, 卷163, 4264	長慶元年
杜凝	雍州 長安縣	景谷縣開國男	誌, 696	
杜才幹		聞喜縣開國公	續, 2	
杜正倫	相州 洹水縣	南陽縣, 襄陽縣公	舊, 卷70, 2543	貞觀 10년(南陽縣侯), 顯慶 2년(襄陽縣公); 杜志靜 襲爵
杜悰	京兆 萬年縣	邠國公	舊, 卷147, 3985	大中初
杜荷	京兆 杜陵縣	襄陽郡公	舊, 卷66, 2469	
杜行敏	京兆 萬年縣	南陽郡公	舊, 卷147, 3978	
杜洪	鄂州	西平王	舊, 卷20上, 782	天祐元年 이전
杜鴻漸	濮州 濮陽縣	衛國公	舊, 卷108, 3283	肅宗 시기
杜黃裳	京兆 杜陵縣	鄭縣開國公, 南陽郡開國, 邠國公	誌, 1909; 舊, 卷14, 420; 卷147, 3974	元和 2년(邠國公)
杜希全	京兆 醴泉縣	餘姚郡王	舊, 卷144, 3921	德宗 시기
竇軌	扶風郡 平陵縣/岐州 平陸縣	酇國公	舊, 卷61, 2365	武德元年
竇德明	京兆 始平縣/岐州 平陸縣	顯武男	舊, 卷183, 4724	高祖(顯武男)
竇德遠	岐州 平陸縣	樂安男	新, 卷95, 3851	麟德初
竇德玄	岐州 平陸縣	鉅鹿男	新, 卷95, 3850	麟德 2년
竇易直	京兆府	晉陽郡公	舊, 卷17上, 513	長慶 4년
竇威	扶風郡 平陵縣/岐州	延安郡公(追封)	舊, 卷61, 2364	

	平陸縣			
竇易直	京兆	晉陽郡公	舊, 卷167, 4364	
竇靜	扶風郡 平陵縣/岐州 平陸縣	信都男	舊, 卷61, 2369	太宗 시기; 竇逵 襲爵
竇琮	扶風郡 平陵縣/岐州 平陸縣	譙國公	舊, 卷61, 2367	高祖 시기
竇璡	扶風郡 平陵縣/岐州 平陸縣	鄧國公	新, 卷95, 3850	
竇誕	扶風郡 平陵縣/岐州 平陸縣	莘國公	舊, 卷61, 2370	貞觀初; 竇孝慈·竇希玠 襲爵
竇滸		岐山郡開國公	舊, 卷19下, 691	乾符元年 이전
竇抗	扶風郡 平陵縣/岐州 平陸縣	陳國公	舊, 卷61, 2368	
竇懷貞	京兆 始平縣	中山縣公, 魏國公	新, 卷109, 4100; 4101	景雲初(中山縣公), 玄宗(魏國公)
竇孝諶	京兆 始平縣	邠國公(追封)	舊, 卷183, 4725	景雲년간; 竇希瑊 襲爵
竇希瓘	京兆 始平縣	畢國公	舊, 卷183, 4725	
竇希球	京兆 始平縣	冀國公	舊, 卷183, 4725	
豆盧建	河南郡	中山郡開國公	誌, 1565	
豆盧觀[寬]	京兆 萬年縣	芮國公	舊, 卷90, 2921	太宗 시기
豆盧貞松	河南郡	邠國公	誌, 1565	
豆盧楷		郢城郡開國公	續, 597	豆盧志静 襲爵
豆盧懷讓	河南郡	芮國公	誌, 1565	
豆盧欽望	京兆 萬年縣	芮國公	舊, 卷90, 2922	武則天 시기
鄧景山	曹州	南陽郡公	新, 卷141, 4655	肅宗 시기
鄧善政	潁川郡 許昌縣→京兆府 萬年縣	安樂郡開國公	誌, 1299	
鄧惲	南陽郡 新野縣→長	淮陽郡開國公	續, 449	

	安縣			
鄧弘政	南陽郡 新野縣→長安縣	新野侯	續, 449	본적지봉호
婁師德	鄭州 原武縣	譙縣子	舊, 卷93, 2976	神功元年 시기
馬?		北平郡王	續, 750	
馬繼祖	扶風郡	扶風縣開國男	誌, 2350	본적지봉호
馬匡武		襄城公	誌, 913	
馬君才		南陽郡公	續, 750	
馬璘	扶風郡	扶風郡王	舊, 卷152, 4066	永泰初; 본적지봉호
馬三寶		新興縣男, 新興縣公	新, 卷88, 3747	高祖(新興縣男), 貞觀初(新興縣公)
馬燧	右扶風→汝州 郟城縣	豳國公, 北平郡王	新, 卷155, 4887	建中 2년(豳國公)
馬神威	扶風郡	褒信郡開國公	誌, 979	
馬存亮	河中府	岐國公	新, 卷207, 5871	大和년간
馬周	清河郡 茌平縣/博州 茌平縣	高唐縣公(追贈)	舊, 卷74, 2619	高宗 시기
馬暢	扶風郡	西平郡王	誌, 2350	
馬遷	扶風郡	褒信郡開國公	誌, 978	
馬炫		漢陽郡公	續, 750	
馬浩	扶風郡	扶風郡開國公	續, 765	본적지봉호
馬懷素	潤州 丹徒縣	常山縣公	舊, 卷102, 3164	開元初
万俟玄道	河南郡	靈丘縣開國侯	誌, 1576	万俟肅 襲爵
孟涉	平昌郡	武都郡王	續, 746	
孟元陽		趙國公	舊, 卷151, 4062	憲宗 시기
孟遷	邢州	平昌縣男	舊, 卷20上, 767	光化 3년
孟栩		平昌縣開國男	誌, 1851	
慕容?		五原公, 燕王	誌, 1458	
蒙鍠		武威郡開國侯	續, 775	
苗晉卿	上黨郡 壺關縣	韓國公	舊, 卷113, 3351	至德 2載
武稜	太原 受陽縣	宣城縣開國公	誌, 131	武雅 襲爵
武士稜	并州 文水縣	宣城郡公	舊, 卷58, 2317	
武士逸	并州 文水縣	安陸縣公	舊, 卷58, 2318	武德初
武嗣宗	并州 文水縣	管國公	舊, 卷183, 4733	神龍元年
武士彠	并州 文水縣	應國公,	舊, 卷58, 2317	武德中(應國公),

		周國公(追贈), 太原王(追贈)		顯慶元年(周國公), 咸亨 년간(太原王); 본적지봉호(太原王) ; 武敏之·武承嗣 襲爵
武三思	并州 文水縣	德靜郡王, 梁王	舊, 卷183, 4735; 4736	神龍初(德靜郡王)
武崇訓	并州 文水縣	酆國公, 鎬國公	舊, 卷183, 4736	神龍元年(酆國公)
武延秀	并州 文水縣	恒國公, 鎬國公	舊, 卷183, 4734	中宗(恒國公)
武延義	并州 文水縣	魏國公	舊, 卷183, 4733	
武延祚	并州 文水縣	咸安郡公	舊, 卷183, 4733	神龍元年
武元衡	河南 緱氏縣	蕭縣伯, 臨淮郡公	新, 卷152, 4834	憲宗(臨淮郡公)
武攸暨	并州 文水縣	樂壽郡王, 楚國公, 定王(追封)	舊, 卷183, 4738	神龍元年 (樂壽郡王)
武攸寧	并州 文水縣	江國公	舊, 卷183, 4733	神龍元年
武攸望	并州 文水縣	鄴國公	舊, 卷183, 4733	神龍元年
武攸緖	并州 文水縣	巢國公	舊, 卷183, 4733	神龍元年
武攸宜	并州 文水縣	息國公	舊, 卷183, 4733	神龍元年
武懿宗	并州 文水縣	耿國公	舊, 卷183, 4737	
武重規	并州 文水縣	郇國公	舊, 卷183, 4733	神龍元年
武至元		蜀王(追封)	續, 458	
武太冲	沛郡→太原 郡	北海郡開國公	誌, 1468	武幼範 襲爵
武欽載	并州 文水縣	濟陰郡王, 舒國公, 衛縣開國公	誌, 778	
班宏	衛州 汲縣	蕭國公	舊, 卷123, 3519	貞元初
龐卿惲	并州 太原縣	邾國公, 濮國公	舊, 卷57, 2301	太宗(邾國公)
房琯	河南郡 河南縣	漳南縣男, 清河郡公/清河縣公	新, 卷139, 4625·4627; 卷191, 5518	天寶 5載(漳南縣男), 肅宗(清河郡公)
房喬[房 玄齡]	齊州 臨淄縣	臨淄侯, 邢國公, 魏國公, 梁國公	舊, 卷66, 2460; 2461; 2462	高祖(臨淄侯), 貞觀元年(邢國公), 貞觀 4년(魏國公), 貞觀 11년(梁國公); 본적지봉호(臨淄侯) ; 房遺直 襲爵
房先質	淸河郡	膠東公	續, 657	
房仁裕	淸河郡	淸河公	續, 657	본적지봉호

房玄齡의 아들	齊州 臨淄縣	郡公	舊, 卷65, 2447	
房崱	清河郡	饒陽男	誌, 211	房基 襲爵
裴光庭	絳州 聞喜縣	正平[縣]男	舊, 卷84, 2807	開元 20년(正平男); 본적지봉호; 裴均 襲爵
裴矩	河東郡/絳州 聞喜縣	安邑縣公	舊, 卷63, 2408	高祖 시기; 본적지봉호
裴均	絳州 聞喜縣	郇國公	新, 卷108, 4092	憲宗 시기
裴度	河東郡 聞喜縣	晉國公	舊, 卷170, 4418	元和初; 裴識 襲爵
裴冕	河東郡/河中府 河東縣	冀國公	舊, 卷113, 3354	肅宗 시기
裴思義	河東郡 聞喜縣	晉城縣開國子	誌, 1816	
裴詢	河東郡	絳郡公	誌, 1128	본적지봉호?[12]
裴炎	絳州 聞喜縣	永淸縣男, 河東縣侯	新, 卷117, 4248	모두 睿宗 시기; 본적지봉호(河東縣侯)[13]
裴翁慶	河東郡 聞喜縣	聞喜縣開國公	續, 546	본적지봉호
裴耀卿	絳州 稷山縣	趙城侯	新, 卷127, 4453	開元 24년
裴援	河東郡	河東公	誌, 1586	본적지봉호
裴允初	河東郡 聞喜縣	聞喜縣開國侯	續, 479	본적지봉호
裴寂	蒲州 桑泉縣	河東郡公(追贈)	舊, 卷57, 2289	太宗시기; 본적지봉호
裴腆	河東郡 聞喜縣?	聞喜縣公	新, 卷149, 4798	선조의 본적지봉호[14]
裴貞	河東郡 聞喜縣	高平縣開國男	續, 572	裴瞻 襲爵
裴仲將	河東郡 聞喜縣	聞喜縣開國伯, 聞喜縣開國公	誌, 1567; 續, 479	본적지봉호(聞喜縣開國伯, 聞喜縣開國公)
裴贄	河東郡	河東郡開國男, 河東郡開國公	舊, 卷20上, 769; 卷20下, 796	모두 昭宗 시기; 본적지봉호(河東郡開國男, 河東郡開國公)

裴稹	河東郡 聞喜縣	正平公	誌, 1858	본적지봉호
裴伷先	絳州 聞喜縣	翼城縣公	新, 卷117, 4250	玄宗 시기; 본적지봉호
裴漼	絳州 聞喜縣	正平縣開國子	誌, 1321	본적지봉호
裴樞	絳州 聞喜縣	河東郡開國公	舊, 卷20下, 790	天祐 2년 이전
裴行儉	絳州 聞喜縣	聞喜縣公	新, 卷108, 4088	高宗 혹은 武則天 시기; 본적지봉호
裴休	河內郡 濟源縣/孟州 濟源縣	河東縣子, 河東縣開國男	舊, 卷177, 4594; 卷18下, 641	大中 10년(河東縣子)
裴諗	河東郡 聞喜縣	河東男	舊, 卷170, 4434	大中 5년 이후; 본적지봉호
白居易	太原郡/太原 郡→韓城→ 下邽	晉陽縣男, 馮翊縣開國侯	舊, 卷166, 4353; 4355	太和 2년(晉陽縣男), 太和末(馮翊縣開 國侯); 본적지봉호(晉陽縣 男, 馮翊縣開國侯)
白君恕	太原郡 祁縣	邵陵郡開國公	誌, 1444	
白敏中	太原郡/太原 郡→韓城→ 下邽	太原郡開國公	舊, 卷166, 4359	宣宗 시기; 본적지봉호
柏良器	魏郡	平原郡王	續, 910	
樊慶德	南陽郡	樂安公	誌, 1518	樊瓘 襲爵
樊文	南陽郡	新城縣公, 新城郡開國公	續, 388	
樊仁	南陽郡	南陽侯	續, 344	본적지봉호
樊興	安陸郡 安州	榮[營]國公, 襄城郡公 榮國公	舊, 卷57, 2300 新, 卷191, 5522	高祖(榮國公), 太宗(襄城郡公)
范安及	京兆府 奉天縣	岳陽縣公, 岳陽郡開國公	續, 574	開元 18년(岳陽縣公)
封倫[封 德彝]	觀州 蓨縣	平原郡公, 道國公/趙國公, 密國公	舊, 卷63, 2397; 新, 卷100, 3930	高祖(平原郡公), 武德 8년(道國公)
封敖	渤海郡 蓨縣	衛國公, 渤海男, 渤海郡開國伯	舊, 卷168, 4393; 卷18下, 639	武宗(衛國公), 大中 2년(渤海男), 大中 11년

				이전(渤海郡開國伯); 적지봉호(渤海男, 渤海郡開國伯)
封禎	渤海郡 □縣	渤海郡開國公	續, 484	본적지봉호
符璘	沂州 臨沂縣	義陽郡王	舊, 卷187下, 4906	
簿師	鴈門郡	考城公	續, 455	
史?		常山縣開國公	續, 478	
史?	建康郡 飛橋縣	平涼縣開國侯	續, 238	
史槃陁	隴西郡 成紀縣	呼崙縣開國公	誌, 845	
史嵩	華陰郡	須昌縣開國男	誌, 427	
師全介	泉州 淸源縣	武昌縣開國男	續, 1047	
史憲忠	靈武郡 建康縣	北海縣子	新, 卷148, 4791	大中初
司馬儚	京兆府 萬年縣	扶風縣開國男	續, 924	
司馬玄祚	河內郡 溫縣	琅邪縣開國男	誌, 1387	
常袞	京兆府	河內郡公	舊, 卷119, 3446	代宗 시기
常袞	京兆	河內郡公	新, 卷150, 4810	代宗 시기
上官儀	陝州 陝縣→江都	楚國公(追贈)	舊, 卷80, 2744	
上官庭芝	陝州 陝縣→江都	天水郡公(追贈)	舊, 卷80, 2744	
索禮	燉煌郡	燉煌縣開國男		본적지봉호
徐堅	湖州 長城縣→馮翊	慈源縣公, 東海郡公	新, 卷199, 5662	聖曆년간(慈源縣公), 睿宗(東海郡公)
徐嶠	湖州 長城縣→馮翊	慈源縣公	新, 卷199, 5663	
徐文遠	東海郡→洛州 偃師縣	東莞縣男	舊, 卷189上, 4944	武德 6년
徐申	京兆	東海郡公	新, 卷143, 4695	憲宗 시기
徐安貞		東海縣開國男	誌, 1517	
徐彦伯	兗州 瑕丘縣	高唐縣子	舊, 卷94, 3006	神龍元年
徐彦若	洛州 偃師縣	東莞子, 齊國公	舊, 卷179, 4667	咸通初(東莞子)

				昭宗(齊國公)
徐有功	洛州 偃師縣	東莞縣男	新, 卷113, 4188	
徐楚璧		東海縣子	新, 卷200, 5690	
徐浩	越州	會稽縣公, 會稽郡公	新, 卷160, 4966	각각 代宗과 德宗시기; 본적지봉호(會稽縣公, 會稽郡公)
席豫	襄陽郡	襄陽縣子	舊, 卷190中, 5036	天寶初; 본적지봉호
石雄乂	樂陵郡	河東縣開國男	誌, 2024	
鮮于廉	漁陽郡	北平縣開國公	誌, 1274	
薛慶	河東郡 汾陰縣	汾陰縣開國侯	續, 715	
薛訥	絳州 龍門縣	平陽郡公	新, 卷111, 4144	
薛莫	河東縣	雁門縣開國伯, 雁門縣開國公, 聞喜縣開國子	誌, 1346	景雲元年(雁門縣開國伯), 開元 3년(雁門縣開國公), 開元 14년(聞喜縣開國子); 본적지봉호(聞喜縣開國子)
薛萬均	燉煌→雍州 咸陽縣	永安郡公, 潞國公	舊, 卷69, 2517; 2518	高祖 시기(永安郡公)
薛萬淑	燉煌→雍州 咸陽縣	梁郡公	舊, 卷69, 2519	貞觀初
薛萬徹	燉煌→雍州 咸陽縣	武安縣公, 武安郡公	舊, 卷69, 2517; 2518	高祖(武安縣公)
薛萬徹의 아들	燉煌→雍州 咸陽縣	縣侯	舊, 卷69, 2518	
薛伯陽	蒲州 汾陰縣	安邑郡公	舊, 卷73, 2592	본적지봉호
薛士通	常州 義興縣	臨汾侯	新, 卷112, 4169	
薛思行		河東郡公	新, 卷191, 5524	
薛璿	河東郡	新城縣開國伯, 新城公	誌, 1395; 1454	
薛仙鶴	河東郡	聞喜縣開國子	誌, 1346	본적지봉호
薛紹	河東郡 汾陰縣	平陽縣開國子	誌, 1120	
薛收	蒲州 汾陰縣	汾陰縣男	舊, 卷73, 2588	본적지봉호;

				薛元超 襲爵
薛嵩	絳州 龍門縣	高平郡王，平陽郡王	新，卷111，4144	大曆初(高平郡王)
薛崇簡		立節郡王	新，卷191，5524	
薛仁貴	絳州 龍門縣	河東縣男，平陽郡公	舊，卷83，2781; 2782	顯慶 2년(河東縣男); 본적지봉호[15]
薛稷	蒲州 汾陰縣	晉國公	舊，卷73，2591	睿宗 시기
薛平	絳州 萬泉縣/絳州 龍門縣	韓國公，魏國公	新，卷111，4146	
薛苹	河中府 寶鼎縣	河東郡公	新，卷164，5044	憲宗 시기
薛獻	河東郡 汾陰縣	內陽公	誌，1913	
薛亨	蒲州 解縣	壽陵縣男	新，卷112，4173	高祖 시기
薛懷昱	河東郡 汾陰縣	河東侯	誌，1120	본적지봉호
薛懷義	京兆 鄠縣	梁國公，鄂國公	舊，卷183，4742	
盛彦師	宋州 虞城縣	葛國公	舊，卷69，2520	高祖 시기
成汭	青州	上谷郡王	舊，卷20上，768	光化 3년 이전
蕭璟	蘭陵郡	蘭陵縣公	舊，卷63，2404	武德년간
蕭季符	蘭陵郡	武昌縣開國公	誌，1122	
蕭遘	蘭陵郡	楚國公	舊，卷179，4648	僖宗 시기
蕭德緒	南蘭陵郡	蘭陵郡公	誌，1950	
蕭德言	蘭陵郡→雍州 長安縣	[武]陽縣侯	舊，卷189上，4953	太宗 시기
蕭仿[倣]	蘭陵郡	蘭陵郡開國侯/蘭陵縣侯	舊，卷172，4482; 新，卷101，3960	咸通년간; 본적지봉호
蕭繕	蘭陵郡 蘭陵縣	蘭陵縣開國男，蘭陵侯	誌，954; 誌，1447	聖曆 2년 이전; 본적지봉호(蘭陵縣開國男，蘭陵侯)
蕭俶		鄮縣開國男	舊，卷18下，637	大中 10년 이전
蕭嵩	蘭陵郡	蘭陵縣子，徐國公	新，卷101，3953; 3954	모두 玄宗 시기; 본적지봉호(蘭陵縣子)
蕭鄴		彭城縣開國男	舊，卷18下，638	大中 10년 이전
蕭至忠	沂州 承縣	鄮國公	舊，卷7，147	景雲 3년 이전
蕭華의 선조	蘭陵郡	徐國公	舊，卷172，4476	蕭華·蕭俛 襲爵

蕭昕	蘭陵郡→河南	晉陵侯, 郡公	新, 卷159, 4951	
蘇慶節	冀州 武邑縣	武邑縣公	舊, 卷83, 2775	본적지봉호
蘇嗣業		琅耶郡開國公	誌, 288	貞觀 8년 이전
蘇思勗	武功郡	常山縣開國伯	續, 596	
蘇詵	京兆/雍州 武功縣	岐陽縣公, 岐國公	新, 卷125, 4403	肅宗(岐陽縣公)
蘇世長	雍州 武功縣	溫國公	舊, 卷75, 2630	則天武后 臨朝稱制 시기
蘇良嗣	京兆 武功縣	溫國公	新, 卷103, 3991	垂拱初
蘇榮	京兆府 武功縣	扶風縣開國伯	誌, 1897	
蘇定方	冀州 武邑縣	臨淸縣公, 邢國公	新, 卷111, 4137; 4138	貞觀初(臨淸縣公), 高宗(邢國公)
蘇晉	京兆郡 武功縣	野王縣開國男, 河內郡開國公	誌, 1202; 1433	
蘇滌		武功縣開國子	舊, 卷18下, 632	大中 8년 이전
蘇咸	京兆郡 武功縣	平陵縣開國男	誌, 1526	
蘇珣	雍州 藍田縣	河內郡公	舊, 卷100, 3116	中宗시기; 蘇晉 襲爵
蘇瓌	京兆/雍州 武功縣	淮陽縣子, 淮陽縣侯, 許國公 懷縣男, 許國公	舊, 卷88, 2878 新, 卷125, 4398	景龍 3년(許國公); 蘇頲 襲爵 神龍初(懷縣男), 中宗 시기(許國公)
孫簡	樂安郡	樂安縣開國男, 樂安縣侯	續, 877; 1102	본적지봉호
孫杲	富陽縣	北海縣開國男	誌, 1969	
孫公乂	樂安郡→河南	樂安縣開國男	誌, 2289	본적지봉호
孫伏伽	貝州 武城縣	樂安縣男	舊, 卷75, 2638	太宗 시기
孫成	樂安郡	樂安縣開國男	誌, 1855	본적지봉호
孫守亮 등 9인		郡王	舊, 卷11, 280	永泰元年
孫偓		樂安縣侯	新, 卷183, 5386	
孫彦思		樂安縣開國男	續, 1170	
孫儲		樂安郡開國公	舊, 卷20上, 767	光化 3년 이전
孫侹	樂安郡	富春縣開國男	誌, 862	
孫何師		華容縣開國公	續, 447	
孫會	樂安郡	晉陽縣開國男	續, 1102	

孫孝敏	樂安郡	晉陽公	誌, 2218	
宋?		陽城公	續, 601	
宋璟	廣平→邢州 南和縣	廣平郡公	舊, 卷96, 3032	開元 5년; 본적지봉호
隋恭帝	弘農郡(隋帝室)	鄰國公	舊, 卷1, 7	武德元年
叔子儒	昇州 句容縣	潁川縣男	新, 卷198, 5655	長壽년간
柴令武	晉州 臨汾縣	襄陽郡公	舊, 卷58, 2316	
時溥	彭城郡	鉅鹿[郡]王	舊, 卷182, 4717	光啓元年
柴紹	晉州 臨汾縣	霍國公, 譙國公	舊, 卷58, 2314; 2315	武德元年(霍國公), 貞觀 7년(譙國公), 柴哲威 襲爵
辛京杲	蘭州 金城縣	肅國公, 晉昌郡王	新, 卷147, 4754	代宗 시기
辛奉國	隴西郡	隴西郡開國公	誌, 2136	본적지봉호
辛雲京	蘭州 金城縣	金城郡王	新, 卷147, 4754	본적지봉호
辛祖榮		平陽郡王	誌, 2136	
沈伯儀	吳興郡 武康縣	武康縣開國男	誌, 1525	본적지봉호
沈伯藏	吳興郡 武康縣	武康縣開國男	誌, 982	唐初; 본적지봉호
沈叔安		吳興郡公	新, 卷191, 5523	
顏某道	瑯琊郡 臨沂縣	臨沂縣開國男, 瑯琊縣開國伯	誌, 1239	武后-開元 9년; 본적지봉호(臨沂縣開國男, 瑯琊縣開國伯)
顏游秦		臨沂縣男	舊, 卷73, 2596	武德初; 본적지봉호
顏籀[師古]	琅邪郡→雍州 萬年縣	琅邪縣男	舊, 卷73, 2594	본적지봉호
顏眞卿	琅邪郡 臨沂縣	魯郡公	舊, 卷128, 3592	代宗 시기
安脩仁	涼州	申國公	新, 卷191, 5522	
安興貴	涼州	歸國公	新, 卷191, 5522	
楊綱	弘農郡 華陰縣	平河公	誌, 1676	
楊鉅	同州 馮翊縣	晉陽男	舊, 卷177, 4600	
楊恭仁	弘農郡 華陰縣	觀國公	舊, 卷62, 2381	高祖 시기; 楊思訓·楊睿交 襲爵
楊國忠	蒲州 永樂縣	魏國公, 衛國公	新, 卷206, 5848	

楊敏	鄜州 洛川縣	廣饒縣開國男	續, 46	太宗시기
楊復恭	閩	弘農郡開國公, 魏國公	舊, 卷184, 4774	
楊思	弘農郡	武當郡開國公	續, 423	
楊師道	弘農郡 華陰縣	安德郡公	舊, 卷62, 2383	
楊嗣復	弘農郡	弘農[郡開國]伯	舊, 卷176, 4556	開成 3년; 본적지봉호
楊思止	弘農郡 華陰縣	湖城公		본적지봉호
楊思勗	羅州 石城縣	虢國公	舊, 卷184, 4756	開元 12년
楊涉	弘農郡→同州 馮翊縣	開國伯, 弘農縣伯	舊, 卷20下, 788; 791	天祐 2년 이전(弘農縣伯); 선조의 본적지봉호 (弘農縣伯)[16]
楊續	弘農郡 華陰縣	弘農公	誌, 1337	본적지봉호
楊收	同州 馮翊縣	晉陽縣男	舊, 卷177, 4599	
楊守愚	弘農郡 華陰縣	平原公	誌, 1004	
梁[楊]昇卿[17]	弘農郡	弘農郡開國公	續, 736	본적지봉호
楊承宗	羅州 石城縣	弘農縣開國伯	誌, 1510	
楊於陵	弘農郡	弘農郡公	新, 卷163, 5033	穆宗 시기; 본적지봉호
楊元琰	虢州 閿鄉縣	弘農郡公, 魏國公	舊, 卷185下, 4811	神龍元年(弘農郡公), 睿宗 즉위후(魏國公); 본적지봉호 (弘農郡公)
楊隆禮	弘農郡	弘農郡公	新, 卷134, 4562	開元初
楊再思	鄭州 原武縣	弘農縣男, 鄭國公 鄭縣侯, 弘農郡公, 鄭國公	舊, 卷90, 2918 新, 卷109, 4098; 4099	延載初(鄭縣侯), 中宗 즉위후(弘農郡公)
楊儁	弘農郡 華陰縣	開國伯	誌, 183	
楊仲達	弘農郡 仙掌縣	盧國公 / 魯國公	誌, 885; 1167	
楊志廉	弘農郡?→	弘農縣開國男,	續, 800	貞元

	雲陽縣	弘農縣開國公		4년(弘農縣開國男)；본적지봉호?[18]
楊志操	華州 華陰縣	安平縣男	新, 卷130, 4497	
楊執一	弘農郡 華陰縣	河東郡公, 弘農郡公	舊, 卷62, 2383; 新, 卷191, 5524	神龍初(河東郡公); 본적지봉호(弘農郡公)
楊纂	華州 華陰縣	長安縣男	舊, 卷77, 2673	
楊纂	弘農郡 華陰縣	長平公	誌, 1004	
楊倩	恒農郡 華陰縣	胡城公	誌, 1145	본적지봉호[19]
楊楚王	羅州 石城縣	華陰縣開國男	誌, 1509	
楊漢公	弘農郡 華陰縣	弘農郡開國公	續, 1036	본적지봉호
楊行模	弘農郡 仙掌縣	宜陽郡開國公 / 義陽郡開國公	誌, 885; 1230	
楊行密	廬州 合淝縣	弘農郡王, 吳王	新, 卷188, 5455; 5458	乾寧 2년(弘農郡王), 天復 2년(吳王)
楊玄略	弘農郡	開國子, 開國伯, 弘農縣開國侯	續, 1049	각각 大中 12년, 咸通元年, 咸通 3년; 본적지봉호(弘農縣開國侯)
楊弘禮	華州 華陰縣	清河郡公	舊, 卷77, 2674	
楊懽	弘農郡 華陰縣	湖城公	誌, 1424	본적지봉호
楊孝直	弘農郡	弘農縣開國男	誌, 2160	본적지봉호
楊欽義	弘農郡	虢國公	續, 1048	본적지봉호[20]
梁守謙	安定郡	安定郡開國公, 邠國公	誌, 2103	長慶元年(安定郡開國公), 長慶 2년(邠國公)
陽嶠	北平→河南郡 洛陽縣	北平伯	舊, 卷185下, 4813	睿宗 즉위; 본적지(祖籍) 봉호
魚朝恩	瀘州 瀘川縣	馮翊郡開國公, 鄭國公, 韓國公	舊, 卷11, 270; 283; 舊, 卷184, 4764	寶應元年(馮翊郡開國公), 永泰 2년(鄭國公), 大曆 3년(韓國公)
魚弘志		韓國公	舊, 卷18上, 584	開成 4년

嚴武	華州 華陰縣	鄭國公	新, 卷129, 4484	肅宗 시기
嚴綬	蜀/華州 華陰縣	扶風郡公	舊, 卷146, 3960	元和元年
嚴震	梓州 鹽亭縣	鄖國公, 馮翊郡王	新, 卷158, 4943	建中년간(鄖國公), 德宗 시기(馮翊郡王)
黎幹	戎州	壽春公	新, 卷145, 4717	
呂子臧	蒲州 河東縣	南陽郡公	舊, 卷187上, 4869	高祖 시기
呂諲	蒲州 河東縣/河中府 河東縣	東平男新, 須昌縣伯	舊, 卷185下, 4824; 新, 卷140, 4649	上元元年(東平男)
燕敬嗣	涿郡 平昌縣	昌平郡公	誌, 1201	
閻虔福	河南郡 洛陽縣	漁陽縣開國子	誌, 1078	
閻基	洛陽縣	漁陽縣開國公	誌, 959	高宗 혹은 武后 시기
閻立德	河南郡	大安公	續, 498	
閻立德	馬邑→雍州 萬年縣	太安縣公	舊, 卷77, 2679	
閻立本	馬邑→雍州 萬年縣	博陵縣男	舊, 卷77, 2680	總章元年
葉法善	括州 括蒼縣	越國公	舊, 卷191, 5108	先天 2년
榮昪誼	玉田	玉田郡開國公	誌, 1937	본적지봉호
令狐德棻	燉煌→宜州 華原縣	彭陽男, 彭陽子	舊, 卷73, 2598	貞觀 6년(彭陽男), 貞觀 11년(彭陽子)
令狐彰	京兆 富平縣	霍國公	舊, 卷124, 3528	肅宗
令狐楚	燉煌→宜州 華原縣	彭陽郡開國公	舊, 卷172, 4463	太和 9년; 令狐綯 襲爵(彭陽男)
令狐絢		彭陽縣開國男	續, 876	
令狐綯	燉煌→宜州 華原縣	涼國公, 趙國公	舊, 卷172, 4466; 卷19下, 694	大中 12년?(涼國公), 乾符 2년(趙國公)
吳儡	濮州·濮陽郡	濮陽縣開國男	續, 1131	본적지봉호
吳兢	汴州 浚儀縣	襄垣縣, 長垣縣男	舊, 卷102, 3182; 新, 卷132, 4529	開元 17년(襄垣縣子)
吳令瑤	濮州 濮陽縣	濮陽郡公	舊, 卷183, 4746	본적지봉호
吳令瑜	濮州 濮陽縣	濟陽郡公	舊, 卷183, 4746	

吳敏恭	濮陽→洛州 合宮縣	永安縣開國男	誌, 968	
吳少誠	幽州 潞縣	通義郡王, 濮陽郡王	新, 卷213, 6002; 6004	德宗(通義郡王), 順宗(濮陽郡王)
吳承泌		濮陽郡開國侯	誌, 2532	
吳全績	濮州·濮陽郡	濮陽郡開國公	續, 1132	본적지봉호
吳湊	濮州 濮陽縣	濮陽郡公	舊, 卷183, 4746	본적지봉호
吳卓	渤海郡	長樂郡王	續, 839	
吳溆	濮州 濮陽縣	濮陽郡公	舊, 卷183, 4746	본적지봉호
烏承玭	張掖郡	昌化郡王	新, 卷136, 4597	
烏重胤	張掖郡	張掖郡公, 邠國公	新, 卷171, 5187	본적지봉호(張掖郡公); 烏漢弘 襲爵
溫大雅	太原郡 祁縣/并州 祁縣	黎國公	舊, 卷61, 2360	太宗 시기
溫大有	太原郡 祁縣/并州 祁縣	淸河郡公	新, 卷91, 3783	武德初
溫彦博	太原郡 祁縣/并州 祁縣	西河郡公, 盧國公	舊, 卷61, 2360; 新, 卷91, 3782	貞觀 4년(盧國公)
溫造	河內郡/并州 祁縣	祁縣開國子	新, 卷91, 3786	太和 2년; 본적지봉호
王?	太原郡	開陽縣開國公	續, 550	
王?		太原縣開國男	續, 830	
王□	太原郡	燉煌縣開國公	續, 514	
王感	太原郡	盂縣開國男	續, 321	본적지봉호
王建	許州 舞陽縣	琅邪郡王	舊, 卷20上, 767	光化 3년 이전
王敬直	太原郡 祁縣	南城縣男	新, 卷98, 3890	太宗 시기
王袞	瑯琊郡	臨沂縣開國男	誌, 2134	본적지봉호
王公素	太原→京兆 高陵縣	太原縣開國男	誌, 2366	본적지봉호[21]
王丘의 선조	琅邪郡→相州 安陽縣	宿預男	舊, 卷100, 3133	王丘 襲爵
王君廓	并州 石艾縣	常山郡公, 彭國公	新, 卷92, 3808	高祖 시기
王君愕	洺州 邯鄲縣	新興縣公,	舊, 卷90, 2909	高祖(新興縣公),

		邢國公(追贈)		太宗(邢國公); 王及善 襲爵
王君㚟	瓜州 常樂縣	晉昌縣伯	新, 卷133, 4547	開元 24년
王珪	太原郡 祁縣	永寧縣男, 永寧郡公	舊, 卷70, 2528; 2529	貞觀元年(永寧縣男); 王崇基 襲爵
王珪의 아들 1인	太原郡 祁縣	縣男	舊, 卷70, 2529	
王基	并州 太原縣	中山縣開國男, 中山縣開國伯	續, 323	垂拱元年(中山縣開國男)
王起	太原郡→揚州/太原郡	魏郡公	新, 卷167, 5118	武宗 시기
王難得	沂州 臨沂縣	琅邪郡公	新, 卷147, 4753	肅宗 시기; 본적지봉호
王德儉	瑯琊郡→京兆郡	歸仁公	誌, 1357	
王德眞	京兆府	樂平縣男	新, 卷191, 5520	
王同皎	琅邪郡→相州 安陽縣	琅邪郡公	舊, 卷187上, 4878	中宗 시기; 선조의 본적지봉호22
王茂元	濮州 濮陽縣	濮陽郡侯	新, 卷170, 5173	文宗 시기
王搏	琅邪郡	太原郡開國公	舊, 卷20上, 758	乾寧 3년 이전
王方	太原郡	壽陽縣男	續, 567	
王方慶	雍州 咸陽縣 丹楊→雍州 咸陽縣	石泉縣男, 琅邪縣男, 石泉子, 石泉縣公	舊, 卷89, 2897-8; 2901	證聖元年(石泉縣男), 萬歲登封元年(琅邪縣男), 聖曆 2년(石泉公)
王方翼	并州 祁縣	太原郡公	舊, 卷185上, 4803	高宗 시기; 본적지봉호
王師範	靑州	琅邪郡公	舊, 卷20下, 790	天祐 2년 이전
王守琦		太原縣開國男	誌, 2275	
王守言	瑯琊郡	瑯琊縣開國公	續, 590	天輔元年
王守一	同州 下邽縣	晉國公	舊, 卷183, 4745	
王守節	太原郡 祁縣	淸源縣開國男	誌, 1972	본적지봉호
王守質	京兆府 長安縣	太原郡開國男	誌, 1779	代宗시기
王崇俊	太原郡	太原縣開國子	誌, 1872	본적지봉호
王式	太原郡	魏郡開國公	誌, 2356	
王侁	太原郡 晉陽縣→洛	全節縣開國公	誌, 1013	長安 2년

	州 洛陽縣			
王申伯	琅邪郡	瑯琊縣開國公	誌, 2138	본적지봉호
王愕	武安郡 邯鄲縣	新興縣開國侯, 新興縣開國公, 邢國公	續, 32	
王昻		邛國公	舊, 卷11, 272	寶應 2년
王涯	太原郡	淸源縣開國男, 代國公	舊, 卷169, 4402; 4404	각각 元和 10년과 太和 7년; 본적지봉호(淸源縣開國男)
王彦威	太原郡	北海縣子	新, 卷164, 5058	
王用	沂州 臨沂縣	太原郡公	新, 卷147, 4753	
王雄誕	曹州 濟陰縣	宜春郡公	舊, 卷56, 2271	王世果 襲爵
王暐		太原公	誌, 1417	
王衛春	太原郡 晉陽縣	楚丘縣開國公	誌, 793	
王仁皎	同州 下邽縣	祁國公	舊, 卷183, 4745	玄宗 즉위; 王守一 襲爵
王子顔	琅邪郡 臨沂縣	琅邪郡公	舊, 卷183, 4751	肅宗; 본적지봉호
王宰	懷州 溫縣	太原郡開國公	舊, 卷18上, 601	開成 4년 이전
王庭	太原郡→上谷郡	太原縣開國男	誌, 1924	본적지봉호
王潮	光州 固始縣	琅邪郡王	新, 卷190, 5492	天祐初
王晙	滄州 景城縣	淸源縣男, 淸源縣公, 中山郡公	舊, 卷93, 2986; 2989	開元 2년(淸源縣男). 開元 9년(淸源縣公), 開元 10년(中山郡公)
王重盈	太原郡 祁縣	琅邪郡王	舊, 卷20上, 752	乾寧 2년 이전
王重榮	河中府/太原 祁縣	琅邪郡王	舊, 卷182, 4696	中和 2년
王志愔	博州 聊城縣	北海縣男	新, 卷128, 4464	景雲初
王智興	懷州 溫縣	鴈門郡王	舊, 卷156, 4140	太和 3년
王鎭의 선조		襲太原郡開國公	舊, 卷18下, 642	大中 12년 이전; 王鎭 襲爵
王處存	京兆 萬年縣	太原縣開國伯	舊, 卷19下, 704	乾符 6년 이전
王處直	京兆 萬年縣	太原王	舊, 卷182, 4700	天祐元年 혹은

				天復初
王忠嗣	太原郡 祁縣→華州 鄭縣	清源男, 淸源縣公	舊, 卷103, 3198; 3199	開元 21년(淸源男), 天寶元年(淸源縣公); 이전 본적지봉호(淸源男, 淸源縣公)
王鐸	太原郡→揚州/太原郡	晉國公	舊, 卷164, 4284	中和 3년
王播	太原郡→揚州/太原郡	太原縣開國伯, 太原公	舊, 卷17上, 526; 卷164, 4277	각각 太和元年과 太和 2년; 본적지(祖籍) 봉호(太原縣開國伯, 太原公)
王渾	太原郡	太原郡開國公	誌, 1974	본적지봉호
王鉷	太原郡 祁縣	太原縣公	舊, 卷105, 3230	天寶 10載; 본적지봉호
王孝傑	京兆 新豐縣	淸源[縣]男, 耿國公(追贈)	舊, 卷93, 2977	則天武后 시기
王徽	京兆 杜陵縣	琅邪郡侯	舊, 卷178, 4643	僖宗 시기
王徽	京兆	琅邪郡侯	新, 卷185, 5409	昭宗 시기
王希儁	琅耶郡	華容縣開國男	誌, 2039	王炅 襲爵
王摶	雍州 咸陽縣 丹楊→雍州 咸陽縣	魯國公	新, 卷116, 4227	昭宗 시기
王琚	懷州 河內縣	趙國公	舊, 卷106, 3250	先天 2년
王璠		祁縣開國子	誌, 2123	
王鉽	太原郡	平原郡王	誌, 1974	
王臬君	瓜州 常樂縣	晉陽伯	舊, 卷103, 3191	開元 16년
姚思廉	雍州 萬年縣	豐城縣男	舊, 卷73, 2593	貞觀 9년
姚璹	雍州 萬年縣	吳興縣男, 吳興縣伯	舊, 卷89, 2902; 2904	調露中(吳興縣男), 長安년간(吳興縣伯); 선조의 본적지봉호(吳興縣男, 吳興縣伯)[23]
姚崇[元崇]	陝州 硤石縣	梁縣侯, 梁國公	舊, 卷96, 3022; 3023	神龍元年(梁縣侯), 先天 2년(梁國公)
姚珽	雍州 萬年縣	宣城郡公	舊, 卷89, 2905	神龍元年
姚懷		感義郡王	舊, 卷11, 286	大曆 2년
姚懷亮	河東郡	河東縣開國男	誌, 1552	본적지봉호

姚劉	河東郡 舜原縣	河東縣開國男	誌, 965	聖曆 3년 이전; 본적지봉호
于乾長	河南郡 洛陽縣	平恩縣開國男	續, 448	
于頎	河南郡 洛陽縣	譙郡公	誌, 1876	
于士俊	東海郡 郯縣	東海郡公	誌, 1087	唐初; 본적지봉호
于尙範	洛陽 河南縣	朐山公	續, 454	
于申	河南郡 洛陽縣	梁郡開國子	誌, 1876	
于安貞	河南郡	蘭陵公	續, 287-288	
于永寧	東海郡→河 南府	建平公	誌, 1343	
于惟謙	東海郡	東海郡開國□	誌, 2002	본적지봉호
于志寧	雍州/京兆 高陵縣	黎陽縣公, 燕國公	舊, 卷78, 2693; 2697	太宗(黎陽縣公), 永徽元年(燕國公)
于休烈	河南郡	東海郡公	舊, 卷149, 4009	代宗 시기
于頔	河南郡	燕國公	舊, 卷156, 4130	貞元 14년
虞世南	越州 餘姚縣	永興縣子, 永興縣公	新, 卷102, 3970	貞觀 7년(永興縣子), 貞觀 8년(永興縣公)
牛進達		琅邪郡公	新, 卷191, 5523	
牛仙客	涇州 鶉觚縣	隴西郡公, 豳國公	新, 卷133, 4555	모두 玄宗 시기
牛秀	隴西郡→濮 陽郡 雷澤縣	魏城男, 瑯琊郡公	續, 58	모두 太宗시기
牛僧孺	安定郡 鶉觚縣	奇章子, 奇章郡公	舊, 卷172, 4470; 4472	敬宗 즉위(奇章子); 牛蔚(奇章侯)·牛徽 (奇章男) 襲爵(新, 卷174, 5232; 5234)
宇文士 及	雍州/京兆 長安縣	新城縣公, 郢國公	舊, 卷63, 2410	高祖(新城縣公)
宇文運	河南郡 洛陽縣	義淸縣開國公	誌, 432	
宇文節		平昌縣公	舊, 卷4, 70	永徽 3년 이전
元澹	河南郡 洛陽縣	常山縣公	新, 卷200, 5691	開元初
元德操	河南郡	中山男	誌, 787	

	洛陽縣			
元白澤	河南 洛陽縣	新安公	新, 卷201, 5743	高祖 시기
元寶藏	河南郡 洛陽縣	武陽郡開國公	誌, 1178	元神霽 襲爵
元載	鳳翔府 岐山縣	許昌縣子	新, 卷145, 4712	代宗 시기
元濬	河南郡	雲寧公	誌, 1756	
元仲文	洛州	河南縣公	舊, 卷57, 2295	본적지봉호
元行沖	河南郡	常山郡公	舊, 卷102, 3177	開元 7년
袁恕己	滄州 東光縣	南陽郡公, 南陽郡王	舊, 卷91, 2942; 2943	모두 中宗 시기
袁朗	雍州 長安縣	汝南縣男	舊, 卷190上, 4984	武德初
袁滋	蔡州 朗山縣	淮陽郡公	新, 卷151, 4825	憲宗 시기
源乾曜	相州 臨漳縣	安陽郡公	舊, 卷98, 3072	開元 17년; 본적지봉호
苑君璋	馬邑郡	芮國公	新, 卷92, 3805	高祖 시기
員半千	晉州 臨汾縣/齊州 全節縣	平原郡公	舊, 卷190中, 5015	中宗 시기
韋?		博昌縣開國男	續, 349	
韋??		臨都公	誌, 1072	裴首兒의 남편
韋巨源		舒國公	新, 卷123, 4376	中宗 시기
韋堅	京兆 萬年縣	韋城[縣]男	舊, 卷105, 3224	天寶 3년
韋見素	京兆 萬年縣	豳國公	舊, 卷108, 3277	玄宗 蜀 몽진 이후
韋見素의 선조	京兆 萬年縣		舊, 卷108, 3275	韋見素 襲爵
韋皐	京兆 萬年縣	扶風縣伯, 南康郡王	新, 卷158, 4935; 4936	貞元 9년(扶風縣伯), 貞元 13년(南康郡王)
韋琨	京兆 萬年縣	武陽縣侯	新, 卷197, 5629	太宗 시기
韋匡伯	京兆 萬年縣	舒國公	舊, 卷92, 2963	
韋丹	京兆 萬年縣	武陽郡公	新, 卷197, 5630	憲宗 시기
韋待價	雍州 萬年縣	扶陽侯, 扶陽郡公	舊, 卷77, 2672	儀鳳 3년(扶陽侯), 武則天(扶陽郡公)
韋倫	京兆	鄖國公	舊, 卷138, 3782	德宗 시기
韋文振		襄陽縣公(追贈)	新, 卷100, 3940	
衛伯玉		河東郡公, 城陽郡王	舊, 卷115, 3378; 卷11, 287	上元 2년(河東郡公), 大曆

				2년(城陽郡王)
韋保衡	京兆	扶風縣開國侯	舊, 卷177, 4602	咸通 10년
韋思謙	鄭州 陽武縣	博昌縣男	舊, 卷88, 2863	垂拱初
韋嗣立	鄭州 陽武縣	逍遙公	舊, 卷88, 2873	中宗 시기
韋師實	雍州 萬年縣	扶陽郡公	舊, 卷75, 2633	垂拱初
韋湑	京兆 萬年縣	曹國公	舊, 卷183, 4744	神龍연간
韋昭度	京兆	扶陽郡開國, 岐國公	舊, 卷20上, 736; 新, 卷185, 5410	昭宗(岐國公)
韋叔夏	京兆 萬年縣	沛國郡公	舊, 卷189上, 4965	神龍년간
韋述	京兆 萬年縣	方城縣侯	舊, 卷102, 3185	天寶 9載
韋承慶	鄭州 陽武縣	扶陽縣子	舊, 卷88, 2865	神龍初
韋安石	京兆 萬年縣	鄖國公, 郇國公	舊, 卷92, 2956; 2957	神龍初(鄖國公), 睿宗 즉위(郇國公)
韋約	京兆 杜陵縣	博昌縣開國男	續, 420	
韋澳		扶風縣開國男	舊, 卷18下, 635	大中 10년 이전
韋溫	京兆 萬年縣	汝南郡公, 魯國公, 曹國公	舊, 卷183, 4744; 卷7, 147	神龍년간(魯國公), 景龍 3년(曹國公)
韋頊	京兆郡 杜陵縣	扶陽縣開國公	誌, 1202	
韋挺	雍州 萬年縣	扶陽縣男	舊, 卷77, 2669	貞觀初
韋湊	京兆 萬年縣	彭城郡公	新, 卷118, 4266	玄宗 시기
韋津	京兆郡 杜陵縣	壽光[縣開國]男, 武陽郡開國公	續, 262; 360	韋婉·韋琓 襲爵
韋震		河東縣開國子	舊, 卷20下, 789	天祐元年 이전
韋澄	京兆郡 杜陵縣	彭城縣開國公(追贈)	誌, 1202	
韋處厚	京兆	靈昌郡公	舊, 卷159, 4185-6	寶歷 말년
韋陟	京兆 萬年縣	郇國公	舊, 卷92, 2959	天寶년간
韋清		安定郡王	新, 卷193, 5554	
韋灌	京兆郡 杜陵縣	魯國公	誌, 1672	
韋泰眞	京兆郡 杜陵縣	臨都縣開國男	續, 291	嗣聖元年
韋表	京兆郡 杜陵縣	魏國公	誌, 1672	
韋鐬		彭城縣開國男	誌, 1092	
韋玄儼	京兆郡 杜陵縣	魯國公(追贈)	誌, 1672	
韋玄貞	京兆 萬年縣	魯國公, 上洛郡王	舊, 卷183, 4744; 新, 卷206, 5843	

魏?	鉅鹿郡 曲陽縣	鉅鹿縣開國男	誌, 2560	본적지봉호
魏扶		鉅鹿郡開國男	舊, 卷18下, 622	大中 3년 이전
魏少遊	鉅鹿郡	鉅鹿縣侯, 趙國公	新, 卷141, 4657	肅宗 시기(鉅鹿縣侯), 大曆 2년(趙國公); 본적지봉호(鉅鹿縣侯)
魏昇	宋州 宋城縣	任城縣男	舊, 卷92, 2953	
魏元忠	宋州 宋城縣	齊國公	舊, 卷92, 2953	中宗 시기
魏知古	深州 陸澤縣	梁國公	舊, 卷98, 3063	先天 2년
魏徵	鉅鹿郡 曲城縣/魏州 曲城縣	鉅鹿縣男, 鉅鹿郡公, 鄭國公	舊, 卷71, 2547; 2549; 2550	모두 太宗 시기; 본적지봉호(鉅鹿縣男, 鉅鹿郡公); 魏叔玉·魏應[膺]襲爵
魏徵의 아들 1인	鉅鹿郡 曲城縣/魏州 曲城縣	縣男	舊, 卷71, 2558	
魏玄同	定州 鼓城縣	鉅鹿[縣]男	舊, 卷87, 2853	垂拱 3년
魏華	鉅鹿郡 曲城縣/魏州 曲城縣	武陽縣男	新, 卷97, 3881	則天武后 시기; 『新唐書』 魏徵傳의 본적 기록이 맞다면 본적지봉호
尉遲敬德	朔州 善陽縣	吳國公, 鄂國公	舊, 卷68, 2499; 2500	貞觀元年(吳國公), 貞觀 11년(鄂國公)
尉遲敬德의 아들	朔州 善陽縣	郡公	舊, 卷65, 2447	
劉?		彭城郡開國公	誌, 2330	
劉?		高平郡開國公	誌, 2119	
劉感	岐州 鳳泉縣	平原郡公(追封)	舊, 卷187上, 4866	高祖 시기
劉感	彭城郡	彭城郡開國伯	誌, 1691	본적지봉호
劉巨容	徐州	彭城縣侯	新, 卷186, 5425	본적지봉호
劉敬和		彭城公	續, 1167	
劉光國	彭城郡	五原郡王	新, 卷153, 4853	
劉德敏	徐州 沛縣	望都縣開國公	續, 111	

劉德威	徐州 彭城縣	滕縣公 → (高祖) 彭城縣公 (舊, 卷77, 2676		모두 高祖시기; 본적지봉호 (滕縣公, 彭城縣公); 劉審禮 襲爵
劉蘭	靑州 北海縣	平原郡公	新, 卷94, 3836	貞觀 11년
劉林□	廣平郡 易陽縣	□平縣男	續, 250	
劉林甫	魏州 觀城縣	樂平[縣]男	舊, 卷81, 2750	劉祥道 襲爵
劉沔	彭城郡/徐州 彭城縣	彭城郡開國公	舊, 卷18上, 590	會昌 2년 이전; 본적지봉호
劉文靜	自云 彭城郡	魯國公	舊, 卷57, 2292	劉樹義 襲爵
劉仕偘		彭城縣開國子	誌, 2120	
劉舍利	彭城郡	彭城縣開國公	續, 474	본적지봉호
劉師立	宋州 虞城縣	襄武郡公	新, 卷88, 3742	高祖 시기
劉仕仟		高平縣開國男	誌, 2120	
劉祥道	魏州 觀城縣	廣平郡公	新, 卷106, 4050	
劉善因	河間郡 鄚縣	平恩郡開國公	續, 177	
劉世擧	彭城郡	弘農縣開國公	續, 452	
劉世龍	并州 晉陽縣	葛國公	舊, 卷57, 2295	高祖 시기
劉世讓	雍州/京兆 醴泉縣	弘農郡公, 平原郡公	舊, 卷69, 2523; 2524	高祖(弘農郡公), 貞觀 11년(平原郡公)
劉崇望	滑州 胙縣	彭城縣開國男	舊, 卷20上, 747	大順 2년 이전
劉升	彭城郡	任城縣開國男	誌, 1579	劉穎 襲爵
劉昇朝	沛國 彭城縣→京兆府 涇陽縣	彭城縣開國侯	誌, 1893	본적지봉호
劉易從	徐州 彭城縣	任城縣男	新, 卷106, 4055	
劉延景		沛國公(追贈)	誌, 1827	
劉延祐	徐州 彭城縣	薛縣男	舊, 卷190上, 4994	
劉渶浰		彭城縣開國男, 彭城縣開國子	續, 948	長慶 3년(彭城縣開國男)
劉悟	幽州 昌平縣	彭城郡王	舊, 卷161, 4230	元和末
劉元尙	彭城郡	彭城縣開國公	誌, 1707	본적지봉호
劉褘之	常州 晉陵縣	臨淮[縣]男	舊, 卷87, 2847	高宗 시기
劉幽求	冀州 武强縣	中山縣男, 徐國公	舊, 卷97, 3039; 3040	睿宗 시기(徐國公)
劉胤之	徐州 彭城縣	陽城縣男	舊, 卷190上, 4994	永徽初
劉義節	并州	葛國公	新, 卷88, 3743	高祖 시기

劉仁軌	汴州 尉氏縣	樂城縣男, 樂城公	新, 卷108, 4084	高宗(樂城縣男), 咸亨 5년(樂城公)
劉逸	彭城郡	彭城郡開國男	誌, 2147	본적지봉호
劉玫	汴州 尉氏縣	譙縣侯	新, 卷182, 5374	懿宗 시기
劉廷珍	彭城郡/徐州 彭城縣	東陽郡王	新, 卷171, 5194	
劉政會	代郡→河南郡	渝國公	舊, 卷179, 4663	高祖 시기
劉政會	滑州 胙城縣	邢國公, 渝公	舊, 卷58, 2313; 卷3, 52	高祖(邢國公), 劉玄意 襲爵
劉齊賢의 선조		廣平郡公	新, 卷191, 5520	劉齊賢 襲爵
劉從諫		沛國公	新, 卷214, 6014	大和初
劉濬	汴州 尉氏縣	河間縣開國男	誌, 1365	
劉遵禮		彭城縣開國子	誌, 2435	
劉智	彭城郡→京兆府 涇陽縣	彭城縣開國男	誌, 1723	본적지봉호
劉知幾	彭城郡	居巢縣子	新, 卷132, 4521	
劉昌	汴州 開封縣	南川郡王	新, 卷170, 5174	貞元 7년
劉昌裔	太原 陽曲縣	彭城郡公	新, 卷170, 5167	憲宗 시기
劉瞻	彭城郡	彭城縣開國侯	舊, 卷19上, 675-6	咸通 11년 이전; 본적지봉호
劉聰	幽州 昌平縣	楚國公	新, 卷212, 5975	憲宗 시기
劉怦	幽州 昌平縣	彭城郡公	新, 卷212, 5974	
劉海賓	彭城郡	樂平郡王	新, 卷153, 4853	
劉行立	京兆府 雲陽縣	彭城縣開國伯	續, 883	
劉行深		國公	舊, 卷19下, 690	咸通 15년
劉行深	京兆府 雲陽縣	彭城縣開國公; 徐國公	續, 883; 誌, 2435	
劉玄豹	彭城郡	彭城縣開國男, 彭城縣開國子	誌, 1705	본적지봉호(彭城縣開國男, 彭城縣開國子)
劉弘規	京兆府 雲陽縣	彭城縣子, 沛國公	續, 883	
劉弘基	雍州 池陽縣	任國公, 夔國公	舊, 卷58, 2310; 2311	高祖(任國公), 貞觀 9년(夔國公); 劉仁實 襲爵
劉朏	彭城郡	建平郡開國公	續, 662	
劉洎	荊州 江陵縣	淸苑縣男	新, 卷99, 3917	貞觀 7년

劉澭	幽州 昌平縣	彭城郡公	新, 卷148, 4781	
柳公權	京兆 華原縣	河東郡開國公	舊, 卷165, 4311	武宗 시기
柳德乂		臨河縣開國公	續, 2	
柳奭		河東縣男	舊, 卷4, 74	永徽 6년 이전
柳晟	河中府 解縣	河東縣子, 河東[縣]公	新, 卷159, 4962	본적지봉호(河東縣子, 河東[縣]公)
柳遜	河東郡 解縣	樂平縣開國公	誌, 733	
柳仲郢	京兆 華原縣	河東縣男	新, 卷163, 5024	大中 12년
柳璨	京兆 華原縣	河東縣男, 河東郡開國伯	舊, 卷20下, 790; 802	天祐 2년(河東郡開國伯)
柳沖	蒲州 虞鄕縣	河東縣男	新, 卷199, 5676	天授初
柳亨	蒲州 解縣	壽陵縣男	舊, 卷77, 2681	高祖 시기
柳渾	河東→襄州	宜城縣伯	舊, 卷125, 3554	貞元 2년; 본적지봉호
陸?	河南郡	東平縣開國男	誌, 927	
陸乾迪	河南郡 洛陽縣	東平縣開國男	續, 334	
陸堅	河南郡 洛陽縣	建安男	新, 卷200, 5704	玄宗 시기
陸德明	蘇州 吳縣	吳縣男	舊, 卷189上, 4945	貞觀初; 본적지봉호
陸敦信	蘇州 吳縣	嘉興縣子	舊, 卷4, 86	麟德 2년; 본적지봉호
陸象先	蘇州 吳縣	兗國公	舊, 卷88, 2876	先天 2년
陸頌		陳國公	舊, 卷7, 145	景雲 2년 이전
陸餘慶	蘇州 吳縣	廣平郡公	新, 卷116, 4239	則天武后 시기
陸元朗	蘇州 吳縣	吳縣男	新, 卷198, 5640	高祖 시기; 본적지봉호
陸璪	蘇州 吳縣	平恩縣男	新, 卷116, 4240	玄宗 시기
陸扆	吳郡	嘉興男, 吳郡開國公	舊, 卷179, 4668; 4669	乾寧 2년(嘉興男), 光化 3년(吳郡開國公); 본적지봉호 (嘉興男, 郡開國公)
尹思貞	京兆 長安縣	天水郡公	舊, 卷100, 3110	睿宗 시기
殷開山	京兆府 鄠縣	鄖國公	新, 卷191, 5516	
殷嶠	雍州 鄠縣	鄖國公	舊, 卷58, 2311-2	
李?		西平縣開國公	續, 177	

李??	隴西郡	陵川郡王	誌, 2433	
李珏	趙郡	贊皇男, 贊皇郡開國公	舊, 卷173, 4505; 4506	開成 4년(贊皇男), 武宗(贊皇郡開國公); 본적지봉호(贊皇男, 贊皇郡開國公)
李絳	趙郡 贊皇縣	高邑縣男, 趙郡開國公	舊, 卷164, 4290; 4291	元和 8년(高邑縣男), 文宗 시기(趙郡開國公); 본적지봉호(高邑縣男, 趙郡開國公)
李蓋	曹州 離狐縣	舒國公	舊, 卷67, 2484	高祖 시기
李客師	雍州 三原縣	丹陽郡公	舊, 卷67, 2482	太宗
李傑	隴西郡→相州 滏陽縣	武威子	舊, 卷100, 3111	玄宗 시기
李敬實	隴西郡	隴西縣開國男	續, 1028	본적지봉호
李敬讓		酒泉縣開國子	舊, 卷18下, 632	大中 8년 이전
李卿雲	隴西郡 成紀縣	汝陽郡開國公	誌, 1181	
李景裕의 선조		郧國公	續, 1177	李景裕 襲爵
李敬玄	亳州 譙縣	趙國公	舊, 卷173, 4497	則天武后 시기
李公逸	汴梁 雍丘縣	陽夏郡公	舊, 卷187上, 4870	高祖 시기
李公逸의 아들	汴梁 雍丘縣	襄邑縣公	舊, 卷187上, 4871	본적지봉호24
李寬	滑州→京兆 萬年縣	隴西郡公	舊, 卷98, 3073	
李嶠	趙州 贊皇縣	贊皇縣男, 贊皇縣公, 趙國公	舊, 卷94, 2995	모두 中宗 시기; 본적지봉호(贊皇縣男, 贊皇縣公, 趙國公)
李國臣	河西	臨川郡王	新, 卷136, 4592	肅宗 시기
李君球	齊州 平陵縣	平陵郡公	舊, 卷185上, 4789	武德初; 본적지봉호
李君羨	洺州 武安縣	武連郡公	舊, 卷69, 2524	太宗 시기
李君才	隴西郡	延安□開國公	誌, 706	
李軌	涼州賊	涼王	舊, 卷1, 8	武德元年;

				본적지봉호?
李貴	隴西郡	隴西公	誌, 1354	唐 건국후; 본적지봉호; 李斌·李□道 襲爵
李揆	隴西郡→滎陽	姑臧縣伯	新, 卷150, 4808	
李吉甫	趙郡	贊皇縣侯, 趙國公	新, 卷146, 4740	憲宗(贊皇縣侯); 본적지봉호(贊皇縣侯, 趙國公)
李湛	瀛州 饒陽縣	趙國公	舊, 卷82, 2771	中宗 즉위 이후
李大亮	隴西郡 狄道縣→雍州 涇陽縣/京兆 涇陽縣	武陽縣男/武陽縣公	舊, 卷62, 2387/新, 卷191, 5517	貞觀元年 (武陽縣男)
李德懋	隴西郡	臨川郡公	誌, 1858	
李德裕	趙郡	贊皇縣伯, 趙國公, 衛國公	新, 卷180, 5333; 5339	太和 7년(贊皇縣伯), 開成 4년(衛國公); 본적지봉호(贊皇[縣]伯, 趙國公)
李道謙	淸河郡 淸平縣/趙郡 贊皇縣	淸河郡公	誌, 1259	본적지봉호 (淸河郡公)25
李道廣	滑州→京兆 萬年縣	金城縣侯	舊, 卷98, 3073	
李良	隴西郡	順政郡王	誌, 1910	
李良金	隴西郡	隴西郡開國公	誌, 1766	본적지봉호
李令問	雍州 三原縣	宋國公	舊, 卷67, 2482	先天년간
李萬林	隴西郡 狄道縣	隴西縣開國子	續, 930	본적지봉호
李孟嘗	趙州 平棘縣	漢東郡公/濟東郡公	舊, 卷57, 2295/新, 卷191, 5522	
李茂貞	深州 博野縣	隴西郡公, 岐王	舊五, 卷132, 1737; 1739	光啓 3년(隴西郡王) 景福 2년(岐王)
李密	遼東郡	邢國公	舊, 卷53, 2223	武德元年

	襄平縣			
李百藥	定州 安平縣	安平縣男	舊, 卷72, 2572	貞觀元年; 본적지봉호
李輔國		成[郕]國公, 博陸郡王	新, 卷208, 5880; 5882	肅宗(成[郕]國公), 代宗(博陸郡王)
李逢吉	隴西郡	涼國公, 鄭國公	舊, 卷167, 4366; 卷17上, 514	長慶 4년(涼國公), 寶曆元年(鄭國公); 李植 襲爵
李奉僊		公	舊, 卷14, 423	元和 2년 이전
李思摩		懷化郡王	舊, 卷3, 50	貞觀 13년 이전
李思文	滑州 衛南縣	衛國公	誌, 1186	
李嗣業	京兆 高陵縣	虢國公, 武威郡王(追贈)	舊, 卷109, 3300	至德 2載(虢國公); 李佐國 襲爵
李嗣眞	滑州 匡城縣/趙州 柏人縣	常山子	舊, 卷191, 5099	調露년간
李思行	趙州	樂安郡公	舊, 卷57, 2297	
李尙隱	趙郡→京兆 萬年縣	高邑縣男, 高邑伯	新, 卷130, 4499; 4500	玄宗 시기; 본적지봉호(高邑縣男, 高邑伯)
李上義	隴西郡	隴西縣開國公	誌, 2037	본적지봉호
李紓	趙郡	高邑伯	新, 卷161, 4983	본적지봉호
李栖筠	趙郡	贊皇縣子	新, 卷146, 4736	본적지봉호
李石	隴西郡	隴西郡開國伯	舊, 卷172, 4486	會昌 3년; 본적지봉호
李璿	隴西郡 成紀縣	淸水縣開國男	誌, 722-723	본적지봉호?[26]
李晟	隴右 臨洮/洮州 臨潭縣	合川郡王, 西平郡王	舊, 卷133, 3662; 3671	代宗 시기(合川郡王), 德宗시기 (西平郡王)
李素		開國公	誌, 2072	
李紹	隴西郡 成紀縣	隴西郡公	續, 27	본적지봉호
李愬	隴右 臨洮/洮州 臨潭縣	涼國公	舊, 卷133, 3681	元和 11년
李素立	趙州 高邑縣	高邑縣侯	新, 卷197, 5619	太宗 혹은 高宗 시기; 본적지봉호

李叔明	閬州 新政縣	薊國公	新, 卷147, 4757	德宗 시기
李淳風	岐州 雍縣	昌樂縣男	舊, 卷78, 2719	
李襲譽	隴西郡 狄道縣 → 金州 安康縣	安康郡公	舊, 卷59, 2332	본적지/현거주지 봉호
李襲志	隴西郡 狄道縣 → 金州 安康縣	始安郡公	舊, 卷59, 2331	武德 5년
李昇榮	京兆府 長安縣	隴西郡開國子	續, 965	會昌元年
伊愼	兗州	南充郡王	新, 卷170, 5164	
李信	隴西郡 成紀縣	青山縣開國男	誌, 1316	
李紳	潤州 無錫縣	趙國公	舊, 卷173, 4500	會昌元年
李安期		安平郡公	舊, 卷5, 91	乾封 2년
李安樂	趙郡 贊皇縣	贊皇縣開國伯	誌, 1653	본적지봉호
李安遠	夏州 朔方縣	廣德郡公, 遂安郡公(追贈)	舊, 卷57, 2302	高祖(廣德郡公); 貞觀 13년(遂安郡公)
李巖	趙州 高邑縣	贊皇縣伯	新, 卷197, 5621	본적지봉호
李延俊		承化郡王	舊, 卷11, 286	大曆 2년
李延昌		涼國公	新, 卷191, 5524	
李乂	趙州 房子縣	中山郡公	新, 卷119, 4296	中宗 시기
李愿	隴右 臨洮/洮州 臨潭縣	岐國公	舊, 卷14, 407	永貞元年
李元光		武康郡王	續, 754	
李元紘	滑州→京兆 萬年縣	清水縣男, 清水縣公	新, 卷126, 4419; 卷191, 5515	모두 玄宗 시기
李義府	瀛州 饒陽縣	廣平縣男, 廣平縣侯, 河間郡公	舊, 卷82, 2766; 2767	高宗(廣平縣男), 顯慶元年(廣平縣侯), 顯慶 2년(河間郡公); 본적지봉호(河間郡公); 李湛 襲爵
李義琰	魏州 昌樂縣	酒泉縣公	新, 卷191, 5514	
李仁德	樂浪郡	金城縣開國子, 金城縣開國公	誌, 1412	
李日知	鄭州 滎陽縣	常山縣男	新, 卷191, 5521	

李立言	渤海郡 蓚縣	蓚縣男	續, 10	貞觀初; 본적지봉호
李子和	同州 蒲城縣	金河郡公, 郕國公, 夷國公	舊, 卷56, 2282; 2283	武德元年(金河郡公), 武德 2년(郕國公), 貞觀 11년(夷國公)
李長雄	隴西郡 狄道縣	狄道縣開國男	續, 414	본적지봉호
李勣	曹州 離狐縣	萊國公, 曹國公, 英國公	舊, 卷67, 2484; 2486	高祖(萊國公), 貞觀 11년(曹國公); 본적지봉호 (曹國公); 李震·李敬業 襲爵
李勣의 아들 1인	曹州 離狐縣	郡公	舊, 卷67, 2487	貞觀 18년
李勣의 아들 1인	曹州 離狐縣	縣公	舊, 卷67, 2486	貞觀 15년
李靖	雍州 三原縣	永康縣公, 代國公, 衛國公	舊, 卷67, 2477; 2481	高祖(永康縣公), 貞觀 18년(衛國公); 李德謇 襲爵
李程	隴西郡	渭源男, 彭原郡公	舊, 卷167, 4373	元和 13년(渭源男), 敬宗(彭原郡公); 본적지봉호 (渭源男)
李正明	隴西郡 成紀縣	永康郡開國公	誌, 1211	
李從遠	趙州 高邑縣	趙郡公	新, 卷197, 5620	神龍初; 본적지봉호
李濬	隴西郡	眞源縣子	舊, 卷185下, 4813	開元初
李晉客	趙郡 贊皇縣	元氏縣男	誌, 2018	본적지봉호
李澄	遼東郡 襄平縣→京兆	隴西郡公, 武威郡王	舊, 卷132, 3656; 3657	
李粲	滑州→京兆 萬年縣	應國公	舊, 卷98, 3073	高祖 시기
李暢	趙郡 贊皇縣	贊皇縣開國子	續, 518	본적지봉호
李聽	隴右 臨洮/洮州	涼國公	舊, 卷133, 3683	太和 2년

	臨潭縣			
李忠義	隴西郡	贊皇縣開國公	誌, 2433	
李忠義	隴西郡 成紀縣	渭源縣開國男	續, 617	동일인 여부
李琢	隴右 臨洮/洮州 臨潭縣	隴西郡開國公	舊, 卷19下, 707	廣明元年 이전
李泌	京兆	鄴縣侯	新, 卷139, 4635	貞元 3년
李罕之	陳州 項城縣	隴西郡開國公, 隴西郡王	舊, 卷20上, 765; 新, 卷187, 5444)	모두 昭宗 시기
李行偉	趙國 栢仁縣	樂□□開國男	誌, 1317	
李玄德	隴西郡 成紀縣	隴西縣開國伯	續, 659	본적지봉호
李玄道	隴西郡 → 鄭州	姑臧縣男	舊, 卷72, 2583	貞觀元年
李玄同	趙國	贊皇縣開國男	誌, 1612	본적지봉호; 李愿 襲爵
李玄表	隴西郡 成紀縣	隴西縣開國侯	續, 806	본적지봉호
李弘節	淸河郡 淸平縣/趙郡 贊皇縣	淸平縣公(追贈)	誌, 59	본적지봉호
李懷遠	邢州 栢仁縣	平鄉縣男, 趙郡公	舊, 卷90, 2920	神龍初(趙郡公); 본적지봉호 (平鄉縣男)
李希烈	遼西郡/燕州 遼西縣	南平郡王	舊, 卷145, 3943	德宗 시기
李憕	并州 文水縣	酒泉縣侯	新, 卷191, 5510	天寶初
李涚	隴西郡→東 都 河南府 洛陽縣	隴西縣開國男	續, 852	본적지봉호
李芃	趙郡	開[陽]郡王	舊, 卷132, 3655	德宗 시기
藺仁基	西河郡	樂陵縣開國伯(追贈)	誌, 1085	
藺衡	西河郡	永富縣開國男	誌, 1085	
任恭	汾州 隰城縣	臨濟縣開國男	誌, 1208	
任雅相		樂安縣公	舊, 卷4, 82	龍朔 2년 이전
任瓌	廬州 合肥縣	管國公	舊, 卷59, 2324	高祖시기
岑敬本	平陽郡	永城縣開國公	誌, 849	
岑文本	南陽郡/鄧州 棘陽縣 →	江陵縣子	舊, 卷70, 2536	貞觀元年; 현거주지(본적지?)

	江陵縣			봉호
岑文叔	南陽郡/鄧州 棘陽縣 → 江陵縣	鄧國公	舊, 卷70, 2539	高宗 시기; 본적지봉호
岑長倩	江陵府 (荊州)	鄧國公	新, 卷191, 5520	
岑倩	南陽郡/鄧州 棘陽縣 → 江陵縣	鄧國公	新, 卷102, 3968	垂拱初(?); 본적지봉호
岑羲		朝陽縣開國子	續, 420	
岑羲	南陽郡/鄧州 棘陽縣 → 江陵縣	南陽郡公	新, 卷102, 3968	景雲初; 본적지봉호
張嘉賓	淸河郡 東武城縣	建康郡王 淸河縣開國公	續, 737	본적지봉호(淸河縣開國公)
張嘉貞	范陽郡→ 蒲州 猗氏縣	河東縣侯	新, 卷191, 5515	玄宗 시기; 본적지봉호
張柬之	襄州 襄陽縣	漢陽郡公, 漢陽郡王, 漢陽郡公(追贈)	舊, 卷91, 2941-2	모두 中宗 시기
張去奢	范陽郡 方城縣→京兆郡 萬年縣	范陽縣伯	誌, 1608	본적지봉호
張謙	常山郡	涼國公	誌, 2399	張音 襲爵
張公瑾[謹]	魏州 繁水縣	定遠郡公, 鄒國公, 郯國公(追封)	舊, 卷68, 2506; 2507; 新, 卷89, 3756	모두 太宗 시기; 張大象 襲爵(定遠郡公)
張九齡	始興郡/韶州 曲江縣	曲江男, 始興縣伯	新, 卷126, 4427; 4429	모두 玄宗 시기; 본적지봉호 (曲江男, 始興縣伯)
張珪	□陽郡	南陽郡開國公	續, 696	
張謹	魏州 昌樂縣	定遠郡開國公, 鄒國公, 郯國公(追封)	誌, 915	
張大師	雍州 新豐縣	武功縣男	舊, 卷83, 2775	
張德	河南 洛陽縣	淸河縣開國伯	誌, 1670	
張道昇	幽州 范陽縣	南陽縣開國伯	誌, 1945	
張道源	并州 祁縣	范陽郡公	舊, 卷187上, 4869	高祖 시기

張登山	燉煌郡	經城縣開國侯	誌, 1720	開元 27년
張亮	鄭州 滎陽縣	長平郡公, 鄅國公, 鄖國公	舊, 卷69, 2515	太宗 즉위(長平郡公), 貞觀 5년(鄅國公), 貞觀 11년(鄖國公)
張奉璋	淸河郡	淸河縣開國男, 淸河縣開國子, 淸河郡開國公	續, 699	至德년간(淸河縣開國男); 본적지봉호(淸河縣開國男, 淸河縣開國子, 淸河縣開國公)
張士貴	虢州 盧氏縣	新野縣公, 虢國公	舊, 卷83, 2786	高祖 시기; 본적지봉호(虢國公)27
張思道	京兆府 涇陽縣	南陽郡開國男	誌, 1238	
張尙進	貝州淸河郡→交趾郡	淸河縣開國男	續, 1099	본적지봉호
張錫	貝州 武城縣	平原郡公	新, 卷113, 4188	韋后 臨朝 시기
張詵	淸河郡	本郡公侯	續, 979	본적지봉호
張善相의 아들	許州 襄城縣/襄城郡	襄城郡公	舊, 卷187上, 4871	본적지봉호
張臣合	太原郡 晉陽縣→安定郡 烏氏縣	潞城公	續, 173	
張易之	定州 義豐縣	恒國公	舊, 卷78, 2707	武則天 시기
張延師	雍州 新豐縣	范陽郡公	舊, 卷83, 2776	
張說	范陽→河東→ 河南郡 洛陽縣	燕國公	舊, 卷97, 3052	玄宗 시기; 張均 襲爵
張暐	汝州 襄城縣	鄧國公	舊, 卷106, 3248	先天 2년
張惟則	京兆府 萬年縣	淸河縣開國男	續, 925	
張允伸	范陽郡	燕國公	舊, 卷180, 4679	咸通 9년
張允濟	靑州 北海縣	武城縣男	舊, 卷185上, 4785	貞觀初
張義	淸河郡→汝州 梁縣	夏邑縣公	誌, 857	
張仁亶		韓國公	舊, 卷7, 146	景雲 2년 이전

張仁愿	華州 下邽縣	韓國公	舊, 卷93, 2983	景龍 2년
張子良		南陽郡王	舊, 卷14, 423	元和 2년 이전
張長遜	雍州 櫟陽縣	巴國公, 息國公 楊國公, 息國公	舊, 卷57, 2302 新, 卷88, 3745; 3746	모두 高祖시기
張傳弓	南陽郡	南陽縣開國侯	誌, 1871	본적지봉호
張全義	濮州 臨濮縣	東平王	舊, 卷20下, 788	天祐元年 이전
張廷珪	河南郡 濟源縣	范陽縣男	新, 卷118, 4264	玄宗 시기
張定斌	清河郡	清河縣開國公	誌, 1124	본적지봉호
張濬	河間郡	河間郡開國伯, 河間郡開國侯	舊, 卷20上, 741; 753	乾寧 2년(河間郡開國侯)
張仲武	范陽郡	蘭陵郡王	舊, 卷180, 4677	會昌 2년
張仲方	韶州 始興縣	曲江縣開國伯	舊, 卷171, 4445	太和 9년; 본적지봉호
張知謇	蒲州 河東縣/幽州 方城縣→岐州	范陽郡公, 漁陽郡公	舊, 卷185下, 4809	神龍元年(范陽郡公); 본적지봉호
張志稽	清河郡	南陽郡 鄧國公	續, 818	
張知泰		陳留郡公, 漁陽郡公	新, 卷100, 3947	武則天(陳留郡公)
張昌宗	定州 義豐縣	鄴國公	舊, 卷78, 2707	武則天 시기
張楚金	并州 祁縣	南陽侯	新, 卷191, 5503	武則天 시기
張平高	綏州 膚施縣	蕭國公, 羅國公	舊, 卷57, 2297	高祖(蕭國公), 太宗(羅國公)
張合	清河郡	潞城縣男	誌, 1146	唐初
張行成	定州 義豐縣	北平縣公	舊, 卷78, 2705	高祖 시기; 본적지봉호; 張洛客 襲爵
張獻誠	陝州 河北縣	南陽郡公, 鄧國公	新, 卷133, 4550	肅宗 시기
張鎬	博州	南陽郡公, 平原郡公	新, 卷139, 4631	肅宗 시기(南陽郡公)
張弘靖	范陽郡→蒲州 猗氏縣	高平縣侯	新, 卷127, 4447	憲宗 시기
張訓	中山郡	平昌侯	誌, 580	
臧曄	東莞郡	東莞郡王	誌, 1896	朱泚의 난 진압 후; 본적지봉호
臧懷亮	東莞郡 莒縣	東莞郡開國公	續, 521	開元 17년 이전; 본적지봉호

臧彦雄	東莞郡 莒國縣→ 東海郡	東海伯	誌, 1107	唐初; 본적지봉호
臧昌裔	東莞郡→ 太原郡	東莞郡王	續, 841	본적지봉호
章令信	武都郡	武都縣開國侯	誌, 1738	본적지봉호
蔣乂	常州 義興縣→ 河南	義興縣公	新, 卷132, 4533	憲宗 시기; 본적지봉호
蔣(?)喜	洛陽縣	鄆城縣開國公	誌, 41	武德 4년 이후
蔣係	常州 義興縣	淮陽縣開國公, 淮陽郡公	舊, 卷149, 4029; 新, 卷132, 4534	開成년간(淮陽縣開國公), 懿宗初(淮陽郡公)
蔣儼	常州 義興縣	義興縣子	舊, 卷185上, 4801	文明년간; 본적지봉호
蔣合	洛陽縣	鄆城縣開國公	續, 17	
長孫無忌	河南郡 洛陽縣	上黨縣公, 齊國公, 趙國公	舊, 卷65, 2446; 新, 卷105, 4019	高祖(上黨縣公), 貞觀元年(齊國公), 貞觀 11년(趙國公); 長孫翼/長孫元翼 襲爵
長孫無忌의 아들	河南郡 洛陽縣	郡公	舊, 卷65, 2447	
長孫順德	河南郡 洛陽縣	薛國公	續, 368	
長孫順德	長安	薛國公, 邳國公(追贈)	舊, 卷58, 2308; 2309	高祖(薛國公), 貞觀 13년(邳國公)
長孫潤	河南郡 洛陽縣	金城縣子	舊, 卷65, 2455	
長孫操	京兆 長安縣	樂壽男	舊, 卷183, 4727	高祖 시기
長孫敞	河南郡 洛陽縣	平原郡公	新, 卷105, 4022	太宗 시기
褚亮	陽翟→杭州 錢塘縣	陽翟縣男, 陽翟縣侯	舊, 卷72, 2582	貞觀 9년(陽翟縣男), 貞觀 16년(陽翟縣侯); 봉적지 봉호(陽翟縣男,

				陽翟縣侯)
褚無量	杭州 鹽官縣	舒國公	舊, 卷102, 3167	玄宗 시기
褚遂良	陽翟→杭州 錢塘縣	河南縣公, 河南郡公	舊, 卷80, 2738	高宗즉위 (河南縣公), 永徽元年 (河南郡公)
翟無言		汝南郡公	新, 卷191, 5523	
狄仁傑	并州 太原縣	燕國公, 梁國公	舊, 卷89, 2893; 2895	聖曆 3년(燕國公)
錢九隴	晉陵郡/湖州 長城縣	郇國公, 巢國公	舊, 卷57, 2300	高祖(郇國公), 貞觀初(巢國公)
田歸道	雍州 長安縣	原國公(追封)	舊, 卷185上, 4795	中宗 시기
田令孜	蜀	晉國公	新, 卷208, 5885	僖宗년간
田緒	平州 盧龍縣	常山郡王, 雁門郡王	舊, 卷141, 3846	貞元元年(常山郡王); 田季安 襲爵
田少卿		公	舊, 卷14, 423	元和 2년 이전
田承嗣	平州 盧龍縣	鴈門郡王	舊, 卷141, 3838	代宗 寶應 2년
田侁	京兆府 涇陽縣	北平縣開國伯	誌, 1846	
田神功	冀州 南宮縣	信都郡王	新, 卷144, 4702	大曆 2년 이전; 본적지봉호
田悅	平州 盧龍縣	濟陽郡王	新, 卷210, 5932	興元元年 이후
田英	鴈門郡	鴈門縣開國男	誌, 2177	본적지봉호
田縉	平州 盧龍縣	扶風郡公	新, 卷210, 5935	貞元 10년
田弘正	平州 盧龍縣	沂國公	舊, 卷141, 3849	憲宗 시기
錢鏐	杭州 臨安縣	吳王	舊, 卷20上, 762	乾寧 4년
鄭?	京兆府	陽武縣開國侯	誌, 2269	
鄭綮		滎陽縣男	舊, 卷20上, 761	乾寧 4년 이전
鄭廣	滎陽郡 開封縣	歸政縣侯, 歸政縣公, 宿松縣公, 同安郡公	誌, 407	武德 5년(歸政縣侯), 貞觀 4년(歸政縣公), 貞觀 13년(宿松縣公)
鄭覃	鄭州 滎澤縣	滎陽郡公	舊, 卷173, 4491	太和 5년; 본적지봉호
鄭萬鈞		滎陽郡公	新, 卷195, 5581	
鄭商	滎陽郡	范陽郡公	新, 卷182, 5366	
鄭善果	鄭州 滎澤縣	滎陽郡公	新, 卷100, 3937	高祖 시기
鄭世斌	滎陽郡	新鄭縣開國男	誌, 2359	본적지봉호;

				鄭玄嘉·鄭有常 襲爵
鄭肅	滎陽郡[28]	滎陽縣開國男	續, 900	본적지봉호
鄭涯		滎陽縣開國男	舊, 卷18下, 639	大中 10년 이전
鄭餘慶	滎陽郡/鄭州 滎陽縣	滎陽郡公	舊, 卷158, 4165	元和 14년; 본적지봉호
鄭惟忠	宋州 宋城縣	滎陽縣男	舊, 卷100, 3118	
鄭仁泰		同安郡公	新, 卷191, 5522	
鄭才	滎陽郡 開封縣	滎陽郡開國侯	誌, 966	隋末唐初; 본적지봉호
鄭畋	滎陽郡	滎陽郡開國公	舊, 卷178, 4634	中和元年 이전; 본적지봉호
鄭助		滎陽縣開國男	舊, 卷18下, 632	大中 8년 이전
鄭從讜	滎陽郡/鄭州 滎陽縣	滎陽縣開國男, 滎陽郡開國公	舊, 卷19上, 660; 卷158, 4170	僖宗 (滎陽郡開國公); 본적지봉호(滎陽縣 開國男, 滎陽郡開國公)
鄭澣	滎陽郡	陽武縣開國男	續, 921	본적지봉호
程名振	洺州 平恩縣	東平郡公	新, 卷111, 4146	高祖 시기
程務挺	洺州 平恩縣	東平郡公, 平原郡公	舊, 卷83, 2784; 2785	高祖 시기(東平郡公)
程伯獻	東郡 東阿縣/東平郡	廣平郡公	誌, 1488	
程元振	京兆 三原縣	保定縣侯, 邠國公	舊, 卷184, 4762	모두 寶應元年
程知節	濟州 東阿縣	宿國公, 盧國公	舊, 卷68, 2504	高祖(宿國公), 貞觀년간(盧國公); 程處默 襲爵
程處亮	東郡 東阿縣/東平郡	東阿縣公	續, 151	貞觀初; 본적지봉호
程處弼	東郡 東阿縣/東平郡	廣平公	誌, 1487	
程懷直	定州 安喜縣	邢國公	新, 卷213, 5997	元和元年
程希詮	廣平郡?→ 河南府 長水縣	廣平郡開國男	續, 709	본적지봉호?[29]

丁承義	三原縣	譙郡	續, 917	
齊映	瀛州 高陽縣	河間縣	新, 卷150, 4814	貞元 2년; 본적지봉호
齊子		盧龍縣開國男	誌, 1673	
第五琦	京兆 長安縣	扶風郡公	舊, 卷123, 3518	寶應년간
第五玄昱		扶風縣開國子, 扶風縣開國侯	續, 714	본적지봉호
趙剛	天水郡	浮陽郡開國公	續, 511	
趙匡凝		南平王, 楚王	舊, 卷20上, 767; 782	모두 昭宗 시기
趙德諲	蔡州	淮安郡王	新, 卷186, 5427	光啓년간 이후
趙道興	甘州 酒泉縣	天水縣子	舊, 卷83, 2786	
趙珉		成紀縣開國男	誌, 1851	
趙崇		天水縣開國子, 天水男	舊, 卷20上, 767; 781	모두 昭宗 시기
趙承慶	天水郡	昌平縣[開國]男	誌, 728	
趙承恩		天水縣公	新, 卷191, 5523	
趙彦昭	甘州 張掖縣	耿國公	新, 卷123, 4377	則天武后 시기
趙儒	天水郡	滁陽郡開國公	誌, 1663	
趙隱	京兆 奉天縣	天水[縣]伯	舊, 卷178, 4622	咸通末
趙庭珪		天水郡開國公	續, 695	
趙志玄	南陽郡 宛縣	浚儀縣男	誌, 1330	
趙行德	天水郡	湘陰縣開國男	誌, 1535	
趙珝	陳州 宛丘縣	天水郡公	新, 卷189, 5475	光化 2년
曹景休		譙郡開國公	誌, 1831	
曹華	宋州 楚丘縣	陳留郡王	新, 卷171, 5192	憲宗 시기
鍾紹京	虔州 贛縣	越國公	舊, 卷97, 3042	玄宗 시기
鍾傳	洪州 高安縣	潁川郡王, 南平郡王	新, 卷190, 5487	僖宗 시기(潁川郡王)
宗楚客	南陽郡→蒲州 汾陰縣	郢國公	舊, 卷7, 147	景雲 3년 이전
朱?		吳縣開國男	誌, 2266	
朱克融	幽州 昌平縣	吳興郡王	舊, 卷180, 4674	寶歷 2년
朱滔	幽州 昌平縣	通義郡王	舊, 卷12, 332	建中 3년
朱玫	邠州	吳興縣侯	舊, 卷19下, 716	中和 3년
朱泚	幽州 昌平縣	懷寧郡王	新, 卷225中, 6441	大曆 7년
朱全忠	宋州 碭山縣	沛郡王, 東平王, 梁王, 魏王	舊, 卷19下, 720; 卷20上, 738·772; 卷20下, 802	光啓元年(沛郡王), 龍紀元年(東平王), 天復元年(梁王), 天祐 2년(魏王)

朱忠亮	汴州 俊儀縣	東陽郡王	舊, 卷151, 4056	德宗 시기
朱圯		吳縣開國男	誌, 2291	
朱會	吳郡 錢塘縣	南陽縣開國男	誌, 1306	
周寶	平州 盧龍縣	汝南郡王	新, 卷186, 5416	中和 2년
周利貞	汝南郡 廬江縣	巢縣開國男	誌, 1227	본적지봉호?30
周以悌		西平縣開國男	續, 677	
周仲隱	汝南郡 安成縣	平輿縣開國公	誌, 120	武德 4년; 본적지봉호
周墀	汝南郡	汝南[縣]男, 汝南縣開國子	舊, 卷176, 4571; 卷18下, 622	모두 大中년간; 본적지봉호(汝南[縣]男, 汝南縣開國子)
周佖		晉陽縣開國男	續, 677	
周玄珪	汝南郡	汝陽縣開國男	續, 399	본적지봉호
周護		嘉川郡公	新, 卷191, 5523	
陳敬瑄	四川	潁川郡王	舊, 卷19下, 717	中和 3년 이전
陳君賓	南朝 陳宗室	東陽[郡]公	舊, 卷185上, 4783	武德初
陳士棟	潁川郡	潁川郡開國公	誌, 2192	元和 9년 이후; 본적지봉호
陳商		許昌縣開國男	舊, 卷18下, 633	大中 9년 이전
陳少遊	博州 博平縣	潁川縣開國子	舊, 卷126, 3564	大曆 8년
陳叔達	陳宗室	江國公	舊, 卷61, 2363	高祖 시기
陳叔寶	齊州 歷城縣	翼國公, 胡國公	舊, 卷68, 2502; 2503	高祖(翼國公), 貞觀 13년(胡國公)
陳利貞	幽州 范陽縣	靜戎郡王	新, 卷136, 4595	
陳志本		顓臾公	續, 616	
陳瓚	潁川郡 許昌縣	許昌縣開國子	誌, 807	본적지봉호
陳楚	平州 盧龍縣	普寧郡王	新, 卷148, 4772	
陳憲	平陽郡 臨汾縣	嶽陽縣開國伯	誌, 1320	
陳玄禮		蔡國公	舊, 卷106, 3255	安祿山의 난 이후
陳希烈	宋州	臨潁侯, 許國公	新, 卷223上, 6350	天寶元年(臨潁侯)
秦師行		廬陵郡公	新, 卷191, 5523	
秦朝儉	馮翊郡 郃陽縣	長沙縣開國伯, 陽城郡王	續, 848	
秦行師	并州 太原縣	清水郡公	舊, 卷57, 2295	
蔡英俊	燕郡	開國公	續, 967	
蔡雄	信都郡	申國公	續, 788	

蔡倩	燕郡	蘭陵郡王	續, 967	
戚簒	雍州 長安縣	宜君縣開國子	誌, 26	
楚客	[台州] 樂安	松滋縣侯	新, 卷207, 5857	
焦奉超	廣陵郡	廣平縣開國公	續, 957	
焦仙芝	廣陵郡	廣平縣開國男	續, 957	
崔干	清河郡 東武城縣	清河郡開國公	誌, 2318	본적지봉호
崔巨淙		清河公	舊, 卷18下, 638	大中 10년 이전
崔珙	博陵郡 安平縣	安平郡開國公	舊, 卷177, 4589	大中 3년 이전
崔曠	博陵郡	武康郡開國公	誌, 1719	崔順 襲爵
崔光遠	博陵郡→滑州 靈昌縣	鄴國公	舊, 卷111, 3318	天寶 15載
崔大方	博陵郡→雍州	陽信縣開國子	誌, 803	崔思古 襲爵
崔敦禮	博陵→雍州 咸陽縣	固安縣公, 安國公	舊, 卷81, 2748; 新, 卷191, 5519	
崔倫	深州 安平縣	武邑縣男	新, 卷164, 5042	肅宗 시기
崔民英	博陵郡 安平縣	陳留縣侯	誌, 1779	
崔世樞	清河郡 東武城縣	武城侯	誌, 1276	본적지봉호; 崔義宣 襲爵
崔承福	博陵郡 安平縣	博陵郡開國公	誌, 1289	본적지봉호
崔神基	貝州 武城縣	魏縣子	新, 卷109, 4097	長安년간
崔諤之	許州 鄢陵縣	博陵縣侯, 趙國公	舊, 卷185上, 4791; 新, 卷191, 5524	神龍初(博陵縣侯)
崔安潛	清河郡 武城縣	博陵郡開國侯	舊, 卷20上, 738	龍紀元年
崔璵	博陵郡 安平縣	博陵子	舊, 卷177, 4590	大中 7년; 본적지봉호
崔延朗	博陵郡	博陵郡開國公	誌, 255	唐初; 본적지봉호
崔瑤	清河郡 東武城縣	魏縣開國侯	續, 622	
崔圓	清河郡 東武城縣	趙國公	舊, 卷108, 3279	至德 2載
崔遠	博陵郡 安平縣	博陵縣男, 博陵郡開國公	舊, 卷177, 4591; 卷20上, 769	乾寧 3년(博陵縣男); 본적지봉호(博陵縣男, 博陵郡開國公)

崔元式	博陵郡	博陵縣開國男	舊, 卷18上, 599	會昌 4년; 본적지봉호
崔胤	淸河郡 東武城縣	博陵縣開國伯, 淸河郡開國公, 魏國公	舊, 卷20上, 759; 卷20上, 768	光化 3년(魏國公)
崔融	齊州 全節縣	淸河縣子	舊, 卷94, 3000	神龍 2년
崔隱甫	貝州 武城縣	淸河郡公	新, 卷130, 4498	玄宗 시기; 본적지봉호
崔義起	淸河郡	淸河公	續, 743	본적지봉호; 崔玄鑒 襲爵
崔宜之	博陵郡	義豐縣開國男	誌, 1191	본적지봉호
崔義直	淸河郡 東武城縣	武城縣開國公	誌, 1137	본적지봉호
崔義玄	貝州 武城縣	淸丘縣公	舊, 卷77, 2688	高祖 시기; 崔神基 襲爵
崔日用	博陵郡→滑 州 博昌縣	齊國公	舊, 卷99, 3088	睿宗 시기; 崔宗之 襲爵
崔日知	博陵郡→滑 州 博昌縣	安平縣侯, 中山郡公	新, 卷121, 4331	본적지봉호(安平縣 侯)
崔縱	博陵郡 安平縣	常山縣公	新, 卷120, 4320	貞元년간
崔滌	定州 安喜縣	安喜縣子	舊, 卷74, 2624	본적지봉호
崔千里 의 선조[31]	淸河郡 東武城縣	武城縣開國伯	誌, 1928	본적지봉호; 崔千里 襲爵
崔樞	淸河郡 東武城縣	武城縣開國公	誌, 1137	본적지봉호
崔泰之	淸河郡 東武城縣	安平縣開國男, 淸河郡[開國]公	誌, 1277	中宗 즉위; 본적지봉호; 崔元 襲爵
崔鉉	博陵郡/博州	博陵縣開國子, 博陵縣開國公, 魏國公	舊, 卷163, 4262	宣宗(博陵縣開國 子), 大中 3년(博陵縣開國公), 大中 7년(魏國公); 본적지봉호(博陵縣 開國子, 博陵縣開國公)
崔玄暐	博陵郡 安平縣	博陵郡公, 博陵郡王	舊, 卷91, 2935	본적지봉호(博陵郡 公, 博陵郡王)

崔玄籍	清河郡 東武城縣	清河縣開國男, 清河縣開國, 清河縣開國公	誌, 930; 續, 363	萬歲登封元年(清河縣開國男), 聖曆元年(清河縣開國子); 본적지봉호(清河縣開國男, 清河縣開國子, 清河縣開國公)
崔暟	博陵郡 安平縣	安平縣男	誌, 1798	본적지봉호; 崔渾·崔衆甫 襲爵
崔璩	博陵郡	博陵郡公	誌, 2400	본적지봉호
崔羣	清河郡	清河郡開國公	誌, 2351	본적지봉호
祝欽明	雍州 始平縣/京兆 始平郡	魯國公	舊, 卷189上, 4965	中宗 시기
郗士美	高平郡 金鄉縣	高平郡公	舊, 卷157, 4146	본적지봉호
吐突承璀	閩	薊國公	新, 卷207, 5869	憲宗 시기
包鎬	京兆府	上黨郡開國男	續, 1082	
包佶	潤州 延陵縣	丹陽郡公	新, 卷149, 4799	본적지봉호
鮑防	襄州 襄陽縣	東海郡公	新, 卷159, 4949	德宗 시기
包豪	京兆府	吳縣開國子	續, 1082	
馮道力		冀國公	新, 卷191, 5524	
馮宿	婺州 東陽縣	長樂郡公	新, 卷177, 5278	長壽연간 이후
馮盎	高州 良德縣	吳國公, 越國公, 耿國公	舊, 卷109, 3288	高祖 시기
馮河清	京兆	安定郡王	新, 卷147, 4755	
畢構	河南郡 偃師縣	魏縣男	舊, 卷100, 3113	景雲初
畢諴		平陰縣開國男	舊, 卷18下, 621	大中元年 이전
匹婁武徹	代郡	濟源縣開國公	誌, 871	
何德	廬江郡 灊縣	廬江縣開國伯	續, 650	본적지봉호
何文哲	靈武郡	廬江縣開國子, 廬江郡開國公	續, 894; 895	元和 5년(廬江縣開國子)
何溢	京兆 鄠社縣	廬江郡開國公	誌, 2284	
何重順	靈武郡	楚國公	新, 卷210, 5937	何全皞 襲爵
何弘敬		廬江郡開國公	舊, 卷18上, 601	開成 4년
夏侯孜	本 譙郡	譙郡侯, 譙郡開國公	舊, 卷177, 4604	懿宗 즉위(譙郡侯),

				咸通 9년 이전(譙郡開國公); 본적지봉호(譙郡侯, 譙郡開國公)
賀蘭祖仁	河南郡 洛陽縣	應山公	誌, 1243	
郝相貴	安州 安陸縣	甑山縣公	舊, 卷84, 2797	郝處俊 襲爵
郝廷玉		安邊郡王	舊, 卷152, 4068	乾元년간
郝玭		保定郡王	舊, 卷152, 4078	憲宗 시기
韓簡	魏州	昌黎郡王	舊, 卷181, 4689	乾符년간 이후
韓建	許州 長社縣	潁川郡王, 許國公	舊, 卷20上, 764	光化元年(潁川郡王); 본적지봉호(潁川郡王, 許國公)
韓倫	京兆 長安縣	長山縣男	舊, 卷101, 3148	韓思復 襲爵
韓文約		國公	舊, 卷19下, 690	咸通 15년
韓思復	京兆 長安縣	長山縣伯	新, 卷118, 4272	
韓秀實		武陽縣開國男	誌, 1809	
韓瑗	京兆 三原縣	潁川郡公	舊, 卷4, 74	永徽 6년 이전
韓章		漢陽縣開國男	續, 757	
韓仲良	京兆 三原縣	潁川縣公	新, 卷105, 4030	高祖
韓擇木		昌黎伯	舊, 卷10, 252	上元 2년
韓弘	潁川郡/滑州 匡城縣	許國公	舊, 卷156, 4135	憲宗 시기; 본적지봉호
韓滉	京兆 長安縣	鄭國公, 晉國公	新, 卷126, 4436	각각 貞元元年과 貞元 2년
韓休	京兆 長安縣	宜陽子	舊, 卷98, 3079	開元 24년
解琬	魏州 元城縣	濟南縣男	舊, 卷100, 3112	景雲 2년
許?		高陽縣開國男	誌, 926	
許敬宗	杭州 新城縣	高陽縣男, 高陽郡公	舊, 卷82, 2761; 2763	태종시기(高陽縣男), 顯慶 3년(高陽郡公)
許輔乾		申國公	新, 卷191, 5524	
許緒	常州 義興縣	眞定公	新, 卷128, 4464	高祖 시기
許世緒	并州	眞定郡公	舊, 卷57, 2298	高祖 武德년간
許世緒	河間郡 高陽縣	眞定郡開國公	誌, 1166	
許紹	安州 安陸縣	安陸郡公, 譙國公	新, 卷90, 3770; 3771	모두 高祖시기; 본적지봉호(安陸郡

				公); 許力士 襲爵
許逐忠	高陽郡	高陽縣開國男, 高陽縣開國伯, 高陽縣開國公	續, 899	각각 長慶元年, 寶曆元年, 寶曆 2년; 본적지봉호(高陽縣 開國男, 高陽縣開國伯, 高陽縣開國公)
許圉師	高陽郡/安州 安陸縣	平恩縣公	舊, 卷59, 2330	
許琮		高陽郡公	誌, 834	
許智仁	高陽郡/安州 安陸縣	孝昌縣公	舊, 卷59, 2329	
許樞	高陽郡 新城縣	高陽縣開國男	誌, 970	본적지봉호
許行師	高陽郡	眞定郡公	誌, 327	
許欽明	高陽郡/安州 安陸縣	鹽山郡公	舊, 卷59, 2329	
衡義整	齊州 全節縣	長山縣開國公	誌, 800	
荊從皐		始平縣開國伯	續, 1090	咸通 10년
邢君牙	瀛州 樂壽縣	河間郡公	舊, 卷144, 3925	代宗; 본적지봉호 (河間郡公)
邢智滿	河間郡	河間縣開國男	誌, 1160	본적지봉호
胡大恩		定襄郡王	舊, 卷1, 11	武德 4년
和顯壽	汝南郡 平輿縣→代 郡	朱陽縣開國男	誌, 1095	和智全 襲爵
桓彦範	潤州 曲阿縣	譙郡公, 扶陽郡王	舊, 卷91, 2929; 2930	神龍元年(譙郡公)
皇甫無 逸	安定郡 烏氏縣	滑國公	舊, 卷62, 2385	高祖 시기
侯君集	豳州 三水縣	全椒縣子, 潞國公, 陳國公	舊, 卷69, 2509; 2510	高祖(全椒縣子), 貞觀元年(潞國公), 貞觀 11년(陳國公)
侯仲莊	蔚州	上谷郡王	新, 卷136, 4595	
侯希逸	平盧	淮陽郡王	舊, 卷124, 3534	大曆 11년
紇干承 基	鄴郡	平棘縣開國公	誌, 310	武德末
紇干著	河南郡	雁門公	誌, 2453	

紇干濬	河南郡	雁門縣開國男	誌, 2453	
?元福	范陽郡 涿縣	范陽縣開國侯	續, 604	본적지봉호

8 唐代 上邽縣과 長道縣은 秦州(天水郡)의 屬縣임. 따라서 縣을 기준으로 하면 본적지봉호(本州他縣).

9 高駢은 高崇文의 손자인데(『新唐書』 卷224下 叛臣下 高駢傳, 6391, "高駢字千里, 南平郡王崇文孫也."), 高崇文이 본래 渤海郡 출신이므로(『舊唐書』 卷151 高崇文傳, 4051, "高崇文, 其先渤海人. 崇文生幽州, 朴厚寡言, 少從平盧軍." 『新唐書』 卷170 高崇文傳, 5161, "高崇文字崇文, 其先自渤海徙幽州."), 渤海郡王은 본적지봉호임.

10 范陽盧氏의 唐代 본적인 涿郡 范陽縣. 固安縣은 涿郡의 屬縣.

11 范陽縣은 涿州소속. 固安縣도 涿州소속. 만약 范陽縣과 固安縣이 幽州에 속했으면 본적지봉호

12 裴詢은 河東郡 聞喜縣이 본적이었을 것임. 聞喜縣은 唐代 絳州/絳郡에 속함. 따라서 본적지봉호로 볼 수 있음.

13 聞喜縣은 絳州(絳郡)의 屬縣이지만 裴氏의 원래 본적이 "河東郡 聞喜縣"이므로 본적지봉호로 볼 수 있음

14 『新唐書』 「宰相世系表」에 따르면, 裴腆은 裴氏 가운데 南來吳裴에 속하는데(『新唐書』 卷71上 「宰相世系表」上 裴氏・南來吳裴條, 2206), 南來吳裴는 北魏時代 南朝에서 망명한 裴叔業을 시조로 삼는다(『新唐書』 卷71上 「宰相世系表」上 裴氏・南來吳裴條, 2194, "南來吳裴出自黎第二子苞. …… 順宗三子: 叔寶·叔業·令寶. 叔業, 齊南兗州刺史, 初歸北, 號南來吳裴, 事後魏, 豫州刺史·蘭陵郡公, 謚忠武."). 따라서 裴腆도 裴叔業처럼 河東郡 聞喜縣의 本籍을 가진다고 유추할 수 있다. 이 경우 본적지봉호이다.

15 薛仁貴의 본적이 絳州 龍門縣이라고 했지만, 『新唐書』 「지리지」에서는 龍門縣이 河中府/河東郡의 屬縣. 이 경우 본적지봉호

16 楊涉은 楊收의 자손인데, 楊收의 본적은 同州 馮翊縣인데, 弘農楊氏인 隋代 名臣 楊素의 후손임을 자칭함(『舊唐書』 卷177 楊收傳, 4595, "楊收字藏之, 同州馮翊人. 自言隋越公素之後."; 『新唐書』 卷184 楊收傳, 5392, "楊收字藏之, 自言隋越國公素之裔, 世居馮翊."). 이 경우 본적지봉호.

17 梁昇卿의 묘지명에 '弘農梁氏'라고 기록되어 있는데, '梁'은 '楊'의 誤記인 듯하다. 弘農에서 유명한 姓氏는 弘農楊氏이기 때문이다.

18 선조가 楊震임을 기술(「唐故左神策軍先鋒突將兵馬使開府儀同三司試太子賓客兼御史中丞洋川郡王權君墓誌銘」, 『唐代墓誌彙編續集』, 800, "在昔兩漢乘朱輪者繼惲十人, 爲太尉者嗣震四代. 自玆以降, 或入參內朝, 或出典方國者, 代有其人. 故西京稱爲名族, 今則雲陽人也." 손자인 楊玄略의 묘지명에는 弘農郡이 본적이라고 기술(「唐故銀青光祿大夫行內侍省掖庭局令員外置同正員致仕上柱國弘農縣開國侯食邑一千戶賜紫金魚袋贈 內侍省內侍楊府君墓誌銘」, 『唐代墓誌彙編續集』, 1048, "公諱玄略, 字子遠, 弘農人也.").

[범례] 1. 출전의 약칭은 다음과 같다.
舊: 『舊唐書』
新: 『新唐書』

19 胡城이 湖城의 오기이면 본적지봉호. 아래 楊思止의 예(誌, 1337)가 있음.

20 虢州는 弘農郡의 이칭. 따라서 虢國公은 본적지봉호.

21 본문에는 京兆 高陵縣 출신이라 적었지만, 표제에는 "太原郡王府君"이라 명시하여 본관이 太原郡임을 시사함(「唐故湖南監軍使正議大夫行內侍省內寺伯太原縣開國男食邑三百戶賜緋魚袋太原郡王府君墓誌銘并序」, 『唐代墓誌彙編』, 2366, "府君諱公素, 字全白, 京兆高陵人也.").

22 王同皎의 선조는 瑯邪王氏였다고 하므로(『舊唐書』 卷187上 忠義上 王同皎傳, 4878, "王同皎, 相州安陽人, 陳 侍中·駙馬都尉寬之 曾孫. 其先自琅邪仕江左, 陳亡, 徙家河北."), 琅邪郡公은 본적지봉호로 볼 수 있음.

23 姚璹은 姚思廉의 손자임(『舊唐書』 卷89 姚璹傳, "姚璹字令璋, 散騎常侍[姚]思廉之孫也.") 姚思廉의 본적이 吳興郡 武康縣이므로(『陳書』 卷27 姚察傳, 348, "姚察字伯審, 吳興武康人也."; 물론 『舊唐書』에는 雍州라함) 吳興郡을 본적지로 볼 수 있음.

24 李公逸의 본적지를 『舊唐書』에서는 "汴梁雍丘人也"라고 기록하였는데, 汴梁은 隋와 唐에서 모두 郡名이 아니었다. 『隋書』 「地理志」에서는 唐代 汴州의 屬縣인 雍丘와 陳留가 梁郡에 속했다고 기록하였는데, 李公逸이 隋末唐初 사람임을 고려하면 "汴梁"은 唐代 汴州 가운데 隋代 梁郡에 속한 곳을 의미할 지도 모른다. 이 경우 본적지봉호로 볼 수 있다.

25 李道謙은 李弘節의 아들임. 그런데 清平縣公世子 李道素의 墓誌銘(59-60쪽)에는 李道謙과 형제인 李道素의 본적을 淸河郡 淸平縣으로 기록함. 이를 염두하면 본적지봉호.

26 唐代 成紀縣과 淸水縣은 秦州/天水郡의 屬縣이었음. 따라서 본적의 成紀縣에 초점을 맞추면 본적지봉호(本州/本郡他縣)

27 '虢'이 虢州에 있다는 가정하에 본적지봉호로 볼 수 있음.

28 墓誌銘에는 본적이 없으나, 『舊唐書』에는 滎陽 출신으로 기록됨(『舊唐書』 卷176 鄭肅傳, 4573, "鄭肅, 滎陽人. …… [太和]六年, 轉太常少卿."). 『新唐書』에도 그의 선조가 滎陽 출신이라고 기록함(『新唐書』 卷182 鄭肅傳, 5365, "鄭肅字乂敬, 其先滎陽人, 以儒世家.")

29 廣平郡이 본적이면 본적지봉호; '廣平程公達人'에서 廣平이 본적일 가능성이 있음(「唐故元從朝議大夫行內給事大盈庫副使廣平郡開國男上柱國賜紫金魚袋程公墓誌銘并序」, 『唐代墓誌彙編續集』, 709, "君以擇材用賢, 臣以效節奉主, 入侍玉扆, 出辭金門, 使于四方, 必達專對者, 則廣平程公達人.").

30 汝南郡에 廬江縣이 없음. 만약 縣에 초점을 맞추면 廬江縣과 巢縣은 모두 廬江郡/廬州의 屬縣. 이 경우 본적지봉호(本郡他縣).

31 '襲武城縣開國伯'으로 보아 曾祖 崔元彦, 高祖 崔隱甫, 父 崔徵 중 1인이 始封者일 것임(誌, 1928).

舊五:『舊五代史』

誌:『唐代墓誌彙編』(周紹良 主編, 上海: 上海古籍出版社, 1992)

續:『唐代墓誌彙編續集』(周紹良 · 趙超 主編, 上海: 上海古籍出版社, 2001)

2. '→'는 본적지, 혹은 거주지의 변동을 뜻한다. 화살표 앞은 원래의 본적지, 뒤는 이주 후의 본적지, 혹은 현거주지를 뜻한다.
3. '/'는 두 개 자료의 封號, 혹은 본적지가 다를 때 병렬로 모두 제시하였음을 표시하기 위해 사용하였다.
4. 封號사이의 ','는 改封, 進封 등 封號의 변화일뿐 하나의 작위이다. 복수의 封號가 있는 경우 '(別封)'으로 표기하였다.
5. 비고란의 시기 표시(開皇初, 李淵 起義 이후 등)는 해당 작위가 賜與된 연도, 혹은 시점을 나타낸다. 복수일 경우 ( )안에 해당 작위를 적었다.
6. 본적지는『舊唐書』와『新唐書』의 列傳,『唐代墓誌彙編』·『唐代墓誌彙編續編』등을 참고하였다. 위 자료의 본적이 같은 경우 하나만 적었고, 다른 경우 '/'로 표시하였다. 위의 자료에 없는 본적은『兩唐書辭典』(趙文潤 · 趙吉惠 主編, 濟南: 山東教育出版社, 2004)에 의거하였다.

참고문헌

1. 사료

『史記』(司馬遷 撰, 裴駰 集解, 司馬貞 索隱, 張守節 正義, 北京: 中華書局, 1959).

『漢書』(班固 撰, 顔師古 注, 北京: 中華書局, 1962).

『晉書』(房玄齡 等撰, 北京: 中華書局, 1974).

『魏書』(魏收 撰, 北京: 中華書局, 1974).

『北齊書』(李百藥 撰, 北京: 中華書局, 1972).

『周書』(令狐德棻 撰, 北京: 中華書局, 1971).

『北史』(李延壽 撰, 北京: 中華書局, 1974).

『宋書』(沈約 撰, 北京: 中華書局, 1974).

『南齊書』(蕭子顯 撰, 北京: 中華書局, 1972.)

『梁書』(姚思廉 撰, 北京: 中華書局, 1973).

『陳書』(姚思廉 撰, 北京: 中華書局, 1972).

『隋書』(魏徵 等撰, 北京: 中華書局, 1973).

『舊唐書』(劉昫 等修, 北京: 中華書局, 1975).

『新唐書』(歐陽修・宋祁 撰, 北京: 中華書局, 1975).

『舊五代史』(薛居正 等撰, 北京: 中華書局, 1976).

『新五代史』(歐陽修 撰, 宋無黨 注, 北京: 中華書局, 1974).

『宋史』(脫脫 等撰, 北京 : 中華書局, 1985).

『遼史』(脫脫 等撰, 北京: 中華書局, 1974).

『資治通鑑』(司馬光 編著, 胡三省 音注, 北京: 中華書局, 1956).

『新出魏晉南北朝墓志疏證』(羅新・葉煒, 中華書局, 2005).

『唐代墓誌彙編』(周紹良 主編, 上海: 上海古籍出版社, 1992).

『唐代墓誌彙編續集』(周紹良・趙超 主編, 上海: 上海古籍出版社, 2001).

『全唐文補遺』第一輯(吳鋼 主編, 西安: 三秦出版社, 1994).
『全唐文補遺』第二輯(吳鋼 主編, 西安: 三秦出版社, 1995).
『全唐文補遺』第三輯(吳鋼 主編, 西安: 三秦出版社, 1996).
『全唐文補遺』第四輯(吳鋼 主編, 西安: 三秦出版社, 1997).
『全唐文補遺』第五輯(吳鋼 主編, 西安: 三秦出版社, 1998).
『全唐文補遺』第六輯(吳鋼 主編, 西安: 三秦出版社, 1999).
『全唐文補遺』第七輯(吳鋼 主編, 西安: 三秦出版社, 2000).
『全唐文補遺』第八輯(吳鋼 主編, 西安: 三秦出版社, 2005).
『全唐文補遺・千唐志齋新藏專輯』(西安: 三秦出版社, 2006).
『全唐文新編』20(周紹良 主編, 長春: 吉林文史出版社, 2000).
『全唐文新編』21(周紹良 主編, 長春: 吉林文史出版社, 2000).
『全唐文新編』22(周紹良 主編, 長春: 吉林文史出版社, 2000).
고구려연구재단 編,『중국 소재 고구려 관련 금석문 자료집』, 고구려연구재단, 2005.
『通典・職官典』(王文錦 等 點校, 中華書局, 1996).
『唐六典』(李林甫 等撰, 陳仲夫 點校, 中華書局, 2005).
『唐會要』(王溥 撰, 上海: 上海古籍出版社, 2006).
『五代會要』(王溥 撰, 上海: 上海古籍出版社, 2006).
『元和姓纂』(林寶 撰, 岑仲勉 校記, 中華書局, 2008).
『唐律疏議』(劉俊文,『唐律疏議箋解』, 中華書局, 1996).
『西安碑林博物館新藏墓誌彙編』(西安碑林博物館 編, 趙力光 主編, 北京: 線裝書局, 2007).
『古今姓氏書辯證』(鄧名世 撰, 王力平 點校, 南昌: 江西人民出版社, 2006).
『廿二史箚記』(趙翼, 北京: 中華書局, 1984).
『潛夫論』(王符 著, 汪繼培 箋, 彭鐸 校正,『潛夫論箋校正』, 中華書局, 1997).
『通志』(鄭樵 撰, 北京: 中華書局, 1995).
『冊府元龜』(王欽若 等編纂, 周勛初 等校訂, 南京: 鳳凰出版社, 2006).
『四庫全書總目提要』(永瑢・紀昀 主編, 四庫全書總目提要編纂委 整理, 海口: 海南出版社, 1999).
吳廷燮,「元魏方鎭年表」,『二十五史補編』, 中華書局, 1955.
『翰苑』(張楚金 撰, 서울 : 亞細亞文化社, 1974).
『三國史記』.
『春官通考』(柳義養(朝鮮) 編, 刊者未詳, 1788).

『太祖實錄』(조선왕조실록).

2. 연구서

국문 연구서

高國抗 지음, 오상훈・이개석・조병한 옮김, 『중국사학사』, 풀빛, 1998.
김종복, 『발해정치외교사』, 일지사, 2009.
서병국, 『발해 발해인』, 일념, 1990.
宋基豪, 『渤海政治史硏究』, 一潮閣, 1997.
쓰지하라 야스오 지음, 김미선 옮김, 『인명의 세계사』, 창조문화, 2008.
이성재, 『高句麗의 西方政策 硏究』, 국학자료원, 2005.
日本東亞硏究所 編, 서병국 역, 『이민족의 중국통치사』, 재단법인 대륙연구소, 1991.
千寬宇, 『인물로 본 한국 고대사』, 정음문화사, 1982.
崔珍烈, 『대륙에 서다-2천 년 중국 역사 속으로 뛰어든 한국인들-』, 미지북스, 2010.
韓圭哲, 『渤海의 對外關係史-南北國의 形成과 展開-』, 신서원, 1994.

중문 연구서

康樂, 『從西郊到南郊-國家祭典與北魏政治-』, 臺北: 稻鄕出版社, 1995.
江波, 『唐代墓誌撰書人及相關文化問題硏究』, 吉林大學博士學位論文, 2010.
高路加, 『高姓群體的歷史與傳統』, 呼和浩特: 內蒙古大學出版社, 1997.
郭鋒, 『唐代士族個案硏究-以吳郡·淸河·范陽·敦煌張氏爲中心-』, 厦門: 厦門大學出版社, 1999.
金毓黻, 『東北通史』 上編 六卷, 臺北: 臺聯國風出版社, 1969.
———, 『東北通史』, 臺北: 洪氏出版社, 1976.
———, 『中國史學史』, 石家莊: 河北教育出版社, 2000.
譚其驤 主編, 『中國歷史地圖集』 第五冊 三國・西晉時期, 北京: 中國地圖出版社, 1990.
———, 『中國歷史地圖集』 第五冊 隋・唐・五代十國時期, 北京: 中國地圖出版社, 1982.
董興艶, 『≪唐會要≫硏究』, 厦門大學博士學位論文, 2008.
馬承鈞 原編, 陸峻嶺 增訂, 『西域地名』, 北京: 中華書局, 1982.
馬馳, 『李光弼』, 西安: 陝西師範大學出版社, 1996.
拜根興, 『唐代高麗百濟移民硏究-以西安洛陽出土墓誌爲中心-』, 北京: 中國社會科學出版社, 2012.

傅朗雲・楊暘,『東北民族史略』, 吉林人民出版社, 1983.
桑君,『新百家姓』, 北京: 中國社會科學出版社, 1991.
孫進己,『東北民族源流』, 哈爾濱: 黑龍江人民出版社, 1989.
孫進己・馮永謙 主編,『東北歷史地理』 2, 哈爾濱: 黑龍江人民出版社, 1989.
楊光輝,『漢唐封爵制度』, 北京: 學苑出版社, 2002.
梁祥鳳,『王溥與≪五代會要≫研究』, 安徽大學博士學位論文, 2010.4.
呂春盛,『陳朝的政治結構與族群門題』, 臺北: 稻鄕出版社, 2002.
王承禮,『中國東北的渤海與東北亞』, 長春: 吉林人民出版社, 2000.
王承禮・劉振華 主編,『渤海的歷史與文化』, 延邊: 延邊人民出版社, 1991.
姚薇元,『北朝胡姓考』, 中華書局, 1962(2007(修訂版)).
張金龍,『北魏政治史研究』, 蘭州: 甘肅教育出版社, 1996.
陳爽,『世家大族與北朝政治』, 北京: 中國社會科學出版社, 1998.
陳寅恪, 唐振常 導讀,『唐代政治史述論稿』, 上海: 上海古籍出版社, 1997.
何健民 編著,『隋唐時代西域人華化考』, 新文豐出版公司, 1937.
黃惠賢・陳鋒 主編,『中國奉祿制度史』, 武漢: 武漢大學出版社, 1996.

일문 연구서

宮崎市定,『九品官人法の研究』, 京都: 同朋舍, 1956.
藤家禮之助,『漢三國兩晉南朝の田制と稅制』, 東京: 東海大學出版會, 1989.
上野直明,『唐代社會經濟の構造的研究』, 東京: こだま社, 1982.
安倍辰夫・平川南 編,『多賀城碑-その迷を解く-』, 雄山閣出版, 1989.
礪波護,『唐代政治社會史研究』, 東京: 同朋舍, 1986.

3. 연구 논문

국문 논문

공명성,「정치제도에 반영된 발해의 황제국가적성격」, 고구려연구재단・조선력사학학회・러시아극동국립기술대학교 편,『고조선・고구려・발해 발표 논문집』, 고구려연구재단, 2005.
권덕영,「백제 유민 禰氏 一族 묘지명에 대한 斷想」,『史學硏究』 105, 2012.
———,「唐 墓誌의 고대 한반도 삼국에 대한 표기 검토」, 한국고대사학회, 제27회합동토론회, 2014.
金榮官,「高句麗 遺民 高鐃苗 墓誌 檢討」,『韓國古代史硏究』 56, 2009.

———, 「渤海人 諾思計 墓誌銘에 대한 고찰」, 『목간과문자』 7, 2011.

———, 「高句麗 遺民 高提昔 墓誌銘에 대한 연구」, 『白山學報』 97, 2013.

———, 「百濟 遺民 陳法子 墓誌銘 硏究」, 공주대학교 백제문화연구소 편, 『제6회 백제문화 국제심포지움 "7-8세기 백제 유민의 발자취』, 2013.

———, 「高句麗 遺民 高提昔 墓誌銘에 대한 연구」, 『白山學報』 97, 2013.

김위현, 「송(宋)·요(遼)의 고구려에 대한 인식, 윤내현 엮음, 『동아시아의 지역과 인간』, 지식산업사, 2005.

김재선, 「渤海先世의 일부 문제에 대하여-'舍利'와 姓 '大'氏 문제를 중심논제로 삼음-」, 『東國史學』 29, 1995.

김종복, 「발해 국호의 성립 배경과 의미」, 『한국사연구』 128, 한국사연구회, 2005.

김지영, 「7세기 중반 거란의 동향 변화와 고구려-660년 거란의 이반을 기점으로-」, 『만주연구』 12, 2011.

金昌鎬, 「高句麗 金石文의 人名 表記-官等名이 포함된 人名을 중심으로-」, 『先史와 古代』 3, 1992.

———, 「百濟와 高句麗·新羅 金石文의 比較-人名 表記를 中心으로-」, 『백제연구총서』, 3, 1993.

김혁철, 「발해에서 ≪고려≫국호의 사용에 대하여」, 『력사과학』 3, 2003.

김현숙, 「中國 所在 高句麗 遺民의 동향」, 『한국고대사연구』 23, 2001.

盧泰敦, 「高句麗 遺民史 硏究-遼東·唐內地 및 突厥方面의 集團을 중심으로-」, 『韓沽劤博士停年紀念史學論叢』, 知識産業社, 1981.

———, 「對日本國書에 云謂한 高麗舊記에 대하여」, 邊太燮博士 華甲紀念 史學論叢刊行委員會 編, 『邊太燮博士華甲記念史學論叢』, 三英社, 1985.

———, 「渤海國의 住民構成과 渤海人의 族源」, 『한국고대의 국가와 사회』, 역사학회, 1985.

———, 「對日本國書에 云謂한 高麗舊記에 대하여」, 邊太燮博士 華甲紀念 史學論叢刊行委員會 編, 『邊太燮博士華甲記念史學論叢』, 三英社, 1985.

———, 「渤海의 建國」, 國史編纂委員會 編, 『韓國史』 10(渤海), 國史編纂委員會, 1996.

———, 「발해국의 주민구성」, 『한국사』 10(발해), 국사편찬위원회, 1996.

———, 「高句麗·渤海人과 內陸아시아인과의 交涉에 관한 一考察」, 『고구려사 연구』, 사계절출판사, 1999(原載 『大同文化硏究』 23, 1989).

———, 「발해국의 주민구성에 대한 연구 현황과 과제-'高麗別種'과 '渤海族'을 둘러싼 논의를 중심으로-」, 『韓國史硏究』 122, 2003.

———, 「『삼국사기』에 등장하는 말갈의 실체」, 서울대학교 韓國文化硏究所 編, 『한반도와

만주의 역사 문화』, 서울대학교출판부, 2003.
樓正豪, 「高句麗遺民 高牟에 대한 考察」, 『韓國史學報』 53, 2013.
柳元迪, 「唐 前期의 支配層」, 서울大學校東洋史學硏究室 編, 『講座中國史』 Ⅱ, 知識産業社, 1989.
李成珪, 「前漢列侯의 性格-郡縣支配下에서 封建制의 一變貌-」, 『東亞文化』 14, 1977.
———, 「中國帝國의 分裂과 統一-後漢解體 이후 隋·唐統一의 形成過程을 중심으로-」, 閔賢九·李成珪 등 編, 『歷史上의 分裂과 再統一』(上), 一潮閣, 1992.
———, 「中華思想과 民族主義」, 『哲學』 37, 1992.
———, 「中國의 分裂體制模式과 東아시아 諸國」, 『韓國古代史論叢』 8, 1996.
———, 「前漢 縣長吏의 任用方式: 東海郡의 例-尹灣漢牘<東海郡下轄長吏名籍>의 분석-」, 『歷史學報』 160, 1998.
———, 「漢代의 官과 爵-官爵賜與의 실제와 그 의미를 중심으로-, 서울大學校 東洋史學硏究室 編, 『古代中國의 理解』 5, 知識産業社, 2001.
———, 「韓國 古代 國家의 形成과 漢字 受容」, 『韓國古代史硏究』 32, 2003.
———, 「尹灣簡牘에 反映된 地域性-漢帝國의 一元的 統治를 制弱하는 地域傳統의 一端-」, 『中國古代史硏究』 13, 2005.
———, 「中華帝國의 팽창과 축소: 그 이념과 실제」, 『歷史學報』 186, 2005
———, 「중국 군현으로서의 낙랑」, 동북아역사재단 편, 『낙랑 문화 연구』, 서울: 동북아역사재단, 2006.
——— 「고대 동아시아 교류의 열림[開]과 닫힘[塞]」, 한림대학교 아시아문화연구소, 『동아시아 경제문화 네트워크』, 태학사, 2007.
———, 「里耶秦簡 南陽戶人 戶籍과 秦의 遷徙政策」, 『中國學報』 57, 2008.
림호성, 「발해의 기본주민은 고구려유민」, 고구려연구재단·조선력사학학회·러시아극동국립기술대학교 편, 『고조선·고구려·발해 발표 논문집』, 고구려연구재단, 2005.
모리야스 다카오, 「당대 불교적 세계지리와 '호'의 실태」, 중앙아시아학회 엮음, 『실크로드의 삶과 종교』, 사계절출판사, 2006.
민경삼, 「신출토 高句麗 遺民 高質 墓誌」, 『新羅史學報』 9, 2007.
———, 「中國 洛陽 신출토 古代 韓人 墓誌銘 연구-高質 墓誌銘을 중심으로-」, 『新羅史學報』 15, 2009.
바이건싱, 「고구려·발해 유민 관련 유적·유물」, 동북아역사재단 編, 『중국학계의 북방민족·국가 연구』, 동북아역사재단, 2008.
朴時亨, 『발해사』, 이론과실천, 1989(原載 『발해사』, 평양: 김일성종합대학출판사, 1979).

朴時亨, 「발해는 고구려의 계승국」, 『발해사 연구론문집』 1, 평양: 과학백과사전종합출판사, 1992.

———, 「'僑民體制'의 展開와 南朝史-南・北朝史의 統一的 理解를 위한 하나의 提案-」, 『東洋史學硏究』 50, 1995.

———, 「東晉・南朝史와 僑民-'僑舊體制'의 形成과 그 展開-」, 『東洋史學硏究』 53, 1996.

———, 「唐代 六胡州 州城의 建置와 그 運用-"降戶"安置와 役使의 一類型, 『中國學報』 59, 2009.

拜根興, 「高句麗 遺民 高性文·高慈 墓誌의 考證」, 『忠北史學』 22, 2009.

손영종, 「발해의 서변에 대하여」, 『발해사연구론문집』, 평양: 과학백과사전종합출판사, 1992 (原載 『력사과학』 1980-1・2, 1980).

宋基豪, 「粟末靺鞨의 원류와 扶餘系 집단 문제」, 서울대학교 韓國文化硏究所 編, 『한반도와 만주의 역사 문화』, 서울대학교출판부, 2003.

———, 「高句麗 遺民 高氏夫人 墓誌銘」, 『韓國史論』 53, 2007.

———, 「발해의 고구려 계승성 補論」, 『발해 사회문화사 연구』, 서울대학교출판문화원, 2011.

———, 「발해의 고구려 계승성」, 『발해 사회문화사 연구』, 서울대학교출판문화원, 2011.

———, 「粟末靺鞨의 원류와 扶餘系 집단」, 『발해 사회문화사 연구』, 서울대학교출판문화원, 2011.

———, 「六頂山 古墳群과 건국집단」, 『발해 사회문화사 연구』, 서울대학교출판문화원, 2011.

송성호, 「발해의 건국」, 류영심 편, 『발해사연구론문집』 2, 평양: 과학백과사전종합출판사, 1997.

송준호, 「한국의 씨족제에 있어서의 본관 및 시조의 문제 -한・중 양국의 전통사회를 비교하는 입장에서 그 성격을 구명한다-」, 『歷史學報』 109, 1986.

안정준, 「李他仁墓誌銘'에 나타난 李他仁의 生涯와 族源: 高句麗에서 활동했던 柵城지역 靺鞨人의 사례」, 『목간과문자』 11, 2013.

오택현, 「百濟 貴族 沙氏 硏究」, ???

———, 「百濟 複姓의 출현과 그 정치적 배경」, 『역사와 현실』 88, 2013.

王成國, 「渤海王族 大氏의 고찰」, 崔茂藏 編譯, 『渤海의 起源과 文化』, 대전: 藝文出版社, 1988.(原載 王成國, 「渤海王族大氏考」, 『黑龍江文物叢刊』 1983-3, 1983).

劉仁善, 「中越關係와 朝貢制度-實像과 虛像-」, 『歷史學報』 114, 1987.

尹龍九, 「중국출토의 韓國古代 遺民資料 몇 가지」, 『한국고대사연구』 32, 2003.

이동훈, 「高句麗遺民『高德墓誌銘』」, 『韓國史學報』 31, 2008.

———, 「고구려 백제유민 지문구성과 찬서자」, 한국고대사학회, 제27회합동토론회, 2014.
李藤龍, 「廣開土王碑文에 쓰인 '烟'字의 語彙的 意味」, 碧史李佑成敎授鄭演退職紀念論叢 編, 『民族史의 展開와 그 文化』上, 창작과 비평사, 1990.
李文基, 「高句麗 遺民 高足酉 墓誌의 檢討」, 『歷史教育論集』 26, 역사교육학회, 2001.
———, 「高句麗 寶藏王의 曾孫女 「高氏夫人墓誌」의 檢討」, 『歷史教育論集』 29, 2002.
이문기, 「高句麗 遺民 高足酉의 생애와 활동」, 『民族發展研究』 11 · 12, 2005.
李丙燾, 「高句麗國號考」, 『韓國古代史研究』, 서울: 博英社, 1976.
이재성, 「麗唐戰爭과 契丹 · 奚」, 『中國古中世史研究』 26, 2011.
장국종, 「발해의 주민구성」, 『발해사 연구론문집』 1, 평양: 과학백과사전종합출판사, 1992
張蘊 · 汪幼軍, 「唐「故虢王妃扶餘氏墓誌」考」, 『목간과 문자』 2, 2008, 224쪽(原載 張蘊 · 汪幼軍, 「唐「故虢王妃扶餘氏墓誌」考」, 『碑林集刊』 13, 陝西省人民美術出版社, 2008).
정병준, 「고구려유민연구」, 동북아역사재단 編, 『중국학계의 북방민족 · 국가 연구』, 서울: 동북아역사재단, 2008.
차달만, 「발해무덤을 통하여 본 발해와 고구려와의 계승관계」, 고구려연구재단 · 조선력사학학회 · 러시아극동국립기술대학교 편, 『고조선 · 고구려 · 발해 발표 논문집』, 고구려연구재단, 2005.
崔珍烈, 「三國時代 天下觀念과 그 현실적 변용-遙領 · 虛封 · '四方'將軍의 수용을 중심으로-」, 『서울大東洋史學科論集』 23, 1999.
———, 「漢初 郡國制와 지방통치책-張家山漢簡<二年律令>을 중심으로-」, 『東洋史學研究』 89, 2004.
———, 「中國 周邊國이 수용한 '王'의 이미지-北朝의 異姓王 濫封과 百濟 · 新羅의 複數王출현현상의 비교사적 이해-」, 『中國古中世史研究』 17, 2007.
———, 「兩漢魏晉時代 本籍地 封爵과 그 의미-본적지 회피 관행의 변화양상을 중심으로-」, 『東洋史學研究』 101, 2007.
———, 「南北朝時代 본적지봉작과 그 성격-통계적 분석과 정치적 기능을 중심으로-」, 『中國古中世史研究』 19, 2008.
———, 「東晉 · 南北朝~唐代 주변국 冊封 封號의 地名 분석-韓國古代 三國君主들의 冊封郡王/郡公 칭호의 이해를 중심으로-」, 『歷史學報』 197, 2008.
———, 「隋唐 本籍地封爵의 性格-門閥 · 郡望과의 관련성을 중심으로-」, 『中國古中世史研究』 20, 2008.
———, 「唐人들이 인정한 高句麗人의 正體性-唐代 墓誌銘에 보이는 高句麗의 別稱(朝鮮 · 三韓 · 扶餘) 分析을 중심으로-」, 『동북아역사논총』 24, 2009.

———, 「北魏의 '部族解散' 再論-部 · 部落의 多義性과 鮮卑 無姓 현상의 검토 -」, 『역사와교육』 13, 2011.
———, 「唐代 高句麗 표기 기피현상-隋唐 墓誌銘의 國名 표기 분석을 중심으로-」, 『동북아역사논총』 38, 2012.
———, 「前近代 中國의 '민족'과 '민족'문제-同床異夢의 동화론-」, 『역사와교육』 15, 2012
韓圭哲, 「高句麗時代 靺鞨硏究」, 『釜山史學』 14 · 15합집, 1988.
———, 「肅愼 · 挹婁硏究」, 『白山學報』 35, 1988.
———, 「발해유민의 부흥운동」, 國史編纂委員會 編, 『韓國史』 10(渤海), 國史編纂委員會, 1991.
———, 「渤海建國과 南北國의 形成」, 『韓國古代史硏究』 5, 1992.
———, 「발해의 건국 주체와 국가의 성격」, 동북아역사재단 편, 『발해의 역사와 문화』, 동북아역사재단, 2007.
현명호, 「발해의 고구려와의 계승관계를 모호하게 한 별칭 ≪발해말갈≫에 대하여」, 『발해사연구론문집』 1, 평양: 과학백과사전종합출판사, 1992.

중문 논문

姜清波, 入唐三韓人硏究』, 暨南大學博士學位論文, 2005.4.
谷苞, 「中華民族的共通性(二)」, 費孝通 主編, 『中華民族多元一體格局』, 中央民族大學出版社, 2003(原載 『新疆社會科學』 1986-1, 1986).
仇鹿鳴, 「"攀附先世"與"僞冒士籍"-以渤海高氏爲中心的硏究-」, 『歷史硏究』 2008-2, 2008.
金香, 「渤海國曾經稱過'震國'嗎」, 孫進己 · 孫海 主編, 『高句麗渤海硏究集成』 4, 哈爾濱: 哈爾濱出版社, 1997.
金獻鏞 · 李健超, 「陝西新發現的高句麗人 · 新羅人遺迹」, 『考古與文物』 1999-6, 1999.
紀勝利 · 郝慶雲, 「渤海國初建之際國號考」, 『中國邊疆史地硏究』 14-2, 2004.
吉林省文物考古硏究所 · 延邊朝鮮族自治州文物管理委員會辦公室, 「吉林和龍市龍海渤海王室墓葬發掘簡報」, 『考古』 2009-6(總第518期), 2009.
羅新, 「北魏直勤考」, 『歷史硏究』 2004-5, 2004.
勞榦, 「北魏州郡志略」, 『中央硏究院歷史語言硏究所集刊』32, 臺北: 歷史語言硏究所, 1961.
唐長孺, 「西晉分封與宗王出鎭」, 『魏晋南北朝史論拾遺』, 中華書局, 1983.
———, 「≪魏書 · 楊播傳≫"自云弘農華陰人"辨」, 『魏晋南北朝隋唐史資料』, 武漢大學歷史系魏晋南北朝隋唐史硏究室 編, 『魏晋南北朝隋唐史資料』 5, 香港: 香港中華科技(國際)出版社, 1992.

董延壽・趙振華, 「洛陽·魯山·西安出土的唐代百濟人墓誌探索」, 『東北史地』 2007-2, 2007.

馬一虹, 「唐封大祚榮“渤海郡王”號考」, 『北方文物』 2002-2(總第70期), 2002.

———, 「從唐墓志看入唐高句麗遺民歸屬意識的變化-以高句麗末代王孫高震一族及權勢貴族爲中心-」, 『北方文物』 2006-1(總第85期), 2006.

毛漢光, 「從士族籍貫遷移看唐代士族之中央化」, 『中國中古社會史論』, 上海: 上海書店出版社, 2002.

武玉環, 「渤海與高句麗族屬,族俗的比較研究」, 『社會科學輯刊』 2005-5(總第160期), 2005.

苗威, 「大祚榮族屬新考」, 『中國邊疆史地研究』 2013-3, 2013.

朴漢濟, 「爲魏晉南北朝隋唐史研究而提出的一個方法」, 武漢大學中國三至九世紀研究所 編, 『中國前近代史理論國際學術研討會論文集』, 武漢, 湖北人民出版社, 1997.

拜根興, 「高句麗 遺民 高足酉 墓誌銘」, 『中國史硏究』 12, 2001.

———, 「高句麗遺民高足酉墓誌銘考釋」, 『碑林集刊』 9, 2003.

———, 「高句麗 遺民 高性文, 高慈 父子 墓誌의 考證」, 『忠北史學』 22, 2009.

———, 「高麗移民高性文·高慈父子墓誌相關門題」, 『唐代高麗百濟移民研究-以西安洛陽出土墓誌爲中心-』, 北京: 中國社會科學出版社, 2012.

———, 「高麗移民高足酉墓誌銘相關門題」, 『唐代高麗百濟移民研究-以西安洛陽出土墓誌爲中心-』, 北京: 中國社會科學出版社, 2012.

———, 「高麗移民墓誌資料彙集」, 『唐代高麗百濟移民研究-以西安洛陽出土墓誌爲中心-』, 北京: 中國社會科學出版社, 2012.

———, 「百濟移民墓誌石刻資料彙集」, 『唐代高麗百濟移民研究-以西安洛陽出土墓誌爲中心-』, 北京: 中國社會科學出版社, 2012.

———, 「李他仁墓誌涉及的幾個問題」, 『唐代高麗百濟移民研究-以西安洛陽出土墓誌爲中心-』, 北京: 中國社會科學出版社, 2012.

史念海, 「開皇天寶之間黃河流域及其附近地區農業的發展」, 『唐代歷史地理研究』, 中國社會科學出版社, 北京: 1998.

山西省考古研究所・靈丘縣文物局, 「山西靈丘北魏文成帝《南巡碑》」, 『文物』 1997-12, 1997.

徐德源, 「從考釋大氏王室稱號變化看渤海隸屬唐朝的過程」, 『遼寧大學學報』 1996-5(總第141), 1996.

孫進己, 「女眞源流考」(打印本), 東北民族族源和分布討論會論文, 1983.

孫鐵山, 「唐李他仁墓誌考釋」, 『遠望集』下, 西安: 陝西人民美術出版社, 1998.
楊保隆, 「新舊唐書≪渤海傳≫考辨」, 『學習與探索』 1984-2(總第31期), 1984.
王其禕, 「国内城高氏:最早入唐的高句丽移民-新發現唐上元元年≪泉府君夫人高提昔墓誌≫釋讀-」, 『陝西师范大学学报(哲学社会科学版)』 42-3, 2013.
王連龍, 「新出百濟人禰軍墓誌」, 『社會科學戰線』 2011-7, 2011.
王成國, 「渤海是繼承高句麗的國家嗎?」, 『社會科學戰線』 2001-6, 2001.
———, 「唐代渤海國姓氏研究」, 『北方論叢』 2005-4(總第192期), 2005.
王化昆, 「<武周高質墓誌>考略」, 『河洛春秋』 2007-3, 2007.
———, 「讀武周<高質墓誌>」, 『武則天與神都洛陽』, 中國文史出版社, 2007.
魏國忠, 「渤海國號初稱“靺鞨”考」, 『東北史地』 2006-3, 2006.
魏國忠・朱國枕・郝慶雲, 「渤海國的建立」, 『渤海國史』, 北京: 中國社會科學出版社, 2006.
劉振華, 「渤海大氏王室族屬新證-從考古材料出發的考察-」, 『社會科學戰線』 1981-3, 1981.
———, 「渤海大氏王室族屬新證」, 『社會科學戰線』 1981-3, 1981.
柳春藩, 「曹魏西晉的封國食邑制」, 『秦漢魏晉經濟制度研究』, 哈爾濱: 黑龍江人民出版社, 1993.
劉春英・姜維東, 「唐王朝對內遷高句麗人的安置措施」, 『長春師範學院學報』 20-4, 2001.
劉曉華, 「北周賀蘭祥墓誌及其相關門題」, 『咸陽師範學院學報』 16-5, 2001.
殷憲, 「北魏≪中洪之墓銘≫及幾個相關門題」, 『山西大同大學學報(社會科學版)』 24-1, 2010.
李德輝, 「漢唐文獻整理的成果-評點校本≪冊府元龜≫-」, 『古典文獻研究』 11, 2008.
李文才, 「高肇伐蜀與所謂“高肇專權”」, 『北朝研究』 第 1輯, 北京: 北京燕山出版社, 1999.
張慶捷, 「北魏破多羅氏壁畵墓所見文字考述」, 『歷史研究』 2007-1, 2007.
張乃翥・張成渝, 「洛陽龍門山出土的唐李多祚墓誌」, 『考古』 1999-12, 1999.
張達宏・王長啓, 「西安市文管會收藏的幾件珍貴文物」, 『考古與文物』 1984-4, 1984.
張碧波, 「關于渤海王室高句麗意識的考辨」, 『北方論叢』 2002-1(總第171期), 2002.
張碧波, 「渤海大氏考」, 『學習與探索』 1998-5(總第118期), 1998.
———, 「渤海大氏續考」, 『北方文物』 2001-3(總第67期), 2001.
———, 「渤海早期國號考索」, 『黑龍江民族叢刊』 2002-1(總第68期), 2002.
———, 「漢唐郡望觀念與渤海大氏-渤海大氏三考-」, 『學習與探索』 2002-1(總第138期), 2002.
張蘊・汪幼軍, 「唐「故虢王妃扶餘氏墓誌」考」, 『碑林集刊』 13, 陝西省人民美術出版社,

2008.
錢伯泉,「隋唐時期西域的朝鮮族人」,『新疆大學學報(哲學社會科學版)』34-4, 2006.
鄭小容, 「慕容鮮卑漢化過程中所保留赤本族文化」, 『西南民族大學學報 · 人文社科版』26, 2005.
趙振華 · 閔庚三,「唐高質·高慈父子墓誌硏究」,『東北史地』2009-2, 2009.
趙海麗, 「北魏門閥婚姻制之代表家族-冀州長樂信都馮氏與北魏皇宗室及顯族聯姻關係探論」,『理論學刊』2011-6(總第208期), 2011.
朱國枕 · 魏國忠,「"靺鞨"究竟應該這樣稱號」,『學習與探索』1981-2, 1981.
周振鶴,「中古時期郡望郡姓的地理分布」,『中國歷史文化區域硏究』, 上海: 復旦大學出版社, 1997.
陳陶然,「淺析渤海王族大氏的族源」,『東北史地』2006-3, 2006.
陳寅恪,「州郡武備與封建制度」, 萬繩楠 정리,『陳寅恪魏晉南北朝史講演錄』, 黃山書社, 1987.
———,「宇文氏之府兵及關隴集團(附鄕兵)」, 萬繩楠 整理,『陳寅恪魏晉南北朝史講演錄』, 黃山書社, 1987.
———,「統治階級之氏族及其升降」,『唐代政治史述論稿』, 上海古籍出版社, 1998.
崔珍烈,「北魏道武帝時期部落解散的再檢討」, 中國魏晉南北朝史學會 · 山西大學歷史文化學院 編,
『中國魏晉南北朝史學會第十屆年會暨國際學術硏討會論文集』, 太原: 北岳文藝出版社, 2012.
湯海淸,「北魏·北周·唐時期追祖李陵現象述論-以"拓跋鮮卑系李陵之後"爲中心-」,『民族硏究』2007-3, 2007.
吐鲁番地区文管所,「唐代北庭副都護高耀墓發掘簡報」, 新疆文物考古硏究所,『新疆文物考古新收穫(1979-1989)』, 烏魯木齊: 新疆人民出版社, 1995.
何光岳,「渤海大氏的來源和遷徙」,『求索』1990-2, 1990.
韓國磐,「唐代的食封制度」,『唐代社會經濟諸問題』, 臺北: 文津出版社, 1999.
胡阿祥,「孫吳特殊政區制度考論」, 贛州:『贛南師範學院學報』社科版, 1994(復印報刊資料 K21. 1994-5).
胡養儒, 「論≪冊府元龜≫的史學價値」, 『河南師範大學學報(哲學社會科學版)』 21-3, 1994.
胡志佳,「司馬氏政權之宗族結構基礎分析之二-以分封·出鎭爲主的考察-」,「門閥士族時代下的司馬氏家族』, 臺北: 文史哲出版社, 2005.

일문 논문

今西春秋,「高句麗の城: 溝漊と忽」,『朝鮮學報』50, 1971.

金子修一,「唐代冊封制一斑-周邊民族における「王」號と「國王」號-」,『隋唐の國際秩序と東アジア』, 東京: 名著刊行會, 2001(原載 西嶋定生博士還曆記念論叢編輯委員會編,『東アジア史における國家と農民』, 山川出版社, 1984).

———,「唐代の異民族における郡王號-契丹・奚を中心にして」,『隋唐の國際秩序と東アジア』, 東京: 名著刊行會, 2001(原載『山梨大學教育學部研究報告』36, 1986)

———,「中國皇帝と周邊諸國の秩序」,『隋唐の國際秩序と東アジア』, 東京: 名著刊行會, 2001(原載 田村晃一・鈴木靖民 編,『新版古代の日本』第二卷「アジアからみた古代日本」, 角川書店, 1992).

———,「唐朝より見た渤海の名分的位置」,『隋唐の國際秩序と東アジア』, 東京: 名著刊行會, 2001.

渡邊義浩,「西晉における五等爵制と貴族制の成立」,『史學雜誌』116-3, 2007.

東野治之・平川南,『 よみがえる古代の碑』, 歷史民俗博物館振興會, 1999.

朴時亨, 朴鐘鳴 譯,「渤海史研究のために」, 旗田巍・井上秀雄 編,『古代朝鮮の基本問題』, 東京: 學生社, 1974.

白鳥庫吉,「高句麗の名稱に就きて」,『國學院雜誌』第2卷第10號.

———,「渤海國に就いて」,『白鳥庫吉全集』第五卷(塞外民族史研究下), 東京: 岩波書店, 1970.

濱口重國,「漢代に於ける地方官の任用と本籍地の關係」,『秦漢隋唐史の研究』, 東京: 東京大學出版會, 1980.

———,「高齊出身考-高歡の制覇と河北の胡族高乾兄弟の活躍-」,『秦漢隋唐史の研究』, 東京: 東京大學出版會, 1980.

———,「所謂, 隋の鄉官廢止に就いて」,『秦漢隋唐史の研究』, 東京: 東京大學出版會, 1980.

———,「隋の天下一統と君權の强化」,『秦漢隋唐史の研究』, 東京: 東京大學出版會, 1980.

三上次男,「金室完顔氏の始祖說話について」,『金史研究』3, 東京: 中央公論美術出版社, 1973.

森安孝夫,「チベット語史料中に現れる北方民族」,『アジア・アフリカ言語文化研究』14, 1977.

———,「渤海から契丹へ」, 井上光貞・西嶋定生・甘粕健・武田幸男 編,『東アジア世界における日本古代史講座』7, 學生社, 1982.

———, 『シルクロードと唐帝國』, 講談社, 2007.
西谷正, 「唐・章懷太子李賢墓の禮賓圖をめぐって」, 『児嶋隆人先生喜壽記念論集古文化論叢』, 児嶋隆人先生喜壽記念事業會, 1991.
西嶋定生, 「東アジア世界と冊封體制-六-八世紀の東アジア-」, 『西嶋定生東アジア史論集』第三卷(東アジア世界と冊封體制), 東京: 岩波書店, 2002.
石井正敏, 「日本・渤海交涉と渤海高句麗繼承國意識」, 『日韓渤海關係史の硏究』, 東京: 吉川弘文館, 2001.
———, 「日唐交通と渤海」, 『日韓渤海關係史の硏究』, 東京: 吉川弘文館, 2001.
石川縣立歷史博物館, 『波濤をこえて-古代・中世の東アジア交流-』, 金澤: 石川県立歷史博物館, 1996.
小尾孟夫, 「南朝における地方支配と豪族～地方長官の本籍地任用問題について」, 『東方學』42, 1971.
野村忠夫, 「平城宮跡の木簡と官人の考選」, 『日本歷史』240, 1968.
礪波護, 「唐末五代の變革と官僚制」, 『歷史教育』12-5, 1964.
———, 「唐代使院の僚佐と辟召制」, 『神戶大學文學部紀要』2, 1973.
鈴木靖民, 「渤海の國家構造」, 『月刊しにか』9-9, 1998.
———, 「渤海國家の構造と特質」, 『朝鮮學報』170, 1999.
窪添慶文, 「魏晋南北朝における地方官の本籍地任用について」, 『魏晉南北朝官僚制硏究』, 東京: 汲古書院, 2003(原載『史學雜誌』83-1・2, 1974).
———, 「四世紀における東アジアの國際關係-官爵號を中心として-」, 『魏晉南北朝官僚制硏究』, 東京: 汲古書院, 2003(原載 四世紀における東アジアの國際關係-官爵を中心として-」, 『歷史公論』77, 1982).
李成市, 「法隆寺金堂阿彌陀如來坐像臺座から發見された人物畫像の出自をめぐって」, 『アジアにおける國際交流と地域文化」, 平城四・五年度文部省科學硏究費報告書, 1994.
赤羽目匡由, 「八世紀における渤海の高句麗繼承意識を巡って-日本に對する高句麗繼承意識主張の一解釋-」, 『渤海王國の政治と社會』, 京都: 吉川弘文館, 2011.
———, 「出土遺物からみた唐後期の渤海認識に關する一試論-都管七國六瓣銀盒銘文の考察を通して-」, 『渤海王國の政治と社會』, 京都: 吉川弘文館, 2011.
前田愛子, 「女帝武則天と唐代貴族-山東五姓を中心として-」, 西嶋定生博士追悼論文集編輯委員會 編, 『東アジア史の展開と日本』, 山川出版社, 2000.
田中一美, 「都管七箇國の圖像とその用途」, 『佛教藝術』210, 1993.
井上光貞, 「最近出土した平城京の木簡」, 『古代史硏究の世界』, 東京: 吉川弘文館, 1975.

川本芳昭, 「封爵制度」, 『魏晋南北朝時代の民族問題』, 東京: 汲古書院, 1998.
———, 「蠻の問題を中心としてみた六朝期段階における各地域の状況について」, 『魏晋南北朝時代の民族問題』, 東京: 汲古書院, 1998.
平川南, 「多賀城の創建年代-木簡の検討を中心として」, 『國立歷史民俗博物館研究報告』 50, 1993.

영문 논문

Boodberg, Peter A., "The Language of the T'o-Pa Wei", *Harvard Journal of Asiatic Studies*, Vol. 1 No. 2, 1936.

찾아보기

ㄱ

ㄴ

ㄷ

ㄹ

ㅁ

ㅂ

ㅅ

ㅇ

ㅈ

ㅊ

ㅌ